国土空间规划丛书
战略性新兴领域"十四五"高等教育教材
教育部战略性新兴领域"十四五"高等教育教材体系建设团队编写

丛书主编　吴志强

国土空间使用与管理
LAND USE AND MANAGEMENT
（上册）
BOOK 1

使用分类与管理基础
INTRODUCTION TO THE LAND USE MANAGEMENT

周剑云　主编

同济大学 出版社
TONGJI UNIVERSITY PRESS
·上海·

图书在版编目（CIP）数据

国土空间使用与管理. 上册, 使用分类与管理基础 / 周剑云主编. -- 上海：同济大学出版社, 2024. 8. (国土空间规划丛书 / 吴志强主编)（战略性新兴领域"十四五"高等教育教材）. -- ISBN 978-7-5765-1311-0

Ⅰ. F129.9；F321.1

中国国家版本馆CIP数据核字第2024GV5556号

战略性新兴领域"十四五"高等教育教材
国土空间规划丛书

丛书主编　吴志强

国土空间使用与管理（上册）——使用分类与管理基础

周剑云　主编

策划编辑：吕　炜　｜　责任编辑：由爱华　｜　助理编辑：严安妮　｜　责任校对：徐逢乔　｜　封面设计：完　颖

出版发行：同济大学出版社 www.tongjipress.com.cn
　　　　　（地址：上海市四平路1239号　邮编：200092　电话：021-65985622）
经　　销：全国各地新华书店、建筑书店、网络书店
印　　刷：上海安枫印务有限公司
开　　本：787mm×1092mm　1/16
印　　张：31.75
字　　数：605 000
版　　次：2024年8月第1版
印　　次：2024年8月第1次印刷
书　　号：ISBN 978-7-5765-1311-0
定　　价：150.00元

本品若有印装质量问题，请向本社发行部调换　　版权所有　　侵权必究

《国土空间使用与管理》编委会

虚拟教研室首席专家

华南理工大学　孙一民

主　编

华南理工大学　周剑云

副主编

华南理工大学　戚冬瑾

中央财经大学　王　伟

内蒙古工业大学　荣丽华

华中科技大学　刘合林

清华大学　王　英

中国人民大学　刘大海

哈尔滨工业大学　董　慰

西南交通大学　崔　叙

深圳大学　杨晓春

广西大学　周　游

北京城市学院　孟　媛

编写组

华南理工大学	赵渺希　魏宗财　车　乐　李　昕
	鲍梓婷　贺璟寰　刘　铮　苏章娜
	蒋定哲　卓玛琪　赵　鑫　韩　帅
深圳大学	张　艳　洪武扬
西南交通大学	陈　蛟
内蒙古工业大学	李皎月
自然资源部第一海洋研究所	董　通　李　萍

总　序

"智人"（*Homo sapiens*）之所以在动物界中脱颖而出超越动物本能，是因为其具有谋划共同愿景、在共同目标下创造复杂工具技术、展开语言沟通交流及大规模集体协同行动的能力。其中包含三种关键能力：

（1）具有想象愿景的能力。可通过协商想象，制定出一个共同认同的、尚未现实存在的愿景目标（visioning）。

（2）具有为实现目标设置路径的能力。对大规模个体进行系统分工，分头分段推进计划（approaching）。

（3）具有语言沟通、协同调整的能力。在实施愿景的过程中，对于没有发生的场景进行过程沟通，不断优化目标、优化途径、优化分工，直到实现愿景，甚至实现超出原本愿景的目标（coordinating）。

这三种能力是人类区别于其他动物的本质能力，也是规划的三大核心要素：目标愿景、实施路径、沟通协调。因此，只要理解人类与动物能力的本质区别，就可以理解人类为什么一定会进行规划。

土地是人类生存的根本基础，也是动植物的生存基础。人类在现代文明之前，几乎所有的生存、生活和生产活动都在土地上发生。因此，人类在进入现代文明之前，各种族之间的竞争几乎都可以理解为对生存土地及土地之上的生产、生活资料的竞争。马克思主义诞生以前，西方对于财富的认识一般为：土地是财富之母，劳动是财富之父。马克思主义诞生以后，资本主义产生财富的依托要素被扩展至除土地、劳动之外的资本等其他要素。

空间比土地的含义更多，也更复杂。空间之所以比土地复杂，可以从以下三个方面来认识：

（1）从空间维度上，空间有地下、地面、地上、空中的深度和高度。

（2）从生产维度上，除了包含第一产业之外，更重要的是第二产业和第三产业，以及更高维度的生产组织和生产关系。

（3）从构成要素维度上，除了自然物质空间和人造物质空间外，还有社会空间，以及正在诞生的数字智能空间的多要素空间复合。

因此，我们现在一般称空间是复合的，空间进入了三度空间：物质空间、社会空间和数字空间。而三度空间在某个时段中又是一体化运行推进的，这也说明人类文明正进入更高的维度，空间的规划也变得更加多维、更加系统、更加复合，要求更高的文明来规划和治理。

空间规划是文明的产物，不同的文明阶段也对应了不同的空间规划。进入工业文明后，随着城市空间的立体化和城市财富要素的高速流动，大城市的规划成为一种职业，也是现代空间规划的起源。现代空间规划从大城市区域的空间规划，逐步发展到中小城市的规划，并延续到农业地区的规划，使得空间规划包含了城市和乡村地区人类居住空间的整体规划。

当前，我们这套"国土空间规划丛书"第1期共有22个分册，包括《国土空间规划原理》《数字国土空间》《国土空间规划概论》《国土空间规划理论与方法》《国土空间治理学（上册）》《国土空间治理学（下册）》《国土空间规划实施与治理》《国土空间使用与管理（上册）》《国土空间使用与管理（下册）》《国土空间总体规划编制》《国土空间详细规划编制》《乡镇域国土空间规划》《村域国土空间规划》《国土空间专项规划编制》《国土空间健康规划》《国土空间遗产保护与复兴规划》《国土空间产业规划》《国土空间生态规划》《国土空间规划与空间形态设计》《国土空间规划相关知识：自然卷》《国土空间规划相关知识：人文卷》《国土空间规划相关知识：陆海统筹》，基本涵盖了空间规划的维度和层级。

这套丛书汇聚了清华大学、北京大学、东南大学、天津大学、同济大学、华中科技大学、中国人民大学等众多高水平教学团队的智慧和经验，除完成系统整理和传播国土空间规划领域的知识、厘清学科脉络这一书籍的历史使命之外，我们还期望这套丛书在指导实际规划工作中的决策和操作、推介最新技术和方法、了解和适应国土空间规划行业变化、扩展跨学科和国际视野方面能提供实际的帮助。

"国土空间规划丛书"作为开放体系，随着科技进步和城市规划理论的发展而不断更新和完善，可能会增加更多探讨新兴技术和方法的分册、更新前沿的实际案例研究。我们也希望这套丛书能够成为国土空间规划领域的一个开放平台，吸引更多的学者和实践者参与进来，激发更多关于构建更加智能、可持续和公平的城市的讨论和探索，共同推动国土空间规划学科的发展。

"国土空间规划丛书"总主编
中国工程院院士
教育部建筑类专业教学指导委员会副主任、城乡规划学分指导委员会主任

序　言

2019年5月,《中共中央 国务院关于建立国土空间规划体系并监督实施的若干意见》的印发,正式建立国土空间规划体系;2020年自然资源部全面落实中央文件精神,组织部分高校积极推进面向国土空间规划体系的新型教材建设;2022年3月教育部高等教育司成立了国土空间规划重点领域教学资源及新型教材建设项目专家工作组;2022年8月开展了首批重点领域虚拟教研室建设试点工作。华南理工大学建筑学院周剑云教授任"国土空间使用与管理"课程虚拟教研室负责人,主要共建单位有清华大学、中央财经大学、哈尔滨工业大学、华中科技大学、西南交通大学、深圳大学、内蒙古工业大学、广西大学、北京城市学院、自然资源部第一海洋研究所、广东省林业科学院等十几所大学和科学研究机构,形成跨院校、跨地域、跨专业的教研合作团队,共同编写系列教材中的《国土空间使用与管理》。2024年初吴志强院士确立了今年完成教材出版的工作目标,并精心指导与鞭策鼓励,参编院校教师经过努力工作,完成教材的编写与出版工作,值此出版之际衷心感谢筹划教材建设的领导、同行,以及参编教师与编写人员。

国土空间规划体系是国家治理体系现代化的重要发展领域,现有的知识基础比较薄弱、制度实践还不够充分。如何将丰富的土地使用与管理知识以及城乡规划管理知识整合发展为面向国土空间规划管理实践的新知识体系,是一项颇具挑战性的工作。本书力求将客观发展规律与现实管理目标相结合,用科学知识解释法规、政策、规划等治理工具,系统阐述土地使用现象与国土空间使用与管理的内在联系,将可持续的土地使用与管理同国土空间使用与管理"保护、利用、开发"的目标要求链接起来,基于"后常规科学"的范式建构一个包容性的知识框架,力求为跨学科的知识整合奠定基础。目前,本教材还只是阶段性的工作成果,不足之处还望大家批评指正,期待在未来规划管理实践中臻于完善。

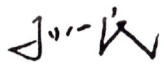

全国工程勘察设计大师

"国土空间使用与管理"虚拟教研室首席专家

2024年8月于广州

前　言

土地使用是可以被观察的客观现象，它反映着人类使用土地的过程和结果，并在长期的生产实践中随着丰富知识的积累，形成了一门专业的学科。土地使用现象研究涉及与土地相关的地质学、地理学、生态学等自然科学，以及关于使用行为研究的法学、社会学、经济学等人文学科，是一门典型的交叉学科。土地使用学科研究可以应对如土地使用的竞争性、生态系统崩溃、生态多样性丧失，以及可持续发展转型等具有"事实不确定、价值观存在争议、风险高、决策紧迫"特点的情况，研究成果主要用于决策和政策行动，属于"后常规科学"的范畴。后常规科学是一套见解，其可用于指导强大的操作性知识生产，因此，土地使用学科不断吸纳相关科学研究的新知识，具有知识领域广博、边界模糊，以及动态变化等特征。

然而，在体制化环境中，国土空间规划工作是高度组织化的协作性工作，规划工作性质和功能角色复杂多样。规划组织编制需要前瞻性视野，规划设计需要创造性思维，规划成果的审批和审查需要遵循严格程序规范，规划实施的监测和评估需要掌握先进的技术工具，规划上诉和违章处罚涉及复杂的法律条文，不同工作岗位和不同工作角色涉及不同的知识领域。特定的岗位对应特定的知识和技能，规划体系中的个体在大学教育有限的时间内不可能掌握整个土地利用学科的知识，并且特定工作岗位也不要求掌握规划体系所涉及的全部知识，专业化和社会分工是发展的必然趋势。但作为规划管理体系共同体的一员，每个从业人员都必须共享一些基础知识，包括国土空间使用现象的基本特征，规划管理的结构框架与核心环节，管理法规，以及政策和标准规范的核心要点等，规划管理的专业分工是建立在共同知识基础之上的。特别需要说明的是国土空间规划所应对的社会诉求及其需要解决的问题具有很强的领域性和地方性，比如城市规划、乡村规划、生态保护规划就是不同的空间规划领域，沿海地区与内陆地区的自然资源和环境不同，南方与北方城市的文化传统与社会经济发展水平不一样，特定地区的规划工作岗位都对应特定的地方性知识。面对多样化、差异性的社会需求，以及国土空间规划的专业化的趋势，本教材分为上、下两册。

《国土空间使用与管理（上册）：使用分类与管理基础》的内容分三个部分，各章主要内容如下：第1章国土空间使用与管理导论，第2章土地和使用的基础概念以及土地使用的三种类型，第3章土地使用系统，第4章土地使用管理系统，第5章国土空间使用与管理基础，第6章国土空间的保护与管理，第7章国土空间的整治与修复，第 8 章国土空间开发建设管理。这种安排主要考虑到以下两个方面。第一，国土空间使用与管理是土地使用与管理的扩展、提升与完善，这凸显了国家规划体系变革中的学科重构和专业重整的特色，响应了时代发展要求；第二，国际上仍然将国土空间规划视为土地利用学科的一部分，为完整地学习国土空间使用与管理的知识有必要了解国内外有关土地利用与管理的基础知识。上册主要面向本科生的专业基础教育。

《国土空间使用与管理（下册）：使用分区与部门管理》依据部门管理要求，其知识组织结构是先按照使用与管理的对象分为"土地和空间等不动产"与"矿产和动植物等动产资源"两个类别。第 9 章是"三区三线"与国土空间使用分区分类管理，作为下册内容的总论，阐述了国土空间规划体系划分城镇、农业/乡村、生态三种类型空间进行专业化部门管理的历史渊源及其面临的主要问题。第 10 章为城镇空间的使用与管理，第 11 章为乡村空间的使用与管理，第 12 章为自然生态空间的使用与管理，第 10 至第 12 章是相对独立的知识系统，在知识组织结构上是平行关系。其中，第 10 章城镇空间使用与管理内容接近原城乡规划管理的内容，第 11 章乡村空间使用与管理的内容则是整合了土地管理、农业管理、村庄管理等内容，第 12 章将生态空间再细分为海洋、陆地水域、湿地、林地、草原、荒地、自然保护地等 7 个小节，每个小节对应专门的管理领域。第 13 章是矿产、生物资源等动产资源的管理，动产资源管理的目标比较清晰，主要是保护环境和严格控制资源开发；而"空间"被视为一种不动产资源，其使用与管理较复杂，土地或空间使用权利及其交易涉及复杂的法律规则和管制政策。第 14 章为国土空间使用与管理的趋势与展望，介绍了土地使用理论、新技术应用、跨学科土地使用研究、土地权利变革等前沿的研究成果，以及优秀实践案例等。下册主要按照空间类型较深入地阐述部门管理所需要掌握的专业知识，其涵盖的内容比较庞杂，但这并不要求每个学校全部讲授或每个学生全部掌握，每所学校可以根据所处的地域特点和人才培养目标要求，选择部分章节进行讲授。比如，北方地区的院校可以侧重草原、林地等陆地生态空间的相关内容；南方地区的院校可以侧重海洋、湿地等水生态空间的相关内容；以培养乡村和基层规划人才为目标的院校可以选择乡村空间使用与管理的相关内容进行讲授；以培养服务城市规划管理人才为目标的院校可以选择城镇空间的相关章节进行教学。

如果将现有土地使用与国土空间使用与管理的知识材料视为一个整体的知识群，那么，本书作为学习教材针对这个整体的知识群建立了两种知识提取和组织方式。第一是按照国土空间使用管理的目标分类提取和组织管理知识，主要依据国土空间管理政策要求的"保护、利用、开发"三个维度梳理相关知识；第二是从国土空间分类分区的层面，按照部门管理的要求提取相关知识并组建知识框架，主要是按照空间与资源两个种属，以及"城镇、农业、生态"三类空间提取和组织专业部门的管理知识。据此，本书整体篇章结构见图0-1。

总体而言，承载专业基础知识的上册是国土空间学科领域所有专业的必修课程用书；下册则是可供各学校根据人才培养目标选择的特色课程或选修课程用书。

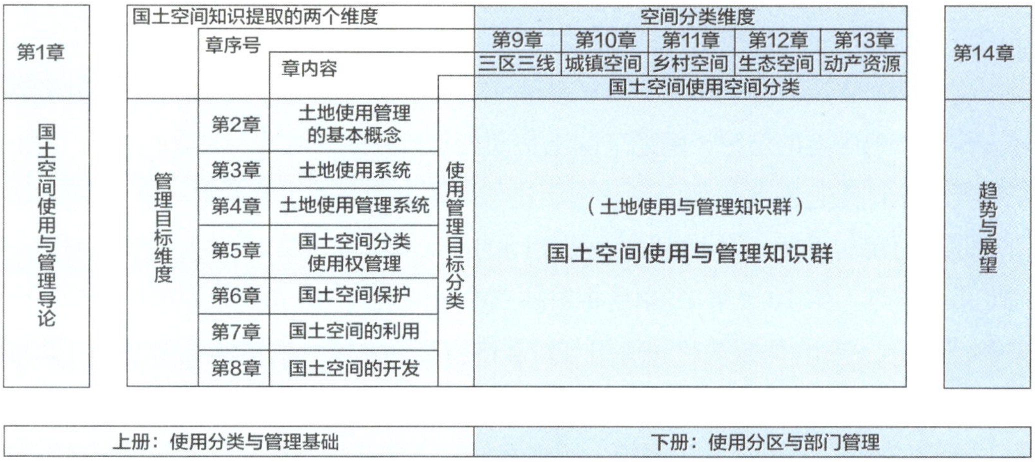

第1章	国土空间知识提取的两个维度		空间分类维度				第14章
	章序号	章内容	第9章	第10章	第11章	第12章	第13章	
			三区三线	城镇空间	乡村空间	生态空间	动产资源	
国土空间使用与管理导论	管理目标维度	第2章 土地使用管理的基本概念	使用管理目标分类 国土空间使用空间分类 （土地使用与管理知识群） 国土空间使用与管理知识群					趋势与展望
		第3章 土地使用系统						
		第4章 土地使用管理系统						
		第5章 国土空间分类使用权管理						
		第6章 国土空间保护						
		第7章 国土空间的利用						
		第8章 国土空间的开发						
	上册：使用分类与管理基础		下册：使用分区与部门管理					

图0-1 《国土空间使用与管理》篇章结构

2024年7月于广州

目 录

上册

总　序 V
序　言 VII
前　言 VIII

第 1 章　国土空间使用与管理导论　001
导言　001
1.1　土地使用科学进展　003
1.2　从土地用途管制向国土空间治理的转型　014
1.3　知识体系与篇章结构　018
　　参考文献　027

第 2 章　土地、使用基本概念与土地使用的三种类型　028
导言　028
2.1　土地概念的渊源　029
2.2　土地使用的三种类型　040
2.3　土地使用管理的基本范畴　052
2.4　土地使用与管理有关术语概念的解释　064
　　参考文献　083

第 3 章　土地使用系统　084
导言　084
3.1　土地使用系统的基本概念　085

	3.2	土地使用系统变化的动因	089
	3.3	现状土地使用调查	092
	3.4	土地使用分析与预测	111
	3.5	全球及中国土地使用状况	121
		参考文献	129

第 4 章　土地使用管理系统　131

导言　131

4.1	土地使用治理的概念性框架	132
4.2	联合国《有效土地管理框架》	138
4.3	土地使用系统与土地使用管理系统	151
4.4	国家土地使用管理体系基本构成	158
4.5	土地使用管制工具	167
4.6	土地用途管制技术工具的比较分析	179
4.7	土地信息系统	182
	参考文献	191

第 5 章　国土空间使用权分类配置与管理体制　192

导言　192

5.1	土地使用与国土空间使用	195
5.2	我国土地制度的历史沿革	197
5.3	国土空间使用权的配置	203
5.4	国土空间使用管理的目标及其核心任务	216
5.5	国土空间使用管理机构	233
5.6	国土空间使用管理分类	249
5.7	国土空间使用管理的工具	263
5.8	国土空间规划管理"一张图"系统	287
	参考文献	294

第 6 章　国土空间的保护与管理　295

导言　295

6.1	国土空间保护的基本内涵	297
6.2	生态空间系统保护	300
6.3	生物多样性保护	307
6.4	河湖水系生态保护	312
6.5	海洋生态保护	321
6.6	地质及矿产资源保护	326
6.7	农用地保护	330
6.8	历史文化与遗产保护	337
6.9	城乡风貌保护	348
6.10	战略性空间保护	358
	参考文献	364

第 7 章　国土空间整治与修复　　368

	导言	368
7.1	国土空间整治的内涵	369
7.2	国土空间整治的管制内容	373
7.3	国土空间整治的规划管理机制	376
7.4	生态空间整治与管理	379
7.5	农业空间整治与管理	384
7.6	城镇空间整治	389
7.7	国土空间的修复与管理	393
7.8	国土空间修复的科学范式探索	397
7.9	国土空间修复的主要内容	404
7.10	国土空间修复的单元类型与分区策略	410
7.11	国土空间修复的技术支撑	413
7.12	国土空间修复的管理	416
	参考文献	419

第 8 章　国土空间开发、利用与管理　　421

	导言	421

8.1	国土空间开发、利用的基本内涵	424
8.2	农业土地开发与管理	430
8.3	城镇土地开发与管理	435
8.4	建成环境的利用与管理	445
8.5	非建设用地的分类使用与管理	451
8.6	森林资源的开发利用与林下土地利用管理	457
8.7	草场资源的开发利用与管理	465
8.8	海洋资源的开发利用与管理	470
8.9	湿地资源的开发利用与管理	477
8.10	矿产资源的开采利用与管理	480
	参考文献	488

后　记　490

下册

总　序

序　言

前　言

第 9 章　"三区三线"与国土空间使用的分区分类管理

9.1　"三区三线"在国土空间规划体系中的作用

9.2　从"三生"空间到"三类"空间

9.3　"三类"空间的基本关系

9.4　"三区三线"的分区分类管控体系

9.5　"三类"空间与土地管理"三块地"的关系

第 10 章　城镇空间的使用与管理

导言

10.1　城镇空间及其相关概念辨析

10.2 我国城镇化的历史与现状

10.3 城市增长管理的宏观政策工具

10.4 城镇土地使用的基本特征

10.5 城市土地利用与土地定价

10.6 建设用地使用权类型及其法律规定

10.7 城镇空间规划建设管理体制

10.8 新城／新区开发建设

10.9 低效用地再开发与城市更新

10.10 城市基础设施建设与运营

10.11 地下空间开发与管理

10.12 公共设施建设、使用与维护

10.13 城镇住房建设与公共住房

10.14 城镇非建设用地的使用与管理

10.15 绿色开敞空间的建设与管理

10.16 城镇文化遗产的保护

10.17 建成环境的维持与运作

参考文献

第 11 章 乡村空间的使用与管理

11.1 乡村空间范围与基本构成

11.2 中国的乡村分布

11.3 乡村区域的法律法规

11.4 乡村空间的产权配置

11.5 乡村空间的管理体制

11.6 农地使用管理

11.7 陆地水域空间的利用与管理

11.8 农业设施用地的建设与管理

11.9 渔业用海的利用与管理

11.10 永久基本农田保护区、高标准农田建设管理

11.11 集体建设用地的使用管理

11.12 宅基地使用管理

11.13 乡村空间其他类型用地的使用管理

11.14 乡村空间工程类用地的使用与管理

参考文献

第 12 章　自然生态空间的使用与管理

12.1 海洋空间与资源利用管理

12.2 陆域水系的使用与管理

12.3 湿地使用与管理

12.4 林地使用与管理

12.5 草原的使用与管理

12.6 荒地

12.7 自然保护地使用与管理

参考文献

第 13 章　矿产、生物资源的开发利用与管理

13.1 矿产资源

13.2 生物资源

参考文献

第 14 章　国土空间使用与管理的趋势与展望

导言

14.1 1960 年以来的全球土地使用变化

14.2 土地使用理论研究进展

14.3 新技术的应用及其理论展望

14.4 跨学科土地使用研究的进展

14.5 从管理到治理的观念转变

14.6 土地权利的变革与建议

14.7 国土空间使用与管理的优秀实践案例

参考文献

后　记

第 1 章

国土空间使用与管理导论

■ **教学要求**

本章要求深入理解国土空间使用与管理的基础概念与最新进展。首先，通过教学，学生需掌握土地使用科学的多学科特征及其在可持续发展中的关键作用，并思考如何将这些特征与国土空间使用紧密结合。其次，需要辨析土地用途、土地功能、土地使用功能等概念，梳理土地用途与土地使用功能的关系，理解从用途管制向空间治理的转型。最后，为学生建构起国土空间使用与管理的知识图谱，了解地球科学背景下的土地使用与管理基础知识，识别多学科整合和后常规科学特点，整合基础知识与专业知识，明确土地使用管理是国土空间使用与管理知识体系的核心。

导言

国土空间规划是国家空间发展的指南，是可持续发展的空间蓝图，是各类开发保护建设活动的基本依据。国土空间规划融合了原有的主体功能区规划、土地利用规划、城乡规划等空间规划，其目的是实现"多规合一"。作为融合领域的综合规划，国土空间规划的基本特征就是合并上述规划的空间范围，将城乡建设领域、基本农田和自然生态保护等部门分割的领域规划治理统一为"国土空间规划"。"国土空间"是"国土空间规划"的主题，截至目前还没有正式政策文件来定义和解释"国土空间"这个术语。"国土空间"的一般含义是指国家主权与主权权利管辖下的地域空间，是国民生存的场所和环境，包括陆地、陆上水域、内水、领海、领空等[1]。

科学辨析"国土空间"概念内涵是推进国土空间规划编制、完善国土空间规划理论的前提，学术界的主要观点如下：①国土空间是复杂的人地耦合系统，具有构成要素多元性、时空尺度嵌套性等特征。②国土空间是"流"所构建的网络空间，是不同利益主体组成的关系空间和为精细化治理服务的可计算领域。国土空间规划的编制需要通过"流空间"进行国土空间的整合，推动区域之间资源和要素的共享，实现协同发展[2]；也需要重视人地关系和人际关系的重构，协调多元主体的利益诉求，实现和谐发展；还需要完善国土空间开发管控的技术手段，平衡国土空间规划中的灵活性与统一性矛盾。③国土空间是有温度的空间。规划编制者需要充分感知国土空间的风险性、适宜性、约束性、可达性，编制"以人民为中心"的国土空间规划，提升国土空间的人文关怀、生态功能和美学价值。④国土空间是国土空间规划和空间治理的对象，是具体的海洋空间、乡村空间、文化空间等，具有载体属性、资产属性、权利属性等。在国土空间规划中，需要实现资源资产统一管理，彰显其经济价值、社会价值和生态价值，满足高质量发展和高品质生活对国土空间的多样化需求[3]。

土地是国土空间重要的组成部分，1976 年联合国粮食及农业组织（FAO，以下简称"联合国粮农组织"）在《土地评价纲要》中拟定的土地定义为：土地是指地球表面的一个特定地区，其特性包含着此地面以上和以下垂直的生物圈中一切比较稳定或周期循环的要素，如大气、土壤、水文、动植物密度，人类过去和现在活动及相互作用的结果，对人类和将来的土地利用都会产生深远影响。

简单对照两者的内涵，可以发现它们之间的高度相似之处。第一，国土空间是立体的，包括陆地领海和领空；土地也是立体的，包括特定地区的地面以上和以下垂直生物圈。第二，作为人地耦合系统，国土空间包含人的因素，而不是纯粹的物质实体；土地的定义中包括人类的过去和现在的活动。第三，国土空间具有"流空间"特征；土地的定义包括生物圈中一些比较稳定或周期循环的要素，如大气、鸟类的迁徙等。第四，国土空间的"温度"可以理解为针对空间的主观态度，包括价值观、情感、人文和美学功能等，物质文化是人类活动的痕迹；联合国的定义认为

---

1. 林坚，吴宇翔，吴佳雨，等. 论空间规划体系的构建：兼析空间规划、国土空间用途管制与自然资源监管的关系[J]. 城市规划，2018，42（5）：9-17.
2. 流空间（space of flows）可以理解为流和关系所建构的空间。该概念最早由社会学家曼纽·卡斯特尔（Manuel Castells）提出，是不必连接即可实现共享时间的社会实践的物质组织。此概念被提出的初衷是能够在信息社会语境下理解和指导社会实践，后被地理与规划学者发扬光大，用于指导城市与区域的研究实践。随着研究的深入，人们对流空间的理解也从狭义抽象的"社会学空间"，逐渐迁移到广义具象的"实体空间"，并赋予了更多"地理空间"的内涵。
3. 郝庆，彭建，魏冶，等. "国土空间"内涵辨析与国土空间规划编制建议[J]. 自然资源学报，2021，36（9）：2219-2247.

土地是人类过去和现在活动及相互作用的结果。第四，国土空间作为规划治理的对象是特定的实体空间，诸如城市、乡村、海洋等具有空间载体、资产和权利属性；土地的定义包括生物圈中一些比较稳定或周期性循环的要素，比如大气、土壤、水文、动植物密度，以及可以作为人类活动结果的城市、乡村、道路、田园等土地上一切人造痕迹，这些都具有空间载体、资源、资产和权益的属性。在这个意义上联合国定义的"土地"与学者概括的"国土空间"有近乎等价的指代，包括空间实体、概念、价值观及其意义等。

在联合国土地定义的基础上，针对土地使用与管理的研究积累了非常丰富的学术成果，可以作为理解国土空间丰富内涵的认识途径。

特别值得注意的是，作为国土空间规划治理对象的国土空间仅仅是国土空间概念内涵的一部分，也就是说国土空间的内涵与特定的语境有关，这种概念区分非常有意义，这就将国土空间作为科学研究的对象与作为规划行为的客体区别开来，国土空间作为规划和治理的对象仅仅是国土空间丰富内涵的一个组成部分，也就是客观的、实体的，具有空间承载功能和资产权益属性的特征的那个部分，简而言之就是"土地"。同样，土地使用是客观现象，而土地使用管理属于制度建构范畴，前者遵循科学研究的范式，后者属于法律、政治和政策的范畴。人类的土地使用现象非常庞杂，能够纳入管理的使用行为仅仅只是人类能够认识到行为后果及其影响的那部分行为，不可能也没必要将所有土地使用行为都纳入管理。土地使用活动与作为管理对象的土地使用活动的区分，有助于理解错综复杂的使用活动与管理的关系，也有助于理解不同社会用途管制制度的差异。

1.1 土地使用科学进展

1.1.1 土地使用科学的交叉学科特征

土地客观存在，也是自然科学的研究对象，并形成了由自然地理学、生态学、土壤学、海洋学、大气科学等学科组成的地球科学。土地使用也是人类社会具有客观性的历史现象，它是诸如经济学、社会学、法律等人文社会科学的研究主题。土地使用是客观规定性与人类变化诉求的交互作用的产物，属于典型的多学科、跨学科以及交叉学科的研究领域，也是可持续发展的重要议题，"土地利用科学"也称

"土地使用科学",属于新兴的交叉学科,研究和解决非典型的科学问题,适用"后常规科学"研究范式。

1. 跨学科与交叉学科

柯华庆在文章《跨学科还是交叉学科?》中阐明了多学科、跨学科和交叉学科的基本特征。他指出:交叉学科或者跨学科现在已经成为一个学术界时髦的词汇,有人甚至认为21世纪是"交叉科学时代"。按照一般人的理解,"跨学科"中的"跨"是动词,是主体在"跨越"不同学科,跨学科研究是指主体跨越两个或者多个学科的研究,"跨学科"是一种行为。一般来讲,人们对"交叉学科"可能有两种理解,一种是将"交叉"理解为动词,那么是指主体在研究时在不同学科之间交错,与"跨学科"基本相同。另一种理解是将"交叉"理解为形容词,这样一来,"交叉学科"就是不同学科交叉所形成的新学科,这种新学科来自于被交叉的已有学科,但是又不同于已有学科。狭义上的交叉学科应该是后一种理解[1]。

多学科研究和跨学科研究也有不同。不同学科中的研究者分别从自身学科出发发表对于同一个问题的看法,称为"多学科研究";同一个研究者了解或者精通几个学科后对同一个问题从不同角度看待,称为"跨学科研究"。需要说明的是,"interdisciplinarity"是"interdisciplinary"(跨学科的)的名词形式,指对跨学科现象的整体研究,是一个新学科,被译为"跨学科学",属于"科学学"的一种。

现在学界对于交叉学科的定义实际上用的是"交叉学科"的第一种含义,也就是"跨学科"。例如,被广泛引用的刘仲林教授的分类法,把交叉学科按照交叉的层次由低到高分为比较学科、边缘学科、软学科、综合学科、横断学科和超学科。这种分类几乎将非传统学科一网打尽,实际上已经超越了"跨",而成为"混合学科":只要不是原有一个学科的活动都属于此类。严格意义上的交叉学科与该分类中的"边缘学科"基本等同,但是"边缘学科"这个词强调在两个或者多个学科的边缘地带交叉,忽略了交叉也可以发生在核心地带,而且"边缘"具有贬义,不利于交叉学科的发展。

吴家睿在《多学科研究的三种形态》一文中指出:多学科研究在现代科学的发展中呈现出三种主要形态。第一种形态是交叉学科研究,往往通过不同学科之间的高度融合而形成全新的学科,如物理学、化学与生物学交叉形成了分子生物学。第二种形态是会聚研究,即将不同学科的专业知识和技术进行集成并开展协作,用以解决多个领域之间界面上的重大科学问题或者社会挑战。第三种形态是当前大数据

---

1. 柯华庆. 跨学科还是交叉学科?[J]. 大学(学术版),2010,(10):90-95.

时代所特有的——数据驱动型研究，它利用大数据及其相应的技术打通或者跨越各门学科的边界，进而可以开展跨领域的研究[1]。

2. 土地使用科学属于交叉学科

理查德·阿斯皮诺（Richard Aspinall）在《土地使用科学的基础与应用》（*Basic and Applied Land Use Science*）一文中阐明：土地使用科学可以定义为一门包容性的交叉学科，其重点是土地使用与土地覆盖之间物质性联系及其随空间和时间的变化，以及社会、经济、文化、政治、决策、环境和生态过程，这些过程塑造了土地利用和土地覆盖的模式及其变化。总体而言，土地使用科学的相关研究反映出了以下几方面的结论：①土地使用科学研究有多种理论、方法和技术支撑，因此，可以确定一些具有土地使用研究特征的基础和应用科学主题；②这些研究主题反映了理解土地使用所需的跨学科和综合分析，也反映了土地使用、土地使用变化、土地管理和政策的作用，以及土地利用对可持续性的重要性；③土地使用也被认为是地球系统运作的核心部分；④土地使用反映了人类与环境从地方到全球的尺度上的相互作用。

实践中，土地使用研究表现为面向具体问题的研究项目，具有环境特异性；同时，也表现为"会聚研究"，多学科参与的人员带有强烈的自然科学的倾向，人文和社会科学对可持续土地问题的观点被边缘化，还没有形成"交叉学科"的研究范式。然而，数据驱动下的多学科研究在土地使用领域正蓬勃发展，展现出了巨大的发展潜力。可见，土地使用研究具有上述多学科研究的三种形态，同时相关参与者正试图以土地使用交叉学科的方式来规范专业发展和科学研究。

1.1.2 土地使用是可持续发展的重要议题[2]

1. 土地使用与可持续发展目标

联合国所有成员国于 2015 年一致通过的《2030 年可持续发展议程》及其 17 项可持续发展目标、169 项具体目标和 231 项独特指标共同影响了国际和国家发展政策的方向，为弥合人权与发展之间的鸿沟提供了新的切入点和机遇。这些议程是指导国际和国家发展行动的整体框架，17 项可持续发展目标是实现所有人更美好和更可持续未来的蓝图。目标提出了共同面临的全球挑战，包括与贫困、不平等、气候、环境退化、繁荣以及和平与正义有关的挑战。

---

1. 吴家睿. 多学科研究的三种形态［J］. 中国科学基金，2021，35（2）：170-174.
2. 钱亮军.《欧洲语境下的可持续土地资源管理》（节选）英汉翻译实践报告［D］. 长春：吉林外国语大学，2021.

联合国政府间气候变化专门委员会（Intergovernmental Panel on Climate Change，IPCC）和生物多样性和生态系统服务政府间科学政策平台（Intergovernmental Science-Policy Platform for Biodiversity and Ecosystem Services，IPBES）等国际机构将土地使用变化列为可持续性的关键方面之一，最终促使联合国通过了17项可持续发展目标（Sustainable Development Goals，SDGs）。

多项可持续发展目标都包括土地使用政策领域的相关目标。不仅可持续发展目标15（陆地生物）涵盖了广泛的建议，可持续发展目标3（良好的健康和福祉）、可持续发展目标6（清洁水和卫生设施）、可持续发展目标9（工业、创新和基础设施）、可持续发展目标11（可持续城市和社区）和可持续发展目标13（气候行动）也通过强调跨部门变革的必要性来解决其他重要方面的问题。这些目标的实施体现在区域和地方层面，要求改变土地使用治理流程[1]。

土地使用是人类与自然之间复杂的相互作用，或多或少地影响着各地的文化景观。特别是城市地区和基础设施用地，对生态系统服务造成了压力，因为土地用途转变导致持续的土壤封盖和景观破碎化。这种转变所导致的后果不仅局限于发生变化的地区，更是全球相互关联的。因此，人类活动加速了全球环境变化，环境变化又反过来对人类产生影响，这构成了"反身性"现象。尽管相关学者已经为不同类型的土地使用开发了各种模型，但迄今为止，尚无一个公认的模型能够全面解释土地使用变化[2-4]。

2. 土地使用治理与可持续发展目标

土地使用变化的一个重要因素是人与经济活动之间的相互关系[5]。在全球范围内，人口正在增加，特别是在经济繁荣的地区和大都市地区，定居活动使用的空间给土地带来了压力。由于城乡联系，农村地区同样受到人口增长的影响。土地使用和环境影响不仅取决于人口规模，还取决于人口的空间分布[1]。

---

1. WEITH T, WARNER B, SUSMAN R. Implementation of international land use objectives-discussions in Germany [J]. Planning Practice & Research, 2019, 34（4）: 454-474.
2. SIEDENTOP S, JUNESCH R, STRABER M, et al. Einflussfaktoren der Inanspruchnahme von Flächen [M]. Bonn: Bundesamt fur Bauwesen und Raumordnung, 2009.
3. SIEDENTOP S, FINA S. Monitoring urban sprawl in Germany: towards a GIS-based measurement and assessment approach [J]. Journal of Land Use Science, 2010, 5（2）: 73-104.
4. PEDROLI G B M, MEINER A. Landscapes in transition: an account of 25 years of land cover change in Europe [M]. European Environment Agency (EEA), 2017.
5. STORPER M, SCOTT A J. Rethinking human capital, creativity and urban growth [J]. Journal of Economic Geography, 2009, 9（2）: 147-167.

可持续发展目标与空间发展之间的差距引发了人们对治理方法的质疑。然而，土地使用或多或少受到协调治理模式的复杂互动影响，涉及多个行政部门和学科活动。尽管土地使用需要采用功能协作视角，但目前条块治理仍占主导地位[1-3]。治理面临的主要问题包括行政部门与学科研究的契合度，以及他们之间相互作用方面存在的缺陷，这些缺陷阻碍了可持续土地使用战略的成功实施。例如在定居点发展中，治理不匹配被视为土地使用冲突的驱动因素，其中包括生态系统与制度安排之间的不协调，制度之间缺乏充分的相互作用，以及时间和空间尺度上缺乏相互关联。

迄今为止，还没有一种综合的土地使用治理方法可提供有效的跨部门治理机制，以处理多方利益相关者之间的相互关系。特别是现行的土地使用决策对行为者立场的多角度理性认识存在不足[4]，以及在知识提供方面存在缺陷[5-7]。知识差距与土地使用治理的复杂性有关，其特点是高度不确定性（即不可预测的发展和相互关系）、分歧（即相互冲突的目标和需求）和能力分散（即多主体参与）。

总之，当代土地使用治理系统面临的问题包括知识差距、治理工具与治理目标不匹配或治理功能失调，这些问题共同导致了不可持续的土地使用。其中最重要的是缺乏综合性的土地使用法规，而根本原因在于其科学研究存在争议，在土地使用治理的相关研究中也延续了这种争议，进而影响到部门治理。

因此，似乎有必要通过阐明不同土地使用部门之间的相互关系、整合不同的知识库，以及在利益相关者的各种行动模式之间进行协调，以此来扩大对影响土地使用的系统的理解[8]。除了需要更好地理解土地使用系统，还需要在未来采取具体行动。这就要求我们采取新的治理方法，整合不同的知识类型和视角，不断探索和开发新的社会技术解决方案，以缩小目前持续存在的差距，促进更可持续的土地使用。

---

1. HOOGHE L, MARKS G. Unraveling the central state, but how？ Types of multi-level governance［J］. American Political Science Review, 2003（97）: 233-243.
2. BLATTER J. From 'spaces of place' to 'spaces of flows'？ Territorial and functional governance in cross-border regions in Europe and North America［J］. International Journal of Urban and Regional Research, 2004, 28（3）: 530-548.
3. SIKOR T, AULD G, BEBBINGTON A J, et al. Global land governance: from territory to flow？［J］. Current Opinion in Environmental Sustainability, 2013, 5（5）: 522-527.
4. DAVY B. Land policy: planning and the spatial consequences of property［M］. Routledge, 2016.
5. SALET W. The authenticity of spatial planning knowledge［J］. European Planning Studies, 2014, 22（2）: 293-305.
6. FRANTZESKAKI N, KABISCH N. Designing a knowledge co-production operating space for urban environmental governance—lessons from Rotterdam, Netherlands and Berlin, Germany［J］. Environmental Science & Policy, 2016（62）: 90-98.
7. GIEBELS D, VAN BUUREN A, EDELENBOS J. Knowledge governance for ecosystem-based management: understanding its context-dependency［J］. Environmental Science & Policy, 2016（55）: 424-435.
8. ISON R, BLACKMORE C, IAQUINTO B L. Towards systemic and adaptive governance: exploring the revealing and concealing aspects of contemporary social-learning metaphors［J］. Ecological Economics, 2013, 87: 34-42.

3. 可持续土地管理

在联合国可持续发展议程的背景下，可持续土地管理（Sustainable Land Management，SLM）的概念引起关注。土地管理主要是指多层级行政管理过程中，在空间、时间、部门管理方面协调土地利用和土地开发的程序[1]。其核心要素包括生态、社会经济和政治方面与时际维度（intertemporal dimensions）的联系，以及多方利益相关者的观点的整合[2,3]。管理过程涉及一套工具的重新配置以及技术、政治和法律措施与活动[4]。土地管理考虑了不同土地利用类型和土地相关部门之间的相互作用，明确纳入了农村和城市需求以及土地的经济、社会和生态系统功能。因此，建议将其作为一个框架，为处理土地使用冲突提供系统性的解决方案[5]。

处理土地使用方面的冲突不能仅靠科学，因为土地使用规制起着决定性作用。因此，整合并利用学术界和实践界的不同观点和知识类型对于可持续土地管理至关重要。提倡可持续土地管理的概念，指的是正在进行的关于知识生产新"模式"的辩论，反映了现实世界中问题导向、行动者导向和实施的需求[6]。

可持续性涉及不同行动者的作用和意义，如何将其纳入规划过程是制度主义方法十多年来一直强调的。因此，可持续土地管理需要特别关注行动者的知识储备，包括基于经验的知识（即知识的共同生产）。这些知识不仅有助于我们更好地理解问题和起始情况，还为决策的准备和实施过程提供了重要依据。同时，在此过程中，实施导向发挥着至关重要的作用。所有这些活动都发生在多层级治理系统中，特别是在空间和景观发展高度复杂的场所之中[7]。

---

1. ENGELKE D，VANCUTSEM D. Sustainable land use management in Europe: providing strategies and tools for decision-makers [M]. Lyon: LUMASEC, 2010.
2. HURNI H. Assessing sustainable land management（SLM）[J]. Agriculture, Ecosystems & Environment, 2000, 81(2): 83-92.
3. SCHWILCH G, BACHMANN F, VALENTE S, et al. A structured multi-stakeholder learning process for sustainable land management [J]. Journal of Environmental Management, 2012 (107): 52-63.
4. HABER W, BÜCKMANN W, ENDRES E. Anpassung des Landmanagements in Europa an den Klimawandel [J]. Natur und Recht, 2010 (32): 377-383.
5. REPP A, WEITH T. Building bridges across sectors and scales: exploring systemic solutions towards a sustainable management of land—experiences from 4th year status conference on research for sustainable land management [J]. Land, 2015, 4(2): 325-336.
6. ZSCHEISCHLER J, ROGGA S. Transdisciplinarity in land use science—a review of concepts, empirical findings and current practices [J]. Futures, 2015 (65): 28-44.
7. 钱亮军.《欧洲语境下的可持续土地资源管理》（节选）英汉翻译实践报告 [D]. 长春：吉林外国语大学，2021.

1.1.3 土地使用学科的后常规科学特征

土地孕育了地球上的万物，是一种有限的自然资源，重要的有限资源便通常会引发冲突。为了真正了解土地的重要性，我们需要从多个方面进行分析：人类在土地表面的居住方式，人类从土地上获取的东西，人类如何评价和利用土地提供的自然资源和服务，人类如何继续改变土地覆盖，人类改造的土地表面如何与气候、水文和生物地球化学循环相互作用，以及这些循环作用如何影响生物多样性。同时，我们还要审视土地使用文化对人类和环境所带来的成本与效益。这些问题都是正在发生的，并且已经全面而深刻地影响了地球演化的进程。研究这些问题需要借助多种手段，包括历史档案、遥感、空间建模、土地估价、环境经济学，以及来自农业科学、林业、环境科学、土壤科学、地理、规划和经济学等领域的广泛技术。目前，还没有哪个单一的学科可以全面回应上述土地使用问题，甚至这些问题还没有所谓的"科学的答案"。

如今，科学不仅需要理解和解释现象，还要为土地使用活动提供指导。因此，知识生产需要处理土地使用的规范性问题，需要建立规范导向，并将描述性、规范性和实践导向型知识相互关联。"土地利用规划"是重要的多学科互动和知识创新的领域，但"规划"还没有成为严格意义的科学学科。

卢卡斯·贝伦德（Lukas Behrend）在文章《规划是一门科学吗？深入挖掘争论的底线》（*Planning as Scientific Discipline? Digging Deep Toward the Bottom Line of the Debate*）中表明，是否科学的判别存在多种标准，早期的观点认为科学的陈述是可重复验证的，因此是可信的。然而，波普尔（Karl Popper）提出的观点不是"证实"，而是"证伪"。根据波普尔的说法，占星术或心理分析就是伪科学的例子，因为它们无法被证伪，只能用被验证的方式表达它们的理论[1, 2]。"证实"是一个持续不断的验证过程，其中任何事件都可以被视为对理论的确认。有些学者通过是否可以被证伪来认可科学理论，在这种对科学的狭隘理解中，空间规划无疑不符合科学的标准。

托马斯·库恩（Thomas Kuhn）可以被视为与波普尔齐名的、20世纪下半叶最具影响力的科学哲学家之一，他在《科学革命的结构》（*The Structure of Scientific*

---

1. NEWBOLD D, ROBERTS J. An analysis of the demarcation problem in science and its application to therapeutic touch theory [J]. International Journal of Nursing Practice, 2007, 13（6）: 324-330.
2. POPPER K. Conjectures and refutations [M]. New York: Random House, 1963.

Revolutions）中指出，科学的历史发展遵循一定的模式[1,2]。起初，科学的历史发展存在着前范式的混沌，在此阶段，人们对基本决定因素存在分歧，不同的利益相关者对其标准的定义不同[1]，这种分歧进而催生了"常规科学"。在"常规科学"阶段，在大部分时间里，大多数科学家都在工作，并且是在一个未经批判的基本原则、价值观和技术范式内工作，从而形成一个实践的框架[3,4]。然而，研究工作可能出现导致"常规科学"崩溃的异常现象。当科学家发现无法将新发现融入现有框架时，就会导致这种崩溃。由此引发的科学危机导致科学家进入一个寻求范式替代方案的新阶段。如果发现一种比旧范式更具吸引力的新范式，就会发生一场科学革命，并在新的范式下产生一门新的"常规科学"[3,5]。范式转变的典型例子是尼古拉·哥白尼（Nicolaus Copernicus）的理论。16世纪，哥白尼提出地球围绕太阳旋转的观点，但该理论与当时的研究范式不符，因此被拒绝；几个世纪后，哥白尼的理论被接受并逐渐形成一个新的范式。从这个模型出发，库恩批评了波普尔，他认为科学家只有在寻找新范式时才会试图证伪理论，而不是在"常规科学"阶段。科学在很大程度上意味着实践库恩所定义的"常规科学"。

于爽在《库恩与"后常规科学"》一文中说明，理解"后常规科学"须从"常规科学"入手[6]。按"常规科学"的表述，科学是一种循规蹈矩的"解难题"作业。当然，科学也在演变，只不过演变的起点和终点都是平静的常规科学，中间会经历反常、危机和革命。共同体成员一旦就新的范式达成共识，就会从骚动回归平静，进入新一轮的常规作业。如果循环一直进行下去，就不会有我们当下所面临的问题了。然而，实际的情况并非如此。20世纪中期以来，科学活动呈现出诸多新形式，如"大科学"与"产业化科学"。这些活动很难被纳入"常规"框架做出解释并加以规范。

"后常规科学"（Post-Normal Science，PNS）的概念最先是由英国科学与社会联合会主席拉维茨（Jerome R. Ravetz）博士在20世纪末提出的。在《后常规科学的兴起》（The Emergence of Post-Normal Science）一文中，他与合作者福特沃兹（S. O. Funtowicz）声明，文章采用"后常规"术语来标志一个时代的结束，在后常规科学时代，有效的科学实践规范可以是由于无视科学活动及其后果而发生的、广

---

1. BARKER G, KITCHER P. Philosophy of science: a new introduction [M]. New York: Oxford University Press, 2013.
2. KUHN T S. The structure of scientific revolutions [M]. Chicago, IL: University of Chicago Press, 1962.
3. KUHN T S. The logic discovery or the psychology of research？[M] // Criticism and the Growth of Knowledge. Cambridge: Cambridge University Press, 1970.
4. PARK S. To be scientific is to be interactive [J]. European Journal of Science and Theology, 2016（1）: 77-86.
5. HOYNINGEN-HUENE P. Systematicity: the nature of science [J]. Philosophia, 2008, 36（2）: 167-180.
6. 于爽. 库恩与"后常规科学"[J]. 哲学研究, 2012（12）: 79-85.

泛的、方法论的、社会和道德争端的解题过程。从这个声明中可以大致勾勒出"后常规科学"概念的轮廓。

后常规科学（PNS）是一种解决问题的策略，适用于事实不确定、价值观存在争议、风险高、决策紧迫的情况，这些情况通常出现在政策相关研究中。在这些情况下，后常规科学建议暂时搁置传统的科学真理理想，专注于内部和外部同行评审的质量。

后常规科学不是亚里士多德和培根之后的新科学方法，不是库恩意义上的新范式，也不是试图达到新的"常规"。相反，后常规科学是一套见解，用于指导可操作且强大的知识生产，以应对流行病、生态系统崩溃、生物多样性丧失以及总体可持续性转型等挑战中的政策决策和行动。

从生态学角度来看，后常规科学可以置于"危机学科"的背景下——这一术语由生物保护学家迈克尔·E. 苏莱（Michael E. Soulé）创造，以应对20世纪70年代全世界对于生态濒临崩溃的恐惧。在此领域，苏莱将后常规科学定义为"生存科学"。最近，后常规科学被定义为一种"开展知情批判性抵抗、改革和创造未来"的运动。

1983年发表的一篇名为《三种风险评估：方法论分析》（*Three Types of Risk Assessment: A Methodological Analysis*）的文章中已经可以找到后常规科学的一些基本思想，文中指出，在诞生之初，后常规科学被认为是一套包罗万象的稳健见解，而非一种排他性的、完全结构化的理论或实践领域。后常规科学聚焦在科学与政策之间复杂关系的几个方面：不确定性的交流、质量评估以及扩展的同行评审论证与实践。

在后常规科学（PNS）图表中（图1-1），横轴代表"系统不确定性"，纵轴代表"决策风险"。三个区域分别表示应用科学、专业咨询和后常规科学。不同的质量标准和分析适用于图表中的不同区域，即后常规科学并不声称与科学的所有应用相关且具有说服力，而只与后常规科学定义的应用相关且具有说服力。它面临四重挑战：事实不确定、价值存在争议、风险高以及决策紧迫。对于应用研究，科学自身的同行评审质量控制系统

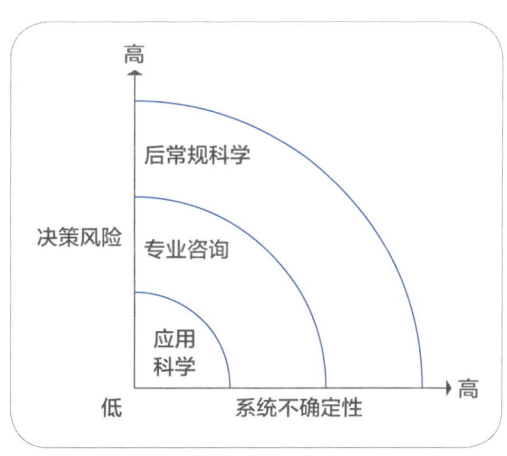

图1-1　后常规科学（PNS）图表
资料来源：刘大椿. 分殊科学哲学史［M］. 北京：中央编译出版社，2017.

就足够了，而专业咨询被认为适用于无法"同行评审"的环境，以及需要从业人员的技能和隐性知识处于最前沿的环境。

后常规科学与复杂性科学[1]之间存在重要联系，例如系统生态学和层次理论。在后常规科学中，复杂性通过承认任何问题都有多种合法观点而受到尊重，这接近于理论生物学家罗伯特·罗森（Robert Rosen）所信奉的含义；反身性则是通过将公认的"事实"扩展到传统研究所谓的客观成果之外来实现的。此外，研究和实践过程中，新参与者不会被视为专家所领导的被动学习者，也不是被强制说服的对象；相反，新的参与者将形成一个"扩展的同行社区"，共同承担对工作过程科学投入的质量保证责任，并通过辩论和对话达成解决问题的方案。

一切研究都是以问题为导向的，这些问题要么是理论问题，要么是现实问题。学科本就是为了研究问题而出现的，问题关涉的对象有自然、社会和人类自身，那么问题可以分为现实问题和理论问题。一般来说，学科涉及五个方面的问题：描述、解释、预测、控制和创造。自然、社会和人是一个整体[2]，土地使用将这些因素纠缠在一起。虽然我们可以采取学科视角的认识和分析，但即便概括出学科问题也很难提炼出典型的科学问题。因此，常规科学无法全面地回答这种非典型的科学问题。土地利用规划主要面向可持续发展的现实问题，这些迫切的现实问题都会涉及自然、社会以及人类自身。所以从多个视角来审视问题才能触及问题的实质，通过后常规科学的方法才能解决或缓解这些问题。

1.1.4　国土空间使用与土地使用科学的关系

吴次芳与荣戈主编的《土地利用学》一书系统地研究了我国土地使用的历史演变及现状发展情况，全面考察、探究和阐述了土地利用分类、规制与管理、土地利用评估与结构优化、土地利用空间组配、土地利用安全及风险评价、城市土地利用与城市交通系统发展、土地利用与全球变化、健康与生态文明、文化与哲学等内容。

国土空间规划目前属于战略性的新兴领域，《国土空间使用与管理》是"国土空间规划"系列教材的组成部分，主要聚焦可持续的土地使用管理。土地使用及其

---

1. 兴起于 20 世纪 80 年代的复杂性科学（complexity sciences），是系统科学发展的新阶段，也是当代科学发展的前沿领域之一。复杂性科学以复杂性系统为研究对象，以超越还原论为方法论特征，以揭示和解释复杂系统运行规律为主要任务，以提高人们认识世界、探究世界和改造世界的能力为主要目的，是一种"学科互涉"（inter-disciplinary）的新兴科学研究形态。
2. 柯华庆. 跨学科还是交叉学科？［J］. 大学（学术版），2010，（10）：90-95.

管理是土地使用科学中的重要内容，侧重于在后常规科学的立场上进行交叉学科知识的生产和应用。

现代科学越来越需要产生与社会相关且可用的知识来应对全球挑战。因此学者们积极与非学术参与者接触，并开展超越单一学科和机构界限的研究项目。这种制度安排为科学传播和解决现实问题开辟了全新的视角。传统观念把科学与实践的转化看作一条直线，即技术推动或科学推动的线性模型。根据线性模型，创新要经过基础研究—应用研究—产品研发—创新这一渐进的演进过程。线性模型也基于单向的知识转移，将"社会"理解为科学成果的接收者。在社会中，科学与实践的转化的相关信息被共享、重组以及重新评估。而这个看似复杂且难以理解和掌握的行动领域，实质上是科学行动的一个新兴研究领域。但科学与实践的转化通常无法得到充分的实施与规划。在有争议的政策领域、科学不确定性较高的领域以及涉及各自参与者的应用领域尤为如此。

可持续土地管理（SLM）是一个旨在通过整合科学和实践知识来管理土地使用和开发的有目的的过程。它包含了基于实践项目的研究方法，例如来自实践和学术界的参与者在一定时期内组成一个项目联盟，共同致力于实现更可持续地利用土地资源[1]。

技术与创新广泛应用于政治学、信息技术和其他领域。同时，技术与创新作为一对概念术语，也非常契合可持续土地管理（SLM）实践中备受关注的特定领域框架，因为越来越多的领域要求科学研究应具有更高的社会影响力。除了社会绩效方面，若要将技术与创新用作跨学科过程的指导原则，还要考虑到可持续土地管理中的技术与创新活动不仅仅包含在项目结题报告和汇编的文件（即书籍、报告和软件）之中[1]。

近来，科学服务于社会逐渐成为主流趋势，研究者要证明投入科学研究的资源会带来合理的"投资回报"。学术界将为解决社会期望科学解决的现实问题作出更大贡献。诸如气候变化和人口变化，这些现实问题不仅涉及规范维度（即人类价值观、规范和偏好），而且还十分复杂，即影响所研究系统的因素是多方面的，有时甚至是未知的。解决规范性问题必须在民主合法化的进程中寻求方案，同时，还需要一种综合的方法，将多学科的知识结合起来。因此，这种新的科学模式要求产生不同形式的知识[1]。

虽然系统知识可以通过既定的研究方法产生，但目标知识和转化知识的产生则需要全新的方法，这些方法需要融合多种学科以及所谓的从业者或利益相关者

---

1. 苏萌萌.《欧洲可持续土地管理》（第十二、十三章）翻译实践报告［D］.青岛：青岛科技大学，2022.

的观点[1]。这种新颖的科学模式，也称为"跨学科研究""转化科学"或"干预科学"，旨在以科学证据为支持，通过不同的手段和干预水平改变社会不可持续的状态。

新的科学模式不仅需要生成新的知识库，因为从社会到科学，这些知识库与学科知识都会存在不同；并且，如果新知识库有效，还需要充分交流和反馈知识。

从系统论的角度来看，跨学科科学的发展趋势可以概括如下：科学子系统与社会其他子系统之间的界限变得更加模糊，在这些子系统的交叉点上，建立了内部和外部新的双向沟通模式，跨学科研究项目可以设在这些交叉点上，形成边界交叉组织，知识在交叉组织中生产并转移到多个子系统，例如科学、政治、经济和行政。

知识转移被定义为知识（或信息）的外部化并通过媒体在内部和个人之间进行交流的过程。因此，知识转移不仅以互动的形式发生在个体之间，还涉及学习、描述和解释的交流过程。知识转移不再仅仅是"知情者"与"非知情者"联系的过程，知识转移反映了一种对知识生产方式更动态的看法，即知识嵌入个人和组织背景中，并在所涉及的参与者之间传播，理想情况下，会创建一个与个人学习并行的元学习过程，即共同学习的过程[2]。

基于交叉组织知识生产与知识转移的观点，国土空间使用与管理处于土地使用科学与社会管理的交叉界面，这是多个专业学科的行动者交流互动的领域，持续产生新的知识。尽管国土空间使用及其管理属于交叉研究领域，但目前的状态仍然是多学科的会聚研究，尚未形成公认的交叉学科。本书重点引介土地使用及其管理研究的最新成果，阐述相关交叉研究的进展，目的是提供一个学习的目标与方向，而不是给出既定的学科知识。

1.2 从土地用途管制向国土空间治理的转型

吴志强院士在《国土空间规划的五个哲学问题》一文中阐述了建构国土空间规划制度的根本原因，他指出：空间规划源自对于文明的生存安全保障，对于文明发

---
1. 关于系统知识、目标知识及转化知识的解释与说明，可见本章1.3.3节内容。
2. 苏萌萌.《欧洲可持续土地管理》（第十二、十三章）翻译实践报告[D].青岛：青岛科技大学，2022.

展的空间基本属性辨识，对于文明发展的生产空间及其支撑。在认识到改变文明生存空间边界的巨大代价之后，可以看到，文明内部的空间社会分化、社会性和人民性成为空间规划的要素。为了一个文明的更高级的发展，解决内外的、自然的、社会的、经济的可能存在的对文明的威胁问题，必须对其未来状态作出提前的安排，以使得文明生存空间的内外关系走上全面的、全民的、普惠的、可持续的发展道路。这成为空间规划价值体系中最重要的原则，这也直接回答了我们为什么要架构国土空间规划体系的原因[1-3]。在国家走上现代化社会发展道路后，其治理范围不仅仅局限于城乡空间，也包含更大的空间要素，如海洋、森林等。在一些现代国家建构的历史中，可以看到在城镇化率60%左右架构整个国家空间体系的案例，如德国。因此，国土空间规划制度的建立也是一个国家现代治理制度建设中不可缺失的重要构成部分[4]。

目前，国土空间规划制度的建构已经明确了目标和方向，正处在探索实践的阶段，还没有形成系统完整的知识体系。国土空间规划学科的基础仍然是土地使用及其相关知识，尚有一些基本的概念需要在学界进行探讨辨析。我们以此为根基着力推进国家发展治理的转型，面向规划治理现代化的目标进行国土空间知识体系的重构。因此，理解和区分土地用途与土地功能是认识国土空间使用管理转向的关键。

1.2.1　土地用途管制的基本概念辨析

1. 使用、用途与土地用途

使用是活动，它是由观念和利益驱动的，并受到各种法律、规则和社会习俗的约束。土地使用是人类的生存活动，从使用活动与土地相互影响的程度层面，可以将人类土地使用活动分为三种类型：①不改变土地物质形态的使用活动，比如人类早期的采摘和狩猎活动。②改变土地物质形态的开发建设活动，比如利用土地和土地资源建造房屋、村落和城市等，建筑改变了自然环境，创造了适宜生存并符合人类意愿的人工环境，人类聚落发展到现代，大规模的开发建设活动导致土地退化和地球生态环境不可逆的变化，并可能危及人类自身生存与发展；因此，全球倡议土地永续利用和可持续发展。③非建设性改变土地物质状态，比如

---

1. 梁鹤年."城市人"理论的基本逻辑和操作程序［J］.城市规划, 2020, 44（2）: 68-76.
2. 赵燕菁.论国土空间规划的基本架构［J］.城市规划, 2019, 43（12）: 17-26+36.
3. 杨保军, 陈鹏, 董珂, 等.生态文明背景下的国土空间规划体系构建［J］.城市规划学刊, 2019,（4）: 16-23.
4. 吴志强.国土空间规划的五个哲学问题［J］.城市规划学刊, 2020,（6）: 7-10.

农业开垦土地、梳理山林和果园等，这些活动的特征是利用自然规律加快和强化自然循环，促进人类需求产品的生产，这些土地物质形态被初次改变之后会形成新的生态系统，然而，现代农业的化肥、农药的过量使用也带来严重的生态环境问题。

三种土地使用活动类型反映人与自然的三种关系，目前，土地使用研究和管理的重点是开发建设活动以及农业生产的土地使用。土地用途可以简单地看作在土地上的使用活动描述，也可以看作期望的土地使用活动，或对未来土地使用活动类型的规定和要求。

2. 功能、土地功能与土地使用功能

功能，指事物或方法所发挥的有利作用和效能。在此前提下，比较容易被混淆的是土地功能和土地使用功能。

土地功能是土地在人类社会起到的作用和所扮演的角色，显然，土地是人类社会生存和发展不可或缺的资源，是人类社会存在的基础和支撑。

土地使用功能的含义则狭隘很多，通常特指某个土地使用系统给其关联的土地使用系统带来的影响，比如居住用地在城市土地使用系统的角色和作用。现代主义城市规划理论将城市用地分为四大功能：居住、工作、休闲和交通。此外，还需留意的是，土地的多功能性是指人与土地的多方面联系，比如经济、社会、文化、环境等多个维度，土地使用功能则是这块土地在其整体土地系统中的作用和影响，体现的是土地使用系统之间的关系。土地是多功能性的，而土地使用功能却是特定的，规划和管理就是从土地多功能选项中确定一个或一组符合目标和诉求的功能。

3. 土地使用与土地使用功能的关系

使用是活动，土地使用功能是土地使用活动的作用和影响，土地使用与土地使用功能的关系具体表现为某块土地上的活动给其相关土地使用系统带来的影响。活动是"因"，功能是"果"，但是土地使用活动与土地使用功能之间的关系不是一因一果，而是复杂的对应关系，可能是多因一果，或一因多果。比如土地的居住功能可以通过独栋住宅实现，也可以采用高层住宅实现；满足就业需求的土地使用可以是生产活动，也可以是商业活动等。土地使用活动是动态变化的，而土地使用功能则是稳定的。因此，土地使用管理应该聚焦在土地使用功能方面。

4. 用途管制与土地使用管理

所谓土地使用管理就是干预土地使用活动，用途管制就是将特定的活动限定在特定的空间范围。为何要干预土地使用活动呢？这是因为土地使用活动可以带来外部性影响，特别是城市土地的竞争性使用。因此，在城市土地的竞争性使用中，管理的目标就是防止土地使用的矛盾和冲突。然而，并不是所有的土地使用活动都会产生对立和冲突，那么，将所有的使用活动都纳入管理的范畴就值得怀疑了。这就要求将管理活动的对象从用途活动本身转向活动的影响，也就是土地使用的功能。站在管理者角度，土地使用行为是实在的，可以控制的，管理就是针对土地使用活动的主体设定行为规范的要求。作为行为结果的土地使用功能，在事前很难判断其实质性影响，并且使用活动影响的范围和程度也难以界定，如何进行功能管理成为比较复杂的技术问题。恰恰是土地使用管理的目标与对象的错位这个基本矛盾，推动了土地使用管理的科学研究。人类使用土地的活动是可分类的，同类的活动具有相似的影响，并且土地使用活动的影响与土地用途、位置、规模有关，这些也是有规律的。那么，把握人类活动的规律，概括总结各类活动影响的特征，这就可以逐渐消除土地使用管理中目标与主体错位的问题，并借助已有的管制工具实现更高的目标，例如缓解全球气候变化的目标就需要借助土地开发控制的管理工具等。

1.2.2 从土地用途管制走向国土空间治理

管制是我国刑法中的一种强制措施，作为普通词语的含义是强制性管理，比如交通管制、出口管制等。土地用途管制是国家为保证土地资源的合理利用以及经济、社会的发展和环境的协调，通过编制土地利用总体规划，划定土地用途区域，确定土地使用限制条件，使土地的所有者、使用者严格按照国家确定的用途利用土地的制度。管制是法定机构的正规行为，治理机构通常以国家为最高层级。

当代的土地使用研究表明，地方土地使用可以产生全球影响，联合国17项可持续发展目标（SDGs）中有多项与土地使用相关。目前的土地使用管理都是限定在地方或国家层面，全球尺度上还没有正式的管理机构，联合国作为国际事务的协调组织只能通过倡议、协议与资金资助的方式推动土地使用的全球治理。联合国的倡议及国家间的协议和条约是独立国家自主遵守的规则，具有地位平等和多方参与的特点，但同时也缺乏强制性。这种基于共同目标建立公共契约的行为可以渗透到邻里和社区等多个层级，并且道德规范、文化价值观和社会习俗等非正式的行为规则同样具有协调土地使用的功能。缺乏正式治理机构的国际社会可以采用平等参与的协议和条约来改进土地使用的治理，那么在国家内也可以在正式的管制机构之外，基于共同目标鼓励社会公众形成和建立平等参与的共同治理机制。由此，正式的土地用途管制与非正式的土地使用治理的结合能够提高土地使用管理的效果。

土地用途管制与土地使用治理不是替代性的关系，而是包容合作的关系，尽管本书主要内容聚焦土地使用管理，但总体的目标和意图是倡导国土空间治理。

1.3 知识体系与篇章结构

国土空间规划专业教育面向变化的社会需求培养各类专业人才，主要包括各类型多尺度的规划设计，国土空间开发、利用和保护的管理，涉及土地使用和开发建设项目的工程咨询和服务，规划教育和科学研究等。一方面，国土空间的使用与管理是一个宽阔的知识领域，也是国土空间规划各专业的基础知识；另一方面，国土空间使用管理知识还面向专业部门的管理领域，诸如城镇开发管理、乡村建设、海洋、草原的使用管理，自然保护区和各类自然保护地的保护和生态修复等专门领域。

土地使用是一个客观现象，国土空间替代土地之后，国土空间使用所指代的对象更加宽泛。从现象学的视角观察土地使用现象，它是由两类要素构成，第一类是"土地"或"国土空间"，第二类是土地使用活动。

1.3.1 地球科学的知识背景

土地作为自然存在、作为认识的对象，其实体极限边界是地球，而土地使用活动的物理边界是地球的生物圈，少量的太空探索活动仍然以生物圈为基础。地球科学所涉及的领域包括：①自然地理学，涉及地貌学、土壤学、水文学、气象学、气候学和生物地理学；②地质学，主要研究地球地壳（岩石圈）的状态和演变，主要分支学科包括矿物学、岩石学、地球化学、地貌学、古生物学、地层学、构造地质学、工程地质学和沉积学；③地球物理学和大地测量学，主要研究地球的形状、受力，以及地球的磁场和重力场，地球物理学家探索地球的地核、地幔构造以及岩石圈的地震活动，主要分支学科包括地球动力学、地磁学、构造物理学、地震学和勘探地球物理学；④土壤科学，涵盖了地壳受到成土作用形成的最外层（土壤圈），主要分支学科包括土壤学和土壤生态学；⑤生态学，涵盖生物与自然环境间的交互作用，这一领域区别了地球科学与其他太阳系内的行星科学，地球是目前所知唯一拥有生命的行星；⑥水文学和海洋学（以及湖沼学），研究地球水圈中水的运动、分布和质量，主要分支学科包括地表水文学、水文气象学、水文地质学、物理海洋学、海洋化学和海洋生物学；⑦冰川学，涵盖了地球上的冰（冰雪圈）；⑧大气科学，研究地表至散逸层（高约 1 000 千米）之间的地球大气层，主要分支学科包括气象学、气候学、大气化学和大气物理学。

可见，关于土地的自然科学知识是一个非常庞大的且不断深入拓展的知识领域，地球科学知识就是国土空间使用管理的知识背景。

1.3.2 土地使用与土地使用管理的基础知识

土地使用可以直接观察到的现象是在土地上的人类活动，通常将土地使用看作为了人类的生存对自然环境或荒野进行管理和改造。土地使用的目标是改造土地成为人工环境，如定居点和半自然栖息地。人类对土地的利用历史悠久，最早出现在 10 000 多年前。综合来看，土地使用活动被定义为"人类与土地和陆地生态系统互动的目的和活动"和"人类在某一土地类型中进行的所有安排、活动和投入的总和"。土地使用是全球环境变化的最重要驱动因素之一。

然而，土地是有限的，可用资源的空间分布极其不均衡，土地使用活动充满竞争与挑战。土地使用管理有助于控制土地的特定用途分配，确保资源可供人类持续使用，可以最大限度地减少经济活动和发展对环境的影响。例如，有效的管理有助于减少水土流失，加强对湿地和栖息地的保护，并提供休闲空间；未经管理的开发则会产生相反的效果，从而破坏栖息地和环境。通过有组织的土地使用可以实现现有资源的最佳利用。

相关管理者在长期的土地使用管理实践中逐步探索出"土地利用规划"这一管理工具，以便更有效地落实土地使用的愿望和目标。"土地利用规划"或"土地利用管制"是由中央政府管制土地利用的过程，通常是为了促进更理想的社会和环境成果以及更有效地利用资源。更具体地说，现代土地利用规划的目标通常包括环境保护、限制城市扩张、尽量降低运输成本、防止土地利用冲突以及减少污染物暴露。在追求这些目标的过程中，规划人员假设管制土地利用将改变人类行为模式，并且这些变化是有益的。第一个假设是管制土地利用会改变人类行为模式，这一假设被广泛接受。第二个假设是改变自然进程是有益的，但这一观点还存在争议，并且这些争议主要取决于所讨论问题的地点以及具体的管制规定。

在城市规划中，土地利用规划旨在以高效和合乎道德的方式对土地使用进行规范，从而防止土地使用冲突。政府通过土地利用规划来管理土地开发，并试图在满足城市发展诉求的同时保护自然资源。因此，规划制定需要系统地评估土地和水资源潜力、土地利用替代方案以及经济和社会条件，以选择和采用最佳的土地利用方案。土地利用规划通常是综合规划的一个要素，它为街区、地区、城市或任何指定的规划区域的未来发展可能性提供了愿景。

综上所述，就知识体系而言，土地和土地使用是两个独立且密切关联的知识体系，前者属于自然科学的范畴，后者属于人文科学的范畴，国土空间使用与管理是典型的多学科交叉研究领域。土地使用、土地使用管理和土地利用规划之间的关系是包含关系。土地使用是普遍的客观现象，是农学、林学、经济学、社会学、法律等学科的研究主题；土地使用管理又表现为这些学科的交叉研究，那么，土地使用管理就属于交叉学科土地使用学的一个重要组成部分；土地利用规划作为土地使用管理的规范性工具就应该属于土地使用管理的范畴。土地、土地使用、土地使用管理、土地利用规划的学科知识体系见表 1-1。

表 1-1　国土空间使用与管理知识体系

地球科学	交叉领域		人文科学
地理学、生态学、海洋学	土地使用学（交叉学科）		经济学、社会学、法律、公共管理
	土地	土地使用管理	
		土地利用规划	

资料来源：作者自绘

1.3.3　国土空间使用与管理知识的多学科性与后常规科学特点

目前，"国土空间规划"还没有明确学科归属，与其专业人才培养密切相关的城乡规划属于工学门类的一级学科，相关知识涉及理学门类的生态学、地质学、地理学、海洋、大气等一级学科。土地使用属于典型的交叉学科，国土空间规划可能涉及更广泛的学科交叉。作为交叉学科的国土空间使用与管理的重要特征是面向社会需求的知识应用。在过去几十年，人们将科学视为决策者工具的方式发生了变化,解决涉及土地使用的环境政策问题的科学往往必须处理地方性和不确定性、相互冲突的价值观,以及参与土地使用过程利益相关者的不同目标,这对传统科学提出了挑战,因为人们普遍认为传统科学是一种价值中立、明确事实的提供者。因此,土地使用很难划入传统科学的范畴。近年来,土地使用管理由于与可持续发展目标的密切关系而被纳入"后常规科学",这是因为"后常规科学"是一种解决问题的策略,适用于"事实不确定、价值观存在争议、风险高、决策紧迫"的情况,这是国土空间规划与管理知识应用的普遍场景。

如今,科学不仅需要理解和解释现象,还需要为解决问题提供行动指导。因此,知识生产需要处理诸如法规、政策、规则、规划等规范性问题,并将"描述性(descriptive)、规范性(normative)和实践导向型知识(practice-oriented forms of knowledge)"相互关联。跨学科特征的国土空间规划就需要整合描述性、规范性、实践导向型三种知识类型,基于应用的特点重新组织系统知识(systems knowledge)、目标知识(target knowledge)和转化知识(transformation knowledge)的知识框架。其中,"系统知识"是关于系统实际状态的分析性和描述性知识,它考虑复杂的人与土地的相互作用与多种解释问题,也就是知道问题是什么(即问题的特征和动态);"目标知识"描述了关于系统期望未来发展的知识,它代表规范知识,并捕捉期望的目标以及变革的需求和方向,也就是知道问题在哪里;"转化知识"是指关于我们如何从实际状态转变为更理想状态的知识,包括为社会转型进程和具体行动制定战略提供支持,也就是知道如何去做。三种知识类型关系见图1-2。

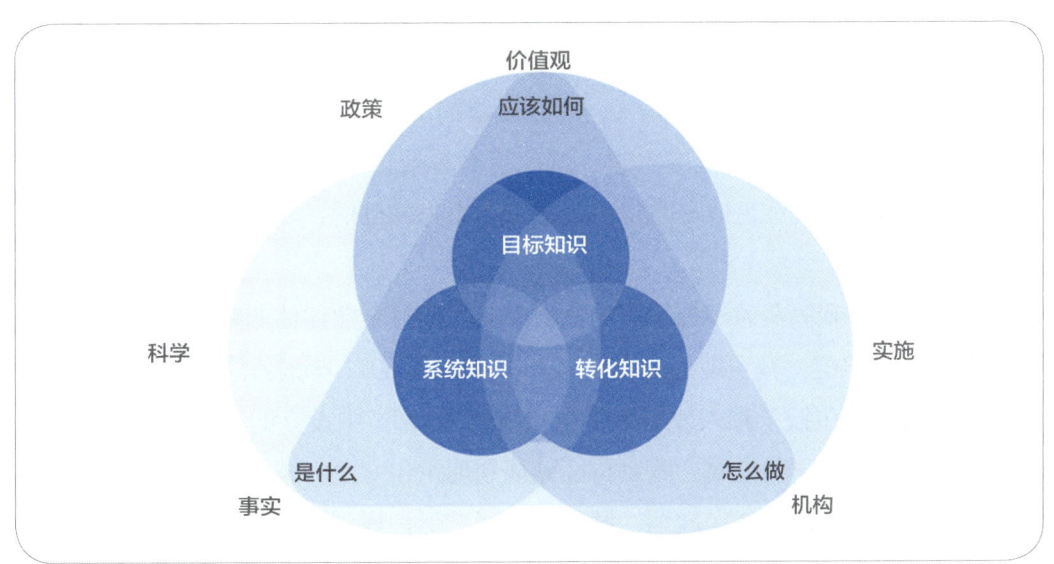

图1-2 三种知识类型图
资料来源:作者自绘

1.3.4 基础知识与专业知识

作为新型交叉学科的国土空间规划，学科建设不仅需要提供解决社会问题的专业知识，还需要培养专业人才，学科建设的知识体系与人才培养的知识体系既有关联，也存在显著的不同。学科是就知识体系而言，而专业是就社会分工而言，两者密切相关，相互依存、相互促进。交叉学科建设和发展必须始终坚持"问题导向"。学科是按照知识体系的划分，它主要基于知识本身的发展和分类。例如，数学、物理、化学、生物等都是不同的学科。每个学科都有其独特的研究领域和知识体系，它们各自不断发展和完善，推动人类知识的进步。而专业则是在学科的基础上，结合社会需求和学校资源，将一些学科知识应用到具体的职业领域中，从而形成的一种专门人才培养方向。例如，土木工程、能源经济、法律、医学等都是专业。专业更强调的是知识的应用和实践，它的设置往往与社会的职业需求紧密相连。学科与专业不是一一对应的关系，一个专业可能会涉及到多个学科的知识。城乡规划专业要求学习者必须掌握经济学、社会学、地理学、城市规划原理、城市历史、交通和市政工程、地理信息系统等十余门课程的基础知识，这种跨学科的性质使得专业教育更加综合和应用导向。

"专业"有两层含义。广义上的专业就是职业，指某一职业区别于其他职业所形成的特定的劳动特点，特定的职业需要专门的知识和技能，只有经过专门教育和训练的人才能胜任，如工程技术专业、教育专业、医疗专业等；狭义上的专业特指高等教育中的专业，是依据社会的专业化分工和明确的培养目标，设置于高等学校（及其相应的教育机构）的教育基本单位或教育基本组织形式。高等教育中的专业有很强的职业导向性和学科依赖性，专业设置的出发点是培养各级各类专门人才，满足社会上不同职业和岗位的需求，体现了高等教育为经济和社会发展服务的功能。同时，专业的构成是以一定学科的知识体系为基础的，专业的发展离不开学科整体水平的提高。

城乡规划是我国普通高等学校的本科专业，通过专业评估的院校可以授予城乡规划专业硕士学位。城乡规划专业所依托的学科是2011年国务院学位委员会、教育部印发的《学位授予和人才培养学科目录（2011）》中设立的"城乡规划学"一级学科，下设6个学科方向：城乡与区域规划理论和方法、城乡规划与设计、城乡规划技术科学、社区与住房规划、城乡历史遗产保护规划、城乡规划管理。我国的城乡规划本科教育并没有按照下设的6个学科方向培养人才，属于一级学科下的专业教育；硕士研究生虽然按照6个学科方向进行专业培养，但是毕业生统一授予

"城市规划专业"硕士学位，与规划行业的岗位类别也不对应。一个一级学科下专业人才培养问题十分突出，主要表现为专业人才培养知识要求与一级学科的庞杂知识体系之间协调性不足。那么，包含城乡规划且具有更广泛内涵的国土空间规划的专业人才培养显然不可能只有一个专业，如何设置专业和建立专业培养的知识体系至关重要。

从普遍的观点来讲，城市规划职业起源于埃比尼泽·霍华德（Ebenezer Howard）于 1898 年提出的"花园城市"（Garden City）理念。这是一种旨在改革城市并和平迈向高质量生活的、非马克思主义的社会乌托邦式理念。对于城市而言，工业革命时期作为组织社会的自由放任（laissez-faire）系统是灾难性的，自由放任导致不受监管的私营企业未能提供对维持城市至关重要的社会投资和服务，并且，由于建筑物在没有有效控制标准的情况下建造，城市受到疾病和健康问题的影响。缺乏规制（regulation）导致不当房屋的建造、排水不畅和不卫生的环境，这些恶劣的城市环境最终导致霍乱暴发以及工业污染引起的呼吸道疾病。为此，花园城市理念被提出，并成为现代城市规划史上的一个重要里程碑。

1905 年伯明翰住房委员会主席约翰·S. 尼特福德（John S. Nettlefold）提出的"城镇规划"（town planning）成为从住房到土地和花园城市等各种改革的总称。英国于 1909 年通过了第一个城市规划法《住房、城市规划诸法》（*Housing, Town Planning, Etc., Act, 1909*）。这部法律将规划从社会改革的自愿慈善活动转变为地方政府主导下的国家政策领域，这是从理想主义向政策的转变。颇具争议的改良主义思想的运动得到了一个庇护所，沿着可接受的方向来完善改良主义的思想。从此，规划作为一种职业正式确立起来。

1947 年，英国颁布了《城乡规划法》（*Town and Country Planning Act*），其核心作用就是创设"城乡规划"这一干预土地使用和开发建设的法定工具。据此，城乡规划专业人才培养及其专业学科建设都围绕着"城乡规划"这个法定干预工具建构起来。英国的城乡规划立法引起其他国家的效仿与引入，并适应性地改造了城乡规划。城乡规划专业的核心是"规划的制定与实施"，在实践中逐步扩展为"规划的制定、实施、评估和救济"四个领域。每个国家法定规划的具体名称可能不同，甚至一个国家内每个历史阶段的法定规划名称也不同。比如英国 1947 年之前的法定规划名称是"planning scheme"（规画），之后就是"development plan"（开发规划/发展规划）；我国在国土空间规划体系建构之前法定规划名称是"城乡规划"和"土地利用规划"，目前，国土空间规划被确立为法定规划类型。尽管不同法定规划名称下规划的内容、编制程序都存在较大的差异，但是目标导向、积极干预和强制实施是"规划"的共同特点，成为普遍性的土地使用与空间治理的工具。当前城乡规划的专业知识建构是围绕着"规划的制定、实施、评估和救济"四项核心内容进行组织建构的，规划工作的动态特征导致知识体系不断扩张，注册规划师的年度职业培训教育制度就反映出该职业因专业知识体系不断扩张而需终身教育的特点，这是普通职业所不具备的。

1.3.5 土地使用管理是国土空间使用与管理知识体系的核心

土地使用管理交叉学科的知识领域涉及三个一般本体：土地、使用和管理。土地使用是普遍性的客观现象，属于科学描述的范畴，诸如地理学、地质学、气象学、生态学等，目的是发现和解释土地使用和土地使用变化的一般规律。土地使用管理属于规范性科学，目的是为满足土地使用诉求或预防和解决土地使用问题提供专门的知识和工具。可见，土地使用属于交叉学科研究领域，土地使用管理属于国土空间规划专业范畴，因为"管理"的规范性是运用科学知识来实现土地使用目标和愿景的工具，那么，有关土地使用的规范性知识就成为国土空间使用与管理专业知识的基础与核心。

目前，国土空间规划体系要求建立分区、分类的规划管理。

所谓"分区管理"就是采取类似"区划"的用途管制，将规划土地分为特定的区域，再将规划目标和要求转化为开发建设的规则，给每个土地分区建立一个特殊的规则，并以此为依据实施土地使用与开发的管理。国土空间规划的分区程序是市县总体规划划定"三区三线"，并且需要明确城镇空间、农业空间和生态空间的边界和范围，然后再通过专项规划和详细规划细分到地块，规划地块作为开发项目的场址需要具体给出用地性质和开发强度、密度指标以及市政配套和公共设施的配置要求。分区管理就是通过"规划"逐渐分解目标并细分土地的过程。在这个意义上，分区管理的实质就是规划，典型如美国区划具有"自我实施"的特征。

所谓"分类管理"，主要是指用途分类的管理。土地用途就是土地使用活动，按照土地使用活动进行分类管理是英国规划制度的基本特征。英国1947年《城乡规划法》（以下简称《规划法》）将土地开发权收归国有，据此国家有权对开发活动实施规划管理。《规划法》最基础的作用就是定义"开发"活动，也就是在普遍的土地使用现象中区分出"开发活动"这个受到规划管理的类别。凡属开发活动均需要申请规划许可证，不属于"开发"的活动国家没有干预的权力。英国规划法定义的

"开发"是"改变土地的物质状况和使土地用途发生实质性转变"的活动；同时，出于管理的目的，又将农业活动和道路设施的维护等改变土地物质形态的活动排除在"开发"范畴之外。通过法律定义的"开发"将土地使用区分为需要申请规划许可的类型和不需要许可的活动类型。在开发活动的范畴内，又将同一类别的用途转变和一些小型开发活动，或开发活动的外部影响比较确定的开发项目确定为"已授权的开发活动"，这些开发活动免除申请规划许可。英国的用途分类规则和已授权开发项目的范围会根据社会发展和管理需求进行动态调整。可见，英国的规划管理分类是采用"申请规划许可""免除规划许可"和"不需要规划许可"三个基本类型，实质是管理方式的分类。

我国当前的城乡规划管理混淆了"用地分类"和"用途分类"，误将用途分类视为用地分类。实践中主要采取用地分类管理的方式，通过规划对建设用地进行划分并确定用地性质，也就是确定规划地块的用地类型，实质上是将用地类型等同于建筑场址类型，比如学校、医院、住宅、商店等具体建设项目的场址类型。规划管理的主要特征为开发建设管理，而不是土地用途管制。由于缺乏对土地使用活动的分类管理，实践中就出现公寓和住宅不分，酒店和民宿混淆的情况，这给建成环境的运营和管理带来很多问题。因此，国土空间的分类管理应该克服城乡规划管理的弊端，采用管理分类的管理模式。

管理的对象是土地使用活动，那么管理的分类就应建立在土地使用活动分类的基础之上。用途分类有多个维度，采用哪个维度的分类与管理的目标有关。一般而言，就土地使用活动对土地物质形态的影响程度而言，可以分为三种类别：土地消耗、土地利用和土地开发。土地使用管理的基本目标是通过土地使用管理实现可持续发展，那么，"保护"就成为土地使用管理的首要目标。在此基础上针对土地使用活动分类，分别建立针对性的管理程序和要求，主要包括生态空间的保护和修复，城镇空间的开发，乡村空间的整治和利用，矿产资源和生物资源的开发利用等分类管理制度。

由此可见，土地使用是客观现象，将其作为规划管理的对象，可以从分区和分类两个维度实施管理。国家规划管理制度的建构可能只需要选择一个维度，而学习研究则可以将两个维度的知识整合为一个整体的知识库。知识库的横向维度采用分区管理，分为城镇空间、乡村空间、生态空间和动产资源四个类别；纵向维度采用分类管理，按照规划与管理的目标分为保护、利用和开发三种类型，形成图1-3的分区、分类管理的知识体系。出于让知识便于获取的教育目的，我们可以采用纵横两种方式来组织知识。纵向方式按照使用和管理特征进行分类，即空间作为一个整体，涵盖"保护""利用""开发"等使用管理行为的目标与特征；横向按照空间地域类型划分，分为"城镇""乡村""自然生态"三类空间，以便整体掌握每种空间类型在保护、利用和开发等方面的知识和使用要求。基础知识强调全域空间的专门化知识组织，专业知识则是在基础知识之上的深入和再组织，主要按照管理的专业领域进行细分。通过纵横两个维度的学习，可以加深知识的整体性理解。

按照管理目标分类 \ 国土空间类型	分区管理			
	城镇空间	乡村空间	生态空间	动产资源
分类管理　保护	国土空间使用与管理知识群			
利用				
开发				

图1-3　国土空间使用与管理知识库的基本结构
资料来源：作者自绘

显然，从分区和分类两个维度同时提取并呈现国土空间使用与管理的知识存在大量重复内容。作为专业教材，本书的策略是：①将分类管理知识作为基础，针对全域空间从规划行为和管理目标角度，概述管理行为的基本准则；②将分区管理知识作为特色课程和选修课程，深入到部门管理专业知识领域，这些内容的讲授是选择性的。因此，本书可以从学习的深度和教师的选择性两个方面尽量避免过多的重复内容。

关键术语

国土空间、土地利用（使用）科学、土地使用、土地使用功能、土地使用管理

思考题

1．国土空间使用与土地使用科学之间有什么关系？
2．探讨国土空间使用与管理知识可能涉及到的交叉学科有哪些？
3．国土空间使用与管理知识体系的核心是什么？

参考文献

[1] 林坚,吴宇翔,吴佳雨,等.论空间规划体系的构建:兼析空间规划、国土空间用途管制与自然资源监管的关系[J].城市规划,2018,42(5):9-17.

[2] 郝庆,彭建,魏冶,等."国土空间"内涵辨析与国土空间规划编制建议[J].自然资源学报,2021,36(9):2219-2247.

[3] 柯华庆.跨学科还是交叉学科?[J].大学(学术版),2010,(10):90-95.

[4] 吴家睿.多学科研究的三种形态[J].中国科学基金,2021,35(2):170-174.

[5] 钱亮军.《欧洲语境下的可持续土地资源管理》(节选)英汉翻译实践报告[D].长春:吉林外国语大学,2021.

[6] 苏萌萌.《欧洲可持续土地管理》(第十二、十三章)翻译实践报告[D].青岛:青岛科技大学,2022.

[7] 吴志强.国土空间规划的五个哲学问题[J].城市规划学刊,2020,(6):7-10.

第 2 章

土地、使用基本概念与土地使用的三种类型

■ **教学要求**

本章要求深入理解土地、使用基本概念与土地使用的三种类型。首先，通过教学，学生需掌握土地的定义、功能、双重属性及分类，特别是土地在不同语境下的双重指代意义。其次，需要理解土地使用的基本含义和概念框架，了解我国法律法规中关于土地使用权利的规定。再次，学生需要了解土地使用管理的基本含义、特性和中国土地管理相关制度。最后，需熟悉土地使用相关术语的定义与解释。

导言

科学系统是一个基于严格概念的逻辑系统，它通过把一切概念从基本概念中逐步构建，形成一个有层次结构的概念谱系，且各概念之间存在严密的逻辑关系。对于土地相关学科而言，土地使用是核心的研究对象，规划研究与实践需要建立在对土地使用概念的基本共识之上，这一核心概念是相关学科的基石。因此，诸多研究将其视为一种"元概念"。

土地是一个客观存在，土地使用是普遍存在的客观现象，而如何表达这一现象却是一种主观选择，存在多种表达的角度。"土地使用"有诸多含义，可以分为一般词语、科学术语和法律用语三个层面。在词典与百科全书中，作为自然语言它是一般词语。在科学知识体系中，"土地使用"是科学术语，它作为专业知识体系的基础概念需要精确的定义，同时为适应专业知识的扩展又保持一定的开放性。术语的多义性来源于多学科的视角和人地关系的历史演进导致的人对土地理解的不断深

入。"土地使用"同时也是法律用语。作为规范性科学的国土空间规划，既需要了解"土地使用"是什么，又需要回答"土地使用"应是什么。因此，"土地使用"不仅是认识的对象，更是规范的对象。而法律是规范的最基本形式，出于规范土地使用活动的目的，需要对作为法律用语的"土地使用"严格地给出词语定义，代替笼统的一般词语和多义的科学术语，以保证规范内容的准确性和有效性。

既有研究已存在从经济学、法学、土地科学等视角对土地使用概念的辨析和梳理，然而目前国土空间规划领域仍未形成一个反映学科本质特征和内涵的土地使用概念，仍较大程度上沿用或罗列其他学科的土地使用概念。这些概念未能准确反映国土空间规划领域所关注的土地使用议题。学科建设需要的并非一个囊括所有含义的终极的土地使用概念，而是一个结合学科视角、反映学科研究焦点的概念。

本章将对"土地""使用"和"土地使用"的概念进行分析。第一节对"土地"概念的辨析将围绕土地的功能、土地的自然与经济双重特性、土地分类、"土地"字符所指的概念与实体双重指向，以及"土地"概念从"物质""资源"到"空间"的演变开展。第二节区分"使用"的行为、状态和权利三类含义，厘清"消耗"和"利用"两种使用行为以及"使用"作为一项权利的本质，提出"土地消耗/消费""土地利用""土地开发"三种土地使用行为，并探讨"土地使用"的学术术语与法律用语之间的关系。第三节介绍"管理"与"土地使用管理"的基本范畴，包括管理、土地管理、土地使用管理、土地用途管制。第四节对土地使用与管理相关的术语概念进行解释，包括国土、空间、土地治理、土地保护、土地整治、国土整治、土壤修复、土地覆盖、管理、治理、规制等。本章通过对基本术语概念的分析，为理解我国国土空间规划下的土地使用概念框架奠定基础。

2.1　土地概念的渊源

2.1.1　土地的定义

对于土地，在不同的学科或研究领域有着不同的认识和定义。典型的观点有以下四类。

1. 地理学角度

从地理学的角度，主要有以下四种观点：①土地即土壤；②土地即地球的纯陆地部分，不包括陆地的水面；③土地即陆地及其水面，亦即地球表面除海洋之外的陆地及其江河、湖泊、水库、池塘等陆地水面；④土地即地球表面，亦即地球的陆地部分和海洋部分都包括在内。1976年由联合国粮农组织（FAO）编写并出版的《土地评价纲要》中认为：土地是较土壤包含内容更为广泛的概念，它包括影响土地用途潜力的自然环境，如气候、地貌、土壤、水文与植被，还包括过去和现在的人类活动结果。

2. 政治经济学角度

从政治经济学的角度，土地的概念则着重在土地的生产利用，即在社会物质生产中，土地是实现劳动过程和任何生产的必要条件，起着生产资料（土地作为劳动对象和劳动手段）的作用。如马克思所指出的："在农业中……土地本身是作为生产工具起作用的。"按照列宁的说法，土地是农业中主要的生产资料。除此以外，土地还是社会关系的客体。在土地利用过程中人与人之间发生的相互关系是社会发展的重要基础。

3. 经济学角度

从经济学的角度，英国著名经济学家马歇尔（Alfred Marshall）认为，土地是指大自然为了帮助人类，在陆地、海上、空气、光和热各方面所赠予的物质和力量。美国土地经济学家伊利（Richard Theodore Ely）认为，经济学家所使用的土地这个词，指的是自然的各种力量，或自然资源。经济学上的土地是侧重于大自然所赋予的东西。中国土地经济学者毕宝德认为，现实的土地已不仅仅是一个单纯的自然综合体了，而是一个包含各项自然因素并综合了人类劳动成果的自然–经济综合体。

4. 管理学角度

从管理学的角度，中国土地管理专家濮励杰、彭补拙认为，土地是地球上由气候、地貌、土壤、水文、地质、生物及人类活动的结果所组成的自然经济综合体，其性质随时间而不断地变化，在社会物质生产中起着生产资料的作用。陆红生认为，土地是指地球表面陆地和水面的总称，同时，土地还是一个空间的概念，它是由气候、地貌、土壤、水文、岩石、植被等构成的自然历史综合体，并包含人类活动的成果。

2.1.2 土地的功能

土地的定义试图明确"土地是什么"的问题，土地功能则是解释"土地有什么作用"。汉语词语"功能"指事物或方法所发挥的有利作用或具有的效能，故土地功能意指土地在人类社会所发挥的作用。土地是宝贵的自然资源和资产，是人类不能出让的生存条件和再生产条件。马克思曾指出，土地即"一切生产和一切存在的源泉"，是人类"不能出让的生存条件和再生产条件"。威廉·配第（Willian Petty）也曾说过，劳动是财富之父，土地是财富之母。对于人类社会而言，土地的主要功能可归纳为以下五个方面。

1. 承载功能

土地由于其物理特性，具有承载万物的功能，因而成为人类进行一切生活和生产活动的场所和空间，成为人类进行农业生产及房屋、道路等建设的地基。"皮之不存，毛将焉附"，在一定意义上比喻了土地对于人类的这种承载功能。

2. 养育功能

在土地的一定深度和高度内，具有滋生万物的生育能力，具备适宜生命存在的氧气、温度、湿度和各种营养物质，从而使各种生物得以生存、繁殖、世代相传，使地球呈现出一片生机勃勃的景象。没有这些环境与条件及其功能，地球上的生物也就不能生长繁育，人类也就无法生存和发展。

3. 仓储功能

土地蕴藏着丰富的金、银、铜、铁等矿产资源，石油、煤、水力、天然气等能源资源，沙、石、土等建材资源。为人类从事生产、发展经济提供了必不可少的物质条件。

4. 景观功能

土地自然形成的各种景观，如秀丽的群山、浩瀚的大海、奔腾的江河、飞泻的瀑布、无垠的沃野等，悬崖幽谷，奇峰怪石，清泉溶洞，千姿百态，为人类提供了丰富的风景资源。

5. 保值增值功能

土地作为资产，由于土地面积的有限性及社会经济发展对土地需求的不断扩大，其价格呈上升趋势，因此，投资土地，能获得保值增值的功效。

2.1.3 土地的双重属性

土地的基本特性主要包括两个方面，即自然特性和经济特性。土地的自然特性是土地自然属性的表现，是土地所固有的，与人类对土地的占有和利用状态无关。而土地的经济特性则是在人类利用土地过程中产生的，是人类社会的各种经济关系在土地方面的反映。

1. 土地的自然特性

1）土地总量的有限性

土地总量的有限性是指从整体上讲，相对于人类社会对土地的需求而言，土地是不会增加也不可再生的。虽然从技术发展的角度看，人类社会可能向外太空发展，寻找到新的适合人类生存的星体；但在当前几乎没有这种可能性，人类社会只能在地球有限的土地范围内从事各种活动。

2）土地区位的差异性

土地区位的差异性即不同地区、不同区位土地的肥沃程度、地质地貌状态、气候条件以及位置优劣等是不同的，由此造成土地较大的自然差异性。同时，同一块土地又可以有多种用途，例如农业、居住、商业、办公等，不同用途对土地的相关自然特点的要求又存在较大的差异，反过来不同区位土地又要求不同的土地利用状态，这样组合起来形成纷繁复杂的土地利用状态。

3）土地位置的固定性

土地位置的固定性是指从实体流动来看，土地不能从一地移动到另一地，特定土地固着于一定的地理经纬度上。地球的地质运动虽然能够缓慢地作用于土地，但这种影响要经过成千上万年才会显示出来，对当前的土地状况影响微乎其微。另一方面，土地位置的固定性也表现为土地一旦用于某种用途就不易改变，调整难度很大。

4）土地使用的耐久性

土地使用的耐久性即从人类有限的视界来讲，土地寿命是无限的，可以永续使用，通常条件下土地是不可毁灭的。不过，如果人类使用不当，土地就无法用于某种特定用途，例如土地沙漠化即不能用于农业耕作，又如，如果在土地上建成住宅区，土地表层土壤受到破坏，再转而用于农业的可能性较小。如果对自然环境过度利用，土地利用条件会恶化，在人类现有技术条件下，可能无法恢复，从而使土地无法得到可持续的有效利用。

2. 土地的经济特性

1）土地的稀缺性

土地的稀缺性是与人类的主观需求联系在一起的，如果没有人类社会，土地也没有稀缺与否的问题。现代社会中由于人口的急剧增长，工业化和城市化迅速发展，人们对土地的需求水平越来越高。相对于这种需求水平来说，有限的地球表面日益显得不足。进一步，土地自然所具有的有限性、差异性、固定性等特点又限制了土地的总供给，使土地特别是城市土地成了一种稀缺性资源。

2）土地的区位可变性

土地区位的形成和变化是与人类社会的经济、政治和社会等活动联系在一起的，因此虽然自然形态的土地位置固定，但人类社会的相关活动却随着时代的变化而变迁，从而土地的区位出现相应的变化。例如，历史上的某些商业、文化中心可能演变为当代的旅游区，历史上的不毛之地可能演变为当代的工业中心等。土地的区位可变性特性在城市土地区位方面表现得尤其明显，土地区位会随着城市的发展及基础设施的建设特别是交通、通信、公用基础设施的建设和发展而出现巨大的变化。

3）土地的报酬递减性

在一定的技术水平下，连续在一块土地上的投资超过一定限度，就会引起成本增加，收益递减。这种经济特性与自然状态的土地供给有限性联系在一起，相对于这种固定供给而言，初始少量投资会使收益呈现递增的趋势，随着投资的逐步增加，土地的潜力逐渐发挥出来，再进一步增加投资会使得土地上增量的收益呈现下降趋势，这种下降趋势即是土地的报酬递减性。土地的报酬递减性在农业中很明显，在建筑业中也是如此。不过，土地的报酬递减性在不同的历史时期、不同的技术水平下表现是不同的，这一经济特性只有在技术水平给定的情况下才成立。

4）土地经营的垄断性

由于土地自然方面存在的有限性、位置固定性，一旦某一特定土地由某个经济主体使用，其他经济活动主体便无法同时使用这宗土地，而且这宗土地的使用会对相邻土地产生直接的影响。土地经营的垄断性也会为土地所有者提供额外的利益，这种经济利益的安排、协调、冲突等对社会经济的各个方面产生巨大的影响。

土地的双重属性还可以从另一个角度来理解，即土地既是社会资源，又是社会资产。在社会经济关系中，土地作为自然资源和经济资源，主要是资源的合理配置问题；而作为社会资产，则主要是土地财富的占有和分配问题。在现实经济生活中，二者是结合在一起的，目标是既要达到土地资源配置合理化，又要达到土地资产收益最大化。在土地使用中要实行资源和资产并重的原则。

2.1.4 土地的分类

由于土地质量的差异性和用途的多样性，一国或一个地区的土地往往千差万别。尽管如此，仍然可以按照其共性和差异性，根据一定的标准，把土地划分为各种类别。按一定分类标志（指标），将性质上相差异的土地划分为若干类型，就是土地分类。按照统一规定的原则和分类标志，将分类土地有规律分层次地排列组合在一起，就叫作土地分类系统（或土地分类体系）。

1. 土地分类系统

土地不仅具有自然特性，还具有社会经济特性。根据土地的特性及人们对土地利用的目的和要求不同，就形成了不同的土地分类系统，归纳起来大致有以下三种。

1）土地自然分类系统

土地自然分类系统又称土地类型分类体系。它主要依据土地自然特性的差异性分类，可以依据土地的某一自然特性分类，也可以依据土地的自然综合特性分类。例如，按土地的地貌特征分，可分为平原、丘陵、山地、高山地。还可按土壤、植被等进行土地分类。全国百万分之一土地资源图分类系统就是按土地的自然综合特征分类形成的土地自然分类系统。

2）土地评价分类系统

土地评价分类系统又叫土地生产潜力分类体系。它主要依据土地的经济特性分类，如依据土地的生产力水平、土地质量、土地生产潜力等进行分类。土地评价分类系统是划分土地评价等级的基础，它主要用于生产管理方面。

3）土地利用分类系统

土地利用分类系统主要依据土地的综合特性（包括土地的自然特性及社会经济特性）分类。土地综合特性的差异，导致了人类在长期利用、改造土地的过程中所形成的土地利用方式、土地利用结构、土地的用途和生产利用方面的差异。土地利用现状分类就是其中的一种分类形式。土地利用分类系统具有生产的实用性，利用它可以分析土地利用现状，预测土地利用方向。

2. 中国的土地分类

1）按土地的自然属性分类

如按地貌、植被、土壤等进行分类。

2）按土地的经济属性分类

如按土地的生产水平、土地的所有权、使用权等进行分类。

3）按土地的自然和经济属性以及其他因素进行的综合分类

如土地利用现状分类。为了更有效地管理土地，国土资源部组织修订《土地利用现状分类》（GB/T 21010—2017），并于2017年发布。该标准根据土地的用途、利用方式和覆盖特征等因素，将中国土地分为了12个一级类、57个二级类。12个一级类土地是：耕地、园地、林地、草地、商服用地、工矿仓储用地、住宅用地、公共管理与公共服务用地、特殊用地、交通运输用地、水域及水利设施用地、其他土地。

2023年，自然资源部印发《国土空间调查、规划、用途管制用地用海分类指南》，该指南建立了三级分类体系，包括24个一级类、113个二级类和140个三级类，这些分类反映了国土空间的主要配置利用方式和覆盖特征，满足了自然资源管理的需要。此外，该指南还明确了用地用海分类的具体使用规则，如全国国土调查以一级类和二级类为基础分类，三级类用于专项调查和补充调查。国土空间总体规划原则上以一级类为主，可细分至二级类，而详细规划和市县层级的相关规划则使用二级类和三级类。

4）从土地使用管理的角度分类

《中华人民共和国土地管理法》将土地分为农用地、建设用地和未利用地三种基本类型。

2.1.5 "land"的含义

英文"land"含义十分丰富，具有多重所指，与国土空间规划相关的所指主要是：土壤、地皮、陆地、领土。

1. "land"所指为土壤

土壤（soil）是一种自然体，由数层不同厚度的土层（soil horizon）所构成，主要成分是矿物质。土壤和母质（岩石）的差异主要表现在形态特征或物理化学性质、所含矿物等。从环境科学的角度来说，土壤是由母质经过风化作用后所形成的，其特性与母质不尽相同。

土壤是各种风化作用和生物的活动产生的矿物和有机物混合组成，存在着固体、气体及液体等状态。疏松的土壤微粒组合起来，形成充满间隙的土壤，而在这些孔隙中则含有溶解溶液（液体）和空气（气体），因此土壤通常被视为有三种状态。

大部分土壤的密度为 1~2 克/厘米^3。地球上大多数的土壤，生成时间多晚于更新世，只有很少的土壤成分的生成年代早于第三纪。

2. "land" 所指为地皮

地皮是房地产之中建筑楼宇房屋的土地。地皮作为有价资产，可能升值或减值，但不会折旧。地皮的物权基础源自国家主权，在英国则源自皇室土地（crown land）。地皮的持有分为自主持有（freehold）和租赁持有（leasehold），前者的买家有权永久拥有该土地，而后者的买家只能拥有一定期限内的土地。在我国香港，通过拍卖获得的官地，其持有性质是后者。地皮是固定资产，在投机者手中则被视为流动资产，买卖所得为利润。

3. "land" 所指为陆地

陆地是指地球表面未淹没在液态水下的区域。陆地约占地球表面的 29%，面积约为 1 亿 4 821 万平方公里。陆地和海洋或其他水体的不同之处为地表最基本的差异。人类历史上大多数的活动都是在陆地发生，陆地可以供人类进行农业、狩猎和其他活动，往往也是早期人们聚集的地区。陆地生长的陆生植物和陆生动物，其形态和水生动植物也有差异。陆地和水体的分界也随地区而不同，有些地区的地形以岩石为主，与水体就会有明确的分界。但有些地区的陆地和水体之间有湿地或沼泽，因此陆地和水体间不一定有明确的分界。陆地和海洋分界处一般称为海岸带或是海滩。

4. "land" 所指为领土

领土，亦称疆域，是指主权国家所管辖的地区范围，通常包括一个国家国界（边境）内的陆地（即领陆）、内水（包括河流、湖泊、内海），以及它们的底床、底土和上空（领空），有时亦会包括领海。

领土的英语对应词"territory",含义与"国土"一致。领土的起源可追溯至公元前,当时人类逐渐由游牧转至农耕,并由氏族转至部落,拥有独自的首领。部落拥有自己的农田和活动范围,且阶级制度开始形成,渐渐形成势力范围。势力范围是一个部落的管控地区,领土的基本概念形成。后来,势力范围便转变成领土,部落转变成国家,首领转变成皇帝或君主,领土正式形成,成为国家的一个象征。

2.1.6 "土地/land"字符的双重指代

"土地"一词作为认识客观现象的语言表达,既指代一类客观对象,也是一种观念的建构。从英语词源上看,"land"一词源自古英语"lond",意为地面(ground)或土壤(soil)。牛津词典中"land"的含义包括:地球表面、地区、农村或农地、国家或区域。中文语境中,《辞海》中"土地"指土壤和田地、领土、测量地界等,中文维基百科显示"土地"可以指土壤、陆地、地皮、领土等。它们分别反映了地质学、地理学、法律、国家主权等视角下的土地。这些名词术语中,"土壤、陆地"等指代的是客观存在的实体,而"地表、地皮、地区、国土"则是观念和规则的建构,比如"地皮"就是观念性存在,而非实体性存在,"地区"和"国土"也是人为定界的某个区域土地。可见,在一般性认识中,"土地"字符存在两种基本的指代,其一是指代作为实体存在的某个区域、某块土地,其二是指代作为观念存在、知识和经验的土地概念。

1. 作为自然实体存在的土地

作为自然实体存在的土地,是物理意义上的土地,指向客观存在的特定对象。客观存在先于"土地"这个语言符号,人类通过对这一实体的感知、分析,获得对土地物理本体的认知,例如土壤组成等。这一意义下的"土地"字符指代某种客观存在,尽管人类可以对土地作出干预,但是,作为自然实体的土地始终是外在于人而客观存在的。

2. 作为观念存在的土地

作为观念存在的土地,是人在社会经济文化的影响下在观念中建构出的土地含义,指向的是根据权利、功能等特征或愿景建构的空间或领域。这一意义上的土地是语言符号创造出来的对象。以"地皮"为例,通俗理解是土地的表面,"买地皮"所购买的不是土地表面所承载的东西,而是这块土地的开发使用的权利,地皮是为了土地权利转移而创造出来的一个概念。然而，这种观念建构并非完全是虚构的，它建立在客观现象基础上，与现实世界存在一定的映射关系。土地概念是针对土地实体所建构起来的概念和知识体系，以知识、符号、规则形式存在。作为观念存在的土地，分别可以用广义的"soil"和"ground"来概括。

第一类"土地"是人类认识的对象和直接干预的对象，它是实体科学、描述性科学中的土地概念。第二类"土地"因抽象建构而被认识，人类通过规范人的行为去间接影响实体对象的土地，这一意义上的土地是观念科学、规范性科学中的土地概念。

土地的概念并非稳定不变，众多定义往往只是一种约定性的符号，约定以一个符号表达同一对象，由此建立共识以排除混淆。一个代表性定义是1976年联合国粮农组织在《土地评价纲要》中拟定的：土地是指地球表面的一个特定地区，其特性包含着此地面以上和以下垂直的生物圈中一切比较稳定或周期循环的要素，如大气、土壤、水文、动植物密度，人类过去和现在活动及相互作用的结果，对人类和将来的土地利用都会产生深远影响。这一定义基本涵盖了当前语境中的"国土空间"所指代的实体对象。

2.1.7 土地概念的演变

1. 作为物质的土地

自采摘和狩猎阶段伊始，人类从自然中获取赖以生存的物质。在这个阶段，在向土地索取的过程中，人类开始认识、定义土地，直观地将脚下的事物命名为土地，这是认识土地这一实体对象的最初过程。古希腊时期的历史学家色诺芬认为，土地具有播种、提供建筑材料和地下矿藏等功能[1]。古罗马时期的政治家、学者瓦罗论述了三种意义上的土地：普通的土地（地球上的土地，包含石头、沙子等）、本义的土地（不附加任何其他词或条件的土地）和混合的土地（农业上使用的土地）[2]。春秋时期的军事家管仲在《管子·水地》中写道："地者，万物之本原，诸生之根菀也。"这些定义一方面包含了对土地本体朴素直观的认知，另一方面则反映了早期生存需求下的人地关系主要体现在土地为人提供生存所需的物质资料。

---

1. 任旭峰.经济理论演进中的土地概念辨析[J].山东社会科学，2011（6）：96-101.
2. 瓦罗.论农业[M].王家绶，译.北京：商务印书馆，1997.

2. 作为生产资料和自然资源的土地

古典经济学时期存在从生产角度规定土地概念的传统。围绕着土地在生产中的作用，众多经济学家除了从本体角度将土地定义为自然要素，还将土地定义为生产资料或自然资源，如"土地最初以食物、现成的生活资料供给人类，它未经人的协助，就作为人类劳动的一般对象而存在，是原始的食物仓，也是原始的劳动资料库"[1]，"土地是一种比较确实和恒久的资源"[2]。土地在生产中扮演着被取用的实体对象的角色，土地肥力是决定其是否被利用的最重要性质。农业生产消耗土地肥力，它让人意识到土地所提供的生存物资是有限的，如穆勒（John Mill）所言，在数量或生产力方面容易使人感到不足的自然要素都可以用土地一词表示[3]。此时农业还未进入石油农业生产时代，人类与土地之间的交换尚符合能量守恒规律，土地利用可能引起的空间负外部性尚未引起充分关注，因而土地仅从物质资源角度被认为是有限的，作为空间资源的有限性尚未显现。

3. 作为空间的土地

进入城市化阶段，开始有学者提出土地与一般的实体对象存在本质不同，一种抽象的土地概念也在被建立，即作为空间的土地。19世纪英国经济学家马歇尔探讨了土地的"广袤性"：土地区别于其他有形物质的基本属性是其广袤性，使用一块土地的权利就是对一定空间的支配权。地球面积是固定的，地球上任何一部分与其他部分的几何关系也是固定的，人类无法控制这种关系[4]。伊利也指出，土地具有经济意义的主要自然特性是不动性，也是不动产区别于其他财产的地方。[5] 其不动性并非指物理意义上的不动，人们可以把一块肥沃的土壤铲起来移至贫瘠地用于新开垦耕地，然而"不能把一块值钱的商业地皮移到同城地价较贱的地方去"。"广袤性"和"不动性"特征下的土地是牛顿和笛卡尔的空间观下的空间，是真实感知空间的抽象，被表示为一个预先存在的、处处均匀、永不移动的网格。将土地定义为空间的理由在于，使用地表的一定面积，是人能做任何事情的基本条件[4]。例如转让一块地，并不只是把土壤运走或仅占有土壤部分，转让的内容实际上包括了物质和土地承载的空间一揽子内容。这些阐述揭示出土地的空间特性是：对土地和其他东西不得不进行区别的

---

1. 马克思.资本论［M］.郭大力，王亚南，译.上海：上海三联书店，2013.
2. 斯密.国富论［M］.郭大力，王亚南，译.北京：商务印书馆，2015.
3. 穆勒.政治经济学原理及其在社会哲学上的若干应用（上卷）［M］.朱泱，赵荣潜，桑炳彦，译.北京：商务印书馆，1991.
4. 马歇尔.经济学原理［M］.廉运杰，译.北京：华夏出版社，2005.
5. 伊利，莫尔豪斯.土地经济学原理［M］.滕维藻，译.北京：商务印书馆，1982.

原因[1]。

此时对人地关系的理解从人对土地本体的取用延伸到人对地表空间的利用，这种使用决定了人与其他东西的距离，而在很大程度上决定了人与其他东西和其他人的关系[1]，尤其对于城市土地，位置优劣之分对于市地特别重要[2]，"位置优劣"即人类活动之间以及人类与环境之间的空间关系。当土地作为空间时，其物质属性让位于其承载的内容：过去我们将土地视为实体对象，分析其组成，现在则将其视为容器，容器本身的物质属性并非最关键，容器所容纳的内容才是关键。人对土地的关注从"土地肥力"逐渐拓展至"位置优劣"和使用的规则，也反映出人对土地的需求从物质生存资料渐渐转移到了丰富活动和优良区位上。

土地概念的演进与人类社会发展阶段大致是对应的，从采摘狩猎阶段、农业阶段到城市化阶段，人类对土地功能的认识也经历了"物质—资源—空间"的转变。

2.2 土地使用的三种类型

2.2.1 "使用/use"的基本含义

汉语词语"使用"有两种含义：①运用/利用；②钱财的花费。

英语"use"有六种含义：①法律意义上的使用，即财产转移给他人的义务；②礼节意义的使用，即罗马天主教区的特别礼仪形式；③语言学和哲学领域的使用-提及的区别，也就是在语言中单词的使用与单词提及的区别；④经济学上的使用，具有消费的含义，其中，资源消费是指资源枯竭过程，是利用与供给不足的状态；⑤心理操纵，在形式上是把一个人当作达到目的的手段；⑥指租金使用率，即量化使用资产的持续出租情况。

与土地使用相关的含义分别是法律意义的使用、经济学意义的消费（主要是指土地使用的资源枯竭现象）以及租金的使用率三个含义。本书对礼仪、语言学及心理操纵层面的含义不作更多的解释。

---

1. 马歇尔. 经济学原理[M]. 廉运杰，译. 北京：华夏出版社，2005.
2. 伊利，莫尔豪斯. 土地经济学原理[M]. 滕维藻，译. 北京：商务印书馆，1982.

1. 法律意义上的"使用"（use）是对受让人的义务

在普通法系国家的不动产术语中，"使用"（use）相当于承认一个人的义务，这个人的财产已为某些目的转让给他人。在这种情况下，"使用"等同于"利益"。我国"土地使用权"中的"使用"就是这种法律意义上的"使用"。

在早期英国法律中，个人不能通过遗嘱处置自己的土地遗产，宗教团体也不能获得土地遗产。为了规避某些普通法规则，出现了一种做法，即把财物交付给受付人或合法占有人以外的人"使用"，或把财产托付给他们，并由大法官的衡平法管辖权使之生效。1536年，英国通过了《使用规约》（Statute of Uses，也称《用益法》），试图补救这种逃避法律而造成的滥用。但是，该规约未能实现其目的。《使用规约》的失败，促使了现代信托制的发展。

1）"使用"的发展（development of the use）

法律上创立"使用"一词的原因是希望避免普通法中某些规则的严格性，因为普通法认为拥有永久业权的土地（seisin）是重要的。尽管普通法很早就承认了动产的"使用"，但到14世纪末，"使用"这个概念在土地法中仍显边缘。不过，"使用"还是满足了15世纪英国社会的需求。他们在土地方面的第一个申请是向方济会修士提供土地，这些修士誓言成为穷人且不能拥有土地，处理这一矛盾的方式就是地主可以将土地赠予代理租户，供修士作为"预定受益人"（cestuis que）使用。法律承认代理人是土地所有者，而修士则是作为客人使用土地。

"使用"有不同的目的，包括作为遗嘱的替代物、规避封建负担、供养设保人的妻子，以及撤销《莫特曼规约》（Statutes of Mortmain，也称《土地死手律》）。"使用"的迅速发展可能是中世纪黑死病的后果之一，在黑死病期间，许多地主贵族去世，其不动产留给了寡妇和未成年的孤儿。

2）"使用"的强制执行（enforcement of uses）

大法官法庭（chancery）最终承担了强制执行"使用"的任务并随后认为不仅使用人的良心（conscience）受到"使用"的约束，其继承人的良心也应受到同样的约束。因此，在被继承人去世后，该使用权可以对继承人强制执行，而被继承人的法定简单费用财产则由其继承。随着"良心"的观念逐渐扩大，"使用"的可执行范围也随之扩大。到16世纪初，"使用"达到了现代的地位。使用权可以对世界上任何获得土地权益的人强制执行，而不是对合法财产的真正价值购买者，且不需要通知使用权人。在"给A及其继承人，供B及其继承人使用"的转让中，普通法只注意到A，而没有进一步的规定。但是，如果A试图做出不符合其良心的行为，大法官法庭将对其强制执行"使用"。

从这个时候开始，土地上的两种不同的利益可以并存，这是一种合法与受益的分化。

3)《使用规约》(Statute of Uses)

从早期开始，立法就对被认为是不正当目的的"使用"进行干预。在 14 世纪和 15 世纪，英国通过了旨在防止为欺骗债权人而设立的"使用"的立法。作为封建制度金字塔顶端的领主，国王在"使用"行为引发的权属争议和规避事件中遭受的损失最大。《使用规约》(1536 年) 是亨利八世为解决这一问题所做的各种尝试的结晶。该规约的作用是执行该"使用"，从而使"使用的目的"(即 cestui que use, 通常指受益人) 的利益，即以前的衡平法范畴中的利益，转变为法律上的利益。

4) 使用权与"地产权"(Estate)

高富平教授在《土地使用权客体论》一文中详细解释了使用权作为"地产权"(Estate) 的内涵。英美法的地产权制度直接产生于解决土地归国王所有和土地又必须被分散到不同主体使用这一矛盾。在英国特定历史时期，除国王以外的人拥有土地，被认为是持有或占有 (hold) 土地，而不是所有 (own) 土地；土地享有者均称为持有者 (tenant)，而不是所有者 (owner)。由于这样一种特殊历史背景，英美法创造了一个抽象的地产概念，即"Estate"，它表示对土地的某种权利，从而取代了实物 (土地)，成为人们财产权的客体。因此，在同一块土地上可能存在多个平行的权利主体，每一个土地权利人均有相对应的客体。

实际上，地产 (estates) 是在土地最高所有权人 (英王) 和土地直接占有人之间置入了一个抽象的权利存在状态。这种状态使英美法的不动产物权成为一种针对抽象物的排他支配权利，而不是针对房地产实物的支配权。在这个意义上，英美法不动产物均是抽象的权利。这正是英美法系与欧陆法等在物权体系上的重要差异所在。

英美法的地产权是一个复杂的体系，这一体系是在不断演进中形成的，其最基本框架奠定于 1925 年英国的《财产法》(Law of Property Act 1925)。据此，地产权分两类：一类是 fee simple absolute in possession，通称"freehold"(即自主持有)；另一种是 term of years absolute，通称"leasehold"(即租赁持有)。

5) 我国法律中"使用"的意义。

法律意义的"使用"是一项特定权益，源于土地领土不可分割的普通法传统。据此，可以理解我国的"土地使用权"是在保持"土地公有"不改变的情况下创制的一种法律制度，该制度使得土地使用作为一种"权益"进行分割与流转，从而成为市场经济的基础。

2. 经济学"使用"含义

经济学方面的"使用"实质具有"消费"的含义。土地消费意味着土地资源枯竭的过程，包括矿产资源的枯竭，也包括动植物种群的枯竭；租金利用率则是将土地视为"地皮"，体现土地的"承载"功能。因此，消费意义的使用与工具价值的使用存在本质区别，需要注意"土地使用"这个多义的词语使用的语境。

1)"使用"是指消费

消费被定义为获取公用事业的支出，是经济学中的一个主要概念，并且在许多其他社会科学中也得到了研究。不同的经济学家流派对消费有不同的定义。根据主流经济学家的说法，只有个人为立即使用而最终购买的新生产的商品和服务才构成消费，而其他类型的支出（特别是固定投资，中间消费和政府支出）则被划分为不同的类别。其他经济学家对消费的定义更为广泛，因为消费不仅仅包括商品和服务的设计、生产和营销，还包括商品和服务的选择、采用、使用、处置以及回收等过程。

2)"使用"是指资源消耗

资源消耗是指对资源的消耗快于资源的补充。自然资源通常分为可再生资源和不可再生资源。"超出其替代率的使用"和"资源消耗"这两种形式的中的任何一种都被视为资源枯竭。资源的价值是其本质上的可用性以及提取资源的成本的直接反映，资源消耗越多，资源的价值就会增加。

常见的导致资源枯竭的行为有：砍伐森林，开采化石燃料和矿物，污染资源，刀耕火种的农业做法，水土流失和过度消费，以及过度或不必要地使用资源。资源枯竭最常见于农业、渔业、采矿、用水和化石燃料的消耗。值得注意的是，野生动植物种群的枯竭被称为生物多样性的丧失或毁灭。

3)"使用"是资产利用率

租赁是土地、房屋、设备等提高使用效率的方式之一，经济学的"使用"具体表征为资产利用率。资产利用率包括物理利用率和财务利用率，其中，资产的财务利用率是指一段时间内的租金收入与目标或标准收入的比值。资产利用率与获利能力有关：较低的物理利用率可以通过维持较高的租金来缓解，较高的物理利用率则往往能够作为保持较低租金水平的合理依据。此外，不同资产类型可以改变费率与利用率之间的关联模式。

2.2.2 土地使用的基本含义

1. "use"译名及其术语含义

"土地使用"概念的模糊很大程度上缘于"使用"一词含义的复杂性。作为科学术语,"土地使用"概念源自英文"land use"。20世纪30年代,我国开始采用现代方法进行土地利用调查和研究时,"土地使用"第一次作为科学术语从西方引介,在中文语境中,"use"一词被翻译为"使用""利用""用途"等,尽管三者含义存在些许不同,但时常被混用。

英文语境中"use"含义则更丰富,几乎涵盖了中文"使用""利用""用途"等词汇的含义。根据牛津词典,"use"有多重词性和含义。在法律、宗教、经济、语言学及特定语境中,"use"的使用非常广泛,含义也不同。出于对"land use"中"use"的理解,以下仅摘取一般词语中与土地使用相关的含义。第一,"use"作为动词指代行为和活动:①将诸如工具、技能或建筑物之类的东西用于特定的目的,在这个意义上"use"等同于"utilize",可以汉译为"利用";②消耗一定量的物质以实现或制造某物,意为"消费"(consume)。第二,作为名词表达:①使用某物的目的;②使用某物的行为过程或时间期限。第三,作为法律术语,"use"表示某种使用的权利。

英文语境中"use"一词的含混来自其自身丰富的内涵,一个符号对应多个指向。这种丰富性一定程度上为学术研究提供了空间,因为"use"既是一般词语,又是科学术语。中文的"使用"的含混则来自"使用""利用""用途"等词语的混用,多个符号有时指向不同的意义,有时又实际代表同一意义。这种情况下,中文符号"使用"更多作为日常的一般词语,同时在法规层面上没有作为一个术语被严格、清晰地定义。尽管中文中的"使用""利用""用途"多个词与英文的"use"对应,然而它们并未回应"use"的全部含义。在引介这一科学术语的过程中,中文的"使用"失去了它在英文中原有的逻辑关系。

显然,理解英文"use"的含义是认识"土地使用"术语的重要途径,也就是说我们需要从动词和名词两个层面来定义和理解中文"使用"的内涵。首先,"使用"作为动词指代某种行动;其次,"使用"作为名词指代行为的目的、状态和权利等。出于学术交流的目的,以下分别从这两个层面定义和解释中文"使用"的内涵。

2. "使用"作为一种行为:消费与利用

动词"使用"指代的行为包括"消费"(consume)与"利用"(utilize)两种类

型。人们"消费"某一对象，则该对象是用以实现行为目的的"原料"，这种使用建立在对对象本体物质属性的直接需求上，使用的过程对该对象有减损，例如用水、用原料加工产品。人们"利用"某一对象，则该对象是用以实现行为目的的"工具"，这种使用是建立在人与该对象的抽象建构的关系需求上，尽管使用过程中工具可能有损耗，但使用行为一般不消耗工具本身。例如使用一个杯子作为工具盛水，杯子这个对象本身从物理上讲只是一块玻璃，但这块玻璃向内凹能容纳水，且方便人拿在手里，它被建构为"杯子"这个概念。作为工具其材质、重量不那么重要，反而它和承载物以及它和人的关系是重要的。需明确的是，"消费"与"利用"并非针对使用行为的一种二分法，两者可能存在交叠，对某些物品的使用可能同时存在消费与利用。

3. "使用"作为一项权利

名词的"使用"指代的是动词"使用行为"的目的、状态及其结果，以及行为的权利等。作为名词的"使用"与作为动词的具体"使用行为"有关，指代复杂的、多样的、动态的活动及其结果，然而，使用权却是一套既定的法律规则，它限定了使用活动的目标和范围。因此，作为名词的"使用"重点关注的是作为一项活动的权利。

使用权是一种使用他人物品的权利，广义的使用权的产生、形式和权能内涵存在诸多差异，罗马法和英美法中的使用权可以作为典型例子。罗马法的物权观念强调绝对物权，从"所有"为中心向"使用"为中心的转变，是生产社会化和资源利用的高效化发展的结果。公元前1世纪前就出现了用益权（ususfructus）和使用权（usus）两种广义的使用权形式，两者区别在于是否包含收益的权利（fructus）。

英国土地产权制度则以使用权为核心，所有权相对被虚化，使用作为一项权利的建立可追溯至封建土地保有制：名义上拥有全英土地所有权的君主将土地授予领主，领主保有（tenure）土地并向君主或上级领主提供役务，保有土地的继承、转让等权能均受限制。近代以来封建役务关系被货币租金和契约所取代，形成自由保有（freehold）和租赁保有（leasehold）两种不动产权，自由保有表示永久保有、自由处置的权利，租赁保有则表示由承租获得的有期限的保有权，后者接近国内语境中通常所理解的使用权。

在封建保有制所属的普通法之外，早期衡平法中还存在另一与使用权相关的制度——用益制（use）。为了规避封建土地保有对土地赠与与继承的限制，土地持有人将土地授予受托人管理，并约定受托人将受益交予预期受益人，所创建的关系称为用益。作为信托制的雏形，它允许了土地的所有、经营与受益的分离，在将其应用于土地管理的过程中，信托制度与现代城市规划产生了关联：开发商的角色类似受托人，可从房地产开发中获得一定利益，受益人则可能包含很多主体，如公众和最终使用该土地的人。

"使用"真正开始受到关注是在所有权与使用权分离以后，这种分离是出于现实的土地使用需求，是对土地权利限制的回应。所有权确定了物品的归属、激发了人创造和积累财富的动力，而使用才发挥了物品的实际价值，即使用价值。当私有制及其他权利限制阻碍了物品发挥使用价值，而社会生产又存在对物品使用的旺盛需求时，使用权往往在此产生。使用让物品的权能流动起来，达到资源的灵活高效配置。"使用他人物品"实际是在建立一个规约，在中保人的监督下，出让权利者、获得权利者、中保人达成约定和共识。此后中保人这个角色逐渐从集体共识、民规民约演化为法律。所应对具体的权利限制不同，则进化出的使用权内涵也不同，包括是否可改变用途或形态、是否包含受益、权利期限等。规划通过调节权利来调节行为，给予何种内容的使用权、实现何种程度的使用，是规划的关键问题之一。

4. "使用"概念的语言逻辑框架

如前所述，借助英文"use"的意义框架，扩充中文"使用"的含义，即在"use"和"使用"以及它们各自的子集之间建立映射关系，重新构建"使用"的逻辑框架，"使用"包含了如下含义：作为动词表示使用的两种行为，消费（consume）和利用（utilize）；作为名词表示使用的目的或状态（即用途）以及使用的权利。

使用的动词和名词形式都指向现实存在的"使用"这一现象，是这一具体现象的一体两面，即动态的行动层面和静态的状态层面。使用的权利则是抽象存在于"使用"这一现象背后，是长期形成的一种规则和系统，是一切"使用"行动的背景，指代包含"土地使用活动规则"的文本。

中英文语境对比下，"使用"较之"利用""用途"含义更广，如果希望包含一个更广义的管制内容，则"land use"译作"土地使用"是更合适的。土地使用管理中所管理的"使用"，是使用的行为、用途或权利，抑或三者皆有？管制最终发挥作用是通过使用权利的赋予实现，至于使用权利具体的内容，则通过允许的使用行为及用途来表达。

2.2.3 土地使用的概念框架

基于上述土地和使用概念的分析，建立土地使用概念的三个维度：土地使用的行为；土地使用的目的、状态及结果；土地使用的权利。

1. 土地使用的行为

对于土地而言，也存在"消费"和"利用"的行为。使用的过程中，土地的物质部分被用作人类活动所需的原材料而有所减损，这类土地使用属于"消费"，如采矿、渔业捕捞等。为顺应汉语语境，考虑土地"消费"的特点，将"consume"译为"消耗"比较妥帖。使用的过程中，土地作为工具或承载的空间实现人类活动，则属于"利用"，如在地面上开展足球比赛、在风景地进行游览。物质的土地一般作为自然资源发挥着功能，是被"消耗"的对象。空间的土地一般作为承台发挥着承载功能，是被"利用"的对象。二者简单的区别在于"针对土地"本身采取行动属于"消耗"土地，"在土地"上开展活动属于"利用"土地。根据具体土地使用实践，在这一基础上进一步细化为土地使用的三种行为：土地作为资源被消耗、土地作为资源被利用、土地作为活动承台被开发（表2-1）。

表2-1　三种土地使用行为的土地与使用含义

土地的含义	使用行为特征	土地使用
物质的土地	消耗	土地作为资源被消耗（land consume）
物质的土地	消耗 + 投入 / 利用	土地作为资源被利用（land utilization）
空间的土地	开发	土地作为活动承台被开发（land development）

资料来源：作者自绘

1）土地作为资源被消耗（land consume）

土地作为资源被消耗时，土地使用的过程是人从土地中获得物质、消耗土地的物质实体部分的过程，是一个纯粹索取、消耗，逐步资源枯竭的过程，例如采矿、取石、狩猎、捕鱼、汲水及其他资源的采用。此时物质的土地，是对土地这一事物的高度概括，其是否被利用取决于土地的物理性质、构成，土地作为自然资源库发挥着作用，涉及的是矿产资源和生物资源的管理领域。

2）土地作为资源被利用（land utilization）

农业生产中，物质性的土地作为一种资源，在消耗与投入的平衡中、在不改变物质形态的情况下被利用：尽管生产的过程存在对土地中物质的消耗，然而为了长久可持续地使用土地、避免土地肥力耗尽，需要人不断地投入资源、维护土地，例如施肥、改善土壤、引水，在这个过程中，土地肥力可能实现维持或甚至达到比之前更富足的水平，土地利用可能达到更高的效率。与采矿等过程的区别在于，这一过程既存在消耗也存在利用，在向土地索取资源的同时有一定程度的投入，是一个保持平衡和循环，甚至达到优于先前土地状况的过程。消耗与投入的平衡维持或强化了土地自然状态，施加其上的行为是为了更好地发挥土地的产出功能，而非叠加产生一种新功能。所谓土地利用可以定义为维持甚至强化某块土地的固有特征。

3）土地作为活动承台被开发（land development）

土地作为承台时，土地使用是将空间的土地作为一个立足的承台，在其上展开活动，例如栖息、运动、游览、商业活动等。作为承台的土地，发挥的是土地承载活动的功能。土地可以并且应该承载什么样的活动与土地自身的物理属性无太大关联——作为活动的容器，只要它是"空"的即可——但与人类活动的空间关系有关。土地承载的概念是对土地功能认识建构起来的一种高度抽象的概念。让土地发挥承台的功能，是市镇地域范畴或城乡规划所建立的土地使用。三种土地使用行为的特征归纳见表2-2。

表2-2 三种土地使用行为的特征

土地使用	土地作为资源被消耗	土地作为资源被利用	土地作为承台被开发
土地的概念	物理的土地	物理的土地	建构的土地
	土壤、陆地、地表	土壤、陆地、地表	地皮、区域、国土
	物质的土地	物质的土地	空间的土地
土地概念的特征	实体的	实体的	抽象建构的
依据特征	物理的	物理的	功能的
资源类型	自然资源	自然资源	空间、承载
如何被使用	使用土地是消耗物质的过程	使用土地是消耗与投入的动态平衡	使用土地是空间利用的过程
管理范畴	采矿、取水、渔业捕捞	农地使用、林地使用、渔业养殖	建设用地使用
规划学科范畴	矿产管理、水资源管理等自然资源管理	土地管理	城市规划

资料来源：作者自绘

2. 土地使用的目的、状态及结果

土地使用是一个动态过程，会给行动所为的或行动所在的土地带来某种反映行动特征的物质形态变化。用名词描述土地使用的动态过程犹如用相机抓拍运动的物体，可以反映某一时刻运动的姿态及行为所处的场所状态，它反映了某一时刻的土地物质状态。如果观察某个具体的土地使用过程，不同的观察时段下会得到不同的观察结果，但是无论观察时点在活动的起始、进行中或结束后，可观察和测量的就是土地物质形态，这个物质状态特征可以反映行为的目的和要求。

"消耗""利用"和"开发"等土地使用方式都会给土地物质形态带来影响。现行的、具体的、个别的土地使用行为可以通过跟踪观察的方式记录，而历史的、群体性的、整体的土地使用现象只能通过土地的活动的痕迹进行描述和表达。通常用"土地覆盖"来表达观察到的土地物质状态，用"土地用途"来表达或规定土地未来的物质状态。土地覆盖（land cover）与土地表面的物理性质或形式有关，土地用途（land use）与使用土地的活动或社会经济功能有关，两者可相互推断，但土地用途难以"观察"。

土地覆盖和土地用途分类标准是土地使用状态的调查分析的技术工具，调查分析的结果表现为土地覆盖现状图或土地用途现状图。其中，土地用途反映使用土地的目的，那么土地使用的某些物质状态特征就与特定的目的建立联系；反过来，就可以将土地的物质形态特征作为表达行动目标的载体，相应的物质形态特征就变成土地使用行为的规范准则。因此，土地用途分类标准可以成为表达土地使用目标的载体，土地用途规划图可以成为规范土地上未来使用行为的工具。

3. 土地使用权利

土地使用活动具有社会性和广泛的外部影响，因此，每一个具体的使用活动都受到各种各样的规则限制，有些是显而易见的法规条文，有些则是潜藏的文化价值和传统习俗，这些或隐或显的规则深刻地影响土地使用活动，并表现在土地物质形态上，甚至可以说城市物质形态不过是开发规则的显现。

正式的土地使用规则有若干源头。有一类源头是普通法下的英国土地制度，基于土地所有权不可分割与不可转让的法律传统，为回应中世纪黑死病所带来地主灭失的土地传承问题，法律实践中创设了自由保有权和租赁保有权，其中租赁保有权演化为后来的土地使用权。土地使用权是为了回应社会需求、实现土地使用价值而创设的法律概念，是不改变所有权关系而从所有权中让渡出去的一种权利。还有一类源头是从普通法中"妨害"演化出来的公共规制。在土地私有的状况下，任何一块土地上的使用活动都不能给邻里和公众造成妨害，换言之，私有土地的使用受普通法下妨害规则的制约，这种外部性制约体现为一种公共干预。由于普通法下妨害规则只能起到妨害事实形成后的救济作用，而由房屋建设和土地使用所造成的妨害的纠错成本巨大，因此需要一系列土地开发使用前的预防措施。区划就较好地承担了这个角色，区划没有改变土地所属关系，但是限制了私人土地使用的权利，被限定的这部分权利可称为开发权,这是土地使用权利的实质内涵。

在不改变土地权属的基本制度框架内,从所有权的权利束中区分一部分权利让渡给一部分个人或组织,尽管每个国家、城市和地区所让渡的权利内容不一,但是这部分可分离、让渡出来的权利,统称为"使用权"或"开发权"。基于这种法律概念,无论是私有还是公有土地制度,为提高土地使用效率和协调土地使用冲突,多数国家和地区都采用土地所有权与使用权分离的原则,形成了或是土地私有而开发使用权公有,或是土地公有而开发使用权私有的权利结构。

基于城镇发展的整体性和空间联系的原则要求,长期实践中创设了土地使用权这一法律概念,运用这个概念创设了许多公共干预的工具,如规划法规、区划条例和规划政策等,土地使用权概念及其权限规定深刻影响了土地的使用行为及物质形态。总体而言,土地、使用、土地使用的概念关系见图2-1。

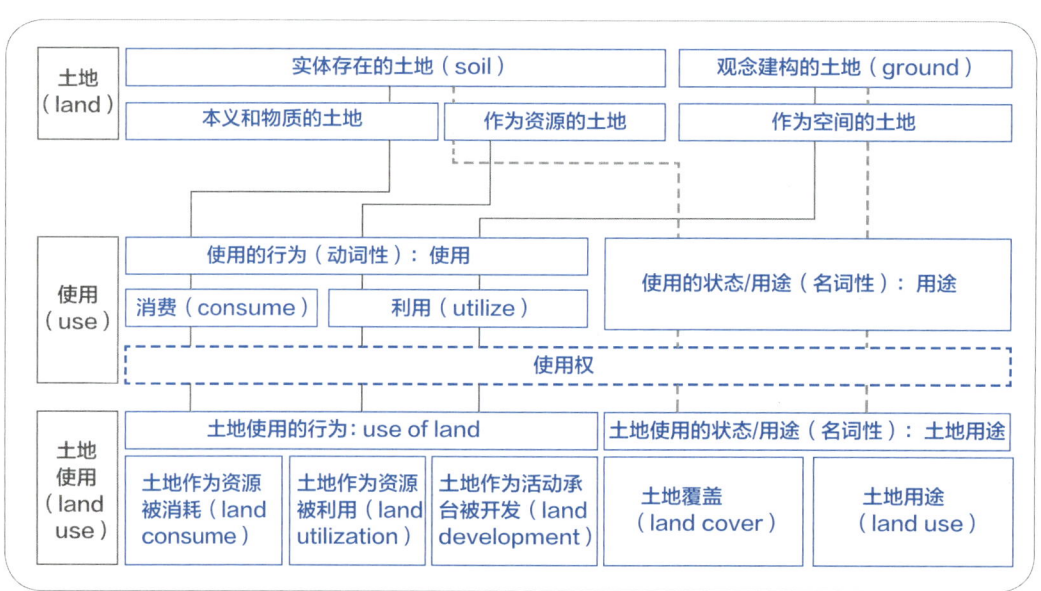

图2-1 土地、使用、土地使用的概念体系
资料来源:作者自绘

2.2.4 我国法律法规中关于土地使用权利规定的概述

我国土地使用权同样是为了调和土地权属的法律限制与旺盛的土地使用现实需求的冲突,从原有的土地国有和集体所有制度中分离出来的权利。《中华人民共和国宪法》确立了土地使用权的概念以及土地使用权与所有权分离的原则;《中华人民

共和国物权法》（已废止）、《中华人民共和国民法典》把土地使用权归为一类用益物权，包含土地承包经营权、建设用地使用权、宅基地使用权等具体权利。《中华人民共和国土地管理法》严格限制农用地转建设用地，《中华人民共和国城乡规划法》以规划管理国有土地使用权，《中华人民共和国农村土地承包法》规定了土地承包经营权，《中华人民共和国草原法》规定草原使用权，《中华人民共和国海域使用管理法》规定海域使用权，《中华人民共和国森林法》规定森林和林地的使用权，《中华人民共和国矿产资源法》规定探矿权和采矿权，《中华人民共和国渔业法》规定养殖和捕捞的权利，《中华人民共和国水法》规定取水权，等等。土地使用管理覆盖了从城镇、农村到矿产、海域等的土地使用：现实的土地使用制度由城市的土地开发制度、农地的承包制度以及自然资源的有偿使用组成，即对建设用地使用权、土地承包经营权、各类自然资源使用权的管理。这些土地使用权通过专门法律的条文明确，并根据空间范畴分设了若干使用权，由部门分割管理，并没有形成统一的"使用权"概念和定义。

此外，过去城乡规划通过开发权的配给进行土地使用的管理，然而城市开发边界内土地经由开发而投入使用，边界外大量土地不经开发而被使用，边界内外土地使用存在区别。对土地开发的管制实际不足以覆盖开发边界内外的土地管制需求，围绕土地使用权的管制才可能覆盖全域国土空间。然而各类国土空间中的土地使用行为不同，所赋予的使用权利也应不同。尽管现有法律大致明确了土地使用的占有、使用、收益的权能，但土地使用权的实际权能宽泛。例如，同样是土地使用权，建设用地使用权除占有、使用、收益的权能外，还包括利用该土地建造建筑物、构筑物及其附属设施的权利，相当于一部分开发的权利；土地承包经营权则实际上为维持农业土地性能和覆盖、不改变农业用途的利用的权利；取水权、采矿权是在限额下消耗自然资源的权利。众多土地使用权的使用权能内涵如何，是否可以消耗土地的物质或改变土地覆盖，使用与开发的关系如何，这些问题都有待回答。

土地使用法律制度的建构基于这些最基本的术语，术语的法律定义本应与制度关联，然而文献中与法律现实中的"土地使用"却存在错位。制度层面上的核心问题是缺少系统的土地使用概念，尽管学术中的土地使用涵义在制度中都有所反映，然而在制度中各部门的土地使用管理是独立分散的，相互之间的学理和逻辑关系不清晰，缺少对概念的系统化梳理，缺乏清晰的科学的概念去支撑实践。整合国土空间使用管制制度需要围绕着土地使用建立一个完整的从学术到制度的概念体系，从使用权角度建立统一的法理的基础和管理的权限。

2.3 土地使用管理的基本范畴

2.3.1 管理

1. 管理的内涵

人类的管理活动由来已久，源远流长。纵览人类社会的演进历程可见，人类社会的发展和进步与管理状况的改进和管理水平的提高有着密切的联系，两者在一定程度上往往是互为标志、相互印证的。将管理作为一门科学进行的系统性研究起始于工业革命以后。诸多专家学者基于不同的视角，对管理的基本内涵进行了深入探讨，并界定了多种管理概念。在管理研究的初期，古典管理学家、科学管理理论创始人弗雷德里克·W. 泰勒（Frederick W. Taylor）将管理定义为"确切地知道你要别人去干什么，并使他用最好的方法去干"；法国古典管理学家、管理过程学派的开山鼻祖亨利·法约尔（H. Fayol）认为，"管理就是实行计划、组织、指挥、协调和控制等职能"。其后，管理学家、社会科学家赫伯特·西蒙（Herbert A. Simon）提出"管理就是决策"；现代管理学之父彼得·德鲁克（Peter F. Drucker）认为，管理是把一群乌合之众变成一个有效率、有目的、有生产力的组织的特殊过程；管理过程学派的主要代表人物哈罗德·孔茨（Harold Koontz）将管理界定为"设计和保持一种良好环境，使人在群体里高效率地完成既定任务"；管理思想史学家丹尼尔·雷恩（Daniel A. Wren）进一步提出，管理是一种有组织地实现目标的活动，它发挥某些职能，以便有效地获取、分配、使用人们的努力和物质资源，来实现某个特定的目标。

管理可以拆分为"管"（领导、指挥与负责）与"理"（决策、计划、组织、控制与协调）两部分来理解，是指组织中的管理者为了实现组织目标，通过实施计划、组织、领导、控制等职能，合理分配，有效整合组织内外相关资源的动态创造性活动。对该定义的理解，应着重把握以下四个要点。

1）**管理的目的是实现组织目标**

组织是为了达到仅凭单个人的力量无法实现的目标而建立和存在的，是一种由人组成的、具有明确目的和系统性结构的实体。管理是实现组织目标的手段，其目的是有效实现组织目标。有效实现目标就要使组织的一切职能活动既有效率又有效益。在评价组织的管理活动是否有效达到目的时，不仅要考察组织活动的效率如何，还须考察组织是否在高效率的基础上取得了好的效果，效率高同时效果也好，才能说明有效实现了组织目标。

2）管理活动是具体执行计划、组织、领导、控制等职能的过程

为实现组织目标而进行的各项管理活动，具体体现为执行管理的四项职能，包括：经营环境的分析、战略的制定、组织内外资源的配置与整合以及控制与评估等。管理表现出连续不断、循环往复的特点，其四项职能相互关联、连续进行，体现在管理的全过程。

3）管理的本质是协调

现代管理的主要任务是以有效实现组织目标为核心，合理分配、有效整合组织内外的相关资源。内外协调是管理者的一项重要职责，既要通过激励、沟通、指导、解决冲突等，协调组织内部的人力、物力、财力、技术和信息等各种资源，使之成为一个有机的整体，具备强大的核心竞争力；也要协调组织与外部环境的关系，适应环境、利用环境、促进组织与环境的和谐。

4）管理的载体是组织

管理的载体是以人为中心的组织。各种组织资源与各种实现组织功能目标的职能活动是管理的对象。而组织中的所有的资源与活动都是以人为中心的，因此，人是管理的核心要素。组织的范围和领域多种多样，既可以是企业、事业单位、社会团体，也可以是政府机关、宗教组织等。从管理本身的职能和作用来考察，它拥有广阔的作用空间和领域，不同范围、不同领域的管理具有不同的特色，也可以作宏观管理和微观管理之分。

2. 管理的特性

管理既是一门科学，也是一门艺术，是科学性与艺术性二者的统一。

管理的科学性，是指管理以反映管理客观规律的管理理论和方法为指导，有一套分析问题、解决问题的科学的方法论。人们在经历管理实践活动的无数次成功和失败中，通过数据收集、归纳和检测，提出设想、验证假设，不断深化对管理的研究、探索和认识，逐渐总结和揭示出反映管理客观必然性的内在规律。从最初的管理思想萌芽逐步演进为简单的管理概念，进而发展成为一套相对完整的、能够体现客观规律的理论体系，进一步指导人们遵循客观理论体系进行管理实践。

管理的艺术性，是指管理者能够根据自身所处的内外部环境，发挥主观能动性，将管理理论与管理实践因地制宜地结合起来，采用灵活的、创造性的方法解决管理中的问题。虽然管理科学能够为管理实践活动提供理论指导，但它并不能提供解决一切问题的标准答案。面对千变万化的管理环境，管理者只有掌握并善于运用娴熟的管理技巧，而不是机械地套用相关理论知识进行僵化的管理，才可能取得预期的管理效果。

2.3.2 土地管理

土地管理的目的是运用规划管理来发展土地资源，使土地得到合理有效的利用。土地管理是国家为调整土地关系，组织和监督土地的开发利用，保护和合理利用土地资源，而采取的行政、经济、法律和技术的综合性措施。

1. 土地管理的内涵

土地是地球表面由土壤、岩石、气候、水文、地貌、植被等组成的自然综合体，也是人类主要社会经济活动空间载体。关于土地管理的概念，国际上将其定义为人类对土地施加的一切活动，涵盖人类利用和管理土地的各种过程和结果。在我国，土地管理是指国家为维护土地制度，调整土地关系，合理组织土地利用所采取的行政、经济、法律和技术的综合措施。一般而言，国家把土地管理权授予政府及其土地行政主管部门。因此，土地管理也是政府及其土地行政主管部门依据法律和运用法定职权，对社会组织、单位和个人占有、使用、利用土地的过程或者行为所进行的组织和管理活动。土地管理的主要内涵包括以下四个方面。

（1）土地管理的主体是各级政府的土地行政主管部门及其公务员，包括政府、土地行政主管机关、行政首长和土地行政主管部门的普通公务员；

（2）客体是土地及土地利用中产生的人与人、人与地、地与地之间的关系；

（3）土地管理的任务包括维护土地公有制、调整土地关系、合理组织土地利用、监督土地利用；

（4）管理手段和方法包括行政、经济、法律、技术等方面。

2. 我国土地管理的内容

中国土地管理的基本任务是维护社会主义土地公有制，在正确调整土地关系的基础上，根据国民经济各部门以及农村经济组织内部各业（农、林、牧、工、渔）综合发展的需要，合理组织土地利用，不断改善土地生态环境，提高土地生产率，使有限的土地资源更好地为社会主义现代化事业服务。土地管理的内容主要包括以下七个方面。

（1）制定并执行土地法律、法规；

（2）查清各类土地的数量、质量、分布和利用状况，并给以综合的科学评价（见土地调查、土地评价）；

（3）进行土地登记，颁发土地所有权和使用权证书，以确认土地所有者、使用者的合法权益，巩固和稳定土地使用的范围和秩序，维护社会主义土地公有制，调动土地经营者合理利用土地、投资改造土地的积极性；

（4）建立和健全土地统计制度，以土地所有者和使用者为基层统计单位，按土地利用类别进行统计，逐级汇总，每年上报一次；

（5）加强建设用地管理，严格控制非农建设占用耕地，认真贯彻保护耕地的国策，并依法办理建设征用划拨土地的审批、登记手续（见土地法规）；

（6）制定和实施土地利用规划；

（7）检查、监督土地利用情况，查处有关违法案件，调解土地纠纷。

2.3.3 我国土地管理相关制度

土地制度即特定社会经济条件下的土地关系的总称，是一个国家人地关系的法定结合形式。在我国，土地制度是国家政治经济制度的基础性安排，直接影响土地管理与利用的实效，土地制度的变革在国家经济增长与结构变革中发挥着至关重要的作用。我国实行土地的社会主义公有制，即全民所有制和劳动群众集体所有制。现行的土地管理制度具体包括国有土地有偿使用制度、土地用途管制制度、土地调查制度、土地统计制度、占用耕地补偿制度、基本农田保护制度等。

1. 我国土地权利的基本内涵

从权属角度来看，我国土地制度可分土地所有权、土地使用权两个主要方面。土地所有权是土地所有制在法律上的体现，是土地所有者依法对土地占用、使用、收益、处分的权利。土地使用权是指使用土地的单位和个人在法律允许范围内，对依法交由其使用的国有土地和农民集体所有土地的占有、使用和收益的权利。土地相关的具体权能又涵盖了土地租赁权、土地抵押权、取得地役权、土地发展权等（表2-3）。

表 2-3 权属视角下的土地权利内涵及权能

权利内涵	相关权能
土地所有权：土地所有者依法对土地占用、使用、收益、处分的权利。我国城市的土地属于国家所有；农村和城市郊区的土地，除由法律规定属于国家所有的以外，属于集体所有；宅基地和自留地、自留山也属于集体所有 土地使用权：使用土地的单位和个人在法律允许的范围内，对依法交由其使用的国有土地和农民集体所有土地的占有、使用和收益的权利。按照土地所有权的主体不同，可分为国有土地使用权和农民集体所有土地的使用权；按照土地用途的不同，可分为建设用地使用权和农业用地使用权	土地租赁权：是指通过契约从土地所有权人或土地使用权人处获得的土地占有权、狭义的土地使用权和部分收益权
	土地抵押权：是指土地使用权人在法律许可的范围内不转移土地占有而将土地使用权作为债权担保，在债务人不履行债务时，债权人有权对土地使用权及其上建筑物、其他附着物依法进行处分，并以处分所得的价款优先受偿的担保性土地他项权利
	取得地役权：是指按照合同约定，利用他人的不动产，以提高自己的不动产的效益的权利
	土地发展权：指在对土地利用的基础上进行再发展的权利，是在土地利用现状基础上进一步开发的权利，是一种可以与土地所有权分离而单独处分的权利

资料来源：根据《中华人民共和国土地管理法》（2019 年修订）、《新〈土地管理法〉学习读本》整理。

2. 土地资源管理的配置方式

从资源配置角度来看，我国的土地资源通过划拨、出让、租赁、作价出资或入股等方式进行配置（表 2-4）。

表 2-4 资源配置视角下的土地配置方式及程序

配置方式	配置程序
划拨	经过县级以上人民政府依法批准，在土地使用者依法缴纳相关补偿、安置等费用后该土地归其使用，或者无偿交付该土地给使用者使用的行为。未经批准，土地使用者不得转让划拨土地使用权
出让	用于商业、旅游、娱乐和商品住宅等经营性的，须通过招标、拍卖、挂牌或者协议的方式取得土地使用权
租赁	承租人按约定支付土地租金，并依法领取该租赁国有土地使用权权属证书，且依约完成协议中所要求的开发建设工程的，经相关部门同意或依照协议内容，可进行转租、转让及抵押
作价出资或入股	由市、县人民政府土地行政主管部门向企业颁发《国有土地使用权作价出资（入股）决定书》，当事人可依法进行土地使用权的转让、出租或抵押等行为，将对资产的实物权转变为股权，从而享受收益并履行相应义务

资料来源：根据《中华人民共和国土地管理法》（2019 年修订）、《中华人民共和国土地管理法实施条例》（2021 年修订）、《规范国有土地租赁若干意见》、《招标拍卖挂牌出让国有建设用地使用权规定》等整理。

3. 我国的土地资源管理的收益方式

从资源收益角度来看，我国土地资源税费制度已较为完善，国家通过税、利、债、费等方式，获取土地或土地资产在开发经营和利用过程中由于经营性因素或其他外部客观因素所形成的利润（表2-5）。

表2-5 资源收益视角下的土地收益类型及形式

收益类型	收益形式
对于农用地中的耕地、园地、牧草地：收取耕地占用税 对于建设用地中的城镇村用地、交通运输用地、水利设施用地、工矿用地：收取土地使用权出让金、城镇国有土地补偿费、临时使用土地补偿费、新增建设用地土地有偿使用费、增容地价、土地使用权作价出资或入股分红等	土地资源税：包括铁路各运输企业、各银行总行、保险总公司集中缴纳的营业税、所得税，城市维护建设税，地方银行和外资银行非银行金融企业所得税、证券交易税等，增容地价、利息税、印花税、契税、耕地占用税、土地增值税、营业税、企业所得税、房产税等
	土地资源费：包括水土保持补偿费、青苗费、土地闲置费、污染治理费用、环境管理费等
	土地资源利：包括土地使用权作价出资或入股分红、贷款利息等
	土地资源租：包括租金、租赁租金、二级市场出租得到的租金、出租场所获取的租金
	土地资源金：包括经营权出让金、土地出让金、土地基金、土地出让金部分返还、保障性住房出售获得资金、征地补偿金、委托整理资金
	土地资源其他形式收益：包括土地增值收益、土地债券、签约盈利经营条约等

资料来源：根据《中华人民共和国耕地占用税法》《国有土地使用权出让收支管理办法》等整理。

4. 我国土地管理相关法律法规

目前，我国现行的土地管理相关的法律法规及政策主要如表2-6所示。

表2-6 中国现行的土地管理相关的法律法规及政策

土地管理相关法律	土地管理相关法规、政策
《中华人民共和国土地管理法》（2019年修正） 《中华人民共和国城市房地产管理法》（2019年修正） 《中华人民共和国农村土地承包法》（2018年修正） 《中华人民共和国农村土地承包经营纠纷调解仲裁法》	《中华人民共和国土地管理法实施条例》（2021年修订） 《确定土地所有权和使用权的若干规定》（1995年修订） 《国家土地管理局土地登记规则》（1995年修改） 《招标拍卖挂牌出让国有建设用地使用权规定》（2007年修订） 《协议出让国有土地使用权规定》 《土地权属争议调查处理办法》（2010年修正） 《基本农田保护条例》（2011年修订） 《闲置土地处置办法》（2012年修订） 《建设项目用地预审管理办法》（2016年修正） 《中华人民共和国城镇国有土地使用权出让和转让暂行条例》（2020年修订）

资料来源：作者自绘

其中，《中华人民共和国土地管理法》（以下简称《土地管理法》）是我国第一部关于土地资源管理、全面调整土地关系的法律，由中华人民共和国第六届全国人民代表大会常务委员会第十六次会议于 1986 年 6 月 25 日审议通过，自 1987 年 1 月 1 日起正式施行。《土地管理法》是我国土地管理工作的重大转折和管理体制的根本性改革，是我国土地管理工作由分散的多头管理向集中统一管理转变的标志。随着市场经济发展与土地制度革新，《土地管理法》分别于 1988 年、1998 年、2004 年、2019 年修订或修正通过。

2019 年新修订的《土地管理法》旨在加强土地管理，维护土地的社会主义公有制，保护、开发土地资源，合理利用土地，切实保护耕地，促进社会经济的可持续发展，具体涵盖土地的所有权和使用权、土地利用总体规划、耕地保护、建筑用地以及土地管理的监督审查、法律责任等方面的内容。新《土地管理法》强调坚持土地公有制不动摇，坚持最严格的耕地保护制度和最严格的节约集约用地制度，主要作出了七项重大突破，包括：①破除集体经营性建设用地进入市场的法律障碍；②改革土地征收制度；③完善农村宅基地制度；④为"多规合一"改革预留法律空间；⑤将基本农田提升为永久基本农田；⑥合理划分中央和地方土地审批权限；⑦土地督察制度正式入法。

2.3.4　土地使用管理

1. 土地管理与土地使用管理

土地管理与土地使用管理是两个密切相关的概念，两者相互依存，相互影响，共同促进土地资源的优化利用和可持续发展。

土地资源管理与土地使用管理是相辅相成的两个概念。一方面，土地资源管理是土地使用管理的基础，为土地使用提供了合法性与可持续性，土地资源管理的好坏直接影响到土地使用的效果和效益。另一方面，土地使用管理也为土地资源管理提供了具体的操作和实践基础，在土地利用过程中，土地资源管理者可以通过实施科学的土地规划和合理的土地利用政策，不断优化土地资源的配置和利用效益，实现土地资源管理的目标和要求。

1）土地管理

土地管理主要是土地资源方面的管理，涉及土地的获取、保管、利用和处置等方面。主要特征如下。

（1）土地资源管理是确保土地资源的所有权和使用权，以保障土地资源的合法利用与可持续利用，这包括政府对土地的登记、确权和登记管理等程序。

（2）土地资源管理要负责土地资源的保管和管理，确保土地的质量、数量和价值，这需要土地资源管理者对土地的环境质量、土壤肥力、水资源、生态条件等进行科学的评估和监测，以制订土地合理利用的政策和措施。

（3）在土地资源管理中，土地处置和交易也是重要的一环，土地资源管理者应当按照法律程序和规定，对土地的转让、租赁、出售和购买等进行监管和管理，以促进土地资源的优化配置和高效利用。

2）土地使用管理

土地使用管理是土地资源管理的重要组成部分。土地资源是有限的，而土地使用则是对土地资源进行有效配置和利用的过程。土地使用管理旨在最大限度地发挥土地资源的潜力，提高土地利用的效益和产出。土地使用管理涉及土地的规划、开发、利用、保护等方面。主要特征如下。

（1）土地使用要进行土地利用规划，通过科学的区划和分配，确定土地利用的功能组合与空间布局。

（2）土地使用管理要负责土地的开发和利用，包括农业生产、工业建设、城市建设等各领域的土地利用，这需要对土地的资源潜力和利用条件进行评估，统筹考虑土地利用的经济效益、社会效益和环境效益。

（3）土地使用管理还要保护土地资源，在土地开发和利用过程中，合理利用自然资源，保护生态环境，实现可持续发展。

2. 土地使用的特点

土地使用是个技术问题，是对空气、土壤、水分、地形、生物等多种自然因素综合体的利用。如果人类掌握的科学技术水平高，对这些因素的认识程度就高，利用时采取的手段、措施也就越恰当，取得的效果就越好。

土地使用还是一个经济问题，土地和其他生产要素一样，在利用中必须服从一定的经济规律，才能取得良好的经济效益。

土地使用是一个动态的概念，人类最早对土地的使用是直接从土地上获取野兽、植物果实等食品。随着人类社会分工和原始农业的产生，人类开始通过播种、收获等农业活动获得粮食等农产品。现在，人们常说的土地使用已经是土地开发、利用和保护的综合行为了。

3. 土地使用管理的基本内容

人类通过使用土地来满足自己的生存和发展需要，土地使用的三大目标是经济目标、生态系统目标和生态环境目标。中国人口众多，土地资源相对不足，可开垦耕地资源已经很少，应更注重土地的集约利用。同时，为保证国内粮食的供给，应在农业优先的前提下，统筹安排用地比例。总体而言，土地使用管理的基本内容主要涉及以下五个方面。

（1）土地资源的调查、分类、统计。土地资源的调查、分类、统计是土地使用的基础性工作，为因地制宜合理利用土地提供了科学依据。

（2）土地使用程度、结构、效益等现状分析。土地利用现状分析为更合理地利用土地指明了方向。

（3）土地利用规划，可用于指导今后土地利用规划的实践。

（4）土地开发，是土地的广度和深度利用。

（5）土地保护。

4. 土地使用权的基本类型

1）土地使用权

是指单位或者个人依法或依约定，对国有土地或集体土地所享有的占有、使用、收益和有限处分的权利。

2）国有土地使用权

是指国有土地的使用人依法利用土地并取得收益的权利。国有土地使用权的取得方式有划拨、出让、出租、入股等。有偿取得的国有土地使用权可以依法转让、出租、抵押和继承。划拨土地使用权在补办出让手续、补缴或抵交土地使用权出让金之后，才可以转让、出租、抵押。

3）农民集体土地使用权

是指农民集体土地的使用人依法利用土地并取得收益的权利。农民集体土地使用权可分为农用土地使用权、宅基地使用权和建设用地使用权。农用土地使用权是指农村集体经济组织的成员或者农村集体经济组织以外的单位和个人从事种植业、林业、畜牧业、渔业生产的土地使用权。宅基地使用权是指农村村民住宅用地的使用权。建设用地使用权是指农村集体经济组织兴办乡（镇）企业和乡（镇）村公共设施、公益事业建设用地的使用权。按照《土地管理法》的规定，农用地使用权通过发包方与承包方订立承包合同取得。宅基地使用权和建设用地使用权通过土地使用者申请，县级以上人民政府依法批准取得。

我国的土地使用权的主体非常广泛，国家机关、企事业单位、农民集体和公民个人，以及三资企业，凡具备法定条件者，依照法定程序都可以取得土地使用权，成为土地使用权的主体。土地使用权可以出让、转让、买卖、出租、抵押。

2.3.5 土地用途管制

土地用途规制（land use regulation），又名土地用途管制，指由各级政府实施的对土地利用主体行为的限制。其经济理论基础在于将土地使用中可能产生的不良外部效应内部化。

土地用途管制在国外呈现为不同的制度形态，例如，在日本、美国、加拿大等国实行的是"土地使用分区管制"，在英国则采用的是"土地规划许可制"，而在法国、韩国等国家，则实行"建设开发许可制"。

1. 土地用途管制的定义

土地用途管制的狭义定义是指政府对土地用途转变所施加的限制。如有学者认为，狭义的土地用途管制即国家规定土地的法定用途、能否改变用途以及如何变更的制度。然而，狭义的定义未能全面涵盖管制的所有目的和功能，现代社会的发展已极大地丰富了管制的内涵。广义上，土地用途管制是指政府对土地资源使用行为的一种限制，这种限制旨在界定土地的财产权以及土地使用的权利与义务，同时也是对土地交易市场的一种干预。有学者进一步指出，土地用途管制应是一国政府依法对土地占用和使用进行的管制，主要涵盖对土地的权利、义务及使用条件的规范，包括占有、使用期限、土地使用费用的缴纳（如租金、税赋、劳务等），以及对土地使用类别（如耕地或建设用地）和使用方式与方法的限制。据此，土地用途管制的内容主要包括：按用途对土地进行合理分类、土地利用总体规划中明确土地用途、土地登记时注明土地用途、对土地用途变更实行审批制度，以及对不按规定用途使用土地的行为进行处罚等。

2. 土地用途管制的目的

1）预防和消除外部不经济

土地用途管制的最初目的是预防和消除外部不经济。随着人口增加和城市扩张，交通居住模式等的演变，土地资源稀缺性和外部性表现得日益明显。一个主体或一种土地用途对周围主体的土地使用可能产生严重的干扰，导致某些地块和整体地块价值的下降。为了消除这种外部不经济，应采用对土地进行分区等手段，将不相容的用途相隔离，这就构成了管制。典型的表现形式就是在城市里工业区和居住区的功能分区，预先消除其相互干扰。

2）提供公共产品并提供一个财政性工具

土地用途管制的第二种目的也和外部性有关且在现代社会发挥着重要作用。一方面，有的土地使用具有正外部性，如耕地、生态用地等，对全体公民提供着诸如粮食安全、净化空气等公共产品，但是该类土地所提供的公共产品却不能通过收费将其效益内部化，只能由政府进行管制，凡是要转为其他用途的，必须获得批准。同时，政府运用公共财政等经济手段，对该类土地进行保护，政府实质是公共产品的供给者。另一方面，在城市里进行的土地开发活动，必然带来城市交通、绿地、教育、医疗等公共产品的需求增加。政府可以通过对土地使用容积率等形式的管制，设定开发地块的权利，收取有关税费后提供公共产品；或者以非对等地位"协商"的方式，要求开发商自行提供绿地、停车场、道路等基础设施等供给（或者缴纳费用由政府供给）。此时，管制成为了一种意在提供公共产品的变相财政工具。

3）界定财产权，消除不确定性，降低交易成本

土地财产权是一束权利的集合，人们可以抽取部分权利组成一种新的产权。管制对土地的权利构成了直接的界定。权利人知道土地使用的权利和义务，知道邻居的土地可以和不可以做什么，这样做，消除了邻居改变土地使用方式而可能给自己土地造成损害的风险，消除了不确定性。从另一个角度，政府的管制提供了土地使用的有关信息，建立了有关财产权使用和交易的规则，有利于降低交易成本，保护财产权价值，促进市场功能的发挥。这对土地权利人是有利的，有效防止在土地使用时的"囚徒困境"出现。

土地用途管制的目的不仅受到民营部门的影响，还受到公共部门的影响。如国外的一些社区实行用途管制是为了提升整个社区的价值，从而变相排除低收入者或有色人种；而公共部门希望消除用途管制的副作用，将用途管制与环境、就业等社会目标结合，显示了用途管制目标的复杂性。

3. 土地用途管制的形式

土地用途管制手段体现在国家和地方所颁布的法律、法规、政策之中，而并不仅限于土地法律、法规。有些法律规定表面上并无管制的字眼，但实质上属于管制的形式。政府主要从两方面控制土地使用：一是有关土地用途的转换及其可转换数量的管制；二是针对城市土地开发活动的管制。

1）有关土地用途的转换及其可转换数量的管制

这类管制多出现在各个单项法律条文中，如《中华人民共和国土地管理法》；

有的出现在对特殊土地的保护性条例中，如与湿地、风景名胜区相关的各类保护条例。我国土地利用计划实质属于土地用途管制，它通过控制土地可转换数量进行管制，常常被人们所忽视。在我国，有关土地用途的转换及其可转换数量的最为重要的十项制度性规定如下。

（1）国家实行土地用途管制制度，严格限制农用地转为建设用地，控制建设用地总量，对耕地实行特殊保护。

（2）加强土地利用计划管理，实行建设用地总量控制。

（3）任何单位和个人进行建设，需要使用土地的，必须依法申请使用国有土地，集体建设用地不能入市（少数改革试点地区除外）。

（4）县级土地利用总体规划应当划分土地利用区，明确土地用途，一经批准，必须严格执行。

（5）进行勘查、开采矿藏和各项建设工程，应当不占或者少占林地、草原。

（6）国家对风景名胜区实行"科学规划、统一管理、严格保护、永续利用"的原则。

（7）国家建立饮用水水源保护区制度，禁止在河道管理范围内的某些建设活动。

（8）土地使用权出让，必须符合土地利用总体规划、城市规划和年度建设用地计划。

（9）城市和镇应当依照本法制定城市规划和镇规划。城市、镇规划区内的建设活动应当符合规划要求。

（10）在乡、村庄规划区内进行乡镇企业、乡村公共设施和公益事业建设以及农村村民住宅建设，不得占用农用地；确需占用农用地的，应当依照《中华人民共和国土地管理法》有关规定办理农用地转用审批手续后，由城市、县人民政府城乡规划主管部门核发乡村建设规划许可证。

2）主要针对城市土地开发活动的管制

此类型管制多以规划条件或行政许可的形式出现，在《中华人民共和国城乡规划法》中有大量规定，主要有以下五项内容。

（1）建设项目依据用地取得方式的不同，分别申领选址意见书、建设用地规划许可证。

（2）在城市、镇规划区内进行建筑物、构筑物、道路、管线和其他工程建设的，建设单位或者个人应当向城市、县人民政府城乡规划主管部门或者省、自治区、直辖市人民政府确定的镇人民政府申请办理建设工程规划许可证。需要建设单位编制修建性详细规划的建设项目，还应当提交修建性详细规划。

（3）在城市、镇规划区内以出让方式提供国有土地使用权的，在国有土地使用权出让前，城市、县人民政府城乡规划主管部门应当依据控制性详细规划，提出出让地块的位置、使用性质、开发强度等规划条件，作为国有土地使用权出让合同的组成部分。未确定规划条件的地块，不得出让国有土地使用权。

（4）建设单位应当按照规划条件进行建设；确需变更的，必须向城市、县人民政府城乡规划主管部门提出申请。

（5）国有土地使用权招标拍卖挂牌出让方案应当包括：拟出让地块的具体位置、"四至"、用途、面积、年限、土地使用条件、供地时间、供地方式、建设时间等。

2.4 土地使用与管理有关术语概念的解释

国土空间使用与管理的知识体系大量使用普通词语，并且形成一些约定俗成的用法，具有一定的专业内涵，然而却没有进行严格的定义和解释。这使得普通词语的意义与专业术语的含义混用，比如"开发"作为汉语的普通词语与由英文"development"翻译而来的术语"开发"混用，汉语术语"土地治理"与由英文"land governance"翻译而来的普通词语"土地治理"混用，导致概念体系的混乱，这也使得国土空间规划知识体系显得不够清晰和严格。

为准确理解国土空间使用与管理的知识体系，本节选择一些与国土空间使用与管理密切相关的关键词语及专业术语，简要摘编有关定义和解释的适用范围，为全面理解国土空间使用与管理奠定基础。

城乡规划、土地使用以及土地使用管理的专业术语多译自英语，因此，这些中文词语都需要配上相应的英语词汇和解释。也有一些关键词语移植于英文词语，但是在中文语境中，其含义发生很大的变化，甚至与英文本义相反，并且在专业管理领域已经形成自身的话语体系。这些词语只能回到相应的专业领域来解释，所以国土空间使用与管理相关词语需要特别注意专业术语的系统性特征。

国土空间规划体系的建构试图克服部门分割管理的矛盾，这是整合各类空间规划中土地使用管理的契机。我国的国土空间规划，不同于欧洲旨在处理事物空间关系的空间规划，而更接近日本所进行的国土空间规划，即"国土空间的规划"，而非"国土的空间规划"。国土空间涵盖的全域全要素实际上囊括了作为物质对象的土地和作为空间承载的土地，在新的规划制度下，需要将土地使用的状态（土地用途），土地的消耗、利用、开发三种行为，以及土地使用的法律内涵都纳入土地使用的术语定义。因此，面对国土空间规划与管理的诉求，作为专业术语的"土地使用"建议采用广义的概念，即包括土地消耗、利用和开发等三种行为类型，及土地使用活动所导致的物质空间特征，同时也包括土地使用权等法律含义。

土地使用术语概念的构建应该从规范性科学的角度出发，需要更清楚地定义土地使用下的每个子概念，将土地消耗、土地利用和土地开发三类土地使用以及它们相对应的矿产、渔业、农村、林地、城市等空间均纳入国土空间用途管制的范畴，从法律层面上明确各类国土空间相应的土地使用行为及其使用规则。城市建设用地的土地使用实质特征是"开发"，所赋予的使用权是可以改变土地覆盖和土地用途的开发权；农业生产的土地使用特征是"利用"，所赋予的使用权利是维持土地用途和覆盖的利用权利；而采矿、捕捞等土地使用特征是"消耗"，其权能只包含了对土地中自然资源的有限取用。

本节选择的词语并不全面，只是一些与国土空间使用特别密切的关键词语和专业术语。

2.4.1　与土地和空间范围相关的术语

国土空间使用与管理涉及大量与土地和空间范围有关的术语，主要包括：联合国粮农组织的土地定义、国土、领土、空间等。这些词语的含义有很大部分的重合交叉，但是在特定语境中的含义又有很大不同，因此，尤其应注意使用的语境。

1. 联合国粮农组织的土地定义

1975年，联合国粮农组织（FAO）颁布的《土地评价纲要》中，对土地的定义是：一片土地的地理学定义是指地球表面的一个特定地区。其特性包含着此地面以下和以上垂直的生物圈中一切比较稳定或周期循环的要素，如大气、土壤、水文、动植物密度，人类过去和现在活动及相互作用的结果，这些要素对人类和将来的土地利用都会产生深远影响。

英文词语"land"本身包含领土、领域等空间概念，与"国土"概念相当。因此，我国目前的国土空间规划内涵与英文"land use planning"（土地使用规划）是一致的，国土空间使用与土地使用的知识体系是一致的。

2. 国土（territory）

1）国土的基本含义

国土是国家主权与主权权利管辖范围内的地域空间，包括国家的陆地、陆上水域、内水、领海以及它们的底土和上空。国土是由各种自然要素和人文要素组成的物质实体，是国家社会经济发展的物质基础或资源、国民生存和从事各种活动的场所或环境。

狭义国土指主权国家管辖下的领土、领海和领空的政治地域概念，包括一个国家的全部疆域，属于空间的范畴。领土通常指一个国家的陆地部分，包括河流、湖泊等内陆水域及其底土。领海是指沿海国家主权管辖下的与其海岸或内水相邻的一定宽度的海域。在这片海域内，沿海国家拥有完全的主权，包括对领海上空、海底和底土的主权。领海是国家领土的组成部分。根据《联合国海洋法公约》，每个国家有权建立其领海的宽度，但上限不得超过从基准线起12海里（约22.2公里）。领空指领土和领海范围内的全部上空，但对其垂直高度目前国际上尚无明确规定。

与国土对应的英文是"territory"，但是territory的含义比中文中的"国土"更为宽泛，包括领域、领土、领地三层含义，都隐含"领主"这一概念，其所指称对象的名称与领主的特征有关。当"领主"是国家时，territory所指称之为领土，即国土；当领主为某个体或群体时，所指空间范围称之为领域；当领主为国家内某个具有特殊地位的地方政府时，其所指的空间范围称之为"领地"。

2）territory的三种含义

（1）统治者或国家管辖范围内的一块土地。由动物或动物群抵御同性或同种其他动物的区域。在比赛或运动中由球队或球员防守的区域。对某类活动具有一定权利或对此负有责任的领域。具有特定特征的土地。

（2）国家/地区的有组织部门（尤其在美国，加拿大或澳大利亚等国家）。

（3）知识、活动或经验的领域。

英文单词territory最初表示城镇或城市，尤其是古罗马帝国的核心罗马及省会城市周围并受其管辖的地区。维基百科的解释是：领土是指主权国家所管辖的地区范围，通常包括一个该国国界（边境）内的陆地（即领陆）、内水（包括河流、湖泊、内海），以及它们的底床、底土和上空（领空），有时亦包括领海。此外，领土的英语对应词"territory"亦可用来作为行政区划的类型，例如加拿大的"地区"。

3）国家领土定义模型

国家拥有的领土是不可分割、不可侵犯的，国家在其领土上有完全的主权和管辖权，且其他国家无权干涉。领土可分为四个部分：领陆、领水、领空和底土（图2-2）。

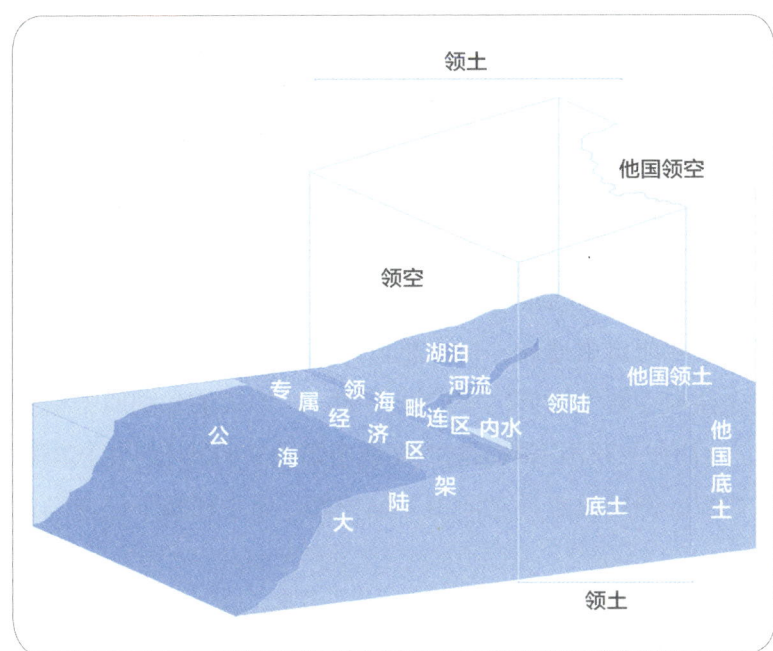

图2-2 领土定义模型
资料来源：作者改绘

（1）领陆

指国家拥有的陆地领土，包括国界范围内的大陆部分和所属岛屿以至其底土，是国家领土组成的基本部分。主权国家在领陆中有绝对操控权，有权对所属陆地地表以下深度无限的地下资源进行开发利用。领空、领水和底土均由领陆衍生而来。

（2）领水

即国家拥有的水系领土，可分为内水和领海两大部分。

内水是一个由一国领土完全包围的封闭性湖、河、内海。海岸边缘沿岸国所属岛屿外缘，与海岸国海岸的连接线内侧都属于内水。注入海中的河流河口，其靠岸边一侧的注口连线内侧也算内水。主权国家对其内水有完全的司法管辖权，外国船只在领海中允许的无害通过权，在内水里是不允许的。海湾则另有特别规定。所谓"湾"乃指两地岬（即海岸端突出之土地端点）所圈围的大于半圆的水域。若此水域离陆皆不超过24海里，则全部视为内水。河流在主权国家领陆内便自动转变为该国家的领土部分，主权国家在这些河流中有绝对操控权。例如长江和黄河是中华人民共和国领土的一部分。国内河流（internal river）是发源地和河口都在一国境内的河流，也称为内河。国内河流完全处在所在国管辖之下，除经国家同意，外国船舶无权进入和航行。例如法国的塞纳河、卢瓦尔河、加龙河，意大利的台伯河，英格兰、苏格兰、爱尔兰的所有河流等。河流在主权国家领陆之间称为界河（boundary river）。界河主权属于拥有疆界的两个或以上的主权国家。例如黑龙江属于中华人民共和国和俄罗斯联邦。多国河流（multi-national river）是流经两个或两个以上国家的河流。例如中国的元江流入越南为红河。多国河流分属于沿岸国所有，各国对流经本国境内的河段享有主权。由于多国河流涉及各沿岸国的共同利益，沿岸国在行使主权时必须顾及其他各段沿岸国的利益，不得滥用，比如上游国家不得故意使河流改道。一些多国河流会被承认为国际河流（international river），任何国家都能自由通商，自由航行，如欧洲的多瑙河。湖泊或内陆海在主权国家领陆内便自动转变为该国家的领土部分，如贝加尔湖属于俄罗斯。运河不管由谁挖掘，运河在主权国家的领陆内便属于该国家的领土。主权国家在这些运河中有绝对操控权。例如巴拿马运河由美国挖掘，但主权属于巴拿马共和国。

领海是一个从领海基线，即沿岸国陆地领土及其内水以外，或者岛国群岛水域以外向海洋延伸3～12海里的海域。但各国视实际状况可能另有规定。一国主权及于领海及其上空和底土。要注意的是，专属经济区不是领海。同样，国家拥有对海洋的制海权不代表国家拥有该片海域。公海没有被任何主权国家拥有，因此船只能自由航行。

（3）领空

即一个主权国家领陆和领水的上空部分。主权国家在这些领空中有绝对或部分操控权，并可以划分禁飞区，甚至禁止任何他国飞机进入领空。

（4）底土

即一个主权国家领陆的地底部分，主权国家在这些地下土中有绝对操控权。主权国家能自由地开发底土的地下资源，如煤、石油等。有时领海地底属于底土。

4）国土空间规划译名讨论

我国对"国土空间规划"的翻译尚未统一，学术文献或政策翻译有"territorial spatial planning""territorial and spatial planning""territory plan"等，值得注意的是，我国的国土空间规划是指"五级三类"的规划体系，而英语"spatial planning"是一种通过对领土发展的管理，和各部门政策对空间影响的协调，来引导空间发展结构的行为。

"spatial planning"（空间规划）的概念源于欧洲。从 20 世纪 80 年代末开始，欧洲许多发达国家的规划理论和实践更加重视空间发展的整体性和协调性。欧共体委员会（CEC）和英国首相办公室（ODPM）对"空间规划"给出了颇为精炼的定义："领土聚合"（territorial cohesion）和"政策协调"（policy coordination）。领土聚合指的是空间规划不局限于行政区划的用地限制，突出功能区之间的协调发展和合作；政策协调是各部门政策空间维度的协调，包括纵向不同级别政府之间的协调、平行部门之间的协调，还指区域间/不同行政单位间的协调。

"territorial planning"（领土规划）的概念使用尚不多见，少数国家采用此概念并结合制度背景对其有不同的阐释。例如拉脱维亚的法律解释领土规划旨在确保领土的发展提高生活环境的质量，可持续、有效和合理地利用领土和其他资源，并促进经济的定向和均衡发展。领土规划的原则是可持续性、继承性、机会平等性、连续性、开放性、一体化性、多样性和相互一致性。立陶宛的法律解释领土规划旨在可持续的领土发展，包括建立土地利用优先事项，环境保护、公共卫生、遗产保护等措施，创建居民区和制造业、工程和社会基础设施系统，规范就业和发展居民的活动，平衡公共和私人利益。法律规定了两种形式的规划：一种是领土综合规划，确定开发场地，以及使用和保护的优先事项，包括国家、城市和详细规划；另一种是特别领土规划，涉及领土和保护区的使用、管理和/或保护措施。

3. 空间（space）

根据《现代汉语词典》解释，空间是物质存在的一种客观形式，由长度、宽度、高度等表现出来。空间是一个相对概念，构成了事物的抽象概念，事物的抽象概念是参照于空间存在的。从广义上讲，空间使事物具有了变化性，即因为空间的存在，所以事物才可以发生变化。

人类可以用直觉了解空间，但难以将其概念化。因此自古希腊时代开始，空间就成为哲学与物理学上重要的讨论课题。亚里士多德将空间定义为事物的"场所"。空间存在是运动构成的基本条件。在物理学中，以长度、宽度、高度三个维度来描述空间的存在。

空间是存在物的基本属性，空间规划不是将"空间"作为规划对象，而是将"空间"作为协调事物的规划工具，避免各种领域性规划及规划政策的空间冲突。作为事物性的规划，空间规划是跨部门和跨领域的协调工具。在欧洲，空间规划是一种规划方法，是一种整合与协调现有规划的工具。我国的国土空间规划是以"国土空间"为对象的"规划"，规划作为行为准则和程序没有实质性的改变。因此，我国的国土空间规划在城市区域是城市规划，在非城镇区域是土地利用规划，两者共同的要素都包含土地使用规划，核心及实质都是土地使用规划。

2.4.2 与"土地使用"概念接近的术语和词语

在土地上或以土地为改造对象的活动十分多样，行为的目的也各不相同，土地使用与管理活动在不同的历史时期使用不同的词语来表达，主要相关的词语包括：土地利用、土地治理、土地整治、国土整治、土壤修复、土地保护等。

1. 土地利用

利用，是一个汉语词语，意思是利于发挥效用，源自《老子·道德经》："三十辐共一毂，当其无，有车之用。埏埴以为器，当其无，有器之用。凿户牖以为室，当其无，有室之用。故有之以为利，无之以为用。"汉语"利用"对应的英文词语是"utilization"或"utilize"。"utilization"作为名词，意为"利用率"，比如 rental utilization（租金利用率），capacity utilization（容量利用率，指某些进程的负载），以及医疗领域的 utilization management（利用率管理）等。"utilize"是动词，与汉语"利用"的动词含义基本一致。

汉语中的"土地使用"与"土地利用"几乎同义。从前，国土部门采用"土地利用"术语居多，随着学术交流的增加、"use"的翻译和引介，以及"土地"含义逐渐清晰，近年来，"土地使用"术语的采用渐成趋势。

2. 土地治理

在我国，土地治理是指应用工程措施和生物措施改良土地不良性状和提高土地利用率和生产率，以利于集约经营的过程。改变土地不良性状、防止土地退化、恢复和提高土地生产力，主要包括以下四种方式。

1）生态（生物）治理

着眼于增加绿色植被、植树种草、涵养水源调节气候、减少自然灾害、改良土壤和净化环境、减少土地污染，恢复和提高地力。

2）工程治理

主要通过水利灌排工程、造田改土工程和小流域治理工程，实行综合治理，从根本上改善生产条件。

3）农业技术治理

主要采取合理的耕作方法、轮作种植、合理施肥和科学的排灌方法，协调作物与水、土条件的关系，改进农作技术，提高产量。

4）防治土地污染，保护土地环境

坚持依法进行环境监测与保护，严格执行工业"三废"（废气、废水、废渣）排放处理标准，并减少和防止化肥、农药、塑料薄膜对土壤、水体和农产品的污染，使农业环境保护工作逐步制度化、法律化和科学化。

3. 土地整治

我国于1999年实施的《中华人民共和国土地管理法》，提出了"国家鼓励土地整理"，后来陆续出现了很多概念，如土地开发整理、土地整理复垦开发、土地整理复垦、土地整治、土地综合整治、农村土地整治、土地开发整理复垦等，甚至不同的概念在中央文件里同时出现，造成了概念和理解上的混乱[1]。2012年国土资源部发布的《全国土地整治规划（2011—2015年）》首次在概念上进行统一，即选择了"土地整治"这一术语。

从土地整理到土地整治，不仅仅是概念上的变更，其范围、内涵、目标、手段和内容也发生了深刻的变化。在范围上，已由相对孤立的、分散的土地开发整理项目向集中连片的综合整治转变，从农村延伸到城镇；在内涵上，已由增加耕地数量为主向增加耕地数量、提高耕地质量、改善生态环境并重转变；在目标上，已由单纯的补充耕地向建设性保护耕地、推进新农村建设和城乡统筹发展相结合转变；在手段上，已由以项目为载体向以项目、工程为载体结合城乡建设用地增减挂钩、工矿废弃地复垦调整利用等政策的运用转变；在内容上，已由以农用地整理为主，转向农用地、农村建设用地、城镇工矿建设用地、未利用地开发与土地复垦等综合整治活动。

4. 国土整治

国土整治一词在国际上的普遍使用开始于20世纪20年代，德国和法国等欧洲国家是较早开展国土整治的国家。近年来国土整治更加关注人地关系调整和"山水林田湖草路村城海"全要素整治，但总体上还是将国土整治定位在合理开发利用国

---

1. 土地整理是指采用工程、生物等措施，对田、水、路、林、村进行综合整治，增加有效耕地面积，提高土地质量和利用效率，改善生产、生活条件和生态环境的活动；土地复垦是指采用工程、生物等措施，对在生产建设过程中因挖掘、塌陷、压占造成破坏、废弃的土地和自然灾害造成破坏、废弃的土地进行整治，恢复利用的活动。

土资源、改进生产力布局、协调城乡发展、保护和改善生态环境等几个方面。

1）基本概念

从国际视野和发展历程看，国土整治是国土开发、整理、复垦、修复和防护的统称，其概念可表述为：为整体改善国土空间要素和系统防治国土空间退化以及为满足新的功能需要，对国土进行改造建设的活动。所谓整体改善国土空间要素，就是通过调整人地关系、优化空间结构、统筹区域发展、保障生态安全等措施，改善"山水林田湖草路村城海"全要素的国土空间结构和功能。所谓系统满足新的功能需要，就是满足人类不断增长的生产、生活和生态需要，以及满足人类生存幸福的需要，这是人类推进国土整治的出发点和目的所在。整体性和系统性是国土整治区别于农田整治等一般性单项整治的重要特征。

国土整治的核心是改造建设。它需要按照自然、社会、经济、生态、文化规律的要求，综合运用开发、整理、复垦、修复和防护等措施，包括工程和非工程措施，对国土空间进行结构优化和改造建设，以提高国土空间的效率、品质和整体功能。改造建设是一项工程活动，其主要目标和内容是调整人地关系、改善国土空间品质、提升国土空间效能和治理国土空间环境，建设"山水林田湖草生命共同体"，促进区域的可持续发展，是人类寻求与地球共生的一种选择。

2）我国国土整治的主要类型

按区域范围大小和科层制等级，国土综合整治可分为全国国土综合整治，跨区域国土综合整治，省、市、县、乡国土综合整治等。按整治地区的功能特点和主要整治内容不同，国土综合整治可分为城市地区国土综合整治、流域国土综合整治、大型工矿业地区国土综合整治、大型水利枢纽和交通枢纽周围地区国土综合整治、海岸和海洋地区国土综合整治、以农林牧为主的农业区域国土综合整治、大型风景区和旅游区国土综合整治、国家公园和自然保护区国土综合整治等。

5. 土壤修复

土壤修复是使遭受污染的土壤恢复正常功能的技术措施。土壤修复利用物理、化学和生物的方法转移、吸收、降解和转化土壤中的污染物，使其浓度降低到可接受水平，或将有毒有害的污染物转化为无害的物质。从根本上说，土壤修复的技术原理可包括：①改变污染物在土壤中的存在形态或同土壤的结合方式，降低其在环境中的可迁移性与生物可利用性；②降低土壤中有害物质的浓度。

6. 土地保护

土地保护是指保护人类社会初级生产可利用的地面空间的数量（面积）和质量的措施。土地保护必须从整体出发综合考虑对策，贯彻"十分珍惜、合理利用土地和切实保护耕地"这一基本国策，全面规划，加强管理、保护、开发土地资源，制止乱占耕地和滥用土地的行为，节约建设用地．综合运用行政、经济和法律手段切实加强对土地的统一管理。

人口的不断增长对土地资源形成了巨大压力，一方面是非农业用地不断扩大，占用和破坏一部分耕地；另一方面是在土地利用中，一些不合理的开发破坏了土地生态系统与环境要素之间的平衡关系，致使土地资源不断退化，生产力不断下降。所以，土地保护成为土地管理工作的一项重大而长期的基本任务。

土地保护是人类为了自身的生存与发展对土地资源的需求，保存土地资源，恢复和改善土地资源的物质生产能力，防治土地资源的环境污染，使土地资源能够持续地利用所采取的措施和行动。

2.4.3 土地使用与土地覆盖

土地使用，顾名思义，描述了一块土地的用途，例如：住房，商业活动，农业，教育，休闲等。它与土地覆盖不同，土地覆盖描述了覆盖土地的物体和表面。这两个概念是互补的，可以同时使用。土地使用可能是"军事区"，但土地覆盖可能是"荒地"；或者土地使用可能是"休闲"，而土地覆盖可能是"草"。

1. 土地使用

土地使用是用来描述人类对土地使用的术语。它代表在特定地点进行的经济和文化活动（例如农业、住宅、工业、采矿和娱乐用途）。

土地使用不同于土地覆盖，因为有些用途并不总是很明显。例如，用于生产木材但多年未采伐的土地，以及被指定为荒野的林地都会显示为森林覆盖，但它们的用途不同。

2. 土地覆盖
1）土地覆盖的基本含义

土地覆盖是指陆地表面的物理状态。地球覆盖是生态学家弗雷德里克·爱德华·克莱门茨（Frederick Edward Clements）所使用的表述，现在土地覆盖有多种表述方式，每种表述方式的含义略有不同：①土地覆盖是植被、土壤、岩石、水和人工建筑的联合体，这些构成了地球的景观；②土地覆盖是地壳和大气之间的交界面，可以影响能源和物质在大气系统和生物地球化学循环间的交换；③土地覆盖是自然营造物和人工建筑物所覆盖的地表诸要素的综合体，包括地表植被、土壤、湖泊、沼泽湿地及各种建筑物（如道路等），具有特定的时间和空间属性，其形态和状态可在多种时空尺度上变化。

2）土地覆盖的基本类型

土地覆盖有多种分类的方法，目前主要是采用遥感技术的分类方法以及联合国粮农组织的分类方法。

3. 土地覆盖与土地使用的关系

土地覆盖是随遥感技术发展而出现的一个新概念，其含义与"土地使用"相近，只是研究的角度有所不同。尽管这两个术语通常可以互换使用，但"土地覆盖"与"土地使用"是不同的。土地使用是对人们如何利用土地以及社会经济活动的描述。城市和农业土地使用是最常见的两种土地使用类别。

土地覆盖侧重于土地的自然属性，土地使用侧重于土地的社会属性，对地表覆盖物（包括已利用和未利用）进行分类。比如，林地的分类，土地覆盖根据林地生态环境的不同，将林地分为针叶林地、阔叶林地、针阔混交林地等，以反映林地所处的生境、分布特征及其地带性分布规律和垂直差异。土地使用从林地的使用目的和使用方向出发，将林地分为用材林地、经济林地、薪炭林地、防护林地等。但两者在许多情况下有共同之处，故在开展土地覆盖和土地使用的调查研究工作中常将两者合并考虑，建立一个统一的分类系统，统称为"土地使用/土地覆盖分类体系"。

2.4.4 与管理相关的术语

土地使用管理的对象是"土地使用活动"，实质是一种外部力量对特定土地使用行为施加的干预，采用"管理"一词指代针对特定土地使用活动的系统干预，管理就成为体制化和规范性的行为。然而，土地使用活动是动态变化的，随着土地使用活动及其影响认识的深入，土地使用干预目标的改变，对运用土地使用管理来防止土地退化和实现可持续发展目标的尝试等，"管理"这个既定的工作范式与土地使用的新知识和积极干预的新目标不匹配，从而衍生了一些新的概念和干预工具，诸如治理和用途规制等。

1. 管理

汉语词语"管理"是指一定组织中的管理者，通过实施计划、组织、领导、协调、控制等职能来协调他人的活动，使别人同自己一起实现既定目标的活动过程。管理是人类各种组织活动中最普遍和最重要的一种活动。

近百年来，人们把研究管理活动所形成的管理基本原理和方法，统称为"管理学"。作为一种知识体系，管理学是管理思想、管理原理、管理技能和方法的综合。随着管理实践的发展，管理学不断充实其内容，成为指导人们开展各种管理活动，有效达到管理目的的指南。

1）管理的主要含义

管理活动始于人类群体生活中的共同劳动，到现今已有上万年历史。管理是指在特定的时空条件下，通过计划、组织、指挥、协调、控制、反馈等手段，对系统所拥有的生物、非生物、资本、信息、能量等资源要素进行优化配置，并实现既定系统诉求的生物流、非生物流、资本流、信息流、能量流等目标的过程。

2）管理的要素与职能

（1）管理的五个要素

管理主体：行使管理的组织或个人，有政府部门和业务部门；

管理客体：管理主体所辖范围内的一切对象，包括人群、物质、资金、科技和信息五类，人群为基本；

管理目标：管理主体预期要达到的新境界，是管理活动的出发点和归宿点，要反映上级领导机关和下属人员的意志；

管理方法：管理主体对管理客体发生作用的途径和方式，包括行政方法、经济方法、法律方法和思想教育方法；

管理理论：指导管理的规范和理论。

（2）管理的七项职能

管理的职能究竟是什么，当前国内外还没有形成一个统一的看法。我国一些学者认为，管理应具有计划和预测、组织和指挥、监督和控制、教育和激励、挖潜和创新五个方面的功能。管理是一种非常复杂的事物，层次不同，部门不同，行业不同，管理的内容和重点则存在着一定的差异，但是管理的性质和职能，是一切管理中带有共性的东西，是实行科学管理的基本问题。法国管理学者亨利·法约尔最初提出把管理的基本职能分为计划、组织、指挥、协调和控制。后来，又有学者认为人员配备、领导激励、创新等也是管理的职能。总体而言，管理有以下七项职能。

决策： 是组织或个人为了实现某个目的而对未来一定时期内有关活动的方向、内容及方式的选择或者调整过程。简单地说决策就是定夺、决断和选择。决策是计划的核心问题，只有对计划目标和实施方法等要素进行科学的决策，才能制定出科学合理的计划。一般认为，决策是管理工作的本质。

计划： 是确定组织未来发展目标以及实现目标的方式。

组织： 是服从计划，并反映组织计划完成目标的方式。

人员管理： 是对各种人员进行恰当而有效的选择、培训以及考评，其目的是配备合适的人员去充实组织机构规定的各项职务，以保证组织活动的正常进行，进而实现组织既定目标。人员管理与管理的其他四个职能——计划、组织、指导与领导、控制，都有着密切的关系，直接影响到组织目标能否实现。

指导与领导： 是对组织内每名成员和全体成员的行为进行引导和施加影响的活动过程，其目的在于使个体和群体能够自觉自愿且有信心地为实现组织既定目标而努力。指导与领导所涉及的是主管人员与下属之间的相互关系。指导与领导是一种行为活动，已形成了专门的领导科学，成为管理科学的一个新分支。

控制： 是按既定目标和标准对组织的活动进行监督、检查，发现偏差，采取纠正措施，使工作能按原定计划进行，或适当调整计划以达预期目的。控制工作是一个延续不断的、反复发生的过程，其目的在于保证组织实际的活动及其成果同预期目标相一致。

创新： 在管理循环中处于轴心地位。随着科学技术的发展，社会经济活动空前活跃，市场需求瞬息万变，社会关系日益复杂，使得每一位管理者时刻都会遇到新情况新问题，因此，迫切的变化要求创新。

3）管理的手段与对象

管理是普遍、普通的社会现象之一，是一项重要的社会活动，管理工作是活力与创造性兼备的行为。

（1）四种管理手段

社会是个庞杂的大系统，千头万绪，怎样管理？管理学家们提出机构、法、人和信息四种管理手段。

机构： 是使管理对象构成系统的组织结构。没有机构就组织不成系统，不成系统便无法管理。

法律： 政策与法律来源于管理目标。在管理活动中，它规定被管理的人哪些应该做，哪些不应该做，是人们的行动准则。

人： 是管理中最活跃的因素。机构是人组成的，管理职权是人行使的，政策与法是人制定的。发挥人的积极性和创造性是搞好管理的重要手段。

信息：不利用信息，就不知道事物的发展形势，就会造成管理的盲目性。它是管理的重要工具。

（2）五个管理对象

事物多种多样，纷纭复杂，千变万化。管理些什么？科学家们提出了五个主要管理对象：人、财、物、时间和信息。

人：是社会财富的创造者、物的掌管者、时间的利用者和信息的沟通者，是管理对象中的核心和基础。只有管好人，才有可能管好财、物、时间和信息。

财：是人类衣、食、住及其进行交往的基础。管理者必须考虑运用有限的财力，收到更多的经济效益。

物：是人类创造财富的源泉。管理者要充分合理和有效地运用它们，使之为社会系统服务。

时间：反映为速度、效率，一个高效率的管理系统，必须充分考虑如何尽可能利用最短的时间，办更多的事。

信息：只有管理信息，及时掌握信息，正确地运用信息，才能使管理立于不败之地。

4）管理分类

管理可以分为很多种类，比如行政管理、社会管理、工商企业管理、人力资源管理、情报管理，等等。在现代市场经济中，工商企业的管理最为常见。每一种组织都需要对其事务、资产、人员、设备等所有资源进行管理。就管理主体的承担者可分为宏观管理和微观管理，宏观管理是政府部门，微观管理是业务部门，微观管理是宏观管理的基础；就管理客体的活动属性可分为社会管理、经济管理和文化管理，经济管理是基础；就管理主体的管理方式可分为决策管理和实施管理，二者互相渗透，决策是管理的核心。

5）管理的任务与意义

管理的任务是设计和维持一种环境，使得这一环境中工作的人们能够用尽可能少的支出实现既定的目标，或者以现有的资源实现最大的目标，可以细分为四种情况：①支出减少，产出不变；②支出不变，产出增多；③支出减少，产出增多；④支出增多，产出增加更多。这里的支出包括资金、人力、时间、物料、能源等的消耗。总之，管理基本的原则是"用力少，见功多"，以越少的资源投入、耗费，取得越大的功业、效果。

2. 治理

治理（governance）一词在政治学领域通常指国家治理，即政府如何运用国家权力（治权）来管理国家和人民。在商业领域，又延伸到公司治理（corporate governance），指公司等组织中的管理方式和制度等。治理可以定义为：指导和控制实体的系统。它涉及实体系统顶层决策、问责制、控制和行为的结构和过程。治理在社会制度中涵盖家庭、部落以及正式或非正式的组织，涉及在特定领土内的所有管理流程。这些流程可以通过政府、市场或网络进行，不论是通过社会组织的法律、规范、权力还是语言。治理涉及"互动和决策过程参与导致建立、加强或复制社会规范和制度的集体问题的行为者之间的关系"。概括地说，治理可以描述为存在于正式制度之内和之间的政治过程。

治理可以管辖各种实体（通常称为管理机构）。最正式的治理是政府，其他类型的管理包括组织（如公司被政府承认为一个法律实体），社会政治组织（部落、帮派、家族、宗教派别等），或其他非正式团体。治理是规则、规范和行动的结构化、持续性的规范和追究责任的方式。

1）治理的概述

全球治理委员会（Commission on Global Governance，CGG）对治理的概念进行了界定，认为"治理"是指"各种公共的或私人的机构以及个人管理其共同事务的诸多方法的总和，是使相互冲突的或不同利益得以调和，并使人们采取联合行动的持续过程"，这既包括有权迫使人们服从的正式制度和规则，也包括各种人们同意或符合其利益的非正式制度安排。

此外，霍尔斯蒂（K. J. Holsti）强调，治理在一定意义上就是秩序加上某种意向性，秩序意味着对行为的限制。星野昭吉将治理分为平行治理和垂直治理，认为治理的本质是一种非暴力、非统治的治理机制，而不是强迫和压制。库伊曼（J. Kooiman）和范·弗利埃特（M. Van Vliet）认为"治理所要创造的结构或秩序不能由外部强加，其发挥作用是要依靠多种进行统治的以及互相发生影响的行为者的互动"。

2）治理的特征

在治理理论的大量学术文献中，最负盛名的是治理理论的主要创始人之一罗西瑙（J. N. Rosenau）的著作《没有政府的治理：世界政治中的秩序和变革》和《21世纪的治理》。在著作中，他将治理定义为一系列活动领域里的管理机制，这些管理机制"虽未得到正式授权，却能有效发挥作用"。具有很强的代表性和权威性的是全球治理委员会（CGG）总结的治理特征：①治理不是一整套规则，也不是一种活动，而是一个过程；②治理过程的基础不是控制，而是协调；③治理既涉及公共部门，也包括私人部门；④治理不是一种正式的制度，而是持续的互动。

3）治理的主要内容

治理涉及国家、私营部门和公民社会，这三方都对持续的人类发展具有重要的作用。国家负责构架一个可行的政治和法律环境，私营部门创造就业和收入机会，公民社会协助政治和社会互动，动员各种力量参与经济、社会和政治活动。

4）治理的基本要素

联合国开发计划署（UNDP）认为治理的基本要素是：参与和透明、平等和诚信、法制和负责任、战略远见和成效、共识、效率。

5）治理的目的

治理的目的是实现社会公正、生态可持续性、政治参与、经济有效性和文化多样化。

6）治理的基本职能

计划（planning）：设定组织的目标，研拟达成目标的策略，并建立机制以协调达成组织目标的活动。

组织（organizing）：决定达成组织目标必须执行的任务，由谁来执行，这些任务如何加以群组，谁必须向谁报告，由谁来做决策。

领导（leading）：激励员工，指挥他人的活动，选择有效的沟通渠道和解决冲突。

控制（controling）：监督组织的绩效，并与原先设定的目标相比较，修正偏离标准的地方，以使组织朝既定目标迈进。

7）治理的类型

治理通常是指与某种组织类型（包括公共治理、全球治理、非营利性治理、公司治理和项目治理）相关的特定治理级别，与某种活动或行为相关联的特定治理"领域"结果（包括环境治理、互联网治理和信息技术治理），或特定的治理"模型"，通常作为经验或规范理论（包括监管治理、参与式治理、多层次治理、元治理和协同治理）得出。

（1）公共治理

治理和政治的概念是有区别的。政治涉及一群人（也许有不同观点或利益）达成集体决策的过程，这些决策通常被视为对该群体具有约束力，并被强制执行为共同政策。治理则传达了治理的行政和过程导向的要素，而不是其对立的要素。

一般而言，公共治理以以下三种主要方式发生：①通过涉及公私伙伴关系（PPP）的网络或社区组织的合作；②通过使用市场机制，使竞争的市场原则在政府监管下运作时能够分配资源；③通过主要涉及政府和国家官僚机构的自上而下的方法。

（2）土地治理

土地治理与土地所有权和权属问题有关。它由政策、程序和机构组成，通过这些政策，程序和机构，可以制定、实施和执行有关土地的获取、使用和控制的决定；它还涉及管理和调节相互竞争的土地所有权。土地治理的运作层面是土地管理，土地权属问题和土地治理之间存在不断的反馈。

土地治理的质量取决于其实际实施情况，即土地管理，一种使土地权属规则得以实施的方式。影响土地治理质量的另一个因素是问责制，即与公民和利益相关者团体进行磋商，以追究其权利。

（3）监管治理

监管治理反映了相互适应的政策制度的出现，该制度取决于监管而不是服务提供或税收和支出。治理反映了政策制度倾向于使用委派的规则系统来处理复杂性的趋势。治理一方面扩展了监管国家的条款，另一方面又扩展了治理的范围。"监管国家"一词在国内和全球范围内将非国家行为者（NGO 和商业）边缘化，而治理一词则将监管作为治理的构成工具边缘化。因此，术语"监管治理"使我们能够理解国家以外的治理以及通过监管进行治理。

（4）参与式治理

参与式治理的重点是通过公民参与国家治理进程来加深民主参与。这是指，公民应该在公共决策中扮演更直接的角色，或者至少更深入地参与政治问题。政府官员也应该对这种参与做出回应。实际上，参与式治理可以通过其更直接的参与形式来补充公民作为选民或监督者的作用。

（5）多层次治理

多层次治理是对全球政治经济中存在许多纠结的权威结构这一事实的概念和研究。多层次治理理论主要由利斯贝特·胡格（Liesbet Hooghe）和加里·马克斯（Gary Marks）提出，其提出背景源于不断增强的欧洲一体化。欧盟委员会（European Commission，EC）前主席若泽·曼努埃尔·巴罗佐（José Manuel Barroso）表示，欧洲区域政策所基于的多层次治理体系为欧盟的竞争优势提供了关键推动力，并且在经济危机时期，多层次治理必须优先考虑。

（6）元治理

元治理（meta-governance）的概念由英国学者鲍勃·杰索普（Bob Jessop）提出。它是一种针对治理的治理，指在复杂的治理情境中，对各种治理机制、治理主体及其相互关系进行引导、协调和控制的一种治理模式。简而言之，元治理旨在管理不同治理方式之间的关系，以确保治理系统整体能够有效运行。

以城市交通治理为例，其中涉及政府部门制定交通规则和规划基础设施建设（这是一种传统的政府治理方式），交通行业协会进行行业自律和技术标准推广，以及民间组织开展交通安全宣传活动等。多种治理方式并存时，元治理便扮演了"指挥家"的角色，协调政府、行业协会、民间组织等主体之间的关系，防止各自为政，从而保障交通治理系统的高效运转。

（7）协同治理

协同治理框架使用关系管理结构、联合绩效和转型管理流程以及退出管理计划作为控制机制，以鼓励组织做出合乎道德的、积极的变革，实现各方的共同利益。

3. 规制

所谓规制，是指一定的主体依据一定的标准和程序等规则，对构成特定社会的个人或者构成特定经济组织的市场主体的活动进行限制或者鼓励、引导的行为。

"规制"是日本学者从英文"regulation"或者"regulatory constrain"翻译而来的术语，其含义是规范、制约或者根据规范的管理。在中国，有人将"regulation"（规制）译为"管制"或者"监管"，将"deregulation"（规制缓和）译为"放松管制"或者"放松规章限制"。"管制"或者"监管"中的"管"凸显了主、客体二者地位的差异性，具有强烈的"统制""命令"色彩，与法治行政尤其是参与型行政的理念相去甚远。而"规制"所强调的是以法规的存在作为基础的约束和制约，是平等的具体体现。

1）规制的定义

规制是根据一组规则和趋势对复杂系统的管理。在系统理论中，这些类型的规则存在于生物学和社会的各个领域，但是根据上下文，规制术语的定义略有不同。

在生物学中，规制是指基因调节和代谢调节使活生物体能够适应其环境并保持体内平衡。在政府中，通常"规制"是指由授权专家起草的授权立法的规定，该法规由专家撰写以执行主要立法。在商业中，行业自我规制是通过自我规制组织和行业协会进行的，这些组织和行业协会允许行业以较少的政府参与来制定和执行规则。

规制具有多种定义，且不能归结为一个单一的概念。在公共政策领域，规制指的是有针对性的规则，通常伴随着一些权威的监督和执行机制与合规性。在政治经济学中，规制是指国家试图操纵经济的尝试，狭义定义为对私人企业的行为实施经济控制；或者更广泛地说，包括其他政府手段，例如税收或信息披露要求。规制的第三种定义侧重于所有有意或无意的社会控制手段。这种理解通常用于人类学、社会法学研究和国际关系中，这里的规制包括诸如自愿协议或规范之类的机制，这些机制在主权国家无法控制的范围内行使社会控制,而不一定是有意的操纵行为。

规制中的一个关键问题是,规制机构或政府是否拥有足够的信息以使事前监管比事后对损害的赔偿责任更为有效,以及行业自我规制是否更可取。

2) 规制的分类

依据规制性质的不同,规制可分为经济性规制与社会性规制。

经济性规制主要关注政府在约束企业定价、进入与退出等方面的作用,重点针对具有自然垄断、信息不对称等特征的行业。经济性规制主要通过以下四种方式实施:一是对企业进入及退出某一产业或对产业内竞争者的数量进行规制,这一规制可以通过发放许可证,实行审批制,或是制定较高的进入标准来实现;二是对所规制企业的产品或服务定价进行规制,也称为费率规制,包括费率水平规制或费率结构规制;三是对企业产量进行规制,产量高低直接影响着产品价格,进而关系到生产者与消费者的利益,通过规制可限制或鼓励企业生产;四是对产品质量进行规制,相对于前几种方式,对产品质量进行规制的成本较高,主要包括监督成本、检查成本,由于规制者难以亲自监督产品生产,企业和规制者之间存在着信息不对称的问题,规制者对产品质量很难把握,因此实践中这类规制方式较少采用。

社会性规制是以确保居民生命健康安全、防止公害和保护环境为目的所进行的规制,主要针对与对付经济活动中发生的与外部性有关的政策。社会性规制近年来在各国逐渐施行,主要通过设立相应标准、发放许可证、收取各种费用等方式进行。

关键术语

土地、使用、土地使用、土地消耗/消费、土地利用、土地开发、管理、土地管理、治理、规制、土地用途规制、国土、空间、土地覆盖

思考题

1. 分析英文"land"与中文"土地""国土空间"的指代对象及其联系。
2. 分析"管理"与"治理"的概念差异。
3. 举例说明土地使用与土地覆盖的联系与区别。
4. 比较分析英文"regulation"的汉译名称,以及概括解释"规制"的含义。

参考文献

[1] 鲁道夫·卡尔纳普.世界的逻辑构造[M].陈启伟,译.上海:上海译文出版社,1999.
[2] 冯广京.关于土地科学学科视角下"土地(系统)"定义的讨论[J].中国土地科学,2015,29(12):1-10.
[3] 任旭峰.经济理论演进中的土地概念辨析[J].山东社会科学,2011(6):96-101.
[4] 孙宪忠.土地在财产法中的概念[J].法律科学(西北政法学院学报),1992(3):47-51.
[5] M.T.瓦罗.论农业[M].王家绶,译.北京:商务印书馆,1997.
[6] 马克思.资本论[M].郭大力,王亚南,译.上海:上海三联书店,2013.
[7] 约翰·穆勒.政治经济学原理及其在社会哲学上的若干应用(上卷)[M].朱泱,赵荣潜,桑炳彦,译.北京:商务印书馆,1991.
[8] 亚当·斯密.国富论[M].郭大力,王亚南,译.北京:商务印书馆,2015.
[9] 阿尔弗雷德·马歇尔.经济学原理[M].廉运杰,译.北京:华夏出版社,2005.
[10] 伊利,莫尔豪斯.土地经济学原理[M].滕维藻,译.北京:商务印书馆,1982.
[11] 戚冬瑾.城乡规划视野下多维土地利用分类体系研究[D].广州:华南理工大学,2015.
[12] 史浩明.用益物权制度研究[J].江苏社会科学,1996(6):81-87.
[13] 史志磊.论信托与罗马法的关系[J].青海师范大学学报(哲学社会科学版),2015,37(3):39-45.
[14] 肖俊.罗马法中非典型物权形态的解释方法研究:以使用权、居住权的形成史为中心的考察[J].求是学刊,2012,39(1):85-91.
[15] 刘兵红.英国财产权体系之源与流[D].重庆:西南政法大学,2012.
[16] BOOTH P. Nationalising development rights: the feudal origins of the British Planning System [J]. Planning and Design, 2002, 29: 129-139
[17] LandInform Ltd. National land use database: land use and land cover classification [R]. London: Office of the Deputy Prime Minister, 2006.
[18] GUTTENBERG A. The elements of land policy—toward a comprehensive classification [J]. Ekistics, 1984, 51 (304): 13-18.
[19] FAO. Land use definition [EB/OL]. 2022-10-23 [2022-10-23]. http://www.fao.org/landandwater/agll/landuse/landusedef.stm.
[20] 宗树森,任红.试论土地概念与土地利用总体规划[J].自然资源研究,1983(3):5-9.
[21] 马克伟.土地大辞典[M].长春:长春出版社,1991.
[22] 郑应顺,张瑞亭,杨会俭,等.试论土地的概念和农业土地分类系统[J].土壤通报,1983(2):16-18+44.
[23] 聂剑玉.关于土地概念与特征问题的探讨[J].天津师大学报(自然科学版),1991(1):54-58.
[24] 黄贤金.土地经济学[M].北京:科学出版社,2009.
[25] 张全景.我国土地用途管制制度的耕地保护绩效研究[D].南京:南京农业大学,2007.
[26] 杨惠.土地用途管制法律制度研究[D].重庆:西南政法大学,2010.
[27] 隋春花.浅议城市土地资源的特性及其利用[J].国土经济,1998(4):21-23.
[28] 孙施文.现代城市规划理论[M].北京:中国建筑工业出版社,2007
[29] 陈利根.土地用途管制制度研究[D].南京:南京农业大学,2000.
[30] 周剑云,戚冬瑾.城乡规划与开发权及开发活动的关系[J].城市规划,2008(1):74-80.
[31] 高富平.土地使用权客体论:我国不动产物权制度设计的基本设想[J].法学,2001(11):44-51.
[32] 张俊伟,极简管理:中国式管理操作系统[M],北京:机械工业出版社,2013.
[33] 弗雷德里克·泰勒.科学管理原理[M].北京:机械工业出版社,2013.
[34] 赫伯特·西蒙.管理决策新科学[M].居励,胡苏云,译.北京:中国社会科学出版社,1982.
[35] 彼得·德鲁克.管理:任务、责任、实践[M].刘勃.译.北京:中国社会科学出版社,1987.

第 3 章

土地使用系统

■ 教学要求

本章首先主要介绍土地使用系统，要求掌握土地使用系统的基本概念，明确土地使用系统的组成要素、分类类型和系统结构。其次介绍需要土地使用系统变化的动因，梳理影响土地使用的关键因素和土地使用状态的变化。最后，介绍了现状土地使用系统的调查方法和分类模式，以及如何科学地进行土地使用系统分析并进行未来使用预测和评价，要求熟悉全球和中国的土地使用概况，特别是2019年全球土地使用数据及2020年中国的土地使用数据。

导言

"土地使用"具有双重指代意义。第一，作为一个有含义的符号，它指的是一个含义复杂且抽象的概念，泛指一切使用土地的活动以及活动后的土地形态，也隐含着相关的使用权利和权益。第二，作为某个特定实体的指号，"土地使用系统"作为一个专业术语，具有严格的定义和解释，它特指某一个具体的土地单元及其上的使用活动，是土地单元与使用活动的综合体现，这个术语指向一个客观存在的事实，为科学研究奠定了基础。

根据研究、规划和管理的需要，我们可以将任意空间范围视为一个土地使用单元，运用土地使用系统的知识来认识和把握。土地使用系统是国土空间使用知识体系的核心，本章重点介绍土地使用系统的基本概念、土地使用系统的组成要素及其结构关系、土地使用分类、土地使用调查方法、土地调查结果的分析、未来土地使用预测，以及土地使用信息系统等知识。

3.1 土地使用系统的基本概念

3.1.1 基本概念

土地单元（Land Units，LU）：在土地的各个方面都均质的物理区域就是土地单元。土地单元被定义为内部统一的土地区域。

土地使用类型（Land Utilization Type，LUT）：由诸如土地的生物、社会经济等土地使用（land use）技术性方面的关键属性决定，土地使用（land use）与土地使用类型（LUT）的功能有关。

土地使用系统（Land Use System，LUS）：在已知的时间内，在已知的土地单位上进行的特定土地使用。土地使用系统由两个主要要素组成：土地和土地使用。

单一土地使用系统：由一个土地单元和一种土地使用类型（或一组土地使用需求）组合而成。单一的土地使用系统是一种配置，该配置在土地适应性评估方面起着分析的作用。

多维土地使用系统：即一个土地单元同时承载多个土地使用活动。

复合土地使用系统：即一个土地单元在不同时间承载不同使用活动，如一亩地不止种植一种作物。多维土地使用系统和复合土地使用系统可以由单一的土地使用分析入手。

3.1.2 土地使用系统组成要素与系统结构

土地使用系统由土地和土地使用活动两个部分组成，其中土地由复杂的要素组成，比如，气候和天气、地貌、地形和土壤，植物群落和动物种群，以往土地利用的结果（包括基础设施等）；而土地使用是人类活动，包括两个基本维度，在物种/服务—产品/利益的目标方面的组合，以及运行/运作的序列。土地使用系统的结构关系如图3-1所示。

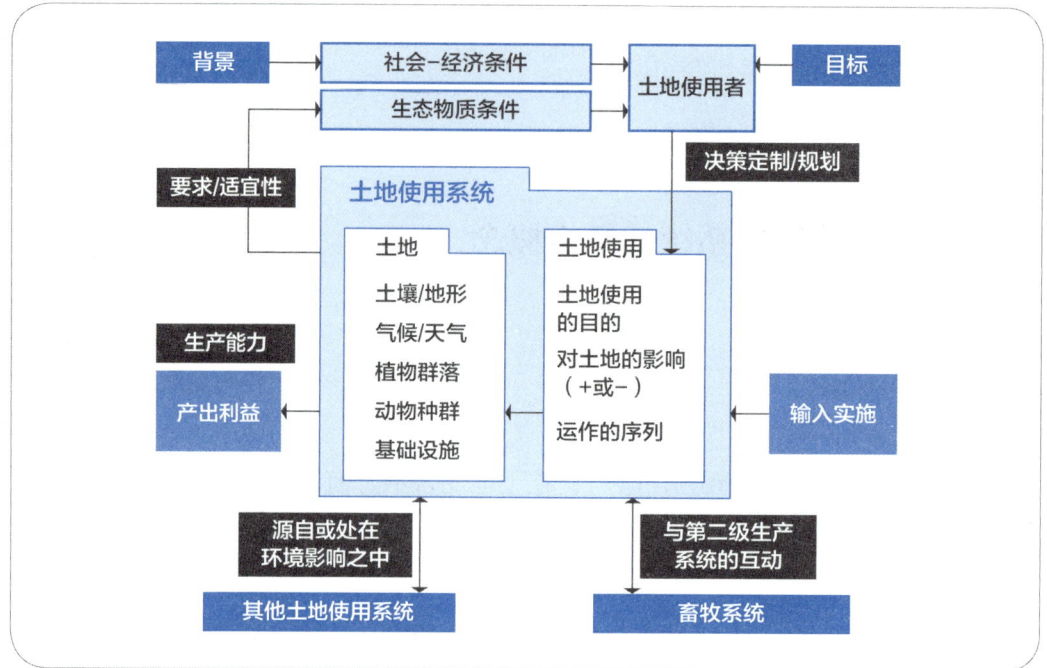

图 3-1 土地使用系统结构关系
资料来源：作者自绘

3.1.3 土地单元与土地使用系统

土地单元是土地特性相对均一的地块，是评定和划分土地的基本空间单位。一般来说，土地单元既是一个能反映自身特性的最基本地块，同时也是工作中取样和获得数据的工作单位，因此，划分土地单元应在一定的精度要求下，按土地物性、区位条件和利用方式基本一致的原则进行。土地单元划分原则一般采用一致性原则、主导因素原则、整体性原则和实用性原则。土地单元划分方法主要有叠置法、主导因素判定法、网格法、均质地域法、土地类型法和街坊法。确定土地单元后，应根据实地调查的数据，确定每个单元上的土地指标鉴定数值[1]。

土地单元是组成土地使用系统的核心要素，一个土地单元适应一种土地使用活动属于单一土地使用系统（single land use system），一个土地单元同时承载多个土地使用活动的属于多维土地使用系统（multiple land use system），而一个土地单元在不同的时间承载不同使用活动的称为复合土地使用系统（compound land use system）。例如，城镇属于多维土地使用系统，轮作的耕地属于复合土地使用系统。

---

1. 地学书签 [J]. 地球，2014（1）：15+49+61+71+79+85+89+97.

3.1.4 土地系统与土地使用系统及相关系统的关系

土地系统由自然系统和人类系统之间的相互作用所塑造。人类系统活动的例子包括但不限于粮食种植、房屋建筑、货物分配和服务消费。这些活动的生态后果包括营养物质的转移、水文系统的变化以及温室气体的排放等。土地系统可以被视为以土地使用系统为中心,涵盖许多相关系统的复杂系统。因此,土地系统的动态变化既是土地使用系统与其他相关系统之间相互作用的原因,也是土地使用活动的影响(图3-2)。例如,经济增长可能会导致农产品价格发生变化,从而可能对土地使用方式产生影响。有时,这些影响会反馈给最初的驱动力,例如因为许多农民决定种植价格上涨的农作物,导致该作物供应增加,市场价格将再次下降。换句话说,驱动程序的角色和响应没有明确分开:对某个驱动程序的响应,在某个时候可能会影响该驱动程序,从而成为驱动程序本身,这种双向影响通常被称为"反馈"。

反馈的一般定义是指有两个(或多个)动态系统连接在一起,导致各系统相互影响,使它们的动态紧密耦合。土地系统中的反馈可定义为:土地使用系统和相关系统以相互影响的方式连接在一起,因此其动力之间存在强烈的耦合。此定义符合对土地系统的概念,最适合对土地系统反馈意见进行审查的需求。

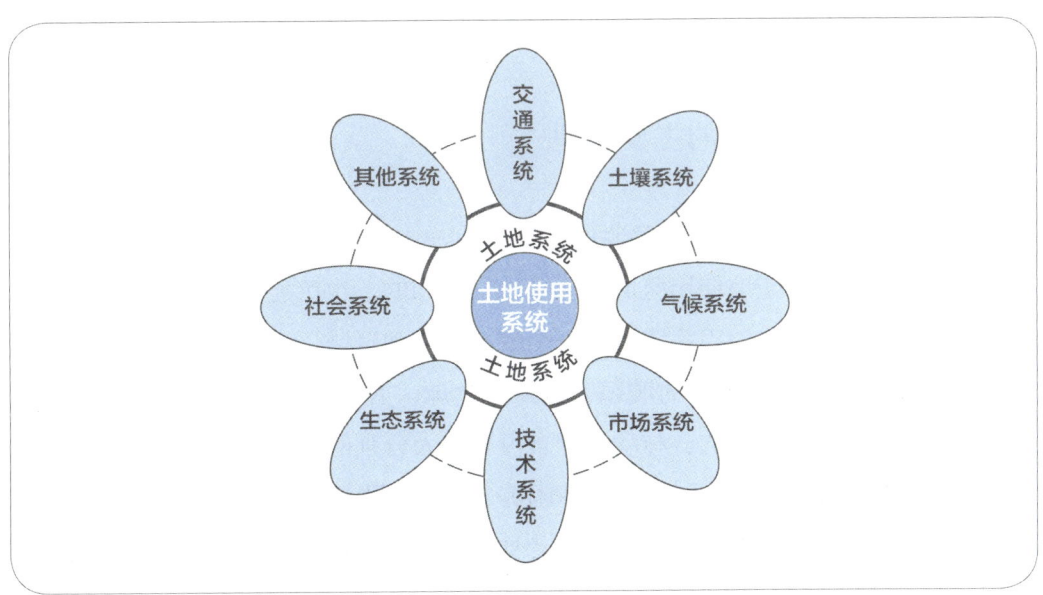

图3-2 土地系统
资料来源:作者自绘

土地系统包括土地使用系统及其相关系统的部分。土地系统的中心是土地使用系统，与土地使用系统相互作用的是相关系统，相关系统与土地使用系统的动态紧密结合。这些相关系统可以相互影响，也可以重叠[1]。

3.1.5 土地使用系统分类

土地使用系统包括土地和土地使用两个基本的部分，土地使用系统的分类也基于这两个基本的维度。

土地分类， 包括土壤的类型、气候分区、森林草原等植物类型，以及鱼类分布、动物栖息地等土地及土地上固有的特征。

土地使用分类， 实质上是土地使用活动的分类，这属于人类行为范畴，主要包括土地使用活动的性质及其规模两个维度。其中，土地使用活动的性质主要指行为的目的及其活动的特征，使用活动的规模包括使用的人数和活动的强度等关键指标。

土地使用系统分类， 是土地分类与土地使用活动分类的组合，例如，农业用途区域就是土壤类型、气候区域、作物及其耕作方式等诸要素的组合，譬如稻田和麦田。土地使用行为是群体性系统性行为，从个体单一活动到群体性的区域活动层面存在多个层级，诸如农耕和购物行为，也许在单个地块层面的活动是具体的，并且还可能附带一些关于地块的其他信息。群体的行为系统包括了更大的地理范围，例如整个地区或城镇。

3.1.6 土地使用系统的主要类型

土地的分区和分类是密切关联的，一个单一土地使用系统就是一个特定的区域，但是这个单一的土地使用区域可能是独一无二的，也可能是重复出现的，比如稻田。可见，一个土地使用系统就是一个或一类空间区域。人的活动行为从个体尺度的地块和社区到群体尺度的城镇、区域、全球，人类活动甚至扩展到月球和火星，活动的类型也从早期的、与动物捕食没有太大分别的采集狩猎活动，逐步进化为农业、工业、贸易、文化、教育、休闲等多种活动类型，并且这些活动都发生在特定地点/场所，与土地及其环境的特定要素联系在一起。那么土地系统的划分就

---

1. 此处暂不作赘述。

与划分的目的关联起来。从认识的角度，既可以从单一行为类型出发划定行为的空间区域，从而建构单一土地使用系统，也可以在给定的区域内分析多种行为及其行为空间和行为空间之间的关系，后者就是多维的土地使用系统。实践面对的都是多维的土地使用系统。从人的活动目的、类型及其结果的特征层面认识土地使用系统，并且从清晰、可识别的物质特征角度，主要分为以下类型：城市和建设用地、农业土地、牧场、森林、水、湿地、荒地（贫瘠的土地）、冻土地带、冰雪常年覆盖的区域。

3.2 土地使用系统变化的动因

生态系统和人类活动都是动态的，因此，土地使用系统也是动态的。人口和经济增长，公共与私人的决策，以及市场和政府的行动都深刻影响土地使用系统。土地使用系统作为知识和概念，既是认识世界的结果，也是认识世界和改造世界的工具。为管理土地使用系统的变化而做规划，以实现城乡发展目标，首先有必要理解在土地使用系统变化决策中发挥作用的关键因素。

3.2.1 影响土地使用系统的关键因素

生态系统的演变会深刻影响土地使用系统，如气候变化引发的干旱、洪水会改变农业和城市土地使用的变化，地质变化如地震等会扰乱土地使用的形态，经济波动会显著影响城市增长的速度，政府的政策和发展规划既能激励也能控制土地使用变化。但以上影响因素通常在较长时间内是稳定的，所影响的空间尺度通常是城市的或区域的。城镇规划或市县尺度的国土空间规划的对象是相对较小的土地使用系统，主要受房地产开发者、政府官员和利益群体行为的影响，各主体通过规划等博弈工具确定未来的土地使用性质和形态，以满足城乡发展需求（图3-3）。

1）房地产开发者是土地使用系统变化的主要力量

房地产开发者是一个宽泛的概念，包括以营利为目的的房地产商人，以及为自身使用而进行房屋建造和扩建的人。房地产开发者通过提出开发项目，回应人口和经济增长变化带来的市场需求。典型的开发者通常为私人企业家，但金融机构、公司、大学、非营利组织、城市政府等也可能参与其中。

2）政府的规划、政策、决策和规范构成了土地使用系统的主要影响因素

在中国，政府通过法规和政策规制土地使用，地方政府则通过土地利用规划、城镇规划和规划许可等手段最终决定地块的使用。土地利用规划描述了未来土地使用形态的区位和类型；基础设施和关键领域的公共投资则为未来开发项目提供支持；土地分类、土地出让金制度等提供了具体的土地使用标准和开发费用规则。总之，这些由政府主导的土地使用管制工具决定了城市的增长与开发。在市场经济体制下，中国的地方政府通常倾向于支持城市增长，这成为未来房地产价格的决定因素。极端支持增长的地区，通过竞争吸引投资者和扩大税基；极端非增长的地区则通过法规和限制措施阻止新增长。大多数地区在两者之间寻求平衡。

3）公共利益群体是对土地使用系统产生影响的第三个主要因素

在国外，通常有邻里协会、环境组织、城镇开发团体和其他类型的利益群体出于自身的目标或土地使用设想和政策进行积极的游说。这些群体通常出于保护生活质量、环境质量或其他目标的考虑，强烈反对部分提案，如"别在我后院"（Not In My Backyard，NIMBY）的现象。这一现象源自居民的担忧，他们认为邻里开发，尤其是与现有开发密度不同的项目，会威胁到他们的私人投资和心理安全感。例如，独立住宅的业主反对高密度的细分地块、公寓以及商业项目，理由是这些开发可能导致其财产贬值或交通量增加。

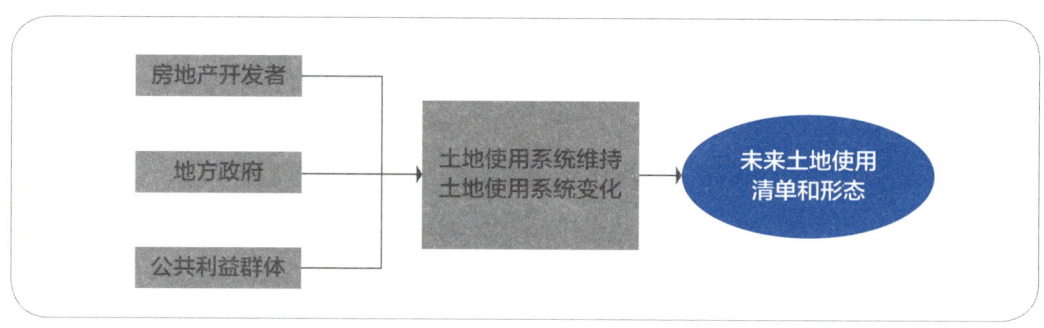

图 3-3　土地使用系统的影响因素
资料来源：作者自绘

3.2.2　土地使用系统状态及其变化

1. 土地使用系统的时态

土地使用系统一般是三种连续的时态。①历史：曾经或已经出现并且延续到现

在的使用活动和状态;②现状:正在进行的土地使用活动;③未来:土地形态的未来愿景及其实现愿景的行动计划、项目安排及财政计划等。与此同时,土地形态经过多个阶段发展而成,某些城镇可以保持几十年的稳定,而有些城镇则迅速地发展或急剧地衰退。城镇土地使用状态的变化取决于区域发展的背景,还与城镇居民的态度和政府的作用有关。对于一个处于增长时期的城镇,土地使用变化主要出现在城镇边缘地带,而已建成区域、历史保护区域等处于政策法规保护下限制开发的区域则处在稳定状态,或衰退的边缘。

2. 土地使用系统的状态

从土地使用系统整体的视角观察土地使用变化,土地使用系统主要处于两种状态:维持与转变。

维持, 就是保持现状或保持土地使用的现状功能和形态,在一个动态的系统中,维持需要一定的支撑力量。比如为防止减速或衰退需要持续的投入,包括资金和人力资源;为防止发展带来的变化需要限制性政策和法规,比如历史文化保护区域。维持的力量可能来自既得利益群体,也可能是政府和公共团体等,其目的是城镇整体发展目标与环境保护。

转变, 包括土地使用形态的转变和土地使用行为的转变。农业土地转变为城市用途,或将旧工厂拆除后的土地改造为居住区,就属于土地使用形态的转变,伴随土地使用形态转变的必定是使用行为的转变。然而,如果保持旧工厂的物质形态,将其土地使用从工业转变为文化创意园区,那么土地使用的转变仅仅是使用行为的转变,尽管其自身的土地使用形态没有变化,但是这会引起城市其他部门的土地使用状态的变化。

如前所述,导致土地使用系统变化的因素包括气候变化、地震等自然环境因素,但是通常情况下,微观尺度上的变化主要是人工开发和使用活动等影响因素。人类的土地开发活动分为三个阶段或类型,并且具有不同的影响:①将自然的土地转化为农业用途而构成乡村用地系统;②将自然土地或农业用地转变为城镇用途;③在农业用途或城镇土地系统内部的变化。由于城镇土地用途可能给环境带来不可逆的变化,进而影响人类的生存环境或城镇的可持续发展,因而从农业、生态用途向城镇用途的转变都受到严格的管制,这类用途转变被视为城镇"开发",而将城镇内部的土地上的变化视为城镇"再开发"。开发涉及人与环境的关系,城镇内部的再开发尽管也将产生环境影响,相较其变化的社会因素,这个影响要微弱很多,通常受到社会习惯及规则的限制。

土地使用系统的状态与人的利益、愿望和目标有关。人口和经济增长是土地使用系统变化的主要压力，并且是通过开发商和建造者体现出来，土地的经济属性和背后的金融机构是开发诉求的加速器和土地使用压力的放大器，两者构成城镇增长的动力引擎。保持现有土地使用形态是城市居民、环保支持者、历史保护团体和"非增长"组织的普遍愿望。地方政府可以通过颁布历史保护区条例，在未来的土地使用中指定稳定的区域；采用城乡保护区划，改进城镇基础设施和公共设施，限制环境敏感地区附近的开发；建立许可限制、确定城市增长边界或采用其他技术措施，促使利益集团的愿望正式固定下来。

3. 土地使用系统变化的区域类型

不同的土地使用系统的地区对应不同的开发规则，土地使用形态与开发规则是互相塑造并强化的，比如保护地区倾向保护要求并不断强化其形态特征，中心区则是通过市场竞争而呈现更加高密度和高强度的城市形态。有学者提出过三种类型的土地使用系统变化区域：①缓慢增长的乡村区域，具有相对稳定的居民和较低比例的土地使用变化，其中邻里发展中"一对一"的土地使用协议占据主流。②快速增长的城乡接合部，这里的增长提高了土地使用的机动性，破坏了"一对一"的土地使用协议必需的循环关系，鼓励采用区划等法律法规来控制土地使用系统变化；③缓慢增长的城市地区，稳定的居民就每一项开发提案展开讨论，争辩的增加导致更多的法庭审理和协商调解，促进更加正式的"一对一"的行为。在第一种情况中，土地所有者直接面对面；第二种情况中，地方立法官员决定土地使用系统的改变；在第三种情况中，例如法官和协调者等第三方集团参与决策。

3.3　现状土地使用调查

土地使用调查（land use survey）亦称"土地资源数量调查"，即通过勘测调查手段，查清一个国家、地区各种土地使用类型面积、土地使用状况及其空间分布特点，编制土地利用现状图，了解土地使用存在的问题，总结开发利用经验教训，提出合理利用土地的意见，为制订国民经济计划和土地政策，开展国土整治、土地规划、科学管理土地等工作服务。土地使用调查是一项政策性、科学性、技术性很强的工作。

土地使用调查主要分析调查对象的区域位置、社会经济现状及未来发展情况、人口分布、调查土地使用特征，如土地开发性质、规模、强度等，以及未来土地使用规划情况，同时包括调查的初步设计情况（建筑类型和建筑面积等表征其使用规模的数据）。

土地使用调查的内容及其调查方法与调查的目的有关。目前比较通行的、科学的了解土地现状使用状态的方法是土地使用分类，这是科学分析的基础。尽管土地具有多重属性，但是土地使用分类是能够比较全面地概括和表现土地使用状态的方法。

3.3.1 土地使用调查分类与内容

1. 土地使用调查分类

土地使用调查分类就是为调查区域的每一块土地确定使用活动的性质类型。实践中的土地使用调查分类有两种规则模式：第一种是比较与记录的模式，即针对调查区域客观记录每一种土地使用活动类型及其空间范围，并采用不同的符号表示在地图上；第二种是参照的模式，这就是以给定的土地使用分类标准为依据，将调查对象按照土地使用分类标准方式制作土地利用现状图。为了统一规划工作及其成果形式，便于不同地区的比较和交流，大多数国家正式的土地使用调查工作都采用参照的调查模式，并且每个国家、地区或城市的土地使用调查内容及分类框架比较接近，但是具体的地块分类标准不尽相同。认识土地使用状况，不能停留在掌握和运用国家土地使用分类标准的层面上，还需要认识土地使用分类的目的和方法，认识到规划标准差异背后的统一性。无论哪一种分类标准，土地使用分类类别应当做到以下三点：①准确并详尽地描述现有土地使用的性质；②与未来土地使用规划的逻辑和类型保持一致；③与开发管理规定中的土地类型相匹配。

2. 土地使用调查的内容

土地使用调查主要包括土地使用的类型、区位、数量、服务、条件、设计、时序、限制和成本或价值等方面的信息[1]。

土地使用类型：专指土地使用活动的性质，例如住房、零售、制造、农田或行政等活动，表现为居住、商业、工业、农业和公共土地使用等物质形态；或者土地使用行为的混合，例如居住与零售商业行为的混合，表达为商住用地。

土地使用区位：专指地块或项目的地理位置，例如街道地址、税号、细分地块

---

1. 菲利普·伯克，戴维·戈德沙克，爱德华·凯泽，等. 城市土地使用规划[M]. 吴志强译制组，译. 北京：中国建筑工业出版社，2009.

号、地块认证号（PIN）、城镇/地区/区段号/人口普查街区与地块。

使用活动的数量规模： 是指每一个土地单元的使用强度或密度，例如建筑高度、地块覆盖率、每英亩用地上的房屋数量等。

土地使用的服务信息： 是描述地块或区域的基础设施、公共设施的可用水平，例如给水和排水的可用性等。

土地使用条件： 是指场地上建造的结构状况或维修状况，例如建构筑物是否符合建筑规范、房屋规范、设计标准等等。

土地使用的设计状况： 包括场地规划和土地使用的建筑要求，例如，建筑后退、停车、建筑体量、屋顶形式和建筑细部要求等。

土地使用的时序应用与场地未来的使用和开发： 例如土地使用计划是否考虑到未来的开发和基础设施的改进。

土地使用限制： 是指罗列限制土地使用的自然或建造特征，例如陡坡、不稳定土壤、靠近自然灾害区、百年一遇洪泛区或地震灾害区、濒危物种或历史地段。

土地进行改善的成本或价值： 例如用于税收目标的评估价值、出售价格等，如果可以得到这些数据就尽量呈现。

从土地使用调查的内容可见，土地使用是一个多层面的概念。根据不同的目的，土地使用分类体系可以很简单，也可以非常复杂。我国目前的土地使用分类标准类似土地覆盖类型的分类标准，诸如住宅、学校、仓库、工厂等根据建筑类型来区分土地使用活动和土地功能。然而，当前的土地使用分类标准与调查、规划、分析、研究、管理之间是脱节的。

土地使用分类系统是按照层级组织的，区域尺度层面最基础的分类是城市和乡村两种基本类型，并在此基础上将土地使用分解为更详细的用地类型。城市用地可以包括居住、商业、办公、工业、公共服务、娱乐、商住混合和其他用地类型，还可以针对每一种用地进行细分，比如居住用地可以细分为单户独栋住宅用地类型和联排住宅用地类型等。我国土地使用分类的基准有所不同，主要是从"建设"和"非建设"进行基础性的区分，在建设用地中再细分城市和乡村两种类型，城乡内部的用途类型则与国际分类大同小异。

3.3.2 土地使用的主要分类

1. 我国土地使用分类概况

我国的土地使用分类标准主要面向规划制定与规划实施管理，国土空间规划体系之前，国土部门的土地利用分类体系和城市规划部门的城乡用地分类标准为两个独立的、平行的分类体系。2023年自然资源部印发《国土空间调查、规划、用途管制用地用海分类指南》，统一了国土空间用地分类标准。

1）城乡用地分类

城市用地分类标准的工作始于1987年，并于1991年正式颁布《城市用地分类与规划建设用地标准》（GBJ 137—90），该标准分为"城市用地分类"和"规划建设用地标准"两大部分，以国家行政标准的形式对我国城市用地分类和规划建设标准作出统一的规定。该标准将城市用地分为居住、商业、工业、仓储、特殊用地等10大类，并再细分为46个中类和73个小类。

2006颁布的《村镇规划标准》（GB 50188—2006），将村镇土地使用类型分为9大类和28小类，村镇用途大类与城市用地分类标准基本一致，小类类似城市用地分类的中类，内容更为简略类似城镇用地分类的简化版。该标准在实施过程中存在分类结构不适应市场经济的规划和管理等诸多问题。而后，《城市用地分类与规划建设用地标准》（GB 50137—2011）作出了一定的调整，其主要变化是基于建设与非建设的标准进行土地使用的划分，统一城乡用地分类，在城市用地分类在用途分类的基础上增加使用主体属性的维度，比如公共设施与商业设施等。

2）土地使用分类

土地管理部门从20世纪80年代开始就进行大规模土地资源利用分类体系研究，在全国土地分类试行方案2002版的基础上，颁布国家标准《土地利用现状分类》（GB/T 21010—2007），该标准适用于土地调查、规划、评价、统计、登记及信息化管理等工作。该标准面向整个行政管辖区，包括城市用地范围。土地利用现状分类体系采用两级结构，其中第一级包括耕地、园地、林地、草地、商服用地、工矿仓储用地、住宅用地、公共管理与公共服务用地、特殊用地、交通运输用地、水域及水利设施用地、其他用地12个大类，土地利用现状分类标准覆盖城市用地范围，部分与城市用地分类标准重合，但是分类标准存在差异；第二级分57类，在城乡部分的分类重合与差异的问题比较突出。2017年由国土资源部组织修订的国家标准《土地利用现状分类》（GB/T 21010—2017）发布。新版标准规定了土地利用的类型、含义，将土地利用类型分为耕地、园地、林地、草地、商服用地、工矿仓储用地、住宅用地、公共管理与公共服务用地、特殊用地、交通运输用地、水域及水利设施用地、其他用地等12个一级类、72个二级类，适用于土地调查、规划、审批、供应、整治、执法、评价、统计、登记及信息化管理等。相较于旧版，新版标准中的一级分类一致，二级分类有所深化，调整了地类名称，增加了湿地分类。新版分类标准在第三次全国土地调查中全面应用。

目前，在国土空间规划体系建构前颁布实施的土地分类标准仍然未能协调城乡规划和管理要求，部门标准分异是部门协调的主要问题。

3）国土空间用地用海分类

2023年11月，自然资源部印发了《国土空间调查、规划、用途管制用地用海分类指南》（以下简称《分类指南》）。为履行自然资源部统一行使全民所有自然资源资产所有者、统一行使所有国土空间用途管制和生态保护修复、统一调查和确权登记、建立国土空间规划体系并监督实施等职责，在整合原《土地利用现状分类》《城市用地分类与规划建设用地标准》《海域使用分类》等分类基础上，建立全国统一的国土空间用地用海分类，制定指南。

用地用海分类遵循下列五个使用规则。

（1）用地用海二级类为国土调查、国土空间规划的主干分类。

（2）国家国土调查以一级类和二级类为基础分类，三级类为专项调查和补充调查的分类。

（3）国土空间总体规划原则上以一级类为主，可细分至二级类；国土空间详细规划和市县层级涉及空间利用的相关专项规划，原则上使用二级类和三级类。具体使用按照相关国土空间规划编制要求执行。

（4）国土空间用途管制、用地用海审批、规划许可、出让合同和确权登记应依据有关法律法规，将国土空间规划确定的用途分类作为管理的重要依据。

（5）在保障安全、避免功能冲突的前提下，鼓励节约集约利用国土空间资源，国土空间详细规划可在《分类指南》分类基础上确定用地用海的混合利用以及地上、地下空间的复合利用。

用地用海分类采用三级分类体系，指南共设置24种一级类、106种二级类及39种三级类；一级类和二级类的各类名称对应的含义见表3-1。

表3-1 用地用海分类名称、代码和含义

代码	名称	含义
01	耕地	指利用地表耕作层种植农作物为主，每年种植一季及以上（含以一年一季以上的耕种方式种植多年生作物）的土地，包括熟地，新开发、复垦、整理地，休闲地（含轮歇地、休耕地）；以及间有零星果树、桑树或其他树木的耕地；包括南方宽度<1.0米，北方宽度<2.0米固定的沟、渠、路和地坎（埂）；包括直接利用地表耕作层种植的温室、大棚、地膜等保温、保湿设施用地

续表

代码	名称	含义
0101	水田	指用于种植水稻、莲藕等水生农作物的耕地，包括实行水生、旱生农作物轮种的耕地
0102	水浇地	指有水源保证和灌溉设施，在一般年景能正常灌溉，种植旱生农作物（含蔬菜）的耕地
0103	旱地	指无灌溉设施，主要靠天然降水种植旱生农作物的耕地，包括没有灌溉设施，仅靠引洪淤灌的耕地
02	园地	指种植以采集果、叶、根、茎、汁等为主的集约经营的多年生作物，覆盖度大于50%或每亩株数大于合理株数70%的土地，包括用于育苗的土地
0201	果园	指种植果树的园地
0202	茶园	指种植茶树的园地
0203	橡胶园	指种植橡胶的园地
0204	其他园地	指种植桑树、可可、咖啡、油棕、胡椒、药材等其他多年生作物的园地，包括用于育苗的土地
03	林地	指生长乔木、竹类、灌木的土地。不包括生长林木的湿地，城镇、村庄范围内的绿化林木用地，铁路、公路征地范围内的林木，以及河流、沟渠的护堤林用地
0301	乔木林地	指乔木郁闭度≥0.2的林地，不包括森林沼泽
0302	竹林地	指生长竹类植物，郁闭度≥0.2的林地
0303	灌木林地	指灌木覆盖度≥40%的林地，不包括灌丛沼泽
0304	其他林地	指疏林地（树木郁闭度≥0.1并<0.2的林地）、未成林地，以及迹地、苗圃等林地
04	草地	指生长草本植物为主的土地，包括乔木郁闭度<0.1的疏林草地、灌木覆盖度<40%的灌丛草地，不包括生长草本植物的湿地、盐碱地
0401	天然牧草地	指以天然草本植物为主，用于放牧或割草的草地，包括实施禁牧措施的草地
0402	人工牧草地	指人工种植牧草的草地，不包括种植饲草的耕地
0403	其他草地	指表层为土质，不用于放牧的草地
05	湿地	指陆地和水域的交汇处，水位接近或处于地表面，或有浅层积水，且处于自然状态的土地
0501	森林沼泽	指以乔木植物为优势群落、郁闭度≥0.1的淡水沼泽
0502	灌丛沼泽	指以灌木植物为优势群落、覆盖度≥40%的淡水沼泽
0503	沼泽草地	指以天然草本植物为主的沼泽化的低地草甸、高寒草甸
0504	其他沼泽地	指除森林沼泽、灌丛沼泽和沼泽草地外、地表经常过湿或有薄层积水，生长沼生或部分沼生和部分湿生、水生或盐生植物的土地，包括草本沼泽、苔藓沼泽、内陆盐沼等
0505	沿海滩涂	指沿海大潮高潮位与低潮位之间的潮浸地带，包括海岛的滩涂，不包括已利用的滩涂
0506	内陆滩涂	指河流、湖泊常水位至洪水位间的滩地，时令河、湖洪水位以下的滩地，水库正常蓄水位与洪水位间的滩地，包括海岛的内陆滩地，不包括已利用的滩地

续表

代码	名称	含义
0507	红树林地	指沿海生长红树植物的土地,包括红树林苗圃
06	农业设施建设用地	指对地表耕作层造成破坏的,为农业生产、农村生活服务的乡村道路用地以及种植设施、畜禽养殖设施、水产养殖设施建设用地
0601	乡村道路用地	指村庄内部道路用地以及对地表耕作层造成破坏的村道用地
060101	村道用地	指在农村范围内,乡道及乡道以上公路以外,用于村间、田间交通运输,服务于农村生活生产的对地表耕作层造成破坏的硬化型道路(含机耕道),不包括村庄内部道路用地和田间道
060102	村庄内部道路用地	指村庄内的道路用地,包括其交叉口用地,不包括穿越村庄的公路
0602	种植设施建设用地	指对地表耕作层造成破坏的,工厂化作物生产和为生产服务的看护房、农资农机具存放场所等,以及与生产直接关联的烘干晾晒、分拣包装、保鲜存储等设施用地,不包括直接利用地表种植的大棚、地膜等保温、保湿设施用地
0603	畜禽养殖设施建设用地	指对地表耕作层造成破坏的,经营性畜禽养殖生产及直接关联的圈舍、废弃物处理、检验检疫等设施用地,不包括屠宰和肉类加工场所用地等
0604	水产养殖设施建设用地	指对地表耕作层造成破坏的,工厂化水产养殖生产及直接关联的硬化养殖池、看护房、粪污处置、检验检疫等设施用地
07	居住用地	指城乡住宅用地及其居住生活配套的社区服务设施用地
0701	城镇住宅用地	指用于城镇生活居住功能的各类住宅建筑用地及其附属设施用地
070101	一类城镇住宅用地	指配套设施齐全、环境良好,以三层及以下住宅为主的住宅建筑用地及其附属道路、附属绿地、停车场等用地
070102	二类城镇住宅用地	指配套设施较齐全、环境良好,以四层及以上住宅为主的住宅建筑用地及其附属道路、附属绿地、停车场等用地
070103	三类城镇住宅用地	指配套设施较欠缺、环境较差,以需要加以改造的简陋住宅为主的住宅建筑用地及其附属道路、附属绿地、停车场等用地,包括危房、棚户区、临时住宅等用地
0702	城镇社区服务设施用地	指为城镇居住生活配套的社区服务设施用地,包括社区服务站以及托老所、社区卫生服务站、文化活动站、小型综合体育场地、小型超市等用地,以及老年人日间照料中心(托老所)等社区养老服务设施用地,不包括中小学、幼儿园用地
0703	农村宅基地	指农村村民用于建造住宅及其生活附属设施的土地,包括住房、附属用房等用地。
070301	一类农村宅基地	指农村用于建造独户住房的土地
070302	二类农村宅基地	指农村用于建造集中住房的土地
0704	农村社区服务设施用地	指为农村生产生活配套的社区服务设施用地,包括农村社区服务站以及村委会、供销社、兽医站、农机站、托儿所、文化活动室、小型体育活动场地、综合礼堂、农村商店及小型超市、农村卫生服务站、村邮站、宗祠等用地,不包括中小学、幼儿园用地
08	公共管理与公共服务用地	指机关团体、科研、文化、教育、体育、卫生、社会福利等机构和设施的用地,不包括农村社区服务设施用地和城镇社区服务设施用地
0801	机关团体用地	指党政机关、人民团体及其相关直属机构、派出机构和直属事业单位的办公及附属设施用地

续表

代码	名称	含义
0802	科研用地	指科研机构及其科研设施用地
0803	文化用地	指图书、展览等公共文化活动设施用地
080301	图书与展览用地	指公共图书馆、博物馆、科技馆、公共美术馆、纪念馆、规划建设展览馆等设施用地
080302	文化活动用地	指文化馆（群众艺术馆）、文化站、工人文化宫、青少年宫（青少年活动中心）、妇女儿童活动中心（儿童活动中心）、老年活动中心、综合文化活动中心、公共剧场等设施用地
0804	教育用地	指高等教育、中等职业教育、中小学教育、幼儿园、特殊教育设施等用地，包括为学校配建的独立地段的学生生活用地
080401	高等教育用地	指大学、学院、高等职业学校、高等专科学校、成人高校等高等学校用地，包括军事院校用地
080402	中等职业教育用地	指普通中等专业学校、成人中等专业学校、职业高中、技工学校等用地，不包括附属于普通中学内的职业高中用地
080403	中小学用地	指小学、初级中学、高级中学、九年一贯制学校、完全中学、十二年一贯制学校用地，包括职业初中、成人中小学、附属于普通中学内的职业高中用地
080404	幼儿园用地	指幼儿园用地
080405	其他教育用地	指除以上之外的教育用地，包括特殊教育学校、专门学校（工读学校）用地
0805	体育用地	指体育场馆和体育训练基地等用地，不包括学校、企事业、军队等机构内部专用的体育设施用地
080501	体育场馆用地	指室内外体育运动用地，包括体育场馆、游泳场馆、大中型多功能运动场地、全民健身中心等用地
080502	体育训练用地	指为体育运动专设的训练基地用地
0806	医疗卫生用地	指医疗、预防、保健、护理、康复、急救、安宁疗护等用地
080601	医院用地	指综合医院、中医医院、中西医结合医院、民族医院、各类专科医院、护理院等用地
080602	基层医疗卫生设施用地	指社区卫生服务中心、乡镇（街道）卫生院等用地，不包括社区卫生服务站、农村卫生服务站、村卫生室、门诊部、诊所（医务室）等用地
080603	公共卫生用地	指疾病预防控制中心、妇幼保健院、急救中心（站）、采供血设施等用地
0807	社会福利用地	指为老年人、儿童及残疾人等提供社会福利和慈善服务的设施用地
080701	老年人社会福利用地	指为老年人提供居住、康复、保健等服务的养老院、敬老院、养护院等机构养老设施用地
080702	儿童社会福利用地	指为孤儿、农村留守儿童、困境儿童等特殊儿童群体提供居住、抚养、照护等服务的儿童福利院、孤儿院、未成年人救助保护中心等设施用地
080703	残疾人社会福利用地	指为残疾人提供居住、康复、护养等服务的残疾人福利院、残疾人康复中心、残疾人综合服务中心等设施用地
080704	其他社会福利用地	指除以上之外的社会福利设施用地，包括救助管理站等设施用地

续表

代码	名称	含义
09	商业服务业用地	指商业、商务金融以及娱乐康体等设施用地，不包括农村社区服务设施用地和城镇社区服务设施用地
0901	商业用地	指零售商业、批发市场及餐饮、旅馆及公用设施营业网点等服务业用地
090101	零售商业用地	指商铺、商场、超市、服装及小商品市场等用地
090102	批发市场用地	指以批发功能为主的市场用地
090103	餐饮用地	指饭店、餐厅、酒吧等用地
090104	旅馆用地	指宾馆、旅馆、招待所、服务型公寓、有住宿功能的度假村等用地
090105	公用设施营业网点用地	指零售加油、加气、充换电站、电信、邮政、供水、燃气、供电、供热等公用设施营业网点用地
0902	商务金融用地	指金融保险、艺术传媒、研发设计、技术服务、物流管理中心等综合性办公用地
0903	娱乐康体用地	指各类娱乐、康体等设施用地
090301	娱乐用地	指剧院、音乐厅、电影院、歌舞厅、网吧以及绿地率小于65%的大型游乐等设施用地
090302	康体用地	指高尔夫练习场、赛马场、溜冰场、跳伞场、摩托车场、射击场，以及水上运动的陆域部分等用地
0904	其他商业服务业用地	指除以上之外的商业服务业用地，包括以观光娱乐为目的的直升机停机坪等通用航空、汽车维修站以及宠物医院、洗车场、洗染店、照相馆、理发美容店、洗浴场所、废旧物资回收站、机动车、电子产品和日用产品修理网点、物流营业网点等用地
10	工矿用地	指用于工矿业生产的土地
1001	工业用地	指工矿企业的生产车间、装备修理、自用库房及其附属设施用地，包括专用铁路、码头和附属道路、停车场等用地，不包括采矿用地
100101	一类工业用地	指对居住和公共环境基本无干扰、污染和安全隐患，布局无特殊控制要求的工业用地
100102	二类工业用地	指对居住和公共环境有一定干扰、污染和安全隐患，不可布局于居住区和公共设施集中区内的工业用地
100103	三类工业用地	指对居住和公共环境有严重干扰、污染和安全隐患，布局有防护、隔离要求的工业用地
1002	采矿用地	指采矿、采石、采砂（沙）场，砖瓦窑等地面生产用地及排土（石）、尾矿堆放用地
1003	盐田	指用于盐业生产的用地，包括晒盐场所、盐池及附属设施用地
11	仓储用地	指物流仓储和战略性物资储备库用地
1101	物流仓储用地	指国家和省级战略性储备库以外，城、镇、村用于物资存储、中转、配送等设施用地，包括附属设施、道路、停车场等用地

续表

代码	名称	含义
110101	一类物流仓储用地	指对居住和公共环境基本无干扰、污染和安全隐患，布局无特殊控制要求的物流仓储用地
110102	二类物流仓储用地	指对居住和公共环境有一定干扰、污染和安全隐患，不可布局于居住区和公共设施集中区内的物流仓储用地
110103	三类物流仓储用地	指用于存放易燃、易爆和剧毒等危险品，布局有防护、隔离要求的物流仓储用地
1102	储备库用地	指国家和省级的粮食、棉花、石油等战略性储备库用地
12	交通运输用地	指铁路、公路、机场、港口码头、管道运输、城市轨道交通、各种道路以及交通场站等交通运输设施及其附属设施用地，不包括其他用地内的附属道路、停车场等用地
1201	铁路用地	指铁路编组站、轨道线路（含城际轨道）等用地，不包括铁路客货运站等交通场站用地
1202	公路用地	指国道、省道、县道和乡道用地及附属设施用地，不包括已纳入城镇集中连片建成区，发挥城镇内部道路功能的路段，以及公路长途客货运站等交通场站用地
1203	机场用地	指民用及军民合用的机场用地，包括飞行区、航站区等用地，不包括净空控制范围内的其他用地
1204	港口码头用地	指海港和河港的陆域部分，包括用于堆场、货运码头及其他港口设施的用地，不包括港口客运码头等交通场站用地
1205	管道运输用地	指运输矿石、石油和天然气等地面管道运输用地，地下管道运输规定的地面控制范围内的用地应按其地面实际用途归类
1206	城市轨道交通用地	指独立占地的城市轨道交通地面以上部分的线路、站点用地
1207	城镇道路用地	指快速路、主干路、次干路、支路、专用人行道和非机动车道等用地，包括其交叉口用地
1208	交通场站用地	指交通服务设施用地，不包括交通指挥中心、交通队等行政办公设施用地
120801	对外交通场站用地	指铁路客货运站、公路长途客运站、港口客运码头及其附属设施用地
120802	公共交通场站用地	指城市轨道交通车辆基地及附属设施，公共汽（电）车首末站、停车场（库）、保养场，出租汽车场站设施等用地，以及轮渡、缆车、索道等的地面部分及其附属设施用地
120803	社会停车场用地	指独立占地的公共停车场和停车库用地（含设有充电桩的社会停车场），不包括其他建设用地配建的停车场和停车库用地
1209	其他交通设施用地	指除以上之外的交通设施用地，包括教练场等用地
13	公用设施用地	指用于城乡和区域基础设施的供水、排水、供电、供燃气、供热、通信、邮政、广播电视、环卫、消防、干渠、水工等设施用地
1301	供水用地	指取水设施、供水厂、再生水厂、加压泵站、高位水池等设施用地

续表

代码	名称	含义
1302	排水用地	指雨水泵站、污水泵站、污水处理、污泥处理厂等设施及其附属的构筑物用地，不包括排水河渠用地
1303	供电用地	指变电站、开关站、环网柜等设施用地，不包括电厂等工业用地。高压走廊下规定的控制范围内的用地应按其地面实际用途归类
1304	供燃气用地	指分输站、调压站、门站、供气站、储配站、气化站、灌瓶站和地面输气管廊等设施用地，不包括制气厂等工业用地
1305	供热用地	指集中供热厂、换热站、区域能源站、分布式能源站和地面输热管廊等设施用地
1306	通信用地	指通信铁塔、基站、卫星地球站、海缆登陆站、电信局、微波站、中继站等设施用地
1307	邮政用地	指邮政中心局、邮政支局（所）、邮件处理中心等设施用地
1308	广播电视设施用地	指广播电视的发射、传输和监测设施用地，包括无线电收信区、发信区以及广播电视发射台、转播台、差转台、监测站等设施用地
1309	环卫用地	指生活垃圾、医疗垃圾、危险废物处理和处置，以及垃圾转运、公厕、车辆清洗、环卫车辆停放修理等设施用地
1310	消防用地	指消防站、消防通信及指挥训练中心等设施用地
1311	干渠	指除农田水利以外，人工修建的从水源地直接引水或调水，用于工农业生产、生活和水生态调节的大型渠道
1312	水工设施用地	指人工修建的闸、坝、堤林路、水电厂房、扬水站等常水位岸线以上的建（构）筑物用地，包括防洪堤、防洪枢纽、排洪沟（渠）等设施用地
1313	其他公用设施用地	指除以上之外的公用设施用地，包括施工、养护、维修等设施用地
14	绿地与开敞空间用地	指城镇、村庄建设用地范围内的公园绿地、防护绿地、广场等公共开敞空间用地，不包括其他建设用地中的附属绿地
1401	公园绿地	指向公众开放，以游憩为主要功能，兼具生态、景观、文教、体育和应急避险等功能，有一定服务设施的公园和绿地，包括综合公园、社区公园、专类公园和游园等
1402	防护绿地	指具有卫生、隔离、安全、生态防护功能，游人不宜进入的绿地
1403	广场用地	指以游憩、健身、纪念、集会和避险等功能为主的公共活动场地
15	特殊用地	指军事、外事、宗教、安保、殡葬，以及文物古迹等具有特殊性质的用地
1501	军事设施用地	指直接用于军事目的的设施用地
1502	使领馆用地	指外国驻华使领馆、国际机构办事处及其附属设施等用地
1503	宗教用地	指宗教活动场所用地
1504	文物古迹用地	指具有保护价值的古遗址、古建筑、古墓葬、石窟寺、近现代史迹及纪念建筑等用地，不包括已作其他用途的文物古迹用地

续表

代码	名称	含义
1505	监教场所用地	指监狱、看守所、劳改场、戒毒所等用地范围内的建设用地，不包括公安局等行政办公设施用地
1506	殡葬用地	指殡仪馆、火葬场、骨灰存放处和陵园、墓地等用地
1507	其他特殊用地	指除以上之外的特殊建设用地，包括边境口岸和自然保护地等的管理与服务设施用地
16	留白用地	指国土空间规划确定的城镇、村庄范围内暂未明确规划用途、规划期内不开发或特定条件下开发的用地
17	陆地水域	指陆域内的河流、湖泊、冰川及常年积雪等天然陆地水域，以及水库、坑塘水面、沟渠等人工陆地水域
1701	河流水面	指天然形成或人工开挖河流常水位岸线之间的水面，不包括被堤坝拦截后形成的水库区段水面
1702	湖泊水面	指天然形成的积水区常水位岸线所围成的水面
1703	水库水面	指人工拦截汇集而成的总设计库容≥10万立方米的水库正常蓄水位岸线所围成的水面
1704	坑塘水面	指人工开挖或天然形成的蓄水量＜10万立方米的坑塘常水位岸线所围成的水面
1705	沟渠	指人工修建，南方宽度≥1.0米、北方宽度≥2.0米用于引、排、灌的渠道，包括渠槽、渠堤、附属护路林及小型泵站，不包括干渠
1706	冰川及常年积雪	指表层被冰雪常年覆盖的土地
18	渔业用海	指为开发利用渔业资源、开展海洋渔业生产所使用的海域及无居民海岛
1801	渔业基础设施用海	指用于渔船停靠、进行装卸作业和避风，以及用以繁殖重要苗种的海域，包括渔业码头、引桥、堤坝、渔港港池（含开敞式码头前沿船舶靠泊和回旋水域）、渔港航道及其附属设施使用的海域及无居民海岛
1802	增养殖用海	指用于养殖生产或通过构筑人工鱼礁等进行增养殖生产的海域及无居民海岛
1803	捕捞海域	指开展适度捕捞的海域
19	工矿通信用海	指开展临海工业生产、海底电缆管道建设和矿产能源开发所使用的海域及无居民海岛
1901	工业用海	指开展海水综合利用、船舶制造修理、海产品加工等临海工业所使用的海域及无居民海岛
1902	盐田用海	指用于盐业生产的海域，包括盐田取排水口、蓄水池等所使用的海域及无居民海岛
1903	固体矿产用海	指开采海砂及其它固体矿产资源的海域及无居民海岛
1904	油气用海	指开采油气资源的海域及无居民海岛
1905	可再生能源用海	指开展海上风电、潮流能、波浪能等可再生能源利用的海域及无居民海岛
1906	海底电缆管道用海	指用于埋（架）设海底通讯光（电）缆、电力电缆、输水管道及输送其他物质的管状设施所使用的海域

续表

代码	名称	含义
20	交通运输用海	指用于港口、航运、路桥等交通建设的海域及无居民海岛
2001	港口用海	指供船舶停靠、进行装卸作业、避风和调动的海域，包括港口码头、引桥、平台、港池、堤坝及堆场等所使用的海域及无居民海岛
2002	航运用海	指供船只航行、候潮、待泊、联检、避风及进行水上过驳作业的海域
2003	路桥隧道用海	指用于建设连陆、连岛等路桥工程及海底隧道海域，包括跨海桥梁、跨海和顺岸道路、海底隧道等及其附属设施所使用的海域及无居民海岛
21	游憩用海	指开发利用滨海和海上旅游资源，开展海上娱乐活动的海域及无居民海岛
2101	风景旅游用海	指开发利用滨海和海上旅游资源的海域及无居民海岛
2102	文体休闲娱乐用海	指旅游景区开发和海上文体娱乐活动场建设的海域，包括海上浴场、游乐场及游乐设施使用的海域及无居民海岛
22	特殊用海	指用于科研教学、军事及海岸防护工程、倾倒排污等用途的海域及无居民海岛
2201	军事用海	指建设军事设施和开展军事活动的海域及无居民海岛
2202	其他特殊用海	指除军事用海以外，用于科研教学、海岸防护、排污倾倒等的海域及无居民海岛
23	其他土地	指上述地类以外的其他类型的土地，包括盐碱地、沙地、裸土地、裸岩石砾地等植被稀少的陆域自然荒野等土地以及空闲地、田坎、田间道
2301	空闲地	指城、镇、村庄范围内尚未使用的建设用地。空闲地仅用于国土调查监测工作
2302	田坎	指梯田及梯状坡地耕地中，主要用于拦蓄水和护坡，南方宽度≥1.0米、北方宽度≥2.0米的地坎
2303	田间道	指在农村范围内，用于田间交通运输，为农业生产、农村生活服务的未对地表耕作层造成破坏的非硬化道路
2304	盐碱地	指表层盐碱聚集，生长天然耐盐碱植物的土地。不包括沼泽地和沼泽草地
2305	沙地	指表层为沙覆盖、植被覆盖度≤5%的土地。不包括滩涂中的沙地
2306	裸土地	指表层为土质，植被覆盖度≤5%的土地。不包括滩涂中的泥滩
2307	裸岩石砾地	指表层为岩石或石砾，其覆盖面积≥70%的土地。不包括滩涂中的石滩
24	其他海域	指需要限制开发，以及从长远发展角度应当予以保留的海域及无居民海岛

资料来源：中华人民共和国自然资源部，《国土空间调查、规划、用途管制用地用海分类指南》，2023

《分类指南》明确了国土空间调查、规划、用途管制用地用海分类应遵循的总体原则与基本要求，提出了国土空间调查、规划、用途管制用地用海分类的总体框架及各类用途的名称、代码与含义。

《分类指南》中，名称与代码是等价的，比如01=耕地；含义则是名称和代码的解释与说明，也就是名称和代码的所指及其内涵。作为标准的名词代码含义的解释与一般词典不同的地方在于，它可以被视为专业术语的定义。分类名称的含义作为定义是识别土地使用现象的标准，如果在规划图和规划文件中使用这个代码和名称就规定了未来土地使用必须符合定义的要求，包括土地物质形态特征与使用活动的要求。

2. 美国土地使用分类系统

美国早期的土地使用分类系统出现在1965年版的《标准土地规范使用手册》（*Standard Land Use Coding Manual*）中，然而，这个手册过于强调工业用途，不适合包含了遥感数据的信息系统。1976年，安德森等人提出了一种用于遥感数据的土地利用和土地覆盖分类系统，为基于遥感影像的土地资源分类和监测提供了重要的方法和标准[1]。这个系统根据土地覆盖的特征分为8个类型：城市与建设区域、乡村、耕地、牧场、森林、荒地、冻土、常年冰雪覆盖的土地。这一分类以资源导向为主，并没有包括工业、商业和居住用途的细节。

近几年出现两种新型的现代土地使用分类系统，分别是基于土地的分类标准和城乡横断面。

1）基于土地的分类标准（LBCS）

基于土地的分类系统（Land-Based Classification Standards，LBCS）由美国规划师协会建立，为划分土地使用提供了一个统一模型，该系统的建构基于以下三个部分[2]。

维度： 行为、功能、结构类型、场地开发特征、所有权。

层级： 包括四个层级，每个层级不断增加土地使用的细节，例如，由居住建筑到单户居住建筑再到联排式单户居住建筑。

关键词： 描述土地用途的性质，例如居住、购物、工业等。

LBCS分类表（包括规范、描述、定义、色彩规定、商业类型和土地使用照片）并不以书的形式出版，但可以在线阅览。要使用这个系统，使用者必须先确定感兴趣的维度，选择想要查看的层级，并给出一个关键词。LBCS维度的定义如下。

行为： 是指以观察到的特性为基础的土地实际用途，例如农耕、购物、制造、机动车运行等。

功能： 是指经济功能或土地使用机构的类型，例如农业的、商业的或工业的等。

1.ANDERSON J R, HARDY E E, ROACH J T, et al. A land use and land cover classification system for use with remote sensor data [R]. 1976.
2.DUANY A, TALEN E. Transect planning [J]. Journal of the American Planning Association, 2002, 68（3）: 245.

结构类型： 是指土地上结构或建筑的类型，例如单户住宅、办公建筑、仓库、医院建筑、高速公路等。

场地开发特征： 是指土地整体物理开发特征，包括开发状态，例如自然状态、在建的、已建的状态等。

权属： 是指场地和土地权利之间的关系，如公共的、私人的和通行权等。

LBCS 分类系统的第一级分类有 9 个基本类别，分别是：1000 居住（黄色），2000 购物商业或贸易（红色），3000 工业、制造业和废物相关的设施（粉色），4000 社会、机构或基础设施相关的（蓝色），5000 交通或通行（灰色），6000 群体集会（黑色），7000 娱乐（亮绿），8000 自然资源（深绿），9000 无或无法分类（白色），4 位数字代表 4 个层级。第二级是土地使用的 5 个维度，分别是行为、功能、结构类型、场地开发特征和权属[1]。

对于规划师而言，LBCS 与实践存在较大的脱节，主要问题是它无法处理土地使用的密度或强度。这个系统似乎更适合用于更大的土地区域进行分类，而不是针对产权地块。然而，它提供的逻辑系统具备很多优点，包括土地用途类型的定义、多维度和层级，以及处理一个场地上或建筑内混合用途的能力。

2）城乡横断面

城乡横断面可以被视为一种城乡模式准则，这种模式应当可持续、设计连贯、由大量宜居和人性化的环境组成，能够满足人类的一系列需求[2]。一个断面即一个区域的地理横断面，包括了由乡村到城市的环境序列。这些环境是组织建成环境各组成部分的要素：建筑、地块、土地使用、街道，等等。城乡横断面既可以为土地使用信息提供分类标准，也可以为制定区域范围内的土地政策规划提供空间上的政策设计构想[3]。

由城市到乡村的环境序列可以划分为不同的类型，以适用于开发规定的类别。如图 3-4 所示，城乡断面序列被划分为 7 个不同的区域[2]。

自然保护区（nature preserve）： 法定保护的避免永久性开发的开放空间，例如地表水体、湿地、保护栖息地、公共开放空间等。

---

1. 菲利普·伯克，戴维·戈德沙克，爱德华·凯泽，等. 城市土地使用规划［M］. 吴志强译制组，译. 北京：中国建筑工业出版社，2009.
2. DUANY A，TALEN E. Transect planning［J］. Journal of the American Planning Association，2002，68（3）：245-266.
3. 戚冬瑾. 城乡规划视野下多维土地利用分类体系研究［M］. 南京：东南大学出版社，2018.

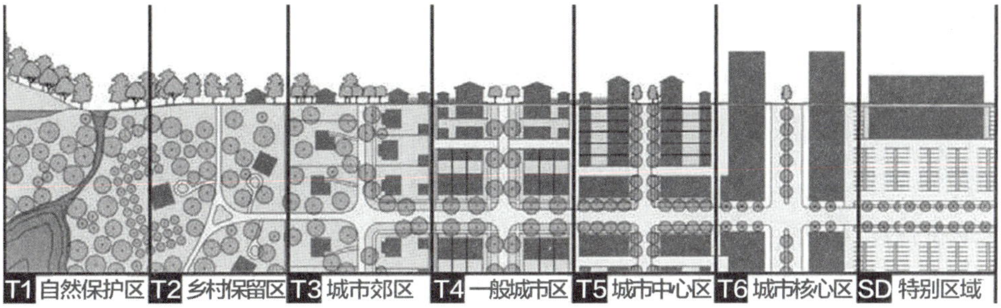

图 3-4　城乡横断面分区类型
资料来源：作者自绘

乡村保留区（rural reserve）：还未禁止开发但应当禁止开发的开放空间，例如被确定为公共需要的地区和土地开发权转移（Transfer of Development Rights，TDR）区域。

城市郊区（suburban）：最自然、密度最低、最适宜居住的城镇聚集地，其中的建筑包括独立住宅、联排住宅、有限制的办公和零售建筑，并有着具有乡村特征的开放空间。

一般城市区（general urban）：主要为居住功能的城镇聚集地，其中的建筑包括独立住宅、位于小型和中型地块上的联排住宅，有限制的办公和零售建筑，开放空间通常为绿化和广场。

城市中心区（urban center）：更密集的、功能高度混合的城镇聚集地，其中的居住建筑包括联排住宅、公寓等，允许办公和零售建筑，并有部分用于出租，开放空间通常为广场和开阔地。

城市核心区（urban core）：一个区域中居住、商业、文化和娱乐最为密集的片区，其中的建筑包括联排住宅、公寓、办公和百货公司，开放空间包括广场和开阔地。

特别区域（district）：具有特定功能或用途的区域。这些区域与周边区域在性质上有明显差异，如机场、大学城等。

城乡横断面既是一种基于生态原则的城市规划方法，也是一种分析工具。该方法将一个地表平面进行线性的切割，随之对各种不同的系统和生境进行抽样、测量和分析。数据收集的范围被控制在一个区域内——一个或多个横断面上进行的（相当于地质学上的矿样），以更好地理解样本生境中发生的人口和社会联系。科学家运用这些样本追寻时间轴上的变化，探索影响整个生态系统的途径。

杜安尼（Andres Duany）和塔伦（Emily Talen）[1]认为，城乡横断面是形成新型开发控制的基础，应称之为"精明准则"（smart code）；这个准则应当替代区划条例，并增加城市设计标准，以确保适合的场地能够聚集合适的城市要素（建筑、后退间距和主干道）。例如，由院落住宅和村舍到行列式住宅和公寓等居住建筑所处的区域位置应由横断面决定。

尽管城乡横断面为分析、规划、设计和开发规定之间的关联建立了新的可能，但是它作为土地使用信息系统的基础与实际操作之间仍然存在差距。其主要原因在于，在实际操作中，城乡横断面被概念化为城市区域的样本断面，而不是整个区域的综合数据库，该区域的特征有可能不符合城市断面的逻辑。另一个原因在于，它是区域导向而不是地块导向。一个土地供应信息系统必须包括辖区内所有地块的客观数据，因而每个地块必须附加一个特征文件和地理位置的索引。而这种方法要求分类者依据城乡横断面规则为尚未开发的城市土地使用形态指定城乡断面区域或"生态区"（如城市或郊区）的边界，这会给分类过程带来主观的一面。

即使如此，根据城乡断面进行的土地分类附加了城市形态、建筑类型和开放空间方面的有用信息，并且具有一定的优势。它的一个优势在于不仅反映了土地的使用密度和强度，还反映了开放空间、建筑类型和开发规定的特性，因而将土地使用规划、城市设计和建筑设计联系在一起[2]。其另一个优势是在各类横断面区域与干道标准、街道标准、街道景观设计之间建立联系。城乡横断面通过一个理想化的城市形态序列假设为城市土地使用分类设置了一个标准化的尺度。

3. 土地使用分类的语言学研究

20世纪60年代，美国规划师古滕贝格（A. Z. Guttenberg）提出，规划作为语言的一种具体形态，可以参照语言的三种基本功能——指示、评价、命令，发展出土地使用分类的三种模式[3]，或称之为土地使用分类的三种目的。第一种是"指示"模式，即回答现状、可观察到的土地使用"是什么"的问题，特点是描述土地使用的状况；第二种是"评价"模式，即表达土地使用的主观判断，既可以是现实中的直观判断，也可以是针对土地调查作出的研究结论，规划研究通常是在土地调查（客观描述）的基础上，运用特定的方法作出具体的结论；第三种是"命令"模式，主要表现形式就是土地利用规划成果，它要求人们按照规划指定的用途和行为规则去使用土地，

---

1. DUANY A，TALEN E. Transect planning [J]. Journal of the American Planning Association，2002，68（3）：245-266.
2. 戚冬瑾. 城乡规划视野下多维土地利用分类体系研究 [M]，南京：东南大学出版社，2018.
3. A. Z. GUTTENBERG. The language of planning [M]. Urbana，IL: University of Illinois Press，1993.

比如现状可以是一块农田，但是规划可以将这块农田规划为居住用地，规划具有指令改变土地用途的作用，同样，保护就是命令人们不能改变现状土地使用。

1）指示模式

土地使用分类的指示模式本质上是客观事实的符号化过程，即把现象符号化，将特定的现象和特定的符号关联起来。在描述事实的过程中，世界在不断地发生变化，对复杂世界产生了新的认识就不可能再用传统的符号。随着认识深入，人们也需要创造新的符号来指示所发现的新的事实，因而描述新事物的符号就不断地创新。语言恰好有这种不断创新的能力。如果在语言的使用中规定只能使用已有的符号，就无法适应新的事实和描述新的现象。所以，用于描述土地使用现实状况的分类体系就应该是一个开放的，并且能不断适应变化的现实的符号体系。城市发展过程中一定有新的事实、新的现象，这就需要用新的符号来对应这种新的对象。如果固守旧的分类标准，可能导致遗漏或忽视了新的事实；如果在旧的分类符号中加入新的事实和现象，那么就会导致分类体系的混乱。

描述的符号系统是被描述对象的镜像，其符号关系反映指代事物之间的关系，这种关系是客观的、可观察的，并且是可以实证的。也正是由于指示性的土地分类系统具有实证的特征，因此就可以在不同的分类体系之间建立联系。

2）评价模式

土地使用过程中的个人感知具有评价的成分，只是这样的评价是以个人的感受为标准。评价模式的土地使用分类主要是指将土地分类项作为评价的标准，比如公园、绿地、学校、医院就成为居住区的评价要素，街道、交通设施等成为城市中心区的评价要素。土地使用分类项的设定与评价的对象及评价的目的有关，客观的评价建立在约定分类的基础之上。评价就是确认和比较现实中的土地使用与理想的土地使用之间的符合程度，所谓理想的或好的土地使用标准，或是人为设定的，或是从现实中抽取局部的、典型地段的土地使用。这种建构或者选择是主观性的，与评价的对象及其目的有关。

评价所持有的价值不是固有的，而是依赖于某个对象或事件所处的背景进行解释。对于同一个对象或事件可能采取哪一种评价，通常不是科学问题，而是利益驱使。指示模式是中立的，它仅仅是把对象进行分解，而评价模式则是把对象投射为好的或坏的、合意或不合意，土地分类的评价触及各个方面的利益，价值和利益都可以随环境的变化而改变[1]。

---

1. 戚冬瑾. 城乡规划视野下多维土地利用分类体系研究［M］. 南京：东南大学出版社，2018

在规划工作中，评价模式的重点不在于科学地描述和分析土地使用的差异性和环境的经济社会特征，而是从人的角度来评价这些特征。土地分类作为研究的工具实际上扮演了评价标准的角色，评价标准的确定是采取规划行动的前提。例如，在城市更新规划中，对现状地块的评价决定了下一步将要采取的规划措施（例如保持原貌或重建），因此，标准的划定至关重要。

3）规定模式

在某种意义上，规定模式触及规划的实质。土地使用规划本身就是为了实现关于规划土地未来状态的规定目标而制定的行为规则。土地使用分类作为规划的表达工具，它规定或限定了规划目标的表达，以及规划行为的准则。土地使用分类犹如绘画的调色盒，调色盒的数量规模限定可容纳的颜色，进而影响绘画的颜色及其效果表达。土地使用分类不仅仅指向土地上已经发生的利用方式，它也意味着人们进行积极的规划以固化规划愿景所产生的城市形态。因此，这就需要土地使用分类的模式能够回应这个功能。规定模式既不是从指示的角度来描述土地使用，也不是在利益背景下的分析，而是从规划行动和控制的角度来规范土地使用，规定模式是城乡规划的核心和主体。规定模式主要是为了提出可以解决城市问题或实现规划目标的未来行动方法，其核心问题是问题的解决。解决问题的本质上是一种事件活动，这与发现问题不同，发现问题属于理性活动，解决问题主要关心的是选择行动方法并确保其正确执行，而不是调查问题本质。

规定模式的分类维度包含"规定的对象"和"规定的手段"两类要素。

使用给定的土地使用分类表来规定所规划的对象属于"规定的对象"，也就是按照这个分类表格的内容去规定所规划的对象和事物。而土地使用分类表本身的地位和性质属于"规定的手段"，包括使用这个表格所编制的规划成果地位的规定。比如，土地使用分类表作为规划规范标准或地方规范标准，其效力就不同，规定性的效应就不一样。依据土地分类表制定的城乡规划若被定位为"法定文件"或"技术文件"其地位的不同也会导致实际影响的差异。"规定的对象"是根据需要解决的问题或规划的目标而确定的，因此，这是一个开放的分类系统，允许根据实际情况自行创设。

"规定的手段"主要指政策和法规，两者的区别主要在于所采取行动的强制程度。政策作为规定手段的特点在于具有包容性和弹性，它能通过文字说明充分阐述和解释规划的愿景和控制的目标，因此较容易适应土地使用的多样性和混合特点。法规通过国家强制力来执行，它界定了相关行为主体的权利，规定了规划决策时可选择的范围及标准。当规划以政策方式运行时，主要拟定了可供选择的权变决策，决策者选择的范围可以根据自己对相关政策的评估而决定。法规则定义了决策者可选择的方案，并限定了可采取的行动。在具体的规划实践中，选择政策还是法规的手段，视每个国家的规划制度特点及其规划目标而定。

也正是由于土地使用的多样性和混合性的特点，在规划中规定土地使用的工具通常不是"用途分类"，而是"用途分组"。用途分组是在用途分类的基础上将相关的使用活动以及不会产生冲突的使用活动分为一组，规定某一个地块或某一个区域可以选择的土地使用活动。比如，现代城市中"居住"这一活动包括居家生活、教育、卫生保健、休闲健身等一组相关的行为，相应的土地用途包括住宅、学校、诊所、零售商业、绿地和健身场地等。土地用途规定的目的无非就是协调土地利用的冲突和实现规划目标，这两个目的都不需要严格指定和限定地块的单一用途，否则只会导致城市功能的僵化和衰退。

土地使用分类是规划调查研究的方法和工具，规划及其管制的方法和工具是土地"用途分组"，前者是理性的工作方法，后者是现实的实践方法，二者存在根本性的区别。

3.4 土地使用分析与预测

3.4.1 现状土地使用分析

土地使用分析是从土地使用背景信息到土地使用建议和规划图的桥梁。深思熟虑的分析可以推动形成一种未来的土地使用模式，它更高效、实用，对公众反应更灵敏，更加关注被规划区域的独特性。土地使用分析是帮助规划师判断与选择的过程，分析所提供的已知信息有助于形成一个更易理解和更可靠的规划。同时，土地使用分析可以进一步提高社区的凝聚力和信心。

规划过程中会或多或少地应用这些技术，这取决于被规划区域的复杂性、可用的信息类型以及可用的资金、人员和时间。在规划过程得到表达的规划区域价值观可能会导向某些技术，这些技术的适应性在城市、村庄有所差异。土地使用分析技术将推动形成一个更具有说服力的规划，这将使未来的土地使用建议更容易被公众接受。最终，规划师可以基于收集的数据思考未来的发展方向。

1. 区域背景分析

任何社区都不是孤立存在的，它受到所处区域环境以及周边地区的影响。区域环境包括区域甚至全国的自然环境特征、经济发展状况、交通条件和相关决策。例如，某地的旅游资源（例如独特的自然景观或历史景观）处于大城市的短途车程内，那么该资源就会为周边城市的旅游度假和养老社区提供发展机会。周边社区和所在社区相关管辖机构的规划和行动决策也是至关重要的。每一个规划决策都能对另一个要素产生影响。比如一个社区的就业增长规划，会影响附近社区的住房需求和住房类型等。

总之，区域背景分析有助于发现社区不同土地用途的未来趋势、压力、机遇和限制因素，通过补充周边地区的信息和规划可以协助规划未来的土地用途。规划师应考虑区域环境以何种方式以及在何种程度上影响未来的土地使用模式，并思考社区在更大的区域范围内可能扮演的角色和承担的责任。

2. 规划区域机会分析

规划区域机会分析就是对其独特的资产和潜力组合进行分析，并基于此为本地的未来土地使用模式的变化提供一幅未来发展的"大图景"和新的视角。所谓的资源和潜力的组合包括经济、物质、环境、交通和社会的共同组合。特定机遇会因被规划区域的独特属性和特定的利益范围而异。规划区域机会分析可参考以下四个方面：

（1）利用独特的区域资源、新的发展机会以及更新项目，来增强被规划区域的特色。比如将临近市中心的旧仓库更新为住宅，可以为市中心的商业从业者提供负担得起的住宅和步行可达的通勤。

（2）提高市中心、高速公路沿线商业区或城乡交会地带的活力。比如在地下水质日益恶化的乡村区域引入废物处理系统，可能会刺激额外投资。

（3）为经济发展开辟新的方向，或者激发与新兴市场相关的现有工业的潜能。例如在拥有大片森林和相关加工设备的地区，可以考虑开发新的森林产品来满足林业、制造业的需求，并为未来的工人住房建设预留空间。

（4）通过保护和提升农业、自然、历史资源，来保留被规划区域的特征、提升环境质量、促进旅游。比如在三文鱼活跃的水源地区，将居住密度降至最低，以此提升水质、营造幽静环境氛围，促进垂钓等休闲活动的发展。

总之，我们要根据被规划区域的特定机遇，通过补充未来土地使用模式和土地利用规划图来充分挖掘本地的土地利用要素。

3. 规划区域可视化技术

在传达对未来土地用途的设想时，图示化的表达是不可替代的，也是最为直接和有效的方法，它比口头描述或者书面表达更直接。可视化技术如视觉偏好调查和被规划区域照片的使用，有助于分析未来土地用途的理想类型和位置。

视觉偏好调查涉及对一组照片进行评级，这些照片反映了新开发、保留或社区变革的不同倾向。视觉偏好调查可以利用在被规划区域外部拍摄的大量照片，并通过小型会议或大型公共论坛开展。评级较高的照片代表常见特征（例如，对田园景观的偏好、高的建筑标准、传统或当代邻里形式）。这可能导致创建出不同的未来土地使用地图类别，以帮助实现所需的土地使用类型。例如，如果视觉偏好调查显示被规划区域居民对"传统邻里"的开发情有独钟，如网格街道、小地块、前门廊等，该区域可能会在其未来的土地使用地图上创建并绘制"传统邻里"的土地使用类型。

规划区域照片调查是另一种可用于准备土地使用要素的可视化技术。它旨在帮助规划师传达值得保留、重复或需要纠正的区域特征。这项工作的开展有赖于当地居民拍摄的照片，这些照片会体现当地或周围区域的主要特征，比如风景区、历史建筑、考古遗址、乡村交会地带、成群的房屋、公园、小径、溪流、湖泊、农场、森林、应保持原样的未开发地区、有发展前景的发展地点、标志或其他场景。规划师可基于这些图像绘制照片拍摄地点，并就这些要素如何反映未来土地使用意向达成共识。

总之，将容易被误解的土地使用意向转化为易于理解的图片，以确定未来土地用途的预期特征，比如建筑外观。目前，这种方法可以应用于几乎所有类型区域。

4. 人口和经济数据说明

对人口增长趋势的预测在准备土地使用要素方面具有重要意义。然而，现有人口和就业信息的数量可能非常多。规划中所包括的人口和就业增长预测既可以是对未来的客观判断，也可以是被规划区域的共同"期望"（在规划师建议的基础上或多或少的再增长）。因此，整理和正确解释人口信息至关重要。

作为问题和机遇，或作为住房或经济发展要素的人口和经济数据在编制土地使用要素方面尤其有用，这些数据通常包括以下四个方面。

人口趋势： 人口趋势有助于了解未来住房、就业、学校、公园和购物所需的土地数量需求。家庭规模的趋势对于揭示人口增长和住房需求之间的关系也很重要。

根据"土地使用需求预测"技术详细预测规划区域的土地使用需求。

年龄结构： 这会对应急服务设施的土地的规划产生重要的影响，而且未来可能还会对公寓、高级公寓和大型退休社区等不同类型的住房需求产生影响。

劳动力规模和技能： 具有较高教育水平或具有专业技能的群体，可能意味着不同的经济增长潜能，也直接影响商业或工业园区的选址。例如，大学生聚集的社区可能吸引来新的科研或者办公园区，而专业技能劳动力聚集的社区或者技术学校周边则是未来工业园区的优选。

经济活动： 就业数量和类型、现有工业和零售业的混合、新的商业和工业发展与扩张所需的用地以及现有的地方经济发展成就，有助于理解额外的商业和工业用地的未来机会，甚至是作为其支撑的住宅用地的发展机遇。

总之，积极收集人口和经济数据，有助于为土地使用要素提供信息基础。目前，这种方法适用于几乎所有类型的区域。

5. 自然资源与土壤分析

了解土地的基本物理特征对于作出负责任的土地利用规划决策至关重要。农业、自然和文化资源要素通常包括自然资源和土壤对不同类型土地使用的适用性的信息。这些数据还应包括农业土壤、有发展限制的土壤、地下水补给区、集聚资源（沙砾和砾石）、流域、自然敏感区、公园以及有考古和历史价值的资源。

将洪泛区、湿地和雨水排水路线等不同自然区域连接起来就可以形成所谓的"环境走廊"。它们作为公共空间和其他永久性开放空间的区域，构成了土地利用规划的框架，并为已规划土地利用区域之间提供合乎逻辑边缘地带。例如，环境走廊可以作为缓冲带，将重工业区与住宅区分开。在为规划区域编制未来土地利用规划图之前，必须了解这些环境特征对未来土地使用所造成的物理和法律限制。

确定土壤类型是否适合某些用途，对于编制负责任的土地利用规划图也至关重要。尤其是对乡村地区而言，根据农业生产力等标准或能够承受某些开发类型对土地进行排序，可以为未来许多重要的土地使用决策提供依据。土壤调查可以为规划区域提供各种土壤类型的特点、生产力和限制性的信息，这些信息可以通过与当地农民和其他熟悉土壤质量的人的访谈以及图示工作得到进一步补充。

总之，对自然资源和土壤的分析，有助于确定土地对不同用途的物理适用性，也可以在规划土地用途时避免造成不必要的财产和环境损失。目前，这种分析技术适用于几乎所有类型的区域，尤其是乡村地区。

6. 文化资源分析

在编制未来土地利用规划图过程中,文化资源的识别和分析起着重要的作用。例如,历史悠久的市中心可能是规划保护或振兴的重点,历史悠久的标志性建筑可以作为规划区域的象征;同样的,一个乡镇的历史保护可以通过对老的农舍和谷仓的保护实现。对文化资源的分析,有助于确定对规划区域历史特征产生重要作用的土地,并在不损害文化资源的情况下规划未来土地用途。

7. 公用设施分析

对于拥有市政排水系统和供水系统的区域,分析公用设施和社区设施要素的位置、规划或后勤服务区是土地开发利用要素的重要组成部分。了解主要公用设施系统的物质条件和容量也是至关重要的,如污水处理厂的规模和污水截流管道的容量。与未来土地使用的数量、密度、类型和位置的规划与公共设施的服务可能性及其承载力密切相关,妥善规划这些要素将推动形成一个更简单和低成本的土地利用模式,同时可以保护公共设施系统免受损害。

规划师可以通过与公用设施管理者、市政工程师或公共工程总监交流,来了解公用设施系统的容量及其限制因素。例如,尽可能依赖重力流的市政排水系统将更具成本效益。

在准备土地使用要素时,了解市政排水系统和城市服务区边界的位置和影响非常重要。一般来说,这些区域应考虑市政排水系统的未来发展。同样重要的是要了解城市服务边界将来如何变化,防止规划区域的土地使用利益与城市服务边界所明示的发展方向不一致。

总之,进行公用设施的分析有助于协调未来土地用途与公共设施系统功能,它在城市区域中运用较为广泛。

8. 交通系统分析

交通系统分析不但需要了解道路和其他交通设施的位置、条件和通行能力,还需要了解各级行政机构的交通专项规划,因为这些规划可能引导未来交通设施的改变。交通体系不仅仅指道路和高速公路,还包括公共汽车、铁路、自行车和行人系统。

规划的交通项目可能对未来土地利用模式产生重大影响。例如,国道绕行规划对农田保护、自然生态区域保护、经济发展和住房选址决策具有重要影响。规划师必须考虑与交通体系相关的所有规划和潜在变化,为土地使用要素做准备。地方的主要交通设施的类型、配置或时序安排必须遵循上位交通规划。

总而言之，交通系统分析有助于对土地用途与交通设施（如出入口控制）之间的关系进行现实评估，且适用于所有类型的区域。

9. 增长因素分析

增长因素分析能够指明近期发展的方向和速度，并确定未来发展潜力最大、成本最低、影响最小的区域。它能够帮助明确规划区域（尤其是一个使用公用设施系统的区域）应该和不应该增长的地方。增长因素分析涉及经济发展、住房、交通、农业、自然和文化资源以及公用设施和社区设施等其他要素。对于增长分析，绘制关键增长因素图至关重要，它包括以下五个方面。

既往的增长模式： 包括规划区域每十年增长的规模、增长的位置以及土地消耗随时间变化的情况。

集水区： 这对于拥有市政排水系统和雨水管理系统的区域非常重要。一般来说，当市政污水可以沿下坡流向污水处理厂时，增长更具成本效益。

环境走廊： 这涉及到对不同自然区域、不应开发的环境敏感区域进行分层处理。环境走廊包括洪泛区和湿地、陡峭的斜坡、成熟的林地、稀有或濒危物种、考古遗址或其他对规划区域很重要的自然特征。

生产性农田： 包括具有大型耕作活动的大型地块、通过土壤调查确定的优质土壤区域，或确定具有重要意义的其他因素。

规划的交通项目： 如新建道路和支路、交通改善等项目可能会对未来增长产生重大影响。

通过地方或社区的规划师将上述每个类别的资料分层录入地理信息系统，从而辨别影响规划区域增长可能合适的自然和人为物质因素。总的来说，基于增长因素的分析对于所有类型的区域，尤其是城市地区，都有助于创建土地利用规划图，规划图用来引导未来开发项目选址和发展方向，而不是确定开发类型。

10. 现有详细规划／建成区分析

建成区分析指的是对规划区域的发展以及按照当前详细规划和规则充分开发的状态的判断。理想情况下，实施总体规划和土地使用政策是详细规划编制的指南。但事实上，城市的发展现实或者详细规划图很可能是早于总体规划存在的。对于已有详细规划的区域，在编制土地利用规划图和总体规划时，很有必要参照详细规划。当现有详细规划反映地方利益时，则未来的土地利用规划图与详细规划应该一脉相承；当现有详细规划与地方利益大相径庭时，新的土地利用规划可以提出改变详细规划的建议。

总之，建成区分析是将现有详细规划所指向的可能性与规划区域希望通过土地使用控制要素和未来总体规划的内容联系起来，并明确界定未来的总体规划和现有详细规划不一致的区域。这种分析适用于所有类型的区域，尤其是拥有大量未开发土地的区域。

3.4.2 未来土地使用预测与分析评价

1. 土地供应和容量分析

土地供应分析过程将土地供给分为三个组成部分：①已经完成开发的地块；②正在开发中的地块；③可以开发的地块，包括空地、再开发地块等（图3-5）。规划师将可建设用地转化为开发容量数值，同时将土地开发的限制因素考虑进去，最后合计开发规模的总净容量。有学者定义了土地开发容量和容量分析中使用的关键术语及其关系，核心内容包括以下八项[1]。

图 3-5　土地供应和容量分析程序
资料来源：作者自绘

1.PAUL W. Monitoring and simulating land capacity at the parcel level [M] //MOUDON V A，HUBNER M. Monitoring land supply with geographic information systems: theory, practice and parcel-based approaches. New York: John Wiley & Sons Inc., 2000.

土地供给： 是辖区内的土地总体规模基数，既包括空地也包括已开发的土地，因为已开发土地可以再开发。

适宜建设用地供给： 是在相关条例、物质条件和市场限制条件下可以进行扩建和新建开发的土地数量。

开发容量： 是指在可建设用地上附加的和新开发的数量，表达为建成空间的数量或使用者的数量。

最大或总供给量和容量或"饱和开发量"（buildout）： 等于可开发土地和再开发条例、基础设施要求和环境条例限制条件下的开发量的最大值。

修正的或可获得的或净供给量和容量： 等于扣除了各种可能减去全部地块饱和开发量的因素后剩下的数量，包括土地市场条件、所有者持有财产的决策、消费者的选择、基础设施建设时序或服务的延伸等。

潜在的计划供给或容量： 包括检验未来增长和开发政策的多重选择、经济和人口变化、规范修订，以及其他的战略考虑。

开发中的土地： 包括已经获得批准开发项目，但是还未建设的项目，还包括那些根据区划、细分条例和其他开发规定正在接受公众审查的项目，以及正在建设但尚未使用的项目。

市场系数： 以百分比的形式存在，表示土地的最大供给量中扣除因各种因素（包括投机、土地储备、未来扩张、个人使用和市场的其他不确定性）而排除在市场之外的土地。

在不同的制度环境中土地供应和容量分析存在较大的差异，包括土地所有权、土地规划和使用政策、土地利用规划编制的内容要求等诸多因素。但是计算土地供应容量的基本考虑因素和计算逻辑是一致的。首先，在不考虑法律、政策及规划因素情况下，先纯粹从土地可开发的潜力出发计算最大的开发容量；其次再考虑法律、政策等限制性的因素，这些因素可能是弹性的或动态的，并且也是调节土地使用的工具。最大开发容量是一个可能性的限制性框架，也是一个极限值，土地使用法规和政策是调节性的因素，影响土地使用的水平。

2. 土地使用需求预测

规划应预测地块内未来 20 年的住宅、商业、工业和农业用途需求，并以 5 年为增量单位。需求预测有助于为不同类别的土地的供给量提供建议。规划师可以使用各种技术来预测不同类型未来土地用途的需求，比如国家和行业人口和就业预测、与当地房地产专家的讨论、不同土地使用类别在过去的土地增长趋势，以及对区域机遇、背景、新兴趋势的探索。以下是对不同土地利用类型的需求预测方法的展示。

住宅用地： 将住房单元需求乘以未来 20 年的预期平均住宅密度。

商业和工业用地： 最简单的方法是调查确定工商业用地与住宅用地的比例，一旦获得预计的住宅用地，商业与工业需求的预测就相对简单。另一种方法是，先使用总就业人数和现有土地面积以确定现有雇员与单位用地面积的比例，再预测未来就业人数（通常为 20 年），并将单位用地的雇员比例应用于未来与就业相关的土地用途。

农业用地： 分析过去农业用途向其他土地用途转化的趋势，这是预测未来农业用地需求的最简单方法。然而，仅仅依靠过去的趋势可能无法捕捉到农业的新趋势。当地的农田保护目标和机遇可能表明，过去的趋势可能会改变，变化速率与现有农业用地的基数相结合。

土地使用需求预测是确定未来土地使用规划图上不同土地类型中可能显示的土地数量和比例，它为住宅、商业、工业和农业领域的未来发展规模提供了基础。土地使用需求预测适用于所有类型的区域。

上述土地使用分析方法有助于收集、分析和了解规划区域的各种信息和可能性。基于此，有必要与公众分享信息并获得反馈。但分析不能取代决策和判断，无论是总体规划还是土地使用管理要素，都应该基于土地利用分析来考虑、绘制和说明未来增长和变革的备选方案。

3. 我国土地使用规模预测

我国是土地公有制，并且实施土地建设用地指标管理，土地供应制度与市场经济的土地供给分析的基本逻辑不同。我国国有土地使用的管理架构是：①从国家到县域共五级用地计划，用地计划的制定以"土地利用总体规划"为基本依据；②年度计划根据《土地利用年度计划管理办法》下达，对于耕地保有量、新增建设用地规模等限制约束性较强；③耕地红线不得突破，实施占补平衡；④具体供应由地方政府根据实际情况决定。

1）用地计划以土地利用总体规划为基本依据

我国实施土地用途管制的基本依据是土地利用总体规划。首先，土地利用总体规划以三年为制定频率滚动编制、分年度下达；其次，在管理层级方面，土地利用总体规划分为国家、省、市、县、乡（镇）五级，上级部门除制定本级的年度土地利用总体规划外还需对下级部门进行审核，下级总体规划的制定需在符合上级规划的前提之下；最后，规划内容方面，"规划主要目标"将影响未来土地供应，其中耕地保有量、基本农田保护面积、建设用地规模为限制性指标。总之，土地利用总体规划为用地计划制定的基本依据，确定的用地规模和总体布局安排。

2）年度计划根据《土地利用年度计划管理办法》下达

各省、自治区土地利用的年度计划依据2016年的《土地利用年度计划管理办法》下达。第一，确立耕地保有量指标：各省、自治区政府根据国务院确立的耕地保有量指标制定考核目标。第二，确立新增建设用地规模：在确定耕地保有量指标的基础上测算新增建设用地规模，各级政府根据上级下达的土地利用年度计划进行指标分解，实行指令性管理，新增建设用地规模不得超标。第三，实际新增建设用地面积超出计划及违规情况处理：因特殊情况超出计划需重新上报，经过国务院审批，同时视情况相应扣减下一年度计划指标；对建设用地整治利用中存在侵害群众权益、整治利用未达到时间、数量和质量要求等情形，情节严重的，扣减下一年度用地计划指标。第四，结余计划指标处理：节余的新增建设用地计划指标，经国土资源部审核同意后，允许在三年内结转使用。

显然，我国地方层面的未来土地使用规模不是基于科学预测，而是自上而下的规划落实，针对年度分配分类指标采用"超用处罚"和"结余流转"的管理制度。实质上是将土地规划使用转变为计划使用，忽视了规划与计划的本质区别。尽管如此，我国改革的方向是社会主义市场经济，市场经济下的土地供给分析的基本原理和基本方法值得参考借鉴。

4. 土地使用情景分析

与土地使用计划的确定性未来观念不同，情景规划（scenario planning）是基于对未来可能出现的多种不确定因素的考虑。它通过构建一系列不同的、但具有合理性的未来情景，帮助决策者更好地理解未来的复杂性和不确定性，从而制定出更具灵活性和适应性的战略或规划。"情景"（scenario）是指某一事物的未来情形，可能出现多种不同的未来情形，通向不同未来情形的途径也是不同的。情景规划依据多种可能的未来拟定规划，设想未来可能发生的情景并加以综合分析，回答当未来某种情况发生时，该如何应对的问题。情景规划的观点认为，未来充满着不确定性，但是事件本身必定存在因果关系。情景规划从不确定性研究入手，推断不确定因素及其驱动力，根据这些驱动力设想未来可能的状态，归纳出若干个"情景"，制定相应的应对措施。其中，先决因素会以同样的方式发生在所有"情景"中，不确定因素则以不同的方式存在于不同"情景"之中。最后，综合考虑不同情景下应采取的战略措施，制定出当前的应对策略。情景规划目的不是为了一个更加精确的未来写照，而是一个更加清晰、可靠的决策序列。

土地使用情景分析通过 GIS 数据和计算机系统来模拟未来土地使用可能出现的情形，通过系统化地改变未来发展的关键假设，规划师可以创建和评价备选的土地使用情景。土地使用情景分析可以适用于新开发土地的情景，"情景"也可以用于规划过程中分析未来城市土地需求的模型，土地使用情景已被用在公共参与之中。

土地使用情景分析作为土地生态系统管理方法的一部分，通过制定土地使用变化设想方案，对土地的多重效益（多功能土地使用）进行评价，该方法可以适用不同的空间尺度，取得良好的效果。我国对该方面已有关注但仍显不足。2008 年宋小冬通过西南某城市的案例引介了土地使用情景的模拟与分析评价方法；2015 年中山大学刘小平等人取得一项名为"一种土地未来使用情景动态模拟的方法"的专利。尽管实践中案例和应用不多，但是情景规划和土地使用情景分析作为知识体系和比较成熟的方法，对其进行必要的了解也是有益的。

3.5　全球及中国土地使用状况

3.5.1　2019 全球土地使用状况

被纳入土地使用系统的土地自然覆盖是一个重大的全球环境变化力量，影响着气候、水文、生物多样性和其他地球系统。相关数据统计地图中展示了 2019 年全球土地覆盖和土地使用地图，该地图基于 Landsat 卫星图像，并据此估算了按气候域和生态区分类的土地利用的空间范围和分布[1]。分析发现，土地使用面积百分比和土地使用分散性遵循幂律，随着土地使用在具有发展潜力的土地上的延伸，土地使用的空间分布随机性越来越大。对于大规模开发过的气候/生态区，例如低坡上的温带和亚热带陆地植被，土地使用占地表面积的一半，所有土地使用斑块的平均距离不到一公里。对于这样的景观，土地使用是一个连续体，剩余的自然土地覆盖面

---

1. 在线查看地图数据：https://glad.earthengine.app/view/global-land-cover-land-use-v1

积较小，碎片化程度高。热带地区通常具有最大的土地使用扩张潜力，尤其是在南美洲。例外是亚洲湿润热带陆地植被低地，其土地使用强度与温带粮仓相当。高山土地的土地利用率比低地土地使用低一个数量级。湿地生态区的面积百分比与低坡土地使用率成反比，表明历史上湿地的减少。结果表明，规划工作有助于维护自然系统和相关的生态系统服务，因为在气候和坡度等内在因素不受限制的情况下，土地使用占主导地位（表3-2）。

表3-2 全球土地使用状况示意

气候区/生态区	面积（平方公里）	土地使用面积（平方公里）	土地使用的占比（%）	土地使用斑块的平均距离（公里）
热带温湿－裸地（hum-bar）	10 241	—	—	3.7
热带温湿－高坡（hum-mon）	4 247 222	354 510	8.3	3.6
热带温湿－植被（hum-veg）	8 094 322	1 228 904	15.2	4.1
热带温湿－湿地（hum-wet）	1 841 700	107 196	5.9	3.4
热带干旱－裸地（dry-bar）	17 061 243	—	—	23.9
热带干旱－高坡（dry-mon）	6 080 332	612 090	10.1	2.0
热带干旱－植被（dry-veg）	17 666 363	4 818 630	27.3	2.6
热带干旱－湿地（dry-wet）	1 632 575	31 257	1.9	4.5
亚热带－裸地（sub-bar）	11 359 133	—	—	17.5
亚热带－高坡（sub-mon）	4 611 121	453 401	9.8	1.4
亚热带－植被（sub-veg）	5 908 298	2 699 784	45.7	1.0
亚热带－湿地（sub-wet）	519 570	54 952	10.7	2.6
温带－裸地（tem-bar）	9 142 261	—	—	7.7
温带－高坡（tem-mon）	5 404 895	470 873	8.7	2.3
温带－植被（tem-veg）	11 385 331	5 296 022	46.5	0.7
温带－湿地（tem-wet）	679 051	14 525	2.2	3.3
寒带－裸地（bor-bar）	534 352	—	—	21.8
寒带－高坡（bor-mon）	4 752 049	109 535	2.3	11.3
寒带－植被（bor-veg）	8 910 679	532 486	6.0	13.1
寒带－湿地（bor-wet）	3 510 649	31 172	0.9	14.9

续表

气候区/生态区	面积（平方公里）	土地使用面积（平方公里）	土地使用的占比（%）	土地使用斑块的平均距离（公里）
北极–裸地（arc-bar）	1 017 511	—	—	424.9
北极–高坡（arc-mon）	442 679	506	0.1	108.4
北极–植被（arc-veg）	1 168 835	1 084	0.1	117.2
北极–湿地（arc-wet）	1 477 249	155	0.0	87.8

资料来源：Earth Engine Apps

经济较发达的气候/生态区，如温带和亚热带陆地植被低地带，超过40%的土地被高强度利用，形成无限连接的土地利用集群，残余自然土地覆盖面积较小且高度分散。延续这种趋势的任何气候/生态区的位置都可能反映了正在进入土地使用扩张阶段。土地使用扩张的内在限制，或减缓扩张的外在因素（例如土地利用规划工作），特别是保护区网络或其他政府管制的土地，都不受经济驱动因素的影响。

全球保护区比例相对较低，再加上剩余的大量自然土地覆盖面积，这隐含地表明未来土地使用将扩张。从"爱知生物多样性目标"（Aichi Biodiversity Targets）提出的至少保护17%的陆地和内陆水域到"半个地球倡议"（Half-Earth Initiative）的宏大愿景，在增加保护区范围的一系列目标中，研究结果表明，进行大规模、连续的保护区规划至关重要。然而，现有的生态网络面积较小，而且高度分散。即使是在高度发达的气候/生态区，如亚热带陆地植被低地，可能仍会保留大片自然土地覆盖区，但绝大多数自然土地覆盖区都与土地集约使用区非常接近。

此外，虽然扩大保护区是维护关键生态系统服务的优先事项，但保护区的地位并不能得到保证。例如，最近一项关于热带森林的研究显示，热带森林似乎在经历着不可避免的破碎化过程，它们碎裂成越来越小的斑块，而这些斑块更有可能进一步破碎化，保护区内的森林也是如此。山地环境的适应性远不如低地环境，常常被用作自然生物群落的避难所，有研究结果证实，坡地的土地使用压力较低。全球湿地的匮乏和持续的开发显而易见，东南亚岛屿和美国东南部的湿地与全球其他湿地不同，面临着土地变化压力。全球40%以上的湿地土地使用出现在三个地区，即美国东南部的大西洋海岸与东南亚岛屿中的苏门答腊岛和婆罗洲。

总体而言，温带和亚热带环境是发达经济体和人均财富较高的地区，大部分土地都已经开发利用。分析表明，温带和亚热带气候区内陆地植被低地的土地利用发展已超过临界面积阈值，小块自然土地以孤立斑块的形式存在于几乎连续的土地利用中。温带和亚热带地区的先发展地区对旨在让低纬度发展中国家为减缓气候变化而牺牲发展机会的政策提出了问题。热带森林砍伐是人类活动导致气候变暖的重要因素，这是"维持天然热带森林的高碳储量和高生物多样性"的国际政策的重点。然而，干燥的热带和湿润的热带陆地植被低地地区是现存天然陆地植被最丰富的地方，也是森林和林地转变为农田用途最快的地区，其最终命运可能与温带和亚热带陆地低地植被区非常相似。

在全球范围内，剩余的近一半植被土地覆盖位于热带地区，如果不包括高纬度北方和北极地区，占比达到63%。剩余的陆地低地高大茂密树木覆盖中有一半以上位于热带地区，如果不包括北方和北极地区，占比可达74%。全球近三分之二的陆地低地开阔/矮树覆盖位于热带地区，如果不包括北方和北极地区，占比则为86%。就土地利用变化产生的碳排放、栖息地丧失导致的生物多样性丧失以及其他生态系统服务影响而言，显然，热带地区仍然是近期面临的最大威胁的气候领域。

虽然牧场是全球面积最大的土地利用类型，但除近期被砍伐的森林土地上的牧场之外，该研究并未将牧场纳入研究范围。牧场的强度差异很大，有人工种植的牧场和相关的集约化管理方案，也有牧民在广阔的天然草原上放牧。由于牧场的管理制度、载畜率和其他环境各异，因此很难从太空中绘制其地图。无论是美国北部大平原、乌拉圭西北部，还是澳大利亚昆士兰州北部，牧场用途通常都是在天然草原上进行的。因此，可以考虑从土地覆盖转变的角度来考虑牧场的纳入或排除，而该研究决定是专注于更密集的农田、建筑用地和树木繁茂的土地用途，这些用途在定义上包括土地覆盖转变。

湿地通常是树木繁茂的土地，如果建筑用地或农田与湿地位于同一地点，则假定它们已经取代了湿地生态系统。研究结果显示，建筑用地和农田用地给湿地带来的压力是显而易见的。大型湿地综合体，例如美国的大沼泽地、阿根廷的巴拉那三角洲、印度与孟加拉国边境的孙德尔本斯，或是印度尼西亚剩余的沿海泥炭地，都被密集的土地使用所包围。

不可阻挡的扩张土地使用似乎正在减缓，但还谈不上逆转，在政策和治理层面的土地使用管理仍然是一项艰巨的挑战。土地覆盖和土地使用范围及变化数据有助于量化挑战的程度，并可以确认旨在平衡经济发展和持续提供关键生态系统服务的政策是成功还是失败，例如维持生物多样性、碳封存、调节气候和维持水文系统。土地使用的观测数据已不再像以往那样成为限制因素，因为它们的质量和丰富性不断提高。然而，政策实施和执行方面缺乏进展，日益成为主要制约因素。如果没有成功的政策干预，对生态有利但尚未实现充分使用的地区可能会被转化。随着有利土地变得稀缺，通常不会被开发的土地可能会通过人类工程进行转化，例如湿地可能会转化为其它土地使用类型，或通过取消保护区的方式被利用。最后，未缓解的气候变化可能会进一步影响现有自然土地的发展潜力。

3.5.2 2020中国土地使用概况

匡文慧等在《2015—2020年中国土地利用变化遥感制图及时空特征分析》一文中概括了2020年中国土地使用状况[1]。

1. 数据与制图

研究团队在土地系统科学理论方法的指导下，充分利用近30年来积累的土地利用遥感解译方面的地理考察与地学专家知识经验，综合集成遥感大数据和云平台计算先进的技术方法，开展新一期中国土地使用变化（2015—2020年）制图。首先，团队从现状矢量数据（China Land Use/Cover Dataset in 2020，CLUD 2020）统一的制图方案修订、分类系统改进，分区块作业平台建立、人员培训，遥感数据采集、数字化解译，大数据处理和数据分发，分区数据汇交与图斑检核，国家尺度数据集成和精度评价，区划图生成和分析工作共计10余个环节研发产生。其次，团队在CLUD 2020更新中对土地利用分类系统做了局部的调整，城乡建设用地（类型编码为50）分类体系中将光伏发电用地（类型编码为54）单独列为一类。最后，基于全数字人机交互作业平台，团队对初步制图成果，从分省现状和转类面积、变化图斑获取的可靠性和变化规律正确性等多角度评估数据的质量，并反馈修改完善数据库，经两次反馈检核修改后进行最终的数据汇总。通过开展数据的集成、拼接、精度评价和尺度转换，产生了中国2015—2020年土地使用变化和2020年土地使用现状1∶10万比例尺矢量数据库及其1公里比例成分分类栅格数据库。

2. 中国土地使用变化的总体特征

2015—2020年中国土地使用变化总面积占陆域总面积的0.47%。期间中国城乡建设用地面积和水域面积增加，耕地、林地、草地等面积减少。受国家"十三五"期间发展政策等因素的影响，中国2015—2020年土地使用变化与2010—2015年相比，一级类型面积变化趋势一致，但在区域上呈现一定的空间差异特征。总体上，城

---

1. 匡文慧，张树文，杜国明，等. 2015—2020年中国土地利用变化遥感制图及时空特征分析［J］. 地理学报，2022，77（5），2022.

乡建设用地扩张特征由以往的沿海地区和超大、大城市集聚转向中西部地区的大中小城镇周边蔓延；耕地变化特征为全国范围的城镇开发建设占用农田，东北旱地向水田转换的面积进一步缩小，空间范围由三江平原向松嫩平原转移，西北地区新疆南部开垦和北部退耕/撂荒并存；林地变化特征为总量小分布广，林地变化主要发生在南方传统天然林区；草地变化特征为华北华南持续减少，西北草地和耕地交替互转，草地转为城乡建设用地主要发生在宁夏、甘肃南部和贵州等地，草地开垦为耕地主要发生在新疆绿洲农业区和内蒙古科尔沁地区；水域变化特征为东减西增中交错，减少的水域主要发生在东北区和沿海地区，增加的水域主要发生在青藏高原区。

3. 中国土地使用变化的区域差异

中国土地使用变化具有显著的区域差异特征，不同区域土地使用变化类型的主要空间格局为：不同区域均表现出城乡建设用地显著扩张的特点，东北区、华东区、华中区、西南区和华北区城乡建设用地的扩张主要占用优质耕地，主要集中在东南沿海、四川盆地等地区，东北区和华东区城乡建设用地扩张占用优质耕地比例在80%以上，华中区占用比例在70%以上，西南区和华北区占用比例在60%以上；华南区城乡建设用地扩张主要占用耕地和林地，其中耕地占用比例为50%以上，林地占用比例在42%以上；西北区城乡建设用地扩张主要占用未利用地和草地资源，占用比例分别为35%和34%以上。除城乡建设用地扩张外，不同区域表现出显著的变化类型差异特征，华北区内蒙古地区以耕地开垦为显著特点，东北区三江平原和松嫩平原以旱地、水田的互相转换为主，西北干旱与绿洲农业区耕地，开垦与撂荒、退耕还林还草并存，华北区也有一定程度的退耕还林还草。华东区和华中区湖泊河流密集地区退田还河还湖的特征明显，西北区和西南区的青藏高原区以草地、未利用地向水域的转换为显著特点。

4. 中国主要土地使用类型的变化特征

1）耕地变化

2015—2020年中国耕地变化的总体趋势为"南减北增"，耕地类型转换以城镇建设占用农田和开垦、退耕/撂荒为主，西北地区新疆南部开垦和北部退耕/撂荒并存。耕地面积剧烈减少的区域发生在华东区和华中区。全国耕地的转出中，平均74.61%转换为城乡建设用地，在华东、华南和西南区耕地转为城乡建设用地占90%以上。空间上，长江三角洲、珠江三角洲和四川盆地是城乡建设用地占用耕地的热点区域。在国家生态退耕工程的持续巩固政策和西北绿洲生态建设的影响下，西北区的 68.12% 耕地转换为林草用地。

国家耕地保护政策和后备耕地资源的开发利用导致局部地区耕地面积增加。伴随耕地数量、质量和生态"三位一体"保护战略，未利用地的垦荒和绿洲农业的发展，是耕地面积增加的主要途径。新疆塔里木盆地周围的草地被开垦为耕地的面积最大，导致西北区耕地面积净增加，是全国各分区中耕地面积唯一增加的区域。东北松嫩平原、华北河套平原以及西北准噶尔盆地成为耕地开垦的主要聚集区，其中 26.04%、68.03% 和 66.95% 的林草用地被开垦为耕地。

城镇化是导致耕地面积减少的主要驱动因素。"十三五"期间，全国城市扩展面积增加，其中 64.46% 的增加面积来自于耕地。西北新疆南部、华北和东北存在部分的开垦以补充耕地，是耕地面积增加的主要影响因素。

2）林草变化

2015—2020 年耕地开垦和城乡建设用地的扩张是导致林草面积减少的主要原因。华北和西北是林草用地转换最为剧烈的地区，54.09% 的林草减少发生在此区域。

林地类型的转换区域较为广泛，华东、华中、华南以及西南的东部地区均有分布，但转换程度较弱。2015—2020 年全国土地使用类型转换中，林地的转换比例仅占 8.34%。与 2010—2015 年相比，林地向城乡建设用地的转换速度已经由 6.93 平方公里/年下降至 5.76 平方公里/年。林地的增加面积分布稀少，主要发生在新疆北部准噶尔盆地的退耕还林还草以及少部分的林草互转。草地的转换程度高于林地，2015—2020 年草地转换为其他用地类型的情况主要发生在新疆和内蒙古科尔沁地区，其中 58.2% 的草地开垦为耕地；22.45% 的草地转换为城乡建设用地，主要发生在宁夏、甘肃南部和贵州等地区。与林地转换趋势类似，草地的净减少趋势减缓。

林草用地作为中国重要的生态保护屏障，在防风固沙和水土流失防治等方面发挥着重要的生态服务功能。然而，自 2010 年以来，随着"退耕还林还草"政策的巩固，耕地向林草转换面积达到峰值进而林草面积开始减少，但在"完善草原生态保护政策机制，促进林草体制机制融合发展"等生态政策的影响下林草减少趋势逐渐放缓。

3）水域变化

2015—2020 年中国水域面积共增加了 4 711.2 公顷。其中，增加面积最多的为西北区，占全国水域增加面积的 51.19%，其次是西南区。水域面积扩张主要是由未利用地、草地和耕地转化为主，约有 41.97% 的未利用地转化为新增水域，分别有 30.31% 和 21.94% 的新增水域来自草地和耕地的转入。西北区和西南区水域扩张主要集中在中国地形复杂的第一阶梯和第二阶梯界线昆仑山脉、祁连山脉附近地区以及新疆中部的天山山脉地区。水域减少总面积为 3 524.56 公顷，主要分布在华东区、西北区和东北区。华东区水域减少面积最大，占水域减少面积的 44.41%。

2015—2020 年，中国各区水域变化的面积和速率有明显的差异。从净变化面积来看，2015—2020 年西北区的水域面积增加幅度最大，然而华东、华南区和东北区的水域面积明显缩小，特别是华东区由 2010—2015 年水域面积增加变为 2015—2020 年水域面积减少最为严重的区域。2015—2020 年水域面积变化除了与人类活动有关外，与气候变化密不可分，特别是青藏高原地区水域面积增加可能与气候变暖所导致的高山冰雪融化有关。已有研究表明青藏高原内流区的 10 个大型湖泊在 1979—2016 年间扩张的主要驱动因素为降雨，冰雪融水（贡献率为 20.5%～45.4%）和土壤冻融（贡献率为 2.1%～6.7%）过程也在一定程度上导致了湖泊的扩张。

4）城乡建设用地变化

2015—2020 年，中国城镇、农村、独立工矿和交通等城乡建设用地面积共增加了 20841.6 公顷。其中，增加面积最多的为华东地区，占全国城乡建设用地增加面积的 25.15%，其次是华中区，华南地区增加面积最小。城乡建设用地的扩张主要以侵占耕地为主，约有 66.43% 的新增城乡建设用地来自对耕地的占用，分别有 13.47% 和 10.88% 的新增城乡建设用地与林地和草地转化有关。其中，华东区城乡建设用地扩张主要在经济较为发达、人口相对稠密的长江三角洲城市群地区分布最广，以及山东半岛大中小城镇周边地区。华中地区城乡建设用地扩张主要分布在长江中游城市群和中原城市群。然而东北区城乡建设用地扩张在"哈尔滨—长春—沈阳"城市周边地区最为显著。

相比 2010—2015 年，2015—2020 年城乡建设用地增加面积有所减缓，但城乡建设用地增加的面积和增速具有明显的差异。从增加面积看，除东北区城乡建设用地增长面积较 2010—2015 年相比有所增加外，其他区域增加面积均小于 2010—2015 年增加的面积。其中，2015—2020 年华东区城乡建设用地增加面积大幅下降，其次为西北区和华北区，空间上，中国城乡建设用地面积持续扩张，形态上以华东区为中心，向中西部大中小城镇蔓延为主。

统计数据表明，中国城镇化率由 2015 年的 56.10% 上升到了 2020 年的 63.89%；城镇常住人口由 7.71 亿人增长到 9.02 亿人，增加了 1.31 亿人。为满足城镇化和工业化进程中生产、生活和生态用地的需求，城市不断向外扩展，加之独立工矿和交通建设用地的增长，是导致城乡建设用地扩张的主要驱动因素。

关键术语

土地使用、土地使用系统、多维土地使用系统、土地使用类型、土地单元、土地系统、土地使用调查、美国LBCS土地分类系统、城乡横断面

思考题

1. 分析"土地使用"与"土地使用系统"所指的差异。
2. 概述土地使用系统变化的动因。
3. 比较分析土地使用调查所采用的土地调查分类标准。
4. 简述土地使用系统分析的核心要素。

参考文献

[1] 菲利普·伯克,戴维·戈德沙克,爱德华·凯泽,等.城市土地使用规划[M],吴志强译制组,译.北京:中国建筑工业出版社,2009.
[2] 戚冬瑾.城乡规划视野下多维土地利用分类体系研究[M].南京:东南大学出版社,2018.
[3] 巴里·卡林沃思,文森特·纳丁.英国城乡规划(第14版)[M].陈闽齐,周剑云,戚冬瑾,等,译.南京:东南大学出版社,2009.
[4] 郝娟.西欧城市规划理论与实践[M].天津:天津大学出版社,1997.
[5] 吴次芳,叶艳妹,吴宇哲,等.国土空间规划[M].北京:地质出版社,2019.
[6] 何子张,吴宇翔,李佩娟.厦门城市空间管控体系与"一张蓝图"建构[J].规划师,2019,35(5):20-26.
[7] 黑富贵,马玉林,杨浦.省级国土空间专项规划的编制思考:以宁夏为例[J].中国土地,2021(7):40-41.
[8] 杨芊芊,宋梁,束晨阳,等.省级国土空间规划中自然保护地专项规划的探讨[J].中国园林,2021,37(S1):91-94.
[9] 中华人民共和国中央人民政府.中共中央 国务院关于建立国土空间规划体系并监督实施的若干意见[EB/OL].(2019-05-23)[2024-02-18].https://www.gov.cn/zhengce/2019-05/23/content_5394187.htm.
[10] 王朝宇,马星,轩源,等.国土空间规划体系下专项规划体系构建路径探讨[J].规划师,2021,37(15):87-94.
[11] 李琳,韩贵锋,赵一凡,等.国土空间规划体系下的"多规合一"探讨与展望[J].西部人居环境学刊,2020,35(1):43-49.
[12] 李治君,周俊杰,范延平,等.国家级国土空间基础信息平台分布式数据库设计与实现[J].自然资源信息化,2022(5):80-85.
[13] 张兵.国土空间规划的知与行[J].城市规划学刊,2022(1):10-17.
[14] 喻文承,李晓烨,高娜,等. 北京国土空间规划"一张图"建设实践[J]. 规划师,2020(2):59-64.
[15] 孙玉婷."多规合一"背景下的"规划一张图"拼合研究[J].城市勘测,2018(2):18-20.
[16] 庄少勤. 新时代的空间规划逻辑[J]. 中国土地,2019(1):4-8.
[17] 薛晓娟,李英成,王恩泉,等. 大数据时代国土资源"一张图"的构建[J]. 北京测绘,2019,33(11):1297-1301.
[18] 王伟.国土空间整体性治理与智慧规划建构路径[J].城乡规划,2019(6):11-17.
[19] 李满春,陈振杰,周琛,等. 面向"一张图"的国土空间规划数据库研究[J].中国土地科学,2020,34(5):69-75.
[20] 代欣召,陈首序,王建军,等. 国土空间规划体系下陆海统筹"一张图"概念模型构建与应用:以广州市为例[J].城乡规划,2021(4):39-45.
[21] 江威,谭仁春,卢丹丹,等. 国土空间规划编制与管理"一张图"建设[J]. 测绘地理信息,2021,46(S1):170-173.
[22] 韩青,孙中原,孙成苗,等. 基于自然资源本底的国土空间规划现状一张图构建及应用:以青岛市为例[J].自然资源学报,2019,34(10):2150-2162.
[23] 匡文慧,张树文,杜国明,等.2015—2020年中国土地利用变化遥感制图及时空特征分析[J].地理学报,2022,77

(5):1056-1071.
[24] 钮心毅，宋小冬，高晓昱. 土地使用情景：一种城市总体规划方案生成与评价的方法[J]. 城市规划学刊，2008（4）：64-69.
[25] DUANY A, TALEN E. Transect planning [J]. Journal of the American Planning Association, 2002, 68 (3):245.
[26] GUTTENBERG A Z. New directions in land use classification (1965), the language of planning [M].Urbana, IL: University of Illinois Press, 1993.
[27] 路易斯·霍普金斯. 都市发展：制定计划的逻辑[M]. 赖世刚，译. 台北：五南出版社，2006.
[28] WADDELL P. Monitoring and simulating land capacity at the parcel level [M]. // MOUDON V A, HUBNER M. Monitoring land supply with geographic information systems: theory, practice and parcel-based approaches. New York: John Wiley & Sons Inc., 2000.

第 4 章

土地使用管理系统

■ **教学要求**

本章要求掌握土地使用管理系统的核心内容。首先，学生应理解土地使用治理的概念性框架、联合国有效土地管理框架和进行有效土地管理的9条途径。针对土地使用管理系统，应理解其基本概念、对象和影响土地使用状态的基本因素，认识到现状土地使用的态度和诉求。其次，需熟悉国家土地使用管理体系的基本构成，了解土地使用规制的权力渊源、权力基础、土地使用分区和规划／开发许可制。最后学以致用，学会运用土地使用管理工具，熟悉土地使用政策、标准、许可和审批流程等。通过比较分析美国纽约《1961纽约市区划决议案》、澳大利亚布里斯班城市规划和新加坡用地分区类型三例典型的土地用途管制技术工具以加深理解。最后，应了解土地管理信息系统的基本内容及指标。

导言

土地使用活动的影响可以超越国家边界成为全球议题，比如土地使用活动的碳排放与全球气候变化。超越国家边界的土地使用活动治理，主要通过主权国家之间的磋商和协议来解决，也有一些地区性的或全球性的组织发起倡议和公约影响缔约国的土地使用活动。

针对土地使用活动的约束，在国家之间和全球尺度上还没有正式的制度，因此采用"治理"一词，即"土地使用治理"。土地使用治理包括用于管理土地使用的规则、干预措施和机构。国家尺度以下存在针对土地使用活动的约束的正式法律制度和管制机构，通常采用"管理"一词，即"土地使用管理"。

针对土地使用行为的管理表现为规范使用行为的法律和政策，以及控制土地使用影响的技术规范和技术标准。土地使用规划是土地使用管理重要的、专业化的管制工具，是结合法规政策与使用影响最佳要求的综合性文件。这种具体的、在特定社会形态呈现出来的管理系统被称为"土地使用管理制度"。

土地使用管理系统是土地使用系统的子系统之一，属于土地使用的控制系统。土地使用管理系统具体表现为一个国家或城市为有效管理土地使用而建构的所有管理工具、管理体系及其管理程序。

"系统"是一种科学观念和科学方法，土地使用管理系统关注土地使用中的普遍性和根本性问题；土地使用管理制度是土地使用管理系统的具体形态，是某一个国家、地区或城市为有效使用土地而建立的法律政策规范和技术标准，目标是克服某个地区、某个发展阶段的特殊性问题。系统提供一种理解制度的普遍性原则，制度则是系统结构规则和管制原则的具体形式。由于土地管理系统的复杂性，从"系统"和"制度"两个尺度的认识有助于理解土地使用管制的实质。

无论是土地使用管理系统作为控制系统，还是土地使用系统作为管理制度，其实质都是规范人类活动的规制系统。从规范知识的角度而言，第一，管制行为与行为动因有关，需要了解控制、管理、规制的目的；第二，为实现管理的目标应该由哪些机构开展行动，也就是明确管理的主体、权力与责任；第三，需要明确管理、控制的对象包括管理的内容、范围；第四，明确管理、控制的所采用的工具，或管理工作的程序和要求；最后，是管理成效的评价标准。

控制、管理、规制是土地使用管理系统的核心词。"控制"和"管理"等术语隐含了主体与客体的对立关系，比较强调组织行为的概念；"规制"则是一种更整体的术语，将法律、政策、管理制度、技术标准以及管理机构运作的规则视为一个整体，既指向成文的规则系统，也包括土地使用管理系统的运作过程。管理的主体可能是具体的机构，比如政府部门；而规制的主体比较强调"区划"或"规划"，这些具有法律性质文件的地位高于社会中任何组织实体，强调"法治"而不是"法制"。

4.1 土地使用治理的概念性框架

在古典经济学中，土地被认为是大自然最初的、取之不尽用之不竭的礼物，是与劳动力和资本并列的三大基本生产要素之一。从这样的框架来看，土地对于生产性用途很重要，土地使用管理涉及有效分配。经济学视角的土地使用管理是与社会正义视角截然不同的框架。社会正义视角考虑土地所有权以及土地使用治理如何产生和延续不平等与不公正，或者减少不平等与不公正。土地对于本地人的意义与政府和社会的意义截然不同。土地的工具性观点（即土地作为一种使用功能）与更广泛的观点形成鲜明对比。土地社会学的观点认为土地与从土壤生物学到福祉的更广泛的环境和社会考虑因素有关。在土地使用治理中，土地的意义和社会赋予土地使用的价值并不是一成不变的。

4.1.1 土地使用治理的主题

土地使用治理需要理解土地治理的多种方式以及治理中的紧张关系与矛盾，认识到治理涵盖了正式政府层面之外的行动并跨领域运作。以下为土地治理的两个突出主题。

1. 通过设计包容性和民主的进程来管理冲突

协商民主和公众参与是规划过程的基础。长期以来，人们一直对规划参与实践的缺陷提出批评。国际方面，土著人口常因殖民主义剥夺国家主权而流离失所，土地使用治理必须解决土著人口的土地权和自决权。而在国家内部，与土著人口类似的本地人口同样面临土地使用管理中经济主义的威胁。另外，可持续发展不仅需要满足当代人的诉求，也要考虑后代的权利和需求。所以如何设计兼具包容性和民主性的进程来管理土地治理中的冲突值得思考。

2. 跨尺度治理和协调

土地使用管理的决策如何在功能相连的管辖区（例如大都市区）和跨尺度（国家、地区、地方）之间进行协调？这与协商民主的治理过程相关，每个尺度都约束着不同的利益相关者，并且从气候行动到可负担的住房等多个目标的协商方式之间可能会存在紧张关系。在国家、区域多个层面存在空间政策和土地利用计划，它规定了土地使用管理的决策及其所采取行动。上层政府通常提供规划制定和环境立法的框架法律，而地方政府则对详细的土地用途做出决定。在实践中，即使在国家内部，土地使用治理也可能存在很大差异，更遑论在不同国家之间了。居民、企业、政府和非政府团体之间的关系，在很大程度上取决于地方政府在土地使用问题上的合作或竞争，城市和社区因人口增长或下降等因素而面临的压力类型，参与土地使用治理的相关者类型和参与水平，以及社会信任度等。在一些地方，土地使用治理的众多参与者之间存在广泛的非正式伙伴关系，而在另一些地方，规划层级之间存在明显的等级制度，所涉及的机构根据法定职责运作。

目前，土地使用变化管理往往较为分散，不同部门的治理安排也不同。土地使用通常涉及不同管制层级做出的决策，这些决策并不能反映基于明确国家目标的连贯战略方针。20世纪80年代以来的土地使用治理也越来越多地将市场机制和土地使用规制结合起来，但这两种方式往往是冲突的，并在某些领域产生了巨大的压力。比如碳排放交易体系对土地使用的影响、税收改革对土地价格的影响。

4.1.2 土地使用治理的概念框架

土地使用治理框架表达了对土地使用治理的理解，即多参与者和多尺度，并包含有意和无意影响土地使用方式的政策、实践和工具（图4-1）。处于概念框架中心的同心圆代表了从国际到地方的分级治理，也包含公民（公共）和私人的参与和利益。这是一个中介和嵌套的空间。概念框架确定了影响土地使用治理的四个主要因素：制度，社会文化，环境，结构。在战略性空间规划中，社会文化、环境和结构因素都是影响土地及其用途的常见因素。制度因素侧重于规则和干预措施，甚至是塑造土地使用方式的适当性逻辑。所有因素都相互作用和相互影响，可以将其视为一张网。同时，公共、私人、公民行为者的利益互动影响，也共同塑造多个尺度的土地使用治理。

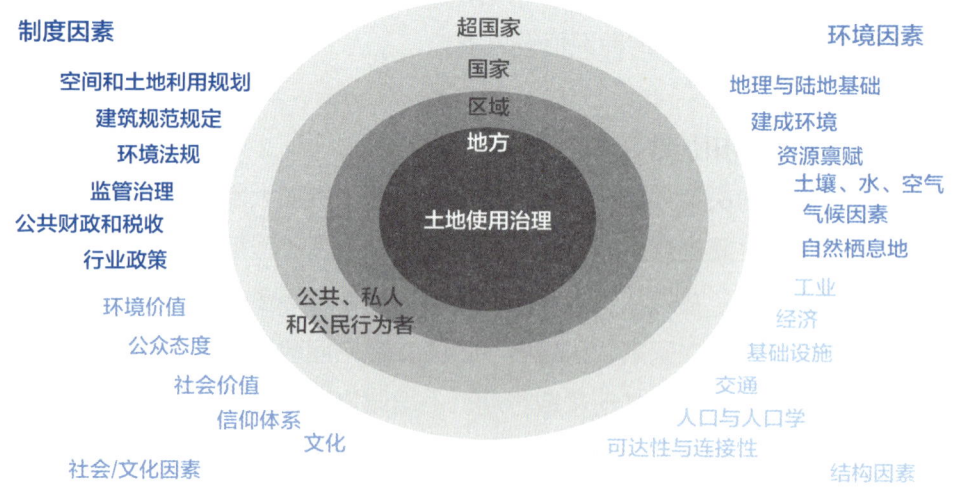

图4-1 土地使用治理概念框架
资料来源：作者自绘

1. 制度因素

借用相关学者给出的定义，制度可以被理解为：相对持久的规则和有组织实践的集合，并嵌入意义结构和资源结构之中，这些结构在面对个人更替时相对不变，并且相对弹性。制度本身可以不同的方式赋予和约束行为者，使他们或多或少能够按照适当的规定和规则行事，这样就存在制度社会化的要素。这种历史制度主义的定义强调的是稳定性，并且在发生变化的地方，在现有的制度背景下土地使用目标是通过分层、转换、漂移和位移等过程实现的。在制度设计中，某些行动者并不是价值中立的，而是制度框架所承载的东西[1]。

在制度因素中，尤为重要的是空间和土地利用规划体系、建筑规范法规和环境法规，这些规则塑造土地使用的治理。制度与规制文件是当今影响土地使用治理的最明显的干预措施，它们通常会跨空间分配公共投资，并限制个人和企业使用土地的方式。规划是主要限制土地使用的工具，除此之外几乎没有其他工具能够影响个人和企业使用土地。但其他公共政策也有一定的效果，而且规划系统认为给定的许多所谓的市场力量，实际上是由个人和企业响应公共政策引起的。

税收政策影响土地使用的成本和收益，并且对不同地点的土地使用产生不同的影响。例如，燃油税使通勤更加昂贵，并激励更加紧凑和以公交为导向的交通发展模式。在许多情况下，税收相关的激励措施与空间和土地利用规划目标并不一致。例如，几乎所有加入了经济合作与发展组织（OECD）的国家都以紧凑型城市发展为目标，但一些国家对独栋住宅的所有权征税低于其他住宅物业，鼓励低密度独栋住宅的开发。因此，消除这种不正当的激励措施应该是更好地利用税收制度实现土地使用目标的第一步。

另一个关键领域是交通政策，例如对汽车使用征税以反映其真实成本（包括驾驶的外部性，如碳排放、空气污染、拥堵和噪声）。除此之外，税收和公共财政结构本身也会影响合作或竞争的模式，并界定土地使用治理中的利益。例如，地方政府从发展中获得的财政净收益越高，他们就越有可能支持扩张等粗放型发展模式。同样，如果地方政府没有从城镇扩张发展中获得收益，甚至面临净成本，他们可能不会允许扩张发展。公共财政的结构对跨行政管辖区的综合协调土地利用具有鼓励或阻碍作用，它可以建立为竞争或互利的体系。规制包括用于设计、管理和执行规则和决策的政策、工具和流程，例如，土地保有权类型（地籍）的识别和记录以及土地市场的创建。

---

1. J. G. MARCH, J. P. OLSEN. Rediscovering institutions: the organizational basis of politics [M]. New York: Free Press, 1989.

总体而言，制度是治理的关键和可见要素，是体系内的动力。因此，制度与土地使用治理概念框架内的其他因素不同，制度因素塑造了治理，但不一定是治理的一部分。

2. 社会/文化因素

土地在文化特征中占有重要地位，常常是土地治理的基础。同时，关于土地及其所有权的主张在民族认同的表达中也占据显著地位，土地是文化的战场。比如，在某些土著文化中，土地可以体现神圣的品质，从而导致人们对其使用方式施加严格限制。当这些土地禀赋被忽视时，就像在澳大利亚和加拿大等国家所发生的情况，可能会产生深远的社会后果并引发政治冲突。

地理学家卡尔·索尔（Carl O. Sauer）提出了"文化景观"（Cultural Landscape）的概念，它涉及文化群体如何塑造和改变自然景观，以产生象征、代表和构建对土地及其用途理解的文化形象。土地利用规划是在塑造其政治的文化景观中进行的。在政治上，规划用于在一系列空间尺度上设定领土范围，通常使用文化符号。比如，在英国，土地使用的政治在很大程度上围绕着如何保卫"绿带"（Green Belt）而展开。绿带是围绕英国主要城市（尤其是伦敦）的城市增长边界的绿色空间，绿带象征着对英国乡村的保护，对于一些人来说，它体现了国家认同的本质，正如威廉·布莱克（William Black）在他的诗中写道，"英格兰的绿色和宜人的土地"是"古代的足迹"。

然而，如今一些经济学家认为，绿带对城市增长的限制是可负担住房危机的根源，这一危机对英国经济产生了可怕的后果。同时，现有的业主利用绿带来阻止新房屋的建设，这引发了老房主和被排除在房屋所有权之外的年轻人之间的代际冲突。绿带改革是英国政治中极具争议性的议题，它触动了众多既得利益者的敏感神经，并形成了政治、经济、公众态度和土地使用规划发生冲突的舞台。类似的冲突在其他社会也同样显著。然而，土地文化政治及其对土地使用治理的影响在国家之间和国家内部各不相同。为了使土地使用规划有效并获得广泛支持，必须要深入了解所处的文化领域。

虽然理想的社会和文化景观建构塑造了如何看待当前和未来的土地使用治理，但社会联系和社会信任的结构本身影响着土地治理结构。在高度信任的社会中，社会参与者对应该做什么有共同的理解，并且愿意共同努力并寻求妥协，土地治理机构可以具有更多的非正式特征。在社会信任度较低、潜在冲突较大的社会，规制和正式治理机构则发挥着更大的作用。因此，文化和社会因素与土地使用治理与制度变革的潜力交织在一起。

3. 环境因素

土地本身就是一种生物和环境因素，因此环境是土地使用治理不可分割的一部分。土壤与水、空气、地形和风等自然过程的相互作用塑造了土地及其禀赋，也创造了随时间变化的特定场所条件。土地及其潜在用途一直在人类发展过程中发挥着核心作用，环境因素影响着土地使用的治理，反之亦然。例如，环境因素可能创造合作的条件和需求，荷兰"圩田模式"便是一个典型例证，该模式通过水管理来保护或管理土地，寻求了最佳的平衡与合作。

越来越多的环境指标和土地覆盖数据扩大了人类对生物和环境联系的了解。结合了生物和社会经济科学的知识和工具的新模型，揭示了土地利用变化和环境条件变化之间的动态反馈，这些模型可以为决策提供支持。随着环境监测成本的下降，土地利用覆盖数据的获取变得越来越容易，环境监测在提供信息和改善土地使用治理方面的潜力越来越大。新的分析方法和认知框架为土地使用治理带来了多样化的视角和理解。

尽管影响土地使用的环境因素一直在变化，但气候变化加剧了土地使用变化的速度和规模。土地使用变化与气候变化密切相关，既是气候变化的诱因之一，也是气候变化影响的主要表现形式。气候变化将在各种时间和空间尺度上产生土地覆盖格局的变化[1]。

现有的土地使用治理机构是否能够充分适应这一挑战？如前所述，制度本质上是刚性的，并且具有稳定性，那么现有机构能否适应和应对日益增长的环境和生物多样性的挑战和影响？为了解决这些问题，新的治理形式正在不断发展。然而，这些机构在应对与土地使用方式密切相关的气候变化、生物多样性丧失、环境退化等危机时，其措施的充分性和规模是否足够产生有意义的影响，还有待观察。

4. 结构性因素

土地使用规划嵌入经济和社会的结构变化中，并在变化中由其形塑。社会和经济变革是由私人和公共行为者的无数决策驱动的，这些决策影响产业结构、新技术发展、家庭的形成和人员流动，以及它们之间的相互作用。公共或私人提供的基础设施（如水和卫生设施、电力网络、防洪设施等）、交通网络的发展和其他公共服

---

1. Dale, V. H. The relationship between land-use change and climate change [J]. Ecological Applications, 1997, 7 (3): 753-769.

务（如卫生和教育）提供了发展的框架。所有这些活动都会使用土地，因此必须对土地进行管理和治理。即使是像弗里德里希·哈耶克（Friedrich Hayek）这样的规划批评者，也认同政府干预是克服土地使用外部性的一种手段。

规划的首要任务是解决有关土地使用及建筑环境的私人决策所产生的外部性。面对社会和经济的不断变化，规划者需在与利益相关者接触的基础上，全面审视地区发展，力求协调和整合基础设施，并提供城市服务。欧洲委员会（Council of Europe）在于1999年发表的《欧洲空间发展展望》（*European Spatial Development Perspective*）中提出了"空间规划"（spatial planning）观点，即从城市空间区域和对应功能需求出发进行规划，而非根据纯粹的部门政策措施。这也直接推动了很多欧洲国家，尤其是欧盟成员国，将规划体系从传统的"土地利用规划"（physical land use planning）向"空间规划"体系转变。

在空间规划方法中，规划不仅是土地和财产使用的规制，而且是影响空间开发的所有政策和行动的战略协调者，通常涉及一系列利益相关者。这种方法在某种程度上已经被许多欧洲国家采用。在空间规划中，公共部门、私人机构和公民行为者（即利益相关者）围绕商定的社会和经济优先事项展开土地使用治理合作。

土地使用治理受到结构性因素（例如人口增长和下降）的影响并对其做出反应，但它也试图塑造土地治理的因素。各级政府的共同目标包括温室气体净零排放的工业转型、减少社会不平等、交通运输部门脱碳和增强经济弹性等。

各国的土地使用规划系统未能应对可持续发展目标的观点并不新鲜。早在几十年前就有文献指出，规划未能应对变化，未能创建有弹性的城市，未能吸引居民参与和有效沟通，以及在不同背景下未能采用综合方法。除此以外，人们普遍认为，历史界限、行政区划和专业领域间的隔阂无法在未来实现政治上所期望的空间规划和治理。为应对这一挑战，"柔性空间"概念应运而生，它代表了法定规划系统之外的多层次、流动且有时甚至是模糊的尺度。非正式和半正式的治理模式可能比较灵活，但这种治理模式可能缺乏民主问责制、透明度以及通过具有法律约束力的结果来强制执行的能力。

4.2 联合国《有效土地管理框架》

土地管理把人与土地关联起来，并揭示土地权属、土地利用、土地价值和土开发中涉及的"怎么做""是什么""是谁""在何时"和"在何地"等问题。土地管理系统是记录与人、政策和项目选址有关的各种复杂权利、约束和责任的基础。有效土地管理必须与目标匹配，适当且合乎需求，有可互操作性和可持续性，同时灵活且包容，并能够实现加快存档、记录、确认和监测人们以各种形式建立的人与土地关系的努力。根据《2030年可持续发展议程》的承诺，有效土地管理为人类提供更好获得和保障土地和财产权利，也承认并非所有行动者对每一项土地管理决定都感到满意，它保证有助于缓解与土地有关的问题，因为土地是引发冲突的根本原因，并且确保不把任何人落在后面。

联合国《有效土地管理框架》（FELA）作为总体政策指南，为会员国在制定、更新、改革、加强、现代化或监测土地管理中提供参考。具体地说，该框架力求：

（1）在土地部门应用《综合地理空间信息框架》（IGIF），支持实现可持续发展目标（SDGs）；

（2）制定全面的愿景，以理解、倡导和促进有效土地管理；

（3）为编制和执行国别行动计划提供战略指南；

（4）倡导不断加强土地行政与执行管理程序、技术和工具；

（5）通过政策对话或协调加强多边伙伴关系，实现有效土地管理，以进一步指导会员国现有政策。

4.2.1　有效土地管理的背景

《2030年可持续发展议程》是一项为人类、地球、繁荣、和平与伙伴关系服务的全球行动计划。会员国在通过联合国文件《2030年可持续发展议程》时，承诺采取必要的变革性步骤，使世界走上可持续和有韧性的发展道路，确保共同进步并不把任何人落在后面。

可持续发展目标呼吁所有国家采取行动，在促进繁荣的同时兼顾环境保护。消除贫困必须与经济增长和解决系列各种社会需求，包括教育、卫生、社会保障及就业机会的战略齐头并进，同时应对气候变化和开展环境保护。可持续发展目标与土地利用密切相关，在17项目标中，有部分目标、子目标和指标直接提到了"土地"（表4-1）。目标11（可持续城市和社区）和目标15（陆地生态系统的可持续利用），强调了土地管理对全球可持续发展的重要性。土地利用方式直接影响人类生存与发展的资源基础，合理的土地利用能够改善生态环境，提升经济效益，并促进社会公平。人地关系是指人类社会与土地资源之间的互动关系。现代化进程中，过度的土地开发和不合理利用导致生态破坏、土地退化等问题，威胁到可持续发展目标的实现。通过加强土地规划、保护生态系统以及促进土地的可持续管理，能够有效缓解人地矛盾，平衡经济增长与环境保护，最终实现社会的长期可持续发展。这一过程需要政府、企业和社区共同参与，推动政策创新和技术进步。综上所述，人地关系将直接和间接影响所有可持续发展目标。

表 4-1　与土地有关的目标、子目标和指标示例

可持续发展目标第 1 项：在世界各地消除一切形式的贫困	
目标 1.4 到 2030 年，确保所有男女，特别是穷人和弱势群体，享有平等获取经济资源的权利，享有基本服务，获得对土地和其他形式财产的所有权和控制权，继承遗产，获取自然资源、适当的新技术和包括小额信贷在内的金融服务	指标 1.4.2 按性别及权属类型划分，拥有保障的土地权利的成年人口比例，(a) 拥有法律认可文件，(b) 其对土地的权利受到保障
可持续发展目标第 5 项：实现性别平等、为所有妇女、女童赋权	
目标 5.a 根据各国法律进行改革，给予妇女平等获取经济资源的权利，以及享有对土地和其他形式财产的所有权和控制权，获取金融服务、遗产和自然资源	指标 5.a.1 （a）按性别划分，拥有农地所有权或基于农地的受保障权利的农业人口比例；（b）按权属类型划分，拥有农地所有权或拥有基于农地的受保障权利的女性比例 指标 5.a.2 制定保障女性平等拥有农地所有权和（或）控制权的法规（包括习惯法）的国家比例

资料来源：联合国.联合国 2030 年可持续发展议程［EB/OL］.(2015-09-25)［2023-10-02］.https://sdgs.un.org/2030agenda.

4.2.2　有效土地管理的需求

土地管理是确认、记录、分发和更新人和土地关系信息的过程。只有当土地管理程序和资源持续适应动态变化的社会需求时，才能被认为是负责任的土地管理。在土地管理中，"土地"一词应从广义上理解，既包括水体（河流、湖泊、大海、大洋），也包括地上和地下空间。

联合国可持续发展目标（SDGs）与有效土地管理之间的关联至关重要，尤其是在人类面临的多重环境、社会和经济挑战下。土地作为人类生存与发展的基础资源，合理有效的管理直接关系到可持续发展目标的实现。《2030 年可持续发展议程》中的多个目标都涉及土地管理，反映了其在全球可持续发展中的核心作用。

首先，目标 15 "陆地生态系统的可持续利用"直接关注土地资源的保护与管理。该目标强调了防止土地退化、荒漠化以及生物多样性丧失的重要性。有效的土地管

理可以确保土地资源的可持续利用，防止因过度开发而导致的生态破坏。例如，通过恢复退化土地和推行保护性耕作技术，能够在满足当前人口需求的同时，维持土地的长期生产力，确保未来世代也能从中受益。

目标2"消除饥饿"也凸显了土地管理对粮食安全的重大影响。全球粮食生产依赖于农业用地，而土地退化、水土流失等问题正在威胁着农业生产能力。通过推行可持续的土地管理方法，如土壤改良、轮作制度和节水灌溉技术，能够提高土地的生产效率，确保稳定的粮食供应，减少饥饿和贫困问题。因此，合理的土地管理是实现零饥饿目标的必要条件。

同时，土地管理与城市化密切相关。目标11"可持续城市和社区"提出了通过高效的城市土地利用和合理规划，改善城市居住环境、减少污染和拥堵的问题。随着城市化进程的加快，许多地区面临土地资源短缺和无序扩张的挑战。科学的土地管理可以通过优化城市布局、建设绿色基础设施等方式，提高土地利用效率，防止城市"摊大饼"式扩展，保护周边的自然环境，进而促进可持续的城市发展。

此外，土地管理还与目标1"消除贫困"和目标10"减少不平等"紧密相关。在许多发展中国家，土地资源的不公平分配是社会不平等的重要根源之一。通过有效的土地管理政策，确保土地的公平分配，赋予贫困社区更多的土地使用权，能够帮助他们改善生活条件，促进社会公平与包容性发展。例如，明确土地权属和提供小农户土地支持，可以帮助这些群体提高收入，增强抗风险能力，最终实现减贫目标。

从环境角度来看，土地管理对于应对气候变化也具有重要作用。目标13"气候行动"要求全球采取紧急措施应对气候变化的影响，而土地管理在这一过程中起到了关键作用。合理的土地利用和管理可以减少土地退化和植被破坏，增加碳汇能力，缓解温室气体排放。同时，保护和恢复湿地、森林等生态系统，可以帮助增强土地的气候韧性，减缓气候变化的影响。

总的来说，联合国可持续发展目标为全球土地管理提供了行动框架，强调通过科学、合理的土地管理，平衡人类需求与生态保护之间的矛盾，推动经济发展和社会进步。有效的土地管理不仅是实现特定目标的工具，更是整个可持续发展进程中不可或缺的一部分。通过全球各国的共同努力，确保土地资源得到合理分配与利用，能够为构建更加公平、包容和可持续的未来奠定坚实基础（图4-2）。

（1）对人类而言，消除一切形式的贫困和饥饿、保证尊严和平等：有效土地管理通过记录、归档和确认各种形式的人与土地的关系，能够有助于消除贫困、保障粮食安全、维护尊严和平等。

（2）对地球而言，为子孙后代保护我们地球的自然资源和气候：有效土地管理有助于降低灾害风险（应急准备和韧性）、参与式和包容性土地利用规划、监测土地覆被变化、可持续资源管理、灾后重建美好家园、为子孙后代保护地球的自然资源与环境。

（3）对经济繁荣而言，确保各类群体的繁荣和福祉：有效土地管理通过可持续土地管理、土地利用、土地开发和土地市场，促使获取产权保障的途径和促进繁荣的有效市场、所有群体的福祉、政府财政收入，使美好生活成为可能。

（4）对和平而言，促成和平、公正和包容的社会：有效土地管理防止有关土地的冲突、稳定局势和促成和平、公正和包容的社会。

（5）对合作而言，通过稳固的全球伙伴关系实施议程：有效土地管理促使建立不同层次的合作伙伴关系（国际、区域、国家和社区），从而汇聚多元的但具有可互操作性和互补性的能力、经验、技术、综合数据、知识和资源。

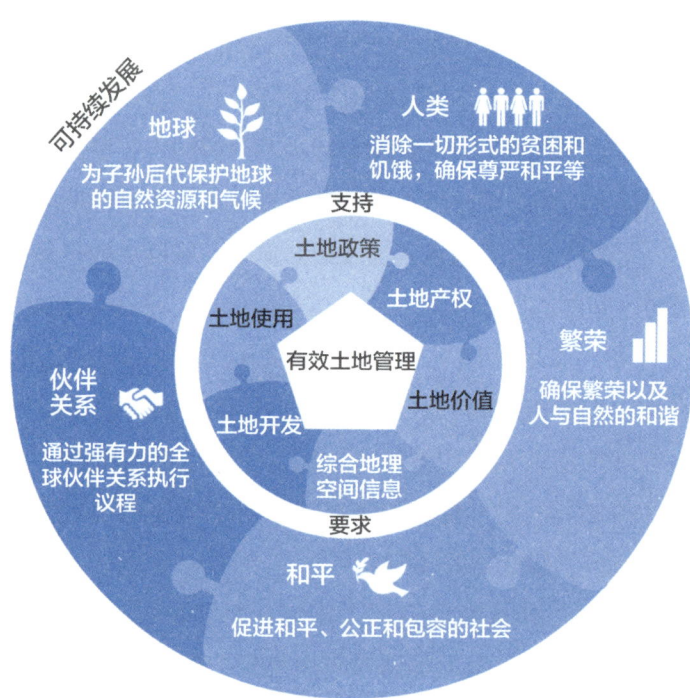

图 4-2 可持续发展与有效土地管理
资料来源：https://ggim.un.org/documents/FELA_Chinese.pdf

4.2.3 有效土地管理框架展望

1. 愿景

保障所有形式的人与土地关系，以促进全球福祉、繁荣、和平与伙伴关系。

2. 任务

提供领导力、协调和国际公认的标准，支持负责任的创新和伙伴关系，以便有效土地管理，实现社会、环境和经济可持续发展。

3. 目标和要求

有效土地管理的 9 项要求和目标与《综合地理空间信息框架》的 9 条战略路径（图 4-3）一致。

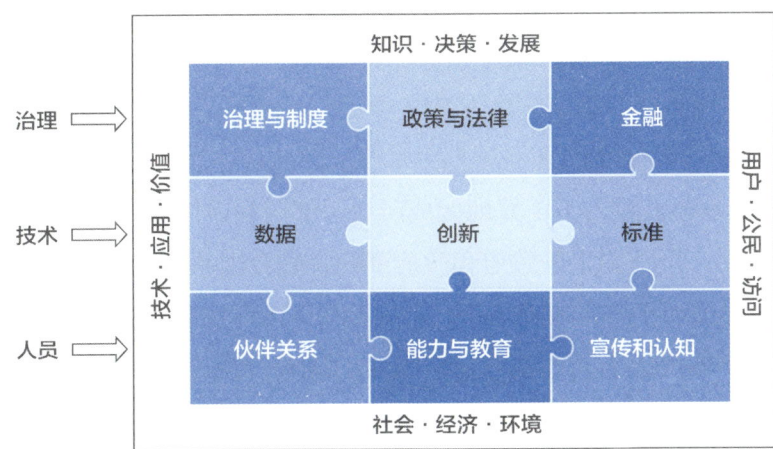

图 4-3 《综合地理空间信息框架》的 9 条战略路径
资料来源：https://ggim.un.org/documents/FELA_Chinese.pdf

4. 预期结果

《有效土地管理框架》的总体目标是支持土地管理领域的全球政策协调，其目的是就《综合地理空间信息框架》在土地领域的应用，引导成员国政策制定与实施。

有效土地管理适用于所有人，必须：

（1）建立信心和信任，促进保障、安全、和平以及和平缔造；

（2）提高拥有产权保障的人口的比例；

（3）通过支持公平和透明的土地价值捕获收入系统来促进经济发展；

（4）加强跨学科和多部门参与，实现综合的地理空间信息；

（5）通过公平的空间/土地利用规划和土地开发，为智能和有韧性的城乡社会作出贡献；

（6）确保参与性和包容性的土地利用和土地利用规划；

（7）推动承认原住民和弱势群体对其土地、领地和资源的固有权利，承认与国家法律和国际法所规定的现有义务一致的集体传统、习俗和习俗产权；

（8）如果可能，鼓励建立有效率、可持续和公平的土地市场，该市场将土地权属、价值、利用和开发纳入考虑范围；

（9）顾及所有境况、处境和群体，无论是在和平与繁荣时期，还是在紧张和困难时期（包括灾难和冲突、强迫移徙和流离失所、贫穷、粮食和水源短缺）；

（10）建立伙伴关系，汇集和获得有关土地产权、价值、利用和开发的知识、技能和经验；

（11）提升在气候变化问题中的降低灾害风险能力（应急准备和韧性），并且支持生物多样性保护和生态可持续性。

5. 利益攸关方

《有效土地管理框架》致力于更好地促成所有跨部门利益攸关方和决策者之间的合作、协调和承诺，且不局限于政府和政府部门、联合国系统或国际组织。《有效土地管理框架》也致力于与非政府组织、市民社会、国际发展伙伴、慈善基金或团体、私营部门、学术界和不同社群的交流互动。《有效土地管理框架》还呼吁所有参与土地行政和管理的利益攸关方和重要伙伴，为实现 2030 年可持续发展目标以及紧随其后的有效土地管理框架的目标而坚定承诺。

6. 适用与应用

《有效土地管理框架》可以评估战略路径与《2030 可持续发展目标》的契合度，转换和扩散到国家乃至社区尺度。创新性土地信息的利用和地理空间技术，有助于成员国以系统全面的方式更好地理解、制定政策和管理土地。在适当和有效的情况下，在应用和实践这一框架中得到的经验教训，可以共享"活"的有效土地管理框架。《有效土地管理框架》的 9 条路径中任何一条都有明确的目标，并与《2030 可持续发展目标》相关联，9 条路径意在明确针对土地行政和执行管理的方式、方法和工具，它们可以视为《有效土地管理框架》的实施、监测和评估。

4.2.4 有效土地管理的 9 条战略途径

战略路径用于指导《有效土地管理框架》的实施，并最终服务于实现可持续发展目标和可持续发展。《有效土地管理框架》的 9 条战略路径是相互关联和相互重叠的（图 4-4）。为便于在《有效土地管理框架》中进行沟通，下面将对其进行分开叙述。

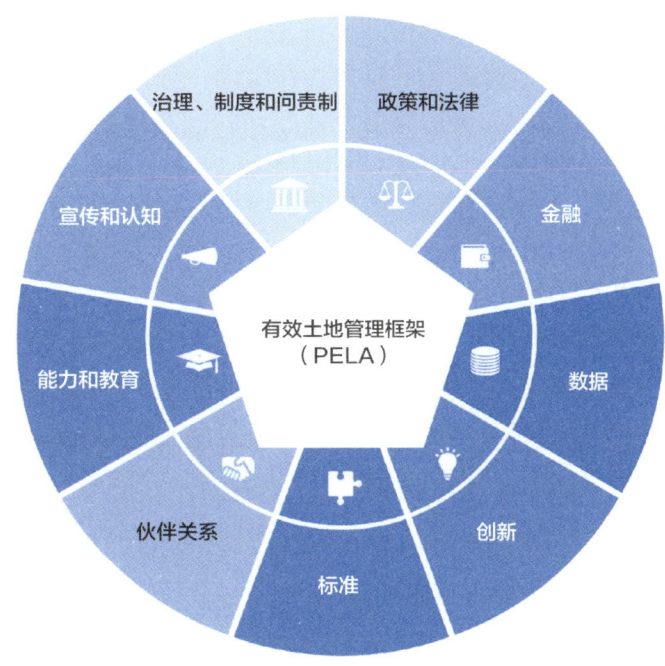

图 4-4 《有效土地管理框架》的 9 条战略路径
资料来源：https://ggim.un.org/documents/FELA_Chinese.pdf

1. 治理、制度和问责制

土地管理是一种既在治理、制度和相应的问责制中形成，又对相关治理、制度和相应问责制产生影响的社会活动。所有可持续发展目标都关注加强和改革治理制度和相应的问责。

就治理模式而言，广泛意义上的土地管理是土地治理制度的重要维度，具体包括决定土地权属、土地利用、土地价值和土地开发中所涉及的所有人员、过程和资源。可靠的土地治理结构，需要建立有实效和效率的土地机构，并与各国国情相适应。土地部门领导力应围绕透明度、责任感、包容性、便利性、参与性展开，并将性别、青年、弱势和边缘群体纳入考虑范围。在现有土地治理方法中，包括市场化的、网络化的以及更传统的科层制方法，只要遵守善治原则，多元化就是可接受的。网络化方法可以加强多方、多部门和多学科的合作，进而提高包容性和透明度。

就制度和领导力而言，获得政治支持和加强制度授权对土地管理很重要。这可以通过多个部门（机构内部和外部）的持续宣传、公开透明和提高认知来实现，涉及各级政府、专业人员、产业界、投资者、民间社会组织、非政府组织、学术界、地方社区、原住民和少数群体等。各部门人员都可以在领导力上发挥作用，最好是得到多个部门的拥护。在合作基础上，创建了制定政策、标准和条例的有利环境，从而实现了合作数据的创建、协同和共享。

就价值取向而言，土地管理人员应带头在程序、标准和指标方面建立和加强问责制和透明度。这样做可以更广泛地在社区和社会中证实和强化任务、作用和责任。

2. 政策和法律

土地管理往往基于土地法规和政策。在可持续发展目标（SDGs）中，没有特别涉及法律和政策主题，但它们贯穿或隐含在其中。因此，有必要建立与土地权属、土地利用、土地价值与土地开发有关的政策和法律框架。这些措施应能建立并确保有效土地管理制度，这种制度是可获得的、可接近的、包容的、参与性的、回应性别和少数族群需求的，并支持向所有人交换、应用和管理土地信息。这些框架还应界定各种法律制度在解决争端中的负责程度。

通常，土地管理通过国家或地方土地法以及基础土地政策框架来授权。土地管理体系已经制定出支持性政策、立法、保障、问责机制以及围绕数据和隐私的保护。这种强大的法律支持往往将土地数据与其他类型的地理空间信息区分开来。土地数据法律和指令可能规定了数据收集、订购和存储方法。然而，为了顺利实现可持续发展目标，必须认识到某些土地管理体系固有的二元化和多元化特征，尤其是在发展中国家。传统的习俗、乡规民约和土地权属制度应同样得到承认，需要建立共存和互补的法律和政策平台。

关于制定、更新和加强土地管理的土地政策，应根植于社会、环境和经济需求。基于可持续性原则的整体土地政策将带来更有效的立法设计和管理。土地政策应反映土地管理具有的"整体性政府"特征，其依据是 60%～70% 的政府立法都与空间或土地相关。大部分政府机构收集、提供或使用土地信息，土地政策应促进部门间合作和土地信息共享。地方一级的授权在土地政策中很重要，地方政府在土地政策的制定、协作和执行中需要发挥积极作用。政府间和跨政府土地政策的整合至关重要。例如，环境问题往往跨越行政边界，通过各级政府协调来制定和实施土地政策，可能会更有效。土地政策还应包括适当的激励措施。在制定土地政策时，需要确定合适的社会、环境、经济和道德激励组合。这些激励的例子包括基于市场的环保措施、补偿安排、土地保育协议、奖励计划，甚至罚款。在所有情况下，支撑土地政策的规范和做法都应通过不同的沟通方式来更容易地获得、访问和识别。

土地立法应具有包容性、参与性和透明度。国际准则和框架应为立法提供信息，法律和条例应有利于形成制度的凝聚力。立法应允许而不是禁止创新地使用技术和替代工具来抓取数据和完成交易。问责制还应纳入立法，以绩效为基础的立法往往是适当的办法。立法必须考虑数据隐私和许可问题，包括保护和保障原生的和地方的知识。

为协助将政策和法律付诸实施，土地管理设计、数据集成、土地管理职能和过程的决策应以法治为动力。社区意识和信息提供与获取，可以同样有实效和更高效率地促进土地行政和执行管理系统的吸收、使用和升级。

3. 金融

土地管理金融方面涉及系统及其内部的基础数据和记录的建立与维护成本，以及系统财务收益回馈社会的场所和途径。金融是可持续发展目标第 8 个和第 12 个目标中明确提出的且贯穿各领域的议题。

在一个不断更新的基础上支撑和维持土地管理，以此促进实现经济的可持续性和公正性，是非常重要的。土地管理是地理空间领域为数不多的案例之一，除了支撑行政和治理活动外，土地管理历来是政府获取收益的工具，包括税收或信息收费等方式。因此，明确或发展土地管理业务模式至关重要。这不仅要求土地管理对于利益攸关方来说是可持续的和可负担的，而且还要为整个社会创造价值，提供源源不断的收入来源。这可能涉及使用者付费或成本回收机制等概念，但是，以公平、便利、可问责的方式建立筹资机制是十分重要的。当社区的部分人可能没有办法方便地进入土地管理系统时，还必须通过发展金融伙伴关系，例如非营利组织、慈善机构、发展伙伴，来扩大土地管理的金融参与。在所有情况下，特别是在土地管理系统尚未建立或还不完整的情况下，需要鼓励明确的资金来源和投资选项。土地管理的社会经济成本和收益测算的识别与应用方法也是重要的。

经济和金融领域的各种工具可用于支撑土地管理的金融协议和管理。这些工具分别关注预算编制方法、捐助者的作用和融资模式。

4. 数据

土地数据是土地管理的核心。就评估和过程监测而言，数据横跨所有可持续发展目标。数据还支撑人们的日常活动及其与建成环境和自然环境的互动。人类与地球之间的联系作用只会随着信息与通信技术和网络技术使用的增加而增加。

与土地权属、土地利用、土地价值和土地开发相关的数据，是所有行政管辖区里基础的地理空间数据专题。这些数据为土地权属、土地利用、土地价值和土地开发提供"怎么做""是什么""是谁""在何时"和"在何地"等信息。它支持土地权属、土地利用、土地价值状态变更的过程和交换。与联合国提供的全球地理空间其他专题数据一样，土地数据应该是适当的、可获取的、可负担的、可综合的。综合的土地数据在短期内可能是难以获取的，需要持续的投资。土地数据可以基于不同来源、不同尺度和不同监测渠道来收集，但在所有情况下，一般都应该能够交付其元数据，能够标准化地确定空间范围、时间段以及与权利、限制或责任有关的人。土地数据要求有适当的空间精度，时间上的现即时，并需要当地政府的备份、担保和潜在的保障。如果缺乏上述因素，数据在社会用途和相关性方面就会迅速受到损害。土地数据的可用性、可及性和互通性也是有效土地管理所必需的。

为了支持土地数据的创建和维护，需要数据保管、获取、管理、供应链、组织、元数据问题、交付策略和机制。应考虑跨部门和多学科问题，以及隐私和安全问题，并最终实现兼容性访问，更好地订购、整合、搜索与财产权、限制、责任有关的信息。

5. 创新

土地管理的创新既是机遇，也是必然。信息与通信技术和网络技术的出现，挑战在数字时代之前发展起来的人工的处理过程和技术。土地管理创新一方面由社会拉动，另一方面依靠技术推动。这些力量共同鼓励流程优化和技术进步，为所有人记录、获取和传播土地数据，促进创造和创新。在社会拉动下，"人人享有土地权利"的概念导致了"土地权连续体"和"基于目标的土地管理"的发展。这带来了新的技术，这些技术重新聚集了土地管理的着力点，使其具有灵活性、可访问性（包括开放访问）、参与性、可实现性、可升级性、经济高效性、易用性和冲突敏感性等特点。关键原则是，不同的权利、限制和责任具有不同的记录方式，需要使用最符合其社会、环境和经济价值的工具和技术。虽然地块是土地权利、限制和责任的主要组织方式，但不基于地块的土地权益也需要得到承认和适当记录。而后者通常与精神、自然或建筑环境有关（例如碳权、太阳能权、生物群系权、水权等）。这些权益可以在空间上定义为体积、网络、点，可能具有模糊的时空边界。"负责任的土地管理"的出现，要求新的土地管理办法能改善生计，并尽早查明土地管理措施中的潜在利弊。

在技术推动方面，过渡或转型应始终与社会准备和需要相结合。遥感卫星系统、价格合理的全球导航卫星系统、空基平台、传感器、现代陆地表层系统、高分辨率的航空图像，在过去数十年间对土地管理技术产生了巨大影响。最近，云技术的出现和广泛的移动应用进一步影响了土地权利和交易信息的捕获、存储和传播。新兴技术包括三维数据模型和可视化工具、人工智能（包括机器学习和深度学习）、自动特征提取、变化检测技术、大数据分析、物联网、众包数据和区块链。这些技术将不断提供机会，也会带来分裂。在所有情况下，发展和创新都需要评估数据保护与伦理因素，与国家背景和《2030年可持续发展议程》相符合。

6. 标准

在国家、区域和全球尺度，越来越多地制定土地管理政策、法律、组织、融资、交易标准，特别是数据和技术的标准。可持续发展目标使全球发展议程趋于标准化，包括监测和评价发展指标。

《有效土地管理框架》既是一种参考，又为国际土地管理标准提供了样本。它还强调了区域和国家标准的存在意义和价值。它在土地管理标准方面作出了重大贡献，特别是通过联合国欧洲经济委员会、联合国人居署、联合国粮农组织、世界银行、国际标准化组织、国际水文组织、开放地理空间协会和国际测量师联合会等全球性倡议。在全球层面，"促进可持续发展的全球大地测量参考框架"的决议提供了全球基础参照。在区域层面，欧洲空间信息基础设施等倡议表明，不同民族国家之间有可能达成协议。在国家层面，充分利用信息与通信技术和网络技术的发展，在国家空间数据基础设施倡议（NSDI）和国家土地和财产信息战略中，可以观察到在标准化和共享领域作出了重大的努力。在所有倡议中，其目标是使不同的信息系统能够通过互操作性（法律、语义和技术）进行数据通信和交换。因此，应积极鼓励标准的使用。

7. 伙伴关系

伙伴关系是土地管理的内在要素。在可持续发展目标的背景下，伙伴关系的重要性得到重视：如果缺乏有效的跨部门和多学科合作、国内的学术与私营部门伙伴关系、跨文化和跨国的合作，可持续发展目标将无法实现。无论在什么情况下，伙伴关系都是有效土地管理的基础。这包括建立和巩固公共部门内部和公共部门之间、私营部门（通过政府与社会资本合作）、学术界、市民社会组织、国家联络计划、非政府组织、专业机构、协调组织、国际机构和国际社会的牢固关系。上述部门都存在土地管理的利益攸关方。伙伴关系的类型和性质取决于国家背景。

除了与土地权属、价值、利用和开发有关的核心土地管理功能外，当涉及信息传播和共享时，土地管理方面的伙伴关系还延伸到空间数据基础设施，特别是国家空间数据基础设施。空间数据基础设施的概念、方法和工具可以从土地管理领域中找到着力点，以支撑土地信息的委托、传播、使用和共享。

非政府人员在土地管理中的作用日益增加，在土地管理法律的建立，数据的收集、储存、传播，以及土地交易方面发挥了积极作用。这得益于权力下沉原则（公共功能接近服务对象），信息与通信技术的出现，尤其是互联网技术的支持。伙伴关系网络需要明确识别和表达各自的角色、责任和监督。数据保管权应由负责收集、管理和传播数据的机构或实体负责。

8. 能力和教育

在实现可持续土地管理方面，能力建设经常被认为是主要重点领域之一。这涉及许多可持续发展目标，并与第 4 项可持续发展目标直接相关。

土地管理中经久不衰知识的生产和技能转让至关重要。对于所有土地管理利益攸关方来说，包括地方、国家或国际的利益攸关方，政府、私营部门、学术界、民间社会、社区或非营利部门，都必须达到所需的能力水平。知识生产和转让涉及制定和采取有针对性的举措，包括能力发展、提高认知和支持正规教育项目。它包括承认和培养创业精神、专业素质实地培训以及提升技能和学习新技能。总的说来，其目标是通过常规和替代手段，包括常规技能发展项目、基于情景的技能培训、专业培训、同行相互学习、职业培训和政府间培训计划，保持和提高对土地管理的意识和认知水平。能力发展还包括技能的建立和加强、跨国经验的交流，以及跨国和跨学科知识共享。

从根本上说，在社区和国家情景下，对地理空间概念和工具及其与土地管理的关系应该有基本了解。虽然土地管理专业人员应始终具有高水平的地理空间能力，但当地社区也可以具有地理空间能力，更好地利用、倡导和质疑（有必要时）土地管理系统。正式教育项目并非在所有情况下都有必要。信息发布和社会学习项目可以发挥其优势。

9. 宣传和认知

宣传和认知是现代土地管理倡议行动、方案、项目以及最后生成的系统的基本要素。没有全社会利益攸关方的接受和支持，土地管理是不可能成功的。宣传和认知活动有助于建立和维持社会支持度。知名的全球土地政策倡议行动都提到了确定利益攸关方、制定参与策略、积极执行和评价沟通措施的重要性。其中就包括可持续发展目标和《国家粮食安全范围内土地、渔业及森林权属负责任治理自愿准则》。

与所有土地利益攸关方进行实质性接触，是实施有效土地管理的组成部分。这包括积极开展利益攸关方的识别、规划和实施阶段的参与、制定综合性传播战略，以及对上述活动的监测和评价等。根据系统或项目的规模，可以在社区、国家、区域和国际层级来实施上述任务。

利益攸关方的识别包括让所有相关的地方社区、市民社会组织、非政府组织、私营部门、学术界、政府机构来参与，这些机构与土地管理系统有关。规划和实施阶段活动应将利益攸关方聚集在一起，并通过适当的沟通渠道来进行共享和参与。这有助于参与策略的制定和执行，以及对其进行监测。其目标是通过利用适当的沟通媒介，提供有实效和高效率的沟通和参与流程，以确保就土地问题进行公开辩论和决策。监测和评估利益攸关方提出的意见，以确保宣传、授权、参与和识别当地和全球的合理解决办法。

4.3 土地使用系统与土地使用管理系统

国家尺度以下存在多层级的、正式的土地使用管理制度。土地使用是一个内涵丰富的概念，主要属性及其特征包括：①土地作为功能性空间用于不同的用途，例如城市、乡村、居住、商业、工业和公共用地，土地的功能性空间反映土地作为"地皮"的概念内涵；②土地作为活动的环境，例如工作、学习、娱乐和交通；③土地作为环境系统的一部分，例如湿地、森林、野生动物栖息地；④土地作为不动产交易的商品被购买、开发和出售，例如所有权、评估价值、价格、开发可行性等；⑤土地作为公共规划、服务和管制的空间，例如未来土地使用性质、利用的强度、区划、基础设施；⑥土地作为视觉特征用于定位和社会象征，例如通道、节点、邻里。

土地使用系统是动态的，土地的用途会扩张和收缩、会持续地变化，与人口和经济增长、公众和私人决策，以及市场和政府行动相对应。传统的土地使用管理方法"开发许可"与"分区管制"是土地使用管理系统的基本要素，这种管理方式可以执行既定的土地使用标准，却难以反映土地使用系统的动态特征。土地使用管理系统远远超出了基本土地使用分类的范畴。

4.3.1 土地使用管理的对象

开发许可与分区管制这两类土地使用管理的方法分别对应土地使用系统的两个基本要素，这种针对基本要素的管理方法尽管有效，但是未能回应土地使用系统的动态特征。土地使用管理系统作为土地使用系统的控制系统，通过干预土地使用系统要素来影响土地使用状态，故其控制的对象就是土地使用系统的状态。在时间维度上，土地使用系统的两个基本因素"土地"和"人类活动"都是自主运行并不断演化的，土地使用管理主要是针对土地使用活动这个人类影响自然生态系统以及人类社会系统的要素进行干预，这种干预将维持生态系统的进程，并促进社会的自我发展的管理。作为动态演化的系统，土地使用系统呈现某种状态，土地使用管理就是实现其管理设定的目标过程，管理的对象及要素是土地使用活动，管理的效果也表现为某种土地使用的状态。在这个意义上分析，土地使用管理就是针对土地使用状态的管理，其目标就是实现规划设定的某种物质状态。

土地使用系统作为动态系统有两个基本的观察维度：空间维度和时间维度。所谓空间维度是指在某一个时间断面上分析土地使用系统的组成要素及其空间关系。以城镇土地使用系统为例，空间维度的分析包括现状土地使用分类及结构等。时间维度的分析则是比较前后两个时间状态的土地使用的变化，这种变化通常涉及土地使用规模及其结构关系的变化。土地使用管理的直接对象是土地使用行为，而管理的目标却是土地使用状态，即对土地使用状态的"变化"进行管理。

在科层制的现代社会管理制度框架下，土地使用管理被划分成"要素/专业"式和"地域/块片"式两个管理维度。实践中的管理制度往往是以国家为治理单元的管理体系。在国家治理体系中，土地使用管理属于土地管理、城市规划建设、农业、环境、矿产资源等管理部门的一项管理内容。由于国家权力和国家尺度的差异，土地使用管理可进一步细分为区域和市镇等空间单元，因此，土地使用管理的复杂性就呈现为多部门、多层级的协调治理体系。

4.3.2 影响土地使用状态的基本因素

土地使用管理需要关注土地使用变化的动因及其影响效果。从分析土地使用变化的动因的层面可以发现，微观的、可观察尺度的土地使用变化主要是人类使用活动造成的，使用活动的动因是活动群体的利益诉求。

土地使用活动主要有三类群体，政府、开发者及公众。

政府的开发项目主要是提供公共服务，包括公共设施建设和市政设施建设等，政府的开发行为属于公益性的活动应该鼓励，而不是控制。

开发者是土地使用的变化的推动力量，需要注意区别是土地"开发者"不仅仅是"开发商"，而是包括所有改变土地物质形态的土地使用者。开发商的目的是"出售"土地使用，其他开发者的目的是"使用"。然而"出售"的特征是供他人使用，因而房地产开发可能响应市场需求，但在不完善的制度下，基于"出售"的开发项目可能扭曲市场需求，出现违背道德原则的土地使用状态，比如导致"城市贫民窟"现象，以及城中村高密度、高强度的开发项目。

公众态度比较复杂，这取决于开发项目与公众群体及其利益关系。从土地使用效果上分析开发项目影响，一般而言，政府的开发项目除了开发项目本身所牵涉的征收和拆迁利益，以及某些厌恶性项目导致邻里价值降低等因素外，政府建设项目对推动环境保护与和谐发展是有益的。但是开发者的活动影响则具有多重性，某些区域出于私人利益的开发有助于推动社会经济的发展，而在生态、历史文化遗产区域的私人开发则可能带来破坏；社区内的填充式开发，或更新扩建项目可能改变邻里物质环境，进而影响邻里社区利益及社会关系，出于维护公共利益的需要应对私人开发进行管制。

因此，土地使用管理就要识别系统变化因素背后的动因，区分影响因素的主体性质及其行动目的，结合变化因素的主体性质、行为目的建立土地使用管理机制。

4.3.3　现状土地使用的态度与诉求

土地使用状态与其社会群体组织构成密切联系的整体。使用者是土地使用系统变化的动因，使用者对土地使用状态的诉求是变化动因中的关键因素。土地开发是为了土地使用，土地开发具有清晰的阶段性，当开发项目完成之后，在相当长一个时期能够满足土地使用的需求，因而土地使用状态是稳定的，人们不期望土地使用迅速发生变化，即便是土地使用变化也是朝着提升现状使用的方向。土地使用变化的动因取决于使用者面对现状的态度，从类型上可以划分为满意和不满意两种类型。满意的态度就是维持土地现状使用，而不满意的态度就可能促成现状土地使用的转变。然而，现状使用人群的态度往往是分异和互相矛盾的，市场面临维持与改变、保护与开发的冲突和对立。而规划管理的态度则是协调，但是协调必须作出决策，决策也只有两种类型，即维持或变化，并且维持和变化还存在不同程度的差异。

1. 维持：保持现状使用活动的正常进行

维持是一种土地使用的态度，这个模糊的态度有若干层次。

第一种"维持"是保持现状物质环境不改变，为此需要抵御任何人为因素的改变和自然因素导致的改变，这类维持又称之为"保护"。然而，"保护"又可以分为"保存"和"保护"："保存"的态度是维持原样，就像博物馆保护文物一样，防止物质环境发生任何改变，使其停留在某个历史状态；"保护"则隐含某种程度的改变，比如保护儿童就不是保持维持儿童的状态，而是维护其自然成长的环境，消除不利的干扰因素。"保存"类似于"保持"，强调状态不变，而"保护"类比保护儿童的例子，也可称为"保育"。除了理想化的惯性运动之外，保持运动状态需要一种持续的力量，这种力量保持物体的运动状态，保持土地使用状态也是如此。维持土地的使用状态需要不断地土地修复和整理，需要进行市政工程和建筑维修，以抵御使用活动的消耗，"保持"意味着某些使用活动的变化，这些变化应在社会容忍的范围之内。

另一种"维持"可以理解为前文提到的维持土地的使用状态需要提供的持续力量，即"区划"保护。规划源于城市问题，而区划是在城市发展的威胁下保护私人财产，区划本身就是维持现状的管理工具。区划所保护的现状不仅是现状物质形态，还包括现状物质形态背后的权力和利益。区划所的实质就是将现状环境转译为土地使用的权力规则，权力规则内的开发属于"当然权力"，"当然权力"不受外部干预。因此，区划规制下的维持具有更新和持续发展的特征。当然，土地使用更新与持续发展的强度与区划规定的具体内容有关，也与每个社区的目标和诉求有关。在美国，有些住宅区历经百年不变，既没有增长也没有衰退，这表明维持是土地使用管理的目标之一。为实现这一目标，维持可采用多种工具和手段。

2. 改变：不满意现状土地使用系统，或者现状土地使用具有更高的开发价值和潜力，促进资本聚集和开发活动

土地使用状态的改变可以分为两个层面。第一个层面是土地物质形态的改变，包括建筑、工程、采矿、取水等改变地形地貌的活动。第二个层面是在土地物质形态不变的情况下土地使用活动的转变，比如草地变为停车场、住宅变成民宿、仓库变成办公等，这种土地使用活动的变化影响邻里和城市功能。土地物质形态的改变经常带来土地使用活动的改变，而土地使用活动的改变未必都有物质形态的转变。

4.3.4　土地使用状态改变的政策法规定义

英文规划术语"development"（开发）包括了上述两个层面的土地使用的改变，并且依据开发项目所处的场所特征再细分为"开发"与"再开发"。其中，"再开发"是指在已有用途的场地上进行的任何新的建设活动。它代表了一个旨在振兴城市空间物质、经济和社会结构的土地开发利用过程。再开发的变化包括：①在没有使用但以前已开发的闲置地块上进行填充，例如将工业用地重新开发为混合用途区域；②以更密集的土地使用方式建设，例如将联排别墅改建为大型公寓楼；③自适应性重新使用，即将旧结构改造为适应目前市场需求的用途，例如将工业厂房改造为有阁楼的住宅等。再开发项目可以大可小，项目范围从单个建筑物到整个新社区或"新城镇"项目。

我国将土地使用形态的改变称为"建设"或"开发"，将土地使用活动性质的改变称为"土地转用途"或"建筑转功能"。这两种改变都是土地使用管制的对象，需要获得政府部门的批准。我国的土地开发主要是对未利用土地的开发利用，为了实现耕地总量动态平衡，占用耕地的土地开发需要复垦相应质量和数量的耕地。土地再开发则主要来源于旧城改造与工业用地置换两类业务。相对于工业用地产权单一的性质，旧城改造因面对的主体广泛、产权状况复杂，重建方案与成本都有很大的不确定性，成为城市土地再开发的最大难点。

土地开发和再开发是两种类型的改变，具有完全不同的影响，对应两种不同的管理方式。

4.3.5　土地使用管理系统的基本概念

土地使用管理系统（Land Use Management System，LUMS）是指一个城市为有效管理土地及其使用而需要的系统、程序和所有工具。空间发展框架和土地使用规划是土地使用管理系统的重要组成部分。简而言之，土地使用管理是一种确保在正确的时间和恰当的场所建造正确东西的系统，该系统由法律和条例组成，确保以理想和可持续的方式开发土地。土地使用管理系统的其他要素包括：①空间规划和土地使用管理章程；②战略计划，例如涉及土地开发的部门计划；③土地评估和评级系统；④财产登记（土地审计）；⑤土地所有权和使用权；⑥地理信息系统（GIS）。

土地使用管理系统需要在相互冲突的私有财产利益之间建立平衡。

4.3.6　土地使用管理系统的基本构成

土地使用管理系统包括各种土地使用的管理制度，公共部门通过这些制度对土地使用方式施加影响，包括将土地划分为不同的用途，以及不同用途的地段、活动形式、建筑性质和使用密度。

土地使用管理，也称为土地使用管制，起源于控制和协调土地开发方式的需要，土地使用管理的目的是创造一个不会对公众造成危害的环境。同时，土地使用管理系统也指向城市管理土地所需的所有行动。土地使用管理系统的目的是促进城乡协调发展和环境可持续发展。土地使用规划是土地使用管理的一个组成部分，涉及城市和农村土地利用的审批与管理。通常情况下，土地使用管理系统的关键要素包括以下8个方面：

（1）空间发展框架，包括市内不同地区的发展框架计划；
（2）土地估价和评级系统；
（3）财产登记、所有权和使用权制度；
（4）提供基础设施和服务；
（5）建筑附则，包括建筑立面控制和广告招牌；
（6）卫生规定；
（7）环境问题和环境要求；
（8）道路和运输要求。

土地使用管理系统评估土地和水的潜力、土地使用的替代办法以及经济和社会条件，以便选择和采用最佳的土地使用办法。

土地使用管理系统的核心是决策管理，决策管理的依据、内容及其形式与决定所涉及的土地范围有关：①区域层面的管理决定具有战略性，主要决策形式是政策和政策性规划；②市镇层面的土地使用决策偏向战术性，决策依据是政策的落实与实施，包括分区用途管制、建设项目准入等；③地块尺度的用途管制更具操作性，决策形式包括规划许可、明确土地开发使用的规则和要求等。

地块尺度的用途管制是土地使用决策的最终形式，市镇层面的战术决策和区域层面的战略决定，以及土地质量的信息等管理决定的背景，都是用途管制决策的依据。

基于法律制度，传统的土地主管部门仍然负责土地使用决策和开发审批。尽管国土空间管理调整了相应的管理机构，但是传统的主管部门在新的组织构架中仍然维持传统的角色及其管理职能。当公共部门是主要的开发主体时，土地使用管理的方法效果较好，因此可以有一定的把握预测发展模式。而在市场主导的情况下，申请的开发项目来自不同的利益群体，土地开发和使用具有较大的不确定性。在土地使用管理系统中，政府和公共部门的角色非常关键，在政治框架和制度背景下可以形塑不同的开发与管理模式。土地使用管理系统的基本框架见图4-5。

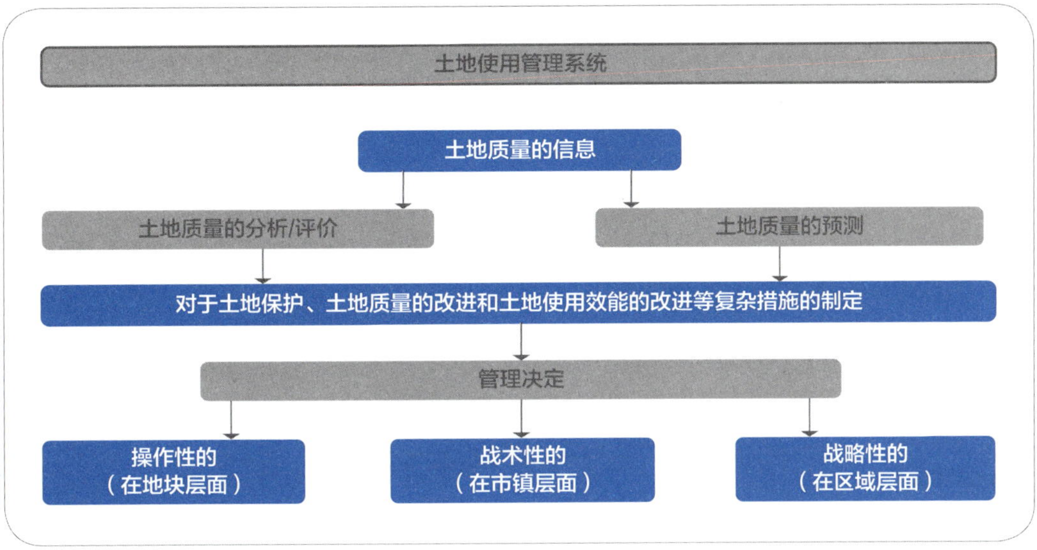

图4-5 土地使用管理系统的基本框架
资料来源：作者自绘

4.3.7 土地使用管制

土地使用管理系统作为政府和公共部门管理土地使用的工具集合是一个庞杂系统，而土地使用管制（land use regulation）是其中一个比较狭隘的领域。"land use regulation"有多个译名，包括土地使用管制、土地用途管制、土地使用规制或土地用途规制等。"管制"突出了行为动态因素，而"规制"更强调比较稳定的制度和规则。我国常用的名称是"土地用途管制"。

英语中的"land use regulation"的含义相对明确，它是管理土地开发的规则总称。区划是土地使用管制的一个重要方面。区划和土地使用条例通过土地用途、密度、设计和历史保护要求来控制私人土地的开发。土地使用管制可分为三大类：①通过侵权法对土地使用的限制；②通过协议进行的私人管制；③通过征用权和区划权的公共管制。

我国的土地使用管制的含义比较丰富，通常被理解为：国家为保证土地资源的合理利用以及经济、社会的发展和环境的协调，通过编制土地利用总体规划，划定土地用途区域，确定土地使用限制条件，使土地的所有者、使用者严格按照国家确定的用途利用土地的制度。土地使用管制由一系列的具体制度和规范组成。

土地按用途进行分类是实行用途管制的基础，土地利用总体规划是实行用途管制的依据。保护农用地则是国家实行土地用途管制的目的，农用地转为建设用地必须预先进行审批，核心是切实保护耕地，保证耕地总量动态平衡，对基本农田实行特殊保护，防止耕地的破坏、闲置和荒芜，同时要开发未利用地、进行土地的整理和复垦。加强土地执法监督，严肃法律责任是实行土地用途管制的保障。

我国土地使用管制的内容包括：土地按用途进行合理分类、土地利用总体规划规定土地用途、土地登记注明土地用途、土地用途变更实行审批、对不按照规定的土地用途使用土地的行为进行处罚等。

4.4 国家土地使用管理体系基本构成

4.4.1 土地使用管制的权力渊源

土地使用具体表现为土地上的活动，土地使用管制就是限制和规范土地上的活动。如果对自己的土地使用活动进行限制，就意味着削弱了土地使用的权力，那么，为什么要对土地上的活动进行限制，以及人们为什么接受这类活动限制？事实上，管制土地使用是一种普遍的人类文化现象，大多数地区的土地管制属于习俗的一部分，有些地区以成文的规约方式呈现出来，比如我国农村地区的乡规民约。正式的制度渊源主要是来自普通法中的"妨害"和"侵入"，以及诸如美国法律授权的区划干预工具。

1. 妨害和侵入

土地使用最常见的侵权行为是"妨害"和"侵入"。

普通法中的"妨害"是指干扰一个人对其土地的使用和享受，例如过度的噪声、污染和有害气体排放。日常生活中，这些现象在土地使用中都是不可避免的，因此，"妨害"不是有没有污染排放行为或客观事实，而是污染排放活动有没有给邻里造成妨害。简而言之，"妨害"是基于活动的效果，而不是活动本身。构成"妨害"的活动必须产生实质性的损害，而不是短暂的轻微的伤害，且必须是对普通人产生这些影响，而不是仅针对对特定活动特别敏感的人。虽然"妨害"的含义难以准确界定，但这一普通法上的诉讼权利是土地所有人因环境损害而获得赔偿的主要手段。

"侵入"是指非法进入他人拥有的土地。隔壁房子里的扬声器发出的巨大噪声可能是一种骚扰，但不可能是非法侵入，因为噪声不是一种实体的侵入行为。但是在家中庭院里喷洒杀虫剂时，杀虫剂的液滴越过边界飘到邻居那边，则可能构成对邻里的侵入。"妨害"和"侵入"是复杂的理论，多数案例都有助于我们理解这些概念，但很难给出确切的定义。值得注意的是，侵权行为是一把双刃剑：一方面，土地所有人可以利用这项权利来起诉擅自闯入者和造成妨害的人；另一方面，其他业主可以运用这项权利来限制在自己土地上的活动。

2. 区划授权

你无权限制邻居的在自家院落撒农药的行为，但是有权追偿因农药过界造成的伤害。但即便是认定了农药过界的事实，具体伤害的界定及其追偿数额仍然存在巨大的争议，普通法中"妨害"这一诉讼权利在城市社会治理中显得不够有效。为避免土地使用中的妨害行为，预防妨害行为的发生，并弥补普通法事后救济的不足，美国在城市治理过程中引入了区划管制工具。区划是一种事前预防技术，城市或市政主管机构通过区划技术对其管制辖区内的土地上允许的活动类型进行管理。早期的区划仅限于住宅、商业和工业用途，今天的区划条例是一套复杂的法规体系，不仅规定了用途类型，还附加规定了停车位、开放空间、建筑退让用地边界、建筑高度等具体建设要求。

尽管区划的权力渊源也可以追溯到普通法的"妨害"概念，但区划是为防止妨害而建立的规则，与普通法中妨害发生后的"救济"规则存在本质的区别。区划属于"事前预防"，旨在防止妨害行为的发生；普通法则侧重于"事后救济"，对妨害造成的损失进行补救。对于土地开发建设中的某些妨害行为造成的损失，可能是无法补救的，因为不是所有的损害都可以通过金钱获得抵偿。土地开发行为可能导致环境不可逆的变化，无论采取什么措施都无法恢复原先的状态。因此，环境的可持续发展需要预防管制工具，而不仅仅是救济措施。

4.4.2 土地使用管制的权力基础

业主在自己土地上的活动权限与非业主在他人土地上的活动权限明显不同，在私人土地上的使用活动与在公共土地上的活动规则也不一样。可见，土地所有权与土地使用活动之间存在某种特定的关联。区划是一种限制私人土地使用的管制工具，这种管制工具没有改变土地所有权，却能有效干预私人土地的使用行为。其实，限制土地行为的工具不限于区划，比区划更久远的是土地契约和公共控制。

工业革命带来的城市迅猛发展暴露了资本主义制度的深层问题，其中土地私有和自由发展成为了近代城市发展的基本矛盾。尽管人们对城市发展的问题形成基本共识，但是在解决问题的态度上却出现严重的对立和分歧。一方面，马克思主义者认为，城市问题由资本主义内在的不可克服的矛盾所导致，解决问题的途径是革命与建立社会主义制度。后来，苏联的社会主义实践就体现出土地公有和计划经济的特征，计划经济本身就包含土地使用管制。另一方面，社会改良主义者认为，城市问题只是资本主义制度在实践中暴露出的缺陷，包括知识经验不足和社会治理制度不完善，他们主张通过法律制度完善和城市规划实践来渐进地预防和解决城市问题。

1. 管制权力基于公共控制

在英国，1875年的《公共卫生法》（*The Public Health Act*）规定屠宰场等厌恶性设施的位置和布局要求，并通过立法建立了开发审批制度；1909年的《住房和城镇规划诸法》（*Housing, Town Planning, Etc., Act, 1909*）要求制定城市规划，并且规划区内的建设项目必须符合城市规划要求；1923年为适应规划滞后的影响，在规划编制和审批期间，为管理开发项目，建立了开发项目的规划许可制度。通过立法和开发审批制度，英国逐渐建立起对私人土地开发的干预机制。但是这个时期的干预主要限定在城市发展地区，管制的要求也仅限于符合规划指定的土地用途，土地开发建设过程以及建成后的使用或改造都没有被纳入管制的范围。英国早期的规划干预主要表现为开发控制，属于建设项目管理的范畴，主要是在新的发展中克服可能出现的问题，并没有针对现有的土地使用权利作出限制。这种公共控制方式在现实中存在许多问题。

2. 管制权力基于开发权国有化

第二次世界大战后，形成以苏联为首的社会主义阵营和以美国为首的资本主义阵营，这是两种对立的和互相竞争的政治社会制度。在二战后社会思潮的影响下，英国和欧洲在资本主义框架下探索介于资本主义和社会主义之间的"第三条道路"。1947年英国《城乡规划法》（*Town and Country Planning Act*）就是这种思潮的产物，后来被称为"土地开发权国有化"的规划制度就是这种思潮的成果。

土地开发权国有化制度介于土地私有和土地国有之间，在维护土地私有的基本制度基础上，将改变土地使用的权利从土地所有权中分离出来，从土地所有权中独立出来的开发权成为国家拥有的权利。1947年英国《城乡规划法》明确规定，所有土地只能维持1947年的现状用途，所有改变现状用途的活动都必须获得规划许可，并且只有在符合规划条件下才能改变土地形态和土地用途；因规划发展得益的开发项目，其增量收益部分收归国家，因规划导致土地和房屋现状价值降低的可以获得国家基金的补偿；规划许可证是国家行使土地开发权的法律手段。

由此，英国土地开发的公共干预有了明确的法律依据，这种法律渊源与美国区划的法律渊源截然不同。

3. 管制权力基于土地国有

目前在世界上具有广泛影响力的土地使用管制制度主要是美国的区划制度和英国开发许可制度，以及在这两种制度影响下结合各国历史条件而形成的多种混合制度。土地使用管制制度的核心是权力的安排和规定。

土地使用权利的根源在于土地所有，土地所有权是一个既古老又发展的概念。土地所有权通常包含占有、使用、处置和收益四项权利。我国将"使用"从所有权中分离出来成为可以出让的权利，从而建立社会主义市场经济制度，但是"使用权"的概念及其定义还不清晰，在某种程度上参照了我国香港的土地"批租"制度，即一种有期限的、有明确限制使用条件的所有权。

英国则是从所有权的中区分并建构"开发权"概念，通过开发权国有化实现私有土地在某种程度上的公有制，从而为公共干预建立了法治基础。无论是原本的私人土地，还是从国家土地划归私人使用的土地，土地使用管制都是管制私人土地使用的治理工具。管制土地的权利渊源不同，管制的逻辑和机制就不一样。

现实中的土地使用管制没有理论描述中的那么纯粹，而是多种模式的混合，但是英国开发许可制和美国分区管制制度作为两种基本的制度原型，为我们提供了理解混合制度的基础与途径。

4.4.3 土地使用分区

1. 土地使用分区的基本特征

土地使用分区、土地使用区划，或直接简称为"区划"（zone），是指将一座城市的土地划分为允许或禁止某些用途（例如居住、工业）的各个区段的过程。此外，有些区划文件也对建筑物的大小、体量和布局加以管制。区划是地方政府用来实施城市规划的最常见的管理方式。具体的开发项目是否能获得许可，取决于分区类型；分区类型规定了土地使用的条件和要求。同时，区划还可以规定地块面积的大小和尺寸，以及地上建筑物的形式和规模。区划的用途管制和开发指标要求是为了指导城市的增长和发展而制定的。

城市规划相关部门负责将土地划分为允许各种用途的区域。因此，区划作为一种土地使用规划技术手段，被大多数发达国家的地方政府广泛采用，成为城市规划管理工具。"区划"这一概念源于划定地图区域的实践，这些地图区域规范了土地开发的用途、形式、设计要求和兼容性。在法律层面，很多国家的区划通常以条例的形式存在，并有相应的法律程序来保障其实施。

区划的种类繁多，有的区划聚焦处理建筑形式以及建筑物与街道的关系，而另一些则关注土地用途的划分，即以用途为基础结合建筑形态的控制。

土地使用分区的主要目的是隔离被认为互不兼容的用途。实际上，区划也用于防止新开发项目干扰现有用途或保留社区的"特征"。但是，区划未必总是实现这种目标的有效方法。区划制定工作通常由地方政府组织开展，不过区划制度的特性可以由州或国家规划部门来确定或限制，或通过授权立法来规定。

区划管制的内容可能包括对特定地段（例如开敞空间、住宅、农业、商业或工业用地）允许的活动类型，可进行土地使用活动的密度（从独栋别墅等低密度住宅，到高层公寓楼等高密度住宅），建筑物的高度，建筑可占用空间的比例，建筑物在地段上的位置（如后退距离），以及各类空间的配置比例（例如景观空间、不透水地面、行车道的占比，以及是否配备停车位）。

2. 土地使用分区的起源与发展

单一用途分区（single-use zoning），通常也被称为"欧几里得分区制"（Euclidian Zoning），是一种控制城市土地使用的规划方法。这一规划方法最早在美国纽约市20世纪初期的实践中出现，旨在应对因移民带来的快速人口增长。土地按照用途被政府分为住宅区、商业区和工业区等区域。单一用途分区之所以得名"欧几里得分区制"，是因为它在美国俄亥俄州欧几里得市的一桩司法案件——欧几里得村诉安布勒地产公司案（Village of Euclid V. Ambler Realty Co., 272 U.S.365 [1926]）中获得了宪法上的认可。

自区划制度首次实施以来，单一用途分区就成了北美地区主导的区划制度，大约有92%的美国城市采用了单一用途分区。单一用途分区制在纽约及美国其他城市的实践中出现许多问题。批评者认为，单一用途分区导致了城市形态单调，比如催生了曼哈顿岛上"蛋糕式"摩天大楼。同时，单一用途分区作为一个基本模型难以在日益复杂的城市社会、政治和环境挑战中提供合适的解决方案。

欧几里得分区制所引发的问题包括城市蔓延、城市衰退、环境污染以及社会经济地位的不平等，还带来了负面经济影响和生活质量总体下降等。批评者认为，将各种日常需要的用途进行分离使得步行变得困难，人们不得不开车去满足日常需要，从而加剧了交通拥堵。单一用途分区和城市蔓延也被批评为更难实现工作和家庭平衡的原因之一，因为融合不同的生活领域需要跨越更远的距离。

4.4.4 规划 / 开发许可制

"开发许可制"又称为"规划许可制"或"发展许可制"，为个案式管制方式（case by case approach）。指土地所有权人或土地开发者，计划在土地上实施建筑、土木工程、采矿等工程，或对土地和建筑的用途进行重大调整时，必须向政府提出申请。这些申请会经相关部门以及有关规划或其他必要的评估后，而准予开发，或附加条件予以开发，或不准予开发。

规划许可或开发许可，是指在某些辖区进行的新建或扩建（包括重大翻新），有时甚至是拆除建筑和设施所需的批准。有些地区这种批准以建筑许可证的形式发放。规划许可的依据是城市规划和建设法规，通常由地方政府的城乡规划部门实施管理。

英国于1921年为应对规划编制滞后的问题设立了规划许可制度，1947年《城乡规划法》构建了相对独立的开发控制体系，形成"自由裁量式"的规划体系特色，规划许可制为世界各国规划体系构建提供了重要参照。

在英国进行土地开发和变更土地使用需要申请规划许可，英国的规划许可是为了允许在土地上建造或改变土地及建筑物的用途。英国的任何土地或建筑物的都需要标明占有人（即"所有权/业主"），还需要具有"规划标签"或规划许可。1947年颁布的《城乡规划法》于1948年7月1日正式生效，该法为先前所有存在的用途和建筑物授予"规划标签"（即用途分类）。自该日期起，任何新的"开发项目"都必须获得规划许可。法律所定义的"开发"包括任何建筑物、工程或采矿作业，以及对任何土地或建筑物进行用途的重大变更。而现有建筑物的例行维护等工程类型被明确排除在开发范围之外。特定类别的较小或微不足道的开发将获得法律的自动许可，因此不需要任何规划许可申请，这些不需要规划申请的开发项目类别被称为许可开发。因此，对于任何开发方案或建议，都要经历两个阶段的审查：首先，需确认"这是提议的开发项目吗？"如果是开发项目，则需进一步确认"这是许可的开发吗？"仅当开发项目未破许可时，才需要申请规划许可。规划许可应向当地规划主管机构（LPA）提出申请。

简而言之，"规划许可"是询问是否可以进行某些建设工程的过程。规划许可会被授予，也可能是附加条件的授予，或拒绝授予。法律明确的规划主管机构是地方当局，地方当局将规划的主要责任交给了地方规划主管机构（通常是地方议会的规划部门）。地方规划主管机构一般都是当地的镇或区议会，不过采矿作业、矿物质提取或废物管理设施在非都会区由地方的郡议会决定。此外，国家公园内的开发项目的规划申请需提交到国家公园管理局。

法律要求所有规划许可申请均应根据"开发规划"的政策予以决定，除非有实质性规划考量事项并另有说明。因此，对任何申请的决定都是"政策主导"而非"影响主导"。尽管几乎所有申请都将咨询公众和附近的居民，但决定不会基于受欢迎与否而做出。通过参考已发布的规划策略来制定决策框架，可以避免规划申请决定中出现不当行为。因此，最重要的是，申请人在提交规划许可申请之前必须认同当地的开发规划政策。

4.4.5 开发许可与分区管制的混合管制模式

土地开发和土地使用是两个交叉的概念。我国将"土地使用"作为规划管理的对象，而世界上其他一些国家和地区则更倾向于将"开发"作为规划管理的对象，并通过法律的定义来明确规划管理的范围及其管理目标。

英国 1947 年《城乡规划法》定义的"开发"一词系指在土地表面、地上、上空或地下开展建设、工程、采矿或其他作业，或任何建筑或土地用途物质性改变。在我国香港的《城市规划条例》1A 释义中，"development"（发展）指在任何土地之内、其上、其上空或其下进行建筑、工程、采矿或其他作业，或作出土地或建筑物用途的实质改变，其中建筑物包括任何构筑物或构筑物部分。1998 年的新加坡《规划法》对"开发"的定义是，在本法中，除文意另有所指外，"开发"是指在地上、地面、地上空或地下进行任何建筑、工程、采矿、土方工程或其他作业，或对任何建筑或土地的用途进行任何重大改变，"开发"和"发展"应作相应解释。

英国、新加坡等地的法律规定，符合法律规定的开发项目都需要申请规划许可，没有给出规划许可设定的空间范围。日本虽然也使用"开发许可"制度，但该制度仅适用于部分地区，我国与之类似，规划许可仅适用规划区的建设项目。

日本、澳大利亚等地同时还使用土地用途分区管制，实际上是分区管制与开发许可管制相结合的混合模式;我国土地用途管制是在国土空间规划的基础上叠加行政许可制度,本质上也是分区管制与开发许可相结合的混合管理模式。

混合管理模式有多种复杂的形态,就分区和许可两种手段的协调关系而言主要分为三种类型:①土地用途分区管制与规划许可管制相结合的双重管制模式;②在指定的地区或规划编制的地区采用分区管制,其余的地区采用许可管制的空间互补性管制模式;③前两类的混合,形成更为复杂的模式。为方便理解,以下采用案例的方式解释混合管制模式的特征。需要注意的是,以下分类不是特别严格的分类,我国的土地用途管制大体属于第一种模式,即用途分区与规划许可相结合的双重管制模式;日本是分区与许可互补的管制模式;澳大利亚昆士兰州则是第三种更为复杂的混合模式。

1. 日本的土地使用管制模式

1919 年日本颁布第一部《城市规划法》,引入规划范围、分区制度、土地重整等规划措施,初步建立日本的城市规划体制。同年,配合《城市规划法》颁布《市街地建筑物法》,其中"集团建筑规定"根据地块类型及其用途类别,规定地块开发强度、密度和退让要求等。日本通过《城市规划法》的"土地用途分区"与《市街地建筑法》的"集团建筑规定"结合,管制都市区域的土地开发和建设工程。但是这种管制模式在都市化过程中,存在无秩序土地开发的情况。

为防止都市区域无秩序发展并促进土地合理利用,日本于 1968 年修正《城市规划法》,将城市计划区域区分为市街化区域及市街化调整区域。前者是指已形成市街地的地区及十年内优先计划发展为市街地的地区;后者是指应抑制其市街化的地区。为使此两种区域区分的目的得以实现,日本引入了开发许可制。日本的开发许可制,即在进行一定规模的土地开发行为时,应申请开发许可。

在东京、名古屋、大阪三大都会圈的市街化区域内,500 平方米以上的土地开发行为,或其他都市的市街化区域内 1 000 平方米以上的土地开发行为(但都道府县知事可依据当地市街化情况,如有必要,可将标准改为 300 平方米以上),均应申请开发许可。而市街化调整区域因抑制其市街化,故原则上禁止开发,但在一定条件下或土地面积在 5 公顷以上时,需取得开发许可后方可进行开发。

由此可见,日本对一定规模以下的开发项目实行"分区管制",对一定规模以上的开发项目在分区规划的基础上叠加了"开发许可",以强化实施。

但日本的分区管制与许可管制的协调性仍然存在一些问题。第一,开发行为的定义过于宽泛,导致许多土地使用行为不需要申请开发许可。例如,市街化区域的旧有建筑基地即使面积再大，只要不变更土地性质，其建筑行为仍不需经过开发许可程序。这导致市街化区域的土地建筑行为甚少适用开发许可制，建筑物不断扩建，本应配备的公共设施却未能及时建设。第二，区划管制例外情况过于普遍。市街化调整区域原则上禁止开发，但例外情况下，居住于市街化调整区域内的农家在其子女分户时，为修建所需的住宅可以申请开发，这导致在市街化调整区域内，不少农家以分户为由申请开发，将农地改建住宅，造成农地的无序发展。并且，由于这种分户住宅并无禁止转售的规定，因而甚至出现了以营利为目的建设分户住宅并转售的情况。此类情况在大都市周边尤为常见。

2. 澳大利亚昆士兰州的混合管制模式

澳大利亚昆士兰州的规划管制呈现出一种更为复杂多样的混合模式。20世纪90年代以前，澳大利亚昆士兰州地方政府依据《1934地方政府法》（*Local Government Act 1934*）管理城市规划事务。1991年后，《1990地方政府法（规划与环境）》[*Local Government（Planning and Environment）Act 1990*]成为城市专项管理的法律基础，规划和开发许可成为土地开发与用途管制的主要工具。20世纪80年代末期的审查发现，当时约60部不同的法律要求开发项目必须经过400个独立的、互不关联且低效的审批过程，这既增加了商务成本又延误时间。因此，1997年昆士兰州颁布了《1997整合规划法》（*Integrated Planning Act 1997*），该法律通过整合相关部门审批程序而提高行政效率。整合的方法是从开发项目批准的角度对审批形式进行分类，建立以综合开发评估系统（Integrated Development Assessment System，IDAS）为核心的规划体系。该法律将"开发审批"制度转型为"开发评估"制度，将传统的规划审批项目按照评估方式分为"评估开发""自我评估开发"和"豁免开发"三种类型。其中"评估开发"又细分为法规评估开发与影响评估开发；"自我评估开发"类似区划的"自我执行"，只要符合资格的专业人士认证即可；"豁免开发"类似英国的《一般开发规则》（*General Permitted Development Order*）等法令，属于直接授予许可的开发项目。针对"评估开发"，法律规定了明确的评估标准和简化的评估程序，从而大大提高"规划许可"的审批效率。

进入21世纪初，为适应可持续发展的要求，澳大利亚昆士兰州于2009年实施《2009可持续规划法》（*Sustainable Planning Act 2009*），随后又简化了内容，颁布《2016规划法》（*Planning Act 2016*）。尽管法律的主题和名称在变化，但是以开发评估为核心的规划体系并未发生结构性变化，只是开发评估的分类有所调整。为保护环境，最新的规划法增加了"禁止开发"等规定，其实质上都是为了规划许可更具针对性和效率。与开发评估的详细规定对比，州规划法对"规划"的规定要简单许多，仅仅确定了法定规划类型、规划的法律地位及其制定的程序要求，对其规划的内容和形式没有具体规定，这就给地方城市利用"法定规划"创设地方性的管理工具创造了条件。

以布里斯班为例，昆士兰州规划法规定的法定城市规划文件即《2016布里斯班城市规划》。这个规划文件具有英国1947年的综合发展规划以及地方单一规划的特点。从我国城市规划体系的角度来看，《2016布里斯班城市规划》类似于包含了区域协调规划、城市总体规划、详细规划、社区规划、城市设计、遗产保护规划和市政基础设施等专项规划文件的综合文件夹，其中还包括开发评估分类、开发规则和用途规则等规划和管理标准和规范。《2016布里斯班城市规划》是城市发展管理的依据，就土地开发利用的管理而言，这个文件夹混合了英国的规划许可、美国的区划管制以及中国香港和新加坡"规划+开发许可"叠加管制方式，具有综合工具箱的特质。

《2016布里斯班城市规划》共10章1 600余页，规划内容包括城市发展战略框架、优先基础设施规划、专项规划、区划、社区规划、开发规则等，从总体规划到详细规划，从自然生态保护到文化遗产保护，从区域发展到社区发展，从规划到开发控制，形成了一个综合文件夹。其中"区划"部分将城市空间划分为6个类别27种用地类型，制定了每种用途区域的开发目标、总体效果、开放空间形式以及绩效指标等，绩效指标分为目标绩效指标和可接受的指标两个标准，这些规定成为评估开发项目的标准和要求。尽管该文件中的"区划"没有像纽约区划那样直接赋予土地开发权，但是通过开发规则确定了某些区域的开发项目属于豁免开发项目。布里斯班的区划没有直接授予规划许可，但是在部分地区可以直接豁免规划许可。豁免属于许可的一种特殊类型，体现了某种分区管制的特征。由此，该文件基于项目特征和基于区位特征这两个因素扩大豁免开发项目范围，改进了规划管制的效率。

布里斯班的管制特点是针对不同的开发活动、开发活动出现的地点以及规划开发活动的条件及其具体影响的程度，来选择适当的控制工具，管制手段多样而有序。

4.5 土地使用管制工具

欧文·休斯（Owen E. Hughes）指出，政府的工具是指政府的行为方式，以及通过某种途径用以调整政府行为的机制；莱斯特·萨拉蒙（Lester M. Salamon）认为，政府治理工具，又称公共行动的工具，是一种明确的方法，通过这种方法，集体行动得以组织，公共问题得以解决；国内学者张成福把政府治理工具界定为：把实质性的治理目标或政策目标转化为具体的行动，以改变政策目标群体的行为，从而最终实现政策目标的手段和机制[1]。

国土空间规划及其土地使用政策涉及从中央到地方的五级政府，以及自然资源、规划建设、经济和社会发展、农业、环境等多个相关部门。从政府治理工具这个角度的审视，有助于我们理解不同层级和不同部门之间在政策、规划、技术标准等方面的协调治理关系。对于我国尚在完善中的土地用途管制制度而言，政府治理工具视角可以提供一个相对全面的知识框架。

政府治理行为是在给定的法律制度背景下展开的，因此，要深入了解土地使用工具的使用，就必须要了解土地使用管制工具运作的法律制度框架。

4.5.1　土地使用政策

土地使用政策是指政府为确保土地资源合理和有效利用，根据法律规定调整土地利用方向、利用结构、利用方式和利用强度所采取的行政、经济、技术（如计划和规划）手段的综合。政策（policy），即一系列经过规划和有组织的行动或活动。推行政策的过程包括：了解及制定多种可行方案，订立日程或确定优先级，并基于影响评估选择最终行动。政策可以在政治、管理、财经及行政架构中发挥作用以实现各种目标。

政策作为政府治理国土空间的工具，既是解决现状问题的工具，也是实现愿景和目标的途径。上级政府的大尺度规划往往具有"政策"属性。政策是指导政府行政工作的准则和依据，属于行政管理的范畴，多用于中央政府指导地方政府和上级政府指导下级政府。我国的土地使用政策主要形式是中央政府或其主管部门颁布的各类政策文件。在中央政府政策文件的基础上，地方政府可以变通实施一些地方性的政策；某些情况下，中央政府还会授权地方政府探索制定一些特殊政策，比如20世纪80年代末深圳率先试行土地使用权有偿转让政策，以及20世纪10年代初，广东省政府在"三旧"用地方面的政策创新等。

土地使用政策作为行政、经济和技术的综合手段，其载体形式或呈现形式多种多样，文件和规划是其中的两种主要类型。通常，文件关注土地使用的类型和普适

---

1. 朱喜群. 论政府治理工具的选择 [J]. 行政与法（吉林省行政学院学报），2006，(03)：39-41.

性标准的设定，而规划更关注土地使用的分区，具有更强的空间导向性。土地使用政策采用文本模式还是规划模式，既与法律确定的政府职权相关，也与管制传统有关。作为单一制国家，英国在国家层面不设国土空间规划，为协调和指导地方政府的管理，中央政府颁制定一系列规划政策指引（PPG），这些规划政策以文本的形式指导地方政府管理土地开发和使用，内容针对特定的土地使用类型管理，比如棕地的使用等。作为联邦制国家，美国则将土地使用管制权赋予州和地方政府，土地使用政策的主要形式是区域土地政策规划。

我国建构了五级三类的国土空间规划体系。就其功能而言，市县级国土空间规划直接应用于国土空间的土地使用管理，属于实施性规划。国家和省国土空间规划的作用主要是指导实现国土空间规划的编制和审批，具有较强的政策属性。同时，为配合国土空间规划的实施，中央政府还颁布许多专项政策。我国的土地使用管理具有"政策+规划"混合管理特征。通过对比英国较为纯粹的政策管理手段和美国较为纯粹的规划管理手段，可以为深入理解我国混合管理体系提供知识基础。

1. 英国的规划政策

作为联合王国，在为整个国家编制政策和规划的意义上，英国没有国家层面的土地利用规划。当描述"英格兰、苏格兰、威尔士和北爱尔兰"时，人们常用"区域"这个词语，并且在区域空间尺度上颁布一系列的规划政策。自1947年英国规划体系正式建立以来，其基础一直是"土地开发权国有化"，且这一体系的核心组件——开发规划和开发管理，一直沿用至今。开发管理具体处理土地使用和建筑形态，开发规划则为开发管理提供限定性条件。英国的开发规划与开发管理的关系犹如"面包圈"，规划就是面包圈的实体部分，它限定了开发管理权力的边界，但是始终保留了自由裁量的空间。英国的规划更多是由地方政府制定的指引，旨在表达地方政府对该地区未来发展的期望。在这里，规划行为作为重要的参考点并且形塑了开发中所涉及的决策。

建立在土地开发权国有化基础上的开发规划，其核心在于处理土地使用问题，而土地使用中的竞争性冲突则是一种持续存在的内在矛盾。有效的规划会控制、限制甚至可能毁掉某个特定地块的市场价值，那么土地的所有者会因此获得补偿吗？这个问题本质上是源于有关土地使用的现行法律立场，现行法律试图在高度发达的经济中保持土地私有制。换而言之，就是土地私有制和土地开发权国有化之间的冲突，这种矛盾和冲突只能通过中央政府的政策来调节，这就是英国土地使用政策的起点。

1）规划政策主题及其演变

依据 1947 年的《城乡规划法》，所有土地所有者只享有 1947 年的现状土地使用权利，此后任何开发都需要获得规划许可。这意味着开发价值向国家转移。依照严格的立法逻辑，即便是按照批准的规划进行开发建设，由此获益的增量部分也需要返还国家。因此英国为落实土地开发权国有化而实施开发收费政策。同理，由于规划限制开发而导致土地使用收益下降的土地所有者可以申请补偿，国家为此建立了补偿基金。因规划而导致的损失也可以获得补偿。

在 1947 年规划法的"土地开发权国有化"的制度框架下，实施规划的政策核心演变为收取土地开发费和补偿金的问题。20 世纪 50 年代初英国建立土地开发收费和补偿制度。然而，收取土地开发费降低了私人土地开发的意愿，从而减缓了城市发展的速度，这与城市经济增长趋势相悖。因此，20 世纪 50 年代末，英国通过修订规划法降低了开发收费比例，以刺激私人土地的开发。

20 世纪 60 年代，由于缺乏城市发展所需的土地供给，各地纷纷成立土地委员会。委员会目标有两个：一是确保在实施国家、区域和地方规划时，能够在合适的时间有合适的土地供给；二是保证由社区创造的开发价值中的相当一部分可以物归原属，并减少用于基本土地需求的土地开支。英国的土地委员会主要负责控制土地使用，而非促进土地开发。土地委员会的职能是通过将土地交给具备开发能力的机构，以此保证土地得到有效开发。此外，土地委员会有权通过强制收购将不同所有人的小地块合并，可以收购土地所有者来路不明的土地，也可以从拒绝出售土地用于开发的所有者或希望保留土地以待将来开发的开发商手中强制购买土地。

20 世纪 70 年代初的土地使用政策聚焦"闲置用地"，并引入了"土地闲置费"，主要针对那些已经获得规划许可，但不能在特定时段内进行开发的土地。1974 年，政府推出征收改善金的新政策，旨在将社区努力创造的土地价值归还社区本身，这实际上是通过政策将开发价值从"国家"转移到付出代价的"社区"。然而，持续到 20 世纪 70 年代末，为实施 1947 规划法而颁布实施的各项开发收费和补偿政策都失败了。同时，市场经济所要求的土地私有制与城市规划的土地开发权国有化的基本矛盾仍然存在，并持续影响城市土地开发与使用。

进入 20 世纪 80 年代，开发控制从"控制"向"协调"转变，从政府征收开发收费政策转向与开发商合作的"规划协议"，并将土地开发国有化的权利明确为土地开发的义务等。土地使用政策中的住房土地供应开始关注"可支付住房"。可支付住房的政策定义是"非市场化住房"（non-market housing），包括社会出租房和中等住房，其中，"中等"指的是售价或租金高于社会出租房租金，但是低于市场售价或租金。

20世纪90年代的土地使用政策聚焦"棕地、闲置地和废弃地",目标是促进城市土地再开发。在棕地开发中特别规定受污染土地的使用,以及由于城市土地开发带来越来越大的土地使用密度问题。城市土地使用密度曾经是城市问题的根源,是大城市病的表象之一。然而,通过持续的规划和管制,土地开发密度的降低和城市蔓延问题凸显出来,"高密度土地使用与紧凑发展"成为可持续发展的目标,旨在合理控制土地使用密度。

2)规划政策的特征与实施评价

20世纪60年代之前,英国政府一直在规避任何明晰的国家规划形式的思想。然而,自20世纪70年代以来,除了提出"绿带"以抑制城市蔓延以外,英国的规划几乎就没有关注过规划的"空间"尺度,也就是塑造城市发展的总体结构。相反,它却制定出以标准为基础的政策,将注意力集中在总体开发的数量上,特别是为一定数量的住房提供建设用地。

英国的绿带政策始于1955年,其目的是防止大规模建成区的无序扩张,防止相邻城镇之间的连接,协助维护乡村环境免受建成区的侵蚀,保护历史城镇的整体环境和特质,并通过鼓励废弃地和城市其他土地的循环利用帮助城市更新。尽管绿带政策带来了些副作用,比如城市住房价格高涨等,但是土地使用的整体目标——城市的土地获得高效的利用和保护历史城镇环境——基本得以突现。

20世纪90年代以来,另一个与土地使用空间维度有关的规划政策是购物与城镇中心规划。20世纪60年代的在城市郊区出现的超级市场和购物中心给传统的城镇中心带来巨大的威胁,并导致某些地区城镇中心区的衰落。为保持历史城镇中心的活力,政府发布《规划政策声明6:城镇中心》(*Planning Policy Statement 6: Planning for Town Centres*)以促进城镇中心的发展"长盛不衰"。规划指引要求为现有城镇中心的发展制定规划,通过将开发活动集中在城镇中心,并鼓励为各种服务设施创造良好的环境以便民,从而提升现有城镇中心的品质。政策实施的策略是开发许可的"顺序法",即在考虑购物中心项目选址时应优先放置到城镇中心,其次是城镇中心的边缘,然后是片区中心和社区中心,最后才能考虑城镇边缘地带。

英国土地使用决策的核心是项目开发控制,这主要通过开发控制程序来协调不同利益群体的关系。这一制度具有弹性和灵活性并适应发展的需求,但同样具有不确定性、程序冗长等问题。英国城乡规划本身就是开发控制所参照的政策,政府的政策是确保规划(开发项目决策)决定参照了国家、区域和地方层面明确且广泛商定的政策框架,并以蓝图和其他政策工具形式呈现。这被称为以规划为主导的开发管理。依据规划中的政策进行决定不但减少了特定决策的数量，还减少了围绕单个开发提案所需解决的矛盾。比起逐个项目的独立决策，规划为主导的决定更有助于提高决策的效率、化解矛盾。清晰明了的政策文件有助于对官员的问责，决策者要制定出他们的"决策规则"或明确的标准。政策也提供了一种确定性和协调性的方式，有助于促进投资。由此，政策在规划决策和土地使用的作用逐渐加强。

2. 美国的区域土地政策规划

土地使用政策是干预土地使用的公共管制工具，美国的法律制度和社会环境与英国的规划政策权利渊源及其制定逻辑完全不同。英国的土地使用政策建立在土地开发权国有化的法律基础之上，而美国土地使用政策则需应对私有产权宪法保护的制度的挑战。区划是公共部门干预私人土地使用的法定工具，但它主要协调的是私人之间的利益，具有私人群体间公共协议的性质。然而，随着城市和社会经济的发展，生态与环境问题已经远远超出区划所涉及的私人之间达成公共协议范畴，诸如温室气体排放、动物栖息地保护、世界文化遗产的建立等涉及土地权利和使用的议题，都超出城镇区划的尺度，成为区域性、国家性乃至全球协商的事项。

在美国，管制土地使用的法律手段是区划，政府没有直接干预土地使用的行政权力，即不具备个案审批式的规划许可的权利。规划许可属于特例，属于变通使用区划的管理方式。公共政策主要是通过影响区划的制定过程来实现土地使用政策的目标。美国的区划编制作为立法程序是一个独立环节，在此过程中具有广泛的公共参与。由于区域土地使用政策代表了更广泛的利益，它对市镇区划的制定具有一定的限定作用。美国各州的法律制度不尽相同，也没有统一的区域规划政策制定法定程序，因此只能给出规划制定的框架和规划工作的基本要求。

1）规划网络

在国家层面，美国缺乏统一的规划体系，存在多种类型的规划，且规划之间的关系比较复杂。为区别较为正式的"规划体系"一词，建议采用"规划网络"这个词语来描述美国的土地使用规划体系。规划网络有四种类型：区域土地政策规划、城乡土地使用设计规划、地段规划和开发管理。

（1）区域土地政策规划（areawide land policy plan）

区域土地政策规划规定总体空间布局，划定哪些地区将从乡村向城市转型以应对未来的增长，哪些地区将进行再开发（redevelopment）或者重要的填充式开发（infill），还需要指出哪些地区属于环境敏感地区而禁止开发。

（2）城乡土地使用设计规划（communitywide land use design plan）

城乡土地使用规划则从土地使用价值（如商业和就业区、混合使用区，主要公共中心、城市开放空间系统）出发，对区域土地政策所划定的各类城市建设区进行更为具体的土地使用布局安排。城镇土地使用规划还包括农业区、森林和环境用途区等用地界线的划定。有时，城镇土地使用规划中还会标明开发密度。地段规划（small area plan）或特定意图区规划（specific area plan）则在区域土地政策和城乡土地使用规划的框架下提出最详尽的城市土地用途和自然系统保护要求。这些规划侧重于中央商务区、居住区、交通廊道，以及为环境保护和休闲目的而建立的开放空间体系。

（3）地段规划（small-area plan）

地段规划可以在各种地理尺度上制定，它经常作为规划的内容或规划基本要求被纳入其他规划，而不是作为一个独立的规划类型。

（4）开发管理规划（developmeny-management plan）

开发管理规划包含一系列指导土地使用变化的工具组合，如：开发条例、资本改进的激励措施等。

从管制土地使用的作用及其效能上作类比分析，区域土地政策规划属于"政策层面"，主要是通过区划和地段规划来约束土地使用。与英国的土地使用政策相比，美国的区域土地政策规划是土地使用类型与具体空间的结合，更具有明确的空间指向性，是政策的落实。区域土地使用政策规划必须配备一张土地使用政策分区图，标明应该进行城市开发或再开发的区域，应该执行环境资源保护和农田保护政策的区域。同时，这个规划应当指出每个地区必须执行的公共政策，并与给排水规划、区域交通规划和土地市场变动等各方面协调，区域土地使用政策规划应当在恰当的位置预留充足空间，以容纳城乡发展报告中所确定的人口、经济和环境因素。

2）区域土地政策规划的概念和目标

区域土地政策规划是该地区土地开发和环境保护政策在空间上明确表达。规划需要在城乡转型中指出，在一个区域的城市及其近郊中，哪些地区应当进行开发以容纳增长，哪些地区应当再开发或进行重要的填充式开发以适应城市发展变化，还应当指出哪些地方不应当开发，比如特殊的野生动物栖息地、水质保护问题特别敏感的流域，以及洪水、暴雨或地质侵蚀易于对开发造成影响的地区。这类规划的内容类似我国目前开展的市县国土空间总体规划，主要作用是划定各类空间政策区域，比如城镇增长边界、生态保护范围等。

（1）政策分区与区划分区

区域土地政策规划与区划类似，都将所规划的地区划分为若干个分区，但是这种分区是示意性的，没有区划边界那么清晰和明确。区域尺度的规划，一般分区的面积比较大，分区用途的规定比较综合和笼统。分区的界线是根据自然特性和基础服务设施区域来划定的，而不是根据区划的需要来划定。区域土地政策规划旨在为每一个政策分区制定实施政策或策略，而区划则侧重于制定具体的开发使用标准和监管程序。因此，区域土地政策规划只是一份政策意图的声明，而不是一份条例。

  一般的政策都会设立实现政策目标的土地类型，比如为保护生态而设立生态区域空间类型，为改进基础设施的政策需要设立基础设施提升区域类型，为保护文化遗产设立文化遗产区域类型等。土地使用政策通常会设立新的土地使用类型，并要求政策设立的土地使用类型落实空间边界、实施管理。区域土地使用政策可以设立新的土地使用类型，而土地使用规划则是将政策要求的土地使用类型落实到具体空间范围。然而，土地使用政策类型其影响具有不确定性，当涉及私人利益时，必须要与具体的私人进行协商，协商的结果就是政策与特定土地使用类型结合的区域土地政策规划，其核心是土地使用政策分区图及其实施管理的规则。

  （2）政策分区类型

  土地使用政策分区与管制土地使用的用途分区不同。从落实政策目标的角度，土地使用政策分区通常是将规划的区域分为三类：自然用地、农业生产用地和城镇用地。自然用地具有最高的优先权，排除包括农业在内的一切属性。农业生产用地包括农业、林业、渔业用地，其优先权仅次于自然用地，也就是说，农业生产用地是用于利用自然资源生产食品、纤维和木材的，它排斥工业用途。上述两项优先度较高的用地分配完成后，剩下的土地才可以用于城市建设，包括工业区等。在实践中，这种规划方法还会在三种类别的用地之间进行相互调配，以建构更具效率的城市格局，而不是把城市用地限定在自然和农作物生产适宜性最差的地区。

  土地政策分区类型是实现政策目标的技术工具，分区类型与政策目标密切关联。20世纪60年代，夏威夷州将土地分为四种类型：保护区、农业区、乡村地区和城市地区。从政策分区逻辑上分析，这四类分区是自然、农业和城镇三类分区的深化，即将农业生产用地分为生产和居住两种基本类型。夏威夷州的每一类土地政策都有禁止某项土地使用或开发行为的州法律支撑，因此，该政策分区超越了政策的范畴，成为土地规制的明确依据。20世纪70年代，明尼苏达州双子城大都市区委员会将其大都市区域分为大都市区、独立增长区和乡村服务区，其中大都市区又进一步被划分为完全建成区和规划的城镇化区域。

  土地政策规划特别适用于解决可持续发展的环境与经济效率问题。在区域环境和农业可持续性特别敏感的地区，通过规划可以有效地保护环境和资源。在保护地方资源的同时，将恰当的区位预留给适合经济活动的空间，也可以促进区域经济发展。通过合理布局，以及高效的公共基础设施投资之间建立的协调关系，它可以在给水排水及其他市政设施配置等方面提升经济效率。

3）区域土地政策规划制定的整体过程

区域土地政策规划制定一般分为五个步骤：

（1）设定总体方向。包括明确总体发展目标、发展愿景和情景，以及主要议题和实施政策。

（2）建立一套将在规划中使用的土地政策分类体系。当前，大部分政策分区为三种基本类型。第一类是城镇增长区域，这类区域的名称很多，诸如人居地区、城市区、城镇化转型区、发展区或规划发展区等。第二类是因为环境原因而划定的限制发展的区域，这些区域可称之为保护区、开放空间或环境敏感区等。第三类是介于发展和保护之间的区域，一般称为乡村地区，这些地区用以发展农业和林业活动。

（3）绘制政策分区图。在确定土地政策分类之后，需要将这些政策落实到空间上，在地图上划出相应的政策区域。

（4）为每一个土地政策区制定相应的实施政策。所谓实施政策包括在鼓励城市开发的地区承诺投资建设道路、公共交通、给水排水设施、学校和其他需要政府投资的服务和基础设施，而在不适合开发的地区，则拒绝提供这些设施，或实质性提高该地区的土地使用价格，并增加开发限制。同时，会对法规和标准的制定提出建议，在自然保护区和其他不适合开发的地区，以及开发可能造成负面影响的地区，必须禁止开发、严格限制开发或降低开发密度，并提出详细规划措施等。鼓励或禁止开发的政策措施还包括减免税、奖励金和提供优惠服务等。每个政策类别地区都有其自身的实施政策包，这些政策包将会在融资、规范和奖励机制中得到体现。

（5）采纳并实施规划。规划政策的采纳是将规划成果的愿景转化为行为目标及规划实施过程，这是达成共识和形成公共协议的过程。采纳与审批有相似的过程，都是确立规划政策的权威作用，但是二者的内在逻辑不同，采纳更多是争取公众意见形成共识并自觉履行的意味，审批更强调某种外部的强加的权力。

4）区域土地政策规划的内容框架

实践中，一份具体的区域土地政策规划文件主要内容包括：

（1）规划特点的综述；

（2）对议题、现状条件和潜在趋势的陈述；

（3）对现有开发管理法令和实践的充分回顾；

（4）未来开发的备选情景和推荐情景；

（5）愿景的陈述，以目标与任务、总体开发和环境政策战略为补充；

（6）土地政策分区图；

（7）政策分区图中的每种政策分区的实施政策。

制定区域土地政策规划旨在平衡自然系统、人类活动系统、市场系统的利益相关者不同价值取向之间的关系，寻求可持续发展，特别是环境与经济、公平与宜居之间的平衡。在生态脆弱地区和生产性自然资源地区，应禁止或者精心控制城市和农业用途，以实现对该地区的保护，力求避免在有害区域鼓励开发。同时，应提供平台让公众利益群体和决策者共同探讨如何使用土地资源，尤其是在土地使用政策制定过程中，以及在土地混合使用、交通以及城市设计等更加深入细致选项的过程中。

4.5.2 土地使用规划

土地使用规划（land use planning）是指导土地的使用方式，它通常被认为是土地使用治理的基石。

1. 基本内涵

几乎所有的土地管理制度都采用了土地使用规划。由于政治制度的差异，土地使用规划的具体含义存在一些不同，比较有代表性的表述有以下几种。

土地使用规划是指在考虑到特定领土的生物、技术、社会、经济和政治条件的情况下，确定最佳的土地使用和管理方式的过程。土地使用规划的目的在于影响、控制或直接改变土地用途，使其发挥最大效益，同时保持环境质量并促进土地资源保护。土地使用分析、土地使用规划与管理、环境保护替代方案为制定土地使用政策提供了必要的知识支撑，有助于探索竞争性和可持续的生产和采掘活动。土地使用规划的过程有助于确定与土地用途有关的经济和社会活动的选址，并为土地使用冲突提供解决方案；它还能指出应保留的自然资源范围和保护区，指出易受自然灾害影响的区域及其管理措施，确定可持续的生产和采掘活动，指导土地用途规划并指出需要整治或修复的区域。

土地使用规划是政府机构规制土地使用的过程，其目的是以更有效的利用资源的方式促进形成更理想的社会和环境。更确切地说，现代土地使用规划的目标通常包括环境保护、限制城市扩张、运输成本最小化、防止土地使用冲突以及减少污染物的暴露。为了实现这些目标，规划人员认为规范土地使用将改变人类的行为方式，并且这些改变是有益的。这种认识隐含两种假设：一是规范土地利用会改变人类行为方式；二是土地使用规划所改变的人类行为是有益的。然而，第二种假设受到质疑，并且土地使用的选址和管制策略都值得讨论。

在城市规划中，土地使用规划力求以有效和合乎道德的方式对土地使用进行整理和规范，从而防止土地利用冲突。政府采用土地使用规划来管理其辖区内的土地开发。这样，政府部门可以在保护自然资源的同时，为满足社会需求而进行规划。为此，土地使用规划就是对土地和水资源潜力、土地使用的替代方案以及经济和社会条件进行系统评估，以便选择和采用最佳的土地使用方案。土地使用规划通常是综合发展规划的一个组成要素，土地使用规划为社区、地区、城市或定义的任何规划区域的未来发展可能性提供愿景。

2. 土地使用规划的作用

这里讨论的土地使用规划是广义的，即通过土地使用管制实现经济、社会、环境目标的规划方法，并不针对我国的土地利用规划这个特定的规划类型。土地使用管理是一个通适性的治理工具，包含在政策、规划、法规等诸多治理工具之中。作为规范性工具，其自身具有显著特征，也存在的一定限性，我们对此需要有全面的认识。

1）土地使用规划有着显著的优势

（1）土地使用规划是一个重要的管理框架，繁荣的城市地区都有一个愿景，这就必须遵循一个框架实现有序发展，土地使用规划提供了这个框架。

（2）精心规划的城市区域能更好地应对未来挑战。实际上，诸如地震等自然现象对人类生命活动构成威胁，这就要求我们在规划土地使用时充分考虑土地的限制，以此降低自然灾害的风险。反之，缺乏土地使用规划，缺乏对受威胁地区的界定以及对可能带来威胁的自然现象的研究，自然灾害的数量和规模将会增加。在制定土地使用规划过程时考虑上述因素，将有助于对城市经济的发展产生积极影响。

（3）土地使用规划可以促进国家土地的有序占用并促进经济生态分区，从而支持自然资源和生物多样性的保护，实现可持续利用。

（4）土地使用规划将对自然和人类风险的分析纳入国土规划过程，有助于提高气候变化的适应性。

（5）在自然和人类活动高风险地区，土地使用规划可防止定居活动以及开展社会经济活动，以降低潜在风险。

（6）在流域和沿海地区的管理中，土地使用规划作为协调发展计划和海岸带开发的基础，支持国土规划的顺利实施。

（7）在土地使用规划领域，指导区域和地方政府有效履行其职能，推动相关行动的有效开展。

2）土地使用规划的核心作用

土地使用规划根据土地农业生产能力及其发展潜力确定规划区域的土地占用顺序，它根据土地区位划分城市或农村两类区域，并且严格管理农业用地的占用，因此，土地使用规划十分重要。从更广泛的意义上讲，土地使用规划可以成为一种国家治理工具，可以通过土地使用规划定义居民点（例如城市）内土地的使用类型，同时还可以规定土地使用指南，以确保有效性和可持续性。

土地使用是根据土地在城市结构中的物质特征和功能特征进行分配的，其目的是有序地占用空间，并根据其物质承载能力进行用途分配。土地使用规划是通过国家和地方层面的规划系统构建的，它确定了城市发展中应考虑的一般准则。

4.5.3 土地使用标准和建设标准

土地使用标准和建设标准是指在城市规划和建设中，对土地使用和建设所制定一系列规定和标准。这些规定和标准是城市规划和建设基础，对城市发展和建设起着至关重要作用。土地使用指标和建设标准是我国管制土地使用和开发建设的主要手段之一。

国际上较少使用"土地使用标准"这一术语，而是采用"土地使用规制"（land use regulation）或"土地使用准则"（land use criteria），具体表现为区划或土地使用分区标准。土地使用标准、土地使用规制、土地使用准则三者的本质区别是规范对象不同。土地使用标准所规范的对象是土地使用的结果，土地使用规制的规范对象是规划行为本身，土地使用准则的规范对象是土地使用行为本身。尽管土地使用规制、土地使用准则及土地使用和建设标准的最终目的都是形塑物质环境，但土地使用和建设标准直接定义了什么是"好的物质环境"，而土地使用规制和土地使用准则是在避免出现"坏的物质环境"的基础上，由参与规划和使用过程的主体自行确定他们理想的物质环境。三者在管制主体、管制逻辑和管制结果上都有很大的不同。

土地使用标准是指在城市规划中，对不同用途土地规定面积、密度、积率等标准。这些标准旨在确保城市合理利用和规划，防止土地浪费和城市过度拥挤。在城市规划中，土地使用标准非常重要，它会直接影响到城市发展和建设。

建设标准是指在城市建设中，对不同类型建筑物建设规定高度、面积、结构等标准。这些标准旨在确保建筑物安全和质量，防止建筑物出现安全隐患。在城市建设中，建设标准也是非常重要，它会直接影响城市形态和城市风貌。

土地使用标准和建设标准的制定须基于城市规划和建设需要，并充分考虑到城市历史、文化和环境等因素，以及居民生活习惯和需求。只有这样，才能制定出合理、科学标准，保证城市可持续发展和提高居民生活质量。

4.5.4 规划许可与用地审批

规划许可是土地使用管理的最后一个环节，也是规划工具的重要类型。有些国家和地区将规划许可称之为"开发许可"或"开发评估"，其核心是针对具体的开发项目进行的土地用途管制。规划许可制采用事前审批的方式管理建设项目的土地用途，分区管制采用事后监督的方式落实规划土地用途要求。无论事前审批或事后监管，都是针对开发建设项目用途的管理。"开发许可"或"开发评估"名称的差异主要反映授予许可的程序和条件要求不尽相同，但这些都是开发管理的法定工具。

我国城乡规划管理采用"建设用地规划许可"和"建设工程规划许可"的两证制度。"建设工程规划许可"的作用类似国际上通行的"建筑许可"，属于建设工程管理范畴，不属于土地用途规划管理的范畴。城乡规划管理中的建设用地许可的目的是保证建设项目的土地使用符合城乡规划控制性详细规划的要求。由于我国的城乡规划的规划范围仅限于城市规划区，故规划区外的开发建设项目就无法适用城乡规划的管理。与此同时，土地管理法将市县域土地分为"农用地""建设用地"和"未利用土地"三种类型，并且实施严格的建设用地管理政策，主要包括建设用地指标控制和建设用地审批制度。所谓建设用地审批就是对超出土地利用规划建设用地范围的建设项目，或占用耕地等建设项目，设立分级审批制度，比如占用基本农田、占用耕地超过 35 公顷或占用其他土地超过 70 公顷的，需要国务院审批等。

4.6　土地用途管制技术工具的比较分析

我国土地使用规划和土地使用管制都采用"土地/用地分类"的技术工具，并且特别强调土地用途分类的重要性。在国土空间规划体系建构之前，土地用途管制分为"城乡"和"土地"两个领域管理。在城市规划区编制城乡规划，适用《城市用地分类与规划建设用地标准》（GB 50137—2011），在行政辖区编制土地利用规划，适用《土地利用现状分类》（GB/T 21010—2017）。2019年，中共中央、国务院印发《关于建立国土空间规划体系并监督实施的若干意见》后，我国逐步建构起统一的国土空间规划体系。自然资源部随之研究制定《国土空间调查、规划、用途管制用地用海分类指南（试行）》（以下简称《分类指南》）。

《分类指南》依据国土空间的主要配置利用方式、经营特点和覆盖特征等因素，对国土空间用地用海类型进行归纳、划分。它采用三级分类体系，共设置耕地、林地、草地等24种一级类，水田、旱地、乔木林地、天然牧草地等106种二级类，以及村道用地、中小学用地、体育场馆用地等39种三级类，全面反映出国土空间配置与利用的基本功能，并满足了自然资源管理的需要。

无论是城乡规划的用地分类、土地利用分类，还是国土空间用地用海分类，其核心均在于"分类管理"，尤其是"用地分类管理"。这种管制理念和手段值得深入思考与探讨。规划语言学的研究表明，土地使用分类适用土地调查、研究/评价等理性认识活动，而不完全适用于土地使用管理等实践活动。土地分类的实质是按照土地活动的性质进行分类，每个类别是单一性质的土地活动。简单地将居住和工作分离，会导致通勤时间加长，影响生活的质量。因此，给特定的土地确定单一用途是不可行的，混合与多样性是土地使用的基本特征。土地使用分类管理往往导致单一活动和单一用途的空间区域的出现，这破坏了城市活动的整体性和统一性，造成城市空间单调并增加通勤交通量。因此，土地分类不适用土地利用规划及土地使用管理。

国际上，土地用途管制主要采用"用途组"的管理方式，而不是用地分类。所谓"用途组"就是在用途分类的基础上，根据土地使用活动的关联性，以及活动包容性与相互冲突的特征，将关联的且具有包容性的用途活动分为一个用途组。一个分区或一个地块通常被规定为一个用途组。

城市规划专业工作的标志是土地"分区"，辅助规划分区工作的是"用途分类"，直接用于实践管理的是"用途分组"。用途分类遵循土地使用活动的差异化原则，用途分组则遵循土地使用活动的相容性原则。差异化原则旨在把不同的活动或功能分开，相容性原则要求把不相容的活动或功能拆分开。差异化和相容性都有程度上的区别，并分别依据差异性和相容性的程度建构各自的系统。不同的规划行为以及其目的，需要使用不同的规划工具[1]。

---

1. 周剑云，戚冬瑾.从规划语言学层面再认识城市用地分类体系［J］.城市规划，2018，42（10）：34-41.

4.6.1 美国纽约市《1961 纽约区划决议案》

该法案与用途管制相关的内容包括以下四个部分。

（1）分区体系：即依据用途相容性、体位（bulk）差异及绩效标准建立66种分区类型。在工业区分类中引入"绩效标准"的概念，包括噪声、气体、污水、辐射等环境影响因素。

（2）用途管理：依据用途相容性的原则确立用途分组的管制方式，建立了18个用途分组。

（3）指标控制：综合运用"开敞空间率""容积率"和建筑面积奖励等指标，有效地控制建筑的形态，塑造舒适环境。

（4）对行政裁量行为的规定：为了彰显法律精神、保障公共利益并实现实质正义，城市规划委员会或标准及上诉理事会可以依据区划决议案的具体规定批准特殊许可，也可以对决议案中的规定进行解释、变通或修正。

区划赋予的用途是法定权力，因此区划用途有非常详细和具体的规定。符合区划用途的开发不需要申请规划许可，纽约区划是用途分区管制的典型。

4.6.2 澳大利亚布里斯班城市规划

澳大利亚昆士兰州《2016规划法》明确的法定规划是"规划计画"（planning scheme），是一个关于城市发展与管制的规划文件夹，其中包含多份内容相关而又相对独立的政策、规划和条例等。《2017布里斯班城市规划》就是这样的"规划计画"，其包含的主要文件有：州规划规定、战略性框架（类似结构规划）、优先基础设施规划、开发评估表格、区划（类似法定图则）、地方规划、覆盖、开发规则、规划伙伴关系等9个规划文件。其中，区划是文件夹的核心文件并作为用地管制的依据，开发评估表格和开发规则是评估开发的依据，用途规则是开发规则的内容之一。

布里斯班的用途分区为居住、中心、休闲、环境、工业和其他分区六大类，共计27种用途类型，并对每一种用途类型都建立了开发建设规则。以低密度住宅区为例。控制规则主要包括：①低密度住宅区供给的目标；②通过多个方面的总体产出实现低密度住宅区的效果；③分区角色的总体结果；④开发项目的选址及其总体结果；⑤开发项目形式的总体结果。总体而言，其主要关注开发项目所在用途分区的总体效果。

4.6.3 新加坡用地分区类型表概述

新加坡法定土地利用图是总体规划"master plan"。该规划通过图例注释的方式列明 32 种土地用途,并以"master plan"声明文件的方式规定用途管制与开发的要求。分区类型表共有 4 栏,第一栏是"分区"(Zoning),第二栏是"用途"(Use),第三栏是"开发项目举例"(Examples of Developments),第四栏是"备注"(Remarks)。以下以"居住"分区为例解释。

第一栏"分区"(Zoning):居住。

第二栏"用途"(Use):居住区域主要用于或打算用于住宅开发。经主管部门评估,可允许建设服务式公寓和学生宿舍。

第三栏"开发项目举例"(Examples of Developments):住宅开发项目为①平房;②共管公寓;③联排别墅;④阶梯式房屋;⑤半独立屋;⑥独立屋;⑦分层土地住房;⑧退休金住房;⑨服务式公寓;⑩学生宿舍。

第四栏"备注"(Remarks):在这一区域内的发展须受主管部门决定的建筑形式和建筑高度的控制。为支持或管理住宅地产(如公寓开发项目)所需的所有辅助或非住宅用途的数量,由主管当局根据住宅开发项目的规模确定。

可见,新加坡居住分区的用途至少包括法定的十种居住类型,并且,住宅、公寓和学生宿舍属于不同的类别,采用的是用途分组管理。比较我国的居住用途管制,低层住宅 R1 与多层和高层住宅 R2 是不同的类别,R1 和 R2 都是居住用途,R1 与 R2 的分类就不是用途分类,而是用地分类,即属于分区类型而非用途类型。

需要说明的是,"master plan"的用途规划不构成开发权或用途授权,这点与纽约区划存在本质区别。

4.7 土地信息系统

土地使用信息是我国土地部门管理中土地信息系统的构成内容之一。土地信息系统是指以土地资源与土地资产为工作对象的计算机信息系统。它的主要任务是将遥感、地面测绘、土地调查以及从历年保存的文档中得到的土地信息输入计算机,利用计算机快速、便捷、存储量大的优势,实现对信息的分类、检索、查询、排序、统计、分析、综合等功能,并根据专家的经验和国家的法律、法规、政策以及土地管理的工作模式，辅助土地管理人员完成土地管理的各项业务。

土地信息系统是为土地管理部门提供数据采集、组织、存贮、加工、处理、应用和传播信息的工具。完整的土地信息系统主要由四个部分构成，即计算机硬件系统、计算机软件系统、土地空间数据和系统管理操作人员，其核心是计算机系统。土地空间数据库反映了土地信息系统的土地内容，而管理操作人员和用户则决定系统的工作方式和信息表示方式。

4.7.1 土地信息系统的基本内容

土地信息系统应当覆盖土地管理的全部业务工作范围，为这些工作提供信息与决策服务。我国土地管理的机构、体制、政策等仍处于改革调整阶段，从信息与决策服务这一角度，对土地管理的业务大致可以分为以下几个方面。

1. 地籍管理

这是土地管理的基础。所谓地籍就是土地的"户口"，它是在地籍测量与地籍调查的基础上对土地的产权、土地的位置与面积进行确权，登记造册，并发放土地证书。由于土地使用是动态的，就一个地点而言，存在着初始地籍与变更地籍，初始地籍与变更地籍有各自相应的严格的管理制度。地籍管理又分为城镇地籍管理与农村地籍管理两种。

2. 土地定级估价

这是土地市场管理的一项重要工作，属于地籍管理的范畴。土地的价值随着经济的发展是动态变化的，为规范土地市场，根据土地市场交易情况、土地区位条件、土地质量等，给出土地的级别与基准地价是土地管理的一个重要内容。此外，宗地的估价也是土地管理的一项重要业务工作。

3. 土地利用动态监测

利用遥感、地面勘察等多种技术手段，对土地利用现状进行制图、统计、分析与管理。

4. 耕地保护

根据土地利用现状，农用地的质量以及当地经济发展预测，对农用地进行分类，划分基本农田保护区，执行国家耕地保护政策，贯彻耕地总量动态平衡的战略。

5. 土地利用规划

随着国民经济的发展，土地利用现状与经济发展对土地的要求产生矛盾，为缓解这一矛盾，适应经济的发展，需要对土地利用进行重新规划。城市规划一般由政府建设系统承担，而农村土地以及城乡接合地区的土地利用规划由国土资源管理部门承担。

6. 建设用地管理

根据土地利用规划以及国家有关法律法规及相关制度和政策，进行建设用地使用权出让、划拨，征收集体土地等。

7. 土地监察

调解土地纠纷，查处违法用地，监察土地政策的执行情况。

8. 土地整治

集约化利用土地是高效合理利用土地的一项重要措施。根据国家土地利用的政策法规以及土地利用总体规划，对低效利用的土地进行综合整治，集约化利用土地，提高土地利用效益。

4.7.2　土地使用管理信息系统

土地使用管理信息系统（LUMIS）是土地管理信息系统的一个子项。土地管理的特色是对土地空间特性的管理。土地空间特性，包括土地的地理位置、相邻关系，图层的划分，以及与土地相关的各种空间属性和人文属性。土地的这种空间特性，为地理信息系统（GIS）的应用提供广阔的天地。GIS最初的应用领域，就是建立与土地管理、土地规划相关（包括地籍管理、土地数据库等有关系统的管理和规划等）的土地信息系统（LIS）。

LUMIS依托地理信息系统、遥感、数据库技术、大数据、网络通信技术和人工智能等，面向土地使用相关的信息进行采集、存储、处理、分析、规划、监管和公共服务等各类需求，核心目标在于高效地管理和监管土地资源，是实现土地资源可持续利用、提高土地管理现代化水平的关键工具。

LUMIS 功能设计应当全面覆盖土地管理的各个方面，确保系统的高效、准确和实用性。一方面需充分考虑用户友好性、数据安全性和系统兼容性，确保数据采集、处理、分析到决策支持各模块之间逻辑连贯，形成一个紧密配合的工作系统，以有效支持政府决策、优化土地资源配置。另一方面要遵循国家和行业的数据标准与规范，确保数据的通用性、可比性和互操作性，系统功能模块应当具有高度的灵活性和扩展性，能够根据不同地区的具体需求进行定制和升级，以应对土地管理中不断出现的新问题和挑战。

1. 数据采集与管理

系统能够收集、存储、处理和更新有关土地的各种空间信息（如地理位置、地形、土地覆盖类型）和非空间信息（如土地权属、用途、评估价值等）。这些数据来自多源，包括实地测量、卫星遥感图像、地籍档案等。将上述多源异构的信息和数据进行空间化、统一坐标基准，在确保安全的前提下，与行政区划、房屋权属、系列比例尺、影像地图等基础地理信息进行深度融合，利用 GIS 技术集成到土地利用综合管理信息系统中。

与此同时，建立数据更新机制，定期或按需对数据进行审核、更新和增补，反映土地使用现状的最新变化。

2. 现状分析与监测

系统不仅仅局限于数据收集和存储，更强调对数据的深度挖掘和智能分析，为土地规划、审批、执法、评估等环节提供强有力的决策支持。现状分析与监测是 LUMIS 中极其关键的环节，它涉及对土地资源当前状态的深入理解和持续跟踪。

对于现状分析需求，系统利用高分辨率遥感影像和地面调查数据，对土地利用类型、土地覆盖状况进行精确分类和统计，形成土地利用现状图，为土地规划和管理提供基础数据。

对于现状监测需求，通过定期获取和比较遥感影像，系统能监测土地利用状况的变化，如城市扩张、森林砍伐、耕地变化等，为政策制定者提供及时的信息支持。借助 AI 技术，系统能自动识别土地利用变化、预测土地市场趋势、优化资源配置，减少人工干预，提高工作效率和管理精度。

3. 规划决策支持

利用 GIS 的强大分析能力，系统可以进行区域背景分析、土地适宜性分析、公用设施分析、土地使用绩效评估、城镇分等定级、人口和经济可视化等，建立决策模型预测未来土地需求和影响，辅助管理者做出科学的土地分配、开发和保护决策。典型的应用场景描述如下：

首先，系统结合自然条件（如地形、土壤类型、水文）、社会经济因素（如人口密度、交通便利性）、环境限制条件（如生态保护红线、灾害风险区）等多维度数据，对不同区域进行土地适宜性评价，形成土地利用规划布局图。在此基础上，通过建立虚拟模型对不同规划方案进行模拟，如城市扩展模拟、农业保护区调整、建设用地优化布局等，评估其对环境、经济、社会的潜在影响，帮助决策者比较各方案优劣，选择最优或最合适的规划方案。

4. 土地执法监察

土地执法监察功能是 LUMIS 支持土地管理部门执行法律、法规，监控和管理土地使用行为的关键组成部分，其业务流程一般包括以下四个步骤：

1）**自动化监测与预警**

系统能够实时或定期通过遥感影像、GIS 数据及物联网设备等技术手段，自动监测土地使用状态，对疑似违法用地行为进行预警，如未经许可的建设、耕地非法占用等，从而实现对土地违法行为的早期发现。

2）**案件管理与追踪**

一旦发现违法行为，系统可以自动或手动生成案件记录，跟踪案件处理进度，包括立案、调查、处理决定、执行及结案全过程，确保执法活动的规范性和透明度。

3）**数据分析与决策支持**

系统能对大量土地使用数据进行分析，识别土地违法的趋势、模式和高发区域，为执法策略的制定和资源分配提供科学依据，增强执法的针对性和预见性。

4）**法律文书与档案管理**

支持电子化法律文书的生成、审批、下达及归档，确保执法过程中的文档管理规范化、无纸化，方便查询和追溯。

5）**跨部门协同治理**

系统具备与相关政府部门（如环境保护、城市管理、农业、渔业等部门）的信息共享与协同作业能力，实现跨部门联合执法，提高执法效率。

5. 公众信息服务

有效的公众参与是一种保护土地合理利用、监督政府行为和维护公众利益的根本途径，适度及时的公众参与能够提高土地使用管理体系的运行效率。公众信息服务是 LUMIS 系统向普通民众、企业以及其他社会公众提供的关于土地资源和土地使用管理方面的信息查询、咨询及参与互动的功能。这些服务旨在增强土地管理的透明度，促进公众参与，提高社会满意度。

一方面，系统提供便捷的土地使用信息查询功能，如土地使用权归属、土地性质（如住宅、商业、工业等）、规划条件、土地出让或转让历史记录等，便于个人或企业在购房、租赁、投资决策前了解全面的土地背景。另一方面，系统提供互动平台，允许公众参与土地规划的讨论和反馈，增强决策透明度。通过信息公示系统，公开土地规划信息、决策过程和结果，提升社会监督力度，促进决策的公正性和合理性。公众能够通过文字描述、附件上传及地图标注等形式提交意见、建议或举报信息。

4.7.3　土地使用指标

土地信息系统记录的信息是关于土地状况和土地使用的一些原始数据，这些原始数据主要是记录和描述性的，而空间规划经常使用这些原始数据的关系，这些经过提炼和整合的信息系统在战略规划和政策形成过程中发挥着重要的作用。处理信息的重要成果之一就是"指标"，土地使用指标是度量土地使用系统的重要方面，关于土地使用的指标体系由政府颁布，为决策者和利益相关者提供关于土地使用绩效的信息（表 4-2）。在可能的情况下，分解测度以说明地段的条件、社会经济状况和族群特征，这些反映可持续发展和公平社会的指标非常有用。不同地区侧重不同的指标，比如，在一个快速增长的区域，指标关注土地供应满足需求的程度；在一个衰落的区域，指标应该关注土地供给在多大程度上能够支持就业增长的经济发展需求。

通常，最有说服力的指标是将两个相关的度量指标进行比较，也就是关联性指标，尤其是人口、经济、环境数据与土地的关系，比如人口密度、单位土地产出、单位土地的碳排放量、建筑密度、公共设施的分布密度、公园等绿色开敞空间的比例、公共交通的线路密度等，这些关系数据为比较土地使用提供坚实基础，并且提供优秀案例的指标从而可以帮助确立土地使用的方向和目标。面向规划智能信息的基础是土地记录系统和土地使用信息系统，描述城乡现有的和正在出现的土地使用，包括土地的供给和基础设施，以及包容变化的能力。如果土地使用系统的信息不足或是过时的，那么由此得出的发展愿景和规划就会出现问题；如果土地使用信息系统是坚实的、最新的，那么由此形成的规划就具备坚实的基础。

每个国家和地区都可能颁布反映本地区土地使用状况的指标体系，其中，一个被称为 INDEX 的操作性的城乡指标软件程序，是一个基于 GIS 的规划支持系统，它运用指标来测量城乡规划和开发项目的绩效，并且被大量应用在土地使用总体规划、邻里规划和城乡规划的影响分析之中（图 4-6）。

表 4-2 土地使用的核心指标摘录

指标类型	指标名称
人口统计	人口（居民总数）
	就业（就业人员总数）
土地使用和城镇形态	地块规模（平均公顷数）
	用途组合（用途比例或 每个网格的不同用途）
	人均已开发面积（已开发面积除以居民数）
住房	人口密度
	人均居住面积
	单户家庭住房密度
	多户家庭住房密度
	生活服务设施的就近程度（所有住房到最近生活服务设施的诸如学校、公园、购物中心的平均距离）
	交通就近程度（所有住房到最近交通站点的平均距离）
	用水（人均每天消耗的全部生活用水）
就业	就业岗位/住房平衡（总就业岗位除以住房单元）
	就业密度（指定就业使用的用地上每英亩的就业人口）
娱乐	公园供给数量（每 1 000 位居民所拥有的公园和学校操场面积）
	交通就近程度（住房到最近公园和操场的平均步行距离）
环境	氮化物排放（小型机动车人均每年氮化物的排放量）
	一氧化碳排放（小型机动车人均每年氮化物的排放量）
	温室气体（CO_2）排放（小型机动车人均每年 CO_2 的排放量）
	开放空间（开放空间占土地的面积）
	不渗透率（人均每英亩不渗透表面的面积）

续表

指标类型	指标名称
交通	道路连通性
	道路网密度
	交通导向的居住密度（交通站点周围10分钟步行距离内每公顷平均住房单元数）
	交通导向的就业密度（交通站点周围10分钟步行距离内每公顷平均就业人数）
	交通服务密度（每天交通车辆重复行驶交通路线的公里数除以总面积）
	人行道网络覆盖率（具有两侧人行道的街道比例）
	人行线路的直达性（由起始点到中央目的地的最短可步行线路长度与同样亮点之间直线距离的比值）
	自行车网络覆盖率（指定自行车线路所穿行道路的中心线总长的比例）

资料来源：作者自绘

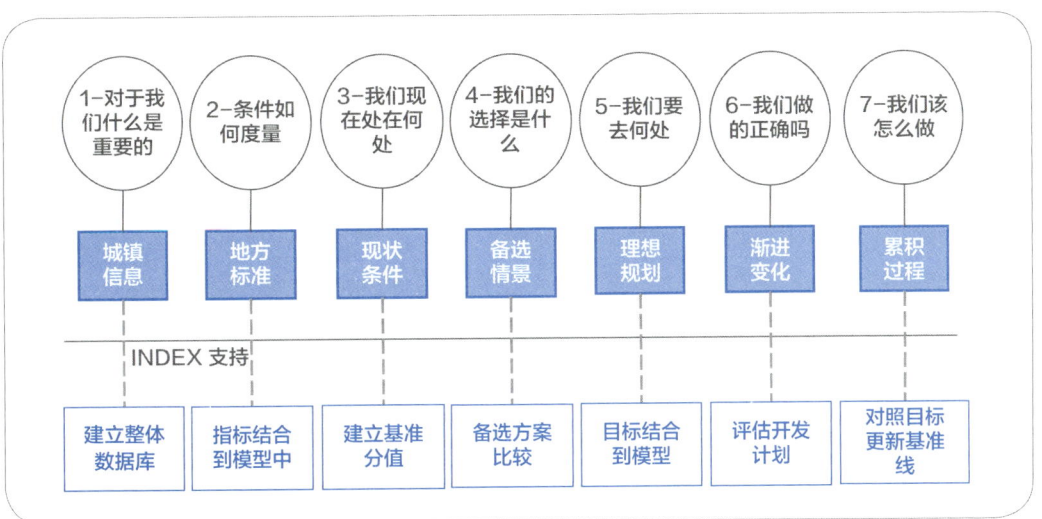

图 4-6 城乡指标 INDEX 系统的基本结构
资料来源：作者自绘

土地使用是一种复杂的现象，构成土地使用系统的两个基本要素——土地和土地上的活动，都是动态变化的。系统是认识这种复杂现象的科学方法，土地使用管理系统是这种科学方法的延伸，直接观察到的并体验到的是土地使用管理制度。所谓科学体系是多样化制度背后的目的、原则运作机制等稳定的不变的因素，掌握知识就是认识到这些不变的因素。然而每个人工作实践都处于现实社会之中，直接管理的是法律、政策、规划和技术标准等实践性准则知识。

土地使用管理的根本动因是土地使用活动的外部性影响，而管理的目标是克服负外部性并鼓励正外部性。克服土地使用过程的负外部性是一种公共事务，处理公共事务通常是公共机构，由于社会权力体系的配置差异，公共机构的权力不同。某些情况先将土地使用管理的权力直接赋予公共机构，并由公共机构作出决策，但是任何公共机构都可能出现异化的趋势。为此，出于对公共机构的不信任，就将管制权利赋予规划、法规等基于公众达成的协议，从管制向规制转型。然而，法律规则是基于已经出现的土地使用行为及影响，而土地使用规制需要面向未来的发展，机构和组织管理具有相当的灵活性和弹性，从理论而言，没有哪一种管制主体是完美无缺的，现实的制度通常是混合的管理方式。管制的方式作为管制主体的工具与管制主体密切相关，政府等公共机构的管制通常采用政策或规划形式，区划等规制性管制一般是将管理目标要求转化为法律条文，公共机构类似警察的职能——维护法律权威。管理的目的通常可以转译为具体的物质空间形态，因此可以通过土地开发和建设标准和规范直接限定土地开发的结果，土地使用及开发标准成为土地使用管制的必不可少的辅助工具，无论哪种制度形态的土地使用管理都呈现混合的特征。

我国的土地使用管理系统比较复杂，理论层面与现实状态反差比较大。第一，尽管法律规定的土地使用的管制主体是中央政府，但是多层级的政府和多部门参与管理使得管制主体和管理职能都非常模糊；第二，管制手段比较混杂，政策、规划、规范和标准都是服务部门管理工作，呈现较大的部门差异，究其根本是对土地使用管理系统的科学性认识不足。其认识的不足主要体现在以下三个方面：第一是名词术语没有清晰准确统一的定义，诸如土地开发、使用与用途等基本概念不统一，以此建构的政策文件容易产生歧义；第二，基本概念和基本概念关系不准确，导致没有统一的理论体系；第三，支撑政策法规的技术规范和标准不统一，比如土地使用现状分类与城乡规划的用地分类不一致，没有统一的技术体系，这些问题属于科学的范畴，而不是实践的范畴。

许可证和审批事项的规则与行为规范，以及与审批相关的规则规范属于管理实务的范畴，是具体规则的实用知识，而组织这些规划工作的是原理和原则性的知识，我国的土地使用管理的实体文件、政策或法规知识比较繁杂、琐碎。本章的知识梳理试图以管理体系为框架，以国内外典型制度为参照，为这些碎片化的知识建立体系化的背景，将感性的知识置于理性的抽象的结构之中，帮助建立比较全面整体的知识框架。

关键术语

土地使用治理、土地使用管制、土地使用分区、土地使用规划、规划许可、用地审批、土地信息系统、土地使用管理系统、土地使用指标

思考题

1. 土地使用管制有哪些工具？
2. 土地使用管理的决策如何在功能相连的管辖区（例如大都市区）和跨尺度（国家、地区、地方）之间进行协调？
3. 在复杂多变的外部环境下，土地使用管理如何保持灵活性与弹性？

参考文献

[1] 周剑云，戚冬瑾.中国城市规划法规体系[M].北京：中国建筑工业出版社，2007.
[2] 巴里·卡林沃思，文森特·纳丁.英国城乡规划（第14版）[M].陈闽齐，周剑云，戚冬瑾，等，译.南京：东南大学出版社，2009.
[3] 郝娟.西欧城市规划理论与实践[M].天津：天津大学出版社，1997.
[4] 周剑云，戚冬瑾，译.1997昆士兰州整合规划法[M].广州：华南理工大学出版社，2019.
[5] 菲利普·伯克，戴维·戈德沙克，爱德华·凯泽，等.城市土地使用规划[M].吴志强译制组，译.北京：中国建筑工业出版社，2009.
[6] 朱喜群.论政府治理工具的选择[J].行政与法（吉林省行政学院学报），2006（3）：39-41.
[7] 周剑云，戚冬瑾.从规划语言学层面再认识城市用地分类体系[J].城市规划，2018，42（10）：34-41.
[8] 王卉.香港用地分类和用途管控的方法和借鉴[J].建筑与文化，2017（7）：211-213.
[9] CUEVAS G, MAS J. Land use scenarios: A communication tool with local communities [M] // PAEGELOW M, OLMEDO MTC. Modelling environmental dynamics. Berlin: Springer-Verlag, 2008.
[10] NEL V. Land-use management system as a tool towards achieving low-carbon cities in South Africa [J]. Town and Regional Planning, 2011 (58): 1-4.
[11] PICKARDT T, WEHRMANN B. Land use planning concept, tools and applications [M]. Eschborn: Deutsche Gesellschaft für Internationale Zusammenarbeit (GIZ) GmbH, 2011.

第 5 章

国土空间使用权分类配置与管理体制

■ **教学要求**

本章主要探讨国土空间使用权分类配置与管理体制。首先，明确土地使用是专业术语，梳理土地使用与国土空间使用的关系，并分析国土空间使用的基本特征。同时，回顾我国土地制度的历史沿革，对先秦时期至新中国成立后的变化进行阐述。其次，重点讨论国土空间使用权的配置，包括分类土地使用权制度及相关权利，了解国土空间使用与管理的目标、原则、核心事项、管理机构及其职能。再次，了解国土空间使用管理分类有关术语、框架和关键环节，结合中国国情学习理解国土空间使用管理的工具。最后，以广东省和北京市为例深入学习国土空间规划"一张图"系统的实际建设和应用拓展。

导言

土地使用管理与土地使用权利配置密切相关。由于历史的原因，我国依照部门管理的方式分类设置土地使用权，并形成土地使用分类管理的规划体制。尽管国土空间规划体系建构整合了政府部门的空间管理职能，但是土地及其空间的分类是客观的，基于土地分类的土地使用权制度也是历史给定的。因此，土地使用分类和土地使用权利的分类，以及据此建构的规划管理体制，成为认识国土空间规划知识的核心。

分类，就是按照种类、等级或性质对事物进行归类。分类是一种行为或过程，根据既定的标准系统地安排分组或划归类别。分类的组别与既定的分类标准及其分类目的有关。认识事物的分类方式与管理事物的分类方式不同，管理事物的分类是在认识事物分类基础上的综合。管理在本质上也是一种分类活动，分类的目的是便于管理。分类管理是指将事物分门别类，针对不同的分类，适用不同的或是类似的管理方法进行管理。分类管理有助于我们更好地利用知识，更快地获得信息。

土地使用系统有两个基本要素：土地和土地使用活动。认识土地的方法是分区，即依据土地使用活动一致性原则将土地划分不同的区域。认识土地使用活动的方法则是对使用土地的活动进行分类，比如居住活动、商业活动、工业生产活动、工业活动等。土地使用系统的认识结果，就是将使用活动分类与特定的土地区域结合，形成土地使用分区现状图。然而，土地分区的标准与土地使用活动的标准都是既定的，并且是基于认识土地使用系统的目的，这种分类标准不一定适用土地使用系统的管理。

从土地使用系统的角度来看，土地使用管理系统即土地使用控制系统。那么，管理的对象就是土地和使用活动这两个要素。然而，土地是自然给定的物质状态，如果将管理视为某种程度的干预，那么管理活动本身就是在改变土地物质形态。土地使用活动作为管理的对象，管理的目标是什么？如果管理的目标是"保护"（即将土地维持在某一个状态），那么管理就是防止改变的一种活动。广义的土地使用管理包含对土地形态的某种程度的干预，而使用管理目标中又隐含防止土地改变的行为，那么土地使用管理活动既包含改变土地的行为，又包括防止土地形态改变的行为。土地使用管理行为的目标需要严格的定义，否则就会陷入概念上的混乱。狭义的土地管理则主要指对土地使用权的管理和控制。

土地使用管理的对象应该是土地使用活动及其产生的后续效应。由于土地使用活动具有外部性，土地使用管理的目的是防止负外部性，也就是防止土地使用活动产生的不良影响。在管理过程中，事前厘定不良土地使用行为范围是极其困难的，因为土地使用行为本身就难以界定，加之土地使用行为会产生多尺度的影响，比如工业排放可能导致全球气候变化，这种影响判断在具体使用活动管理中难以决策。根据过往经验，具有明显负面影响的开发项目可以被明确识别。值得注意的是，任何土地使用活动都会产生外部影响，正面影响和负面影响的区分有时是互相矛盾的，比如在居住区内设置一个商店，它可能方便周边居民的生活，也可能因人流聚集而带来嘈杂的环境，那么商店的影响就与居民生活习惯和接受程度有关，难以设定统一的标准。

既然管理的目标是防止使用活动产生不良影响，那么就存在两种基本的管理类型：第一种是管理土地使用行为，根据土地使用的影响效应和程度实施管理，这种管理通常称之为"开发许可"管理；第二种管理方法是划定土地分区并制定土地使用规则，符合土地使用规则就可以直接在规定的分区内开展活动，这种管理方式称之为"分区管制"。

然而，面对可持续发展的目标需求，土地使用管理的目标已不仅限于防止负面影响，还包括落实规划目标。实现规划目标的一个方面就是改变现状土地使用状态，使之与规划目标相契合。如果将规划目标转化为土地使用的规则，分区管制作为事先设定的规则，便成为实施规划目标的有效管理工具。可见，土地使用管理承担了防止土地使用产生的不良影响和落实规划目标的双重职责。

土地使用管理分类主要是根据管理对象所建立的管理方法而分为"开发许可"和"分区管制"两种基本类型，现实管理制度往往采用的是这两种基本类型的混合模式。

国土空间使用与管理是土地使用管理的拓展，作为新的政策术语，它可能承载着一种新的愿景和目标，但其核心对象仍包括土地使用与管理，并且也是在土地使用与管理的基础上发展而来。国土空间的概念与英文"land"的领土含义一致，也与联合国粮农组织的"土地"定义一致，因此，基于土地使用管理的知识体系可作为国土空间使用与管理知识体系的背景和框架。

我国在清末民国初期借鉴欧美国家建立了现代国家的治理结构。1949年后，我国施行土地全民所有和农村集体所有的土地制度，并在此基础上为推动社会主义的城乡建设而逐渐形成涵盖城市、乡村、农业、林业、草原牧业、海洋渔业和海事管理等多个领域的专业化部门管理体系，同时建立中央、省、市、县、乡镇五级分层治理结构。1978年改革开放后，"土地公有与科层治理"既是改革的基础，也是改革的对象。其中，极具革命性的变革是宪法在土地所有权中区分出"使用权"，并且实行土地有偿使用制度。土地有偿使用改革以部门的科层治理为基础，使用权的内涵及其管理也基于部门管理的规章，以土地分类为基础的部门专业治理成为国土空间使用与管理的基础，也是国土空间规划体系改革的重点。国土空间规划体系旨在成为跨部门、跨领域的综合协调治理工具。

本章从土地使用与国土空间使用的关系出发，辨析国土空间使用分类与管理若干核心概念，为读者搭设从土地使用知识体系向国土空间知识体系的桥梁。

5.1 土地使用与国土空间使用

国土空间使用是一个新的专业术语,目前尚无统一的定义。关于这一术语,孙施文进行了系统阐述,他认为,国土空间使用就是人类对国土空间的自然要素进行改造和利用的行为和方式[1]。国土空间的现状格局,既是客观实存,也是过往人类对国土空间使用的结果。所有的空间使用都是人类为了满足自己的需求,以自己的价值诉求和改造能力来达成对自然环境的利用,都是有目的行为。城镇、农业及农村地区等都是人类以不同程度、不同方式改造自然,并不断细化使用方式的成果。即便是自然环境的保护,也同样是人类对自然空间的一种使用方式。在当今地球上,已经没有什么地方是人迹罕至、人类所不能改造的了。因此,森林草原、沙漠戈壁、高山峻岭、江河湖海、无居民海岛等空间之所以还能够以相对自然的状态继续留存,也是人类主动或被动的选择结果。从这个的角度来说,人类的空间使用行为包括了保护、开发、利用、修复、治理等主要类型,在每一种类型中,不同的针对对象即国土空间的不同构成要素,存在多种的使用方式。

5.1.1 土地使用是既有专业术语

土地使用或土地利用和土地占有存在密切联系,没有占有就无法使用,而占有的目的是使用土地。土地使用是人类通过与土地结合获得物质产品和服务的经济活动过程,在这一过程中人类与土地进行物质、能量、价值、信息的交流、转换。土地使用是个技术问题,是对空气、土壤、水分、地形、生物等多种自然因素综合体的利用,如果人类掌握的科学技术水平高,则对这些因素的认识程度就高,利用时所采取的手段、措施也就越恰当,取得的效果就越好。土地使用同时还是一个经济问题,土地和其他生产要素一样,在利用中必须遵循一定的经济规律,才能取得良好的经济效益。

土地使用是一个动态概念。人类最早对土地的利用是直接从土地上获取野兽、植物果实等食品。随着人类社会分工和原始农业的产生,人类开始通过播种、收获等农业活动获得粮食等农产品。人们常说的土地使用已经是土地开发、利用和保护的综合行为。

---

1. 孙施文. 国土空间规划的知识基础及其结构[J]. 城市规划学刊, 2020(6): 11-18.

5.1.2 国土空间土地使用与土地使用的关系

孙施文认为，空间使用通常以土地使用或土地利用来表达，毕竟土地是所有人类活动的载体，也是空间的基底，空间使用都是以土地使用为基础的[1]。但二者还是存在区别，土地使用往往是指地块上具体承载的实体，强调的是物的被用及其物质性的存在。空间使用反映的是人的使用方式及其行为，是人在空间活动的反映。从另一个角度看，土地使用注重功能，空间使用更注重关系，这就如同"住宅"和"居住"不同一样。

在国土空间规划体系中，总体规划层面以空间使用的组织为主，详细规划层面则将空间使用落实到土地使用的安排上。国土空间土地使用包括空间使用和土地使用，但在用途管制和规划许可上有所不同。区域性的用途管制以空间使用为主即把控的是主体功能实现的空间关系，而不是以功能类别来制定大量的准入规则，规划许可则可以土地使用作为管制依据，但土地使用的分类应当按照空间使用的特性进行，从而达到土地使用的兼容要求[2,3]。

国土空间土地使用为土地使用提供宏观框架下具体的操作和实施途径，并反馈给国土空间规划，进而进行调整和优化。

5.1.3 国土空间使用的基本特征

1. 动态性

在国土空间规划中，国土空间要素不仅直接指向自然生态要素，还包括人口、产业、交通、文化等社会经济要素，是特定地域空间内过去、现在及未来各种人类活动、生物和非生物要素的总和，兼具自然单元、人文单元的要素组合特征，并强化自然要素与人文要素的耦合关联[4]。因此，国土空间的非实体形态包含社会形态、政策法规、文化与历史等方面，这些是无法直接接触但对空间使用和管理起到重要作用的概念。

---

1. 孙施文. 国土空间规划的知识基础及其结构[J]. 城市规划学刊，2020（6）：11-18.
2. 伊丽莎白·A. 席尔瓦，帕齐·希利，昆尔·哈里斯，等. 规划研究方法手册[M]. 顾朝林，等，译. 北京：中国建筑工业出版社，2016.
3. SILVA E A, et al. The routledge handbook of planning research methods[M]. London: Routledge, 2015.
4. 郝庆，彭建，魏冶，等."国土空间"内涵辨析与国土空间规划编制建议[J]. 自然资源学报，2021，36（9）：2219-2247.

2. 客观规律性

人的行为和社会发展自有其规律，但这规律是在人的主观能动性以及群体性的文化意识、社会规则等的作用下形成的总体性特征，这种总体性特征具有一定的客观性，这也是一系列的社会科学研究的基础[1,2]。在空间使用中，为了适应空间使用活动的需要也会有要求改变空间、改造空间的需要，这就涉及对自然状况的认知以及相应的工程学要求[3,4]。

3. 外部性

任何的空间使用都有外部性，既有正外部性也有负外部性。一块土地的具体用途或使用方式，并不完全由其自身决定，而是需要在与周边的关联中进行判断，这就是空间关系，是在规划中需要重点关注的方面。而就各类使用本身而言，也同样需要依赖于周边地区使用的外部性。

各类使用方式，由于其核心的使用类型不同，所面对的空间对象不同，其所需要的条件、所采用的方式也是不同的。对于保护、开发、利用、修复、治理等任何空间使用方式而言，都是一个与特定区域之外发生紧密关联的系统性工程。即使是原始森林的保护，也涉及周边各类污染的防治及其影响，如空气污染、酸雨、污水流入、外部地下水过度抽取导致的地下水位下降、外来物种入侵和虫害，等等。而对于像生态修复、耕地修复、国土治理、流域治理等，不仅其自身的修复和治理要求、方式不同，其外部的要求和产生的影响也更为复杂多样。

5.2 我国土地制度的历史沿革

5.2.1 先秦的土地制度

1. 周朝六官制度下的土地管理

先秦鼎盛时期的周王朝设有六官，其中，地官司徒负责均分土地、区别各地

---

1. 斯蒂文·M.卡恩，斯蒂芬·P.特纳，保罗·A.罗思. 社会科学哲学[M]. 杨富斌，译. 北京：中国人民大学出版社，2009.
2. CAHN S M, TURNER S P, ROTH P A. The blackwell guide to the philosophy of the social science[M]. Wiley-Blackwell，2003.
3. 菲利普·伯克，戴维·戈德沙克，爱德华·凯泽，等. 城市土地使用规划[M]. 吴志强译制组，译. 北京：中国建筑工业出版社，2009.
4. BERKE P R, et al. Urban land use planning[M]. 5th ed. University of Illinois Press，2006.

产物、划分土地等级及制定赋税征收办法。为了协助大司徒的工作，还设立了小司徒一职，小司徒负责掌管全国土地和户口，确定各地应征收的赋税定额。地官司徒的下属部门中，载师掌任土之法，负责土地分类、等级划分、制定赋税；同师则掌管中央及四邻的人民、六畜数量；遂师负责按时登记各家人口的变化；廛人掌管房屋；渔人、角人、羽人、委人、司葛、司关等，分掌山泽之赋的征收和管理。

2. 井田制度

井田制出现于夏王朝，在商朝至西周时期盛行，其特点是将土地划分为"井"字形的方块以供耕种。这一制度不仅反映了当时社会的经济结构，也体现了权力分配和社会等级的复杂关系。

井田制的"井"字有两层含义，一是指将土地划分为"井"字形的九个方块，每个方块为"一田"，由一家农户耕种，面积约为100亩（约合今10亩，即约6666.7平方米）；二是指灌溉单位，八家农户共用一口井，纵横相连的九块田合称为"一井"，以一井之水灌溉"一井"之地。这种独特的土地划分方式不仅方便了农业生产的管理，也体现了当时社会的等级结构和权力分配。

在井田制下，土地被统治者分为三类：公田、国人田和庶人田。公田是位于河流附近、背山向阳、地势平坦的质量最好的土地，由奴隶集体耕种，收成全部归统治者所有；国人田位于城市郊区，分给统治者同族的普通劳动者耕种，他们住在"国"（即城市）内，需要承担军赋和兵役等义务；庶人田则分给住在距离城市较远的野外庶人耕种，这些土地多为土质瘠薄的土地，庶人需要在为统治者耕种公田并服其他杂役后，才能去耕种自己的土地。

井田制对我国奴隶社会的经济和社会产生了深远的影响。首先，它为社会提供了稳定的农业生产基础，保证了粮食的供应和国家的稳定；其次，井田制也体现了当时社会的等级结构和权力分配，反映了统治者对土地与劳动力的控制。最后，井田制还促进了农业技术的发展和进步，为后来的封建社会奠定了坚实基础。

然而，伴随着社会发展及技术进步，井田制逐渐瓦解。春秋晚期，铁器的使用和牛耕技术的推广极大地提高了生产力，使得农业生产不再完全依赖于人力。同时，私田的开垦和耕种也需要大量的劳动力，而奴隶制已无法调动生产者的劳动积极性。因此，一些顺应新形势的贵族开始改变土地制度，扩大地亩而不增税额，以此来吸引劳动力。这种变化导致奴隶们纷纷逃离公室而投奔私门，封建依附关系开始逐渐产生。

5.2.2 秦至明清时期的土地制度

1. 土地管理机构与职能

秦之后，土地管理开始由中央机构和地方机构共同负责。对土地的管理充分体现了的中央集权制的特征。在秦朝，土地由掌管财政的治粟内史负责，少府则掌管山海池泽之税；及汉朝，治粟内史的职责被大司农所继承；隋时，土地由六部中的度支部（后改为户部）管理，其中，左户掌管全国户籍，右户掌管全国的公田和私田所收的田租及户调；唐朝时，户部成为掌管全国土地、户籍、赋税、财政收支等事务的核心部门；宋朝在户部下分左右曹办事，左曹负责土地登记、税赋征收等，右曹负责土地改良、政策制定等；至元、明、清，均沿用户部管理土地的制度。然而，到了光绪三十二年（公元 1906 年）户部改民政部，另设度支部负责财政工作。度支部田赋司掌管土地财赋及八旗内部庄田地亩。在地方行政管理层面，则设有与户部相对应的土地管理机构，由县令直接负责以掌控本区域人户及地产情况，保证徭役的摊派及赋税的征收。

2. 土地制度与户籍制度

秦汉与三国时期，土地制度和户籍制度相伴相生，制度的变化过程反映了社会经济和政治的发展变化。秦献公推行"为户籍相伍"政策，旨在记录和管理人口信息，为税收和徭役的分配提供依据，标志着户籍制度的初步建立。秦始皇在公元前 216 年推行"令黔首自实田"政策，允许百姓上报自己的土地情况，从而在全国范围内推行土地私有制，这是土地制度的重要变革，标志着土地从国有向私有的转变。

汉朝在沿用秦朝的土地和户籍制度同时进行了一些调整，土地原则上归国家所有，但实际上可以自由买卖，形成土地私有制。这个时期土地买卖成为一种常见的社会经济现象，同时，政府通过户籍制度管理人口，按人口数和户数来分配和计算税收及徭役。西汉中后期，土地集中问题日益严重，豪强庄园势力日益强大，导致大量自耕农破产，沦为佃农。而后，东汉光武帝为了查清土地面积、保证税收，进行了历史上第一次全国性的土地丈量，但土地和财富进一步集中在地主阶级手中的趋势已经难以逆转，社会矛盾加剧，间接导致了三国局面的形成。

三国时期普遍实行屯田制，分为民屯和军屯两种形式。民屯将流民和军属组织起来进行农业生产，军屯则由军队进行屯田。这一制度有效地利用了生产资源，解决了军粮供应问题，对三国时期的军事和政治格局产生了重要影响。曹魏末年，因屯田制对统治者来说已经无利可图，司马炎宣布废除屯田制，标志着这一制度在曹魏的终结。

晋唐时期，土地制度依附于户籍制度，税收和徭役的分配主要基于人口和户数，这个时期主要采用"占田制"与"均田制"。西晋实行占田制，是指国家准许个人占有的土地数量：一是对百姓，普通百姓男子占田七十亩，女子占田五十亩；二是对官员，官职从一品至九品可占田十顷至五十顷。北魏孝文帝改革实行均田制，改"占田"为国家授田，分露田和桑田两类：露田在年满七十时还官，桑田可作为私田不必还官。均田制在一定时期内使农业十分繁荣。唐朝沿袭并发展均田制，规定不同身份的人（如百姓、官员、贵族、道士、和尚等）可以分到的永业田和赐田数量，以及土地买卖制度。贵族官僚的土地可以自由买卖，百姓的永业田可以有条件买卖。均田制使得一大批无地或少地的农民得到土地，成为自耕农，稳固了执政之基，保证了赋役来源，同时，肯定了土地所有权和占有权，减少田产纠纷，有利无主荒田开垦，对农业生产恢复发展起了积极作用。均田制时期开始出现典权，土地产权人通过订立典约将土地典与他人，政府通过立契收税来管理土地的典卖。均田制后期，开始出现土地租佃关系，这是以地主土地私有制为基础的一种经济关系，以租佃契约来管理。唐朝中后期，随着私有土地的增多和土地分配不均的问题加剧，政府不得不对土地和税收政策进一步调整，"两税法"开始实施。

宋元时期，土地制度地位逐步提升，与户籍制度同等重要。这个时期私有土地日益发达，土地分配日益不均。鉴于土地弃耕撂荒现象严重，政府实行"计丁授田"政策，将以丁男为对象的租庸调税制度改为以丁和土地为对象的两税法（每年夏、秋两次收税）。"计丁授田"，即把所有农田，按上品、中品和下品三个层次授给私人耕种，并按照授田面积征收税赋，以增加国家财政收入。在"授田"制度下，国家和皇室仍保有大量土地，致使土地兼并日益严重，南宋时期不得已又开始实行"限田"制度，通过法令限制土地的大量占有。元朝时期，继续沿用类似的土地政策，将土地分为官田和民田两种，同时也有土地买卖和集中的现象，但战争连绵导致土地荒芜现象加剧。

明清时期，土地制度愈加重要，地籍制度逐步成为征派赋役的主要依据。这一时期土地仍被划分为官田与民田两大类，民田又进一步细分为地主土地所有和农民土地所有。为了有效管理土地、确保税收的征收以及维护土地所有权的稳定，明洪武二十年（公元1387年），政府命令各州县分区编制鱼鳞图册，详细记录每一块土地的信息，这些图册一式四份，分别存放在各级政府，成为征税的重要依据，也为土地所有权的保护提供了有力支持。明末清初开始实施"摊丁入亩"制度，结束了地、户、丁等赋役混乱的现象，完成了人头税并入财产税的过程。"摊丁入亩"制度征税的对象是土地，按实际收成和比例纳税的方式，有力地推动了农业生产的发展，同时，因隐藏地比隐藏人困难，"就地问粮"比"编审户则"简便，避免了逃避税赋的现象也降低了无地农民的税负，促进了税收公平。另外，因无地少地的农民摆脱了丁役负担，不再被强制束缚在土地上，进一步松弛了农民对封建国家的人身依附关系，对当时的社会经济特别是对资本主义萌芽的发展，起到了积极作用。

5.2.3　民国时期的土地制度

国民政府于1924年提出：农民之缺乏土地沦为佃户者，国家当给以土地，资其耕作。孙中山还明确提出了"耕者有其田"和"地尽其利，地利共享"的土地主张，强调要通过规定地价、照价征税、照价收买和涨价归公等办法实现平均地权。包括减租减息在内的多项改革措施，旨在减轻农民负担，提高农业生产积极性。国民政府于1930年制订和公布了第一部土地法《中华民国土地法》，尽管法律在名义上规范了土地的所有、使用、收益等事项，但实际操作中收效甚微。

相比之下，新民主主义革命时期的土地制度发生了根本性的变革。1927年冬，在中国共产党领导的农村革命根据地开始实施土地革命；1927年至1937年，各革命根据地都先后颁布了土地法令，废除封建半封建的土地所有制。1931年春，已基本上形成了一套明确的土地革命政策，主要内容是：依靠雇农、贫农，联合中农，限制富农，保护中小工商业者，消灭地主阶级，将封建半封建的土地所有制转变为农民的土地所有制。抗日战争时期，为了团结一切可以团结的力量共同抗日，中国共产党在土地政策上作出了调整，实行减租减息政策。1947年，随着《中国土地法大纲》的颁布实施，土地改革运动进一步深入开展，废除了封建性及半封建性剥削的土地制度，实行"耕者有其田"的土地制度。

5.2.4　新中国成立后的土地制度

1. 土地改革

新中国成立初期的土地制度主要任务是进行土地改革。1950年，《中华人民共和国土地改革法》颁布实施，废除地主阶级封建剥削的土地所有制，实行农民的土地所有制。至1952年年底，除西藏和其他一些少数民族地区以外，全国大部分地区基本完成土地改革。这个时期，查清土地亩数和产量是土地管理的重点工作，完成了分配土地、合理负担农业税、颁发土地证以及处理土地改革中的特殊问题。同时，提倡精耕细作、改善灌溉条件，打破分割管理状况，建立以水系为基础的统一管理的模式。1953年起，我国开始推进农业社会主义改造，以农村土地集体所有制替代农村土地私有制，这一过程历经三个阶段：首先是农业生产互助组阶段，以土地和其他生产资料仍属于农民私有为基础，党组织农民以成立农业生产互助组，以克服农业个体经营的分散性；其次是初级农业生产合作社阶段，实行"集体劳动、统一经营"，土地和其他生产资料入股，依据按劳分配和按股分红相结合的原则分配获得收入；最后是高级农业生产合作社阶段，实行"统一经营、按劳分配"，农民个人的土地和其他生产资料无偿转归集体所有。这个时期，还开展了土地规划工作，改善了土地不合理利用状况，并进行城市规划试点。在农民所有的土地进行集体所有化的过程中，相关部门负责土地登记、权属转移和国家集体建设用地审批等业务。

2. 城乡二元的土地制度

改革开放后，城乡二元的土地制度基本确立。1979年以来，我国全面推行了联产承包责任制：初期，经历了不联产责任制—联产责任制—包产到组—包产到户—包干到户等多种责任制形态的制度变迁，基本形成了土地集体所有，农户家庭经营的格局；而后，土地承包经营期限被明确延长至15年不变；至2001年，《中共中央关于做好农户承包地使用权流转工作的通知》印发，明确提出农村土地流转的主体是农户，土地流转必须坚持依法、自愿、有偿的原则，确立了家庭承包经营的农地基本经营制度。此后，土地承包期限进一步被强调为实行30年不变、永远不变，农户家庭对土地经营权利的完整性也得到了进一步强化和稳定。与此同时，城市土地市场化改革也在同步推进。1979年颁布的《中华人民共和国中外合资经营企业法》首次以法律的形式明确了国有土地有偿使用制度，打破延续了将近30年的国有土地无偿使用制度，是土地使用制度根本性变革的开端。1988年《中华人民共和国宪法修正案》规定，土地的所有权可以依照法律的规定转让。1992年，在市场经济体制得到确立的背景下，全国各城市开始建立房地产交易所，各专业银行成立房地产信贷部。

3. 土地政策调控

进入21世纪以来，土地制度在调控市场与政府关系的过程中不断完善。2003年起，中央人民政府出台了一系列调控土地过度开发的土地政策，将土地政策纳入宏观调控体系。2013年，《中共中央关于全面深化改革若干重大问题的决定》的发布，标志着我国土地制度改革进入新的阶段，把建立城乡统一的建设用地市场作为加快构建现代市场体系的关键一环。2014年，我国开始实施农地产权的"三权分置"（即所有权、承包权、经营权分离），这是在坚持农村土地集体所有制前提下推进农村土地经营权有序流转的重要改革。同时，推进"三块地"试点改革，包括农村土地征收制度改革、集体经营性建设用地入市以及宅基地制度改革。2022年，党的二十大报告着眼于粮食安全这一国之基石，提出要牢牢守住十八亿亩耕地红线，逐步把永久基本农田全部建成高标准农田，同时，着眼于全面推进乡村振兴，深化农村土地制度改革，赋予农民更加充分的财产权益。

5.3 国土空间使用权的配置

5.3.1 分类土地使用权制度

我国是社会主义公有制国家，宪法明确规定，任何组织或者个人不得侵占、买卖或者以其他形式非法转让土地。1988年，为建立社会主义市场经济，我国对土地所有权与土地使用权进行了分离并规定了土地有偿使用原则，明确指出土地的使用权可以依照法律的规定转让。宪法没有定义和解释土地"使用权"内涵，而是授权通过"制定法律"来确定土地使用权。

针对不同类别土地，我国以专项立法的方式确定了"使用权"的出让方式和使用要求。在《中华人民共和国物权法》（现已废止）中，我国土地使用权被归入"用益物权"章节下，而事实上，不同类别土地使用权之间存在明显不同。例如，国有建设用地使用权和集体经营性建设用地使用权不仅包括使用、收益，还包括开发、出让，这些权利几乎涵盖所有权中占有、使用、收益、处分全部四项权益，而其他宅基地、耕地、森林、草原、海域等自然资源使用权受到不同程度的用途与流转管制，形成了分类土地使用权制度。土地使用权分类的维度不仅仅在于资源要素差异，也在于使用权本身的性质与内涵，尤其是其中关于"开发"与"交易"的权利规定。

虽然法律中并未明确提及开发权的概念，但我国土地使用权制度与城乡规划体系的建立与土地开发息息相关。1987年，深圳土地第一拍开启了我国30多年来的大规模城镇开发建设浪潮。出于公共利益目的，地方政府有权出让土地使用权并赋予相应产权主体土地开发及使用的权利与义务，土地使用权出让必须依法进行。2008年，《中华人民共和国城乡规划法》确立了"总体规划－详细规划"两层次规划体系。从权利内涵角度分析，城乡规划体系的核心是对使用权中开发权内容的界定：总体规划划定建设用地边界，明确土地使用权中是否具有开发权，同时隐含着关于交易的规则确定，其本质是开发权的授予；控制性详细规划通过经济技术指标及附图作为具体土地开发规模与用途的依据，其本质是对土地使用权中开发权权利与义务的规定；开发主体行使开发权编制修建性详细规划，明确具体空间建设方案，其实质是对开发权利与义务的具象化。城乡规划体系本质上是对土地开发用途的管理与约定，通过规划明确土地开发的条件与边界。

2019年，我国城镇化率突破60%，城镇发展逐渐由增量阶段转向存量阶段，过去快速城镇化带来的弊端如耕地侵占、生态破坏等日益凸显。在生态文明建设要求下，国土空间规划提出，统筹"山水林田湖草沙"等自然资源，融合人、地、房等社会要素，构建全域全要素的空间管控体系。现有使用权和规划管理之间的关系，与过去城镇建设用地使用权与城乡规划管理体系之间的关系具有根本性差异，已经从以开发权为核心的土地使用权体系拓展到更广泛的资源使用权问题。

我国的土地使用权制度具有高度复杂性，并融合了多维度视角。城乡规划视角下，使用权的重心在于城镇建设用地的开发；土地管理视角下，使用权的重点在于耕地、农业的管理；资源管理视角下，使用权的核心在于自然资源的保护与利用。不同视角下规划管控制定的逻辑与重点存在不同。国土空间规划本质上是关于土地资源使用的规划，协调不同维度视角下规划之间矛盾冲突的关键在于建立统一的使用权制度。

5.3.2 与国土空间有关的财产权利分类

1. 使用权与财产

土地使用行为是由土地所有权或使用权等法律法规奠定基础规则，土地行政管理或是维护法律确定的规则，或是实施法律授予的规划实施的权力。我国宪法规定城镇土地归全民所有，农村土地归集体所有。土地使用制度跟随我国基本经济制度也分为两个阶段：计划经济和市场经济。计划经济时期，一切经济活动都遵循国家制定的国民经济计划，土地使用是经济活动的一个组成部分，按照计划无偿划拨使用，计划是土地使用和管理的依据。市场经济时期，为吸引外资和提高土地使用效率，区分土地所有权和使用权，并且以有偿出让和转让使用权的方式来满足社会发展需求，提高土地使用效率。为配合市场经济的发展，我国推出一系列的有关土地使用权的法律文件，并建立以部门专项管理为主的土地使用管理制度，在国土空间规划体系建构之前，基本形成按照土地类别分散设置土地使用权，部门分割管理且存在交叉重叠现象的管理格局。针对这种情况，国土空间规划体系通过"五级三类"的规划体系建构全域、全要素的统一土地使用管理制度。目前，我国已经开展多层次的国土空间总体规划实践，但是基本法律制度和使用权力格局还没有改变。

通过30多年的实践，我国基本建构了以"土地使用权"为核心的土地使用管理制度。自1988年宪法设立土地使用权后，首先确立城镇建设用地的使用权，完善农村土地的承包权，推进了草原、海域、林地和矿产使用权的设置与发展，形成比较完整的土地使用与管理制度。部门立法以土地分类的方式分别设置使用权，其中使用权的内涵差异较大。《中华人民共和国物权法》对土地使用有关的权利纳入用益物权的框架进行统一的规范和解释，《中华人民共和国民法典》对物权立法进一步完善和发展。从财产角度认识国土空间的使用有助于建立清晰完整的知识框架。

2. 财产权的基本分类

按照财产特征，国土空间的财产可区分为动产和不动产。动产资源包括野生的动物资源和鱼类，养殖的生物，行政批准的可以采伐的林木、草药、矿产等，其使用属于自然资源使用，被纳入"土地消耗"的范畴。不动产资源的法律规定则比较复杂，就其本质而言，国土空间本身就具有不动产性质，但是针对国土空间复杂的构成或多元的利益关系，为实现特定的土地使用目标，法律建构了复杂的权利关系，主要包括：集体土地所有权和房屋及建构筑物的所有权、森林和林木的所有权；建设用地使用权、海域使用权、宅基地使用权、探矿权和采矿权；耕地、林地和草地的承包经营权；地役权和抵押权等财产权利体系。其中，建设用地具有开发权，但是处置的权利在国有建设用地和集体建设用地方面存在差别，特别是宅基地，仅限于集体组织中的农民个体使用；承包经营权类似罗马法意义的用益物权，就使用行为的特征而言属于土地利用的范畴，但是耕地、林地和草原的具体内涵也不一样，就耕地而言，不仅需要保证农业使用，还要保证种粮，有最严格的耕地使用管理制度。

土地使用行为包括消耗、利用和开发，使用权力的设置也同样包括资源消耗、土地利用和土地开发三种类型，详见表5-1。因此，从土地使用的行为和权利内涵梳理繁杂的部门管理规定，可以建立比较清晰的知识脉络[1]。

表 5-1 三种土地使用行为的特征

土地使用	土地作为资源被消耗	土地作为资源被利用	土地作为承载空间被开发
土地的概念	物理的土地	物理的土地	物理的土地
	土壤、陆地、地表	土壤、陆地、地表	土壤、陆地、地表
	物质的土地	物质的土地	物质的土地
土地概念的特征	实体的	实体的	抽象建构的
依据特征	物理的	物理的	功能的
资源类型	自然资源	自然资源	空间、承载
如何被使用	使用土地是消耗物质的过程	使用土地是消耗与投入的动态平衡	使用土地是空间利用的过程
管理范畴	采矿、取水、渔业捕捞	农地使用、林地使用、渔业养殖	建设用地使用
规划学科范畴	矿产管理、水资源管理等自然资源管理	土地管理	城市规划

资料来源：苏章娜，周剑云. 土地使用的概念及其术语渊源的辨析［J］. 城市规划，2023，47（6）：20-29.

5.3.3 土地资源消耗与相关权利

土地作为资源被消耗时，土地使用的过程是人从土地中获得物质、消耗土地的物质实体部分的过程，是一个纯粹索取、消耗，逐步资源枯竭的过程，例如采矿、取石、狩猎、捕鱼、汲水和其他资源的采用。此时物质的土地，是对土地这一事物的高度概括，其是否被利用取决于土地的物理性质、构成，土地作为自然资源库发挥着作用，涉及的权利客体主要是动产中的矿产资源和生物资源。针对采矿、捕捞等以土地消耗为特征的土地使用行为，其权能只包含了对土地中自然资源的有限取用。

1. 探矿权与采矿权

矿藏在未开采时属于不动产，因为其必须依赖土地而存在，并且由国家所有。矿藏被开采之后称为矿产，属于动产，所有权属于持有人。所有土地上的矿产资源

---

1. 苏章娜，周剑云. 土地使用的概念及其术语渊源的辨析［J］. 城市规划，2023，47（6）：20-29.

归国家所有，地表或者地下的矿产资源的国家所有权，不因其所依附的土地的所有权或者使用权的不同而改变。勘查矿产资源，必须依法登记。开采矿产资源，必须依法申请取得采矿权。

《中华人民共和国民法典》第三百二十九条规定，依法取得的探矿权、采矿权、取水权和使用水域、滩涂从事养殖、捕捞的权利受法律保护。除本条规定外，《中华人民共和国民法典》亦未再有涉及探矿权、采矿权的相关规定，但探矿权、采矿权的概念频繁出现在相关行政法规、规章及规范性文件中。如1994年《中华人民共和国矿产资源法实施细则》第六条对探矿权、采矿权作出了明确的定义：探矿权，是指在依法取得的勘查许可证规定的范围内，勘查矿产资源的权利；采矿权，是指在依法取得的采矿许可证规定的范围内，开采矿产资源和获得所开采的矿产品的权利。国土资源部2000年颁布的《矿业权出让转让管理暂行规定》第三条规定，探矿权、采矿权为财产权，统称为矿业权，适用于不动产法律法规的调整原则；依法取得矿业权的自然人、法人或其他经济组织称为矿业权人。

关于探矿权、采矿权属于公法权力还是民法权利，法学界基于不同的学术背景、学科视野和实践经验作出了不同的评价。就法律规定而言，《中华人民共和国民法典》关于"依法取得的探矿权、采矿权受法律保护"设置在物权编用益物权分编下的一般规定中，从法解释学的角度出发，可认为探矿权、采矿权的属性为用益物权。但值得注意的是，《中华人民共和国矿产资源法》第三条规定，勘查、开采矿产资源，必须依法分别申请、经批准设立探矿权、采矿权，并办理登记。同时，《中华人民共和国矿产资源法实施细则》第五条第一款规定，国家对矿产资源的勘查、开采实行许可证制度。勘查矿产资源，必须依法申请登记，领取勘查许可证，取得探矿权；开采矿产资源，必须依法申请登记，领取采矿许可证，取得采矿权。由此，在我国现行法律框架内，探矿权、采矿权是一种矿产资源用益物权，但其设立须经政府审批、行政许可，具有鲜明的公法属性。同时，作为矿业权物权凭证的矿产资源勘查许可证和采矿许可证，亦是国土资源主管部门作出行政许可的法律文书。由此可见，矿业权兼具民事物权和行政许可的双重属性[1]。

2. 取水权

水是基础性的自然资源，水资源自身具有的整体性与流域性、可再生性与稀缺性等特点，取水行为需要代表社会公共利益的政府公权力干预。《中华人民共和国

---

1. 杨立新. 中华人民共和国民法典条文要义［M］. 北京：中国法制出版社，2024.

水法》第四十八条第一款规定，直接从江河、湖泊或者地下取用水资源的单位和个人，应当按照国家取水许可制度和水资源有偿使用制度的规定，向水行政主管部门或者流域管理机构申请领取取水许可证，并缴纳水资源费，取得取水权。但是，家庭生活和零星散养、圈养畜禽饮用等少量取水的除外。《中华人民共和国民法典》第三百二十九条进一步规定依法取得的取水权受法律保护。取水权不动产登记是自然资源统一确权登记的重要内容，可以明晰产权，保障取用水户的水资源使用、收益权利。

我国水权理论尚未形成成熟的、具有普遍共识的理论体系。从取水许可制度以及水资源有偿使用制度的施行实践来看，水权的内涵、外延，以及《中华人民共和国水法》《中华人民共和国民法典》规定的取水权与有关生态文明规范性或者政策性文件中所涉及的用水权（常与排污权、碳排放权、用能权并列使用）等相关水权利的区分、关联等问题，亦均有待进一步明确。

3. 养殖权、捕捞权

从行为特征分析，养殖权是采用人工养殖的方式使用水域的权利，属于对水域的使用行为。养殖以水域为其权利客体，着重于对水域的利用和收益。捕捞权是捕捞野生鱼类的权利，属于对自然资源的消耗，然而使用水域从事捕捞的权利客体争议较大，与探矿权、采矿权、取水权的客体对象属于国有资源不同，我国的单行法并没规定渔业资源属于国家所有。

在我国的《中华人民共和国渔业法》中，养殖权和捕捞权均属于渔业权。2013修订的《中华人民共和国渔业法》第十一条指出，国家对水域利用进行统一规划，确定可以用于养殖业的水域和滩涂；单位和个人使用国家规划确定用于养殖业的全民所有的水域、滩涂的，使用者应当向县级以上地方人民政府渔业行政主管部门提出申请，由本级人民政府核发养殖证，许可其使用该水域、滩涂从事养殖生产。核发养殖证的具体办法由国务院规定。《中华人民共和国民法典》第三百二十九条则确认了养殖权、捕捞权的用益物权属性。

养殖权和捕捞权的内涵和权利客体、权利内容，以及法律归属与设定方面仍存在较大争议。

4. 生物资源与狩猎许可

《中华人民共和国民法典》第二百五十一条规定，法律规定属于国家所有的野生动植物资源，属于国家所有。野生动植物资源不仅是人类生产、生活的重要物质基础，还是重要的战略资源，该规定不仅有利于保护，也有利于合理、科学地利用野生动植物资源。野生动物所有权是独立性权利，不因野生动物生存或进入的土地、森林、草原、水域的所有权、使用权的权属不同而改变。《中华人民共和国野生动物保护法》设定的狩猎证属于行政许可，第二十二条规定，猎捕有重要生态、科学、社会价值的陆生野生动物和地方重点保护野生动物的，应当依法取得县级以上地方人民政府野生动物保护主管部门核发的狩猎证，并服从猎捕量限额管理。

5.3.4 土地资源利用及相关权利

在农业生产中，物质性的土地作为一种资源，在消耗与投入的平衡中、在不改变物质形态的情况下被利用：尽管生产的过程存在对土地中物质的消耗，然而为了长久可持续地使用土地、避免土地肥力耗尽，需要人不断地投入资源、维护土地肥力，例如施肥、改善土壤、引水灌溉等。在这个过程中，土地肥力可能达到平衡，甚至比之前更肥沃，土地利用可能达到更高的效率。与采矿等过程的区别在于，这一过程既存在消耗也存在利用，在向土地索取资源的同时，有一定程度的投入，是一个达到保持平衡和循环，甚至改善土地状况的过程。消耗与投入的平衡维持或强化了土地自然状态，施加其上的行为是为了更好地发挥土地的产出功能，而非叠加产生一种新功能。所谓土地利用可以定义为维持甚至强化某块土地的固有特征。土地利用相关权利的客体主要包括了耕地、林地、草地以及其他用于农业的土地，和土地利用有关的权利主要包括农地所有权、承包经营权、宅基地使用权、地役权等，其权能主要是维持土地用途和覆盖的利用。

1. 农地及自然资源所有权

《中华人民共和国土地管理法》第九条规定，农村和城市郊区的土地，除由法律规定属于国家所有的以外，属于农民集体所有；宅基地和自留地、自留山，属于农民集体所有。《中华人民共和国民法典》第二百五十条规定，森林、山岭、草原、荒地、滩涂等自然资源，属于国家所有，但是法律规定属于集体所有的除外。第二百六十三条规定，对于集体所有的土地和森林、山岭、草原、荒地、滩涂等，依照下列规定行使所有权：①属于村农民集体所有的，由村集体经济组织或者村民委员会依法代表集体行使所有权；②分别属于村内两个以上农民集体所有的，由村内各该集体经济组织或者村民小组依法代表集体行使所有权；③属于乡镇农民集体所有的，由乡镇集体经济组织代表集体行使所有权。

2. 承包经营权

《中华人民共和国民法典》规定，农村集体经济组织实行家庭承包经营为基础、统分结合的双层经营体制；农民集体所有和国家所有由农民集体使用的耕地、林地、草地以及其他用于农业的土地，依法实行土地承包经营制度。

土地承包经营权人依法对其承包经营的耕地、林地、草地等享有占有、使用和收益的权利，有权从事种植业、林业、畜牧业等农业生产。家庭承包的耕地的承包期为30年，草地的承包期为30~50年，林地的承包期为30~70年；耕地承包期届满后再延长30年，草地、林地承包期届满后依法相应延长。

发包方和承包方应当依法订立承包合同，约定双方的权利和义务。承包经营土地的单位和个人，有保护和按照承包合同约定的用途合理利用土地的义务。土地承包经营权人依照法律规定，有权将土地承包经营权互换、转让。未经依法批准，不得将承包地用于非农建设。通过招标、拍卖、公开协商等方式承包农村土地，经依法登记取得权属证书的，可以依法采取出租、入股、抵押或者其他方式流转土地经营权。

3. 地役权

地役权是按照合同约定利用他人的不动产，以提高自己不动产效益的权利。在地役权法律关系中，为自己不动产的便利而使用他人不动产的一方当事人称为地役权人，也叫需役地人，将自己的不动产提供给他人使用的一方当事人称为供役地人。因使用他人不动产而获得便利的不动产为需役地，为他人不动产的便利而供使用的不动产为供役地，即他人的不动产为供役地，自己的不动产为需役地。

根据《中华人民共和国民法典》，土地所有权人享有地役权或者负担地役权的，设立土地承包经营权、宅基地使用权等用益物权时，该用益物权人继续享有或者负担已经设立的地役权。土地上已经设立土地承包经营权、建设用地使用权、宅基地使用权等用益物权的，未经用益物权人同意，土地所有权人不得设立地役权。地役权不得单独转让。土地承包经营权、建设用地使用权等转让的，地役权一并转让，但是合同另有约定的除外。地役权不得单独抵押。土地经营权、建设用地使用权等抵押的，在实现抵押权时，地役权一并转让。需役地以及需役地上的土地承包经营权、建设用地使用权等部分转让时，转让部分涉及地役权的，受让人同时享有地役权。供役地以及供役地上的土地承包经营权、建设用地使用权等部分转让时，转让部分涉及地役权的，地役权对受让人具有法律约束力。

地役权内容常见有：通行地役权，即以在他人土地上通行以便到达自己土地为目的的地役权；有关水的地役权，即为了需役地的便利在供役地上取水、导水、排水的权利；放牧地役权，即按照约定在供役地上放牧牛、马、驴等牲畜的地役权。

在自然资源（如林地）生态公益与经济私益发生冲突时，国内有学者[1]建议引入公共地役权的概念。公共地役权指基于通讯、交通、军事、航空、城市规划、环境保护、文化遗产等公共利益的需要，而对不动产所有权人和使用权人的权利进行合理必要限制的一种特殊地役权。公共地役权作为国家对私有产权进行干预的一种设权途径，与土地租赁具有不同的法律属性，后者属于债权法律关系，前者属于物权法律关系，其物权效力可以使自然资源利用关系更加稳定，从而确保自然资源生态公益保障的可持续性。

5.3.5 土地开发及相关权利

土地作为承载空间时，土地使用是将空间的土地作为一个立足的承载空间，在其上展开活动，例如栖息、运动、游览、商业活动等。作为承载空间的土地，发挥的是土地承载活动的功能。土地可以且应该承载什么样的活动，与土地自身的物理属性无太大关联——作为活动的容器，只要它是"空"的即可——但与人类活动的空间关系有关。土地承载的概念是对土地功能认识建构起来的一种高度抽象的概念。此时土地作为承载空间被开发，让土地发挥承载空间的功能，是市镇地域范畴或城乡规划所建立的土地使用。所赋予的使用权实际上是一种开发权，它可以改变土地覆盖和土地用途。

1. 建设用地使用权

国家按照所有权与使用权分离的原则，实行城镇国有土地使用权出让、转让制度，但地下资源、埋藏物和市政公用设施除外。居住用地年限是70年；工业、教育、科技、文化、卫生、体育、仓储、综合或者其他用地年限是50年；商业、旅游、娱乐用地年限是40年。《中华人民共和国民法典》规定，住宅建设用地使用权限期间届满的，自动续期。非住宅建设用地使用权期间届满后的续期，依照法律规定办理。该土地上的房屋及其他不动产的归属，有约定的，按照约定；没有约定或者约定不明确的，依照法律、行政法规的规定办理。

---

1. 黄胜开. 林地资源经济价值与生态价值的冲突与协调：以公共地役权为视角[J]. 理论月刊, 2018（8）: 138—144.

《中华人民共和国城乡规划法》以城乡规划管理建设用地使用权，实施许可证管理模式。其中国有建设用地使用权采用"一书两证"许可制度，即选址意见书、建设用地规划许可证、建设工程规划许可证。该法还特别强调了控制性详细规划作为核发许可制的法定前提，包括针对划拨土地城市、县人民政府城乡规划主管部门依据控制性详细规划核定建设用地的位置、面积、允许建设的范围，核发建设用地规划许可证；针对出让土地，在国有土地使用权出让前，城市、县人民政府城乡规划主管部门应当依据控制性详细规划，提出出让地块的位置、使用性质、开发强度等规划条件，作为国有土地使用权出让合同的组成部分。未确定规划条件的地块，不得出让国有土地使用权；对符合控制性详细规划和规划条件的，由城市、县人民政府城乡规划主管部门或者省、自治区、直辖市人民政府确定的镇人民政府核发建设工程规划许可证。

乡村建设用地使用权由于建设活动相对简单，两证合为一证，采用乡村建设规划许可管理。在乡、村庄规划区内进行乡镇企业、乡村公共设施和公益事业建设以及农村村民住宅建设，不得占用农用地；确需占用农用地的，应当依照《中华人民共和国土地管理法》有关规定办理农用地转用审批手续后，由城市、县人民政府城乡规划主管部门核发乡村建设规划许可证。建设单位或者个人在取得乡村建设规划许可证后，方可办理用地审批手续。

2. 宅基地使用权

宅基地是农村村民用于建造住宅及其附属设施的集体建设用地，包括住房、附属用房和庭院等用地，在地类管理上属于（集体）建设用地。

宅基地使用权是指农村居民对集体所有的土地占有和使用，自主利用该土地建造住房及其附属设施，以供居住的用益物权。宅基地使用权人依法享有对集体所有的土地占有和使用的权利，有权依法利用该土地建造住房及其附属设施。

宅基地使用权的主体具有特定性，原则上限于农民，实行一户一权，由农村集体成员无偿取得，无偿使用，无期限限制。宅基地使用权客体具有特定性，限于集体所有的土地。农村居民建住宅，应当符合乡（镇）土地利用总体规划。宅基地使用权的内容具有特定性，仅限于依法建造并保有个人住宅及其附属设施。

《中华人民共和国民法典》第三百六十二条规定，宅基地使用权人依法对集体所有的土地享有占有和使用的权利，有权依法利用该土地建造住宅及其附属设施。

《中华人民共和国土地管理法》第六十二条规定，农村村民一户只能拥有一处宅基地，其宅基地的面积不得超过省、自治区、直辖市规定的标准。人均土地少、不能保障一户拥有一处宅基地的地区，县级人民政府在充分尊重农村村民意愿的基础上，可以采取措施，按照省、自治区、直辖市规定的标准保障农村村民实现户有所居。农村村民建住宅，应当符合乡（镇）土地利用总体规划、村庄规划，不得占用永久基本农田，并尽量使用原有的宅基地和村内空闲地。编制乡（镇）土地利用总体规划、村庄规划应当统筹并合理安排宅基地用地，改善农村村民居住环境和条件。农村村民住宅用地，由乡（镇）人民政府审核批准；其中，涉及占用农用地的，依照本法第四十四条的规定办理审批手续。农村村民出卖、出租、赠与住宅后，再申请宅基地的，不予批准。国家允许进城落户的农村村民依法自愿有偿退出宅基地，鼓励农村集体经济组织及其成员盘活利用闲置宅基地和闲置住宅。国务院农业农村主管部门负责全国农村宅基地改革和管理有关工作。

3. 建筑物区分所有权

建筑物区分所有权是一种特殊的不动产所有权形态，是指多个所有人共同拥有一栋建筑物时，各个所有人对其独自使用的专有部分所享有的所有权和对供全体或部分所有人共同使用的共有部分所享有的共有权，以及基于建筑物的维护等共同事务而产生的成员权的总称。简言之，它是建筑物区分所有权人的专有权、共有权和成员权的结合。

建筑物区分所有权有三个特点。一是复合性，建筑物区分所有权是由专有权、共有权和成员权构成的复合型权利，权利主体同时具有专有权人、共有权人和成员权人三重身份。二是一体性，构成建筑物区分所有权的专有权、共有权和成员权是不可分离的，在处分时，必须将三者一体处分，不可分开。③专有权主导性，在建筑物区分所有权的结构中，专有权具有主导性，是享有共有权和成员权的前提。在设权登记中，只需登记专有权，共有权和成员权无须单独登记。专有权标的物的大小决定共有权和成员权的行使范围，处分专有权的法律效力当然及于共有权和成员权。

根据《中华人民共和国民法典》的规定，业主对建筑物内的住宅、经营性用房等专有部分享有所有权，对专有部分以外的共有部分享有共有和共同管理的权利。共有部分包括建筑物内的走廊、楼梯、过道、电梯、外墙面、水箱、水电气管线等部分，也包括建筑区划内，由业主共同使用的物业管理用房、绿地、道路、公用设施以及其他公共场所等，但法律另有规定的除外。建筑区划内的道路，属于业主共有，但属于城镇公共道路的除外；建筑区划内的绿地，属于业主共有，但属于城镇公共绿地或者明显属于个人的除外。

业主对其建筑物专有部分享有占有、使用、收益和处分的权利，但行使权利不得危及建筑物的安全，不得损害其他业主的合法权益。业主对建筑物专有部分以外的共有部分，享有权利，承担义务；不得以放弃权利为由不履行义务。

4. 土地征收权

土地征收是土地开发（再开发）的重要手段。在我国征收土地主要分三种类型，第一类是征收集体所有土地；第二类是收回国有土地使用权；第三类是收回集体经营性建设用地使用权。

《中华人民共和国土地管理法》第四十五条规定，为了公共利益的需要，有下列情形之一，确需征收农民集体所有的土地的，可以依法实施征收：①军事和外交需要用地的；②由政府组织实施的能源、交通、水利、通信、邮政等基础设施建设需要用地的；③由政府组织实施的科技、教育、文化、卫生、体育、生态环境和资源保护、防灾减灾、文物保护、社区综合服务、社会福利、市政公用、优抚安置、英烈保护等公共事业需要用地的；④由政府组织实施的扶贫搬迁、保障性安居工程建设需要用地的；⑤在土地利用总体规划确定的城镇建设用地范围内，经省级以上人民政府批准由县级以上地方人民政府组织实施的成片开发建设需要用地的；⑥法律规定为公共利益需要可以征收农民集体所有的土地的其他情形。

《中华人民共和国土地管理法》还特别强调国家征收土地的，依照法定程序批准后，由县级以上地方人民政府就征收范围、土地现状、征收目的、补偿标准、安置方式和社会保障等在拟征收土地所在的乡（镇）和村、村民小组范围内公告至少三十日。征收土地应当给予公平、合理的补偿，保障被征地农民原有生活水平不降低、长远生计有保障。

《中华人民共和国土地管理法》第五十八条规定，由有关人民政府自然资源主管部门报经原批准用地的人民政府或者有批准权的人民政府批准，可以收回国有土地使用权：①为实施城市规划进行旧城区改建以及其他公共利益需要，确需使用土地的；②土地出让等有偿使用合同约定的使用期限届满，土地使用者未申请续期或者申请续期未获批准的；③因单位撤销、迁移等原因，停止使用原划拨的国有土地的；④公路、铁路、机场、矿场等经核准报废的。依照前款第①项的规定收回国有土地使用权的，对土地使用权人应当给予适当补偿。

《中华人民共和国土地管理法》第六十六条规定，有下列情形之一的，农村集体经济组织报经原批准用地的人民政府批准，可以收回土地使用权：①为乡（镇）村公共设施和公益事业建设，需要使用土地的；②不按照批准的用途使用土地的；

③因撤销、迁移等原因而停止使用土地的。依照前款第①项规定收回农民集体所有的土地的，对土地使用权人应当给予适当补偿。收回集体经营性建设用地使用权，依照双方签订的书面合同办理，法律、行政法规另有规定的除外。

5. 开发权

开发权（也称为"发展权"）在西方语境下主要指土地业主所享有的土地发展权益[1]。而在我国国土空间治理体系语境下，则包含两层面内容：一级土地开发权隐含在纵向府际间层层发包，是体制场域的产权实践；二级土地开发权存在于横向地方政府与市场社会之间，是社会场域的产权实践。对于在社会场域运作的城市开发，更应关注后者，即建设开发权，而这种开发权主要体现为法定规划赋予变更土地使用现状的权利[2]。

在我国的土地权利体系中，与开发权密切相关的概念是使用权。《中华人民共和国民法典》第三百四十四条规定，建设用地使用权人有权利用土地建造建筑物、构筑物及其附属设施。《中华人民共和国城乡规划法》第三十八条规定，出让国有土地使用权应当依据控制性详细规划提出出让地块的规划条件，作为国有土地使用权出让合同的组成部分；第四十三条规定，建设单位应当按照规划条件进行建设，确需变更的必须向相关部门提出申请，变更内容不符合控制性详细规划不得批准。《中华人民共和国城镇国有土地使用权出让和转让暂行条例》第十八条规定，土地使用者需要改变土地使用权出让合同规定的土地用途的，征得同意批准后重新签订土地使用权出让合同，调整土地使用权出让金。使用权的具体权限根据开发项目的类型特征，可在土地使用权出让合同中进一步拟定，此为出让方与受让方的合意契约。例如，国有建设用地使用权出让合同规范性文本中规定：本合同项下宗地在使用期限内，政府保留本合同项下宗地的规划调整权，原规划如有修改，该宗地已有的建筑物不受影响，但在使用期限内该宗地建筑物、构筑物及其附属设施改建、翻建、重建，或者期限届满申请续期时，必须按届时有效的规划执行。该条款明确了在土地使用权出让合同执行期内规划有权干预产权地块未来的使用状态，改建、翻建、重建等行为属于建设用地使用权的行使范畴，该类行为要以申请许可时的有效规划为依据，同时，若改变合同原约定的土地用途需要补缴土地出让金。

因此，建设用地使用权的权限被严格限制在土地使用权出让合同和届时有效

---

1. 彭錞. 土地发展权与土地增值收益分配 中国问题与英国经验 [J]. 中外法学，2016，28（6）：1536–1553.
2. 田莉，夏菁. 国家治理视角下的空间规划与土地发展权：挑战与出路 [J] 南京师大学报（社会科学版），2022(3)：110–119.

的法定规划内，我国建设用地使用权的权能范围实质包含了建设开发的权利。结合对开发权的普遍认识，在我国土地制度语境下，开发权可将其进一步理解为：土地权属人改变宗地现状建筑物，或改变土地使用权出让合同或原划拨用地规划条件要求，实施当其时有效的法定规划的权利。

6. 抵押权

抵押是指抵押人和债权人以书面形式订立约定，不转移抵押财产的占有，将该财产作为债权的担保。当债务人不履行债务时，债权人有权依法以该财产折价或者以拍卖、变卖该财产的价款优先受偿。在抵押法律关系中，享有抵押权的人为抵押权人（亦即债权人），提供抵押财产的人为抵押人，供作担保的财产称为抵押财产。

根据《中华人民共和国民法典》第三百九十五条、第三百九十七条，建筑物和其他土地附着物、建设用地使用权、海域使用权、正在建造的建筑物等，都可以抵押。但必须是债务人或者第三人有权处分的不动产，才可以进行抵押，并且不动产需要和建设用地使用权一并抵押。

5.4 国土空间使用管理的目标及其核心任务

5.4.1 国土空间使用管理的目标和原则

土地作为一种有限的资源，是人类生存与发展的基础。为了合理利用土地资源、保护生态环境、促进可持续发展，土地资源管理在现代社会尤为重要。

1. 国土空间使用管理的目标

国土空间使用管理从静态角度理解，是通过国家强制力，依据国土空间规划目标划定土地用途类型，规范土地使用者使用土地的权利和义务。从动态角度理解，则是将未来的规划目标，或者是将未来导向的规划转化为现实的行动。

1）合理使用土地资源

土地资源管理的首要目标是实现土地资源的合理利用。通过制定科学的土地利用规划和政策，合理引导土地使用行为，提高土地利用效益。在实践中，要优化土地利用结构，提高土地利用强度，促进土地资源的高效利用。

2）保护生态环境

土地资源管理应重视生态环境保护，保护重要的生态功能区，提升生态系统的稳定性和服务功能。通过建立生态保护红线和生态修复机制，有效治理土地退化，推动生态环境的改善和保护。

3）推动可持续发展

土地资源管理旨在推动可持续发展。通过优化土地利用结构，降低资源消耗和环境污染，提高资源利用效率，实现土地的可持续利用和社会经济的可持续发展。

4）确保社会公平

土地资源管理应注重社会公平，保障各类用途主体的合法权益。通过改革土地管理制度，完善土地收益和分配机制，确保土地资源利益得到合理、公平地分配。

土地资源管理的目标和原则是相辅相成的，旨在实现土地资源的合理利用和可持续发展。通过遵循可持续利用、生态保护、社会公平、综合协调的原则，实现合理利用土地资源、保护生态环境、推动可持续发展的目标。

国土空间使用管理的总体目标是在生态文明背景下，促进国土空间高质量和可持续发展，提升空间治理体系和治理能力现代化水平。从管理的长远目标和管理的工作特征主要包括可持续性和公平正义原则。

2. 国土空间使用管理的原则

1）可持续性原则

可持续发展是土地资源管理的基本理念之一，土地资源应该以长远眼光进行规划和管理，确保当前的土地使用不会危及未来的需求和发展，包括科学合理地确定土地使用强度，开展土地功能区划，促进优化配置和均衡利用。国土空间使用管理不仅仅局限于针对土地用途而实施的公共管理，还包括在空间上平衡社会、经济与环境的关系，推动国土空间可持续性发展。

人类社会的持续性由生态可持续性、经济可持续性和社会可持续性三个相互联系不可分割的部分组成。可持续性有强定义和弱定义之分。强定义是将经济活动置于固定的、神圣的约束之下，如果经济活动需求不可避免导致现有环境存量水平与质量衰退，该经济活动的正当性就受到挑战。在此背景下，资源使用的需求管理是管理工作的核心。弱定义则是在决策过程中赋予环境容量更多的权重，此背景下国土空间使用管理的重点在于减少环境破坏，以确保更高的环境效率实现可持续性，从而维持经济的可持续运作。参考欧盟《欧洲可持续城市报告》（1996）对可持续性原则的阐释，可持续性是指在"环境容量"许可范围内发展，当环境容量不能确定时应用预防原则；保护并加强"自然容量"，确保其以良好状态传递给后代（即代际公平）；确保大多数人类财富来自于经济活动，并公平地分配因使用资源而得到的财富（即代内公平）；不把经济增长和环境质量成本转嫁到其他地区，并促进"地方自给自足"；通过重新使用和循环利用以及对资源流动的积极管理，使"资源循环圈"保持完整；确保污染者付费原则；保证地方社区积极参与对其有影响的决策。

2）生态保护原则

土地资源管理应注重生态环境保护，确保土地资源的可持续利用与生态系统的和谐共存。在土地利用规划中，应充分考虑生态系统的稳定性和保护需求，避免对重要生态保护区的破坏，并通过实施生态修复的措施实现生态与经济的共赢。

3）社会公平原则

土地资源是公共资源，故土地利用应符合社会公平原则。土地资源管理应强调资源公平分配，防止资源的集中和滥用。通过制定合理的土地政策和法规，调整土地收益分配方式，确保各类用地主体在土地使用过程享有平等的机会和权益。国土空间使用与管理对象涵盖全域全要素，涉及资源保护、土地保护、空间保护、生态修复，以及面向城镇、乡村、公共设施、基础设施等建设行为的整体性综合管理。

国土空间使用管理干预了土地使用的权利，必然影响到发展利益，公平公正分配发展利益是国土空间使用管理的原则之一。因此，国土空间使用管理不仅仅局限于针对土地用途而实施的公共管理，还包括在空间上平衡社会、经济与环境的关系，实现公平正义的国土空间使用管制。从程序层面来看，一方面，应对空间准入正负面清单、建设项目的许可、用途转用等相关信息及时公开，保证公众的知情权，推进制度实施的透明化、阳光化，提高政府公信力，在有效保障公众监督权的同时，也能为公众提供行为指引；另一方面，可采取论证会、听证会或者其他形式强化公众参与，就国土空间用途管制相关事项征求有关单位、专家和公众的意见，特别是要最大限度地保障社会公众对涉及公共利益的国土空间用途管制的民主参与、有序参与，使相关管制措施能够得到公众的充分理解、认同和支持。

4）综合协调原则

土地资源管理应充分考虑社会、经济、环境多方面的综合利益，通过综合协调各类利益主体的需求和利益，实现土地资源的和谐利用。

5.4.2 土地使用管理事项

土地使用管理的具体事项非常繁杂，但其核心内容是比较清晰的，概括而言主要包括：土地产权制度、土地地籍管理、土地规划管理、土地保护管理、土地利用管理、土地监察督察。

1. 土地产权制度

土地产权制度是土地制度的核心，是所有土地使用管理事项的基础。在《中华人民共和国物权法》中，土地产权是指存在于土地之中的排他性完全权利，是有关土地财产的一切权利的总和。土地产权是一个权利束，包括土地所有权、土地使用权和土地他项权利。

1）土地所有权

土地所有权是土地所有制的核心，是土地所有制的法律表现形式，是土地所有者在法律规定范围内自由使用和处分其土地的权利。在我国，法律明确规定了土地所有权的两种形式，即国家所有和集体所有：城市的土地属于国家所有；农村和城市郊区的土地，除由法律规定属于国家所有的以外，属于集体所有，宅基地和自留地、自留山，也属于集体所有。

（1）国有土地所有权

我国国有土地所有权的唯一主体是国家，法律规定由国务院代表国家依法行使对国有土地的占有、使用、收益和处分的权利。我国国有土地所有权的客体是一切属于国家所有的土地，包括：①城市市区的土地；②依照法律规定属于国家所有的农村和城市郊区的土地；③依照法律规定国家征收的土地；④依照宪法规定属国家所有的荒山、荒地、林地、草地、滩涂及其他土地。国有土地所有权的内容是指依照法律规定，国家在行使土地所有权的过程中形成的权利和义务。

（2）集体土地所有权

我国农民集体土地所有权的主体是农民集体，农民集体的主体有多种形式：①农村集体所有的土地依法属于村农民集体所有的，由村集体经济组织或者村民委员会作为所有者代表经营、管理；②在一个村范围内存在两个以上农村集体经济组织，且农民集体所有的土地已经分别属于该两个以上组织的农民集体所有的，由村内各该农村集体经济组织或者村民小组作为所有者代表经营、管理；③在一个村范围内不存在两个以上农村集体经济组织的，经村民会议 2/3 以上成员或者 2/3 以上村民代表同意，可以设立以村民小组为单位的集体经济组织，将村农民集体所有的土地划分确定为该集体经济组织或者相应的村民小组所有，由该集体经济组织或村民小组作为所有者经营、管理，村民会议 2/3 以上成员或者 2/3 以上村民代表不同意的，该土地仍归本村农民集体所有；④农民集体所有的土地，已经属于乡（镇）农民集体所有的，由乡（镇）农村集体经济组织或者乡（镇）人民政府作为所有者代表经营、管理。

农民集体土地所有权的客体是指农村和城市郊区的土地，有下列情形之一且不属于《中华人民共和国土地管理法实施条例》第二条规定范围的，确定为农民集体所有：①土地改革时分给农民并颁发了土地所有证，现在仍由村或乡农民集体经济组织或其成员使用的；②根据 1962 年《农村人民公社工作条例（修正草案）》的规定，已确定为集体所有的耕地、自留地、自留山、宅基地山林、水面和草原等；③不具有上述情形，但农民集体连续使用其他农民集体所有的土地已满 20 年的，或者虽然未连续使用满 20 年但经县级以上人民政府根据具体情况确认其所有权的；④农村集体经济组织设立的企业或其他组织及成员持有集体建设用地使用权证的。土地所有权有争议，不能依法证明争议土地属于农民集体所有的一般属于国家所有。农民集体土地所有权的内容是指农民集体在行使土地所有权的过程中形成的权利和义务。

2）土地使用权

土地使用权是指使用人根据法律、文件、合同的规定，在法律允许的范围内，对国家或集体所有的土地，享有占有、使用和收益及部分处分的权利。土地使用权包括土地所有权人对自己拥有的土地所享有的使用权以及非土地所有权人对土地享有的权利，前者是所有权的一项权能，后者是一种独立的民事权利。我国土地使用权分为国有土地使用权和农民集体土地使用权。

（1）国有土地使用权

国有土地使用权的主体，可以是任何依法取得国有土地使用权的单位和个人。国有土地使用权的客体，是国家依法提供给单位和个人使用的国有土地。国有土地使用权的内容，是指国有土地使用权主体在依法行使土地使用权的过程中形成的权利和义务。《中华人民共和国土地管理法》第五十六条规定，建设单位使用国有土地的，应当按照土地使用权出让等有偿使用合同的约定或者土地使用权划拨批准文件的规定使用土地。

（2）农民集体土地使用权

农民集体土地使用权是指使用农民集体土地的使用者依照国家法律规定或者合同规定，享有使用土地并取得收益的权利，负有保护和合理利用土地的义务。根据用途不同，又可分为农用土地使用权、农村居民宅基地使用权和乡村企事业建设用地使用权。我国农民集体土地使用权的主体，是依法使用农民集体所有土地的单位和个人。如承包地使用权的主体，是本集体组织的成员以及依法取得承包经营权的其他单位或个人；自留地、自留山的土地使用权的主体，是本集体经济组织成员；农村宅基地使用权的主体，是本集体经济组织的成员且符合立户条件的户主；农村集体建设用地使用权的主体，是依法取得农村集体建设用地使用权的单位或个人。农民集体土地使用权的客体，是上述使用权主体依法取得的承包地、自留地、自留山、宅基地和农村建设用地等。农民集体土地使用权的内容，是指集体土地使用权主体在行使土地使用权的过程中依法所形成的权利和义务。《中华人民共和国土地管理法》规定，承包经营土地的农民有保护和按照承包合同约定的用途合理利用土地的义务。

3）土地他项权利

土地他项权利是对土地所有权或使用权以外的其他土地权利的统称。土地他项权利的实质是对其所有权人和使用权人行使所有权和使用权的一种限制。依据我国目前的法律、法规规定的土地他项权利有土地抵押权和土地租赁权，以及借用权、相邻权（地役权）、耕作权、地上权、地下权等多种形式。其中，土地相邻权是指相互毗邻土地的所有者和使用者为满足其生产、生活需要而使用他方土地的权利，包括相邻临时占用权、相邻通行权、相邻截水用水权、相邻排水权、相邻安全权和相邻采光通风权。

2. 土地地籍管理

地籍是指国家为了一定的目的，依据法律规范，对土地的权属、位置、界址、数量、质量和利用状况进行调查，记录这些信息的登记簿或其他形式的载体。地籍存在的形式多种多样，从册、簿、图、卡到盘、库、文件等形态，其本质都是反映土地权利之归属的簿册，其中又以法定的土地权属为核心。

1）地籍调查

地籍调查是依照有关的法律程序，通过权属调查和地籍测量，查清每一宗地的权属、界线、面积、用途和位置等情况，形成地籍调查的数据、图件等调查资料，在此基础上进行土地登记和土地统计。

土地权属调查是地籍调查的核心，指以宗地为单元和对象，对土地权属单位的土地权属来源及权利所及的位置、界址、数量和用途等属性的调查工作，在现场标定土地权属界址点、线，绘制宗地草图，调查土地用途，填写地籍调查表，为地籍测量提供测绘依据。调查成果经土地产权人认定，可为地籍测量、权属审核和登记发证提供具有法律效力的文书凭据。

地籍测量是指在土地权属调查的基础上，为获取和表达宗地权属界址点线、位置、形状、数量、质量等基本地籍信息所进行的专业测绘工作，为地籍管理服务，主要由地籍平面控制测量和地籍细部测量组成。具体内容包括：地籍基本控制点和地籍图根控制点的测量；行政区划界线和土地权属界线及界址点坐标的测量；地籍分幅图、宗地图等的地基图测绘；对地块和宗地面积进行测算、平差和统计。

2）不动产登记

不动产登记是《中华人民共和国民法典》确立的一项物权制度，2007年颁布实施的《中华人民共和国物权法》明确要求建立不动产统一登记制度。

不动产登记是指经权利人或利害关系人申请，由国家不动产登记机构依法将不动产权利归属及其变动事项记载于不动产登记簿的行为，其中不动产指土地、海域以及房屋、林木等定着物。不动产登记的根本目的是对权利进行公示。所谓公示，是指将物权变动的意思向社会公布。物权是排他性财产权，是对世权和绝对权，物权的变动必须通过法定的公示方式才能产生法律效力。

不动产登记的类型主要包括首次登记、变更登记、转移登记、注销登记、更正登记、异议登记、预告登记、查封登记。

2019年，由自然资源部、财政部、生态环境部、水利部、国家林业和草原局发布的《自然资源统一确权登记暂行办法》，标志我国开始在不动产登记的基础上，对水流、森林、山岭、草原、荒地、滩涂、海域、无居民海岛以及探明储量的矿产资源等自然资源的所有权和所有自然生态空间统一进行确权登记。

3. 土地规划管理[1]

土地规划管理是土地管理的重要组成部分，我国土地利用规划管理经历几次革命性的迭代和演变，在不同的政治体制下，土地利用规划的作用和效能就不同，林坚等学者对此开展了系统的研究。

我国城乡土地利用的规划具有多类型、多部门管理的特点，伴随土地制度从新中国成立初期的无偿划拨与计划分配，到改革开放后转向有偿使用制度，引入土地市场，逐步形成了国土规划、城乡规划、土地利用规划等多类型规划格局，自党的十八届三中全会以来，开展了构建统一空间规划体系的探索。而规划的演变则体现

---

1. 林坚，赵冰，刘诗毅. 土地管理制度视角下现代中国城乡土地利用的规划演进［J］. 国际城市规划，2019，34（4）：23-30.

了国家治理体系现代化的过程中，从国家直接支配土地，到"两权分离"下的地方土地发展权管理，再到资源环境约束下中央—地方两级土地发展权分级管理，进而到当前生态文明建设背景下两级土地发展权归口管理的历程。

1）计划经济体制时期与土地计划性供给（1949—1977年）

新中国成立之初，城市土地国有与私有并存。1950年《中华人民共和国土地改革法》确定了农民的土地所有权；1956年城市土地全面国有化，于1955年设立的城市建设总局扩大为城市建设部，统一管理全国的城市规划和城市建设工作；在土地利用总局的基础上成立农垦部，主管全国所有荒地和国有农场的建设工作。自此，开始了城乡土地分割、用地部门分散的管理体制。国有土地以行政划拨方式，无期、无偿、无条件使用，导致城市土地资源浪费严重，利用效率低。在这个时期，城市规划、土地利用规划的发展都历经起伏。

（1）城市规划的初创、波动与停滞

新中国成立初期的重工业化发展方针要求"以农养工"，为工业崛起积累基础，土地利用规划以提高农业生产能力为重点，主要内容包括：农村居民点和经营中心的选址，农村各种农业生产用地的配置，农村交通网、水渠网的配置，各种农业生产用地的内部规划。

（2）土地利用规划以服务农业生产为主要特征

1954年起，黑龙江、新疆、海南等地相继开展了国有农场的土地利用规划工作，为社会主义农业企业创造了适宜的土地组织条件。1956年、1957年农业部先后两次发通知要求农业合作社开展土地规划工作，消除不合理的土地利用现象。同时，为了适应全国移民垦荒的要求而开展的移民新村土地规划，对生产建设起到了很好的指导作用。1958—1962年，根据第二个五年计划的发展要求，全国广泛开展了人民公社土地规划工作，主要任务是适应新的劳动组织和机械化、电气化的发展。"三五"时期，积极开展土地规划试点工作，查清土地资源，为实现农村技术改革提供适宜的土地条件；1964年"农业学大寨"及其后的发展，开展了山水林田路村的农村地区综合规划。

2）经济体制转型时期与城市土地有偿使用改革（1978—1997年）

（1）经济体制转型时期，城市规划率先恢复，土地利用总体规划初步形成

1981年，国家明确提出要分别制定全国和各省、县的土地利用总体规划。1982年，中央把"十分珍惜和合理利用每寸土地，切实保护耕地"确定为基本国策。1986年，国家颁布了第一部《中华人民共和国土地管理法》，明确规定各级人民政府要编制土地利用总体规划，同时相应成立国家土地管理局，试图改变以往分散、

低效的土地管理方式。1987年颁发的《关于开展土地利用总体规划的通知》，将土地利用总体规划划分为全国、省、市三个层次，并于同年开始尝试编制全国土地利用总体规划。1993年，《全国土地利用总体规划纲要（草案）》获得国务院批准。到1996年底，我国大部分省、自治区、直辖市都完成了第一轮土地利用总体规划的编制工作，确立了土地利用规划体系、工作程序和方法体系，市、县、乡级土地利用总体规划也普遍开展。1997年，全国开始了第二轮土地利用总体规划的编制工作。

（2）国土规划大范围试验

我国于1981年开始全面部署和开展国土规划工作。同年，《关于开展国土整治工作的报告》首次界定了国土整治的内涵，包括对国土资源乃至整个国土环境进行考察、开发、利用、治理和保护。1982年，以区域规划为基础，在京津唐、湖北宜昌等10多个地区开展地区性国土规划试点。1987年，《国土规划编制办法》提出，国土规划的基本任务是根据地区优势和特点，从总体上协调国土资源开发利用和治理保护的关系，促进地域经济的综合发展，主要内容包括：确定地区自然资源开发规模和经济发展方向，统筹区域内的重大基础设施建设，合理安排人口、生产和城镇布局，保护整治环境等。1990年，《全国国土总体规划纲要（草案）》编制完成，但由于缺乏明确的实施手段等各种原因，未获国务院批准，导致后续的相关工作陷入停滞状态。

3）严格保护耕地国策确立时期与土地用途管制实施（1998—2007年）

1998年《中华人民共和国土地管理法》修订通过，正式确立了以用途管制为核心的新型土地管理制度。为进一步贯彻落实科学发展观，2006年起国务院出台了《国务院关于加强土地调控有关问题的通知》等一系列文件，要求采取更严格的管理措施切实加强土地调控。同时，"十一五"规划纲要提出"推进形成主体功能区"，通过划定优化开发、重点开发、限制开发和禁止开发四类功能区，控制国土开发强度，加强政策协调和引导功能。

（1）城市规划公共政策作用加强

20世纪90年代，城市开发建设以资源消耗为代价，导致生态环境和文化遗产屡遭破坏。鉴于这种形势，1996年《国务院关于加强城市规划工作的通知》要求各级人民政府要切实发挥城市规划对城市土地及空间资源的调控作用，中央政府将控制建设用地扩张和有效规范城市建设作为宏观调控的重要目标。为此，当时的建设部相继出台《近期建设规划工作暂行办法》《城市规划强制性内容暂行规定》，先后制定了城市绿线、紫线、黄线、蓝线管理办法，确立了禁建区、限建区、适建区管理模式，形成了"三区四线"空间管制手段。2006年修订生效的《城市规划编制办法》，强调了城市规划地位和作用方式的转变，尤其是作为法定规划的城市总体规划和控制性详细规划，已成为政府调控城市空间资源的重要公共政策之一。

（2）土地利用总体规划体系确立与国土规划职能调整

1999年，修订后的《中华人民共和国土地管理法》开始实施，确定了土地用途管制制度。同年，国务院批准《全国土地利用总体规划纲要（1997—2010年）》；到2000年底，全国各地基本完成从国家到乡镇的五级规划，并开始正式实施。由此，建立了自上而下逐级控制、以土地供给制约引导需求、以耕地保护为基本出发点的土地利用总体规划编制体系。2004年《国务院关于深化改革严格土地管理的决定》出台，第三轮土地利用总体规划修编正式启动。此轮规划以加强土地管理的宏观调控作用、坚守耕地红线、优化土地利用结构、科学合理利用土地和保护土地生态为主要目的，跳出就土地论土地的局限，注重土地与经济发展、环境保护的互动关系。

1998年，国家机构改革，国土规划职能转入国土资源部，其定位、功能、内容等也需要进行新的探索。2001年国土资源部印发《关于国土规划试点工作有关问题的通知》，重新启动了国土规划试点，相继完成深圳、天津、广东等多地的国土规划编制工作，创新性地提出以国土资源配置和国土空间开发利用管控为核心抓手的国土规划理念。

（3）地方开展"多规合一"试验探索

针对规划种类繁多、管制手段各异、空间冲突频现的局面，全国各地开展了多规合一试验。2003年，广西钦州市首先提出了"三规合一"的规划编制理念，开展国民经济与社会发展规划、土地利用规划和城市规划统筹试点实践。2006年，浙江省按照城市规划和土地利用总体规划"两规衔接"的要求开展各县市的规划编制实施工作，综合协调城乡空间布局和各项建设活动。此后，各地从规划编制和管理的协调、职能机构整合等方面，相继开展了多规统筹探索。上海市合并了国土和规划部门，以土地利用规划编制为契机，推进与城市规划的"两规合一"。重庆市开展"四规叠合"工作，除发展规划、城市规划和土地规划外，还将生态环境保护规划纳入规划协调的范畴。广州市全面启动"三规合一"工作，探索在不打破部门行政架构的条件下，实现"一张图"管控。

4）城乡土地规划管理体制变革时期与统一国土空间用途管制（2008年至今）

（1）城乡规划区域化、城乡一体化

随着经济体制和社会背景的变化，以往规范城乡规划建设的《中华人民共和国城市规划法》和《村庄和集镇规划建设管理条例》难以适应城乡统筹发展的时代精神。2008年1月1日,《中华人民共和国城乡规划法》正式实施,确立了城乡规划包括城镇体系规划、城市规划、镇规划、乡规划和村庄规划,该法不仅指导城市健康合理发展,也能规范农村地区的建设行为。该法的实施为城市规划带来了新变革。首先,明确将城乡规划确定的建设用地范围作为城乡规划部门行政责任的主要范围。其次,进一步强化了区域化管理的思想,更加重视各级各类城镇的空间关系,这也是落实科学发展观、统筹城乡发展的必然要求。在"一书两证"的基础上增加乡村建设规划许可,改变了以往城市规划无法触及农村建设、农村地区土地资源浪费严重的状态。最后,强化了城乡规划的公共政策属性,更加注重对规划相关利益主体的权责划分及其关系明晰。

（2）土地利用规划强化建设用地空间管制

《中华人民共和国土地管理法》明确规定：城市总体规划、镇总体规划以及乡规划和村庄规划的编制,应当与土地利用总体规划相衔接。突出了土地利用总体规划的基础引导作用,也是对土地利用规划中农村土地规划管理的强大支持和实现耕地保护的法律补充。随着市场经济体制的逐步完善,土地利用规划的目标逐步由保护耕地转向注重社会经济生态综合效益的可持续发展。2008年,国务院批准颁布了《全国土地利用总体规划纲要（2006—2020年）》,提出将土地用途管制的思路进一步延展到建设空间与非建设空间的管制上,通过落实城乡建设用地空间管制制度,划定规模边界、扩展边界和禁止建设边界,形成允许建设区、有条件建设区、限制建设区、禁止建设区四类空间管制区。

土地利用规划主要采取指标管理、用途管制和建设用地空间管制的调控手段,通过年度计划、农转用制度、项目预审、督查执法来保障实施,尤其强调耕地、基本农田、建设用地规模"三线"规模控制和基本农田边界、城乡建设用地边界"两界"空间控制。

（3）全国国土规划纲要出台

2011年,第二轮《全国国土规划纲要（2011—2030年）》开始编制。在新形势、新体制下,国土规划的着眼点从以生产力布局为主转向以资源合理开发保护为主。2017年获批的《全国国土规划纲要（2016—2030年）》提出,国土规划对国土空间开发、资源环境保护、国土综合整治和保障体系建设等作出总体部署与统筹安排,对涉及国土空间开发、保护、整治的各类活动具有指导和管控作用,对相关国土空间专项规划具有引领和协调作用,是战略性、综合性、基础性规划。目前的国土规划以资源环境承载力为基础,是实现我国国土空间开发保护格局优化的顶层性的空间综合规划。

（4）"多规合一"国家试点推行，国家决定统一构建空间规划体系

继2013年《中共中央关于全面深化改革若干重大问题的决定》明确提出建立空间规划体系后，中央多次强调推进"多规合一"。2014年，《关于开展市县"多规合一"试点工作的通知》将全国28个试点市县列入试点名单，分部门探索多种空间规划的融合。不同牵头部门的试点表现出不同的多规协同模式：住建部门负责的试点依托城乡总体规划，充分衔接土地利用总体规划，建立城乡全域空间管控体系；国土部门负责的试点以土地利用总体规划为底盘，立足于国土空间用途管制的落实，编制全域国土空间规划；由发改委、环保部门负责的试点，主张以经济社会五年规划统领其他单项规划。基于市县"多规合一"的试点经验，2016年中央深改办开始部署省级空间规划试点，海南和宁夏率先开展了空间规划体系的实践探索。2016年，中共中央、国务院印发《关于进一步加强城市规划建设管理工作的若干意见》，要求"一张蓝图干到底"，推进城市总体规划和土地利用总体规划"两图合一"。2018年，为了统一行使全民所有自然资源资产所有者职责，统一行使所有国土空间用途管制和生态保护修复职责，组建自然资源部，履行国土空间用途管制、建立空间规划体系并监督实施、组织实施最严格的耕地保护制度等职责。

4. 土地保护管理

土地的自然属性和不可再生性决定了对土地资源属性进行保护的重要性。尤其是对一些需要利用土地资源特定条件进行生产的行业用地，如农业、林业等，它们主要依赖土地的土壤肥力、所在区域的气候及水资源等条件，因此必须予以保护以保障基本的生产需求。当前我国土地保护的重点，一是耕地和基本农田保护，二是土地资源的生态管护。

1）耕地和基本农田保护

我国实行世界上最严格的耕地保护制度。《中华人民共和国土地管理法》第七十五条规定，违反本法规定，占用耕地建窑、建坟或者擅自在耕地上建房、挖砂、采石、采矿、取土等，破坏种植条件的，或者因开发土地造成土地荒漠化、盐渍化的，由县级以上人民政府自然资源主管部门、农业农村主管部门等按照职责责令限期改正或者治理，可以并处罚款；构成犯罪的，依法追究刑事责任。

现阶段，我国耕地保护管理的内容主要包括数量管理和质量管理两个方面。

数量管理是指耕地总量实行动态平衡，只增加、不减少；严格控制非农业建设占用耕地；建立基本农田保护制度，划定基本农田保护区，长期不得占用；耕地占补平衡制度，经批准的非农业建设项目占用耕地的，按照"占多少、垦多少"的原

则，由占用耕地的单位负责开垦与所占耕地数量和质量相当的耕地；积极开展土地整治建设，通过开发、整理、复垦等增加有效耕地面积。

质量管理是指通过建立基本农田保护制度对耕地中质量最好的部分进行保护；多渠道提高耕地质量，改善土壤结构、不断增加地力，实施田水路林综合整治、改善农业生产条件；禁止任何单位和个人闲置、荒芜耕地；采取措施防治土地退化，加大土地荒漠化、盐渍化、水土流失和污染耕地等治理工作。

基本农田是指按照一定时期人口和社会经济发展对农产品的需求，根据土地利用总体规划确定的不得占用的耕地。基本农田保护区是指为对基本农田实行特殊保护而依据土地利用总体规划和依照法定程序确定的特定保护区域。根据《基本农田保护条例》，以下耕地应当划入基本农田保护区：①经国务院有关主管部门或者县级以上地方人民政府批准确定的粮、棉、油生产基地内的耕地；②有良好的水利与水土保持设施的耕地，正在实施改造计划以及可以改造的中、低产田；③蔬菜生产基地；④农业科研、教学试验田。此外，根据土地利用总体规划，铁路、公路等交通沿线，城市和村庄、集镇建设用地区周边的耕地，应当优先划入基本农田保护区；需要退耕还林、还牧、还湖的耕地，不应当划入基本农田保护区。

2）土地资源的生态管护

土地资源的生态管护是指为了保护土地资源的可持续利用和生态系统的健康稳定而采取的一系列管理和保护措施。这包括了国土生态空间构建、生态系统保护与修复、生态补偿机制等。

国土生态空间是相对城镇空间和农业空间而言的，以为人们提供生态系统服务为主导功能，空间分布完整、连续，是保障区域生态安全、提升人类生活福祉不可或缺的重要空间。近年来我国土地利用方式从之前的以生产空间为主导，逐渐转变为生产、生活、生态空间相协调的"三生"融合发展模式。2017年，环境保护部办公厅、发展改革委办公厅共同印发《生态保护红线划定指南》，生态保护红线指在生态空间范围内具有特殊重要生态功能、必须强制性严格保护的区域，是保障和维护国家生态安全的底线和生命线，通常包括具有重要水源涵养、生物多样性维护、水土保持、防风固沙、海岸生态稳定等功能的生态功能重要区域，以及水土流失、土地沙化、石漠化、盐渍化等生态环境敏感脆弱区域。

生态系统修复是指对已退化、损害或彻底破坏的生态系统进行恢复的过程，其修复对象不仅包括生态系统结构和功能，也包括提升生态系统服务。在习近平生态文明思想指引下，按照"山水林田湖草沙是生命共同体"理念，生态保护修复工作逐渐向生态系统整体保护、系统修复、综合治理转变。2016年起，国家先后在事关国家生态安全的 25 个重点区域实施了三批山水林田湖草生态保护修复工程试点，探索以区域或流域生态系统为单元推进生态系统整体保护、系统修复、综合治理的路径和模式。2019 年年底，自然资源部印发《关于开展全域土地综合整治试点工作的通知》，提出在全国范围内统一部署开展全域土地综合整治试点工作，以乡镇为基本实施单元，以农用地整理、建设用地整治和乡村生态保护修复等为主要内容，将山水林田湖草等全要素作为作用对象。2021 年，国家在 10 个地区组织实施了山水林田湖草沙一体化保护修复工程项目。

生态保护补偿制度作为生态文明制度的重要组成部分，是落实生态保护权责、调动各方参与生态保护积极性、推进生态文明建设的重要手段。生态补偿机制坚持共享发展理念和共同富裕目标，制定以地方补偿为主、中央财政补贴的机制。鼓励受益地区与保护地区、流域下游与上游地区，通过资金补偿、对口协作、产业转移、人才培训、共建园区等形式建立补偿关系。加大对农产品主产区和重点生态功能区的财政转移支付力度，使生态产品提供区域和个人得到合理补偿，激励行动者的积极性。2019 年中共中央办公厅、国务院办公厅印发《关于深化生态保护补偿制度改革的意见》，明确具体任务包括：聚焦重要生态环境要素，完善分类补偿制度；围绕国家生态安全重点，健全综合补偿制度；发挥市场机制作用，加快推进多元化补偿；完善相关领域配套措施，增强改革协同；树牢生态保护责任意识，强化激励约束。

5. 土地利用管理

为了保障土地资源配置与再配置顺利进行以满足人类社会经济活动对土地资源的需求，保护土地产权主体的合法利益，保证土地资源再配置与利用过程符合用途管制的要求等，就需要对土地资源利用与配置进行管理。在我国现行土地制度体系下，土地资源配置方式主要有行政配置方式和市场配置方式两种。行政配置方式，包括集体土地征收或征用、国有土地划拨等。市场配置方式，包括土地使用权出让、转让、租赁、抵押等。

1）行政配置方式

土地征收是国家为了公共利益，把农民集体所有的土地强制性转变为国家所有，并给予适当补偿的行为。土地征收权就是这种国家为了公共利益把农民集体所有的土地转变为国家所有的权力。土地征收权是国家权力，人们把公共利益考虑情况下的土地资源的处置权让渡出来，授予国家，形成国家的土地征收权，旨在授权国家运用土地征收权协调各主体的土地所有权、使用权等利益，从而实现国家公共利益。土地征收权具有强制性和程序性的特点：前者表现为最高统治者不必经过土地所有者的同意就可以将本属于私人所有的土地征为公用的一种权力，但不是对财产任意加以剥夺与限制，而必须是在法律规定的公共利益的前提下；后者是指国家所有的征收行为都应依照法律规定的程序进行，包括申请用地、拟定征地方案、公告征地补偿安置方案、审批用地、颁发土地使用证等主要程序。

其中，对于征地审批的权限，《中华人民共和国土地管理法》中明确规定，经批准的建设项目需要使用国有建设用地的，建设单位应当持法律、行政法规规定的有关文件，向有批准权的县级以上人民政府土地行政主管部门提出建设用地申请，经土地行政主管部门审查，报本级人民政府批准。对于农用地转为建设用地的，应报省级以上人民政府批准，其中：省、自治区、直辖市人民政府批准的道路、管线工程和大型基础设施建设项目、国务院批准的建设项目占用土地，涉及农用地转为建设用地的，由国务院批准；在土地利用总体规划确定的城市和村庄、集镇建设用地规模范围内，为实施该规划而将农用地转为建设用地的，按土地利用年度计划分批次由原批准土地利用总体规划的机关批准，在已批准的农用地转用范围内，具体建设项目用地可以由市、县人民政府批准。

多年以来，农村集体土地征收补偿领域始终存在着法律供给不足、征收补偿程序不统一、矛盾纠纷多等突出问题。在司法领域，主要表现为征地拆迁案件数量大、类型多、诉讼请求多元、社会关注度高，纠纷周期长、矛盾易激化、息诉难度大等问题。具体案件审理中，普遍存在可诉行政行为、被告及诉讼请求确定难，补偿安置方案审查难，强制拆除被告认定难等问题。2019年修订的《中华人民共和国土地管理法》（以下简称"新《土地管理法》"）对土地征收补偿制度做了重大修订，2021年修订的《中华人民共和国土地管理法实施条例》（以下简称"新《实施条例》"）进一步完善了实施细则。

新《土地管理法》对征收补偿程序作了重大调整，增加征收土地预公告等制度，明确补偿安置方案异议听证程序，将补偿安置方案、签订补偿协议等前置到申请征地前，明确市、县政府是补偿安置及申请强制执行的义务主体，特别是明确市、县政府组织有关部门签订征地补偿安置协议，征地补偿安置协议适用省级政府制定示范文本，市、县政府对个别未达成补偿安置协议的应当作出征地补偿安置决定。

同时，国家还限定了土地征收用途范围。为避免"实施成片开发建设需要用地"在实践中被随意扩大，必须明确成片开发建设的标准，并在成片开发建设中引入民主参与机制，以防止公共利益泛化和征收权的滥用，市、县政府必须按照自然资源部发布的《土地征收成片开发标准》制定的标准和程序，认定"成片开发建设"。

根据土地所有权和使用权相分离的原则，国有土地使用权的供给方式主要有划拨和出让两种方式，前者属于行政配置方式，后者属于市场配置方式。土地使用权划拨，是指县级以上人民政府依法批准，在土地使用者缴纳补偿、安置等费用后将该幅土地交付其使用，或者将土地使用权无偿交付给土地使用者使用的行为。根据《中华人民共和国城市房地产管理法》，下列建设用地的土地使用权，确属必需的，可以由县级以上人民政府依法批准划拨：国家机关用地和军事用地；城市基础设施用地和公益事业用地；国家重点扶持的能源、交通、水利等项目用地；法律、行政法规规定的其他用地。此外，集体土地依法转为国有土地后，原集体土地使用者继续使用该国有土地的，可通过划拨方式获得国有土地使用权。

2）市场配置方式

在计划经济条件下，我国实行的是划拨用地方式，随着社会主义市场经济体制的建立，土地作为生产要素进入市场，土地有偿使用制度逐步建立，包括土地使用权出让、转让等多种形式。

土地使用权出让是国家以土地所有者的身份，将一定地块的国有土地使用权，有限期地让与土地使用者，并由土地使用者向国家支付土地使用金的行为。土地使用权出让的方式包括：招标、拍卖、挂牌、协议等。供应商业、旅游、娱乐、工业用地和商品住宅等各类经营性用地以及有竞争要求的工业用地，须采用招标拍卖挂牌方式。土地使用权出让最高年限规定如下：居住用地为70年，工业、教育、科技、文化、卫生、体育用地均为50年，商业、旅游、娱乐用地为40年，综合或其他用地为50年。

土地使用权转让是指土地使用者将土地使用权再转移的行为，即土地使用者将土地使用权单独或者随同地上的建筑物、其他附着物转移给他人的行为。原拥有土地使用权的一方成为转让人，接收土地使用权的一方称为受让人。关于土地使用权转让的方式，《中华人民共和国城镇国有土地使用权出让和转让暂行条例》规定有出售、交换和赠与三种方式。后《中华人民共和国城市房地产管理法》略作发展，将转让方式规定为买卖、赠与或者其他合法方式。在实践中主要包括以下几种方式：买卖、抵押、交换、作价入股、合建、赠予、继承等。未按土地使用权出让合同规定的期限和条件投资开发、利用土地的，土地使用权不得转让。土地使用者通过转让方式取得的土地使用权，其使用年限为土地使用权合同规定的使用年限减去原土地使用者已使用年限后的剩余年限。土地使用权转让价格明显低于市场价格的，市、县人民政府有优先购买权。

土地他项权利因其具体权利类型不同，取得方式亦有差别。作为民事财产权利的一种，土地他项权利可以通过以下方式取得：①基于法律、行政法规的直接规定取得，如《确定土地所有权和使用权的若干规定》第九条规定了电力通信经营单位享有的他项权利、第五十四条规定了立体交叉和平面交叉使用土地时享有的他项权利；②根据与土地所有权人或者土地使用权人订立的协议取得；③基于其他合法行为取得。根据法理和实践，取得土地他项权利的依据还可以是行政行为（如政府决定）、司法行为（如法院判决）等。例如，市政部门关于建设地下铁路的决定，政府批准电信公司利用某企业使用的国有土地敷设地下电缆，法院在处理土地相邻纠纷时依法作出确权判决，均可作为取得土地他项权利的依据。

6. 土地监察督察

土地监察与督察管理，是对土地利用与管理行为是否合法、是否依规的监督与监察，是土地管理的重要方面。土地监察，全称土地执法监察，是由县级以上人民政府国土资源行政主管部门按照法定程序和方式，依法对本行政区域内土地管理法律、法规的执行情况进行监督检查，并对违法者实施法律制裁的活动。土地督察，全称国家土地督察，是由国务院授权土地督察机构对各省（自治区、直辖市）以及计划单列市土地利用和管理情况进行监督检查的活动。

1）土地执法监察

土地执法监察的主体是指各级土地行政主管部门，对象不仅包括执法相对人，即与土地发生法律关系的自然人或者法人，而且还包括享有土地征收、农用地转用与建设用地审批权的县级以上人民政府即代表国家行使土地管理权的土地行政主管部门。

土地执法监察的权力包括检察权、调查权、制止权、处罚权、处分权以及处分建议权。土地执法监察的内容包括：监督检查国土资源法律法规的执行和遵守情况；受理对国土资源违法行为的检举、控告；调查处理国土资源违法案件；向公安、检察机关移送涉嫌犯罪的国土资源违法案件；对下级国土资源主管部门履行国土资源管理职责的情况进行监督检查；指导下级国土资源主管部门的国土资源执法监察工作等。

2）国家土地督察

土地督察制度的建立，对于落实世界上最严格的土地管理制度、合理调整中央与地方关系、保证国家宏观调控政策的有效落实、提高土地管理行政执行力，都具有十分重要的意义。

土地督察的主体是经国务院授权专门对省、自治区、直辖市人民政府及国务院确定的城市人民政府行使土地监督检查权的机构。土地督察对象为省、自治区、直辖市人民政府及国务院确定的城市人民政府。土地督察的权力包括检查权、审核权、调查权、纠正和整改权、报告和通报权、建议权。土地督察内容主要包括：监督检查省级及国务院确定的城市人民政府耕地保护责任目标的落实情况；监督省级及国务院确定的城市人民政府土地执法情况，核查土地利用和管理中的合法性和真实性；监督检查土地管理审批事项和土地管理法定职责履行情况；监督检查省级以及计划单列市人民政府贯彻中央关于土地政策参与宏观调控要求情况；开展土地管理的调查研究，提出加强土地管理的政策建议等。

5.5 国土空间使用管理机构

国土空间使用管理机构是国土空间使用管理体系中的运行机制的实体，机构的职能及其运作决定了体系的职能和效率。在国家层面，国土空间使用的管理机构主要包括中央和地方政府两级，对于我国这样一个自然差异大、幅员辽阔的国家，中央政府还有许多派出机构，地方也存在多层级的分支机构。国土空间使用管理属于行政职能之一，其管理机构设置与政府机构设置是一致的。国土空间使用管理机构设置的主要问题在于，国土空间功能空间的整体性或国土空间使用活动的关联性与行政分割治理之间的矛盾。比如流域的使用管理、跨省域的自然保护区的管理，其管理对象和管理目标都超出了行政边界，国土空间使用管理部门的管理职能的协调与整合就成为管理机构职能配置的专业问题。国土空间使用规划就是基于空间整体性跨部门协调治理工具。空间使用以国土空间使用为基础，与国土空间使用相关的管理机构是国土空间使用管理机构的主要构成。

5.5.1 有关土地管理机构职能的法律规定

1. 土地管理部门

土地管理部门是依法主管土地保护、开发、利用统一管理工作的政府职能部门。国务院土地管理部门是自然资源部（原国土资源部），它主管全国土地的统一管理工作，其主要职责为：拟订和贯彻、执行关于土地的法律、法规、方针与政策；主管全国土地的调查、统计、登记和发证工作；组织有关部门编制土地利用总体规划；管理全国土地征用和划拨工作，负责需要国务院批准的征、拨用地的审查、报批；调查研究，解决土地管理中的重大问题；对各地、各部门的土地利用情况进行检查、监督，并做好协调工作；会同有关部门解决土地纠纷，查处重大违法案件。县级以上地方人民政府土地管理部门主管本行政区域内的土地的统一管理工作，机构设置由省、自治区、直辖市根据实际情况确定。一般都设置了土地管理局，在基层，乡级人民政府负责本行政区域内的土地管理工作。

2. 相关法律规定

《中华人民共和国土地管理法》（2004年修正）第二条规定，国家所有土地的所有权由国务院代表国家行使。该法第五条规定，国务院土地行政主管部门统一负责全国土地的管理和监督工作。县级以上地方人民政府土地行政主管部门的设置及其职责，由省、自治区、直辖市人民政府根据国务院有关规定确定。各级人民政府应当依据国民经济和社会发展规划、国土整治和资源环境保护的要求、土地供给能力以及各项建设对土地的需求，组织编制土地利用总体规划。土地利用总体规划的规划期限由国务院规定。

《中华人民共和国土地管理法》（2019年修正）为"多规合一"改革预留法律空间，增加第十八条规定，国家建立国土空间规划体系，经依法批准的国土空间规划是各类开发、保护和建设活动的基本依据。为了解决改革过渡期的规划衔接问题，该法还明确：已经编制国土空间规划的，不再编制土地利用总体规划和城乡规划。同时在附则中增加规定：编制国土空间规划前，经依法批准的土地利用总体规划和城乡规划继续执行。《中华人民共和国土地管理法》（2004年修正）对新增建设用地规定了从严从紧的审批制度，旨在通过复杂的审批制度引导地方政府利用存量建设用地。长期以来，地方对建设用地审批层级高、时限长、程序复杂等问题反映强烈。《中华人民共和国土地管理法（2019年修正）》适应"放管服"改革的要求，对中央和地方的土地审批权限进行了调整，按照是否占用永久基本农田来划分国务院和省级政府的审批权限。今后，国务院只审批涉及永久基本农田的农用地转用，其他的由国务院授权省级政府审批。同时，按照谁审批谁负责的原则，取消省级征地批准报国务院备案的规定。

2021年修订通过的《中华人民共和国土地管理法实施条例》明确耕地保护的责任主体是省级人民政府，规定省、自治区、直辖市人民政府对本行政区域的耕地保护负总责，国务院对其耕地保护责任目标落实情况进行考核。减少了审批层级，规定市、县人民政府组织自然资源等部门拟订农用地转用方案，报有批准权的人民政府批准，删除现行条例"逐级"上报审批的规定。

5.5.2　中央政府主管部门

土地使用的两个基本构成要素是活动和活动所在的土地，那么针对土地使用的管理既可以分别选择这两个要素独立进行管理，也可以采用混合治理的模式。具体采用哪一种管理模式，以及选择土地使用的哪个要素作为管理的对象，与政治制度的安排及其土地使用管理的目标相关，同时，与之相应的规划管理机构及其职能也不同。我国与土地使用相关的政府机构及其职能，经历了从计划经济体制到社会主义市场经济体制的转型和演变。

计划经济时期，国家垄断了所有驱动土地使用变化的要素，包括土地制度的政治安排、土地使用政策、经济发展政策、建设资金与改进土地使用的技术等，推动土地使用变化的唯一主体是国家，土地使用变化是经济计划的空间的反映。由于国家投资是唯一的推动土地使用变化的因素，土地使用变化与经济计划的目标是一致的，换而言之，经济计划可以替代土地使用的管理。同时，建构计划经济的前提就是要求消除土地私有制并建立土地公有制，土地公有制确立了土地使用的唯一主体就是国家或地方政府，因此并不存在对土地的"干预"管理，与土地使用管理相关的就是国民经济计划。

国民经济计划中，与土地使用相关的因素有两个方面。第一，国家建设项目涉及土地使用的改变，包括：城镇建设、工矿建设、区域道路交通建设和基础设施建设等，这些活动的基本特征就是改变了土地的物质形态及其功能用途，然而，计划经济时期的建设项目并不关系建设项目给土地物质形态带来什么影响，而是关注建设项目本身所能带来的社会经济效益，使用土地不涉及利益调整，也不关心土地使用变化可能引起的环境成本，而只是将土地视为建设项目的经济技术因素之一，土地不构成独立管理对象，土地是建设项目不可或缺的因素，只是建设项目管理所考量的因素之一。第二，农业、林业、海洋渔业等生产活动均涉及土地使用，但是这类土地使用不会改变土地的功能和用途，只是在某种程度上促进了自然循环，属于单纯的土地利用过程。

因此，为落实计划经济的目标和要求，计划经济时期的土地使用管理机构主要分为两类部门：一类是负责农业、林牧业、捕捞和渔业生产的土地和自然资源的开发利用的部门；另一类是国家建设管理部门，比如 1954 年设立的国家建设委员会。在国家建设发展中，城乡规划建设是最复杂和最具影响力的，也是国家现代化建设的重要目标之一，为此又建立国家城市建设总局和城乡建设环境保护部。

1988 年的《中华人民共和国宪法修正案》从所有权中区分出土地使用权，并建立使用权出让、转让和有偿使用制度，为配合改革措施的实施与管理，中央政府建立国家土地管理局，再演化为国土资源部。2018 年国务院机构改革组建综合职能的自然资源部。土地分类使用与管理是我国治理制度的基本特征，以下按照土地利用管理、土地开发建设管理，以及土地使用综合管理三种类型，分述国家层级的管理机构。

1. 农业、林牧业、渔业等土地使用管理部门
1）农业农村部

农业农村部是中华人民共和国国务院的组成部门之一。农业农村部主要负责统筹研究和组织实施"三农"工作战略、规划和政策，监督管理种植业、畜牧业、渔业、农垦、农业机械化、农产品质量安全，负责农业投资管理等工作。

（1）历史沿革

1949 年 10 月，中央人民政府农业部成立，并于 1954 年改为中华人民共和国农业部；1970 年 6 月，中共中央决定撤销农业部、林业部和水产部，设农林部；1979 年 2 月，第五届全国人大常委会决定撤销农林部，分设农业部和林业部；1982 年 5 月，国务院机构改革，将农业部、农垦部、国家水产总局合并设立农牧渔业部；1988 年 4 月，根据国务院机构改革方案，撤销农牧渔业部，设立农业部。

2018 年 3 月，第十三届全国人民代表大会第一次会议通过《第十三届全国人民代表大会第一次会议关于国务院机构改革方案的决定》，批准国务院机构改革方案。方案规定，组建农业农村部，将农业部的职责，以及国家发展和改革委员会的农业投资项目、财政部的农业综合开发项目、国土资源部的农田整治项目、水利部的农田水利建设项目等管理职责整合，组建农业农村部，作为国务院组成部门。同时，将农业部的渔船检验和监督管理职责划入交通运输部，不再保留农业部。

2023 年 3 月，第十四届全国人民代表大会第一次会议通过《第十四届全国人民代表大会第一次会议关于国务院机构改革方案的决定》，批准《国务院机构改革方案》。方案规定，优化农业农村部职责，为统筹抓好以乡村振兴为重心的"三农"各项工作，加快建设农业强国，整体推动农业全面升级、农村全面进步、农民全面发展，国家乡村振兴局牵头开展防止返贫监测和帮扶，组织拟订乡村振兴重点帮扶

县和重点地区帮扶政策，组织开展东西部协作、对口支援、社会帮扶，研究提出中央财政衔接推进乡村振兴相关资金分配建议方案并指导、监督资金使用，推动乡村帮扶产业发展，推动农村社会事业和公共服务发展等职责划入农业农村部，在农业农村部加挂国家乡村振兴局牌子。国家乡村振兴局职责划入农业农村部，要继续加大对脱贫地区和脱贫群众的帮扶力度，在全国脱贫攻坚目标任务完成后的过渡期内，有关帮扶政策、财政支持、项目安排要保持总体稳定，资金项目相对独立运行管理。并将科学技术部的组织拟订科技促进农业农村发展规划和政策、指导农村科技进步职责划入农业农村部。

（2）与土地使用相关的管理职能

①统筹研究和组织实施"三农"工作的发展战略、中长期规划、重大政策。组织起草农业农村有关法律法规草案，制定部门规章，指导农业综合执法。

②统筹推动发展农村社会事业、农村公共服务、农村文化、农村基础设施和乡村治理。

③拟订深化农村经济体制改革和巩固完善农村基本经营制度的政策。

④负责农民承包地、农村宅基地改革和管理有关工作。

⑤负责农村集体产权制度改革，指导农村集体经济组织发展和集体资产管理工作。

⑥指导乡村特色产业、农产品加工业、休闲农业和乡镇企业发展工作。

⑦负责种植业、畜牧业、渔业、农垦、农业机械化等农业各产业的监督管理。指导粮食等农产品生产。

⑧组织农业资源区划工作。指导农用地、渔业水域以及农业生物物种资源的保护与管理，负责水生野生动植物保护、耕地及永久基本农田质量保护工作。指导农产品产地环境管理和农业清洁生产，指导设施农业、生态循环农业、节本农业发展以及农村可再生能源综合开发利用、农业生物质产业发展。牵头管理外来物种。

⑨负责农业投资管理。编制中央投资安排的农业投资项目建设规划，提出农业投资规模和方向、扶持农业农村发展财政项目的建议，按国务院规定权限审批农业投资项目，负责农业投资项目资金安排和监督管理。

2）国家林业和草原局

国家林业和草原局，即国家林草局，其前身可视为已撤销的中华人民共和国国务院组成部门林业部，林业部主管林业工作。

（1）历史沿革

1949年10月，中央人民政府林垦部成立；1951年11月，中央人民政府林垦部改为中央人民政府林业部，垦务工作交给农业部管理；1954年9月，中央人民政府林业部改为中华人民共和国林业部，作为国务院组成部门，继续主管全国林业建设和木材生产；1954年11月，中央人民政府林业部正式改为中华人民共和国林业部；1956年5月，根据第一届全国人民代表大会常务委员会第四十次会议决定，成立中华人民共和国森林工业部，将林业部部分工作划归森林工业部。1958年2月，根据第一届全国人民代表大会第五次会议决定，将林业部和森林工业部合并为中华人民共和国林业部；1967年10月，中共中央、国务院、中央军委、中央文化革命小组颁发《关于对林业部实行军事管制的决定（试行草案）》；1970年5月，国务院农林办公室、中共中央农林政治部、农业部、林业部、农垦部、水产部合并成立农林部；1970年6月，中共中央决定，由国务院农林办公室、中共中央农林政治部、农业部、林业部、农垦部、水产部6个单位合并成立农林部；1970年7月，农林部成立，撤销林业部；1978年4月，国家林业总局成立；1979年2月，中共中央、国务院决定撤销农林部，成立农业部和林业部；1979年2月，第五届全国人大常委会第六次会议决定撤销农林部，设立农业部、林业部，同时，各省（自治区、直辖市）的林业、农林厅（局）也相继恢复或重建。从中央到地方，林业行政管理体系逐步形成。

1982年国务院机构改革，林业部保留。国务院批准林业部的主要任务是贯彻执行党和国家的林业方针、政策和法令，动员全国人民植树造林，绿化祖国，保护和合理利用森林资源，对各省、市、自治区的林业工作进行业务指导。1993年国务院机构改革，仍保留林业部。作为国务院主管林业行政的职能部门，林业部负责林业生态环境建设事业管理及林业产业行业管理，行使林业行政执法职权。1998年3月，根据第九届全国人民代表大会一次会议通过的国务院机构改革方案，撤销林业部，组建国家林业局，为国务院直属机构。

2018年3月，第十三届全国人民代表大会第一次会议通过《第十三届全国人民代表大会第一次会议关于国务院机构改革方案的决定》，批准国务院机构改革方案。方案规定组建国家林业和草原局，将国家林业局的职责，农业部的草原监督管理职责，以及国土资源部、住房和城乡建设部、水利部、农业部、国家海洋局等部门的自然保护区、风景名胜区、自然遗产、地质公园等管理职责整合，组建国家林业和草原局，由自然资源部管理。国家林业和草原局加挂国家公园管理局牌子。不再保留国家林业局。2018年4月，国家林业和草原局、国家公园管理局正式挂牌成立。

（2）与林木资源管理以及林地使用管理的主要职责

尽管林业管理机构的行政隶属关系频繁的改变，但是林木资源管理和林地使用管理的基本职能大体一致，根据 2018 年印发的《国家林业和草原局职能配置、内设机构和人员编制规定》，国家林业和草原局承担下列职能。

①负责林业和草原及其生态保护修复的监督管理。拟订林业和草原及其生态保护修复的政策、规划、标准并组织实施，起草相关法律法规、部门规章草案。组织开展森林、草原、湿地、荒漠和陆生野生动植物资源动态监测与评价。

②组织林业和草原生态保护修复和造林绿化工作。组织实施林业和草原重点生态保护修复工程，指导公益林和商品林的培育，指导、监督全民义务植树、城乡绿化工作。指导林业和草原有害生物防治、检疫工作。承担林业和草原应对气候变化的相关工作。

③负责森林、草原、湿地资源的监督管理。组织编制并监督执行全国森林采伐限额。负责林地管理，拟订林地保护利用规划并组织实施，指导国家级公益林划定和管理工作，管理重点国有林区的国有森林资源。负责草原禁牧、草畜平衡和草原生态修复治理工作，监督管理草原的开发利用。负责湿地生态保护修复工作，拟订湿地保护规划和相关国家标准，监督管理湿地的开发利用。

④负责监督管理荒漠化防治工作。组织开展荒漠调查，组织拟订防沙治沙、石漠化防治及沙化土地封禁保护区建设规划，拟订相关国家标准，监督管理沙化土地的开发利用，组织沙尘暴灾害预测预报和应急处置。

⑤负责陆生野生动植物资源监督管理。组织开展陆生野生动植物资源调查，拟订及调整国家重点保护的陆生野生动物、植物名录，指导陆生野生动植物的救护繁育、栖息地恢复发展、疫源疫病监测，监督管理陆生野生动植物猎捕或采集、驯养繁殖或培植、经营利用，按分工监督管理野生动植物进出口。

⑥负责监督管理各类自然保护地。拟订各类自然保护地规划和相关国家标准。负责国家公园设立、规划、建设和特许经营等工作，负责中央政府直接行使所有权的国家公园等自然保护地的自然资源资产管理和国土空间用途管制。提出新建、调整各类国家级自然保护地的审核建议并按程序报批，组织审核世界自然遗产的申报，会同有关部门审核世界自然与文化双重遗产的申报。负责生物多样性保护相关工作。

⑦负责推进林业和草原改革相关工作。拟订集体林权制度、重点国有林区、国有林场、草原等重大改革意见并监督实施。拟订农村林业发展、维护林业经营者合法权益的政策措施，指导农村林地承包经营工作。开展退耕（牧）还林还草，负责天然林保护工作。

⑧拟订林业和草原资源优化配置及木材利用政策，拟订相关林业产业国家标准并监督实施，组织、指导林产品质量监督，指导生态扶贫相关工作。

⑨指导国有林场基本建设和发展，组织林木种子、草种种质资源普查，组织建立种质资源库，负责良种选育推广，管理林木种苗、草种生产经营行为，监管林木种苗、草种质量。监督管理林业和草原生物种质资源、转基因生物安全、植物新品种保护。

⑩指导全国森林公安工作，监督管理森林公安队伍，指导全国林业重大违法案件的查处，负责相关行政执法监管工作，指导林区社会治安治理工作。

⑪负责落实综合防灾减灾规划相关要求，组织编制森林和草原火灾防治规划和防护标准并指导实施，指导开展防火巡护、火源管理、防火设施建设等工作。组织指导国有林场林区和草原开展宣传教育、监测预警、督促检查等防火工作。必要时，可以提请应急管理部，以国家应急指挥机构名义，部署相关防治工作。

3）国家海洋局

国家海洋局是中华人民共和国自然资源部对外保留的牌子，其最早是根据1964年第二届全国人民代表大会常务委员会第一百二十四次会议决议成立的，负责管理海域，制定相关政策。

（1）历史沿革

1963年3月，国家科学技术委员会海洋专业组在青岛召开会议，首次提出成立"国家海洋局"。1964年1月，国家科学技术委员会党组向中共中央书记处写出报告，正式建议成立国家海洋局。1964年7月，经第二届全国人民代表大会常务委员会第一百二十四次会议批准，成立国家海洋局，由中国海军代管。1993年4月，国家海洋局改由国家科学技术委员会管理；1998年3月，划归国土资源部管理，负责监督管理海域使用和海洋环境保护、依法维护海洋权益和组织海洋科技研究。2013年3月，根据党的十八届二中全会和第十二届全国人民代表大会第一次会议通过的《国务院机构改革和职能转变方案》，将国家海洋局及中国海监、公安部边防海警、农业部中国渔政、海关总署海上缉私警察的队伍和职责整合，重新组建国家海洋局，由国土资源部管理，并以中国海警局名义开展海上维权执法，同时接受公安部的业务指导。

2018年3月17日第十三届全国人民代表大会第一次会议通过《第十三届全国人民代表大会第一次会议关于国务院机构改革方案的决定》，批准《国务院机构改革方案》。该方案将国家海洋局的职责纳入自然资源部，作为国务院组成部门。自然资源部对外保留国家海洋局牌子。

（2）与海域使用有关的管理职责

根据《国家海洋局主要职责内设机构和人员编制规定》，建制撤销前，国家海洋局承担下列职责。

①负责起草内海、领海、毗连区、专属经济区、大陆架及其他海域涉及海域使用、海洋生态环境保护、海洋科学调查、海岛保护等法律法规、规章草案，会同有关部门组织拟订并监督实施海洋发展战略以及海洋事业发展、海洋主体功能区、海洋生态环境保护、海洋经济发展、海岛保护及无居民海岛开发利用等规划，推动完善海洋事务统筹规划和综合协调机制。

②负责组织拟订海洋维权执法的制度和措施，制定执法规范和流程。在我国管辖海域实施维权执法活动。管护海上边界，防范打击海上走私、偷渡、贩毒等违法犯罪活动，维护国家海上安全和治安秩序，负责海上重要目标的安全警卫，处置海上突发事件。负责机动渔船底拖网禁渔区线外侧和特定渔业资源渔场的渔业执法检查并组织调查处理渔业生产纠纷。负责海域使用、海岛保护及无居民海岛开发利用、海洋生态环境保护、海洋矿产资源勘探开发、海底电缆管道铺设、海洋调查测量以及涉外海洋科学研究活动等的执法检查。指导协调地方海上执法工作。参与海上应急救援，依法组织或参与调查处理海上渔业生产安全事故，按规定权限调查处理海洋环境污染事故等。

③负责组织编制并监督实施海洋功能区划，组织拟订并监督实施海域使用管理制度，组织开展海岸线和沿海省际间海域界线勘定工作，组织起草专属经济区和大陆架人工岛屿、设施和结构的建造、使用管理办法并监督实施。

④负责组织拟订海岛保护及无居民海岛开发利用管理制度并监督实施，按规定负责我国陆地海岸带以外海域、无居民海岛、海底地形地名管理工作，制定领海基点等特殊用途海岛保护管理办法并监督实施。

⑤负责组织开展海洋生态环境保护工作。按国家统一要求，组织拟订海洋生态环境保护标准、规范和污染物排海总量控制制度并监督实施，制定海洋环境监测监视和评价规范并组织实施，发布海洋环境信息，承担海洋生态损害国家索赔工作，组织开展海洋领域应对气候变化相关工作。

⑥负责组织拟订并实施海洋科技发展规划，拟订海洋技术标准、计量和规范，组织实施海洋调查，建立推动海洋科技创新的机制。

2. 国家建设与城乡建设管理部门

1）国家建设委员会与国家基本建设委员会

1954年9月，国家建设委员会成立。1958年2月，根据第一届全国人民代表大会第五次会议决定，国家建设委员会撤销，其工作分别交由国家计划委员会、国家经济委员会和建筑工程部负责。1958年11月，全国人民代表大会常务委员会第一百零二次会议决定设立中华人民共和国国家基本建设委员会。国家基本建设委员会是负责全国基本建设管理的机构，其职责包括：制定全国基本建设计划，检查和督促基本建设计划的实施；研究和解决设计、施工和城市规划方面有关方针、政策执行的问题和体制方面的问题，审查设计、施工和城市规划方面的规章制度；组织重大项目的国家验收工作；审查部分重要城市的规划设计等。

2）住房和城乡建设部

住房和城乡建设部是中华人民共和国国务院主管建设行政管理的组成部门。住房城乡建设部主要负责拟订住房和城乡建设政策，指导全国住宅建设和住房制度改革，监督管理建筑市场、建筑安全和房地产市场等工作。

1979年3月，国务院发出通知，中共中央批准成立国家城市建设总局，直属国务院，由国家基本建设委员会代管。1982年5月，国家城市建设总局、国家建筑工程总局、国家测绘总局、国家基本建设委员会的部分机构和国务院环境保护领导小组办公室合并，成立城乡建设环境保护部。1988年4月，第七届全国人民代表大会第一次会议通过《关于国务院机构改革方案的决定》，撤销城乡建设环境保护部，设立建设部；并把国家计委主管的基本建设方面的勘察设计、建筑施工、标准定额工作及其机构划归建设部。2008年3月，根据第十一届全国人民代表大会第一次会议通过《第十一届全国人民代表大会第一次会议关于国务院机构改革方案的决定》，批准国务院机构改革方案。方案规定组建住房和城乡建设部，不再保留建设部。

2018年9月，根据《中共中央办公厅 国务院办公厅关于调整住房和城乡建设部职责机构编制的通知》，住房和城乡建设部城乡规划管理职责划入自然资源部，不再保留城乡规划司，不再设立住房和城乡建设部总规划师职务；住房和城乡建设部风景名胜区、自然遗产管理职责划入国家林业和草原局；将公安部指导建设工程消防设计审查职责划入住房和城乡建设部。

3. 土地管理部门

1）国家土地管理局

（1）历史沿革

1986年2月，根据国务院第一百次常务会议决定，组建中华人民共和国国家土地管理局，为国务院直属机构。1998年3月，根据第九届全国人民代表大会第一次会议批准的国务院机构改革方案，由地质矿产部、国家土地管理局、国家海洋局和国家测绘局共同组建中华人民共和国国土资源部，不再保留中华人民共和国国家土地管理局。

（2）主要职责

根据国务院办公厅《关于印发国家土地管理局职能配置、内设机构和人员编制方案的通知》（国办发〔1994〕15号），国家土地管理局是国务院负责全国土地、城乡地政统一管理的职能部门和行政执法部门。其主要职责是：①制订有关土地的方针、政策和法规，并组织贯彻执行和实施监督检查；②加快土地信息建设，研究制订全国土地管理事业发展战略，预测中长期各类用地需求，做到土地总需求与总供给的大体平衡；③统一管理全国土地和城乡地籍、地政工作，查处土地权属纠纷。

2）国土资源部

国土资源部是存在于1998年至2018年间的中华人民共和国国务院组成部门，负责土地资源、矿产资源、海洋资源等自然资源的规划、管理、保护与合理利用。

（1）历史沿革

1998年3月，第九届全国人民代表大会第一次会议审议通过了关于国务院机构改革方案的决定，由地质矿产部、国家土地管理局、国家海洋局和国家测绘局共同组建国土资源部，同时保留国家海洋局和国家测绘局作为国土资源部的部管国家局。

2018年3月，根据第十三届全国人民代表大会第一次会议通过的《第十三届全国人民代表大会第一次会议关于国务院机构改革方案的决定》，批准国务院机构改革方案，将国土资源部整合国家发改委、住房和城乡建设部、农业部、国家林业局、国家海洋局等有关职能，更名为自然资源部。

（2）主要职责

2008年，根据第十一届全国人民代表大会第一次会议批准的国务院机构改革方案和《国务院关于机构设置的通知》（国发〔2008〕11号），设立国土资源部，为国务院组成部门。部门主要职责如下：

①加强土地供需调控和总量平衡，落实最严格的土地管理制度；

②加强国土规划、土地利用总体规划的整体控制作用；

③加强矿产资源规划和合理开发利用管理，强化资源回采率和资源综合利用率的监管。

2008 年"三定"方案规定，国土资源部管理国家海洋局、国家测绘地理信息局、中国地质调查局，同时中国地质调查局承担统一部署和组织实施国家基础性、公益性、战略性地质和矿产勘查的职责。该方案还规定了河道采砂管理的职责分工，即长江宜宾以下干流河道采砂管理体制按《长江河道采砂管理条例》的规定执行，其他河道采砂管理的职责分工是：国土资源部对保障河道内砂石资源合理开发利用负责，水利部对河道采砂影响防洪安全、河势稳定、堤防安全负责，交通运输部对河道采砂影响通航安全负责；由水利部牵头，会同国土资源部、交通运输部等部门，负责河道采砂监督管理工作，统一编制河道采砂规划和计划；河道采砂的水上执法监管，要充分发挥交通运输部门执法机构的作用。

4. 自然资源部

自然资源部是中华人民共和国国务院主管自然资源事务的组成部门。自然资源部主要负责对自然资源开发利用和保护进行监管，建立空间规划体系并监督实施，履行全民所有各类自然资源资产所有者职责，统一调查和确权登记，建立自然资源有偿使用制度，负责测绘和地质勘查行业管理。

1）历史沿革

2018 年 3 月 17 日第十三届全国人民代表大会第一次会议通过《第十三届全国人民代表大会第一次会议关于国务院机构改革方案的决定》，批准国务院机构改革方案。方案规定组建自然资源部，将国土资源部的职责，国家发展和改革委员会的组织编制主体功能区规划职责，住房和城乡建设部的城乡规划管理职责，水利部的水资源调查和确权登记管理职责，农业部的草原资源调查和确权登记管理职责，国家林业局的森林、湿地等资源调查和确权登记管理职责，国家海洋局的职责，国家测绘地理信息局的职责整合，组建自然资源部，作为国务院组成部门。自然资源部对外保留国家海洋局牌子。不再保留国土资源部、国家海洋局、国家测绘地理信息局。

2019 年 8 月 26 日，国家主席习近平签署第三十二号中华人民共和国主席令，公布《全国人民代表大会常务委员会关于修改〈中华人民共和国土地管理法〉、〈中华人民共和国城市房地产管理法〉的决定》，决定将全国农村宅基地改革和管理职责由自然资源部划归农业农村部。《中华人民共和国土地管理法》第六十二条第四款相应修改为：国务院农业农村主管部门负责全国农村宅基地改革和管理有关工作。

2）部门职责

根据《自然资源部职能配置、内设机构和人员编制规定》，自然资源部承担下列职能。

①履行全民所有土地、矿产、森林、草原、湿地、水、海洋等自然资源资产所有者职责和所有国土空间用途管制职责。拟订自然资源和国土空间规划及测绘、极地、深海等法律法规草案，制定部门规章并监督检查执行情况。

②负责自然资源调查监测评价。制定自然资源调查监测评价的指标体系和统计标准，建立统一规范的自然资源调查监测评价制度。实施自然资源基础调查、专项调查和监测。负责自然资源调查监测评价成果的监督管理和信息发布。指导地方自然资源调查监测评价工作。

③负责自然资源统一确权登记工作。制定各类自然资源和不动产统一确权登记、权籍调查、不动产测绘、争议调处、成果应用的制度、标准、规范。建立健全全国自然资源和不动产登记信息管理基础平台。负责自然资源和不动产登记资料收集、整理、共享、汇交管理等。指导监督全国自然资源和不动产确权登记工作。

④负责自然资源资产有偿使用工作。建立全民所有自然资源资产统计制度，负责全民所有自然资源资产核算。编制全民所有自然资源资产负债表，拟订考核标准。制定全民所有自然资源资产划拨、出让、租赁、作价出资和土地储备政策，合理配置全民所有自然资源资产。负责自然资源资产价值评估管理，依法收缴相关资产收益。

⑤负责自然资源的合理开发利用。组织拟订自然资源发展规划和战略，制定自然资源开发利用标准并组织实施，建立政府公示自然资源价格体系，组织开展自然资源分等定级价格评估，开展自然资源利用评价考核，指导节约集约利用。负责自然资源市场监管。组织研究自然资源管理涉及宏观调控、区域协调和城乡统筹的政策措施。

⑥负责建立空间规划体系并监督实施。推进主体功能区战略和制度，组织编制并监督实施国土空间规划和相关专项规划。开展国土空间开发适宜性评价，建立国土空间规划实施监测、评估和预警体系。组织划定生态保护红线、永久基本农田、城镇开发边界等控制线，构建节约资源和保护环境的生产、生活、生态空间布局。建立健全国土空间用途管制制度，研究拟订城乡规划政策并监督实施。组织拟订并实施土地、海洋等自然资源年度利用计划。

⑦负责土地、海域、海岛等国土空间用途转用工作。负责土地征收征用管理。

⑧负责统筹国土空间生态修复。牵头组织编制国土空间生态修复规划并实施有关生态修复重大工程。负责国土空间综合整治、土地整理复垦、矿山地质环境恢复治理、海洋生态、海域海岸线和海岛修复等工作。牵头建立和实施生态保护补偿制度，制定合理利用社会资金进行生态修复的政策措施，提出重大备选项目。

⑨负责组织实施最严格的耕地保护制度。牵头拟订并实施耕地保护政策，负责耕地数量、质量、生态保护。组织实施耕地保护责任目标考核和永久基本农田特殊保护。完善耕地占补平衡制度，监督占用耕地补偿制度执行情况。

⑩负责管理地质勘查行业和全国地质工作。编制地质勘查规划并监督检查执行情况。管理中央级地质勘查项目。组织实施国家重大地质矿产勘查专项。负责地质灾害预防和治理，监督管理地下水过量开采及引发的地面沉降等地质问题。负责古生物化石的监督管理。

⑪负责落实综合防灾减灾规划相关要求，组织编制地质灾害防治规划和防护标准并指导实施。组织指导协调和监督地质灾害调查评价及隐患的普查、详查、排查。指导开展群测群防、专业监测和预报预警等工作，指导开展地质灾害工程治理工作。承担地质灾害应急救援的技术支撑工作。

⑫负责矿产资源管理工作。负责矿产资源储量管理及压覆矿产资源审批。负责矿业权管理。会同有关部门承担保护性开采的特定矿种、优势矿产的调控及相关管理工作。监督指导矿产资源合理利用和保护。

⑬负责监督实施海洋战略规划和发展海洋经济。研究提出海洋强国建设重大战略建议。组织制定海洋发展、深海、极地等战略并监督实施。会同有关部门拟订海洋经济发展、海岸带综合保护利用等规划和政策并监督实施。负责海洋经济运行监测评估工作。

⑭负责海洋开发利用和保护的监督管理工作。负责海域使用和海岛保护利用管理。制定海域海岛保护利用规划并监督实施。负责无居民海岛、海域、海底地形地名管理工作，制定领海基点等特殊用途海岛保护管理办法并监督实施。负责海洋观测预报、预警监测和减灾工作，参与重大海洋灾害应急处置。

⑮负责测绘地理信息管理工作。负责基础测绘和测绘行业管理。负责测绘资质资格与信用管理，监督管理国家地理信息安全和市场秩序。负责地理信息公共服务管理。负责测量标志保护。

⑯推动自然资源领域科技发展。制定并实施自然资源领域科技创新发展和人才培养战略、规划和计划。组织制定技术标准、规程规范并监督实施。组织实施重大

科技工程及创新能力建设，推进自然资源信息化和信息资料的公共服务。

⑰开展自然资源国际合作。组织开展自然资源领域对外交流合作，组织履行有关国际公约、条约和协定。配合开展维护国家海洋权益工作，参与相关谈判与磋商。负责极地、公海和国际海底相关事务。

⑱根据中央授权，对地方政府落实党中央、国务院关于自然资源和国土空间规划的重大方针政策、决策部署及法律法规执行情况进行督察。查处自然资源开发利用和国土空间规划及测绘重大违法案件。指导地方有关行政执法工作。

⑲管理国家林业和草原局。

⑳管理中国地质调查局。

5.5.3 地方政府管理部门

1. 国土空间规划体系的地方管理机构

土地管理属于国家管理的事务，地方政府中的土地管理部门几乎可以视为中央政府的派驻机构，直接执行中央政府的指令，不受地方政府的制约，地方政府可以在人事任免、财政支持等层面有一定的干预作用。地方政府管理部门主要分为省级和市县级。省国土部门的职能与国家自然资源部的作用类似，中央政府政策传达与地方适用性解释。下级部门要贯彻落实上级部门关于自然资源工作方面的方针政策和决策部署。

2. 市 / 县国土部门的管理机构与职能

市国土资源局的典型职能主要是以下方面，各地存在一定的差异。

贯彻执行党和国家有关国土资源管理、资产管理的法律、法规、规章和政策；制定管理、保护和合理利用土地、矿产等自然资源和保护地质环境的政策；制定全市土地资产、矿业资产运作管理的规定；组织实施全市土地、矿产等自然资源和地质环境管理的技术标准和办法；依照规定负责国土资源行政执法和行政复议工作。

组织编制和实施全市国土规划、土地利用总体规划、矿产资源总体规划、地质环境保护总体规划、土地利用年度计划和其他专项规划；参与城市总体规划、区域经济开发规划和村镇规划的审核工作；指导、审核镇（乡）土地利用总体规划、矿产资源规划、地质环境规划；实施市立建设项目的用地预审工作。

监督检查全市土地、矿产资源规划执行情况；依法保护土地、矿产资源所有者和使用者的合法权益，承办并组织调处重大权属纠纷，查处重大违法案件。

制订并实施耕地特殊保护政策；实施农地用途管制；组织基本农田保护，指导未利用土地开发、土地管理、土地复垦和开发耕地的监督工作，确保耕地占补平衡。

管理全市土地资源和城乡地籍、地政工作；制订地籍管理办法，组织土地资源调查、地籍调查、土地统计和动态监测；组织和指导土地确权、城乡地籍、土地定级和登记等工作。

研究制订并组织实施土地使用权出让、租赁、折价出资（入股）、转让、交易和土地收购储备管理方法；管理和监督土地资产、土地市场、土地估价行业；组织实施国有土地资产的清查、核定和处置工作；制订和实施镇（乡）村用地管理办法，指导、实施农村集体非农建设用地使用权的流转管理。

组织基准地价、标定地价和土地等级评测，审核土地评估机构的资质，确认土地使用权价格；承担报市政府、省政府、国务院审批的各类用地的农用地转用、征（使）用的审查、报批工作。

依法管理矿业权市场；制订全市采矿权市场的运行规则和管理办法，组织实施并指导采矿权的行政授予、招投标和拍卖、审批、审核采矿转让申请；指导和监督全市矿业权市场的有序运行；收取采矿权使用费和采矿权价款。

统一管理矿产资源储量、管理地质资料汇交工作；对矿产资源勘查、开发、保护和合理开发利用进行监督管理；组织开展全市矿产资源开发利用年检、年报和矿产督察工作；依法征收和使用矿产资源补偿费，监督、验收矿山动态环境治理项目。

依法管理地质环境，组织地质灾害勘查、监测和防治；负责地质灾害评估、勘察设计、监理、施工单位资质审查认证的管理，认定地质灾害危险性评估结果；收取和管理矿山自然生态环境治理备用金；指导水文地质、工程地质、环境地质勘查和评价，监测、监督地下水的过量开采与污染；保护地质遗迹，认定具有重要价值的古生物化石产地、标准地质剖面等地质遗迹保护区。

5.5.4 土地督察机构

2006年，国务院印发《国务院办公厅关于建立国家土地督察制度有关问题的通知》（国办发〔2006〕50号），建立国家土地督察制度，设立国家土地总督察、副总督察，向地方派驻九个国家土地督察局，代表国家土地总督察履行监督检查职责。国家土地督察制度具有以下特点：①直接授权，层层代表，落实了层级负责制；②各地派驻，垂直监督，实现信息的及时反馈；③责权分明，原则清晰，实施有效地监督检查；④统一分编，财政拨款，加强了督察队伍建设。

国家土地督察制度是指国家土地总督察及设立的督察机构在国务院授权下，代表国务院对省、自治区、直辖市以及计划单列市人民政府土地利用和管理情况进行监督检查的制度。国家土地督察机构共建立了三项工作机制：①发现机制，通过采用遥感监测等先进技术和运用媒体揭露、群众举报、实地巡查、查阅档案等手段，及时发现督察范围内的土地违法违规情况；②审核机制，研究确定对建设用地审批事项进行审核的操作程序，对省级和计划单列市人民政府建设用地审批事项的真实性、合法性进行审核；③纠正机制，对省级和计划单列市人民政府土地违法违规行为，提出纠正整改意见。

国家土地督察制度具有以下特点：直接授权，层层代表，落实了层级负责制；各地派驻，垂直监督，实现信息及时反馈；责权分明，原则清晰，实施有效地监督检查；统一分编，财政拨款，加强了督察队伍建设。

5.6 国土空间使用管理分类

《中华人民共和国土地管理法》将土地分为农用地、建设用地和未利用地，并明确要实行土地用途管制制度，要求使用土地的单位和个人必须严格按照土地利用总体规划确定的用途使用土地。

针对不同用途的土地，我国实施以保护、利用、开发和整理为核心的差异化管理。主要的内容包括：①针对农用地中的耕地，以保护为主，严格控制耕地转为非耕地，并划定基本农田保护区进行严格保护；②针对现有建设用地，要求充分利用；③针对未利用地，鼓励在保护和改善生态环境、防止水土流失和土地荒漠化的前提下进行开发利用；④鼓励土地整理，通过对田、水、路、林、村综合整治，提高耕地质量，增加有效耕地面积，改善农业生产条件和生态环境。总体上看，以往的土地用途管制制度要求根据土地利用总体规划对土地用途转变实行严格控制，重点关注农用地转为建设用地，落脚点是保护耕地和粮食安全。

目前，我国正处于土地使用管理向国土空间使用管理转变过程中，国土空间使用管理的对象从单一的土地要素扩展为整个国土空间，涉及陆域海域全域空间和山水林田湖草沙等全要素，相应的，管理的重点和核心内涵都发生了较大的变化。《中共中央 国务院关于建立国土空间规划体系并监督实施的若干意见》（中发〔2019〕18号）明确提出健全国土空间用途管制制度，要求以国土空间规划为依据，对所有国土空间分区分类实施用途管制；到2025年，形成以国土空间规划为基础，以统一用途管制为手段的国土空间开发保护制度。也就是说，作为对一定区域国土空间开发保护，在空间和时间上作出安排的国土空间规划，将成为国土空间使用管理的基本依据。

延续土地使用管理的基本类型，国土空间使用管理大致可分为保护、利用、开发、修复和整治五个类型。五个类型均针对全域全要素国土空间，但侧重各有不同：①保护是对承担生态安全、粮食安全、资源安全等国家安全的国土空间进行管护的活动，围绕生态保护红线和永久基本农田控制线展开，生态空间和农业空间是保护的重点，同时，城镇空间中的一些特别用途区也需要进行保护；②利用主要针对开展各类建设或非建设活动的用地，关注国土空间所承载的经济、社会、生态等方面的综合发展成果及投入产出效率，城镇空间、农业空间和生态空间的效率标准各不相同；③开发关注的是从作为自然资源要素的农用地和生态用地转化为建设用地的过程，利用是开发的后继行为；④修复和整治针对的是功能受损、退化的国土空间，修复的对象主要是生态系统，土地综合整治的对象更加广泛，涉及生产、生活、生态和其他复合系统。

5.6.1 土地使用管理分类的制度类型

一个国家和地区的土地使用管理制度的形成是一个历史过程，通常来讲，制度的结构具有一定的稳定性。土地使用管理制度有两种基本的类型，即以英国为代表的"规划许可制"和以美国为代表的"分区管制"。目前，大部分国家都采用了二者的混合模式，此外，这两种制度也在相互学习各取所长，呈现出融合的趋势。

1. 规划许可制

英国的规划许可制是指在土地上建造建筑物或改变土地或建筑物用途需要获得规划许可。在英国，任何土地或建筑物的占用者都需要拥有该土地或建筑物的所有权（即"所有权"），并且还需要"规划标签"或规划许可。英国1947年的《城乡规划法》为所有现有用途（existing use）和建筑物授予了"规划标签"。自此，任何新的开发都需要规划许可。法律定义的"开发"包括任何建筑、工程或采矿作业，或对任何土地或建筑物的用途的实质性改变。某些类型的作业（例如对现有建筑物的日常维护）明确排除在开发的定义之外。法律规定，特定类别的开发项目将自动获得规划许可，因此无需申请规划许可。这些类别被称为许可开发项目。因此，对于任何开发申请，都需要进行两阶段测试：①"申请开发项目是否属于开发？"如果申请项目属于开发，则②"是否属于许可开发？"只有当申请项目不属于"许可开发"时，才需要申请规划许可。规划许可申请应向当地规划局（LPA）提出。

澳大利亚昆士兰州采用"分区与规划许可"结合的混合管理方式；其中，《1997昆士兰州整合规划法》建立的整合开发评估系统将开发评估分为三种类型：豁免开发、自我评估开发和评估开发，其中评估开发又分为法规评估开发和影响评估开发。

2. 分区管制

分区指的是地方法律或法规规定了在某些地理区域内如何使用或不能使用不动产。例如，分区法可以限制土地的商业或工业用途，防止石油、制造业或其他类型的企业在居民区内建设。采用分区管制的城市和地区，由于分区的方式不同管理分类也不一样。纽约采取综合分区，其分区管制的内容包括用途、体位（开发强度、密度、高度、退让及形态等）、停车和招牌等四项内容；符合区划要求的不需要申请规划许可，区划规定的特别许可用途范围内的用途可以向标准及上诉理事会申请特别许可，由于地块位置、形状等原因使得开发建设无法实现区划赋予的权力，可以向标准及上诉理事会申请变通适用区划要求，在法律规定的权限内有些开发项目可以向城市规划委员申请特别许可，可见，即便是区划赋权的开发同样存在管理的分类，包括无需申请许可、申请变通区划条件，以及在法规规定的权限内申请特别许可等。

3. 分区／许可的混合管制

新加坡采用分区和许可的混合模式，新加坡的"master plan"有29个分区类型，每个分区规定允许开发的项目，并给出基准容积率，并且有些地区的容积率可以商议。新加坡的混合模式特征是"分区"叠加"规划许可"的管理方式，也就是规划管理机构依据或参考分区要求授予规划许可。

日本和澳大利亚昆士兰州也采用分区与许可管制的混合模式，但是分区管理与许可管理的关系不是"叠加"，而是平行与并置。比如昆士兰州城市规划明确某些区域使用分区规制，那么符合分区要求的开发项目就不需要申请许可，分区管理之外的地区则需要采用开发评估，也就是规划许可，如前文所述，1997昆士兰州整合开发评估系统将开发评估分为三种类型：豁免开发、自我评估开发和评估开发，其中评估开发又分为法规评估开发和影响评估开发。

早在1919年，日本的《城市规划法》和《城市建筑法》(也称《市街地建筑物法》)就引入土地使用区划制度，与纽约1916的土地分区类型基本一致，仅分为居住区、商业区和工业区三种类型；1950年增设准工业区类型；1968年的城市规划法对居住区、商业区和工业区又进行了细划，土地使用分区增至8类，并施行"规划许可"制度[1]。1968年《城市规划法》中的划线制度被认为是遏制日本战后普遍存在的城市蔓延最直接的努力。其基本内容包括：城市规划区域内应划分出市街化区域和市街化调整区域。现有的城市建成区及未来十年内优先计划发展的区域应被指定为市街化区域，而限制城市发展的地区应当被指定为市街化调整区域[2]。为落实市街化区域、市街化调整区域，构建良好安全市区，防止市街化无序进行，开发许可制度规定在日本进行一定面积开发之人士，必须获得开发许可。在日本，并非所有的开发行为都需要获得规划许可，只有超出分区基准面积之上的项目才需要申请开发许可；比如，都市计划区域范围中，市街化调整区域的所有项目都需要申请开发许可；市街化区域范围超过1 000平方米的项目需要申请开发许可；在非划线都市区域和准都市计划区域，3 000平方米以上的开发项目需要申请开发许可；其他地区1公顷以上的项目需要申请开发许可。可见，日本的规划管理特征是某些区域全部需要申请开发许可，其他区域是一定规模以上的建设项目需要申请开发许可，呈现更为复杂的混合治理模式。

4. 我国混合管理的特征

土地使用是一种活动，土地使用管理就是针对土地使用活动的管理，但同时，管理的目标还要顾及土地使用的效果。因此，管理的对象及内容不仅仅是行为规则，还包括开发和开发后的物质形态，以及使用活动产生的外部影响。基于此，土地使用管理往往是土地分区与开发许可的结合。

我国土地开发管理在国土空间规划中采用分区管制，并配合年度指标管制方式

---

1. 唐子来，李京生.日本的城市规划体系[J].城市规划，1999（10）：50-54，64.
2. 韩昊英.日本1968年《城市规划法》划线制度的实施成效及政策启示[J].北京规划建设，2008（2）：81-85.

进行政策调控。在宏观尺度，管理土地使用性质；在微观尺度，基于规划的用途分区管制，以行政许可的方式落实规划目标。要理解土地使用管理，需要明确管理的目标、管理对象及管理的目标效果等。

　　土地使用方式影响土地使用管理分类。针对外部影响小的开发项目，可采用免许可的管理方式；针对负外部性明确的开发项目，可采取"分区＋开发规则"的方式予以明确限制。这种分类管理有助于提高管理的效率。

　　比较而言，我国的规划管理理念尚显落后。目前的管理分类主要是依据开发项目自身的特征，而未充分考虑开发项目的外部影响。因此，公益开发项目与商业开发项目、政府投资项目与私人开发项目的许可程序基本一致，这混淆了管理对象及目的，也影响了行政的效率。尽管土地使用管理的具体对象是土地使用行为，但真正需要纳入管理范围的是开发项目的负外部性影响。

5.6.2　国土空间使用管理分类框架的建构

　　国土空间使用分类与国土空间使用管理分类应当有所区别。国土空间使用管理的对象的行为分为保护、利用、整治、修复、开发。尽管国土空间使用管理的对象是这些行为类型，但是管理的目标是克服使用行为的负面影响，故还应该从使用活动的影响这个维度进行再分类，其分类的目的是提高管理的效率。国土空间使用管理应该区分影响土地使用的核心因素，即区分使用活动的主体、目的及其特征，在使用活动特征分类的基础上建立科学的管理体系。

　　国土空间使用管理的对象及其目标主要是土地使用状态。土地使用状态可以分为"保护"和"使用"两种目标类型及其空间区域；在土地"使用"的区域又可以细分为不改变土地特征的使用行为规则和改变土地特征的开发行为规则。参照前文解释，可以将不改变土地物质形态的土地使用行为命名为"土地利用"，将改变土地物质状态的使用行为命名为"土地开发"。"土地利用"是指利用土地某种特征实现活动的目的，比如在平坦土地上运动、爬山锻炼、在河流游泳等纯粹利用土地特征而进行的有目的活动。"土地开发"是改变土地特征而实现活动的目的行为，这种改变又可以细分为消费型土地使用行为，比如采矿、取水、伐木、狩猎等，以及建设型土地使用行为，即通过对土地的投资、建设和改造来实现使用的目标，比如建筑、工程等土地使用行为。与采矿等"降低"土地使用价值不同，建筑等工程开发行为属于土地使用增值的过程。国土空间使用管理的基本分类框架见图 5-1。

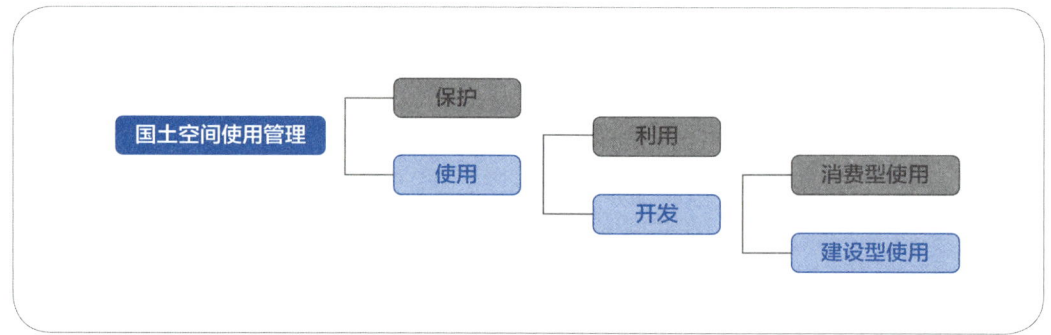

图 5-1　国土空间使用管理分类框架
资料来源：作者自绘

这个概念型的分析框架仅供梳理国土空间使用管理的知识体系，运用概念型分类框架建构实践管理制度则需要更深入的研究。实际的管理制度并非基于纯粹的概念知识建构，而是在复杂的历史背景中形成的，并且基于法律赋予的部门权力在管理实践中发展演化。故概念分类体系与管理制度不一致是常态，但理论研究可以帮助奠定实践发展的目标和方向。在国土空间规划体系下，国土管理部门的整合给国土空间使用管理的变革带来难得的机遇。

5.6.3　国土空间保护管理

国土空间保护是社会集体行动，保护体系各社会群体的角色不同，保护管理则是政府和公共机构的职能。国土空间保护管理者的角色主要承担两种行为。一是开展保护行动。主要包括规划和实施国土空间保护工程项目、动员社会组织参与保护行动等，通过公共投入将公共诉求直接转化为保护工程建设项目，是政府和公共机构的责任。在多层级的政府中，多部门参与的保护行动需要规划协调，协调政府及政府部门保护行动的管理本质上属于政府内部治理的范畴。二是管理开发活动，防止开发活动影响保护目标。这类管理出于保护目标而禁止某类开发活动，或在某些区域禁止开发活动，或禁止某类开发活动等，这类管理形式通常采用行政许可或分区用途管制的方式。

可见，实现保护目标可能是保护项目的建设行为，也可能是禁止私人开发建设的管理活动，这是两类不同的活动类型，应采用不同的管理模式。引导保护项目建设活动的是"规划"或项目计划，为实现保护目标而限制私人开发的管理活动是颁发行政许可或审批，这需要建立严格的依据规划决策的机制。

保护是社会行动，保护管理是政府行动，根据保护管理的对象区分，保护管理行动可以细分为保护计划执行、保护工程项目实施和实施协调，以及颁发开发许可。

5.6.4　国土空间使用管理

国土空间使用管理中的使用，可以吸纳"use"（使用）的三项含义，以及利用和开发；其中土地开发又包括消费型使用和建设型使用。使用作为活动，使用管理就是建立活动的规则，既可以针对使用活动的类型建立规则，也可以根据使用活动的区域建立规则。规则既可以是行为标准，也可以是行为的程序和准则。管理行为既可以在事先明文规定基础上采取事后监督的管理方式，也可以采取事前许可的管理方式。土地使用行为包括大部分生活行为，土地使用行为的管理制度也非常复杂。由于土地使用管理的对象是土地使用行为的效果及其影响，故土地使用管理应基于土地使用类型行为的影响经验来建构。

从划分空间区域的目标及其建构行为规则目的而言，国土空间使用管理就是划定不同类型的空间区域，并且制定相应的活动规则。由于土地上的使用活动势必给土地带来一定的影响，土地使用管理就应该依据使用活动对土地形态的影响特征进行再分类。国土空间使用管理应针对不同类型使用行为或不同地域的使用行为建立规则，管理的方式可以采取事后监督的方式，也可以在建设项目之前要求工程方案的审批或许可。以要求在工程建设之前获得事前许可的管理方式为例，许可管理方式也具有多种形式，可以是法律豁免的许可、法律评估的许可，以及规划许可等多种方式。国土空间使用管理方式与开发的类型、影响范围、程度密切相关。

根据上述土地使用行为的特征及其影响，国土空间使用管理分类两个类型：国土空间利用管理，国土空间开发管理。这种分类仅仅是一种概念分类，现实中土地使用活动类型非常复杂，具体使用行为被纳入哪一种类型进行管理需要在实践中不断研究和完善。

1. 国土空间的利用管理

有些土地使用活动仅仅利用了土地某些特性，比如山坡用于滑雪、峭壁用于攀岩、海滩用于休闲、特殊地貌用于观光、海域用于游泳和冲浪等，这些活动不改变土地的物质特征，而仅仅是利用了土地的某些物理特征进行活动，从而实现了某种活动的功能和目标。参照土地使用分类的内涵，可以将这类使用活动定义为"国土空间的利用"。

2. 国土空间的开发管理

而除了"利用"之外的使用活动都会带来土地物质形态的变化，可以将这类使用活动命名为"国土空间开发"，开发术语的定义可以参照英文 development 的内涵，这有助于开展国际学术交流。

土地"开发"行为可以根据对土地的影响分为"消费型使用"和"建设型使用"两种基本类型。土地开发侧重土地的经济价值，而土地经济价值具有两重内涵，第一是土地的资源价值，第二是土地的区位价值。使用土地的资源价值属于土地资源的消费型使用，这是资源枯竭的过程，包括采矿、取水、获取动植物等生物资源等，应属于最严格的土地使用管理范畴。使用土地的区位价值属于建设型使用，这与土地上的投入和建设有关，其使用活动的特征是通过资本投入改变土地的形态，从而获得某种使用价值，这反映出土地作为"地皮"的承载功能和社会经济价值。建设型的土地开发方式的影响具有两面性，一方面有效改进了人类的生存环境，促进人类的发展，比如乡村和城市属于这类土地使用的代表类型；另一方面，如果不加管理的土地开发建设同样也会带来问题，比如城市贫民窟、工业的环境和生态污染，以及城镇扩张导致区域生态环境的改变等一系列现象。因此，针对此类开发行为应建立不同尺度的管制制度和措施。

5.6.5 国土空间使用分类管理的有关术语解释

一些政策文件和学术文章将国土空间使用概括为保护、利用、整治、修复、开发五种类型。首先，这五种类型源于土地管理部门的管制分类，体现了管理的内容和要求，以及为执行这项任务而建立的专门的政策领域。其次，这也是土地管理中的专业术语，多应用于政策制定和实践工作范畴，但并未形成严格的知识体系。最后，作为普通词语，它们还用来翻译和解释国外引入的土地使用管理知识。因此，这些词语的含义非常宽泛，术语定义与政策实践之间存在交叉、遗漏以及边界模糊的情况。为从概念上明确这些词语，我们需对其作为普通词语的概念、术语定义与政策管理的内容作出适当的区分，以避免使用普通词语概念来认识实际中的工作专业术语内容，或是依据实践工作内容与经验限定普通词语的内涵。

普通词语的概念是动态的，会随着人们认识的深入而不断丰富和发展；而为规范科学交流的专业术语定义则是统一的、稳定的；为规制社会行为的法律术语更是严格定义，且不容轻易改变。作为政府意图与表达以及社会行动指引的政策文件，一般会对一些关键的政策性术语进行解释和说明，但是这种解释或仅限于文件自身应用的范畴。管理制度与管制工具都存在路径依赖，在国土空间使用没有权威的定义和解释之前，通常会参照土地使用的概念来理解"保护""利用""整治""修复""开发"。政策性术语的规制作用与普通词语概念的认识之间存在差异是正常的，但是在使用时需要区分使用语境。

理解词语概念、术语与政策文件内涵之间的差异，有助于理解国土空间规划政策法规文件。第一，国土空间中的"保护""利用""整治""修复""开发"借用了土地管理的分类；第二，"保护""利用""整治""修复""开发"在土地管理中的完整术语形式是"土地保护""土地利用""土地整治/治理""土地开发"。第三，应当严格区分"保护""利用""整治""修复""开发"作为普通词语的概念与"土地保护""土地利用""土地整治/治理""土地开发"作为专业术语的差异。比如中文的"开发"是普通词语，然而development作为英语规划术语，翻译为"开发"，那么此处的"开发"就应该是一个术语，而非普通词语，同时，作为汉语普通词语的"开发"的含义与英文术语"development"的含义相去甚远。

国土空间使用与管理知识体系的组织与建构采用了保护、利用、整治、修复、开发这个分类框架。为澄清这些词语的概念关系，我们需要在这些词语从土地管理术语转化为国土空间使用管理术语使用的过程中，对其进行简要梳理和辨析。

1. 土地利用/土地使用与国土空间利用/国土空间使用

汉语"土地利用"和"土地使用"是同义词，"土地使用"与"国土空间使用"的概念关系取决于"土地"概念的理解，如果采用英语"land"的含义，或联合国粮农组织对"土地"的定义，那么"土地"与"国土"同义，"土地使用"与"国土空间使用"也是同义词，同理，"land use"的含义与"国土空间使用"的含义也是一致的。尽管"利用"和"使用"作为普通汉语词语可以互相解释，并相互替代，但英文的"use"（使用）和"utilization"（利用）的含义截然不同，同时，"use"的法律含义是"utilization"所不具备的。汉语"土地使用"中的"使用"对应英文"use"含义，因为"土地使用权"或"使用权"这个概念与"use"存在渊源关系。如需严格区分"国土空间使用"与"国土空间利用"两个术语，可以将"国土空间使用"与英文"land use"对应，而将"utilization"与"国土空间利用"中的"利用"对应。

出于学术交流和规范管理的目的，建议约定"国土空间使用"与"land use"对应,"国土空间利用"与"land utilize"对应。

2. 保护、土地保护、国土空间保护

"保护"也是一个含义宽泛的普通汉语词汇。作为普通词语,它指尽力照顾,使自身(或他人、其他事物)的权益不受损害。在城乡规划的自然与文化遗产保护领域,"遗产保护"是一个术语概念,分为保存(preservation)和保护(protection)两种类型。针对文物类别遗产采用"保存"(preservation)的规划管理方法,这类方法类似"冻结",使得保护对象停留在某个历史断面,而不再发生变化,类似博物馆保存文物,采用这种方法保护城市历史文化环境需要付出巨大的经济成本。广泛的遗产采用"保护"(protection)的规划管理方法,其本身就隐含某种变化。

"土地保护"是我国土地管理领域的一个专业术语,是指保护人类社会初级生产可利用的地面空间的数量(面积)和质量的措施。土地保护必须从整体出发综合考虑对策,必须贯彻十分珍惜和合理利用一切土地的方针,全面规划,加强管理、保护、开发土地资源,制止乱占耕地和滥用土地的行为,节约建设用地,综合运用行政、经济和法律手段切实加强对土地的统一管理。

土地保护的内容包括:①土地数量保护,土地资源数量的保护指对土地资源的保存,主要是针对农业用地的保护,防止非农业用地的盲目扩展,主要通过基本农田保护实现;②土地质量保护,土地资源的质量或土地资源的好坏包括适宜程度高低、生产潜力或生产力的大小、污染状况和价值的多少等四种类型,土地质量的保护,通常指土地资源的地力保护,即维护土地的生产潜力和提高土地资源生产力水平,如防治水土流失、沙化、次生盐碱化、贫瘠化等;③土地环境保护,即防治土地资源污染。

从土地保护的内涵分析,土地保护的"土地"实际所指为"土壤",是"土地"概念的一种狭义理解。显然,国土空间保护不应局限于这个狭义范围。国土空间保护的对象应该包括土地更广泛的含义,以及城乡规划的"历史文化遗产",环境保护和生态环境保护等更丰富的内涵。

3. 修复、土壤修复、国土空间生态修复

修复是一个汉语词汇,基本释义包括两方面:①修理使恢复完整(多指建筑物);②恢复。政策文件时常使用的"土地修复"中的"修复",实际是指"土壤修复"。

土壤修复(soil remediation)是使遭受污染的土壤恢复正常功能的技术措施。根

据 2014 年发布的《全国土壤污染状况调查公报》，中国土壤环境状况总体不容乐观，全国土壤污染超标率达 16.1%，在工矿业废弃地土壤环境问题突出的同时，耕地土壤环境质量更加堪忧。面对土壤污染的严峻局面，国家立法速度明显加快并在《中华人民共和国环境保护法》（2014 修订）中增加了土壤修复的内容。

"国土空间修复"目前尚无准确的定义，目前已发布的文件主要聚焦于"国土空间生态修复"。"生态修复"（ecological remediation）是一个专业术语，是指在生态学原理指导下，以生物修复为基础，结合各种物理修复、化学修复以及工程技术措施，通过优化组合，使之达到最佳效果和最低耗费的一种综合的修复污染环境的方法。

土壤修复是以土壤为改造对象的工程领域，生态修复是一种修复技术和方法，生态修复包括土壤修复。显然，国土空间修复既包括土壤修复，也包括生态修复，并且具有更丰富的含义。

4. 整治、土地整治、国土空间整治

"整治"是汉语词汇，释义是严肃整齐，整齐而有秩序。其作为动词是指整顿、治理、办理。"土地整治"是土地管理领域的专业术语，主要含义是指在一定区域内，按照土地利用总体规划、城市规划、土地整治专项规划确定的目标和用途，通过采取行政、经济和法律等手段，运用工程建设措施，通过对田、水、路、林、村实行综合整治、开发，对配置不当、利用不合理，以及分散、闲置、未被充分利用的农村居民点用地实施深度开发，提高土地集约利用率和产出率，改善生产、生活条件和生态环境的过程，其实质是合理组织土地利用。广义的土地整治包括土地整理、土地复垦和土地开发。

"土地整治"概念有一个发展历程。我国于 1999 年实施的《中华人民共和国土地管理法》，提出国家鼓励土地整理，后来陆续出现了土地开发整理、土地整理复垦开发、土地整理复垦、土地整治、土地综合整治、农村土地整治、土地开发整理复垦等概念，甚至不同的概念在文件里同时出现，造成了概念和理解上的混乱。在编制《全国土地整治规划（2011—2015 年）》时，在概念上进行了统一，选择了"土地整治"这一术语。

从"土地开发整理"到"土地整治"，不仅仅是概念上的变更，其内涵和外延也发生了深刻的变化。在范围上，已由相对孤立的、分散的土地开发整理项目向集中连片的综合整治转变，从农村延伸到城镇；在内涵上，已由增加耕地数量为主向增加耕地数量、提高耕地质量、改善生态环境并重转变；在目标上，已由单纯的补

充耕地向建设性保护耕地与推进新农村建设和城乡统筹发展相结合转变；在手段上，已由以项目为载体向以项目、工程为载体结合城乡建设用地增减挂钩、工矿废弃地复垦调整利用等政策的运用转变；从内容上，已由以农用地整理为主，转向农用地、农村建设用地、城镇工矿建设用地、未利用地开发与土地复垦等综合整治活动。

目前，"国土空间整治"的使用较少出现，比较常见的是"国土空间治理"。"整治"和"治理"是两个不同的范畴，一个是技术领域，一个是公共管理领域。"国土空间治理"通常与"国土空间治理体系"联合使用，指国家治理制度。

5. 开发、土地开发、国土空间开发

汉语词汇"开发"是指以荒地、矿山、森林、水力等自然资源为对象进行劳动，以达到利用的目的。开发包括开拓、发现或发掘人才、技术等供利用，以及发掘、收集、整理、选择文化资源等丰富的含义。

"开发"也是英文词语"develop"或"development"的汉语译名之一。"development"是一个规划法律术语，英国、澳大利亚、新加坡等规划法律中都严格定义了这一术语，同时，基于这个规划术语还建立了"development control"或"development management"等专门实践领域和研究领域。

"土地开发"是土地管理领域的术语，具有比较明确的含义。土地开发指对未利用土地，通过工程、生物或综合措施，使其达到可利用状态的活动，包括开发为农用地和开发为建设用地。土地开发从广义上来讲指因人类生产建设和生活不断发展的需要，采用一定的现代科学技术的经济手段，扩大对土地的有效利用范围或提高对土地的利用深度所进行的活动。包括对尚未利用的土地进行开垦和利用，以扩大土地利用范围，也包括对已利用的土地进行整治，以提高土地利用率和集约经营程度。从狭义的角度理解，土地开发主要是对未利用土地的开发利用，要实现耕地总量动态平衡，未利用土地开发是补充耕地的一种有效途径。

政策文件没有定义和解释"国土空间开发"，这个术语在相关政策文件内暂无明确定义和解释，但是许多政策文件已经阐述了"国土空间开发"的目标和实施策略。2010年底，国务院印发了《全国主体功能区规划》，这是新中国成立以来第一个全国性国土空间开发规划，是战略性、基础性、约束性的规划。该规划旨在推进主体功能区建设，是中国国土空间开发思路和开发模式的重大转变，是国家区域调控理念和调控方式的重大创新，对推动科学发展、加快转变经济发展方式具有重要意义。

国务院于2017年1月印发的《全国国土规划纲要（2016—2030年）》，部署了全面协调和统筹推进国土集聚开发、分类保护、综合整治和区域联动发展的主要任务，是我国首个国土空间开发与保护的战略性、综合性、基础性规划，对涉及国土空间开发、保护、整治的各类活动具有指导和管控作用。其主要内容包括①构建"多中心网络型"开发格局，推进建设国土开发集聚区和培育国土开发轴带；②构建分类分级全域保护格局，依据环境质量、人居生态、自然生态、水资源和耕地资源5大类资源环境主题实施分类保护；③构建综合整治格局，修复与提升主要城市化地区、农村地区、重点生态功能区、矿产资源开发集中区及海岸带和海岛地区的国土功能。

从上述文件的内容来看，"国土空间开发"中的"开发"应该与英文"development"（发展）的含义一致，从传导指令和规范行为的意义上认识词语的功能，汉语词汇"开发"可以采用英国规划法律中"development"（开发）的定义和解释。

5.6.6　国土空间使用管理的关键环节

从未利用土地的开发管制到建成环境建筑楼板的使用活动类型，国土空间规划管理的内容非常宽泛和复杂。就土地使用活动对自然生态系统的影响程度而言，非建设用地向建设用地转化管理，以及土地用途管制与开发项目的建设管制，是国土空间使用管理链条中关键的两个环节。这两个环节原来分散在土地管理与城乡规划管理两个政府部门负责，目前已经转化为自然资源部内部国土空间规划统一管理的事项，尽管管理机构的行政隶属关系发生了变化，但是这两类用途管制事项的重要意义没有改变。

1. 农用地转建设用地

一般而言，无论是土地公有制还是土地私有制，从农业用自然生态用途的土地向城镇建设用地转变的土地开发都会受到严格的管制。管制土地开发的重要政策工具是土地利用规划。从农用地或自然状态的土地，转化为被开发的城镇建设用地，具有不可逆性。这类土地使用状态改变会影响粮食生产从而涉及国家安全，以及土地使用状态的变换会影响生态环境从而涉及生态安全，甚至影响区域产业和人口布局而涉及区域城镇空间结构等区域性重大事项。针对这类土地使用的转变，各个国家都设立了非常高的法律和政策门槛。

我国实行用途管制制度，在土地利用总体规划中划定农用地、建设用地和未利用土地三种类型，严格限制建设用地，并在土地利用规划的管制下实施建设用地年度审批制度。城市总体规划、乡/镇总体规划确定建设用地的布局，并通过详细规划确定土地使用的标准和要求；农用地转用是指将土地利用现状调查确定的农用地依据土地利用总体规划、土地利用年度计划以及国家规定的审批权限报批后转变为建设用地的行为。农用地转用又称为农用地转为建设用地；未利用土地转为建设用地以及农用地内部之间的相互转换不属于农用地转用的范围。

美国联邦政府立法授权州政府制定区划以规制私人土地使用，通过划定"城市增长边界"来引导公共设施建设，改变私人投资的环境成本，通过政策工具和经济手段控制城市的蔓延。英国制定《绿带法》(Green Belt Act) 以防止城市蔓延，并且针对农业和开敞空间的开发项目设立很高的政策门槛以及许可程序要求。

管理土地从农业、自然生态用途向城镇用途转变的主要工具是法律、政策和规划，城市增长边界、绿带等政策性用途分区是重要的管制手段。

2. 土地用途管制与开发建设管理

国土空间使用管理的第二个关键问题是明确区分和界定土地用途管制与开发建设管理。用途是土地权利的核心内容，用途管制是法定土地权利的明确与落实，它涉及公权与私权的边界问题，因此，应当尤其注意保护私人土地使用权利，这是发展的基础，也是城市活力的根源。开发建设具有土地使用不可逆的特性，而且改变土地使用的成本高昂，此外，开发建设还涉及邻里关系、城市功能和形态，是城市风貌和历史文化的重要组成部分，可见开发建设的影响面也较大。因此，我们需要特别重视开发项目的建设管理。

开发建设管理包括建立使用活动的规则和实施管理规则两个方面。首先是建立土地使用活动的规则，这种规则可以区分为两种类型。一是不改变土地物质形态的土地使用规则，也就是场地使用规则。比如露天堆场规则会对堆放货物的种类、堆放方式以及场地对周边的影响作出规定，还有郊野公园禁止烧烤的活动规则、公园禁止遛狗等场地使用规则。场地使用活动会导致严重的外部影响，比如集体性广场舞的音乐扰民等，而在土地使用管理上，则表现为特定的场地使用规则。遗憾的是，我国在这个方面的土地使用管理还缺乏系统性。第二种是改变土地物质形态的使用行为。这类管理更确切地说应该是"开发控制"或"建设管理"，这是在用途管制的基础上更进一步对建筑体量、形态、高度、间距、退缩用地边线等提出要求，目的是维护良好的公共秩序和邻里环境。

场地使用规则的制定以及地块开发项目的管理，是公共机构维护公共利益的干预行为，是法定机构对私人开发项目的管理。其管制的方法主要是行政审批和许可，管理的依据是建筑规范和规划等政策性和技术性文件。

我国土地开发管理采用"规划＋用地指标"的管理形式，这是国家管理地方、上级管理下级的工具。建设用地上的开发建设采用"详细规划＋规划许可"的方式，这是政府部门代表公共利益管理开发项目。规划和许可是两类不同的治理工具，规划适用政府之间的管理，主要统筹协调政府间的行动，许可是处理政府与社会的关系，目的是通过具体项目审批防止开发项目的外部影响，维护公共利益。有些国家采用"区划"立法的方式直接规制开发行为，只在区划例外的情况实行规划许可，因此，规划的性质不同，土地使用管理目标的实施的路径不一样。区划作为法律的形式具有自我实施的特点，我国规划主要是政策特征，行政许可是规划实施的工具。

5.7 国土空间使用管理的工具

所谓管制工具就是管理机构借此实现管理目标的工作依据和工作方法，主要包括法规和条例、计划和规划、激励和处罚等。

5.7.1 我国土地使用与管理的法律法规体系

1. 有关土地使用权力的法律法规和技术标准

法律法规方法适用于解决较宏观、影响范围较大，通常是全国性的问题，具有较强的强制性和权威性。

1）《中华人民共和国宪法》

宪法规定了我国土地公有制和土地使用制两项基本制度。《中华人民共和国宪法》规定，城市土地属于国家所有。农村和城市郊区的土地，除由法律规定属于国家所有的以外，属于集体所有；宅基地和自留地、自留山，也属于集体所有。国家为了公共利益的需要，可以依照法律规定对土地实行征收或者征用并给予补偿。组织或者个人不得侵占、买卖或者以其他形式非法转让土地。土地的使用权可以依照法律的规定转让。一切使用土地的组织和个人必须合理地利用土地。

2）《中华人民共和国土地管理法》

《中华人民共和国土地管理法》于1986颁布，历经1988年、1998年、2004

年、2019年的三次修正和一次修订。其中1998年通过的《中华人民共和国土地管理法》正式确立了土地用途管制制度。由国家编制土地利用总体规划，规定土地用途，将土地分为农用地、建设用地和未利用地。严格限制农用地转为建设用地，控制建设用地总量，对耕地实行特殊保护。使用土地的单位和个人必须严格按照土地利用总体规划确定的用途使用土地。

3）《中华人民共和国城乡规划法》

《中华人民共和国城乡规划法》是国家对城乡规划领域中的城乡规划的制定、实施和监督行为的法律。该法作为特别行政法，既是程序法又是实体法。作为程序法，《中华人民共和国城乡规划法》规定了城乡规划体系，规定了城乡规划的制定、实施和监督等诸行为的关系，同时又提出各种行为的要求和准则。

制定和实施城乡规划，在规划区内进行建设活动，都必须遵守《中华人民共和国城乡规划法》。该法所称城乡规划，包括城镇体系规划、城乡规划、镇规划、乡规划和村庄规划。城乡规划、镇规划分为总体规划和详细规划。详细规划分为控制性详细规划和修建性详细规划。该法所称规划区，是指城市、镇和村庄的建成区以及因城乡建设和发展需要，必须实行规划控制的区域，这是法律适用的空间范围。规划区的具体范围由有关人民政府在组织编制的城市总体规划、镇总体规划、乡规划和村庄规划中，根据城乡经济社会发展水平和统筹城乡发展的需要划定。

4）《中华人民共和国民法典》

《中华人民共和国民法典》以调整平等主体土地关系为主要内容建立了土地民事法律制度。《中华人民共和国民法典》关于土地使用制度的规定位于第二编"物权"第十一章、第十二章、第十三章、第十五章，从第三百三十条至第三百六十五条以及第三百七十二条至第三百八十五条，共计50条。

5）《中华人民共和国城镇国有土地使用权出让和转让暂行条例》

国家按照所有权与使用权分离的原则，实行城镇国有土地使用权出让、转让制度，但地下资源、埋藏物和市政公用设施除外。城镇国有土地，是指市、县城、建制镇、工矿区范围内属于全民所有的土地。土地使用权出让，是指国家以土地所有者的身份将土地使用权在一定年限内让与土地使用者，并由土地使用者向国家支付土地使用权出让金的行为。

6）《基本农田保护条例》

《基本农田保护条例》于1994年首次颁布，现行有效的是《基本农田保护条例》（2011修订）。我国实行基本农田保护制度。该条例所称基本农田，是指按照一定时期人口和社会经济发展对农产品的需求，依据土地利用总体规划确定的不得占用的耕地；基本农田保护区，是指为对基本农田实行特殊保护而依据土地利用总体规划和依照法定程序确定的特定保护区域。

7)《**中华人民共和国土地增值税暂行条例**》

该条例的制定旨在规范土地、房地产市场交易秩序，合理调节土地增值收益，维护国家权益，制定该条例。转让国有土地使用权、地上的建筑物及其附着物并取得收入的单位和个人，为土地增值税的纳税义务人，应当依照该条例缴纳土地增值税。

8)《**不动产登记暂行条例**》

国家实行不动产统一登记制度。为整合不动产登记职责，规范登记行为，方便群众申请登记，保护权利人合法权益而制定该条例。该条例所称不动产登记，是指不动产登记机构依法将不动产权利归属和其他法定事项记载于不动产登记簿的行为。该条例所称不动产，是指土地、海域以及房屋、林木等定着物。不动产首次登记、变更登记、转移登记、注销登记、更正登记、异议登记、预告登记、查封登记等，适用该条例。

9)《**土地利用现状分类**》(GB/T 21010—2017)

为实施全国土地和城乡地政统一管理，科学划分土地利用类型，明确土地利用各类型含义，统一土地调查、统计分类标准，合理规划、利用土地，制定该标准。该标准适用于土地调查、规划、审批、供应、整治、执法、评价、统计、登记及信息化管理等工作。土地利用现状分类采用一级、二级两个层次的分类体系，共分12个一级类、73个二级类。

10)《**城市用地分类与规划建设用地标准**》(GB 50137—2011)

该标准规定了城乡用地和城市建设用地的分类，规划人均城市建设用地和人均单项城市建设用地标准以及城市建设规划用地结构。该标准适用于城市总体规划和控制性详细规划的编制、用地统计和用地管理工作，县人民政府所在地镇及其他有条件的镇可参照执行。

2. 法律法规中有关土地使用权的规定

我国土地使用的基本制度框架，也就是现行土地使用政策运作的前提如下。

（1）城市土地属于国家所有。但一定期限的土地使用权可以出让、买卖和再买卖、出租或抵押。各种公共项目征用的农用地属于国家所有。

（2）根据2019年《中华人民共和国土地管理法》第十三条规定，国家所有依法用于农业的土地可以由单位或者个人承包经营，从事种植业、林业、畜牧业、渔业生产。

（3）农村和城市郊区的土地，除由法律规定属于国家所有的以外，属于农民集体所有。根据2019年《中华人民共和国土地管理法》第十三条规定，农民集体所有和国家所有依法由农民集体使用的耕地、林地、草地，以及其他依法用于农业的土地，采取农村集体经济组织内部的家庭承包方式承包。家庭承包的耕地的承包期为三十年，草地的承包期为三十年至五十年，林地的承包期为三十年至七十年；耕地承包期届满后再延长三十年，草地、林地承包期届满后依法相应延长。

（4）土地使用权分两类。一是出让土地使用权，即如以出让方式取得土地使用权，土地使用者须向地方政府缴纳土地使用权出让金后，才能在规定的年限内使用土地。出让的土地使用权可以通过抵押和出租进行转让，国家如要收回出让的土地使用权，需要对土地使用权人给予适当补偿。二是划拨土地使用权，即如土地是划拨的，使用人不得转让使用权，国家有必要时可收回土地使用权而无需支付补偿。出让的土地使用权有一定的时间限制，使用人需要根据土地的预计收益支付一定的费用，使用人可以是私营个人或实体。而划拨的土地使用权通常是没有时间限制的，但使用人不得为私营个人或实体。

5.7.2 土地使用政策

我国实行土地公有制，即全民所有制和劳动群众集体所有制。在宪法制度框架下，土地政策具体表现为土地使用政策，以及为了更好的土地使用和管理而制定的土地利用的规划政策。

1. 土地管理基本政策

我国土地管理的基本政策主要有以下几个方面。

1）土地宏观调控政策

国家通过编制土地利用总体规划对农业、林业、牧业、工业、城市和居民住宅建设等各类用地进行统筹规划，合理布局，确定各类用地规模和建设用地总量、耕地保有量，对各类用地进行控制，尤其是对城市建设用地规模进行控制，并通过编制土地利用年度计划对建设用地总量进行控制。

2）土地集约利用政策

土地利用要实现从粗放型向集约型的转变，提高土地的利用率和单位土地面积的产出率，充分发挥土地使用的效益和使用功能，减少土地的闲置和浪费。

3）土地有偿使用政策

按照社会主义市场经济的要求，要逐步减少划拨使用土地的范围，扩大土地有偿使用的范围，对原以划拨方式取得的国有土地使用权用于非农业建设的，除法律规定可以实行划拨外，要逐步实行有偿使用，国企改革划拨土地使用权经过地价评估，也要实行有偿使用。通过有偿使用，建立土地使用者的自我约束机制。

4）节约用地政策

任何单位和个人进行建设需要使用土地都必须注意节约用地，可以少占地的，不得多占地；可以利用荒地的，不得占用耕地；可以利用劣地的，不得占用好地。建设工程项目设计应严格执行建设用地定额指标，防止宽打窄用，占而不用，防止闲置浪费土地。

5）保护耕地政策

国家保护耕地，严格控制耕地转为非耕地。国家实行土地用途管制制度，农用地转为建设用地必须办理农用地转用审批手续；国家征用耕地必须依法办理审批手续；国家实行占用耕地补偿制度，建设占用耕地必须按照"占多少，垦多少"的原则，由占用者开垦与所占用的耕地的数量和质量相当的耕地，以保持耕地总量的动态平衡；国家实行基本农田保护制度，各级人民政府都要划定基本农田保护区，对保护区内的耕地进行严格保护。

6）保护土地环境政策

国家鼓励开发未利用的土地，但必须注意保护和改善生态环境，防止水土流失和土地荒漠化、盐碱化，防止土地污染；禁止破坏土地；向耕地倾倒城市垃圾、污泥，必须符合国家规定标准；建设项目占用基本农田应制定基本农田环境保护方案，报有关部门审批；对破坏生态环境开垦、围垦的土地，要有计划、有步骤地退耕还林、还牧、还湖；禁止毁坏森林、草原开垦耕地，禁止围湖造田和侵占江河滩地。

7）保护土地权利人合法权益政策

土地所有者和土地使用者享有的土地权利经依法确认，就受到法律保护，任何单位和个人不得侵犯。农民承包经营土地，发包方和承包方应订立承包合同，约定双方的权利和义务；农民的土地承包经营权受法律保护，调整承包土地，必须经村民会议三分之二以上成员或者三分之二以上村民代表的同意，并报乡（镇）人民政府和县级人民政府农业行政主管部门批准。

8）从严管理土地政策

我国人多地少，保护耕地就是保护我们的生命线。土地管理特别是耕地保护是事关全中国大局和中华民族子孙后代的大问题。针对我国的国情，党中央、国务院提出，我国的土地管理特别是耕地保护必须是十分严格的。因此，在我国必须实行从严管理土地的政策。

这些土地管理基本政策的核心是管理土地使用，包括土地集约、节约使用，土地有偿使用及其有偿使用的实施制度等。

2. 城乡两类土地使用政策

由于我国土地分为国有土地和集体建设土地两种类型，土地使用政策存在一定的差异，按照土地用途区域类型可以分为国有土地使用政策和农村土地使用政策。

1）国有土地使用政策

2002年出台的《招标拍卖挂牌出让国有土地使用权规定》全面确立了经营性土地使用权招标拍卖挂牌出让制度，规定商业、旅游、娱乐和商品住宅等各类经营性用地，必须以招标、拍卖或者挂牌方式出让。上述规定以外用途的土地的供地计划公布后，同一宗地有两个以上意向用地者的，也应当采用招标、拍卖或者挂牌方式出让。

2008年1月，国务院下发了《关于促进节约集约用地的通知》（国发〔2008〕3号），通知强调，深入推进土地有偿使用制度改革，严格限定划拨用地范围，及时调整划拨用地目录。今后除军事、社会保障性住房和特殊用地等可以继续以划拨方式取得土地外，对国家机关办公和交通、能源、水利等基础设施（产业）、城市基础设施以及各类社会事业用地要积极探索实行有偿使用，对其中的经营性用地先行实行有偿使用。其他建设用地应严格实行市场配置，有偿使用。

2020年国务院发布的《关于构建更加完善的要素市场化配置体制机制的意见》在推进土地要素市场化配置的政策中，提出深化产业用地市场化配置改革。健全长期租赁、先租后让、弹性年期供应、作价出资（入股）等工业用地市场供应体系，推动不同产业用地类型合理转换，探索增加混合产业用地供给。同时鼓励盘活存量建设用地，以多种方式推进国有企业存量用地盘活利用。

2）农村土地使用政策

根据土地用途分类，土地可分为建设用地、农用地和未利用地三大类。我国实行土地用途管制制度，限制将农用地和未利用地转变为建设用地。农用地和未利用地转变为建设用地需要经过审批。根据《中华人民共和国农村土地承包法》的规定，农民集体所有和国家所有依法由农民集体使用的耕地、林地、草地，以及其他依法用于农业的土地，由农村集体经济组织发包给农民使用，但未经依法批准不得将承包地用于非农建设。

根据《中华人民共和国土地管理法》第四十四条规定，建设占用土地，涉及农用地转为建设用地的，应当办理农用地转用审批手续。永久基本农田转为建设用地的，由国务院批准。

近年来，农村土地使用政策有所调整，主要建立农村集体经营性建设用地入市制度，赋予农村集体经营性建设用地出让、租赁、入股权能，明确入市范围途径。有一些城市在扩张过程中需要并入一些周边的农村，这就是农村集体经营性建设用地入市的需求之一。把类似于村办企业、工厂等农村集体经营性建设用地建立入市制度，并与国有土地"同权同价"，农民可以利用出让、租赁、入股等多种方式，实现集体经营性建设用地的保值和增值。

5.7.3 土地利用总体规划与用地计划

由于存在市场失灵现象，需要政府从社会和宏观的角度，制定计划和规划来引导土地资源的市场配置过程和约束土地利用行为。

1. 土地利用总体规划

我国土地规划管理最主要的工具是土地利用总体规划，目前国土空间规划已经取代土地利用总体规划。由于国土空间是整合包容性规划，涉及土地使用管理的内容基本沿袭了土地利用规划，因此，原土地利用规划的内容和要求仍然是认识国土空间使用管理实质内容的主要途径。

土地利用总体规划是对一定区域内土地的开发、利用、治理、保护在空间上和时间上所作的总体安排，规划期限通常为15年。根据我国行政区划，规划分为全国、省（自治区、直辖市）、市（地）、县（市）和乡（镇）五级，即五个层次。上下级规划必须紧密衔接，上一级规划是下级规划的依据，并指导下一级规划，下级规划是上级规划的基础和落实。土地利用总体规划的成果包括规划文件、规划图纸及相应的附件。土地利用总体规划实行分级审批制度。

1）基本概念

我国土地利用总体规划的基本概念是，对一定区域未来土地利用超前性的计划和安排，是依据区域社会经济发展和土地的自然历史特性在时空上进行土地资源合理分配和土地利用协调组织的综合措施。

土地利用总体规划是在一定区域内，根据国家社会经济可持续发展的要求和当地自然、经济、社会条件对土地开发、利用、治理、保护在空间上、时间上所作的总体的战略性布局和统筹安排。是从全局和长远利益出发，以区域内全部土地为对象，合理调整土地利用结构和布局；以利用为中心，对土地开发、利用、整治、保护等方面做统筹安排和长远规划。目的在于加强土地利用的宏观控制和计划管理，合理利用土地资源，促进国民经济协调发展，是实行土地用途管制的依据。

土地利用总体规划是综合发展规划和各类专项规划的重要内容及其组成要素，城市规划、农业发展规划、环境保护规划等都涉及其管制领域的土地使用管理。我国的土地利用总体规划是由国土部门编制的综合性规划，属于一种法定的规划编制类型，具有明确的目标、内容、编制程序和审批要求。

2）土地利用总体规划的任务

土地利用总体规划的任务在于根据国民经济和社会发展计划和因地制宜的原则，运用组织土地利用的专业知识，合理地规划、利用全部的土地资源，以促进生产的发展。具体包括：查清土地资源、监督土地利用；确定土地利用的方向和任务；合理协调各部门用地，调整用地结构，消除不合理土地利用；落实各项土地利用任务，包括用地指标的落实，土地开发、整理、复垦指标的落实；保护土地资源，协调经济效益、社会效益和生态效益之间的关系，协调城乡用地之间的关系，协调耕地保护和促进经济发展的关系。

3）土地利用总体规划的原则

编制土地利用总体规划要遵循以下原则：严格保护基本农田，控制非农业建设占用农用地；提高土地利用率；统筹安排各类、各区域用地；保护和改善生态环境，保障土地的可持续利用；占用耕地与开发复垦耕地相平衡。

4）土地利用总体规划的分级编制与审批要求

各级人民政府依据国民经济和社会发展规划、国土整治和资源环境保护的要求、土地供给能力以及各项建设对土地的需求，组织编制土地利用总体规划。全国和省级土地利用总体规划为宏观控制性规划，主要任务是在确保耕地总量动态平衡的前提下，统筹安排各类用地，控制城镇建设用地规模。乡（镇）土地利用总体规划为实施性规划，要具体确定每一块土地的用途，并通过报纸公告、张贴布告、设立公告牌等方式向社会公告，公告的内容包括规划目标、规划期限、规划范围、地块用途和批准机关及批准日期。土地利用总体规划实行分级审批，一经批准必须严格执行。土地利用总体规划的修改必须经原批准机关批准，未经批准不得改变土地利用规划确定的用途。

5）土地利用总体规划的编制程序与规划方案的主要内容

我国土地利用总体规划的编制程序是：编制规划的准备工作；调查研究，提出问题报告书和土地利用战略研究报告，编制土地利用规划方案；规划的协调论证；规划的评审和报批。土地利用规划报告是主要成果的文字说明部分，包括土地利用总体规划方案和方案说明。编制土地利用总体规划方案是在土地利用现状分析、资源分析、土地利用战略研究的基础上，根据规划目标和任务而进行的。规划方案的主要内容有：导言、土地利用现状和存在问题，土地利用目标和任务，各部门用地需求量的预测、地域和用地区的划分，土地利用结构和布局的调整，实施规划的政策和措施。规划方案说明的主要内容包括：规划方案的编制过程、编制规划的目的和依据、规划主要内容的说明、规划方案实施的可行性论证等。

6）土地利用总体规划的实施措施

土地利用总体规划的实施措施包括：土地利用规划经同级人民代表大会常务委员会审议通过后，报上级批准，作为地方性法规，由人民代表大会监督执行；土地利用规划纳入国民经济和社会发展计划，并由政府制订配套的实施条例，对有关问题做出具体规定；理顺土地产权关系，启动发展土地市场，通过经济手段促使规划的实施；逐年落实规划的各项控制指标，开展土地利用动态监测，监督保证土地利用规划的实施。通过建立领导责任制、公告制度、建设项目用地预审制和监督检查制等管理制度来实施规划。

7）土地利用总体规划的意义

土地利用总体规划是土地用途管制的依据，是国家意志的体现。《中华人民共和国土地管理法》规定，国家实行土地用途管制制度，并规定国家编制土地利用总体规划，规定土地用途，将土地分为农用地、建设用地和未利用地。严格限制农用地转为建设用地，控制建设用地总量，对耕地实行特殊保护。可见，土地利用不是普通地方措施，而是由法律规定的调控土地利用的国家措施。

8）土地利用总体规划的管理特点

土地利用总体规划是具有法定效力的管理手段。土地利用总体规划的性质和作用决定了土地利用总体规划的法律强制力。土地利用总体规划中的各项规定、标准和政策应当有长期的稳定性，因为土地利用总体规划是对城乡建设、土地开发等各项土地利用活动的统一安排和部署。各项工作一旦实施，其效果或后果将难以扭转，土地利用总体规划不是一项普通的小工程，可以随时修改变更，所以这就要求以法律的形式将其固定下来，以克服单纯行政手段可能出现的短期行为。各级政府依法制定和实施规划，是土地利用和管理的最基本和最直接的活动。

土地利用总体规划是量大面广的社会实践活动。土地利用总体规划的每一个决策、每一项行动，既要符合国家的法律法规，又要符合当地的实际。制定规划时的前期工作就包括大量的调查分析工作，搞清土地条件、利用现状、利用潜力和用地需求情况，这样才能实事求是地拟定工作方案，同时还要广泛征求意见，协调各业、各部门的用地需求和矛盾，之后还需要实施各项管理工作，采取各项措施保障规划的实施；土地利用总体规划关系各行各业，影响千家万户，涉及政治、经济、社会等广泛领域，具有很强的综合性和实践性。

9）从土地利用总体规划到国土空间规划

除了土地利用总体规划外，我国长期以来还存在与其并行的多个"空间型"规划，主要包括主体功能区划、城乡规划、生态环境区划等。2013年中央城镇化工作会议以来，鉴于多规并行带来的种种问题，多规合一改革被纳入中央政策议程并快速推进。2019年5月，中共中央、国务院发布《关于建设国土空间规划体系并监督实施的若干意见》（中发〔2019〕18号），标志着国土空间规划体系在我国的正式确立。我国国土空间规划包括总体规划、详细规划和专项规划。国土空间规划是国家空间发展的指南、可持续发展的空间指南，是各类开发保护建设活动的基本依据。

2. 土地利用计划

土地利用计划仅指土地利用具体实施计划，包括土地利用中期计划和年度计划。由于我国现行编制的土地利用总体规划已对近5年的土地利用作出了安排，因此，编制土地利用计划实际上主要是指编制土地利用年度计划。

具体讲，土地利用计划是根据土地利用总体规划和经济社会发展需要，对各类用地数量进行具体安排，它是土地利用总体规划的具体实施计划。土地利用年度计划采取"由上到下，逐级分解"的方式下达。国民经济和社会发展规划、国家产业政策、土地利用总体规划、建设用地和土地利用的实际状况是编制土地利用计划的依据。土地利用计划一般由计划的文字说明和计划指标两部分组成。计划的文字部分是对计划的制订、计划指标、执行要点等所作的具体说明；计划指标则从数量关系上提出用地规模。土地利用计划指标是土地利用规划目标和任务的具体化及数量化表现，土地利用计划指标通常由两部分组成，即有关的用地类型和用地面积数量。

3. 我国土地使用总体调控指标

我国自上而下的土地利用规划体系强调总体指标控制，国家土地利用总体规划的指标是省市规划与管理的依据，2016年，国务院对2020年的土地利用指标进行了部分调整。新的国土空间规划基本沿用土地利用规划的指标管理方式，并通过"三区三线"的规划管控进一步加强对空间布局的管理。

1）全国土地利用总体规划纲要（2006—2020年）调整方案

为更好地保障"十三五"时期经济社会发展，确保我国实有耕地数量稳定、质量不下降，提高土地利用节约集约水平，维护土地利用总体规划的严肃性、权威性和可操作性，根据第二次全国土地调查成果，经国务院同意，对《全国土地利用总体规划纲要（2006—2020年）》进行调整完善。

2）**调整的主要内容**

（1）耕地调整

按照坚守18亿亩耕地保护红线，确保实有耕地数量稳定、质量不下降的要求，到2020年，全国耕地保有量为18.65亿亩（约1.24亿公顷）。

（2）基本农田调整

按照基本农田数量和布局基本稳定、优质耕地优先保护的原则，规划期内，确保全国15.46亿亩基本农田数量不减少，质量有提高。

（3）建设用地调整

按照严守底线、调整结构、深化改革的思路，严控增量，盘活存量，优化结构，提升效率，切实提高城镇建设用地集约化程度，到2020年，全国建设用地总规模为4 071.93万公顷。

3）**2020年土地利用主要指标**

我国土地使用采用规划和计划指标管理，全国土地利用总体规划的主要调控指标见表5-2。

表5-2　调整后的2020年土地利用主要指标

地区	耕地保有量		基本农田保护面积		建设用地总规模	
	万公顷	万亩	万公顷	万亩	万公顷	万亩
全国	12 433.33	186 500	10 306.67	154 600	4 071.93	61 079
北京	11.07	166	10.00	150	37.20	558
天津	33.40	501	28.47	427	44.07	661
河北	605.33	9 080	515.00	7 725	224.80	3 372
山西	383.80	5 757	325.93	4 889	109.80	1 647
内蒙古	766.60	11 499	620.00	9 300	170.06	2 551

续表

地区	耕地保有量		基本农田保护面积		建设用地总规模	
	万公顷	万亩	万公顷	万亩	万公顷	万亩
辽宁	460.13	6 902	368.13	5 522	170.07	2 551
吉林	606.67	9 100	492.00	7 380	113.20	1 698
黑龙江	1 387.13	20 807	1 109.73	16 646	169.20	2 538
上海	18.80	282	16.60	249	32.00	480
江苏	456.87	6 853	389.60	5 844	236.13	3 542
浙江	187.87	2 818	159.87	2 398	134.53	2 018
安徽	582.40	8 736	491.87	7 378	205.60	3 084
福建	126.33	1 895	107.27	1 609	88.00	1 320
江西	292.73	4 391	246.20	3 693	133.60	2 004
山东	752.53	11 288	638.93	9 584	291.40	4 371
河南	802.33	12 035	680.40	10 206	268.47	4 027
湖北	482.87	7 243	390.80	5 862	177.73	2 666
湖南	397.07	5 956	329.67	4 945	171.00	2 565
广东	247.93	3 719	210.93	3 164	208.53	3 128
广西	436.40	6 546	365.40	5 481	129.13	1 937
海南	71.47	1 072	60.60	909	36.67	550
重庆	190.60	2 859	161.60	2 424	72.00	1 080
四川	629.87	9 448	519.53	7 793	190.47	2 857
贵州	419.07	6 286	350.47	5 257	74.40	1 116
云南	584.53	8 768	489.40	7 341	115.40	1 731
西藏	39.47	592	31.60	474	16.47	247
陕西	360.93	5 414	306.00	4 590	100.27	1 504
甘肃	498.47	7 477	399.00	5 985	94.87	1 423
青海	55.40	831	44.40	666	37.00	555
宁夏	116.53	1 748	93.27	1 399	34.13	512
新疆	428.73	6 431	354.00	5 310	185.73	2 786
新疆生产建设兵团	—	—	—	—	35.33	530

资料来源：中华人民共和国国土资源部.《全国土地利用总体规划纲要（2006—2020 年）调整方案》（国土资发〔2016〕67 号）.

5.7.4 土地使用的规范和标准

土地使用标准是指国家规定的关于土地利用的标准分类体系，它是指导土地利用的重要依据。土地使用标准包括了各种土地用途，如农业用地、林业用地、水利设施用地、交通运输用地、工业用地、商业用地、居住用地等。通过了解土地使用标准，可以更好地掌握土地的使用情况，对土地资源的保护与利用起到重要的作用。

1. 土地利用分类现状标准与规划标准

2017年发布的《土地利用现状分类》（GB/T 21010—2017），标志着我国土地利用现状分类第一次拥有了全国统一的国家标准。《土地利用现状分类》采用一级、二级两个层次的分类体系，共分12个一级类、56个二级类。其中一级类包括：耕地、园地、林地、草地、商服用地、工矿仓储用地、住宅用地、公共管理与公共服务用地、特殊用地、交通运输用地、水域及水利设施用地、其他土地，相关概念介绍如下。

1）耕地

耕地是指种植农作物的土地，包括熟地、新开发、复垦、整理地、休闲地（含轮歇地、休耕地）；以种植农作物（含蔬菜）为主，间有零星果树、桑树或其他树木的土地；平均每年能保证收获一季的已垦滩地和海涂。耕地中还包括南方宽小于1米，北方宽小于2米的沟、渠、路和地坎（埂）；临时种植药材、草皮、花卉、苗木等的耕地，临时种植果树、茶树和林木且耕作层未破坏的耕地，以及其他临时改变用途的耕地。耕地又可分为三种：①水田，指用于种植水稻、莲藕等水生农作物的耕地。包括实行水生、旱生农作物轮种的耕地；②水浇地，指有水源保证和灌溉设施，在一般年景能正常灌溉，种植旱生农作物（含蔬菜）的耕地。包括种植蔬菜的非工厂化的大棚用地；③旱地，指无灌溉设施，主要靠天然降水种植旱生农作物的耕地，包括没有灌溉设施，仅靠引洪淤灌的耕地。

2）农用地

农用地是指用于农业生产的土地，包括耕地、园地、林地、牧草地以及农村道路、水库水面、坑塘水面、沟渠、设施农用地、田坎。

3）基本农田

基本农田是指按照一定时期人口和社会经济发展对农产品的需求，依据土地利用总体规划确定的不得占用的耕地。基本农田是耕地的一部分，而且主要是高产优质的那一部分耕地。一般来说，划入基本农田保护区的耕地都是基本农田。老百姓称基本农田为"吃饭田""保命田"。

4）建设用地

建设用地是指建造建筑物、构筑物的土地，包括商服、工矿仓储、住宅、公共管理与公共服务、特殊用地、交通运输、水利设施、空闲地等。

《土地利用现状分类》国家标准确定的土地利用现状分类，严格按照管理需要和分类学的要求，对土地利用现状类型进行归纳和划分。《土地利用现状分类》国家标准出台，为科学划分土地利用现状类型提供了技术保障，对于国家掌握真实的土地资源数据、全面摸清土地资源利用家底、为国土资源科学化管理乃至国民经济宏观管理决策提供科学的数据支撑具有重大意义。

2. 城乡规划用地分类标准

根据《城市用地分类与规划建设用地标准》（GB 50137—2011），用地分类包括城乡用地分类、城市建设用地分类两部分，按土地使用的主要性质进行划分。

用地分类采用大类、中类和小类3级分类体系。大类应采用英文字母表示，中类和小类应采用英文字母和阿拉伯数字组合表示。

1）**城乡用地分类**

城乡用地指市（县）域范围内所有土地，包括建设用地与非建设用地。建设用地包括城乡居民点建设用地、区域交通设施用地、区域公用设施用地、特殊用地、采矿用地等，非建设用地包括水域、农林用地以及其他非建设用地等。城乡用地共分为2大类、9中类、14小类。2大类分别是建设用地H与非建设用地E。

2）**城市建设用地分类**

城市建设用地指城市（县）人民政府所在地镇内的居住用地、公共管理与公共服务用地、商业服务业设施用地、工业用地、物流仓储用地、交通设施用地、公用设施用地、绿地。城市建设用地共分为8大类、35中类、44小类。8大类分别是：居住用地（R）、公共管理与公共服务设施用地（A）、商业服务业设施用地（B）、工业用地（M）、物流仓储用地（W）、道路与交通设施用地（S）、公用设施用地（U）、绿地与广场用地（G）。

与土地利用现状分类标准的作用相似，城市用地分类标准就是给现状土地贴上规划用途的"分类标签"，它规定了未来土地使用必须符合"分类标签"指定的土地用途。

3. 城市土地用地标准

规划建设用地标准应包括规划人均城市建设用地标准、规划人均单项城市建设用地标准和规划城市建设用地结构三部分。

1）人均城市建设规划用地标准

编制和修订城市（镇）总体规划应以本标准作为城市建设用地的远期规划控制标准（表 5-3）。

（1）新建城市的规划人均城市建设用地指标应在 85.1～105.0 平方米／人内确定。

（2）首都的规划人均城市建设用地指标应在 105.1～115.0 平方米／人内确定。

（3）边远地区、少数民族地区以及部分山地城市、人口较少的工矿业城市、风景旅游城市等具有特殊情况的城市，应专门论证确定规划人均城市建设用地指标，且上限不得大于 150.0 平方米／人。

表 5-3 规划人均城市建设用地面积指标（平方米／人）

气候区	现状人均城市建设用地面积指标	允许采用的规划人均城市建设用地面积指标	允许调整幅度		
			规划人口规模 ≤ 20.0 万人	规划人口规模 20.1～50.0 万人	规划人口规模 >50.0 万人
Ⅰ、Ⅱ、Ⅵ、Ⅶ	≤ 65.0	65.0～85.0	>0.0	>0.0	>0.0
	65.1～75.0	65.0～95.0	+0.1～+20.0	+0.1～+20.0	+0.1～+20.0
	75.1～85.0	75.0～105.0	+0.1～+20.0	+0.1～+20.0	+0.1～+15.0
	85.1～95.0	80.0～110.0	+0.1～+20.0	−5.0～+20.0	−5.0～+15.0
	95.1～105.0	90.0～110.0	−5.0～+15.0	−10.0～+15.0	−10.0～+10.0
	105.1～115.0	95.0～115.0	−10.0～−0.1	−15.0～−0.1	−20.0～−0.1
	>115.0	≤ 115.0	<0.0	<0.0	<0.0
Ⅲ、Ⅳ、Ⅴ	≤ 65.0	65.0～85.0	>0.0	>0.0	>0.0
	65.1～75.0	65.0～95.0	+0.1～+20.0	+0.1～20.0	+0.1～+20.0
	75.1～85.0	75.0～100.0	−5.0～+20.0	−5.0～+20.0	−5.0～+15.0
	85.1～95.0	80.0～105.0	−10.0～+15.0	−10.0～+15.0	−10.0～+10.0
	95.1～105.0	85.0～105.0	−15.0～+10.0	−15.0～+10.0	−15.0～+5.0
	105.1～115.0	90.0～110.0	−20.0～−0.1	−20.0～−0.1	−25.0～−5.0
	>115.0	≤ 110.0	<0.0	<0.0	<0.0

注：1 气候区应符合《建筑气候区划标准》（GB 50178—1993）的规定，具体应按本标准附录。
　　2 新建城市（镇）、首都的规划人均城市建设用地面积指标不适用本表。
资料来源：中华人民共和国住房和城乡建设部，《城市用地分类与规划建设用地标准》（GB 50137—2011）.

2)人均单项城市建设规划用地标准

规划人均居住用地面积指标应符合表 5-4 的规定。

表 5-4 人均居住用地面积指标（平方米/人）

建筑气候区划	Ⅰ、Ⅱ、Ⅵ、Ⅶ气候区	Ⅲ、Ⅳ、Ⅴ气候区
人均居住用地面积	28.0～38.0	23.0～36.0

资料来源：中华人民共和国住房和城乡建设部，《城市用地分类与规划建设用地标准》（GB 50137—2011）.

（1）规划人均公共管理与公共服务设施用地面积不应小于5.5平方米／人。

（2）规划人均道路与交通设施用地面积不应小于12.0平方米／人。

（3）规划人均绿地与广场用地面积不应小于10.0平方米／人，其中人均公园绿地面积不应小于8.0平方米／人。

（4）编制和修订城市（镇）总体规划应以本标准作为规划单项城市建设用地的远期控制标准。

3）规划城市建设用地结构

居住用地、公共管理与公共服务设施用地、工业用地、道路与交通设施用地和绿地与广场用地五大类主要用地规划占城市建设用地的比例宜符合表 5-5 的规定。工矿城市（镇）、风景旅游城市（镇）以及其他具有特殊情况的城市（镇），其规划城市建设用地结构可根据实际情况具体确定。

表 5-5 规划城市建设用地结构

用地名称	占城市建设用地比例（％）
居住用地	25.0～40.0
公共管理与公共服务设施用地	5.0～8.0
工业用地	15.0～30.0
道路与交通设施用地	10.0～25.0
绿地与广场用地	10.0～15.0

资料来源：中华人民共和国住房和城乡建设部，《城市用地分类与规划建设用地标准》（GB 50137—2011）.

4. 乡村建设用地标准

2018 年住房和城乡建设部发布《村庄规划标准（征求意见稿）》，主要内容包括村庄分级和人口核定，村庄用地分类和计算，村域用地规划和村庄建设用地规划要求等有关土地使用的要求。农村宅基地建设标准、农村道路建设标准等专项规定和要求。

5. 建设项目用地标准

国土资源部会同相关行业主管部门制定、修订和发布实施了现行土地使用标准，在国家层面基本形成了较为完善的土地使用标准体系，为各地开展工程项目设计、建设项目准入、土地供应和审批、土地开发利用和供后监管工作提供政策依据和制度规范。现行国家土地使用标准包括：

（1）工业项目建设用地指标；

（2）公路工程建设项目用地指标；

（3）煤炭工程项目建设用地——露天矿、露天矿辅助设施部分、矿井、选煤厂、筛选厂及辅助设施部分；

（4）民用航空运输机场工程项目建设用地指标；

（5）电力工程项目建设用地指标——风电厂、火电、核电、变配电和交换站；

（6）石油天然气工程项目建设用地指标；

（7）体育训练基地建设用地指标；

（8）公共图书馆建设用地指标；

（9）文化馆建设用地指标；

（10）新建铁路工程建设用地指标；

（11）城市社区体育设施建设用地指标；

（12）城市垃圾处理及给水、污水处理工程项目建设用地指标。

5.7.5 用地审批与规划许可

用地审批是我国土地管理的一项基本制度。土地利用规划显示了未来20年土地使用的意图，并没有赋予特定土地使用的权利，改变现有土地用途在符合土地利用总体规划的基础上，还必须履行报批手续；特别是针对农用地转为建设用地涉及严格的审批管理制度。

《中华人民共和国土地管理法》第五十三条规定，经批准的建设项目需要使用国有建设用地的，建设单位应当持法律、行政法规规定的有关文件，向有批准权的县级以上人民政府自然资源主管部门提出建设用地申请，经自然资源主管部门审查，报本级人民政府批准。针对建设项目需要占用"农用地"的，法律第四十四条规定了"农转用"审批制度，即：建设占用土地，涉及农用地转为建设用地的，应当办理农用地转用审批手续；永久基本农田转为建设用地的，由国务院批准；在土地利用总体规划确定的城市和村庄、集镇建设用地规模范围内，为实施该规划而将农用地转为建设用地的，按土地利用年度计划分批次由原批准土地利用总体规划的机关批准；在已批准的农用地转用范围内，具体建设项目用地可以由市、县人民政府批准。在土地利用总体规划确定的城市和村庄、集镇建设用地规模范围外，涉及农用地转为建设用地的，由国务院或者国务院授权的省、自治区、直辖市人民政府批准。建设用地审查报批和农用地转建设用地审批是两项基本用地审批制度。

1. 建设用地审查报批管理办法

1999年2月国土资源部发布《建设用地审查报批管理办法》(以下简称《管理办法》)，并在2016年进行了第二次修订。《管理办法》共计24条，要求在建设项目审批、核准、备案阶段，建设单位应当向建设项目批准机关的同级国土资源主管部门提出建设项目用地预审申请；县级以上国土资源主管部门负责建设用地的申请受理、审查、报批工作；受理预审申请的国土资源主管部门应当依据土地利用总体规划、土地使用标准和国家土地供应政策，对建设项目的有关事项进行预审，出具建设项目用地预审意见。

1）在土地利用规划确定的城镇建设用地范围之外的建设项目用地申请

《管理办法》第五条：在土地利用总体规划确定的城市建设用地范围外单独选址的建设项目使用土地的，建设单位应当向土地所在地的市、县国土资源主管部门提出用地申请。

建设单位提出用地申请时，应当填写"建设用地申请表"，并附具下列材料：①建设项目用地预审意见；②建设项目批准、核准或者备案文件；③建设项目初步设计批准或者审核文件。建设项目拟占用耕地的，还应当提出补充耕地方案；建设项目位于地质灾害易发区的，还应当提供地质灾害危险性评估报告。

2）国家重点工程项目用地申请

《管理办法》第六条：国家重点建设项目中的控制工期的单体工程和因工期紧或者受季节影响急需动工建设的其他工程，可以由省、自治区、直辖市国土资源主管部门向国土资源部申请先行用地。

申请先行用地，应当提交下列材料：①省、自治区、直辖市国土资源主管部门先行用地申请；②建设项目用地预审意见；③建设项目批准、核准或者备案文件；④建设项目初步设计批准文件、审核文件或者有关部门确认工程建设的文件；⑤国土资源部规定的其他材料。经批准先行用地的，应当在规定期限内完成用地报批手续。

3）建设用地报批规定

《管理办法》第七条：市、县国土资源主管部门对材料齐全、符合条件的建设用地申请，应当受理，并在收到申请之日起30日内拟订农用地转用方案、补充耕地方案、征收土地方案和供地方案，编制建设项目用地呈报说明书，经同级人民政府审核同意后，报上一级国土资源主管部门审查。第八条：在土地利用总体规划确定的城市建设用地范围内，为实施城市规划占用土地的，由市、县国土资源主管部门拟订农用地转用方案、补充耕地方案和征收土地方案，编制建设项目用地呈报说明书，经同级人民政府审核同意后，报上一级国土资源主管部门审查。在土地利用总体规划确定的村庄和集镇建设用地范围内，为实施村庄和集镇规划占用土地的，由市、县国土资源主管部门拟订农用地转用方案、补充耕地方案，编制建设项目用地呈报说明书，经同级人民政府审核同意后，报上一级国土资源主管部门审查。

报国务院批准的城市建设用地，农用地转用方案、补充耕地方案和征收土地方案可以合并编制，一年申报一次；国务院批准城市建设用地后，由省、自治区、直辖市人民政府对设区的市人民政府分期分批申报的农用地转用和征收土地实施方案进行审核并回复。

《管理办法》还对农用地转用方案、补充耕地方案和征收土地方案的编制和审批提出具体的工作要求。

2. 农地转用的审批管理

我国将土地分为农用地、建设用地和未利用地三大类、12个一级类、73个二级类。其中，农用地是指直接用于农牧业生产的土地，包括耕地、园地、林地、草地和其他农用地；建设用地是指用于建造建筑物和构筑物，对其付出一定投资（土地开发建设费用），通过工程手段用于各项建设的土地；未利用地是指农用地和建设用地以外的土地，主要包括荒草地、盐碱地、沼泽地、沙地、裸土地等。

1）农用地转用制度

农用地转用制度又称农用地转为建设用地制度，是指将农用地按照土地利用总体规划和国家规定的批准权限报批后转变为建设用地的行为。农用地转用是土地用途管制制度的关键环节，是控制农用地转为建设用地的重要措施。这一制度是市场经济国家在控制建设用地增长、保护农用地尤其是耕地方面普遍采用的手段。在世界各国和各地区，这一制度的名称不尽相同，有的称为"土地规划许可"，有的称为"建筑用地许可"，还有叫"非都市土地使用管制"。1998年，《中华人民共和国土地管理法》修订时，增设了农用地转用制度。根据法律规定，农用地转用应按照法定程序批准，未经批准擅自占用农用地进行非农业建设的属于违法占地行为，达到法定犯罪面积的还要追究破坏农用地罪的刑事责任。

我国农用地转用制度的特点是：

（1）农用地转为建设用地，必须经过依法审批，否则就是非法占用土地；这种农用地转用审批是国家控制土地利用的一种制度相当于行政许可，是保护农用地的必要手段。

（2）农用地转用的审批权集中于国务院和省级人民政府。2020年3月，《国务院关于授权和委托用地审批权的决定》（国发〔2020〕4号）要求，将国务院可以授权的永久基本农田以外的农用地转为建设用地审批事项授权各省、自治区、直辖市人民政府批准。

2）农用地的转用要以土地利用总体规划为依据

土地利用总体规划是在一定区域内，根据国家社会经济可持续发展的要求和当地自然、经济、社会条件，对土地的开发、利用、治理、保护在空间上、时间上所作的总体安排和布局，是国家实行土地用途管制的基础。农用地转为建设用地，首先应视其是否符合土地利用总体规划规定的规划用途。如果农用地符合土地利用总体规划确定的用途，即在建设用地范围内，那么可以考虑转为建设用地。

3）农地转用的法律制度和管理权限

《中华人民共和国土地管理法》第四十四条明确规定，建设占用土地，涉及农用地转为建设用地的，应当办理农用地转用审批手续。

（1）永久基本农田转为建设用地的，由国务院批准。

（2）在土地利用总体规划确定的城市和村庄、集镇建设用地规模范围内，为实施该规划而将永久基本农田以外的农用地转为建设用地的，按土地利用年度计划分批次按照国务院规定由原批准土地利用总体规划的机关或者其授权的机关批准。在已批准的农用地转用范围内，具体建设项目用地可以由市、县人民政府批准。

（3）在土地利用总体规划确定的城市和村庄、集镇建设用地规模范围外，将永久基本农田以外的农用地转为建设用地的，由国务院或者国务院授权的省、自治区、直辖市人民政府批准。

4）农地转用的审批依据

决定农用地能否转为建设用地的依据主要有三个方面：

（1）土地利用总体规划，如果符合土地利用总体规划确定的用途，即在建设用地区范围内，可以转为建设用地，否则将不得转为建设用地；

（2）土地利用年度计划，政府批准农用地转用必须在土地利用年度计划控制指标范围之内，不得超计划批准农用地转用；

（3）建设用地供应政策。国家通过制定建设用地的供应政策，控制建设用地总量，防止大量占用农用地，以及优化投资结构，防止重复建设，促进国民经济的协调发展。

3. 宅基地农用地转用审批权的特殊规定

《农业农村部 自然资源部关于规范农村宅基地审批管理的通知》(农经发〔2019〕6号)规定,自然资源部门负责审查用地建房是否符合国土空间规划、用途管制要求,其中涉及占用农用地的,应在办理农用地转用审批手续后,核发乡村建设规划许可证。

《自然资源部 农业农村部关于保障农村村民住宅建设合理用地的通知》(自然资发〔2020〕128号)规定,改进农村村民住宅用地的农转用审批。对农村村民住宅建设占用农用地的,在下达指标范围内,各省级政府可将《中华人民共和国土地管理法》规定权限内的农用地转用审批事项,委托县级政府批准。统一落实耕地占补平衡。对农村村民住宅建设占用耕地的,县级自然资源主管部门要通过储备补充耕地指标、实施土地整治补充耕地等多种途径统一落实占补平衡,不得收取耕地开垦费。

4. 用地审批权限的变化历程

《中华人民共和国土地管理法》自1986年公布以来,经历了三次修正与一次修订,但对用地审批权限只在1998年进行过一次调整。1986年首度公布的《中华人民共和国土地管理法》和1988年对《中华人民共和国土地管理法》的修正,对用地审批权的规定都完全一致,即国家建设征用耕地一千亩以上,其他土地二千亩以上的,由国务院批准。而在1998年修订后的《中华人民共和国土地管理法》中,上述规定发生变化,即征用基本农田以外的耕地超过三十五公顷的、其他土地超过七十公顷的,由国务院批准。35公顷约折合525亩,70公顷约折合1 050亩。因此,通过土地面积的变化,很容易看出国务院上收了审批权,且在原有基础上,新增了完全归国务院审批的土地类型——基本农田。

《国务院关于授权和委托用地审批权的决定》(国发〔2020〕4号)的发布,标志着在国务院于1998年上收审批权之后,用地审批权被首度下放。甚至可以说,这是自1986年公布《中华人民共和国土地管理法》的34年以来,用地审批权的首度下放。

除省级政府以外,其他可能具有土地利用总体规划审批权的,只限于设区的市级政府。但该审批权,也来自省级政府的授权,即该审批权实质仍归省级政府。所以,《国务院关于授权和委托用地审批权的决定》(国发〔2020〕4号)对"农转用"审批权的改革,可以简单理解为一句话,即除基本农田外,一切"农转用"审批权被下放到各省。

5. 土地征收管理与变革

除严格土地用途管理以外，《中华人民共和国土地管理法》对土地的另一个管控"利器"，是土地的"所有权管理"。

1988 年修正的《中华人民共和国土地管理法》第四十三条规定，任何单位和个人进行建设，需要使用土地的，必须依法申请使用国有土地。自此，国有土地成为建设用地的唯一来源。如果需要的地块归农村等集体所有，则只能先将集体所有土地征收为国家所有，解决了所有权问题之后，才可以入市。

2004 年修订《中华人民共和国土地管理法》时，此规定未作修改。该制度一直延续，直至全国人大常委会于 2019 年 8 月修订时，删除原《中华人民共和国土地管理法》第四十三条。自此，国有土地对建设使用土地的供应"垄断"才算开始被打破。与此同时，集体经营性建设用地入市开始登上历史舞台。鉴于多重管控的存在，集体经营性建设用地入市可能难以一蹴而就。在可以预见的相当长时间内，集体所有的土地先被征收为国有，再以出让方式入市，此传统方式可能仍将主导土地供应市场。也就是说，由集体所有的土地"变身"为国家所有的土地，该过程中必不可少的土地征收程序，仍将是用地审批过程中最重要的权力，至少是之一。

对"永久基本农田""永久基本农田以外的耕地超过三十五公顷的""其他土地超过七十公顷的"土地的征收审批事项，《中华人民共和国土地管理法》特别以第四十六条，将该审批权留由国务院"专享"。国务院发布的《国务院关于授权和委托用地审批权的决定》（国发〔2020〕4 号）确实是沿着"放管服"的改革方向，主动下放了权力，即将该审批权授予北京、天津、上海、江苏、浙江、安徽、广东、重庆。虽然仅为试点，限上述八地，且试点时间限期仅为一年，但意义重大。

6. 建设用地规划许可

为实施城市规划法，明确城市用地的审批管理制度，1990 年 2 月《建设部关于统一实行建设用地规划许可证和建设工程规划许可证的通知》（1990 年 2 月 23 日建设部建规字第 66 号文发布）正式确立了城市用途管理的规划许可证制度。

建设用地规划许可证是经城乡规划主管部门依法审核，建设用地符合城乡规划要求的法律凭证。

1）申请程序

申请建设用地规划许可证的一般程序如下所述。

（1）凡在城市规划区内进行建设需要申请用地的，必须持国家批准建设项目的有关文件，向城市规划行政主管部门提出定点申请；

（2）城市规划行政主管部门根据用地项目的性质、规模等，按照城市规划的要求，初步选定用地项目的具体位置和界限；

（3）根据需要，征求有关行政主管部门对用地位置和界限的具体意见；

（4）城市规划行政主管部门根据城市规划的要求向用地单位提供规划设计条件；

（5）审核用地单位提供的规划设计总图；

（6）核发建设用地规划许可证。

建设用地规划许可证应当包括标有建设用地具体界限的附图和明确具体规划要求的附件。附图和附件是建设用地规划许可证的配套证件，具有同等的法律效力。附图和附件由发证单位根据法律、法规规定和实际情况制定。

2）核发单位

建设用地规划许可证和建设工程规划许可证，设市城市由市人民政府城市规划行政主管部门核发；县人民政府所在地镇和其他建制镇，由县人民政府城市规划行政主管部门核发。

7. 建设工程规划许可

建设工程规划许可证是经城乡规划主管部门依法审核，建设工程符合城乡规划要求的法律凭证。《中华人民共和国城乡规划法》第六十四条规定，未取得建设工程规划许可证或者未按照建设工程规划许可证的规定进行建设的，由县级以上地方人民政府城乡规划主管部门责令停止建设；尚可采取改正措施消除对规划实施的影响的，限期改正，处建设工程造价 5% 以上 10% 以下的罚款；无法采取改正措施消除影响的，限期拆除，不能拆除的，没收实物或者违法收入，可以并处建设工程造价 10% 以下的罚款。

1）申请建设工程规划许可证的一般程序

（1）凡在城市规划区内新建、扩建和改建建筑物、构筑物、道路、管线和其他工程设施的单位与个人，必须持有关批准文件向城市规划行政主管部门提出建设申请；

（2）城市规划行政主管部门根据城市规划提出建设工程规划设计要求；

（3）城市规划行政主管部门征求并综合协调有关行政主管部门对建设工程设计方案的意见，审定建设工程初步设计方案；

（4）城市规划行政主管部门审核建设单位或个人提供的工程施工图后，核发建设工程规划许可证。

建设工程规划许可证所包括的附图和附件，按照建筑物、构筑物、道路、管线以及个人建房等不同要求，由发证单位根据法律、法规规定和实际情况制定。附图和附件是建设工程规划许可证的配套证件，具有同等法律效力。

2）核发机构

根据《自然资源部关于以"多规合一"为基础推进规划用地"多审合一、多证合一"改革的通知》（自然资规〔2019〕2号）文件，建设用地规划许可证由市、县自然资源主管部门向建设单位核发；建设工程规划许可证，设市城市由市人民政府城市规划行政主管部门核发；县人民政府所在地镇和其他建制镇，由县人民政府城市规划行政主管部门核发。

8. 用地许可与工程许可的关系 [1]

《建设用地规划许可证》是建设单位在向土地管理部门申请征用、划拨土地前，经城市规划行政主管部门确认建设项目位置和范围符合城市规划的法定凭证，是建设单位用地的法律凭证。没有此证的用地单位属非法用地，房地产商的售房行为也属非法，不能领取房地产权属证件。核发的目的是确保土地利用符合城市规划，维护建设单位按照城市规划使用土地的合法权益。按照有关规定，房地产商即使取得建设用地的批准文件，但如未取得《建设用地规划许可证》而占用土地的，其建设用地批准文件无效。

《建设工程规划许可证》是有关建设工程符合城市规划要求的法律凭证，是建设单位建设工程的法律凭证，是建设活动中接受监督检查时的法定依据。没有此证的建设单位，其工程建筑是违章建筑，不能领取房地产权属证件。核发的目的是确认有关建设活动的合法地位，保证有关建设单位和个人的合法权益。房地产商如未取得《建设工程规划许可证》或者违反《建设工程规划许可证》的规定进行开发建设，严重影响城市规划，由城市规划行政主管部门责令停止建设，限期拆除或者没收违法建筑物、构筑物及其他设施，对有关责任人员，可由所在单位或者上级主管机关给予行政处分。

5.7.6 激励与处罚

激励与处罚是一种较微观的管理方法，适用于对具体的土地利用行为进行行政调处过程，包括行政手段、经济手段等。

---

1. 张东伟.建设用地使用权法律适用与疑难释解［M］.北京：中国法制出版社，2008.

1. 土地行政管理

土地行政管理主要包括土地调查、统计、登记、用地审批、计划以及监督检查等措施。对于非法占用土地、擅自改变土地用途、破坏耕地等行为发生时，土地行政主管部门有权依据相关法律、法规，对违法者进行处罚，以维护土地管理秩序，保护土地资源。土地管理的行政处罚措施主要包括警告、罚款、没收违法所得、没收非法财物、限期拆除、吊销勘查许可证和采矿许可证等。

2. 土地经济管理

土地经济管理指的是管理者通过税收、市场机制、实行土地有偿使用制度等调控土地的分配和再分配，进而优化土地资源的优化配置和合理利用。通常来说，土地管理的经济手段相较于法律手段和行政手段有较强的灵活性和主动性。政府可以在实施规划和计划等强制性行政手段的基础上，积极配合以税收、财政、金融、价格等经济杠杆，合理调控土地市场。以土地税收政策为例，目前我国土地税体系中包含的税种主要为土地增值税、城镇土地使用税、耕地占用税、房地产税和契税。政府可以通过土地税费减免激励特定的开发行为。

5.8 国土空间规划管理"一张图"系统

国土空间规划"一张图"是国土空间规划实施监督信息系统的简称，是围绕国土空间规划编制、审查、实施、监督的全周期管理，融合跨区域、跨系统、跨部门跨业务的协同关系，以提升治理效能为目标而建设的国土空间规划与使用管理的技术支撑平台。

国土空间规划"一张图"是数字化改革背景下落实国土空间规划实施监督与深化空间管控治理的重要工具，是国土空间规划与使用管理的技术支撑平台，可以有效支撑各级各类国土空间规划编制审批、实施监督全过程。

5.8.1 国土空间规划"一张图"及建设目标

广义理解的国土空间规划"一张图"是面向国土空间治理和规划信息化建设的要求，依托基础信息平台和智慧系统，承载规划编制过程中的综合数据整合与传导、规划数据流转与动态维护、规划成果整合校准与发布等功能，从而增强国土空间规划编制的规范性、实现编制过程中数据资源的统一调度与监管、保障规划编制成果的严谨性和有效性。

狭义理解的国土空间规划"一张图"是在国土空间规划的多源规划成果的数据集合，即通过多空间范围、多层次的规划成果进行拼合、挂接、规范化，得到一张能够涵盖全部规划内容、指导规划实施的空间数据成果。

国土空间规划"一张图"系统的建设目标是实现国土空间规划"可感知、能学习、善治理、自适应"的系统目标。通过信息化支撑规划编制、规划审查、实施监督等各个环节。

1）国土空间数据汇聚与管理

在国土空间规划"一张图"平台上，将国土空间规划现状、规划、管理、社会经济数据按标准进行汇聚，形成国土空间规划"一张图"，系统提供数据标准、数据治理、数据入库、数据管理、数据可视化等相关工具能力。

2）国土空间分析评价

依托国土空间规划"一张图"平台的空间数据，以及工程建设项目、多测合一、工程建设审批等规划管理工作基础，针对国土空间规划和管理的应用场景，开展空间分析、专题分析等评价工作。

3）国土空间规划成果审查与管理

国土空间规划"一张图"平台支持资源浏览、专题图制作、对比分析、查询统计、辅助选址等业务辅助功能，实现国土空间规划成果审查与管理。针对国土空间总体规划、详细规划、专项规划等审查内容和程序要求，提供规划编制成果的技术审查等功能，包括机器审查、专家审查、自动生成报告、成果管理等。例如，通过机器审查，识别工业发展区与永久基本农田图斑存在空间冲突等。

4）国土空间规划实施监督和指标模型管理

指标模型管理实现多源数据汇聚管理，相关算法模型的智能计算支撑，以及指标体系与规则制定。基于指标模型管理，实现底线型指标、预期型指标和控制线的监测、预警和定期评估。以城市开发边界监测为例，通过制定明确城市开发边界监测模型的输入输出、数据来源，以及核心的空间分析因子，继而在控制线监测模块对指标、模型、输入输出数据、监测频率等进行设定。实现定期的监测，对问题图斑进行识别和统计。利用国土空间规划"一张图"为规划监测预警评估指标和模型，提供标准化的数据支撑，从而实现城市国土空间规划保护开发利用全过程监控和管理，提高国土空间规划精细化治理能力。

5.8.2 国土空间规划"一张图"建设

2019年以来，根据中共中央、国务院的部署，自然资源部明确了"一张图"的建设指导方案，完善和出台国土空间规划"一张图"建设的技术标准，如《国土空间规划"一张图"实施监督信息系统技术规范》（GB/T 39972—2021）、《国土空间规划"一张图"系统功能评定规则》和《市级国土空间总体规划数据库标准》等。自然资源部发布规范性文件，要求地方政府先行建立"一张图"系统，随后汇总建立国家系统。北京、广州、武汉等各地陆续开展国土空间规划"一张图"的建设工作，探索建设路径和方法（图5-2）。

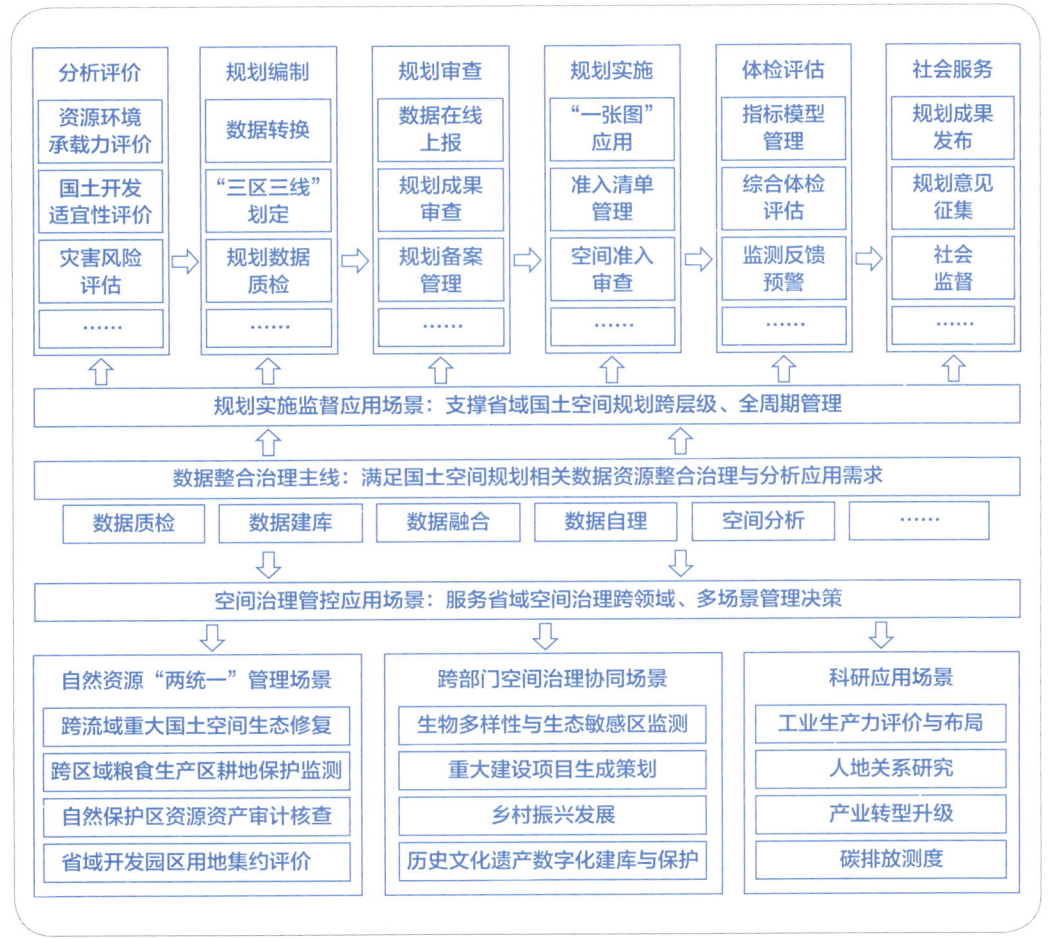

图5-2 省级国土空间规划"一张图"建设应用功能和应用场景框架
资料来源：肖昶，李江，等. 省级国土空间规划"一张图"建设思考. [J]地理空间信息. 2023，21（1）：41-45.

5.8.3　国家层面技术标准和要求

按照建设要求，国土空间规划"一张图"包括统一底图、统一标准、统一规划、统一平台四个部分。统一底图，是指平台上数据需要坐标一致、边界吻合、上下贯通，以大地 2000 坐标、西安 80 高程为基准，三调为统一底图。统一标准是指按照相关数据库标准和技术规范开展数据建库和平台功能模块开发工作。统一规划是指完成五级（国家级、省级、市级、县级、乡镇级）三类（总体规划、详细规划、相关的专项规划）国土空间规划数据入库。统一平台是指"一张图"要在基础信息平台基础上搭建，纵向实现国家、省、市、县、乡平台打通，横向实现与其他业务系统的协同联动。

5.8.4　广东省国土空间规划"一张图"系统

以广东省国土空间规划"一张图"系统为例，依托省自然资源一体化数据库，置入涵盖土地、矿产、海洋、自然保护区，以及遥感影像、电子地图等各类数据服务 101 项，以及涉及人口经济、生态环境、水利、交通等其他部门数据 22 项，为全省各级国土空间规划编制和监督实施提供数据支撑。广东省国土空间规划"一张图"系统的应用包含规划整合、规划分析评价、成果审查与管理、监测评估预警、资源环境承载力监测预警、指标模型管理 6 项基本功能。在具体使用上满足规划成果（指标）数字化在线填报，支持现状评估、体检评估、规划成果分阶段上报汇交，推进规划成果闭环、全程留痕管理。实现规划管理行为可回溯、可查询、可监管。

5.8.5　北京市国土空间规划"一张图"系统

北京市国土空间规划"一张图"由国土空间基础信息平台和规划一张图实施监督信息系统构成。其中，国土空间基础信息平台（空间大数据）由规划一张图、审批一张图和现状一张图构成，并形成国土空间规划"一张图"。其中，规划一张图按照北京市"三级三类"国土空间规划体系，融合现状一张图和审批一张图的数据基础，结合政务数据和社会大数据等多源数据，实现各类空间管控要素精准落地和各级各类规划成果实时更新。是实现统一国土空间用途管制、强化规划实施监督等工作的关键抓手，是国土空间规划"一张图"作为法定依据的核心内容，也是全面落实《北京城市总体规划（2016 年—2035 年）》，实现一张蓝图干到底的重要保障

(图 5-3)。

2019 年 7 月，自然资源部办公厅印发《关于开展国土空间规划"一张图"建设和现状评估工作的通知》，明确依托国土空间基础信息平台，全面开展国土空间规划"一张图"建设和市县国土空间开发保护现状评估工作。

1）统一形成一张底图

以第三次全国国土调查成果为基础，整合规划编制所需的空间关联现状数据和信息，形成坐标一致、边界吻合、上下贯通的一张底图，用于支撑国土空间规划编制。

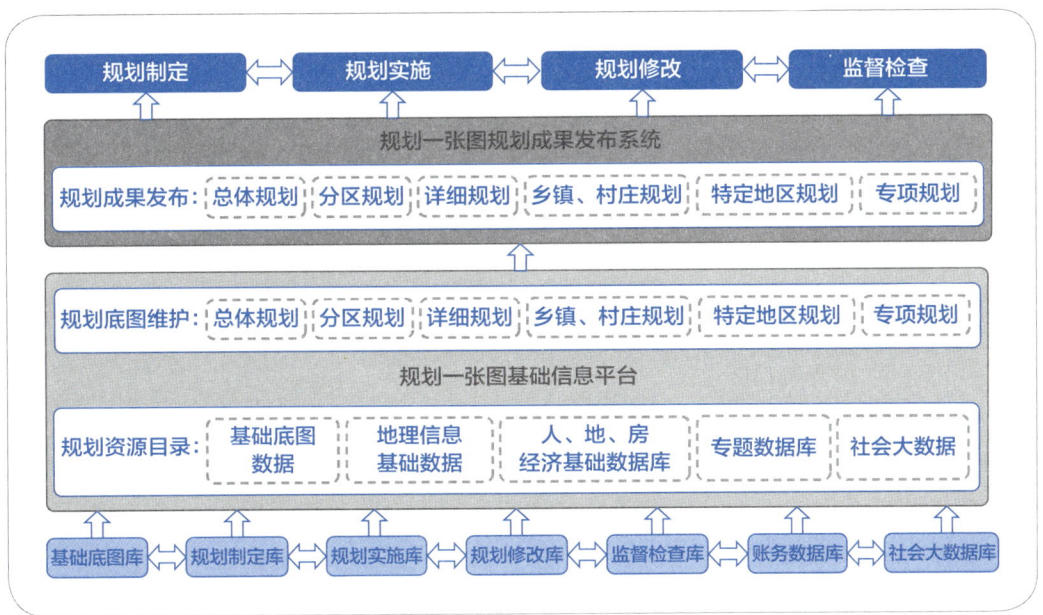

图 5-3 北京市国土空间规划"一张图"整体框架
资料来源：孙道胜，等. 北京市国土空间规划"一张图"框架设计[J]. 北京规划建设，2020（51）：73-76.

2）建设完善国土空间基础信息平台

省、市、县各级应抓紧建设国土空间基础信息平台，并与国家级平台对接，实现纵向联通，同时推进与其他相关部门信息平台的横向联通和数据共享。基于平台，建设从国家到市县级的国土空间规划"一张图"实施监督信息系统，开展国土空间规划动态监测评估预警。

3）叠加各级各类规划成果，构建国土空间规划"一张图"

各地自然资源主管部门在推进省级国土空间规划和市县国土空间总体规划编制中，应及时将批准的规划成果向本级平台入库，作为详细规划和相关专项规划编制和审批的基础和依据。经核对和审批的详细规划和相关专项规划成果由自然资源主管部门整合叠加后，形成以一张地图为基础，可层层叠加打开的国土空间规划"一张图"，为统一国土空间用途管制、实施建设项目规划许可、强化规划实施监督提供支撑。

5.8.6 国土空间规划"一张图"应用

为了适应国土空间规划体系从"蓝图式规划成果"向"空间治理体系"方式的转变，构建规划编制—成果审批—许可实施—监督反馈的全周期闭环运行体系。在国土空间规划编制、审批完成后，通过监察发现国土空间规划实施中的问题、查找原因，明确奖惩机制，进一步反馈于规划的完善和修改，指导规划的开展与落实。监测、评估、预警是开展国土空间使用和管理监督常用的三种手段。国土空间规划"一张图"是实现国土空间规划、监测、评估与预警联动的重要支撑。《全国国土空间规划纲要（2021—2035年）》指出，立足国土空间唯一性，建立健全专项规划协调衔接机制和国土空间规划逐级汇交机制，形成多规合一、图数一致、坐标吻合、上下一体的国土空间规划"一张图"，从而实现空间规划编制、审批、实施、监督全过程管理，同时也建立了横向上衔接国土空间总体规划、协调其他各类专类规划，纵向上逐级传导至详细规划的信息化机制。

国土空间规划管理的核心内容围绕规划监测、评估、预警开展，三者之间相互联系又各有侧重。监测通过对自然资源要素及国土空间开发与保护开展动态、实时的监测，能够获取丰富数据，为评估工作提供基础。监测和评估中发现突破约束性指标和刚性控制线的情况下均可触发预警。监测、评估、预警得到的结果也可以进一步用于规划动态维护、限制措施和激励措施的制定、绩效考核等。

1）监测

监测是在国土空间规划"一张图"实施监督信息系统的基础上，对各类自然资源要素和国土空间开展面积、分布、变化等情况开展长期动态的调查监测，其本质是通过遥感等技术手段对国土空间进行感知。监测包括三类，常规监测，针对"三线"、重点区域、重点领域等开展的专题监测，以及应对社会关注的焦点和难点问题开展的应急监测。

2）评估

评估指的是通过对国土空间开发和保护状况、规划实施情况等进行综合评价和分析。评估体系需要与"五级三类"国土空间规划体系相衔接，纵向上覆盖不同层级国土空间规划，横向上囊括各类专项规划。评估的结果有多方面的应用：一是支撑国土空间规划进行动态调整完善；二是通过数据共享机制，供其他部门使用；三是评估结果可以运用到政策制定，服务地方政府工作的开展；四是评估成果可以作为执法督察、绩效考核、审计督察的重要参考。目前已发布的《国土空间规划城市体检评估规程》提出城市要开展年度体检和五年评估工作，并明确了评估的具体内容和指标要求。

3）预警

预警指的是针对国土空间规划实施中对突破重要开发保护边界、约束性指标或关键内容的情况进行及时预警。预警的重点在于及时性与时效性，通过潜在可能违反重要控制线与约束性指标情况的提前预判与警示，及时反馈整改，遏制规划偏离的情况，实现防患于未然。中长期及常态化的预警可以支撑惩罚或奖励性措施的设置，应急性预警主要服务应急预报、应急方案等处理。例如在资源环境承载能力监测预警中，提出了红橙黄蓝绿五个预警等级，对于红色预警区，将针对超载因素实施最严格的区域限批，实行城镇建设用地减量化等相关惩罚性处理措施。

5.8.7 国土空间规划"一张图"拓展

为推动国土空间治理的数字化、智能化转型，提升国土空间现代化治理能力，在国土空间规划"一张图"建设基础上，持续推进国土空间规划和管理的平台转型和升级。

《全国国土空间规划实施监测网络建设工作方案（2023—2027年）》的印发实施，以及相关建设试点名单的公布，标志着全国国土空间规划实施监测网络（CSPON）建设全面加速，各级自然资源部门积极谋划本级CSPON建设工作方案或实施计划。CSPON是国土空间规划"一张图"系统在新时期新阶段的全面升级，包含了业务联动网络、信息系统网络和开放治理网络三个层面的建设内容。

国土空间规划"一张图"建设在落实空间规划实施监督、满足跨层级、全周期应用的实效性方向，以及支撑全域空间管控治理，满足跨领域、多场景应用的前瞻性方向有待继续探索。

关键术语

承包经营权、地役权、建设用地使用权、宅基地使用权、建筑物区分所有权、土地征收权、开发权、抵押权、规划许可制、分区管制、土地保护、生态修复、土地利用规划、土地利用计划、用地审批

思考题

1. 国土空间用益物权包括哪几种类型？
2. 国土空间使用管理有哪些工具？
3. 国土空间规划"一张图"相较于以往的规划管理方式有何优势？

参考文献

[1] 菲利普·伯克, 戴维·戈德沙克, 爱德华·凯泽, 等. 城市土地使用规划[M]. 吴志强译制组, 译. 北京: 中国建筑工业出版社, 2009.
[2] 孙施文. 国土空间规划的知识基础及其结构[J]. 城市规划学刊, 2020（6）: 11-18.
[3] 林坚, 赵冰, 刘诗毅. 土地管理制度视角下现代中国城乡土地利用的规划演进[J]. 国际城市规划, 2019, 34（4）: 23-30.
[4] 肖昶, 李江, 等. 省级国土空间规划"一张图"建设思考[J]. 地理空间信息. 2023（1）: 41-45.
[5] 李治君, 赵越, 邓颂平. 国土空间规划"一张图"统筹协调专项规划总体思路与实现路径[J]. 自然资源信息化. 2024（4）: 54-61.
[6] 吴次芳, 叶艳妹, 吴宇哲, 等. 国土空间规划[M]. 北京: 地质出版社, 2019
[7] 何子张, 吴宇翔, 李佩娟. 厦门城市空间管控体系与"一张蓝图"建构[J]. 规划师, 2019, 35（5）: 20-26.
[8] 黑富贵, 马玉林, 杨浦. 省级国土空间专项规划的编制思考: 以宁夏为例[J]. 中国土地, 2021（7）: 40-41.
[9] 杨芊芊, 宋梁, 束晨阳, 等. 省级国土空间规划中自然保护地专项规划的探讨[J]. 中国园林, 2021, 37（S1）: 91-94.
[10] 中华人民共和国中央人民政府. 中共中央 国务院关于建立国土空间规划体系并监督实施的若干意见[EB/OL].（2019-05-23）[2024-02-18]. https://www.gov.cn/zhengce/2019-05/23/content_5394187.htm.
[11] 王朝宇, 马星, 轩源, 等. 国土空间规划体系下专项规划体系建构路径探讨[J]. 规划师, 2021, 37（15）: 87-94.
[12] 李琳, 韩贵锋, 赵一凡, 等. 国土空间规划体系下的"多规合一"探讨与展望[J]. 西部人居环境学刊, 2020, 35（1）: 43-49.
[13] 李治君, 周俊杰, 范延平, 等. 国家级国土空间基础信息平台分布式数据库设计与实现[J]. 自然资源信息化, 2022（5）: 80-85.
[14] 张兵. 国土空间规划的知与行[J]. 城市规划学刊, 2022（1）: 10-17.
[15] 喻文承, 李晓烨, 高娜, 等. 北京国土空间规划"一张图"建设实践[J]. 规划师, 2020（2）: 59-64.
[16] 孙玉婷. "多规合一"背景下的"规划一张图"拼合研究[J]. 城市勘测, 2018（2）: 18-20.
[17] 庄少勤. 新时代的空间规划逻辑[J]. 中国土地, 2019（1）: 4-8.
[18] 薛晓娟, 李英成, 王恩泉, 等. 大数据时代国土资源"一张图"的构建[J]. 北京测绘, 2019, 33（11）: 1297-1301.
[19] 王伟. 国土空间整体性治理与智慧规划建构路径[J]. 城乡规划, 2019（6）: 11-17.
[20] 李满春, 陈振杰, 周琛, 等. 面向"一张图"的国土空间规划数据库研究[J]. 中国土地科学, 2020, 34（5）: 69-75.
[21] 代欣召, 陈首序, 王建军, 等. 国土空间规划体系下陆海统筹"一张图"概念模型构建与应用: 以广州市为例[J]. 城乡规划, 2021（4）: 39-45.
[22] 江威, 谭仁春, 卢丹丹, 等. 国土空间规划编制与管理"一张图"建设[J]. 测绘地理信息, 2021, 46（S1）: 170-173.
[23] 韩青, 孙中原, 孙成苗, 等. 基于自然资源本底的国土空间规划现状一张图构建及应用: 以青岛市为例[J]. 自然资源学报, 2019, 34（10）: 2150-2162.
[24] 周启星, 魏树和, 张倩茹. 生态修复[M]. 北京: 中国环境科学出版社, 2006.
[25] 张东伟. 建设用地使用权法律适用与疑难解释[M]. 北京: 中国法制出版社, 2008.

第 6 章

国土空间的保护与管理

■ **教学要求**

本章深入探讨国土空间的保护与管理，包括河湖水系、海洋、农地等多种生态空间和生物多样性、地质及矿产资源、历史文化遗产、城乡风貌等多方面内容。首先，定义国土空间保护的基本内涵，阐明保护内容和保护格局。关注生态空间系统的保护，如生态屏障、生态廊道和自然保护地等，详细探讨生物多样性保护，包括地带性植被带、动物迁移区及栖息地、生物多样性热点区和生物景观资源保护。其次，分类聚焦具体的生态空间及保护内容，河湖水系生态保护涵盖水土保持、水质保护、江河源头保护、水源涵养区保护、河湖水系连通性保护和湿地保护。海洋生态保护涉及海域、海岛及海岸带。地质及矿产资源保护强调矿产资源、矿山生态环境和地质遗迹的保护。农地保护包括耕地、永久基本农田、粮食生产功能区、重要农产品生产保护区和特色农业区域。最后，重点阐述了历史文化与遗产保护、城乡风貌保护和战略性空间保护。通过教学，学生应全面理解这些保护措施及其实施方法，确保能够有效地应用和执行相关保护策略。

导言

保护，指为了维护他人或事物的安全、利益和权益而采取行动，包括照顾、防护、维持等多种行为。过去较长一段时间，我国的国土空间保护以耕地保护为主，此后从耕地逐步拓展到林地、草地和湿地等各类生态要素以及整个自然生态空间。

20 世纪 90 年代末，随着工业化和城镇化快速推进，建设用地的快速扩张带来了土地利用低效、耕地流失等问题，对国家粮食安全和国民经济可持续发展造成严重影响。为了遏制耕地流失和耕地用途转换，国家开始实施加强耕地保护的管制制度。1998 年修订的《中华人民共和国土地管理法》明确了对耕地实行特殊保护的原则，要严格限制农用地转化为建设用地，控制建设用地总量，以此实现保护耕地和粮食安全的目的。

严格的耕地保护制度一定程度上保障了耕地数量和粮食安全，但在地方实践中却出现了占用生态用地实现耕地占补平衡的现象，林地、草原和湿地等都受到了不同程度的挤占和破坏。为改变生态用地被大量占用的情况，多个部门相继参与到自然生态空间用途管制的工作中，如林业部门加强对林地和湿地的管制、水利部门加强对重点流域和水体的利用管理、草原管理部门开启了对草地的管理和保护，同时相继出台或修订了相关法律法规，如《中华人民共和国草原法》《中华人民共和国水法》和《湿地保护管理规定》，通过法律法规对各类生态空间进行用途管制，遏制生态要素的减少。

这些措施取得了积极的成效，但与此同时，这种按生态要素分类、分部门进行的用途管制也一定程度上割裂了山、水、林、田、湖、草等生态系统之间的联系，各部门之间的政策协调性也不足。为从顶层设计上协调好各类空间的开发利用和保护，2018 年中共中央印发的《深化党和国家机构改革方案》提出，由自然资源部统一行使国土空间用途管制，以期通过行政体系改革的方式来统一各类空间管制制度，并在自然资源部下设国土空间用途管制司，明确了国土空间用途管制的内容、机构、依据和权责等。随后，以生态文明理念为引领的一系列国土空间用途管制制度逐步完善，成为新时期国土空间高质量发展和高水平保护的核心支撑。

从要素类型看，国土空间保护主要涉及土地保护和资源保护。土地保护包括对耕地、林地、草地、湿地等进行保护；资源保护包括对水资源、海洋资源和矿产资源等各类自然资源的保护。根据可持续发展的要求，国土空间保护至少包括以下几个方面的内容：第一，保护特定土地和资源要素的数量；第二，保护特定土地和资源要素质量不下降；第三，保护国土空间土地和资源要素结构的相对稳定性；第四，保护国土空间的特殊价值免遭破坏，如生物多样性、自然历史遗产、特殊人文地理景观等，应重点加以保护。

就具体的保护管理手段而言，一方面，针对不同的要素资源，我国相关法律法规明确了针对性的保护原则。比如，《中华人民共和国土地管理法》规定了对耕地的保护要求，包括：国家保护耕地，严格控制耕地转为非耕地；实行占用耕地补偿制度，非农业建设经批准占用耕地的，按照"占多少，垦多少"的原则，由占用耕地的单位负责开垦与所占用耕地的数量和质量相当的耕地；各级人民政府应确保本行政区域内耕地总量不减少；耕地总量减少的，由国务院责令在规定期限内组织开垦与所减少耕地的数量与质量相当的耕地，并由国务院土地行政主管部门会同农业行政主管部门验收；等等。《中华人民共和国森林法》规定了对林地的保护要求，包括：国家实行天然林全面保护制度，严格限制天然林采伐，加强天然林管护能力建设，保护和修复天然林资源，逐步提高天然林生态功能；国家保护林地，严格控制林地转为非林地，实行占用林地总量控制，确保林地保有量不减少；各类建设项目占用林地不得超过本行政区域的占用林地总量控制指标；等等。《中华人民共和国草原法》规定了对草原的保护要求，包括：国家实行基本草原保护制度，对划为基本草原的实施严格的保护管理；禁止开垦草原；对严重退化、沙化、盐碱化、石漠化的草原和生态脆弱区的草原，实行禁牧、休牧制度；等等。

另一方面，国土空间保护强调从保护国土空间整体格局的角度进行统筹的全盘考虑。2019年11月，中共中央办公厅、国务院办公厅印发《关于在国土空间规划中统筹划定落实三条控制线的指导意见》，提出要科学有序统筹布局生态、农业、城镇等功能空间，强化底线约束，优先保障生态安全、粮食安全、国土安全，明确了按照生态功能划定生态保护红线、按照保质保量要求划定永久基本农田和按照集约适度、绿色发展要求划定城镇开发边界等划定落实三条控制线的原则，要求生态保护红线范围内以及永久基本农田控制线范围内实行严格保护。此外，生态控制区、农田保护区等都需要纳入保护管理。

6.1 国土空间保护的基本内涵

陆域、海域承载着人类赖以生存的各类可再生、不可再生资源，城市区位的不可移动性加剧了国土空间资源的稀缺性。因此，国家明确要求形成以国土空间规划为基础，以统一用途管制为手段的国土空间开发保护制度并体现战略性、提高科学性、强化权威性、加强协调性、注重操作性，实现国土空间开发保护更高质量、更有效率、更加公平、更可持续。作为空间资源配置的底线型政策工具，国土空间保护一般遵循因地制宜、分类制策，分类、分级保护的实施原则。

6.1.1 国土空间的保护内容

国土空间保护分为生态保护、农业保护、城镇保护三方面。生态保护包括生态空间系统保护、生物多样性保护、河湖水系保护、海洋生态保护、地质及矿产资源保护等；农业保护主要为农用地保护；城镇保护包括历史文化与遗产保护、城乡风貌保护、战略性空间保护等内容。

1. 生态保护

生态空间系统主要包括生态安全格局、生态屏障、生态廊道、生态保护红线、自然保护地、城市蓝绿空间等。

生物多样性是生物（动物、植物、微生物）与环境形成的生态复合体以及与此相关的各种生态过程的总和，包括生态系统多样性、物种多样性和基因多样性。生物多样性保护，主要包括生物景观资源保护、生物多样性热点区保护、地带性森林植被带保护、动物迁移区与栖息地保护等。

河湖水系保护，是指保持河湖水域面积，改善水生态和水环境，保障河湖防洪、供水功能，维护河湖健康[1]，主要包括江河源头保护、水源涵养区保护、湿地保护、河湖水系连通性保护、水土保持与水质保护等。

海洋生态保护，是指采取有效措施保护红树林、珊瑚礁、滨海湿地、海岛、海湾、入海口、重要渔业水域等具有典型性、代表性的海洋生态系统，珍稀、濒危海洋生物的天然集中分布区，具有重要经济价值的海洋生物生存区域及有重大科学文化价值的海洋自然历史遗迹和自然景观[2]，主要包括海域生态保护、海岛生态保护、海岸带生态保护。

地质及矿产资源保护，是指对地质环境及地下矿产资源进行保护，减少可避免的地质灾害及地下矿产资源损失，主要包括矿产资源保护、矿区生态环境保护和地质遗迹保护。

---

1. 北京市河湖保护管理条例[J].北京水务，2012（6）：3-7.
2. 祝光耀，张塞.生态文明建设大辞典·第二册[M].南昌：江西科学技术出版社，2016.

2. 农业保护

农业保护主要为农用地保护。农用地保护是指运用技术、法律、制度等措施对农用地集约使用、禁止占用基本农田、禁止荒芜用地、鼓励土地整理等进行管控的过程。主要包括耕地保护、永久基本农田保护、粮食生产功能区保护、重要农产品生产保护区保护、特色农业区域保护等。

3. 城镇保护

城镇保护主要包括历史文化与遗产保护、城乡风貌保护和战略性空间这三个方面。

历史文化与遗产保护是指对历史留存下来的代表地区传统文化的遗址或风俗的保护，包括区域遗产保护、历史文化名城/名镇/名村保护、历史街区保护、历史建筑/构筑物保护、文物古迹保护、非物质文化遗产保护、工业遗产保护等。

城乡风貌保护是指对影响城市和乡村风貌特色的自然要素、人文要素和空间控制要素进行综合性的管理与控制，达到保护国土空间格局、历史风貌、地域特征和文化特色等目的的行为，主要包括地域特色保护、全域风貌保护、风貌管控、景观视线通廊、城乡景观序列和轮廓形态保护、城乡山水格局保护、风景旅游区、特色小城镇、美丽乡村等。

战略性空间是指为城市长远发展预留的战略性空间，主要有留白用地、弹性空间、廊道（通风廊道、市政走廊）和工业发展保护。

6.1.2 国土空间保护格局

国土空间开发保护格局是指综合考虑人口分布、经济布局、国土利用、生态环境保护等因素，科学布局生产空间、生活空间、生态空间。《中共中央关于制定国民经济和社会发展第十四个五年规划和二〇三五年远景目标的建议》中提出构建国土空间开发保护新格局，立足资源环境承载能力，逐步形成城市化地区、农产品主产区、生态功能区三大空间格局，形成主体功能明显、优势互补、高质量发展的国土空间开发保护新格局。

构建国土空间保护格局主要措施有以下四条。

1. 评估整体国土资源现状，整体构建国土空间保护格局

从全局视角出发，科学评估国土资源现状，立足环境承载力，针对现状地域特

征保护优化国土空间格局。在总体格局的引导下，发挥各地比较优势，建立城市化地区、农产品主产区、生态功能区三大空间格局，强化主体功能管控，加快优化国土空间开发保护格局，科学布局生产、生活、生态空间。

2. 利用分区差异性保护机制，优化资源布局

对城市化地区施行开发保护并重措施，对农产品主产区施行保护为主、开发为辅的政策，对生态功能区施行保护为主、限制开发的方针政策，根据不同需求制定差异化管控措施，优化重大基础设施、重大生产力和公共资源布局。

3. 促进区域保护一体化协调发展

构建资源优化配置的一体化机制，提高资源利用效率，同时构建保障绿色发展的生态格局，进一步促进城乡协调发展。

4. 优先确定生态保护空间

明确自然保护地等生态重要区和生态敏感地区，构建重要生态屏障、廊道和网络，形成连续、完整、系统的生态保护格局和开敞空间网络体系，维护生态安全和生物多样性。

6.2 生态空间系统保护

6.2.1 生态安全格局

生态安全格局是指对维护生态过程的健康和安全具有关键意义的景观元素、空间位置和联系，包括连续完整的山水格局、湿地系统、河流水系的自然形态、绿道体系，以及已经建立的防护林体系等，包括宏观的国土生态安全格局、区域的生态安全格局和城市及乡村的微观生态安全格局。这样划分发挥国土空间规划的综合性，规避各部门各自为政的现象，保障生态空间的完整性及系统性。

构建生态安全格局保护措施主要有以下三条。

1. 建构生态保护格局

在国土空间规划中，依据重要生态系统识别结果，维持自然地貌特征，改善陆

海生态系统的系统性、整体性和连通性，明确生态屏障、生态廊道和生态系统保护格局，强化系统思维，将"山水林田湖草"当作相生相息、复杂有机、内生关联的生态系统来看待，形成连续、完整、系统的生态保护格局和开敞空间网络体系，维护生态安全和生物多样性。

2. 统筹山水林田湖草系统的保护修复

应首先确定生态保护重点区域，对受损、退化、服务功能下降的生态系统进行整体保护、系统修复综合治理。针对生态系统功能整体不强、生态破坏严重、生态屏障脆弱等问题，提出生态保护和修复重大行动重点区域，分析区域内的经济、产业、人口、发展方向和生态现状，统筹山水林田湖草各生态要素，整体谋划荒漠化防治、天然林资源保护、草原和湿地资源保护修复、防护林体系建设等时序安排。

3. 建立生态空间分级分类管理机制

应以生态保护红线为主体，建立重要生态功能区"规模管控＋效益管理＋准入管制"的治理模式，逐步建立国家级、省级和市县级重要生态空间分级分类管理机制。

6.2.2 生态屏障保护

生态屏障指处于过渡地带，生态系统结构与生态过程处于不受破坏，在空间上形成多层次、有序化的格局，并与其所在的自然环境、人文环境相协调，能为人类的生存发展提供可持续的物质与环境服务，对相邻环境乃至更大尺度环境的安全起着保障作用的地带[1]。

生态屏障主要包括山地、林地、草原、防护林等。2011年，全国林业厅局长会议提出重点建设东北森林屏障、北方防风固沙屏障、东部沿海防护林屏障、西部高原生态屏障、长江流域生态屏障、黄河流域生态屏障、珠江流域生态屏障、中小河流及库区生态屏障、平原农区生态屏障及城市森林生态屏障共十大国土生态安全屏障。

构建生态屏障的保护措施有以下五条。

1. 承接区域生态格局

从区域生态经济和城镇分布角度出发，重视区域生态经济系统、生态系统结构

---

1. 钟祥浩，刘淑珍，王小丹，等. 西藏高原国家生态安全屏障保护与建设［J］. 山地学报，2006（2）：129-136.

的区别，从需求角度为生态屏障保护与建设布局提供依据。

2. 建立生态屏障制度

生态屏障是否安全取决于其生态系统的功能是否有效发挥，因此需保护生态系统的功能：禁止在生态屏障管控区内从事盗伐、滥伐林木，毁坏植被，开（围）垦、填埋或者排干湿地，永久性截断湿地水源，破坏野生动物栖息地，滥捕滥采野生动植物，擅自放牧、捕捞、放生等破坏生态功能的活动。

3. 健全生态屏障区管理

绿色生态屏障管控地区的管理应当坚持生态优先、绿色发展，统筹山水林田湖草系统治理，正确处理生态环境保护与经济社会发展、群众生产生活的关系，因地制宜，注重质量，促进人与自然和谐共生。

4. 按重要程度进行分级管理

生态屏障管控地区按照一级管控区、二级管控区、三级管控区实行分级管理。一级管控区控制开发建设项目，统筹生态廊道、农田、林地、湿地、河道等空间布局；二级管控区控制建设规模与开发强度，合理布局各类空间；三级管控区应当坚持绿色发展方向，加快产业结构调整，促进产业转型升级，完善园林绿化和生活服务等配套设施，有序推动区域有机更新，营造融生产、生活和生态于一体的空间环境。

5. 针对不同生态屏障分别制定措施

对青藏高原生态屏障区大力实施草原保护、河湖和湿地保护、天然林保护、防沙治沙、水土保持等工程；对黄土高原生态屏障大力开展水土保持和土地综合整治、天然林保护、三北等防护林体系建设、草原保护、沙化土地治理、河湖与湿地保护等工程。

6.2.3 生态廊道保护

生态廊道是连接空间分布较为分散及孤立的生态单元，在生态环境中呈线性或带状布局的生态系统空间类型，可以满足物种的扩散、迁徙和交换，是构建区域山水林田湖草完整生态系统的重要组成部分，主要包括河流生态廊道、峡谷生态廊道等。

国土空间规划应优化生态安全屏障体系，构建生态廊道和生物多样性保护网络，提升生态系统质量和稳定性。生态廊道的主要功能是保护生物多样性，并在各个生态板块间起连通作用，除此之外，生态廊道还具有水源涵养、污染物过滤、防风固沙等功能。生态廊道规划管控策略如下[1]。

1. 优先廊道生态功能

坚持"生态优先、以人为本""先生态后产业"等原则，通过划定生态保护红线、建立空间保护格局等措施，控制建设强度，减轻生态压力。

2. 建设区域生态廊道

生态廊道连接生态斑块和基质，是城市绿地系统的重要组成部分，其建设需从整体考虑，打造完整的区域性网状生态系统。

3. 生态廊道建设遵循因地制宜原则

各地自然条件、社会条件不同，需尊重原有的自然特征、生态格局，发挥当地自然条件的优势，根据不同需求建立不同的可持续性生态廊道。

4. 建立多功能生态廊道

生态廊道不仅应满足保护生物多样性的功能，也应根据建设需求连接城市绿地、文物古迹等其他景观，以提高生态廊道的服务功能。生态廊道实行分级、分层次建设。根据不同生态系统，建立不同层级的生态廊道，确定保护侧重点，分等级、分层次进行廊道建设，以保护生物多样性。

6.2.4 生态保护红线和自然保护地

生态保护红线是在重点生态功能区、生态环境敏感区和脆弱区等区域划定的管控边界，是国家和区域生态安全的底线。生态保护红线所包围的区域为生态保护红线区，对于维护生态安全格局、保障生态系统功能、支撑经济社会可持续发展具有重要作用。生态保护红线是保护生态安全的底线和生命线，必须强制性管控（图6-1）。

---

1. 蒙倩彬. 基于生物多样性保护的城市生态廊道研究[D]. 北京：北京林业大学，2016.

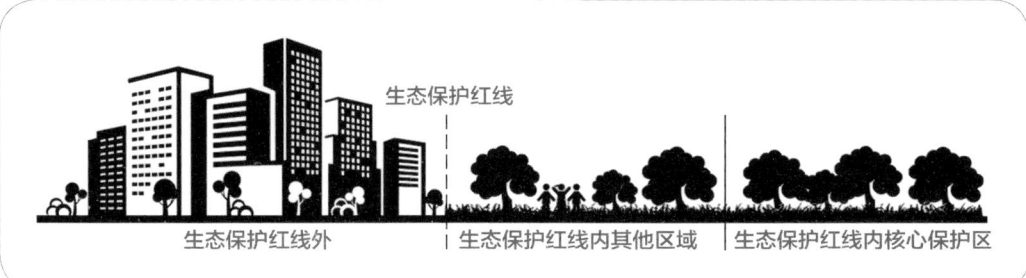

图 6-1　生态保护红线与自然保护地划定关系
资料来源：环境保护部.《生态保护红线划定技术指南》，2015.

自然保护地是由各级政府依法划定或确认，对重要的自然生态系统、自然遗迹、自然景观及其所承载的自然资源、生态功能和文化价值实施长期保护的陆域或海域。

自然保护地按照生态价值和保护强度高低依次分为三类：①国家公园，以保护具有国家代表性的自然生态系统为主要目的，实现自然资源科学保护与合理利用的特定陆域或海域；②自然保护区，是指保护典型的自然生态系统、珍稀濒危野生动植物种的天然集中分布区、有特殊意义的自然遗迹的区域；③自然公园，是指保护重要的自然生态系统、自然遗迹和自然景观，具有生态、观赏、文化和科学价值，可持续利用的区域。国家公园和自然保护区全部纳入生态红线范围，自然公园核心区纳入生态红线范围。省级国土空间规划编制应优先保护以自然保护地体系为主的生态空间，明确省域国家公园、自然保护区、自然公园等各类自然保护地布局、规模和名录。

生态保护红线须依据生态服务功能类型和管理程度实施分类分区管理，做到"一线一策"。

1. 生态保护红线管控要求

1）性质不转换

生态保护红线区内的自然生态用地不可转换为非生态用地，生态保护的主体对象保持相对稳定。

2）功能不降低

生态保护红线区内的自然生态系统功能能够持续稳定发挥，退化的生态系统功能得到不断改善。

3）面积不减少

生态保护红线区边界保持相对固定，区域面积规模不可随意减少。

4）责任不改变

生态保护红线区的林地、草地、湿地、荒漠等自然生态系统按照现行行政管理体制实行分类管理，各级地方政府和相关主管部门对红线区共同履行监管职责。

生态保护红线的划定应遵循强制性、合理性、协调性、可行性、动态性等原则。对生态保护红线内的核心保护区，原则上禁止人为活动。对生态保护红线内的其他区域，仅允许对生态功能不造成破坏的有限人为活动；对铀矿、油气等特殊矿产勘查开发活动实施差别化管控政策。

5）建立准入许可清单化

对生态空间建立准入"正面清单"，生态红线区内仅允许国家重大战略项目及对生态功能不破坏的有限人为活动，严格控制绝大多数人类活动。

2. 自然保护地保护策略

1）整合交叉重叠的自然保护地

以保持生态系统完整性为原则，遵从保护面积不减少、保护强度不降低、保护性质不改变的总体要求，整合各类自然保护地，解决自然保护地区域交叉、空间重叠的问题。

2）归并优化相邻自然保护地

对同一自然地理单元内相邻、相连的各类自然保护地，打破因行政区划、资源分类造成的条块割裂局面，按照自然生态系统完整、物种栖息地连通、保护管理统一的原则进行合并重组，解决保护管理分割、保护地破碎和孤岛化问题，实现对自然生态系统的整体保护。

3）统一管理、分级管理

理顺现有各类自然保护地管理职能，制定自然保护地政策、制度和标准规范，实行全过程统一管理，并建立统一调查监测体系；分级行使自然保护地管理职责。按照生态系统重要程度，将国家公园等自然保护地分为中央直接管理、中央地方共同管理和地方管理三类，实行分级设立、分级管理。

4）探索荒野保护与再野化保护

在以国家公园为主体的自然保护地体系建设中，加强对荒野价值的重视，提高自然保护地体系中荒野的地位；将核心区域利用荒野的形式进行管理，限制人类活动和工程建设，保护破坏度较小的国家自然遗产。例如，美国在1964年通过了《荒野法》（*Wilderness Act of 1964*），通过立法对荒野进行保护[1]。

---

1. 罗明，曹越，杨锐. 荒野保护与再野化：现状和启示［J］. 中国土地，2019（8）：4-8.

6.2.5 城市蓝绿空间保护

城市蓝绿空间指由河湖水系构成的蓝色空间、绿地系统构成的绿色空间的统称。城市蓝绿空间能激发城市活力，是支撑城市公共生活的重要区域。蓝绿空间系统规划是市县级国土规划的专项规划之一，城市蓝绿空间系统的保护及利用，将成为国土空间规划体系最具特色的内容之一[1]。既往规划通常最先划定其他空间，余下空间划为生态空间，2017年颁布的《河北雄安新区规划纲要》为落实生态优先、绿色发展的原则，在全国范围内率先确定蓝绿空间等生态空间[2]。

国土空间规划应突出蓝绿空间在生态、景观、文化等方面的服务功能，坚持生态优先、高质量发展的原则，同时将蓝绿空间看作一个整体进行规划[3]。

城市蓝绿空间保护主要有以下四种策略。

1. 连通城市水系网络，构建城市蓝绿空间

串联城市主要湖泊，构建结构合理、生态优良、环境宜人、景观优美的城市水系网络，带动城市生态系统建设；统筹协调，划定滨水生态保护线及生态廊道范围并进行管控，保证滨水绿化系统的绿量充沛性，达到保护城市蓝绿空间的目的。

2. 建立城水共生、连续开放的城市空间格局

将蓝绿空间作为整体，通过连通城市大小绿地、水系等蓝绿空间，增加蓝绿斑块的连通度，完善蓝绿交织、亲近自然的生态网络，达到城水共生，形成蓝绿互融的蓝绿空间格局，实现人与自然的和谐共生。

3. 增加可淹没式绿地，生态适洪

在河流两岸绿带中，允许利用地形条件，建立可淹没式绿地，达到生态适洪的目的；生态廊道外的农田、湿地、公园等空间，利用局部低洼地临时滞留洪水，增加城市的"海绵"蓄水能力；临河的低洼地区，利用植物轮作避开洪水季节或种植耐涝植物。

---

1. 吴岩，贺旭生，杨玲. 国土空间规划体系背景下市县级蓝绿空间系统专项规划的编制构想 [J]. 风景园林，2020，27（1）: 30-34.
2. 本刊编辑部.《河北雄安新区规划纲要》的新理念、新技术、新方法学术笔谈 [J]. 城市规划学刊，2018，（3）: 1-18.
3. 陈竞姝. 韧性城市理论下河流蓝绿空间融合策略研究 [J]. 规划师，2020，36（14）: 5-10.

4. 完善相关规章制度，管控蓝绿空间

制定蓝绿空间占比等相关规范或蓝绿空间保护相关法律法规，管控城市蓝线、绿线，保护城市蓝绿空间不受侵占。

6.3 生物多样性保护

6.3.1 地带性植被带保护

地带性植被是指反映一个地区气候特征的植被带的植被，在一定区域内呈带状分布。地带性植被带既是气候特征的产物，也反映了地区的气候特征[1,2]。

地带性植被带由于气温、水分条件、海拔高度的不同在地理分布上显示纬度地带性、经度地带性和垂直地带性三种特征。纬度地带性是由于气温的差异，从赤道向两极依次出现热带雨林、亚热带常绿阔叶林、温带夏绿阔叶林、寒温带针叶林、寒带苔原和极地荒漠，呈东西延伸、南北更替的特征；经度地带性是由于水分条件的差异，在中纬度地区出现森林—草原—荒漠的更替，呈现东西更替、南北延伸的特征，常出现在北半球中纬度；垂直地带性是由于海拔因素，出现大致与等高线平行的垂直植物带，常分布在低纬度、海拔较高区域[3]。地带性植被保护措施如下。

1. 建立自然保护区与保护地体系

考虑地带性植被带生态系统类型的代表性、特有程度、特殊生态功能，以及物种的丰富程度、珍稀濒危程度、受威胁因素、地区代表性、经济用途、科学研究价值、分布数据的可获得性等因素，划定植被带优先保护区，进行针对性保护，并制定优先区相关保护规划、制度和政策[4]。

在不同自然地带的典型森林生态地区、珍贵动物和植物生长繁殖的林区、天然热带雨林区和具有特殊保护价值的其他天然林区，建立以国家公园为主体的自然保

---

1. 周婉诗，张楚婷，周志平，等. 植被分布的海拔与纬度相互关系模式的校正［J］. 中国科学：生命科学，2021，51（3）：334-345.
2. 邓绶林. 地学辞典［M］. 石家庄：河北教育出版社，1992.
3. 石玉林. 中国资源科学百科全书［M］. 东营：石油大学出版社，2000.
4. 环境保护部. 中国生物多样性保护战略与行动计划：2011—2030年［M］. 北京：中国环境科学出版社，2011.

护地体系，加强保护管理[1]。

在具有代表性的草原类型、珍稀濒危野生动植物分布区、具有重要生态功能和经济科研价值的草原建立草原自然保护区。

不同地带性植被带，采取不同的保护措施。根据不同地带性植被带的特征，采取不同的保护措施，如对森林植被带实行限制采伐、建设护林设施等保护性工作，对草原植被带实行休牧、轮牧等保护性工作。对已退化的植被，按照地带性特征进行人工种植。加强原生地带性植被的保护，在植被退化区域，按照其所在地域植被带特征，进行人工种植。

2. 加强监测与管理

构建监测网络，利用卫星遥感、无人机、地面监测站等技术手段，构建全方位的地带性植被监测网络，对植被的生长状况、覆盖变化、生态环境因子等进行实时监测，及时发现植被破坏、病虫害等问题。

实施动态管理，根据监测数据，对地带性植被的保护措施进行动态调整和优化，如针对监测到的某种珍稀地带性植物数量减少的情况，及时调整保护策略，加强保护力度。

6.3.2 动物迁移区与栖息地保护

栖息地指生物生存和繁衍的地方。栖息地为动物提供食物和防御捕食者的条件，动物选择的栖息地，通常会满足三个条件：无不良气候干扰、栖息地大小能容纳所有个体、与原栖息地距离较远（幼年动物为避免与其双亲进行食物竞争，长大后离开出生地）。动物选择的栖息地最有利于其生存和繁衍[2]。

动物迁移（即迁徙），指动物从一个区域或栖息地到另一个区域或栖息地的移动行为，既有暂时迁移，也有永久迁移。迁移主要有周期性迁移和非周期性迁移两种，进行周期性迁移的主要有鸟类、鱼类、哺乳动物和昆虫。动物迁移区是指迁移行为的目的区域或栖息地。保护有迁徙习性的动物不仅要保护两端的目的地，也应保护迁移线路的环境[3]。

栖息地主要分为源、汇与脚踏石。源，即现存的乡土物种栖息地，是物种扩散和维持的元点；汇，指受干扰、隔离等影响导致目前动物多样性低的潜在栖息地；

---

1. 中国林业出版社. 中华人民共和国森林法［M］. 北京：中国林业出版社，2020.
2. 孙儒泳. 动物生态学原理［M］. 北京：北京师范大学出版社，2001.
3.《环境科学大辞典》委员会. 环境科学大辞典［M］. 北京：中国环境科学出版社，1991.

脚踏石，指动物种类丰富、偶尔利用、短暂停留、人类活动影响较小的栖息地。动物栖息地保护措施如下。

1. 建立保护区或生态廊道，连接栖息地与迁移区

通过建立自然保护区，去除胁迫因素，建设物种迁徙廊道，降低气候变化对生物多样性的负面影响，增加动物迁徙的安全性，达到保护物种多样性的目的。

2. 就地保护为主，迁地保护为辅

对于自然种群较小和生存繁衍能力较弱的物种，采取就地保护与迁地保护相结合的措施。其中，农作物种质资源以迁地保护为主，畜禽种质资源以就地保护为主。

迁地保护是指为了保护生物多样性，把因自然生存条件不复存在、物种个体数量极少等原因而在生存和繁衍方面受到严重威胁的物种迁出原地，移入动物园、植物园、水族馆和濒危动物繁殖中心和建立种子库等，进行特殊的保护和管理的方式。

6.3.3 生物多样性热点地区保护

生物多样性热点地区是1988年英国生态学家诺曼·麦尔（Norman Myers）提出的概念，生物多样性热点区指很小的区域内具有显著的生物多样性，但同时也正受到人类的严重威胁。评估热点地区的标准主要有两个方面：特有物种的数量和所受威胁的程度。

我国目前有16个生物多样性热点地区：吉林长白山地区、祁连山地区、伏牛山地区、秦岭地区、大巴山地区、大别山地区、浙皖低山丘陵、浙闽山地地区、川西高山峡谷地区、藏东南部地区、滇西北地区、武陵山地区、南岭地区、十万大山地区、西双版纳地区和海南中部地区（图6-2）。

生物多样性热点地区保护措施主要有以下四点[1,2]。

---

1. 王芳，袁兴中，熊森，等.重庆澎溪河湿地自然保护区生物多样性空间格局及热点区[J].应用生态学报，2020，31（5）：1682-1690.
2. 栾晓峰，黄维妮，王秀磊，等.基于系统保护规划方法东北生物多样性热点地区和保护空缺分析[J].生态学报，2009，29（1）：144-150.

扫码读图

图 6-2　秦岭地区生物多样性热点地区
资料来源：中国野生植物保护协会

1. 在生物多样性热点保护空缺地新建或扩建自然保护区

保护区实行生态保护措施，可使生态系统的稳定性相对较强，建立保护区是减少生境和物种流失的最普遍策略。利用空间统计分析识别出生物多样性热点地区，并与现有保护区进行对比，确定生物多样性热点地区的保护缺失，对保护缺失地区进行针对性保护，完善生态保护格局，以提高物种保护效率。

2. 识别优先保护地区，进行重点保护

针对生物多样性热点地区进行不可替代性分析，即以区域内具有濒危物种且生态功能脆弱为指标，分析其服务功能的不可替代性。利用不可替代性反映生物多样性的重要性，与生物多样性保护情况结合，将不可替代性高且保护缺失的生物多样性热点地区进行重点保护，优先保护。

3. 在热点地区之间划定自然缓冲区

在生物多样性热点地区之间或优先保护区之间划定自然缓冲区或生态廊道，依据动物生活习性、植物生活习性与物种繁衍空间尺度特征，形成区域性生态网络，提高生物多样性保护效率。

4. 实行农业生物多样性保护

建立农业生物多样性本底，识别出农业生物多样性地区，鼓励农业生产兼顾生物多样性，对农业生产者进行一定的补偿[1]。

6.3.4 生物景观资源保护

生物景观指以生物群体构成的总体景观和个别的具有珍稀品种和奇异形态个体[2]。

生物景观资源主要包括动物景观和植物景观。动物景观主要为野生动物栖息地，包括：水生动物栖息地，即一种或多种水生动物常年或季节性栖息的地方；陆地动物栖息地，即一种或多种陆地野生哺乳动物、两栖动物、爬行动物等常年或季节性栖息的地方；鸟类栖息地，即一种或多种鸟类动物常年或季节性栖息的地方；蝶类栖息地，即一种或多种蝶类动物常年或季节性栖息的地方。植物景观主要有树木（如林地，指树株集聚连片生长的树木；丛树，指树株集聚的小片树木；独树，即单株树木）、草原与草地（草地，指多年生草本植物或小半灌木组成的植物群落；疏林草地，指生长着稀疏林木的草地）和花卉（如草场花卉地，指草地上的花卉群体；林间花卉地，指灌木林、乔木林中的花卉群体）[3]。生物性景观通常蕴含生物多样性价值、生态价值、环境价值、经济价值等多种价值，是生态旅游的重要组成部分[4]。生物景观资源保护措施包括以下三方面[5,6]。

1. 注重生物景观的动态性和生命性

生物景观会受到气候环境、地形等因素影响而发生变化，应由熟悉动植物生活习性等特征的专门人员进行管理，在遇到极端天气或其他意外时，成立专门的应急小组，执行生物景观资源的保护工作。

2. 因地制宜开发生物景观资源

适应当地环境，因而蓬勃发展，在进行生物景观资源开发时注重本地树种，根

---

1. 李黎, 吕植. 土地多重效益与生物多样性保护补偿 [J]. 中国国土资源经济, 2019, 32（7）: 12-17.
2. 邵琪伟. 中国旅游大辞典 [M]. 上海: 上海辞书出版社, 2012.
3. 全国旅游标准化技术委员会. 旅游资源分类、调查与评价: GB/T 18972—2017 [S]. 北京: 中国标准出版社, 2017.
4. 袁书棋. 试论生态旅游资源的特征、类型和评价体系 [J]. 生态学杂志, 2004, 23（2）: 109-113.
5. 弓成, 刘云慧, 满吉勇, 等. 基于生物多样性和生态系统服务的生态农场景观设计 [J]. 中国生态农业学报, 2020, 28（10）: 1499-1508.
6. 俞益武, 李健, 肖胜和, 等. 浙江省生物景观类旅游资源现状分析及旅游项目开发 [J]. 浙江林学院学报, 2005（1）: 95-99.

据当地水、土壤、气候等自然条件进行设计，处理好生物景观资源与其他资源的关系。

3. 分类差异性保护管理

对现有的生物景观资源，按照种类的不同，进行差异化保护，确保每个景观资源都有其适宜的保护、开发政策。

6.4 河湖水系生态保护

6.4.1 水土保持

水土保持指对自然因素和人为活动造成水土流失所采取的预防和治理措施。水土保持措施有以下五个方面[1,2]。

1. 分级分区划定水土流失预防治理区域

应依据水土流失调查结果划定并公告水土流失重点预防区和重点治理区。

对水土流失潜在危险较大的区域，应当划定为水土流失重点预防区；对水土流失严重的区域，应当划定为水土流失重点治理区。

2. 采用多种措施保持水土

通常可使用以下三种措施来保持水土。

工程性措施，即通过小型水利工程（水地、水窖、排水系统）、治坡工程（梯田、台地、水平沟）和治沟工程（淤地坝、拦沙坝、谷坊等）等措施达到水土保持的目的。

生物性措施，即在水土流失区增加植被面积、覆盖率，提高土地生产能力，达到水土保持的目的。

农业技术措施，即通过修建梯田、等高沟垄耕作、合理密植等方法，改变局部微地形，增加降雨入渗，达到保土、保肥、保水的目的。

---

1. 全国人民代表大会常务委员会.中华人民共和国水土保持法［M］.北京：法律出版社，2010.
2. 管海翔.水土保持对水资源及水生态环境产生的影响［J］.河南水利与南水北调，2016（5）：19-20.

3. 进行用地适宜性评价，合理进行建设用地布局

应先对建设用地风险性进行评估，禁止在崩塌、滑坡危险区和泥石流易发区从事取土、挖砂、采石等可能造成水土流失的活动。

在水土流失严重、生态脆弱的地区，应当限制或者禁止可能造成水土流失的生产建设活动，保护植物、沙壳、结皮、地衣等。

禁止在二十五度以上陡坡地开垦种植农作物。在二十五度以上陡坡地种植经济林的，应当科学选择树种，合理确定规模，采取水土保持措施，防止造成水土流失。在五度以上坡地植树造林、抚育幼林、种植中药材等，应当采取水土保持措施。

4. 加强有水土流失风险地区的规划

基础设施建设、矿产资源开发、城镇建设、公共服务设施建设等实施过程中可能造成水土流失的，应在规划中提出水土流失预防和治理的对策和措施。

5. 加强政府管理，完善保护制度

按照水土保持规划，采取封育保护、自然修复等措施，组织单位和个人植树种草，扩大林草覆盖面积，涵养水源；加强对取土、挖砂、采石等活动的管理，预防和减轻水土流失。

6.4.2 水质保护

水质包括水体的物理、化学及生物特征和组成状况。水质保护即通过各项措施，对水质进行保护，以达到一定的参数及标准。水质保护措施主要包括以下四点。

1. 根据水域纳污能力，综合制定污染物入河湖量方案

按照不同水域水功能区水质目标，针对区域水质现状和存在问题，结合水资源配置和不同水源水质特征分析，根据水域纳污能力分析结果，结合排污许可管理，基于入河湖排污口现状调查和区域经济社会发展需求，综合制定污染物入河湖量控制方案，保障水质目标实现。

2. 入河排污口整治

应首先控制陆域污染源，根据污染物入河湖量控制方案，调整排污口布局并

分类治理。对于超标排放河湖,应采取提高排放标准、减少排放量、排污口并入管网、排污口归并、调整排放等措施,实施综合治理;对于达标排放,但水体水质仍不能满足水功能区水质目标的河湖,应采取污水处理厂提标排放、河(湖)前自然生态净化等污水深度处理措施。

3. 面源污染治理

面源污染治理包括源头减量、过程削减、尾水回用等措施。源头减量可通过调整农业生产方式提高农药化肥使用效率,开展农村生活污水分散式处理、畜禽养殖专项治理等措施,通过农产品废弃物的综合循环利用以降低碳排放,实现流域村镇面源排放的源头减量;过程削减是根据面源污染物向附近河湖水体的输移规律,利用生态沟渠、土壤渗滤、前置库、滨水缓冲带、小微水体修复、雨水净化等技术削减;尾水回用即实行污水处理后的再利用,尤其重视芦苇、小叶榕、蚌壳等自然资源对尾水的再利用(图6-3)。

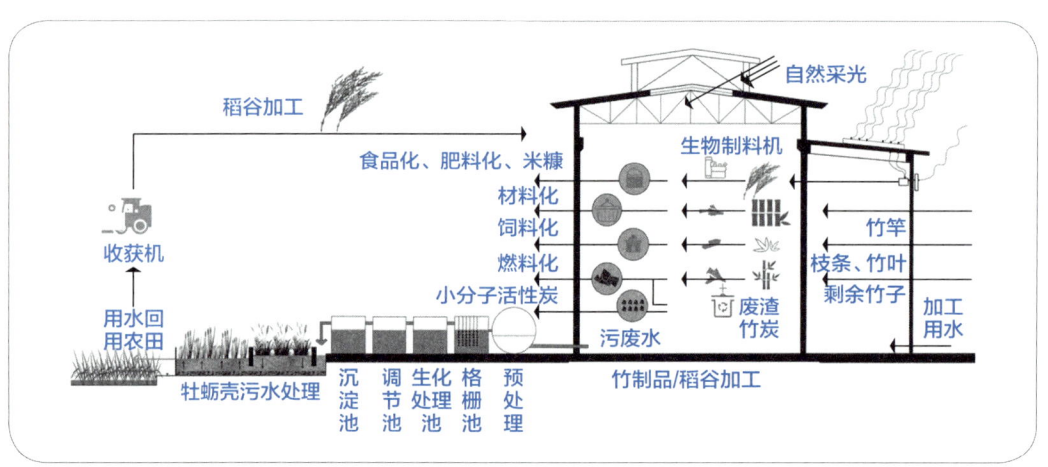

图6-3 流域村镇面源污染处理与废弃物低碳排放示意
资料来源:华南理工大学、广东省农业科学院、厦门大学联合课题组

4. 内源污染治理

1)湖水体水质维护

通过人工曝气增氧、生物浮床、河道生物接触氧化、水系连通活水循环、自然生物处理、除藻技术、生态沉床、湖泊生态系统构建等技术,治理修复水环境,维护改善水质。其中城市水系景观水体水质维护工作应与水闸泵站等城市水利设施和给排水管网等城市基础设施的运行管理相结合。

2）建立水质监测系统，预防水质污染

定期监测饮用水水源水质、增殖放流，监测监管外来水生物，保护本地生物多样性，维持水生态平衡；管控涉水工程设施的建设，防止造成江河水域污染。

6.4.3 江河源头保护

江河源头狭义是指长江、黄河发源地的泛称，广义则指各江河湖泊的发源地。江河源头地区是降水量集中地区，源头地区的水源涵养能力至关重要。

江河源头保护措施主要有以下七种[1-4]。

1. 对干流和重要支流源头实行严格保护

加强对干流和重要支流源头地区天然林、草原、湿地等植被的保护，设立国家公园等自然保护地，保护国家生态安全屏障。禁止乱砍滥伐、过度放牧、非法开垦等破坏植被的行为。

2. 保障江河源头生态环境用水

要保障江河源头的生态环境用水，就要以保护水资源为主，限制开发，有相关管辖权的行政主管部门应当限制审批江河源头内新建、改建、扩建建设项目的新增取水。对已经过度开发的江河源头区域，应立即制定实施修复方案或规划，恢复江河源头的生态环境。

3. 增加植被覆盖面积，发挥源头区林草植被的海绵调蓄能力

应对江河源头的天然林进行保护，对沙化退化的草原采取一定的植被恢复措施，增加源头区植被覆盖面积，增强江河源头的调蓄能力。

4. 在江河源头地区限制农牧业

应限制农牧数量，给草场休养生息之机；实行农地轮作制，维持土壤调蓄能力，促进草原可持续利用。

---

1. 水利部．水利部关于加强水资源用途管制的指导意见[J]．中华人民共和国水利部公报，2016（2）：8-10.
2. 彭广艳．生态环境保护的源头治理研究[J]．资源节约与环保，2020（12）：34-35.
3. 王浩．江河源区水生态保护战略：上蓄、限牧、调农、补偿[J]．中国水利，2017（17）：10.
4. 许尔琪，张红旗．中国核心生态空间的现状、变化及其保护研究[J]．资源科学，2015，37（7）：1322-1331.

5. 控制生产性建设，从源头防止污染

应在江河源头限制生产性建设，防止源头污染，坚持源头严防、过程严管、后果严惩，利用政策保护江河源头。

6. 在江河源头地区建立工程性措施

水库等工程性调蓄措施，作为沟渠、塘坝功能的替代或补充，可以调节径流，减轻中下游洪涝灾害。

7. 对江河源头地区进行现状普查，建立动态监测

通过现状普查、评估，掌握区域内江河湖泊、气候、地形地貌、草原等自然条件资料和生态环境情况，建立动态监测系统，根据现状采取相应的保护和管理措施。

6.4.4 水源涵养区保护

水源涵养区指分布在河川上游的水源地区，通常是森林、林木、灌木林和草地等绿化形式，对调节径流，防止旱涝灾害，合理开发、利用水资源具有重要意义。水源涵养能力与植被类型、植被盖度、枯落物组成、土层厚度及土壤物理性质等因素密切相关。水源涵养区主导功能是保持和提高水源涵养、径流补给和调节能力，而其辅助功能则可根据生态功能保护区类型而定：对于天然的水源涵养区，辅助功能侧重于保护生物多样性；对于人工水源涵养区，辅助功能主要是保持水土，维护水自然净化能力。

目前，部分水源涵养区的森林和草地未得到有效保护，人类活动干扰强度过大导致森林资源过度开发、天然草原过度放牧等问题，导致区内林地、草地面积减少，水源涵养功能遭到削弱，生态功能逐渐衰退，甚至出现了土地沙化、土壤侵蚀、湿地萎缩等现象。同时，部分水源涵养区内还存在水资源过度开发、环境污染加重等问题。

水源涵养区管控措施主要有以下五种[1,2]。

---

1. 董伟，张向晖，苏德，等.基于主成分投影法的长江上游水源涵养区生态安全评价[J].环境保护，2008（20）：64-67.
2. 冯光华.石羊河流域水源涵养区治理保护建议[J].中国水利，2006（4）：34-35.

1. 分区增强水源涵养能力

按照饮用水水源地安全保障区、水质影响控制区、水源涵养生态建设区管理要求，加强山水林田湖草整体保护，增强水源涵养能力，保障水质稳定达标。

2. 保障水源涵养区生态环境用水

水源涵养区以水资源保护为主，严格限制开发，有管辖权的水行政主管部门应当限制审批该区域内新建、改建、扩建建设项目新增取水。对已经过度开发的江河湖泊，要抓紧制定实施修复方案或规划，退减被挤占的生态环境用水，并采取生态补水措施，逐步恢复生态流量（水位）。

3. 保护修复水源，严控防治污染

在饮用水水源保护区，地方各级人民政府及其有关部门应当组织单位和个人，采取预防保护、自然修复和综合治理措施，配套建设植物过滤带，积极推广沼气，开展清洁小流域建设，控制化肥和农药的使用，减少水土流失引起的面源污染，保护饮用水水源。

4. 加大生态保护力度和资金投入，扩大自然保护区面积

根据水源涵养区生态环境的特点和存在的问题，有重点、有步骤地进行治理和保护，扩大自然保护区面积，保护森林资源，合理利用土地，加大生态保护的力度。

5. 适当实行禁牧封育、退耕还林还草政策

对特别重要或现状严峻的水源涵养区，实行禁牧封育退耕还林还草政策，旨在涵养水源，并增强生态与环境的自我修复能力。在水源涵养林区，应积极推进水源涵养林的营造工作，同时搬迁原本居住在林区、耕地与森林交叉分布地带的居民，从根本上解决水源涵养区被破坏的问题，并对被迫搬离的居民给予一定的补偿。

6.4.5 河湖水系连通性保护

河湖水系连通性，指在自然和人工形成的江河湖库水系基础上，维系、重塑或新建满足一定功能目标的水流连接通道，以维持相对稳定的流动水体及其联系的物质循环。河湖水系通道畅通性主要体现在两个方面：一是水系通道的过流能力，主要体现在河流连通对洪水的排泄能力方面；二是水系连通是否受人工建筑物阻隔，主要体现在水流通道、生物通道、航运通道是否受阻等方面。

河湖水系连通性的影响，主要有湖泊的形成和水系连接通道两个方面。从地质历史时期及人类历史时期的时间尺度看，新构造运动、气候变化等自然因素在水系连通的阻碍方面是主导因子，新构造运动沉降形成了湖泊容纳水体所需的地形条件，有利于湖泊的形成；气候变化不仅使降雨发生变化，进而影响湖泊的入流条件，还因温度的大幅度波动形成冰期和间冰期的交替。泥沙淤积发生在汇入湖泊的支流或湖泊汇入大江大河的支流河道内，使河流水系与湖泊联系通道阻塞，水系连通性变差。

人类活动在水系连通性方面起到部分决定性作用，如人口迁徙、水土流失、湖泊淤积、大面积围垦、筑堤、建闸和开凿运河等。围垦是影响河湖连通性最为重要的因素之一；筑堤和建闸人为地切断了河流与湖泊的自然连通，阻碍了干流及其支流和湖泊间的水力联系，从而使得原来的通江湖泊变为阻隔湖泊；开凿运河有利于增强水系的连通，并且能使湖泊补充一定的水源，缓解地区湖泊的污染，并修复湖泊生态功能。

河湖水系连通性规划管控策略主要有以下五种[1,2]。

1. 在流域尺度下，综合开展河湖水系连通性空间景观格局配置

需合理规划国土功能，恢复湖泊、湿地水面面积，实施退田还湖和退渔还湖，清理河道行洪障碍物，保持河漫滩的有效宽度。以"缀块－廊道－基底"模式的空间景观理论为基础，合理规划各类缀块的数量、几何特征和性质。同时，发挥河流廊道的功能，处理好河流与湖泊间"源"与"汇"的关系。

2. 恢复河湖水系连通性

相关保护规划应与流域综合规划相协调，发挥河湖水系连通的综合功能。除了要恢复生态功能以外，相关保护性规则还需恢复连通性在水资源配置、水资源保护和防洪抗旱方面的作用。通过河湖水系连通和有效调控手段，实现流域内河流与湖泊间的水量调剂，优化水资源配置，发挥蓄滞洪作用，降低洪水风险，改善

---

1. 夏军，高扬，左其亭，等.河湖水系连通特征及其利弊[J].地理科学进展，2012，31（1）：26-31.
2. 董哲仁，王宏涛，赵进勇，等.恢复河湖水系连通性生态调查与规划方法[J].水利水电技术，2013，44（11）：8-13+19.

规划区内自然保护区和重要湿地的水文条件，提高规划区内城市河段的休闲文化功能。

3. 建立河湖水系连通状况分级系统

分级系统的建立应以历史上较为自然条件下的河湖水系连通状况作为参照，根据现状水文、地貌条件和社会、经济需求，确定改善连通性目标。在连通性分级系统的要素层包括水文（如湖泊年蓄水量、水文过程）、地貌（如连通格局、连接通道布置）和生物（如洄游鱼类、鸟类和湿地植物群落）。

4. 划定河湖水系生态保护区和缓冲区范围

应控制沿湖沿河的房地产开发、旅游开发和水产养殖开发。恢复连通性工程应与湖泊滩地环境综合治理相结合，进行水污染防治，清除侵占湖区和滩地各类设施和建筑物，包括休闲娱乐设施、房地产开发等建筑物以及农田、道路等，控制水产养殖，实施退田还湖、退渔还湖。

5. 河网地区水系

可采取连通主干河涌和联围整合的措施，打破行政管理分割，将现状被行政边界分割的堤围进行联闸，实现堤围建设与管理的一体化。

6.4.6 湿地保护

湿地泛指陆地系统与水体系统相互作用形成的、具有陆地系统与水体系统间过渡性质的特殊系统，主要包括地表经常和季节性积水、生长和栖息喜湿生物、土壤严重潜育化的地段，如沼泽地、河湖滩地、泥炭地、海滨滩涂、内陆盐沼和其他沼泽化土地。多水（积水或过湿）的环境、独特的土壤和适水的生物是湿地的主要特征。湿地与森林、海洋并列为全球三大生态系统类型，是自然界最富生物多样性的生态景观和人类最重要的生存环境之一。湿地一般位于地表水和地下水的承泄区，一般分布于地貌低洼部位，是上游水源的汇聚地，具有分配和均化河川径流的作用，是流域水文循环的重要环节。

我国于1992年成为《湿地公约》的签约国，将"湿地的保护与合理利用"列入《中国21世纪议程》和《中国生物多样性保护行动计划》的优先发展领域，《中国21世纪议程——林业行动计划》和《全国生态环境建设规划》也将湿地的保护和合理利用列为重要内容。

湿地规划保护措施主要有以下五种[1]。

1. 科学规划湿地系统

将湿地系统纳入规划体系，控制开发占用自然湿地。将国家城市湿地公园规划纳入国土空间总体规划、城市绿地系统规划和城市控制性详细规划，并纳入强制性内容管理。凡是列入国际重要湿地和国家重要湿地名录，以及位于自然保护区内的自然湿地，一律禁止开垦占用或随意改变用途，对开垦占用或改变湿地用途的行为予以处罚。

2. 建立湿地自然保护区

按照有关法律法规，采取积极措施在适宜地区建立各种级别的湿地自然保护区，针对生态地位重要或受到严重破坏的自然湿地，划定保护区域，实行有效的保护。

3. 分级采取多形式保护措施

对不具备划入自然保护区条件的湿地，采取建立湿地保护小区、湿地公园、湿地多用途管理区或划定野生动植物栖息地等多种形式加强保护管理。

4. 建立湿地信息系统

对湿地数据进行高效管理，控制湿地面积等约束性指标，对湿地的大量地理数据和指标进行存贮、处理与分析，对湿地系统进行观测和研究，建立湿地信息系统，并与其他地理信息系统模块相结合，进行地理信息的多时空动态分析、模拟与预测，以辅助科学管理与决策。

5. 建立多层次、多渠道湿地保护机制

在重要湿地分布区，政府应当把湿地保护列入重要议事日程，纳入责任范围，从法规制度、政策措施、资金投入、管理体系等方面采取有力措施，加强湿地保护管理工作。

---

1. 王建华，吕宪国. 城市湿地概念和功能及中国城市湿地保护［J］. 生态学杂志，2007（4）：555-560.

6.5 海洋生态保护

海洋生态保护是指国务院和沿海地方各级人民政府应当采取有效措施,保护红树林、珊瑚礁、滨海湿地、海岛、海湾、入海河口、重要渔业水域等具有典型性、代表性的海洋生态系统,保护珍稀、濒危海洋生物的天然集中分布区,保护具有重要经济价值的海洋生物生存区域及有重大科学文化价值的海洋自然历史遗迹和自然景观。对具有重要经济、社会价值的已遭到破坏的海洋生态,应当进行整治和恢复。

我国当前面临的海洋生态环境问题主要包括:海洋污染严重,生态环境恶化,自然和人为灾害频发;部分近海资源过度开发利用,造成自然生态失衡;阶段性海洋产业结构不均衡,层次较低或不合理,产业增长的科技比重不高,资源利用不合理及浪费严重;海洋国土观念不强,无序开发利用矛盾依然存在。

针对海域、海岛和海岸线资源保护与利用问题,涉海市县应单独编制用海专章。以陆海统筹为原则,贯彻集约节约用海和生态用海要求,统筹保护海洋资源和海陆生态环境,对各类海洋保护利用分区提出差异化用途管制要求。

6.5.1 海域生态保护

海域指内水、领海的水面、水体、海床和底土。海域中的内水,是指领海基线向陆地一侧至海岸线的海域。

我国各海与大洋之间均有大陆边缘的半岛或群岛断续间隔,基本属封闭性海区,跨越热带、亚热带和温带三个气候带。海域岸线漫长、海域辽阔、岛屿众多、资源丰富,海洋生物物种和生态系统具有丰富的多样性。随着沿海海洋开发活动的日益频繁,环境污染问题日渐凸显,导致部分海域的水质污染较重,海洋沉积物和海洋生物质量均受到不同程度影响,赤潮频繁发生,海洋生态环境破坏加剧,生物多样性降低。

海域生态保护措施主要有以下五种。

1. 针对不同类型的海域实行不同的环境政策

对保有各类典型珍稀的海洋生态区域实行严格保护与生态涵养相结合的环境政策,对脆弱敏感的海洋生态区域实行限制开发与生态保护相结合的环境政策,对已受损破坏的海洋生态环境实施生态建设与综合整治相结合的环境政策，对全海域的海洋生态环境实行综合管理与协调开发相结合的环境政策。

2. 优化海域空间开发的功能分区

统筹安排渔业用海、工矿用海、交通运输用海、游憩用海、特殊用海等用海区和保留海域，按分区明确用海方式、用途管制及生态保护要求，推动海域使用立体确权，保障可持续发展所需的海洋空间和自然资源条件。

3. 控制陆源污染，遏制近岸海域环境的恶化

陆源污染是造成我国近海污染的主要原因，尤其是在沿海发达地区。加快沿海地区生活污水、工业废水处理设施建设，新建污水处理厂，提高污水处理效率；严格审批沿岸入海排污口，严格控制工业污水直排口达标排放率，对不符合海洋功能区划和环境保护规定要求、污染严重的排污口要求限期整改，加强区域岸线或近岸海域修复。

4. 在近岸重点海域建立海洋生态监控区

近岸海域主要监控对象包括海湾、河口、滨海湿地、珊瑚礁、红树林和海草床等典型生态系统。在监测的基础上，评价生态监控区生态状况，提出切实可行的管理调控措施，如加强对赤潮现象的监督管控。在广东的生态保护实践中，海域生态保护极重要区占管辖海域面积的31%，主要分布在近海区域，包括红树林、珊瑚礁、海草床集中分布区，中华白海豚、海龟、黄唇鱼等珍稀濒危生物自然保护区以及重要经济鱼类产卵场等。

5. 根据海洋功能区划和近岸海域环境功能区划严格限制围海／填海

确需实施围海／填海的地区实行年度总量控制和分类管理制度，明确近期和远期开发功能和目标，从自然条件和当地社会经济条件出发，根据特定的地形、地貌和水陆区域等分布情况，发挥规划的引导和约束作用，优先保证国家能源、交通和工业等重大建设项目和重要公共基础设施建设的用海需求，防止海域资源的粗放利用和浪费。

6.5.2 海岛生态保护

海岛指海洋中四面环水并在高潮时露出水面自然形成的小块陆地,大小不一,小的称为"屿",大的称为"岛"。按成因,海岛可分为大陆岛和海洋岛两种。大陆岛又称"基岩岛",指地质构造上与大陆有密切联系的岛,原系大陆的一部分,在地质历史上曾与大陆连在一起,由于地壳下沉或海面上升,才与大陆分离而成为岛屿。

大陆岛多分布于大陆边缘,其基础多固定在大陆架或大陆坡上,且地质、地貌和其他自然条件与大陆相似,如中国的台湾岛、海南岛,印度洋的马达加斯加岛,大西洋的大不列颠群岛等。大陆岛一般面积较大,地势较高。海洋岛系指发育过程与大陆无直接联系的、在海洋中单独生成的岛屿,其面积比大陆岛小,分布地区一般离大陆较远,与大陆在地质构造上无直接联系。按组成物质和成因,海洋岛又可分为火山岛和珊瑚岛,前者由海底火山喷发堆积而成,地势高峻,主要分布在太平洋西南部、印度洋西部和大西洋中部;后者由珊瑚礁构成,地势低平,主要分布在热带、亚热带海洋。

中国面积在 500 平方米以上的海岛超过 6 500 个,总面积 6 600 多平方公里,其余 94% 属于无居民海岛,大多面积狭小,地域结构简单,环境相对封闭,生态系统构成较为单一,生物多样性指数小,稳定性差。

海岛生态保护措施主要有以下四种[1-4]。

1. 优化海岛功能布局,分类管理、合理保护利用海岛资源

以生态保护为主,部分海岛根据其地理位置、生物资源、土地资源等条件的优劣分别进行不同功能的开发,在保证资源环境可承载和生态系统安全的前提下控制开发利用强度。

2. 划定海岛生态保护区,保护生态价值

统计海岛生态状况,对其生态价值进行记录并评估划定海岛生态保护区。海岛的生态价值主要体现在两个方面:一些海岛存在独特的生态系统,甚至存有特殊物

---

1. 黄伟,曾江宁,陈全震,等.海洋生态红线区划:以海南省为例[J].生态学报,2016,36(1):268-276.
2. 王斌.中国海洋环境现状及保护对策[J].环境保护,2006(20):24-29.
3. 陈书全.关于加强我国围填海工程环境管理的思考[J].海洋开发与管理,2009,26(9):22-26.
4. 徐祥民,李海清,李懋宁.生态保护优先:制定海岛法应贯彻的基本原则[J].海洋开发与管理,2006(2):66-70.

种，例如烟台市的千里岩岛上长满耐冬，而这种植物在该岛所在纬度上十分罕见；一些海岛是海域生态链上的重要环节，或对更大的生态系统具有支撑作用，例如一些海岛是海鸟或迁徙鸟类的栖息地，某些海岛周围海域是鱼虾等的产卵地等。通过划定海岛生态保护区，可维护部分特殊生态系统的正常运行。

3. 优化利用有居民海岛

对于有居民海岛的开发、建设应当对海岛土地资源、水资源及能源状况进行调查评估，依法进行环境影响评价。海岛的开发、建设不得超出海岛的环境容量。新建、改建、扩建建设项目，必须符合海岛主要污染物排放、建设用地和用水总量控制指标的要求。保护海岛植被，促进海岛淡水资源的涵养，支持有居民海岛淡水储存、海水淡化和岛外淡水引入工程设施的建设。对有居民海岛实行严格的控制规划，控制建筑和构筑物的色彩、材质、高度等特征。有居民海岛多存在渔业捕捞或旅游开发活动，在经济效益的推动下极有可能做出破坏海岛岸线、建设超高建筑等行为，因此对有居民海岛的开发应当参照陆域空间规划的相关要求进行严格的控制规划。

4. 保护性利用无居民海岛

未经批准利用的无居民海岛，应当维持现状，禁止采石、挖海砂、采伐林木以及进行生产、建设、旅游等活动。针对全国海岛保护规划确定的可利用无居民海岛，应当遵守相关规划，采取严格的生态保护措施，避免对海岛及其周边海域生态系统造成破坏。

6.5.3 海岸带生态保护

海岸带是海岸线向陆海两侧扩展一定宽度的带状区域，包括陆域与近岸海域，联合国 2001 年《千年生态系统评估项目》中，将海岸带定义为：海洋与陆地的界面，向海洋延伸至大陆架的中间，在大陆方向包括所有受海洋因素影响的区域；具体边界为位于平均海深 50 米与潮流线以上 50 米之间的区域，或者自海岸向大陆延伸 100 公里范围内的低地，包括珊瑚礁、高潮线与低潮线之间的区域、河口、滨海水产作业区，以及水草群落（图 6-4）。在实际管理中，海岸带范围可根据管理目的和研究需要而定。

海岸带是海洋系统与陆地系统相连接，复合与交叉的地理单元，既是地球表面最为活跃的自然区域，也是资源与环境条件最为优越的区域，与人类的生存与发展的关系最为密切。海岸带作为第一海洋经济区，其生态系统具有复合性、边缘性和活跃性的特征，而海岸带中的滨海带被称为"海洋第一经济带"。由3个基本单元组成：①海岸平均高潮线以上的沿岸陆地部分，通常称为"潮上带"；②介于平均高潮线与平均低潮线之间的是"潮间带"；③水下岸坡平均低潮线以下的浅水部分，一般称为"潮下带"。古海岸带则是已脱离波浪活动影响的沿岸陆地部分。

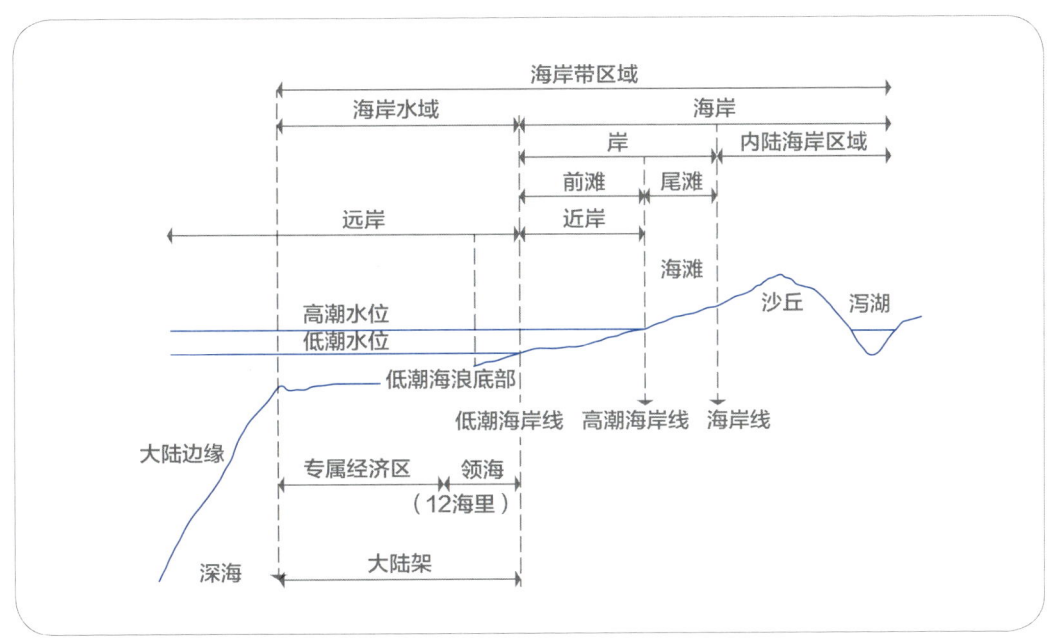

图6-4　一种可能的海岸带空间范围及海岸带相关要素示意图
资料来源：文超祥，刘健枭. 基于陆海统筹的海岸带空间规划研究综述与展望［J］. 规划师，2019，35（7）：5-11.

海岸带生态保护规划管控措施主要有以下五种[1-4]。

1. 分类管控海岸带资源，健全自然岸线保有率控制制度

合理安排海岸线旅游、渔业、城镇、港口等功能，强化自然岸线保护，落实国家、省自然岸线保有率管控目标，健全相关制度，确保自然岸线保有率不低于相关要求。例如《海南省国土空间规划（2020—2035）》提出，要确保海南岛自然岸线

---

1. 李伟芳，陈阳，马仁锋，等. 发展潜力视角的海岸带土地利用模式：以杭州湾南岸为例［J］. 地理研究，2016，35（6）：1061-1073.
2. 林小如，王丽芸，文超祥. 陆海统筹导向下的海岸带空间管制探讨：以厦门市海岸带规划为例［J］. 城市规划学刊，2018（4）：75-80.
3. 文超祥，刘健枭. 基于陆海统筹的海岸带空间规划研究综述与展望［J］. 规划师，2019，35（7）：5-11.
4. 徐永臣，牟秀娟，刘晓东，等. 新时代国土空间规划中陆海统筹的重点内容和实现路径［J］. 海洋开发与管理，2021（3）：1-6.

保有率不低于60%。

2. 划定严格保护区、限制开发区和优化利用区

在严格保护区内，除国防安全需要外，禁止构建永久性建筑物、开采海砂、设置排污口等损害海岸地形地貌和生态环境的活动；在限制开发区内，严格控制改变海岸带自然形态和影响生态功能的开发利用活动，预留未来发展空间，严格海域使用审批；在优化利用区内，节约利用海岸带资源，保持海岸线的自然形态稳定，集中布局确需占用海岸线的建设项目，严格控制占用岸线长度，合理控制建设项目规模。

3. 合理划定海岸建筑退缩线距离

建筑退缩线范围内，除国防安全、防灾减灾等建设需要外，禁止新建、改建、扩建建筑物。

4. 规范渔业活动，规范养殖用地、用海管理

划定禁止捕捞区和限制捕捞区并规定休渔期。从事海水养殖的单位和个人，应科学使用化肥、药物等养殖投入品，禁止使用国家禁用药等有毒有害物质，排放养殖污水应达到规定排放标准，不得将养殖废弃物弃置海域、岸滩。

5. 重点保护海岸带红树林、海草床、湿地、珊瑚礁等自然资源

根据保护对象和范围、资源状况和生态功能等合理编制相关资源保护规划，明确自然资源保护目标任务、保障措施、禁止开发建设区域、限制开发建设区域以及保护、修复、利用方式等内容，并纳入国土空间规划和相关专项规划管理。

6.6 地质及矿产资源保护

6.6.1 矿产资源保护

矿产资源保护，指国家采取各种有效手段，加强对矿产资源的管理，防止对矿产资源的不合理开发、利用和破坏，以保护生态环境，最大限度地良性循环综合利用矿产资源。其基本内涵是在保护中开发、在开发中保护，从而实现矿产资源的有度开发。

根据矿产资源保护的内容，可将其划分为矿产资源数量保护、矿产资源质量保护；根据矿产资源的开发利用阶段，可将其划分为未开发利用矿产资源的保护、暂未开发的矿产资源的妥善保护、矿产资源开发过程中的保护、矿产品消耗过程中的保护；根据矿产资源的保护手段，可将其划分为技术方面的保护、管理方面的保护。

因经济发展水平和社会体制的不同，世界上的国家根据国情选择了不同的矿产资源保护模式，大致有以下三种[1]：一是以美国为代表的保护模式，常采用间接保护的模式，将矿物资源的保护隐含在采矿的政策、法律制度等中，其特点是将市场法律应用于矿物资源的保护；二是以加拿大为代表的综合管理模式，是将直接保护模式与间接保护模式相结合的一种矿产资源保护模式；三是以俄罗斯为代表的保护模式，常采用直接保护的模式，其特点是主要通过行政控制手段保护矿物资源，即在宏观层面和微观层面，通过颁布关于矿物资源保护的法律和条例，直接明确和贯彻了矿物资源的保护。

以加拿大为例，加拿大是全球矿产资源大国，资源禀赋优异，其勘察开发技术、管理及矿业融资在世界上颇具竞争力，早在1994年联邦政府便发布了《白马矿业倡议》（WMI），旨在保持矿业竞争力、进一步促进矿业繁荣[2]。随着矿业景气十年的结束，加拿大联邦政府直面气候变化、可持续发展、原住民参与等问题的挑战，2019年发布《加拿大矿产和金属规划》，重点在于巩固和提高加拿大矿业在全球的竞争优势，同时重视民众利益和环境保护。

6.6.2 矿山生态环境保护

矿山生态环境，指矿区内生态系统和环境系统的整体，包括地表植被与景观、生物多样性、大气环境、水环境、声环境、土壤环境、地质环境等。矿山生态环境保护，指采取必要的预防和保护措施，避免或减轻矿产资源勘探和采选矿造成的生态破坏和环境污染。

矿山生态环境保护规划与恢复治理规划的编制原则有以下四点[3]。

---

1. 兰平和.国外优势矿产资源保护策略对我国的启示[J].中国矿业，2011，20（11）：6-9.
2. 余韵，杨建锋.加拿大矿产资源战略调整动向及其启示[J].中国国土资源经济，2020，33（1）：28-34.
3. 桂华强.绿色矿山建设的生态环境保护及治理探析[J].内蒙古煤炭经济，2019（15）：182-183.

1. 保护优先，防治结合

遵循在开发中保护、在保护中开发的理念，坚持"边开采、边治理、边修复"的原则，从源头上控制生态环境的破坏，减少对生态环境影响。对矿产资源开发造成的生态功能破坏和环境污染，通过生物、工程和管理措施及时开展恢复治理。

2. 景观相似，功能恢复

根据矿山所处的区域、自然地理条件、生态恢复与环境治理的技术经济条件，按"整体生态功能恢复"和"景观相似性"原则，宜耕则耕、宜林则林、宜草则草、宜藤植藤、宜景建景、注重成效，因地制宜采取切实可行的恢复治理措施，恢复矿区整体生态功能。

3. 突出重点，分步实施

坚持矿产资源开发与生态环境恢复治理同步进行，按照轻、重、缓、急，分步实施，优先抓好生态破坏与环境污染严重的重点恢复治理工程。

4. 科技引领，注重实效

坚持科学性、前瞻性和实用性相统一的原则，鼓励广泛应用新技术、新方法，选择适宜的保护与治理方案，努力提高矿山生态环境保护的成效和水平。

绿色矿山是指在矿产资源开发全过程中，对矿区及周边环境的扰动控制在环境允许的范围内，开发利用方案科学，开发利用方式合理，资源利用高效，企业管理规范，生产工艺环保，矿山环境优美，企业社区和谐，实现人与自然和谐共生。绿色矿山的关键在于实现节能减排及资源的综合利用，资源的综合及高效循环利用是绿色矿山建设的核心，可通过生产方式的转型升级、集约化利用不可再生资源和能源等途径来实现资源和能源的综合利用和循环利用。数字化、智能化也是绿色矿山建设的重点之一，应通过技术革新和管理革新、科技创新和促进科技创新成果的应用等方式来推动智能矿山建设。

6.6.3 地质遗迹保护

地质遗迹是在地球演化的漫长地质历史时期，由于各种内外动力地质作用，形成、发展并遗留下来的珍贵的、不可再生的地质自然遗产（图6-5）。地质遗迹的保

图 6-5　地质遗迹（左：北京周口店北京猿人遗址；右：曲江马坝狮子岩遗址）
资料来源：网络

护是环境保护的一部分，国内外现有措施多以建立国家公园、地质公园、自然保护区等方式来实现地质遗迹的保护[1-3]。国务院国土资源管理部门对全国地质遗迹保护实施监督管理。县级以上人民政府国土资源管理部门在同级环境保护行政主管部门协助下，对本辖区的地质遗迹保护实施监督管理[4]。

以江苏省的规划实践经验为例，江苏省开展地质遗迹分布区划，按照地质遗迹所处的区域地质背景、地理分布特征的差异性与集聚性以及行政区域的相对完整性的区划原则，对地质遗迹分布实行两级区划。

地质遗迹一级分区（一级区划），即依据区域地质构造单元、地貌类型特征，同时考虑到地区性地质遗迹分布与组合的总体特征以及行政区域的完整性。

地质遗迹二级分区（二级区划），即依据次级地质构造以及地质遗迹集中分布区，使得分区内地质遗迹的分布与构造区划或地貌区划大体相当。

江苏省地质遗迹保护布局根据地质遗迹特点，参照 1995 年实施的《地质遗迹保护管理规定》，将地质遗迹保护程度划分为三级：对国际或国具有极为罕见和重要科学价值的地质遗迹实施一级保护；对大区域范围内具有重要科学价值的地质遗迹实施二级保护；对具一定价值的地质遗迹实施三级保护。

江苏省地质遗迹分布区划分为地质遗迹一级分区 5 个，包括徐州地质遗迹分区、连云港地质遗迹分区、淮扬盐通地质遗迹分区、宁镇地质遗迹分区、环太湖地质遗迹分区（表 6-1）。地质遗迹二级分区包括了 22 个地质遗迹集中区和 7 个重要地质遗迹出露点。进一步根据保护程度划分保护分区，施行不同级别的保护措施，

---

1. 曹晓娟，董颖，刘嵘. 重要岩矿产地地质遗迹调查、评价、保护和利用 [J]. 中国矿业，2020，29（5）：68-71.
2. CARVALHO I S, HENRIQUES M H, CASTRO A R S F, et al. Promotion of the geological heritage of araripe unesco global geopark, Brazil: the casa da pedra reference center [J]. Geoheritage, 2020, 12（1）: 17.
3. AOULAD-SIDI-MHEND A, MAAT é A, AMRI I, et al. The geological heritage of the talassemtane national park and the ghomara coast natural area [J]. Geoheritage, 2019（11）: 1005-1025.
4. 封吉昌. 国土资源实用词典 [M]. 武汉：中国地质大学出版社，2011.

如淮扬盐通地质遗迹分区共有地质遗迹7处,划定一级保护1处,二级保护4处,三级保护2处。

表6-1 江苏省地质遗迹一级分区表

地质遗迹一级分区	地质遗迹特点
徐州地质遗迹分区	以华北型地质为特色,地质遗迹主要有北方元古代地层剖面和早期的古生物、大区域构造形迹和丹霞地貌
连云港地质遗迹分区	以苏胶地块为特征,地质遗迹主要有变质岩地质地貌景观、构造形迹、海岸岛屿海蚀地貌等
淮扬盐通地质遗迹分区	以苏北、苏中的火山结构、矿产地和湿地为特征
宁镇地质遗迹分区	以扬子地区标准地层剖面、古人类文化遗迹为特色
环太湖地质遗迹分区	以太湖地区的湖泊、花岗岩地貌、山岩地貌、观赏石为特色

资料来源:江苏省国土资源厅,《江苏省地质遗迹保护规划(2011—2020)》,2011.

在浙江省的规划实践经验中,根据浙江省国土资源厅发布的《浙江省地质遗迹保护规划(2006—2020)》,地质遗迹的保护措施包括以下两个方面。

一是地质遗迹自然保护区(地质公园、矿山公园)建设。是指对具有特殊的科学意义、稀有的自然属性、优雅的美学价值的一系列地质遗迹或矿业遗址的集中分布区,依法划出一定面积予以特殊保护和管理的区域。

二是地质遗迹保护点的建设。是依法在地质遗迹周围划出一定的面积予以特殊保护的地理区域,通常面积较小,相当于自然保护区中的核心区。地质遗迹保护点可独立存在,或包含于地质公园、风景名胜区、自然保护区、森林公园等各种类型的保护区内。按照《地质遗迹保护管理规定》等开展地质遗迹保护点和地质遗迹自然保护区、地质公园、矿山公园的申报与建设。

6.7 农用地保护

农业用地是直接或间接为农业生产所利用的土地,又称农用地,包括耕地、园地、林地、牧草地、养捕水面、农田水利设施用地,以及田间道路和其他一切农业生产性建筑物占用的土地等。在城乡格局演变依然激烈、生态环境保护日益严峻的研究背景下,农用地保护研究仍以耕地保护为主,兼顾农用地多功能价值及生态保护等方面。我国重视农用地保护及农用地资源变化，并在农用地多功能价值和生态保护，如农用地多功能价值、耕地生态保护及耕地保护红线、城镇化与耕地保护的关系等方面给予更多关注；在方法上，采用各类数学模型及 GIS 空间分析技术，对耕地的时空变化进行模拟分析。

6.7.1 耕地保护

耕地指人类连续耕作，用以播种农作物，并能产生收获的土地，是人类基本生活原料粮、棉、油、蔬等的主要生产场所，包括水田、旱田及菜地等熟地，新开荒地，休闲地，草、粮轮作的土地，经耕作后连续撂荒可复垦的土地，以种植农作物为主、附带种植零星果树、桑树或其他苗木的土地，多年固定耕种的河滩地，已围垦利用的湖海滩涂，复垦种植的矿区塌陷地等。我国《中华人民共和国耕地占用税法》中认定耕地是指用于种植农作物的土地。

耕地保护是指运用法律、行政、经济、技术等手段和措施，对耕地的数量和质量进行的保护。耕地保护是关系我国经济和社会可持续发展的全局性战略问题，"十分珍惜、合理利用土地和切实保护耕地"是一项基本国策。

耕地保护的目标是实现耕地的总量动态平衡。所谓耕地总量动态平衡，是指在满足人口及国民经济发展对耕地产品数量和质量不断增长的条件下，耕地数量和质量供给与需求的动态平衡。实现这一目标必须加强耕地的数量、质量保护并注重耕地环境质量的提高。

当前关于全国农业布局优化的探索主要集中在对耕地优先"保在哪、退在哪、补在哪"的初步研判，有三个主要特点：①优先保护大连—腾冲一线 11.5 亿亩（约 0.77 亿公顷）农业适宜区中现状耕地；②大力推进黄土高原川滇生态屏障陡坡耕地生态退耕；③积极实施北京—上海—郑州三角区域复垦工作。

耕地保护措施包括以下三种[1,2]。

1. 数量保护

具体措施包括：①严格控制耕地转为非耕地；②探索耕地占补平衡新途径，耕地占补平衡是耕地保护的重要途径，通过建立耕地补偿金、变革平衡内容、完善土地综合整治、完善耕地占补平衡考核以及建立生态用地"退补平衡"制度来

---

1. 朱道林，郧宛琪，瞿理铜，等. 2014 年土地科学研究进展评述及 2015 年展望：农用地保护分报告[J]. 中国土地科学，2015，29（2）：12-20.
2. 魏洪斌. 基于土地整治的耕地质量评价与提升研究[D]. 北京：中国地质大学，2015.

实现。在耕地后备资源不足的情况下，通过构建耕地占补平衡指标市场化交易机制，实现耕地异地占补平衡；通过构建"以质抵量"机制，实现耕地"产能平衡"；③实行基本农田保护制度，政府依据国土空间规划对划入基本农田的耕地严格加以保护的制度，省、自治区、直辖市划定的基本农田应当占本行政区域耕地的80%以上。对界定为基本农田的耕地，政府应当采取积极的保护措施，维护排灌工程设施，改良土壤，提高地力，防止土地荒漠化、盐渍化、水土流失和污染，严禁占用基本农田发展林果业和挖塘养鱼。

2. 质量保护

具体措施包括：①制定耕地质量保护措施，如防止水土流失、耕地沙化、盐碱化、贫瘠化等；②实现耕地环境保护；③将生态与环保纳入到考核指标中，建立耕地的"质保"体系。规划技术方面，一般通过定量手段评价耕地地力，结合耕地资源分布的空间特征，建立以经纬格网为框架的耕地质量动态监测体系，研究耕地自然质量等级与土壤主要肥力指标的关系。

3. 经济补偿

通过对耕地保护外部性的类型进行划分，对供体与受体进行界定，对耕地保护外部性的测度等方式，计算耕地保护补偿区间，探索有效的耕地保护经济补偿机制。或者以耕地发展权为载体，建立耕地保护补偿机制，并分析农户对耕地保护基金实施满意程度，为完善耕地保护经济补偿政策提供合理化建议。

6.7.2 永久基本农田

基本农田是一定时期按照人口和社会经济发展对农产品的需求，依据国土空间规划确定的不得占用的耕地。永久基本农田即对基本农田实行永久性保护，指为保障国家粮食安全，按照一定时期人口和经济社会发展对农产品的需求，依法确定不得擅自占用或改变用途、实施特殊保护的耕地。

下列耕地应当根据国土空间规划划为永久基本农田，实行严格保护：①经国务院农业农村主管部门或者县级以上地方人民政府批准确定的粮、棉、油、糖等重要农产品生产基地内的耕地（产地）；②有良好的水利与水土保持设施的耕地，正在实施改造计划以及可以改造的中、低产田和已建成的高标准农田；③蔬菜生产基地；④农业科研、教学试验田；⑤国务院规定应当划为永久基本农田的其他耕地。

省、自治区、直辖市划定的永久基本农田一般应当占本行政区域内耕地的80%以上，具体比例由国务院根据各省、自治区、直辖市耕地实际情况规定。

永久基本农田管控措施包括以下五种。

1. 巩固永久基本农田划定成果

对已经划定的永久基本农田特别是城市周边永久基本农田，不得随意占用和调整。重大建设项目、生态建设、灾毁等经国务院批准占用或依法认定减少永久基本农田的，在原县域范围内补划永久基本农田；协同推进生态保护红线、永久基本农田、城镇开发边界三条控制线划定工作。

2. 开展永久基本农田整备区建设

永久基本农田整备区是指具有良好农田基础设施，具备调整补充为永久基本农田条件的耕地集中分布区域。县（市、区）永久基本农田整备区规模原则上不低于永久基本农田保护目标任务的1%，具体比例由当地国土资源主管部门确定；逐步将已划定的永久基本农田全部建成高标准农田，有效稳定永久基本农田规模布局，提升耕地质量，改善生态环境。

3. 强化永久基本农田管理

管控非农建设占用永久基本农田，坚决防止永久基本农田"非农化"。永久基本农田一经划定，任何单位和个人不得擅自占用或者擅自改变用途，重大建设项目选址确实难以避让永久基本农田的，在可行性研究阶段可作特殊处理；永久基本农田必须坚持农地农用，禁止任何单位和个人在永久基本农田保护区范围内建窑、建房、建坟、挖沙、采石、采矿、取土、堆放固体废弃物或者进行其他破坏永久基本农田的活动。

4. 量质并重做好永久基本农田补划

明确永久基本农田补划要求，做好永久基本农田补划论证。重大建设项目、生态建设、灾毁等占用或减少永久基本农田的，按照"数量不减、质量不降、布局稳定"的要求开展补划，按照法定程序和要求相应修改国土空间规划；占用或减少永久基本农田的，地方国土资源主管部门组织做好永久基本农田补划工作，省级国土资源主管部门组织实地踏勘论证并出具论证意见。

5. 健全永久基本农田保护机制

强化永久基本农田保护考核机制，完善永久基本农田保护补偿机制，构建永久基本农田动态监管机制。对永久基本农田全天候监测、保护情况考核中发现突出问题的，及时公开通报，要求限期整改，整改期间暂停所在省份相关市、县农用地转用和土地征收申请受理与审查；鼓励有条件的地区建立耕地保护基金，与整合有关涉农补贴政策、完善粮食主产区利益补偿机制相衔接，与生态补偿机制相联动，对承担永久基本农田保护任务的农村集体经济组织和农户给予奖补；完善永久基本农田数据库更新机制，结合土地督察、全天候遥感监测、土地卫片执法检查等，对永久基本农田数量和质量变化情况进行全程跟踪，实现永久基本农田动态管理。

6.7.3 粮食生产功能区

粮食生产功能区指为确保"谷物基本自给，口粮绝对安全"，能够稳定种植水稻、小麦和玉米等粮食作物的优势生产区域。2010 年，由浙江省最先提出并着手实施粮食生产功能区的划定。目前全国划定的粮食生产功能区，包括以东北平原、长江流域、东南沿海优势区为重点的水稻生产功能区，以黄淮海地区、长江中下游、西北及西南优势区为重点的小麦生产功能区，以松嫩平原、三江平原、辽河平原、黄淮海地区以及汾河和渭河流域等优势区为重点的玉米生产功能区（含小麦和玉米复种区）。

粮食生产功能区划定原则上以乡镇（街道）作为基本任务单元，要求为：①水土资源条件较好，坡度在 15 度以下的永久基本农田；②相对集中连片，原则上平原地区连片面积不低于 500 亩，丘陵地区连片面积不低于 50 亩；③农田灌排工程等农业基础设施比较完备，生态环境良好，未列入退耕还林还草、还湖还湿、耕地休耕试点等范围；④具有粮食和重要农产品的种植传统，近三年播种面积基本稳定；⑤优先选择已建成或规划建设的高标准农田进行划定。

粮食生产功能区管控措施主要有以下四种[1-3]。

1. 在各地粮食生产功能区进行分年度建设规划

及时下达年度建设任务，明确建设重点，安排建设项目，落实建设资金，强化

---

1. 王岳钧，王月星，吴早贵. 浙江省粮食生产功能区建设的实践与思考［J］. 浙江农业科学，2013（1）：1-4.
2. 王月星. 粮食生产功能区建设成效、问题及对策［J］. 浙江现代农业，2012（1）：15-16.
3. 张书存. 新时期"两区"划定工作初探［J］. 农业开发与装备，2020（3）：44-45.

组织管理，扎实推进粮食生产功能区建设工作。将粮食生产功能区建设纳入各级新农村建设考核和粮食安全责任考核。

2. 开展分级验收认定

严格按照标准开展功能区的建设和认定工作，做到建设一批、验收一批、认定一批，确保建设进度和建设质量。通过验收认定的粮食生产功能区实行统一编号、统一标识，并在田头建立标志牌。组织基础设施完备、服务组织健全、稳粮增效明显的千亩以上粮食生产功能区申报省级验收认定，树立示范样板。

3. 开展功能区上图入库

在县（市、区）功能区上图入库的基础上，查漏补缺，进一步完善现代农业地理信息系统。组织现代农业地理信息系统操作员培训，开展粮食生产功能区的上图入库工作，实行信息化、动态化和可视化管理，提高粮食生产功能区管理水平。

4. 加强功能区宣传管护，向非功能区进行推广

在农业信息网上设立建设专题，将粮食生产功能区的先进模式、先进技术、先进做法普及推广到非功能区，促进粮食生产稳定发展。

6.7.4 重要农产品生产保护区

重要农产品生产保护区指为保障棉油糖胶等能够有效供给，能够稳定种植大豆、棉花、油菜、糖料蔗、天然橡胶等重要农产品的优势生产区域。

重要农产品生产保护区划定原则上以乡镇（街道）作为基本任务单元，重要农产品保护区的保护措施主要有以下四方面[1]。

1. 将划定任务逐级分解落实到市县乡

根据省（区、市）现有耕地总面积及划定永久基本农田保护面积、粮食和重要农产品种植用地面积等因素，确定划定任务。综合考虑资源禀赋、发展潜力、市场因素等情况，将本省划定任务逐级细化分解到市、县、乡。

---

1. 落实藏粮于地、藏粮于技战略 增强粮食和重要农产品供给保障能力［N］.农民日报，2017-04-12（001）.

2. 在永久基本农田内划定优质生产用地

大豆、棉花、油菜籽、糖料蔗生产保护区在永久基本农田中划定，划入地块要符合水土资源、集中连片、生态环境、基础设施、种植传统等方面基本条件，优先选择已经建成或规划建设的高标准农田进行划定。天然橡胶生产保护区按照有关要求划定。

3. 建立数字化地图和数据库

以全国土地调查和永久基本农田划定的图件、数据为基础，将划定任务落实到具体地块，明确地块面积以及灌排工程条件、作物类型、承包经营主体、土地流转情况等信息，统一编号，建立数字化地图和数据库。

4. 将生产优势区作为划定重点区域

按照种植现状面积和承担的划定任务，将重要农产品生产优势县作为工作重点县，加强划定工作的指导和督促，在工作经费等支持上予以倾斜，确保工作顺畅有序推进。

6.7.5 特色农业区域

特色农业指将区域内独特的农业资源开发区域内特有的名优产品，转化为特色商品的现代农业。特色农业是以追求最佳效益即最大的经济效益和最优的生态效益、社会效益和提高产品市场竞争力为目的，依据区域内整体资源优势及特点，突出地域特色，围绕市场需求，坚持以科技为先导，以农村产业链为主，高效配置各种生产要素，以某一特定生产对象或生产目的为目标，形成规模适度、特色突出、效益良好和产品具有较强市场竞争力的非均衡农业生产体系。特色农业的发展是适应社会消费需求、世界经济一体化和全球农业市场细分需要的必然结果。

现代特色农业主要包括特色蔬菜、特色果品、特色粮油、特色饮料、特色花卉、特色纤维、道地中药材、特色草食畜、特色猪禽蜂、特色水产等农产品，应当重点予以扶持建设，尽快提高这些特色产品的市场竞争力，培植区域特色支柱产业。例如由于我国地域辽阔，不同地区环境条件变化大，各地形成了一批与地域条件密不可分的道地药材，根据中药资源的分布情况可分为以下十大道地中药材产区：关药产区、北药产区、怀药产区、浙药产区、江南药产区、川药产区、云药产区、广药产区、西药产区、藏药产区。对道地中药材特色农业区域的规划，需要推动中药材产品原产地的认证工作，加强野生地道药材资源保护。

特色农业区域管控措施主要有以下三种[1]。

1. 划定特色农业区域保护线，建立原产地种源基地保护区

严格管理所在区域特色农产品的重要原产地和优势生长区。目前由于部分特色农产品原产地受到破坏，品种退化严重，通过划定特色农业区域保护线可有效保护特色品种的种源和优势生长地，有利于种群恢复工作的进行。

2. 对部分特色农业资源可在就地保护的基础上进行迁地保护

研究特色农业特异性，挖掘其潜在价值，为以后新品种改良和创新奠定基础。受气象灾害（如干旱、风雹、洪涝、冰冻等）的影响，为保证优势种的延续和发展，可考虑采取就地保护和迁地保护相结合的方法，在适宜地区新划定特色农业保护区，进行种源保护和品种改良。

3. 实行原产地标识制度和产品质量追溯制度，保护提高特色产品的知名度

建立和完善特色农产品产地认证体系，实行原产地标识制度和产品质量追溯制度，引导促进优质特色农产品地理标识商标注册，制定地理标识产品生产技术规程和产品标准，规范地理标识使用和管理，维护原产地生产经营者的合法权益。

6.8 历史文化与遗产保护

6.8.1 区域遗产保护

区域遗产指在一定地域范围内留存下来的，记录某些重要历史记忆或展现地方特色的自然景观/人工构筑物。在我国，早在1997年，国务院即提出"大遗址"保护的概念，对由遗存及其相关环境组成的大型古文化遗址的保护给予了极大的重视。在国际遗产界积极探索大型线状文化遗产保护热潮的推动下，自21世纪初，

---

1. 谭金玉，焦爱霞，张林辉，等.贵州安龙县少数民族特色农业生物资源保护与利用现状［J］.植物遗传资源学报，2015, 16（6）：1258-1263.

我国逐步引入"遗产区域""遗产廊道"等理念，对大运河、丝绸之路等大型遗产区域保护从理论研究到实践运用方面做出了有益探索。目前知名度较高的区域遗产有长城、京杭大运河（古）、茶马古道、南粤古驿道等。

区域遗产保护最早是美国针对大尺度文化景观保护的一种较新的方法，强调对地区历史文化价值的综合认识，并利用遗产复兴经济，同时解决本国所面临的景观趋同、社区认同感消失、经济衰退等问题。自20世纪80年代指定了第一个国家遗产廊道以来，区域遗产已经发展成为美国文化遗产保护体系的重要组成部分，相关保护体制与方法也日趋成熟。

区域遗产主要有以下特征：①尺度变化大，构成要素复杂，甚至跨越不同的行政或地理边界，其构成要素不仅包括承载历史记忆的文化资源，还包括自然要素以及民间传说、手工艺和游憩在内的不同资源类型，也包括许多平常生活的要素，如废旧的作坊或工业区；②区域遗产价值的多元化、多层次，既有作为整体的历史文化价值，又有区域内外自然要素的生态价值，多数区域遗产本身即建立在河流等自然资源的基础上，并以山体、湖泊、沼泽等自然生态系统为基底；③区域遗产要求各地各级政府部门、商业机构、研究机构、非盈利组织以及个人等不同实体建立遗产保护的合作伙伴关系，以解决区域遗产保护面临的复杂协调问题。

区域遗产保护措施主要有以下四种[1-5]。

1. 加强相关概念的宣传

以具体区域遗产为例探索适合我国国情的大尺度区域遗产保护体制。以典型的长城、古道等为例，提高公众和各级政府对区域遗产的认识，再结合我国的自然、经济与社会背景，探讨此类遗产资源保护的具体方法，从而逐步补充与完善我国现有的文化遗产保护体系。

2. 强调政府的区域遗产保护作用

美国的遗产保护运动具有明显的草根性质，是一种自下而上的保护模式。我国目前在遗产保护领域民间保护团体的作用并不十分显著，仍旧以政府为主。

---

1. 张兵.城乡历史文化聚落：文化遗产区域整体保护的新类型［J］.城市规划学刊，2015（6）：5-11.
2. 任唤麟.基于地理特征的跨区域线性文化遗产旅游形象策略研究［J］.地理与地理信息科学，2017，33（1）：95-101.
3. 龚道德，张青萍.美国国家遗产廊道（区域）模式溯源及其启示［J］.国际城市规划，2014，29（6）：81-86.
4. 王丽萍.滇藏茶马古道线形遗产区域保护研究［J］.地理与地理信息科学，2012，28（3）：101-105.
5. 朱强，李伟.遗产区域：一种大尺度文化景观保护的新方法［J］.中国人口·资源与环境，2007（1）：50-55.

3. 将区域遗产保护与区域和国土生态基础设施建设相联系

在我国自然灾害多样、人多地少、快速城市化等实际背景下，将区域遗产保护与区域和国土生态基础设施建设相联系有利于应对各种尺度的土地生态安全问题。

4. 对于跨行政边界的区域遗产，考虑联合管理模式

进行区域联动，打造各类古道、碧道、步道等特色线路，既能向公众宣传其历史价值和重要性，又能因此为当地带来更大的收益。

以滇藏茶马古道线形遗产区域保护为例，滇藏茶马古道遵循了一种遗产整体保护的思路和体系，从点、线、面三个层次组合古道遗产区域内的所有构成要素，以多项目、多方法、多思路对遗产单点、小型遗产聚集区和大范围遗产区展开分门别类的保护，以最终实现滇藏茶马古道遗产区域的整体保护（图6-6）。

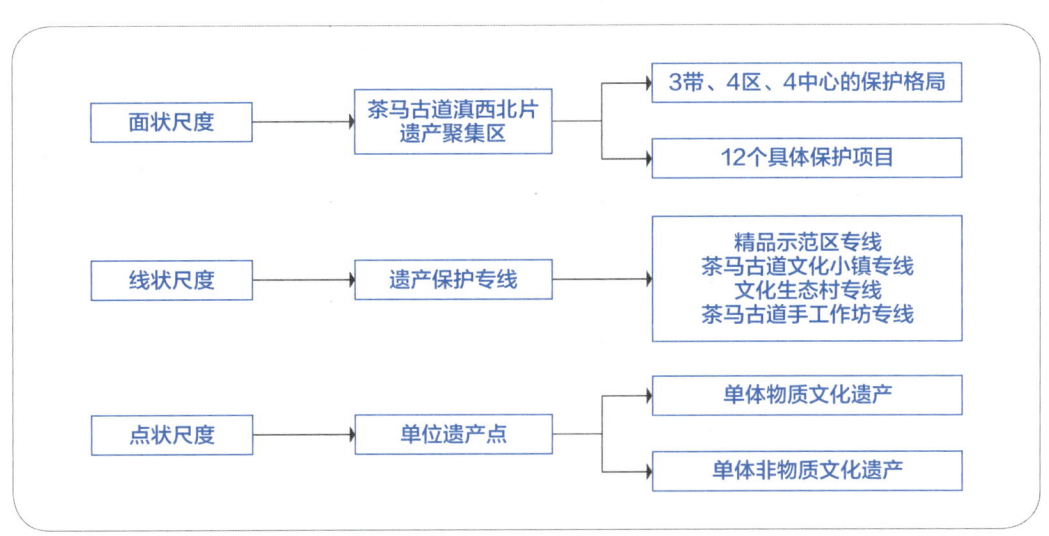

图6-6　滇藏茶马古道线形遗产的区域保护层次
资料来源：王丽萍.滇藏茶马古道线形遗产区域保护研究[J].地理与地理信息科学，2012，28（3）：101-105.

6.8.2　历史文化名城/名镇/名村保护

历史文化名城/名镇/名村指被公认为具有悠久历史、文化传统和特有风貌的城/镇/村，在地面或地下保存着大量珍贵的历史古迹、名胜、文物建筑或成片的历史地段，甚至长期形成为一个国家、民族或地区的政治、经济或文化中心。

1982年、1986年以及1993年我国国务院分批公布了北京等99座城市为

中国历史文化名城，截至 2017 年已达 133 座。确定历史文化名城的条件是：①具有重大历史价值和革命意义的城市，并保存有较为丰富和完好的文物古迹；②城市的现状格局和面貌保存着历史特色，并有一定代表城市传统风貌的街区；③文物古迹主要分布在城市市区或郊区，保护和合理使用这些历史文化遗产对该城市的性质、布局、建设方针有重要影响。

根据国家相关条例的规定，具备下列条件的城市、镇、村庄，可以申报历史文化名城、名镇、名村：①保存文物特别丰富；②历史建筑集中成片；③保留着传统格局和历史风貌；④历史上曾经作为政治、经济、文化、交通中心或者军事要地，或者发生过重要历史事件，或者其传统产业、历史上建设的重大工程对本地区的发展产生过重要影响，或者能够集中反映本地区建筑的文化特色、民族特色。此外，申报历史文化名城的，在所申报的历史文化名城保护范围内还应当有 2 个以上的历史文化街区。

历史文化名城/名镇/名村保护措施主要有以下四种[1]。

1. 划定保护范围，进行建筑整治，保护整体环境和街巷空间等

划定核心保护区、建设控制区和风貌协调区，针对三个保护区依次提出绝对保护、相对保护和协调控制的不同要求；将保护范围内建筑进行鉴定登记和分类，根据现状风貌、规模年限、考古价值等情况分别采取保护维修、立面保存和更新改造等措施，并对建筑高度、形式、色彩、体量以及建筑材料等方面进行相应规定。

2. 全面保护的古城要按历史文化价值划定若干区段，采取不同的保护方针

例如，划定能够体现城市某个历史时期生活方式和建筑特征的建筑群和街区，保留其外表面貌，内部允许改造；划定明确反映城市新旧建筑文化融合的区段，以表现新旧建筑文化的交替；划定同古城风貌不协调的地区或允许更新改造的区段，确定对该区的改建政策等。

3. 运用景观生态学原理，保护历史文化名城/名镇/名村的建设环境、生态及景观

采取各种有效措施保持周围的田园景观，防止水、大气和噪声等环境污染造成的损害；注重白蚁、虫噬等生物防治。另外，针对历史文化名城/名镇/名村及其

---

1. 赵勇，张捷，章锦河. 我国历史文化村镇保护的内容与方法研究［J］. 人文地理，2005（1）：68-74.

环境范围内广告标志、路标电缆及街道装饰等造成的视觉景观污染开展保护整治，使其与历史环境协调一致等。

4. 重视非物质文化遗产和周边自然环境的保护

目前历史文化村镇保护中，对物质文化遗产尤其是建筑遗产保护较为重视，而对非物质文化遗产以及自然环境的保护相对较弱。具体保护措施另见非物质文化遗产保护条目。

6.8.3 历史文化街区保护

历史街区指留有历史文化风貌的街区。1986年国务院规定，对文物古迹比较集中或能较完整地体现出某一历史时期的传统风貌和民族地方特色的街区、建筑群、小镇、村落等应予以保护，划定为地方各级"历史文化保护区"。相关法律规定，保存文物特别丰富，具有重大历史价值和革命意义的街区（村、镇）定为历史文化街区（村、镇）；经省、自治区、直辖市人民政府核定公布的保存文物特别丰富、历史建筑集中成片、能够较完整和真实地体现传统格局和历史风貌，并具有一定规模的区域。这突出了传统风貌和一定的规模，体现了它与"文物保护单位"在层次上的差别。历史街区、历史地段是一般名称，历史文化街区是法定保护的名称。

1. 历史文化街区的保护原则

（1）保护真实历史遗存，与文物古迹类似；

（2）保护外观整体风貌，与文物古迹有差别，意味着内部可以改造更新，也意味着保护的重点不只是建筑物，还包括环境风貌等多重内容；

（3）维护并发扬原有的使用功能，意味着保护的不只是物质形态，还应包含它们承载的社会、文化活动，保持活力，延续生活。

2. 历史文化街区保护规划的主要措施[1]

（1）划定保护范围和建筑控制地带的界线。

（2）确定街区内建筑物保护和整治的方法，可分为五种情况：已定为"文物保

---

1. 张兵.探索历史文化名城保护的中国道路：兼论"真实性"原则［J］.城市规划，2011，35（S1）：48-53.

护单位"和规划认为应该定为"文物保护单位"的，按保护"文物保护单位"办法做；较好地保存着历史风貌的"历史建筑"，外观依原貌维修整饰，建筑室内可以按现代生活的要求进行改建，增加必要的设施；建筑内部的结构已遭较大损坏的，可以更换结构，但其外观还应维持历史的面貌；外观与历史风貌相协调的新建筑，可以保留不动；地区内与历史风貌相冲突的新建筑，例如高层现代建筑等，应当进行立面处理改造或拆除。

（3）确定历史文化街区环境要素的保护整治要求，包括要按照历史面貌维修路面、维修驳岸、保护古树等。

（4）改造、建设历史文化街区的市政设施，解决排雨水、排污、供电、电讯、消防等。

历史街区保护可以根据建成环境的特点进行扩展，例如上海开展城市历史风貌道路（街巷）的保护，经上海市人民政府批准的《历史文化风貌区保护规划》确定了中心城历史文化风貌特色明显的一、二、三、四类风貌保护道路（街巷），包括沿线两侧第一层面建筑、绿化等所占区域，并于2007年确定了中心城12个风貌区内的风貌保护道路共计144条，其中64条作为一类风貌保护道路将"永不拓宽"，保留历史路形。

6.8.4 历史建筑/构筑物保护

历史建筑/构筑物，指在人类文明发展过程中遗留下来的各种具有历史文化价值、科学研究价值和艺术审美价值的建筑物、构筑物，往往与重大历史事件、著名人物、革命运动等相关，具有重要的纪念意义、教育意义或史料意义。历史建筑/构筑物包括城堡、宫殿、楼阁、桥梁、名人故居、宗教寺庙、传统民居等。历史建筑是历史的积淀，反映特定时期的历史风貌，是一定区域历史文化延续的结晶。保护城市历史建筑，对继承和发扬优秀文化传统，对研究国家和民族政治、社会、经济、思想、文化、艺术、工程技术等方面的发展历史，均有重要意义。1964年在联合国教科文组织倡导下提出的《威尼斯宪章》，推进了全世界的历史建筑保护工作。1994年起草的《奈良真实性文件》在"价值与真实性"部分提出，真实性不能基于固定的标准来评判，反之，出于对所有文化的尊重，必须在相关文化背景之下来对遗产项目加以考虑和评判，该文件重新定义了"真实性"。

1. 城市规划和城市改建中历史建筑／构筑物界定

（1）在城市发展史、建筑史上有重要意义的历史建筑，即代表某一历史时期建筑技术或艺术的最高成就，或是某种建筑艺术风格的代表作品；

（2）具有较强个性特点的历史建筑，长期以来被认为是城市的标志性建筑（或建筑群）；

（3）著名建筑师设计的、在建筑史上有一定地位的优秀建筑；

（4）艺术价值较高、造型优美、对丰富城市建筑面貌有积极意义的某些外来艺术形式的建筑；

（5）代表城市发展某一历史时期传统的民居建筑，通常保留较完整的典型街区；

（6）城市历史上同某一重大事件或某种社会现象有关的纪念性建筑，如唐山市在新建市区内保留的于1976年大地震中损坏的建筑残迹。

2. 历史建筑／构筑物保护措施

（1）确定为文物保护单位的历史建筑，根据相关法律规定按原状保存，不能损毁、改建、添建或者拆除，维修和保养要体现"整旧如旧"的原则。使用上一般可作为博物馆、保管所或参观场所。

（2）对于已经损坏，但在历史上有重大价值的建筑物，应在有科学依据和充分的历史文献考证的条件下进行修复。修复方式分为局部修复和全部修复两种。

（3）在原址对保存古建筑十分不利或国家重点工程必须占用古建筑原址时，可以对历史建筑进行搬迁，移地复原。如山西永济县永乐宫位于三门峡水库的淹没区内，于1959年移至山西芮城县新址复原。

（4）地方材料是营造地域特色的重要要素，在传统民居保护中鼓励采用地方性的材料和技术来体现当地的特征，例如开展糯米砂浆加固墙体、研发米糠地面铺装融合基础防潮应用示范，探索旧砖旧瓦的循环利用，提升U形铁件、铁环加固木构竹子的技术等（图6-7）。

3. 历史建筑／构筑物保护国际经验[1]

将建筑投入社会化利用，把普通建筑改造为公共设施或公共活动空间，形成新的共享空间以激发历史建筑的再利用。例如日本妻笼宿驿站，1968年当地政府曾想进行拆除而遭到居民反对，1975年出台的《传统建筑群保存地区指定制度》

---

1. 阮仪三，林林．文化遗产保护的原真性原则［J］．同济大学学报（社会科学版），2003（2）：1-5.

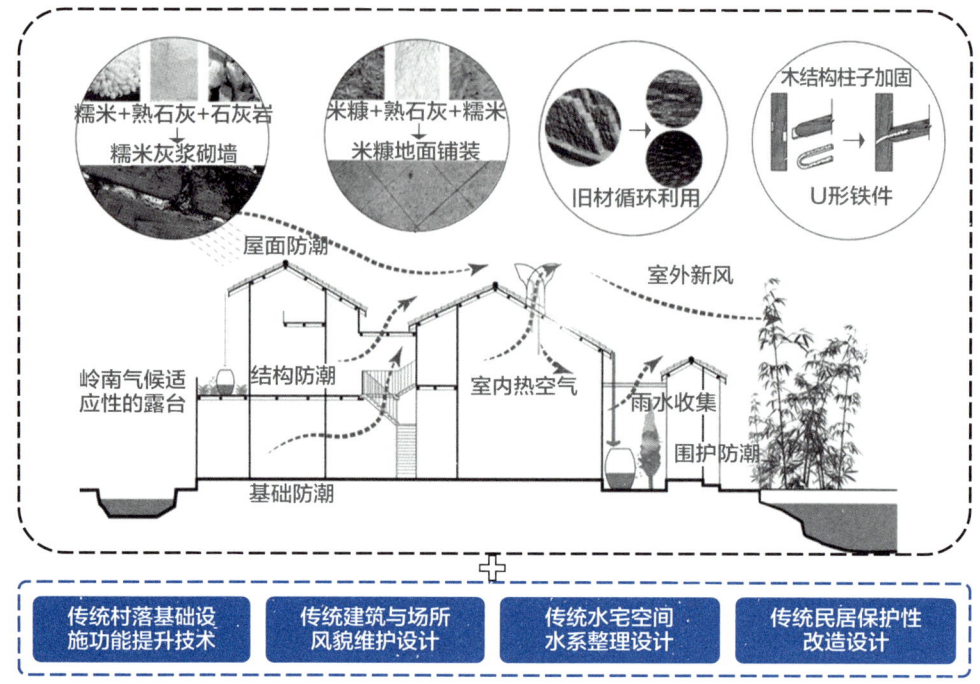

图 6-7 传统民居保护的地域性技术
资料来源：华南理工大学、合肥工业大学、广东省城乡规划设计研究院联合课题组

对滥拆滥建起到了一定遏制作用，随后1976年妻笼宿被选定为国家重要传统建筑物保护地区，1981年又成为了长野县自然保护条例规定的乡土环境保全地区。妻笼宿街区中鳞次栉比的老建筑物多被开发为旅馆、工艺品店、纪念馆，浓郁的传统风情宛若回到江户时代。

6.8.5 文物古迹保护

1. 文物古迹的定义

文物古迹是具有历史价值、科学价值、艺术价值、遗存在社会上或埋藏在地下的历史文化遗物和遗迹。国际上文物主要指百年以上并具有历史艺术价值的物品。

根据相关法律规定，在我国境内，下列文物受国家保护。

（1）具有历史、艺术、科学价值的古文化遗址、古墓葬、古建筑、石窟寺和石刻、壁画；

（2）与重大历史事件、革命运动或者著名人物有关的以及具有重要纪念意义、教育意义或者史料价值的近代现代重要史迹、实物、代表性建筑；

（3）历史上各时代珍贵的艺术品、工艺美术品；

（4）历史上各时代重要的文献资料以及具有历史、艺术、科学价值的手稿和图书资料等；

（5）反映历史上各时代、各民族社会制度、社会生产、社会生活的代表性实物。

文物认定的标准和办法由国务院文物行政部门制定，并报国务院批准。具有科学价值的古脊椎动物化石和古人类化石同文物一样受国家保护。同时我国根据文物古迹的价值高低，将文物分为国家级、省（直辖市）级和市县级三级重点文物保护单位，文物古迹特别丰富的城市由国家确定为历史文化名城。

2. 文物古迹保护措施

1）遵循"不改变文物原状"的原则

文物保护方针为"保护为主，抢救第一，合理利用，加强管理"，即保护的目的是真实全面地保护并延续其"历史信息"和全部价值。类似于"2·14云南翁丁村老寨火灾事故"的文物古迹遭受重大损失事件，是否应当进行原址重建以及未来如何杜绝此类事故的发生，该类议题值得深入讨论与思考。

2）在文物保护单位的周围划出一定的建设控制地带

通常应根据文物历史价值、艺术特点和原始设计意图划定，一般划出一到三级环境控制区。是否允许在这个地带内进行修建，应征得有关部门的同意和报请规划部门批准。建设活动不能破坏文物的环境风貌。

3）注意保护近、现代的文物古迹

文物古迹保护的重点是优秀建筑的立面和风貌，符合规定条件的还应当列入"文物保护单位"。上海等地也在地方性法规中，专门确定了近现代优秀建筑的保护名录，提出有别于文物保护单位的保护要求，满足了这些建筑继续使用的需要。这是对"文物保护单位"方法的扩大和补充，是一种新的发展，对保护历史文化遗产的多种类型是有利的。

4）加强对文物古迹的语言景观古迹研究与保护

语言景观是城乡建成环境中的一种公共性语言生态现象，并以牌匾、楹联、标语、广告等形式附着于建筑物之上，是地方特色风貌的重要表征。同时，应注重保护历史环境中不同时期语言景观形式、内容的变迁过程，避免覆盖破坏。

6.8.6 工业遗产保护

工业遗产指具有历史、技术、社会、建筑或科学价值的工业文化遗迹，包括建筑和机械、厂房、生产作坊和工厂矿场以及加工提炼遗址等。工业遗产属于文化遗产范畴，具有不可再生性，是物化了的人类工业文化，和其他文化遗产一样具有社会资本价值和旅游开发潜力。作为记载工业文明历史的特殊类型的文化遗产，具有历史、科技、美学、经济、教育和精神等价值[1]。

工业遗产具有使用价值、艺术价值、历史价值和技术价值，然而其区别于其他遗产的最本质特征的是技术价值。工业遗产保护的重点是保护工业技术的价值，对其保护都应围绕保护对象与技术之间的联系而进行，建立起以保护技术价值为核心的工业遗产的保护体系。

1. 工业遗产的保护重点[2]

（1）新中国成立前（1840—1949年）的民族工业企业、中外合办企业；
（2）新中国成立后"一五"及"二五"期间建设的重要工业企业；
（3）"文革"期间及三线建设时期建设的具有较大影响力的企业；
（4）改革开放以后建设的非常具有代表性的企业。

2. 工业遗产的保护措施[3]

对已列入文物保护单位的工业遗产及工业遗产保护区，参照《中华人民共和国文物保护法》《中华人民共和国城乡规划法》和《历史文化名城名镇名村保护条例》规定的文物保护单位和历史文化街区的管理办法开展保护利用。

对尚未列入文物保护单位的工业遗产，采取针对性保护利用措施，充分挖掘其再利用价值。①优秀工业遗产：应对工业遗产建、构筑物、设施设备等遗产构成的外部风貌、主要平面布局、特色结构和构件进行整体保留，不得随意改变或拆除，应在整体保护的前提下进行合理的修缮和展示利用。②比较重要工业遗产：应对工业遗产建（构）筑物、设施设备等遗产构成的外部风貌、特色结构和构件进行整体保留，重视原有工业文化特性的展示利用。③一般工业遗产：应尽可能保留工业遗产建（构）筑物、设施设备等遗产构成的外部风貌、特色构件等主要特征，可对工

---

1. YODSURANG P. Bridge the Gap Between Local Governments and Communities: Key Factors in Generating Community Involvement in the Historic Preservation District in Japan [J]. 2015, 2（2）: 103-120.
2. 邵琪伟. 中国旅游大辞典 [M]. 上海：上海辞书出版社，2012.
3. 寇怀云. 工业遗产技术价值保护研究 [D]. 复旦大学，2007.

业建/构筑物进行适当改造，实现工业特色风貌与现代生活的有机结合。

6.8.7 非物质文化遗产保护

非物质文化遗产指被人类社会各群体、团体，有时为个人所视为其文化遗产的各种实践、表演、表现形式、知识体系和技能及其有关的工具、实物、工艺品和文化场所，简称"非遗"。

1. 非物质文化遗产

联合国教科文组织《保护非物质文化遗产公约》指出，非物质文化遗产应涵盖五个方面的项目：①口头传说和表述，包括作为媒介的语言；②表演艺术；③社会风俗、礼仪、节庆；④有关自然界和宇宙的知识和实践；⑤传统的手工艺技能。我国的非物质文化遗产主要包括以下六个方面。

（1）传统口头文学以及作为其载体的语言；
（2）传统美术、书法、音乐、舞蹈、戏剧、曲艺和杂技；
（3）传统技艺、医药和历法；
（4）传统礼仪、节庆等民俗；
（5）传统体育和游艺；
（6）其他非物质文化遗产。

2. 非物质文化遗产保护措施

1）继承非物质文化遗产的传统个性，并注入新时代活力

非物质文化遗产依托于人而存在，只有不断"成长"才能长久地流传下去。

2）保护非物质文化遗产的本土性

本土环境至少涵盖两个层面，一是特定文化空间的自然、气候条件，二是特定自然空间的文化、文明条件。在非物质文化遗产的保护中，不能为了过分的商业性和娱乐性，牺牲了其最重要的本土特色。

3）保持非物质文化遗产的整体性

非物质文化遗产保护应发挥统筹、协调作用并强化总体规划意识，突出地域特色。规划应避免干预承载了非物质文化遗产的社会群体，在不影响其生活品质的前提下鼓励与历史环境适当结合，突出历史文化氛围的整体性。

6.9 城乡风貌保护

6.9.1 地域特色保护

地域特色指特定区域土地上自然和人文的特色。是一个地方本质上区别于其他地方的特性，既包括这块土地上天然形成的自然产物，也包括人类生产、生活过程中形成的文化成果[1]。地域特色具有特定的时间维度，并会随着历史的变迁、人为的创造而发生变化[2]。

保护及传承地域特色的策略主要有以下五种。

1. 凸显和塑造特色景观

自然生长的动植物被当地的地理气候、土地资源等综合条件孕育生长，形成了富有特色的地方景观环境，结合景观设计可凸显地方形象和打造地域名片。如江西婺源县利用当地丰富的油菜花资源，打造了区域旅游线路上的地方品牌。

2. 继承并发扬传统文化

用现代的手法和语言重新解读传统文化，使城乡空间焕发出文化魅力。在坚持整体性保护的原则下，应积极保留和创造非物质文化遗产的生存和发展空间。

3. 协调和更新城乡空间

对于不能满足现实生活需求的城乡空间，在保留原特色的前提下及时进行更新改造，持续性地改进内在功能和外在形式，使其景观环境和建筑空间能与周围环境有机协同，以此适应城乡居民日益提升的物质及文化需求。

4. 选择并创新地域技术和材料

地域技术是一个地区基于生产生活的需求，在长期累积的实践经验中衍生和发展的。

---
1. 张博. 非物质文化遗产的文化空间保护 [J]. 青海社会科学，2007（1）：33-36+41.
2. 丁元竹. "十四五"时期非物质文化遗产系统性保护相关政策措施研究 [J]. 管理世界，2020，36（11）：22-35.

5. 维育和修护生态本底

在城乡空间格局的塑造中，充分尊重生态规律，尽可能减少建设新的地貌格局，严控城乡建设的底线，重视保护利用规划，保护现有资源和恢复原有的生态条件，保障城乡景观生态和格局的连续性和完整性。

6.9.2 全域风貌保护

全域风貌指在特定区域中全部物质形态要素的外部显现，是人们对该区域整体物质环境、文化风俗、社会族群的总体印象，是区别于其他区域的可识别、可认知的重要标志形象[1,2]。

全域风貌资源保护措施有如下四种。

1. 建立全域风貌特色资源体系

在全域范围内筛选出与风貌特色相关的资源禀赋，根据"要素分类、多指标评价、重要性分级"的思路，对全域的自然、人文、人工特色资源进行分类及分级汇总，将特色风貌资源转换为空间要素，统筹建立全域特色风貌资源要素地理信息数据库，从而立足于全域的视角研究自然特色、文化特色及建成环境特色之间的有机关联性。

2. 识别全域空间特色重要价值区

以全域特色风貌资源要素地理信息数据库为研究基础，运用空间要素综合分析手段，分析单类型的特色资源在全域空间上的集聚或分散态势，解读单类型要素的空间分布密度及其主要影响因素。将多种类型的特色资源在全域空间上进行关联耦合，以此来探索全域尺度下空间特色要素的集聚程度、分布特征及重要价值区。

3. 重点管控，提炼全域特色魅力空间总格局

以全域特色风貌整体价值的认知和分析为导向，梳理能代表地方魅力形象的空间表征，提炼全域空间特色总格局，以此为宗旨分类制定特色魅力中心、廊道、节点，制定管控性保护和创新性发展的空间策略，在保护和传承历史文化魅力

---

1. 袁青，于婷婷，王翼飞. 城乡统筹背景下城乡风貌研究进展分析 [J]. 现代城市研究，2018（6）：91-98.
2. 李亦园. 宗教与神话 [M]. 桂林：广西师范大学出版社，2004.

空间、生态魅力空间等资源本底的同时，塑造高品质生活、美丽宜居的城乡魅力空间。

4. 整体协调、有效传导，统筹推进全域风貌资源的保护和利用

对全域各行政单元提出富有针对性的管控和引导要点，突出特色风貌资源的保护、挖掘和科学利用，尤其对多个行政区域的重要特色空间，明确提出各行政单位之间需要协调的内容及重点。在纵向及横向上有效传导工作重点，整体协调共建全域特色魅力空间格局。

6.9.3 风貌管控

风貌管控指对自然山水格局、历史文化遗存、建筑形态与容貌、公共开放空间的风貌规划设计和管理[1]。风貌协调区和建设控制地带是风貌管控中的重要控制引导措施。

自1982年国务院设立历史文化名城保护制度后，各地陆续设立了风貌协调区。一方面，风貌协调区承担着现代城市的功能，需要满足城市发展基本的收支平衡要求；另一方面，它延续了传统建筑和街巷肌理的整体氛围，一定程度上消解了城市发展对历史街区的影响，对历史街区的保护和更新具有重大意义。

建设控制区是在文物保护单位的保护范围之外，为保证文物保护单位的历史风貌的完整性，对建设项目施以管制的区域。2005年国家建设部公布的《历史文化名城保护规划规范》（GB 50357—2005）中首次提出历史文化街区建设控制地带的确切定义，并规划在保护区范围以外允许建设，但应严格控制其建（构）筑物的性质、体量、高度、色彩及形式。

风貌管控措施主要包括以下三个方面[2,3]。

1. 全域覆盖要素类型

管控范围的一致性是新时代空间治理的基本要求，风貌管控的体系范围不仅应实现城乡全域覆盖，还应涵盖专项体系内管控要素的全部类型。现状已经存在的管控要素应纳入规划新增的管控类型，还应预留管控价值模糊或管控要求尚未明确的类型。

---

1. 杨华文，蔡晓丰. 城市风貌保护经验的借鉴与启示［J］. 国外城市规划，2005（6）：62-64.
2. 吴人韦. 塑造城市风貌［J］. 中国园林，1998（6）：30-32.
3. 唐子来，张泽，付磊，等. 总体城市设计的传导机制和管控方式：大理市下关片区的实践探索［J］. 城市规划学刊，2020（5）：18-24.

2. 系统构建层级体系

全域空间系统的构建应当囊括空间管控内容、管控范围、管控要求和管控手段，各专项系统的纳入应在明确管控内容的基础上，划定风貌片区的空间管控范围，各专项体系的构建应当充分划定清晰的纵向层级且涵盖分级系统的完整要素。

3. 建立风貌控制传导机制

在识别和划定风貌片区的廊道、节点和街区的基础上，以城市设计的空间美学为原则，对于近山地区、滨水地区和眺望系统的建筑限高等要素控制，提出高度分区的基准模型；同时通过综合区位分析和拆迁成本的局部修正，确定开发强度控制的基准模型，最终确定建筑高度和开发强度控制分区作为审核开发建设方案的主要依据。

6.9.4 景观视线通廊保护

景观视线通廊指连接视点（场）至景点的直线，在空间上包括了人处于某一位置对某一景点的观看过程中行径点所经过的整个廊道空间，广义的视线通廊包括了景点、视点（场）、廊道三个空间组成要素，是规划设计中既有或可塑的重要景观场所。

眺望景观是具有观赏价值的城市视觉景观，其中观赏价值的体现，既要有可视性，确保景观是可接近的或公众可接近的，又要有观赏性，能够代表城乡特色风貌。西村幸夫将眺望作为景观规划的六大规划对象之一，认为眺望景观的保护包括对眺望城市内外地标景观的保护和对由地标向外眺望景观的保护。欧美国家通过保护代表城市特色的眺望景观来保持城市风貌特色，尤其是英国和法国形成了比较成熟的体系。以英国为例，其眺望景观保护体系分为中央政府干预的"战略性眺望景观"和地方政府进行的"地方的眺望景观"，其中战略性眺望景观是最具国家意义的重要景观资源，包括圣保罗大教堂、国会大厦、西敏寺等，针对眺望点和眺望对象之间的景观，规划3个分区实现不同的高度控制，以此确保地标眺望景观的完整性（图6-8）。

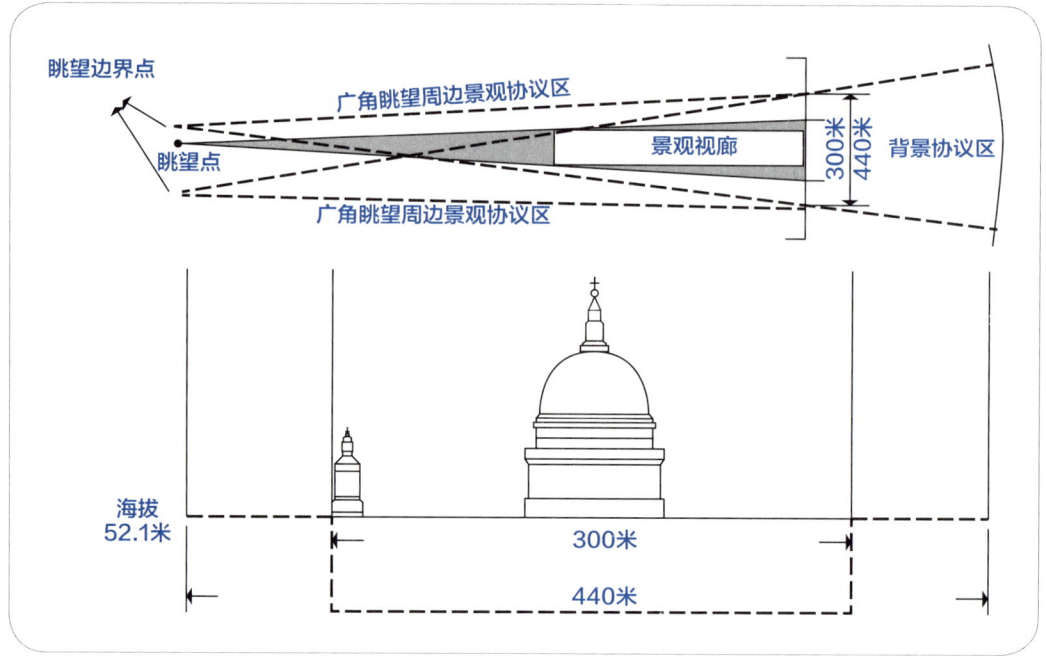

图 6-8　伦敦战略性眺望景观的规划控制区
资料来源：西村幸夫.城市风景规划：欧美景观控制方法与实务［M］.张松，等.译.上海：上海科学技术出版社，2005.

城市眺望景观的规划和控制方法主要有以下三种。

1. 全景眺望景观的规划与控制

全景眺望的视觉接触面较大，一般眺望视点固定，宜采用锥形控制方法。以城市周边山体的全景保护为例，应保证周边山体 1/3 以上的部分不被遮挡，山体制高点 1/3 以下等高线为眺望动线和视景控制面。在制高点俯角全景控制中，从上述等高线向全景边缘区形成了一个由高到低的锥体，锥体以内为城市建设控制的区域，任何城市建设不能超过该锥体。而在低点开敞空间仰角全景中，等高线以上山体成为需要保护的眺望主体视景，从低点开敞空间眺望点向周边山体所有相应的等高线发散形成了一个倒锥体，锥体以下部分为城市建设控制的区域。

2. 远景眺望景观的规划与控制

远景眺望景观的规划与控制是指从一处或多处较远距离眺望点来眺望主体视景，主要针对建成区内，核心内容为对高度的控制，宜采用纺锤形规划控制方法。以 2020 年上海同济规划设计研究院编制的《日照市主城区城市总体设计概念规划》为例，通过纺锤形对周围、前景和背景进行高度控制，主要的远景眺望点为城市的入口空间以及城市内部重要的开敞空间，防止了构筑物对自然山体景观的视线阻碍。

3. 框景眺望景观的规划与控制

在道路景观、河流、绿廊组成的框景控制中，应结合视觉感受分析，选取合适的高度比例，根据绿廊宽度控制绿地的基本规模量，根据高度控制来约束建成物对景观视线的干扰。以街道空间为例，评测人对带状空间的视觉感受，可运用街道宽度与建筑外墙高度的比例关系，根据所要营造的空间氛围来确定合理的比例。

6.9.5　城乡景观序列和轮廓形态保护

景观序列，指自然或人文景观在时间、空间以及景观意趣上按一定次序的有序排列。城市景观序列的构成内容，包括功能与形态的延续、轴线与路径的控制、节点与层次的划分。

1. 城乡景观序列的营造措施[1]

1）把握合理的比例和尺度

在城市设计领域，空间整体序列的体现源于对空间尺度的合理把握，人的心理和行为在一定程度上会受到尺度的影响和制约。尺度可以分成三个层级把控，一是人体尺度范围，是人可以触及的尺度空间；二是小尺度范围，即可以容纳小范围人活动的空间场所，例如公园等；三是大尺度范围，属于纪念性尺度的范畴，使人们无法判断的尺度范围，如一系列的纪念性广场等。

2）运用特色的色彩和材质

选取恰当的地域材料，通过多种材料的重复、镶嵌、拼合等手法，表现出材质的类型、质感、色彩等，在城乡景观的营造中达到视觉上的连续性，从而延续当地环境特色及展现出城乡特有的文化内涵。

3）表达丰富的图形和符号

城乡景观序列的营造在图形与符号表达方面应对文脉进行合理梳理，依托线性的道路把各个节点连成一个整体，即把分布于不同地域空间的独立式的小符号连成

---

1. 郑阳. 城市视线通廊控制方法研究［D］. 西安：长安大学，2013.

一个大符号,建立文化符号系统,形成统一和完整的城乡文化形象。

4）耦合媒介信息与实体景观环境

随着全球化、信息化的不断深入,市民对城市空间要素的认知在很大程度上依赖于媒介材料的传播,各类媒介所建构的城市功能等级序列表征了特定群体对空间意象的选择性传递,因此应积极运用各类媒介素材分析城乡景观序列的空间结构特征[1]。

2. 建筑高度控制办法

为了保护或塑造城市的轮廓形态,例如山体等自然景观、城市地标性建筑周围、历史文化街区等,对建筑物高度的控制有以下五种方法[2]。

1）**分区控制法**

首先确定保护区域,在保护区域的周围确定控制区域,控制区域中再切分若干个小区域,然后在每个小区域里确定建筑物的控制高度。一般越接近保护区域的区域中,建筑物的高度越被严格地限制。

2）**眺望控制法**

眺望控制法是更为具体的高度控制方法。它设定了眺望区域和被眺望对象,它的原则是在眺望区域内眺望被眺望对象时,视线不受遮挡和其他影响。所以在被眺望对象的前面形成一个前景区域,同时在被眺望对象的后面也形成一个背景区域,这两个区域内的建筑物高度都受限制。

3）**分区控制与眺望控制相结合的方法**

充分结合了分区控制法和眺望控制法,对高度的控制效果更为理想。

4）**建筑外轮廓控制法**

主要运用于街道两边的建筑物的高度控制,使得城市道路与两边的建筑高度形成合理的比例关系,从而达到城市街道景观效果的连续性和完整性。

5）**天际线控制法**

宜用于海岸和开阔河岸的滨水空间的景观保护,在高度数值的控制上没有定量的限制,应结合科学的景观评价体系进行综合控制。以上海外滩历史风貌保护区为例,其范围包括了黄浦江边长约 2 000 米、宽度约 1 000 米的滨水区域,有最具上海特色以及最值得关注的外滩沿线建筑群和建筑群天际线,该天际线是经过百年演化而形成的,每个时期的新增建筑都会给天际线的形成带来一些影响。

---

1. 胡浩. 城市眺望景观规划控制研究［D］. 上海: 同济大学, 2006.
2. 马文倩. 乡土景观理念下城市景观空间序列研究［D］. 哈尔滨: 哈尔滨工业大学, 2012.

6.9.6 城乡山水格局保护

山水格局是指对城镇的形成与发展有一定影响的自然山水地形地貌，以及人类在为完善地形地貌中所作的有益补充[1]。除了山水等自然要素以外，随着城镇的不断发展建设，人工要素也成为城乡山水格局的重要组成部分之一。城镇山水格局可以总结为一个以自然要素为主，人工要素为辅的，具有很强感知性和识别性的空间格局[2]。

1. 城乡山水格局的物质构成要素[3]

1）山体形态要素

指地面上由土、石或土石构成的隆起部分。具体类型可分为城市内部山、城市相接山、城市背景山，是城乡山水格局的重要组成部分。

2）水体形态要素

指分布在城乡空间中以陆地为边界的水域，包括江、河、湖、海、瀑布、水库、池塘等。以江、河为主要形式的线状水体构成了城乡山水格局的骨架。如四川阆中锦屏山与江水相依相傍而共同勾勒了古城的轮廓。

3）城市绿地要素

包括城镇、村庄建设用地范围内的公园绿地、防护绿地、广场等公共开敞空间用地，以及其他建设用地中的附属绿地。

4）城市建筑要素

包括城市道路、广场、地标性建筑在内的人工要素，与山体、水体及绿地共同构成城乡山水格局。

2. 城乡山水格局保护措施[4]

1）山水格局的区域整合

（1）在全域山水格局保护中引入"整合"的概念，整合全域山水格局构成要素，结合区域交通网络和山水文化脉络，形成结构上的轴线、廊道、中心、节点；

---

1. 赵渺希，刘欢. 上海市中心城空间意象的媒介表征[J]. 人文地理，2012，27（5）：36-41+82.
2. 苏东宾，聂志勇. 浅谈如何通过建筑物高度控制来形成良好的城市景观[J]. 国际城市规划，2007（2）：104-108.
3. 牟俊. 基于风水学说的宁波慈城古县城山水格局研究[D]. 武汉：华中科技大学，2015.
4. 王琳琳. 城市山水格局解析方法研究[D]. 南京：东南大学，2016.

（2）整合山水格局保护要素区域的规划目标，拓宽保护的空间范围，形成区域尺度更大的保护格局，在此基础上统筹资金、人力和物力的分配，有效联结重要资源。

（3）建立山水格局保护的区域整合技术路线，以全域山水格局要素的整合、结构关联为核心环节，将一定空间范围内的生态景观、文化遗迹等结合起来，通过资源调配，协调区域间山水格局和城镇建设之间的竞合关系。

2）山水格局的要素保存

针对保护范围内的山体、水系、农田、植被、建筑等不同的保护要素类型，划定不同的保护等级及确定合理的类型保护范围。保护措施可按对象类型将其分为自然要素和人工要素进行分类保护，对于自然要素的保护，首先要构建完整的"山—水—城"视觉系统，明确范围内需要重点关注的山水要素，保证要素之间的空间关联和景观联系的畅通；对于人工要素的保护，在空间结构层面，可结合城市标志、节点、道路、边界、区域等意象要素梳理，尊重城乡原有的结构形态，延续原有的景观序列特征，保留有价值的部分并部分转换结构形态；在空间形态层面，重点关注风貌意象要素的空间特征和风貌特点，结合控制性详细规划确定合理的轮廓线。

3）山水格局的功能修复

（1）生态修复，系统性地在功能、持续性、生物多样性、结构等层面上进行全面的修复；

（2）人文修复，关注自然环境的特征和演进机制，寻求城乡空间与气候、自然资源和生态环境的结合，探索一种可实现的适应自然生态的空间设计理论。

6.9.7 风景名胜区保护

风景名胜区也称风景区，指具有观赏、文化或科学价值，自然景物、人文景物比较集中，环境优美，具有一定规模和游览条件，经县级以上人民政府审定命名、划定范围，供人游览、观赏、休息和进行科学文化活动的地域[1]。近年风景名胜区的保护措施的重点从生物多样性保护、基于社区保护的公众参与、跨国际边界管理的保护转变为民主的自然资源治理[2]。重视对社会利益的考量，通过减少或完全消除外

---

1. 曾群，赵万民，李泽新.安居古镇山水风貌的保护与整治［J］.小城镇建设，2004（3）：40-45.
2. 张晖.低山峡谷型小城镇山水格局适应性保护模式与规划策略研究［D］.重庆：重庆大学，2017.

在因素对风景名胜区的威胁和压力来保护生物的多样性[1]。

风景名胜区的规划保护措施包括以下五种[2]。

1. 生态保护区

对风景区内有科学研究价值或其他保存价值的生物种群及其环境，应划出一定的范围与空间作为生态保护区。在生态保护区内，可以配置必要的研究和安全防护性设施，应禁止游人进入，禁止建设任何建筑设施，严禁机动交通及其设施进入。

2. 自然景观保护区

对需要严格限制开发行为的特殊天然景源和景观，应划出一定的范围与空间作为自然景观保护区。在自然景观保护区内，可以配置必要的步行游览和安全防护设施，宜控制游人进入，不得安排与其无关的人为设施，严禁机动交通及其设施进入。

3. 史迹保护区

在风景区内各级文物和有价值的历代史迹遗址的周围，应划出一定的范围与空间作为史迹保护区。在史迹保护区内，可以安置必要的步行游览和安全防护设施，宜控制游人进入，不得安排旅宿床位，严禁增设与其无关的人为设施，严禁机动交通及其设施进入，严禁任何不利于保护的因素进入。

4. 风景恢复区

对风景区内需要重点恢复、培育、抚育、涵养、保持的对象与地区，例如森林与植被、水源与水土、浅海及水域生物、珍稀濒危生物、岩溶发育件等，宜划出一定的范围与空间作为风景恢复区。在风景恢复区内，可以采用必要技术措施与设施；应分别限制游人和居民活动，不得安排与其无关的项目与设施，严禁对其不利的活动。

5. 风景游览区

对风景区的景物、景点、景群、景区等各级风景结构单元和风景游赏对象集中

---

1. 李德华，朱自煊. 中国土木建筑百科辞典·城市规划与风景园林 [M]. 北京：中国建筑工业出版社，2005.
2. MARINA GARCÍA-LLORENTE, PAULA A. HARRISON, PAM BERRY, et al. What can conservation strategies learn from the ecosystem services approach？ Insights from ecosystem assessments in two Spanish protected areas [J]. Biodiversity and Conservation, 2018, 27（7）：1575-1597.

地，可以划出一定的范围与空间作为风景游览区。在风景游览区内，可以进行适度的资源利用行为，适宜安排各种游览欣赏项目；应分级限制机动交通及旅游设施的配置。并分级限制居民活动进入。

6.10 战略性空间保护

6.10.1 留白用地保护

留白用地指国土空间规划确定的城镇、村庄范围内暂未明确规划用途、规划期内不开发或特定条件下开发的用地。是为城市长远发展预留的战略空间，从而实行城乡建设用地规模和建筑规模双控。留白用地的设置为城镇未来发展、国家安全、民生工程及基础设施建设等提供了一定的灵活性，以便有效应对未知的土地需求。

在2018年的《城乡用地分类与规划建设用地标准（征求意见稿）》中，增加了X类"待深入研究用地"，将新加坡的"白地"概念引入，并且明确编制大城市（以上）总体规划时，可采用5种主导功能区类型，其中"战略预留区"吸纳了众多地市探索实践中的做法。2020年自然资源部办公厅发布的《国土空间调查、规划、用途管制用地用海分类指南》中，首次提出留白用地的定义，并将其列入24种一级类用地。2019年自然资源部办公厅发布《关于加强村庄规划促进乡村振兴的通知》，明确提出村庄规划要探索规划"留白"机制，以保证规划的弹性。

2017年上海市在《上海市城市总体规划（2017—2035年）》中划定了市区内的战略留白空间200平方公里，根据用途将其分为生态留白空间、潜力发展区域和重大事件用地三种类型。2020年北京市人民政府印发《北京市战略留白用地管理办法》，在城乡建设用地范围内共统筹划定了约132平方公里战略留白用地，具体分为发展机遇型、更新改造型、功能补充型和城市边缘型四种类型。

根据《风景名胜区总体规划标准》（GB/T 50298—2018），留白用地保护的管控方式主要有以下四种。

1. 地块入库落位，建立管控法律

将留白用地纳入国土空间规划体系，建立战略留白用地资源库；通过国土空间规划立法，明确战略留白用地的管制依据、程序、实施等内容。

2. 锁定面积总量，严格现状管控

建立留白用地刚性约束、弹性管理的管控机制。

3. 控制留白指标，引导合理使用

严格控制留白指标规模比例，因地制宜、有计划地划拨留白指标；建立土地质量档案和等级评价制度，了解指标利用状况，提升留白指标效率与效益。

4. 申请分层审批，实现动态跟踪

宜根据申请的内容，结合各级政府管理事权，分层审批。一旦批准使用，政府应设定规划目标，借助统一的信息平台，对用地状况实施动态跟踪。

在市级国土空间规划的统筹和传导机制中，可结合控制线的分级传导体系，在确保刚性管控传导的基础上构建功能留白、战略留白、指标留白、时序留白区域，通过留白机制实现三条控制线刚柔并济、有效管控（图6-9）。

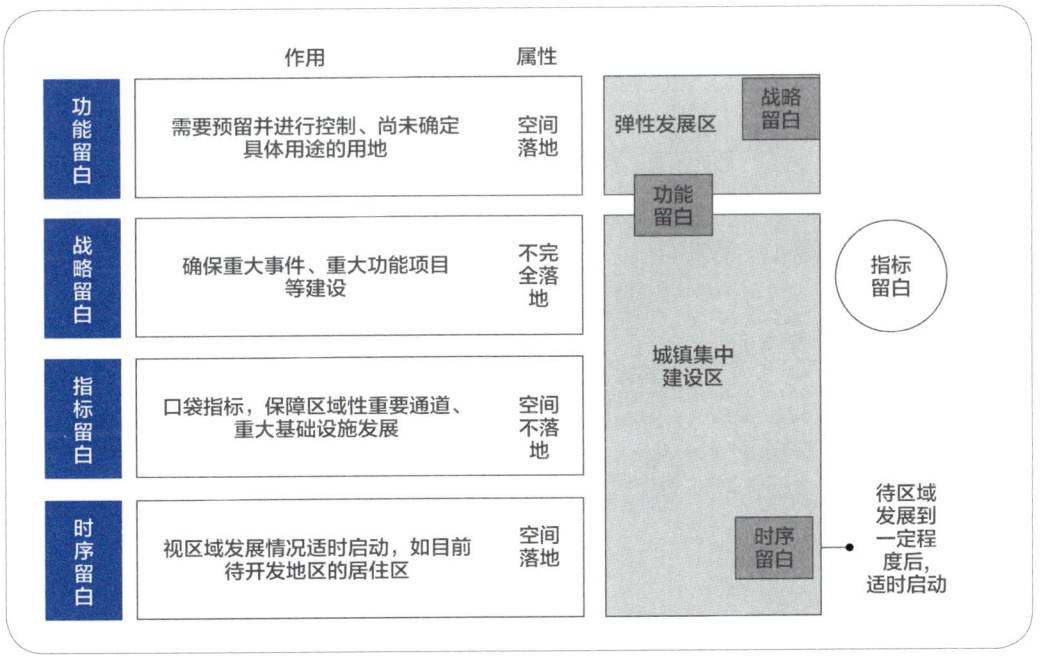

图6-9 四类留白机制及示意图
资料来源：姚凯，杨颖.市级国土空间规划的统筹与传导实践探索［J］.南方建筑，2021（2）：34-38.

6.10.2 弹性空间保护

国土空间中的弹性空间，指在确保土地利用规划应有功能的前提下，规划的编制和实施管理应具有灵活性、可调整性和应变能力，为了辅助刚性用地的管理实施，应对社会的复杂性、多样性和难以预测性而留有的弹性余地。弹性空间的设置有助于调节土地利用需求和土地利用供应，并在社会的不断发展中实现土地供应和需求的平衡。发展备用地是城市规划领域中类似的概念，但主要满足城市建设用地的弹性发展；留白用地的时序留白区域同样针对城市建设用地，并不涉及生态、农业区域的空间转换。

弹性空间作为承担未来城镇用地扩张、农用地扩张、生态用地扩张的空间，具体可分为农业/城镇、生态/城镇、农业/生态、生态/农业四种弹性空间。其中，农业/城镇弹性空间和生态/城镇弹性空间主要是为城镇未来发展预留的区域；农业/生态弹性空间和生态/农业弹性空间则更适于农业和生态的发展，可针对农业和生态两种功能进行混合利用以及用地的用途转换[1]。

弹性空间的划定方式主要有以下两种（图6-10）。

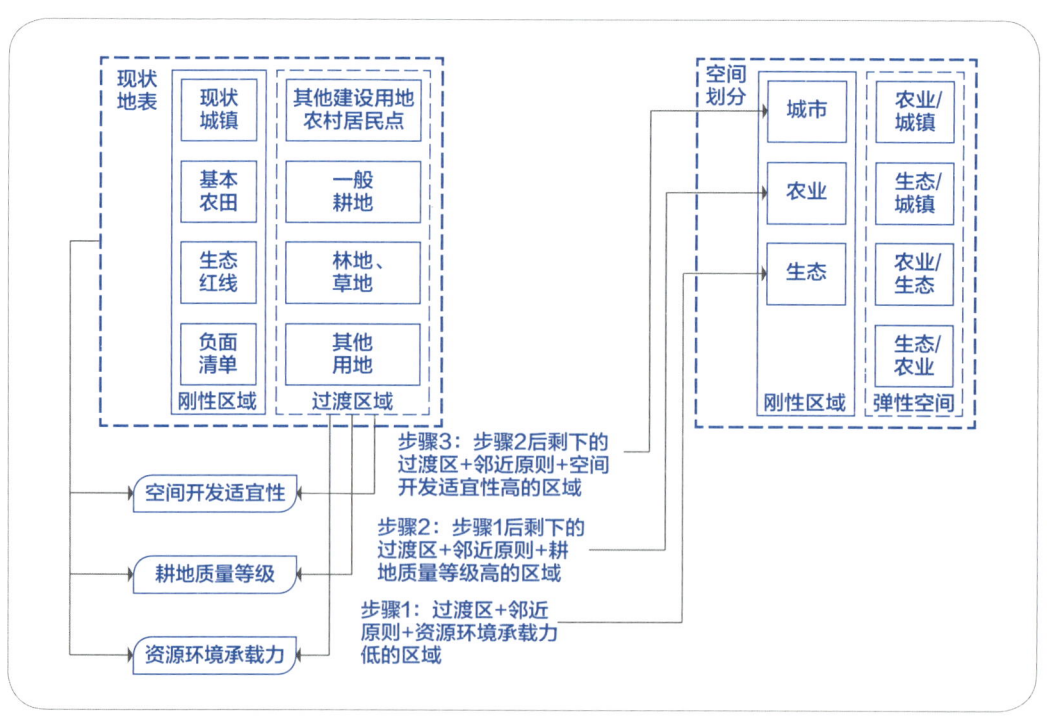

图6-10 弹性空间的划分流程
资料来源：辜寄蓉，朱明仓，江渊光艳，吴修月．国土空间规划中弹性空间的作用与划分［J］．中国农业资源与区划，2019，40（12）：39-47.

---

1. 蔡为民，张亦弛．城市战略留白用地的几点思考［J］．中国土地，2020（10）：26-27.

1）通过现状地表划分

在现状地表已经确定为现状城镇、基本农田保护区、生态红线区和负面清单区域以外,其他剩余的建设用地、一般耕地、林地、草地和其他用地首先划分为过渡区。过渡区中的部分区域将通过进一步的用地适宜性评价划分为弹性空间。

2）通过适宜性评价

通过资源环境承载力评价、耕地质量等级评价、空间开发适宜性评价,以邻近性、集聚性原则确定现状地表过渡区中适宜发展为城镇、农用地或生态用地的部分。其余用地根据未来发展需要划定为农业/城镇、生态/城镇、农业/生态、生态/农业四种弹性空间之一。

6.10.3 产业保护区

产业保护区指规划区内划定的以工业控制线为范围线的为保障工业用地总规模,依照规定程序划定的一定时期内需要严格控制和保护的工业区块,用地功能原则上以工业用地为主。

稳定城市工业用地是实现制造业强国的前提和基础。在我国产业转型过程中,部分城市空间扩展对工业用地造成了一定侵蚀和挤压,"工改住""工改商"日趋增加,而"工改工"动力不足,城市工业用地面临流失、萎缩等不利情形[1, 2],甚至导致制造业加速外移、产业空心化等危机;另外,开展产业园区存量工业用地的保护与再利用,能有效减缓另辟工业用地的环境和资源压力。2017年后广东多地颁布了工业保护线管理办法,开展产业保护区的规划实践。

产业保护区根据城市规划和产业发展导向,以自然山体、水域、道路中线、基本生态控制线为边界,按照总量控制、集中连片、保大放小、分类定策的原则划定。

1. 产业保护区范围

在广东地区的产业保护规划中,产业保护区应包括下列范围。

(1)制造业基础好、集中连片、符合城市规划的产业园区用地;
(2)市、区两级重点产业园区用地;
(3)对区国民经济和产业发展有重大保障作用的工业用地;
(4)其他需要划定的工业用地;

---

1. 赵哲远. 土地利用规划调控技术研究[D]. 杭州:浙江大学,2007.
2. 辜寄蓉,朱明仓,江浏光艳,吴修月. 国土空间规划中弹性空间的作用与划分[J]. 中国农业资源与区划,2019,40(12):39-47.

（5）在工业用地占总用地比例不低于 60% 的条件下，其他包括道路、绿地、宿舍、各类配套设施、其他位于区块线内部无法扣除的居住或商业用地。

2. 产业区保护措施

广东地区的产业保护规划是在划定工业红线和工业蓝线的基础上实施相关措施。其中，工业红线为严格保护的工业用地范围线，需严格限制线内工业用地转化为非工业功能，主要有以下措施。

（1）严格保护线内优质企业、优质园区。涉及优质企业、优质园区的开发建设，须征求承租优质企业意见，并且经区产业发展工作领导小组严格审查，妥善安置企业后方可进行启动；

（2）控制性详细规划允许进行"工改工"的其他区块，鼓励采取以优质企业、区属国有企业为主导、政府搭台扶持的更新模式；

（3）因特殊的重大项目需求以及城市配套、交通区位条件变化，确需将工业用地调整为非工业功能的，须根据工业用地总量平衡的原则，经批准后按照相关程序申报调整；

（4）加强对新型产业用地项目的全流程监管，明确产业内涵与产业链环节要求，并在建筑形态方面予以保障，防止变相将建筑面积用作其他非产业功能。

3. 工业蓝线的用途转化要求

工业蓝线内合理调控工业用地转换功能，根据工业控制线范围内工业建筑面积总量平衡的原则，预留一定的用地功能转换弹性。

（1）涉及优质企业、优质园区的开发建设，须征求原承租优质企业意见，并且经批准、妥善安置企业后方可启动；

（2）优先支持为重大产业项目配套的城市更新项目；

（3）园区规划的产业发展备用地，除确定的公共设施、交通设施、市政设施项目等用地外，一般作为工业用地功能。

6.10.4 廊道保护

廊道通常由植被、水体等生态性结构要素组成的狭长地带。在城镇范围内的城镇廊道则是以带状或线状的形式出现的空间区域，通常与城镇的经济活动、文化活动、生态环境等有密切联系，并参与形成城市空间结构框架。例如，在广东以南粤古驿道、绿道、广东万里碧道等形式进行了廊道规划的实践。其中，南粤古驿道在古代驿道遗存的基础上，串联广东省内历史文化村镇、文物保护单位等节点，为公众创造满足现代生活需求的线性文化空间。广东万里碧道则是在统筹山水林田湖草各种生态要素的基础上打造的兼具生态、安全、文化、景观、经济等功能的复合廊道[1]。

1. 通风廊道

通风廊道指利用建筑物在高度、大小、形状、坐向和位置上的差异来改善空气流通的城市空间，一般位于规划的休憩用地、平台、低矮发展用地和非建筑用地的位置[2]。在通风廊道规划中，需要对区域的自然生态条件进行分析，根据风源、风向布置通风廊道一般可从宽度、走向、开敞空间、相邻界面、建筑五个方面对通风廊道进行相关控制[3]，具体内容如下（图6-11）。

（1）依据通风需求以及确定的通风廊道等级，控制通风廊道的宽度；

（2）依据区域风源及风向，科学确定风廊走向，使通风廊道尽可能平行于主导风向；

（3）通风廊道内的用地应以开敞空间为主，通风廊道宜与绿地、广场等开敞空间结合布置；

（4）根据通风廊道等级与宽度，控制与风廊相邻界面的建筑高度与宽度；

（5）严格控制通风廊道中的建筑密度和高度，主风廊建筑阻风率不宜超过0.6，次风廊建筑阻风率不宜超过0.7。

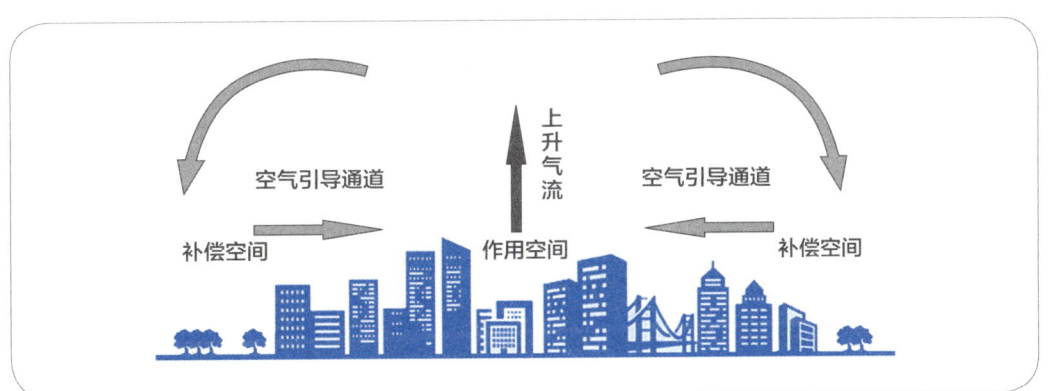

图6-11　城市通风廊道理论示意
资料来源：曾穗平. 基于"源—流—汇"理论的城市风环境优化与CFD分析方法［D］. 天津：天津大学，2016.

---

1. 丁晓欣，张继鹏，欧国良，朱祥波. 深圳市城市更新"工改工"项目开发的困境与路径分析［J］. 住宅与房地产，2020（17）：67-73.
2. 邓沁雯，王世福，邓昭华. 顺德"产业发展保护区"的发展理念与空间模式［J］. 南方建筑，2019（1）：32-37.
3. 李骏飞，李欢，杨磊三. 粤港澳大湾区创新治水模式分享［J］. 中国给水排水，2020，36（8）：1-6.

2. 市政廊道

市政廊道是用于统筹设置市政管线的线性空间，其中地下市政廊道指用于统筹设置地下市政管线的空间和廊道，包括电缆隧道等专业管廊、综合管廊和其他市政管沟。在城镇开发中宜根据区域人口经济需求，结合城镇空间结构合理预留市政廊道。随着电信工程的持续发展和普及和人们对于电信网络要求的不断提升，微波通信廊道等无形廊道也成为了市政工程的组成部分，关于微波通道的控制主要关注城市中的高层建筑，避免建筑遮挡对微波信号传输造成干扰。

关键术语

保护、国土空间保护格局、生态安全格局、生态屏障、生态廊道、生态保护红线、自然保护地、城市蓝绿空间、水源涵养区、河湖水系连通性、海岸带、农用地、永久基本农田、区域遗产、历史文化名城／名镇／名村、历史文化街区、历史建筑／构筑物、文物古迹、全域风貌、风貌管控、景观视线通廊、景观序列、山水格局、风景名胜区、留白用地、弹性空间、产业保护区、通风廊道、市政廊道

思考题

1. 分析自然保护、文化遗产保护与空间保护三者之间的关系。
2. 概述"保护"在国土空间规划中的地位与作用。

参考文献

[1] GREGORY D, JOHNSTON R, PRATT G, et al. The dictionary of human geography (5th ed) [M]. Malden, MA, USA: Wiley-Blackwell. 2009.
[2] 北京水务. 北京市河湖保护管理条例 [EB/OL]. (2012-06) [2024-08]. https://www.bjtzh.gov.cn/bjtz/xxfb/202004/1270458.shtml.
[3] 祝光耀，张塞. 生态文明建设大辞典·第二册 [M]. 南昌：江西科学技术出版社，2016.
[4] 自然资源部. 自然资源部办公厅关于印发《省级国土空间规划编制指南》（试行）的通知 [EB/OL]. (2020-01-17) [2024-08] https://gi.mnr.gov.cn/202001/t20200120_2498397.html.
[5] 自然资源部. 自然资源部办公厅关于印发《市级国土空间总体规划编制指南（试行）》的通知 [EB/OL]. (2020-09) [2024-08] https://gi.mnr.gov.cn/202009/t20200924_2561550.html.
[6] 自然资源部办公厅，财政部办公厅，生态环境部办公厅. 山水林田湖草生态保护修复工程指南（试行）[EB/OL]. (2020-09) [2024-08] https://gi.mnr.gov.cn/202009/t20200918_2558754.html.

[7] 钟祥浩，刘淑珍，王小丹，等.西藏高原国家生态安全屏障保护与建设[J].山地学报，2006（2）：129-136.
[8] 中国气象局.气候循环加剧战争冲突[EB/OL].http://www.cma.gov.cn/2011xwzx/2011xqhbh/2011xqhbhyhy/201110/t20111027_130173.html，2011-08-29.
[9] 天津市人民代表大会常务委员会.天津市绿色生态屏障管控地区管理若干规定[EB/OL]（2020-09）[2024-08]https://www.tj.gov.cn/sy/tjxw/202009/t20200926_3889611.html.
[10] 自然资源部办公厅.国家发展改革委 自然资源部关于印发《全国重要生态系统保护和修复重大工程总体规划（2021—2035年）》的通知[EB/OL].（2020-06-03）[2024-08]https://gi.mnr.gov.cn/202006/t20200611_2525741.html.
[11] FABOS J G. Introduction and overview: the greenway movement, uses and potentials of greenways[J]. Landscape and Urban Planning, 1995, 33 (1/2/3): 1-13.
[12] AHERN J. Greenways as a Planning Strategy[J]. Landscape And Urban Planning, 1995, 33 (1/2/3): 131-155.
[13] 蒙倩彬.基于生物多样性保护的城市生态廊道研究[D].北京：北京林业大学，2016.
[14] 中共中央办公厅，国务院办公厅.《关于建立以国家公园为主体的自然保护地体系的指导意见》[EB/OL].（2019-06-26）[2024-08]https://www.gov.cn/zhengce/2019-06/26/content_5403497.htm
[15] 吴岩，贺旭生，杨玲.国土空间规划体系背景下市县级蓝绿空间系统专项规划的编制构想[J].风景园林，2020，27（1）：30-34.
[16] 《城市规划学刊》编辑部.《河北雄安新区规划纲要》的新理念、新技术、新方法学术笔谈[J].城市规划学刊，2018（3）：1-18.
[17] 陈竞姝.韧性城市理论下河流蓝绿空间融合策略研究[J].规划师，2020，36（14）：5-10.
[18] 杨允菲，祝廷成.植物生态学[M].北京：高等教育出版社，2011.
[19] 周婉诗，张楚婷，周志平，等.植被分布的海拔与纬度相互关系模式的校正[J].中国科学：生命科学，2021，51（3）：334-345.
[20] 邓绶林.地学辞典：[M].石家庄：河北教育出版社，1992.
[21] 石玉林.中国资源科学百科全书[M].东营：石油大学出版社，2000.
[22] 环境保护部编制.中国生物多样性保护战略与行动计划：2011—2030年[M].北京：中国环境科学出版社，2011.
[23] 孙儒泳.动物生态学原理[M].北京：北京师范大学出版社，2001.
[24] 《环境科学大辞典》委员会.环境科学大辞典[M].北京：中国环境科学出版社，1991.
[25] 玉芳，袁兴中，熊森，等.重庆澎溪河地自然保护区生物多样性空间格局及热点区[J].应用生态学报，2020，31（5）：1682-1690.
[26] 栾晓峰，黄维妮，王秀磊，等.基于系统保护规划方法东北生物多样性热点地区和保护空缺分析[J].生态学报，2009，29（1）：144-150.
[27] 李黎，吕植.土地多重效益与生物多样性保护补偿[J].中国国土资源经济，2019，32（7）：12-17.
[28] 邵琪伟.中国旅游大辞典[M].上海：上海辞书出版社，2012.
[29] 全国旅游标准化技术委员会.旅游资源分类、调查与评价：GB/T 18972—2017[S].北京：国家旅游局规划财务司，2017.
[30] 袁书棋.试论生态旅游资源的特征、类型和评价体系[J].生态学杂志，2004，23（2）：109-113.
[31] 弓成，刘云慧，满吉勇，等.基于生物多样性和生态系统服务的生态农场景观设计[J].中国生态农业学报，2020，28（10）：1499-1508.
[32] 俞益武，李健，肖胜，等.浙江省生物景观类旅游资源现状分析及旅游项目开发[J].浙江林学院学报，2005（1）：95-99.
[33] 全国人民代表大会常务委员会.中华人民共和国水土保持法[M].北京：法律出版社，2010.
[34] 管海翔.水土保持对水资源及水生态环境产生的影响[J].河南水利与南水北调，2016（5）：19-20.
[35] 河湖生态系统保护与修复工程技术导则：SL/T 800—2020[S].北京：中国水利水电科学研究院，2021.
[36] 全国人民代表大会常务委员会.中华人民共和国长江保护法[M].北京：法律出版社，2020.
[37] 彭广艳.生态环境保护的源头治理研究[J].资源节约与环保，2020（12）：34-35.
[38] 王浩.江河源头区水生态保护战略：上蓄、限牧、调农、补偿[J].中国水利，2017（17）：10.
[39] 许尔琪，张红旗.中国核心生态空间的现状、变化及其保护研究[J].资源科学，2015，37（7）：1322-1331.
[40] 董伟，张向晖，苏德，等.基于主成分投影法的长江上游水源涵养区生态安全评价[J].环境保护，2008（20）：64-67.
[41] 冯光华.石羊河流域水源涵养区治理保护建议[J].中国水利，2006（4）：34-35.
[42] 夏军，高扬，左其亭，等.河湖水系连通特征及其利弊[J].地理科学进展，2012，31（1）：26-31.
[43] 董哲仁，王宏涛，赵进勇，等.恢复河湖水系连通性生态调查与规划方法[J].水利水电技术，2013，44（11）：8-13+19.
[44] 王建华，吕宪国.城市湿地概念和功能及中国城市湿地保护[J].生态学杂志，2007（4）：555-560.
[45] 黄伟，曾江宁，陈全震，等.海洋生态红线区划：以海南省为例[J].生态学报，2016，36（1）：268-276.
[46] 王斌.中国海洋环境现状及保护对策[J].环境保护，2006（20）：24-29.
[47] 陈书全.关于加强我国围填海工程环境管理的思考[J].海洋开发与管理，2009，26（9）：22-26.
[48] 徐祥民，李海清，李懋宁.生态保护优先：制定海岛法应贯彻的基本原则[J].海洋开发与管理，2006（2）：66-70.

［49］李伟芳，陈阳，马仁锋，等.发展潜力视角的海岸带土地利用模式：以杭州湾南岸为例［J］.地理研究，2016，35（06）：1061-1073.
［50］林小如，王丽芸，文超祥.陆海统筹导向下的海岸带空间管制探讨：以厦门市海岸带规划为例［J］.城市规划学刊，2018（4）：75-80.
［51］文超祥，刘健枭.基于陆海统筹的海岸带空间规划研究综述与展望［J］.规划师，2019，35（7）：5-11.
［52］兰平和.国外优势矿产资源保护策略对我国的启示［J］.中国矿业，2011，20（11）：6-9.
［53］余韵，杨建锋.加拿大矿产资源战略调整动向及其启示［J］.中国国土资源经济，2020，33（1）：28-34.
［54］矿山生态环境保护与恢复治理方案（规划）编制规范（试行）：HJ 652—2013［S］.北京：中华人民共和国生态环境部，2012.
［55］桂华强.绿色矿山建设的生态环境保护及治理探析［J］.内蒙古煤炭经济，2019（15）：182-183.
［56］曹晓娟，董颖，刘嵘.重要岩矿产地地质遗迹调查、评价、保护和利用［J］.中国矿业，2020，29（5）：68-71.
［57］CARVALHO I S, HENRIQUES M H, CASTRO A R S F, et al. Promotion of the geological heritage of araripe unesco global geopark, Brazil: the casa da pedra reference center［J］. Geoheritage，2020，12（1）：17.
［58］AOULAD-SIDI-MHEND A, MAATÉ A, AMRI I, et al. The geological heritage of the Talassemtane National Park and the Ghomara coast Natural Area［J］. Geoheritage，2019（11）：1005-1025.
［59］封吉昌.国土资源实用词典［M］.武汉：中国地质大学出版社，2011.
［60］朱道林，郧宛琪，瞿理铜等.2014年土地科学研究进展评述及2015年展望：农用地保护分报告［J］.中国土地科学，2015，29（2）：12-20.
［61］魏洪斌.基于土地整治的耕地质量评价与提升研究［D］.武汉：中国地质大学，2015.
［62］王岳钧，王月星，吴早贵.浙江省粮食生产功能区建设的实践与思考［J］.浙江农业科学，2013（1）：1-4.
［63］王月星.粮食生产功能区建设成效、问题及对策［J］.浙江现代农业，2012（1）：15-16.
［64］张书存.新时期"两区"划定工作初探［J］.农业开发与装备，2020（3）：44-45.
［65］谭金玉，焦爱霞，张林辉，等.贵州安龙县少数民族特色农业生物资源保护与利用现状［J］.植物遗传资源学报，2015，16（6）：1258-1263.
［66］张兵.城乡历史文化聚落：文化遗产区域整体保护的新类型［J］.城市规划学刊，2015（6）：5-11.
［67］任唤麟.基于地理特征的跨区域线性文化遗产旅游形象策略研究［J］.地理与地理信息科学，2017，33（1）：95-101.
［68］龚道德，张青萍.美国国家遗产廊道（区域）模式溯源及其启示［J］.国际城市规划，2014，29（6）：81-86.
［69］王丽萍.滇藏茶马古道线形遗产区域保护研究［J］.地理与地理信息科学，2012，28（3）：101-105.
［70］朱强，李伟.遗产区域：一种大尺度文化景观保护的新方法［J］.中国人口·资源与环境，2007（1）：50-55.
［71］赵勇，张捷，章锦河.我国历史文化村镇保护的内容与方法研究［J］.人文地理，2005（1）：68-74.
［72］张兵.探索历史文化名城保护的中国道路：兼论"真实性"原则［J］.城市规划，2011，35（S1）：48-53.
［73］阮仪三，林林.文化遗产保护的原真性原则［J］.同济大学学报（社会科学版），2003（2）：1-5.
［74］王景慧.城市历史文化遗产保护的政策与规划［J］.城市规划，2004（10）：68-73.
［75］YODSURANG P. Bridge the gap between local governments and communities: key factors in generating community involvement in the historic preservation district in Japan［J］. Asian Journal for Public Opinion Research，2015，2（2）：103-120.
［76］寇怀云.工业遗产技术价值保护研究［D］.上海：复旦大学，2007.
［77］张博.非物质文化遗产的文化空间保护［J］.青海社会科学，2007（1）：33-36+41.
［78］丁元竹."十四五"时期非物质文化遗产系统性保护相关政策措施研究［J］.管理世界，2020，36（11）：22-35.
［79］袁青，于婷婷，王翼飞.城乡统筹背景下城乡风貌研究进展分析［J］.现代城市研究，2018（6）：91-98.
［80］李亦园.宗教与神话［M］.桂林：广西师范大学出版社，2004.
［81］杨华文，蔡晓丰.城市风貌保护经验的借鉴与启示［J］.国外城市规划，2005（6）：62-64.
［82］吴人韦.塑造城市风貌［J］.中国园林，1998（6）：30-32.
［83］唐子来，张泽，付磊，等.总体城市设计的传导机制和管控方式：大理市下关片区的实践探索［J］.城市规划学刊，2020（5）：18-24.
［84］张杰，邓翔宇，袁路平.探索新的城市建筑类型，织补城市肌理：以济南古城为例［J］.城市规划，2004（12）：47-52.
［85］郭竞艳.厦门市历史风貌保护体系构建实践与思考［J］.城市规划学刊，2017（5）：66-72.
［86］郑阳.城市视线通廊控制方法研究［D］.西安：长安大学，2013.
［87］胡浩.城市眺望景观规划控制研究［D］.上海：同济大学，2006.
［88］马文倩.乡土景观理念下城市景观空间序列研究［D］.哈尔滨：哈尔滨工业大学，2012.
［89］赵渺希，刘欢.上海市中心城空间意象的媒介表征［J］.人文地理，2012，27（5）：36-41+82.
［90］苏东宾，聂志勇.浅谈如何通过建筑物高度控制来形成良好的城市景观［J］.国际城市规划，2007（2）：104-108.
［91］牟俊.基于风水学说的宁波慈城古县城山水格局研究［D］.武汉：华中科技大学，2015.
［92］王琳琳.城市山水格局解析方法研究［D］.南京：东南大学，2016.
［93］曾群，赵万民，李泽新.安居古镇山水风貌的保护与整治［J］.小城镇建设，2004（3）：40-45.
［94］张晖.低山峡谷型小城镇山水格局适应性保护模式与规划策略研究［D］.重庆：重庆大学，2017.
［95］李德华，朱自煊.中国土木建筑百科辞典·城市规划与风景园林［M］.北京：中国建筑工业出版社，2005.

[96] 蔡为民，张亦弛.城市战略留白用地的几点思考［J］.中国土地，2020（10）：26-27.
[97] 赵哲远.土地利用规划调控技术研究［D］.杭州：浙江大学，2007.
[98] 辜寄蓉，朱明仓，等.国土空间规划中弹性空间的作用与划分［J］.中国农业资源与区划，2019，40（12）：39-47.
[99] 丁晓欣，张继鹏，欧国良，等.深圳市城市更新"工改工"项目开发的困境与路径分析［J］.住宅与房地产，2020（17）：67-73.
[100] 邓沁雯，王世福，邓昭华.顺德"产业发展保护区"的发展理念与空间模式［J］.南方建筑，2019（1）：32-37.
[101] 李骏飞，李欢，杨磊三.粤港澳大湾区创新治水模式分享［J］.中国给水排水，2020，36（8）：1-6.
[102] 雷青.西安国际化大都市综合廊道体系布局研究［D］.西安：西北大学，2018.
[103] 梁颢严，李晓晖，肖荣波.城市通风廊道规划与控制方法研究：以《广州市白云新城北部延伸区控制性详细规划》为例［J］.风景园林，2014（5）：92-96.
[104] 李鸿祥.城市规划管理中微波通道控制方法［J］.城市勘测，2008（3）：89-91.
[105] 郭军茹，孙慧.关于广播电视微波传输通道保护和城市发展之间的思考［J］.广播与电视技术，2012，39（3）：112-113+15.

第 7 章

国土空间整治与修复

■ 教学要求

本章探讨国土空间整治与修复。通过本章学习,学生需了解国土空间整治与修复的概念、发展演进、主要职责、国土空间整治的管制内容和规划管理机制、国土空间修复的科学范式探索和技术支撑等,掌握整治与修复的核心概念与方法,了解技术支持及管理原则,以期有效应用于实际国土空间的整治与修复工作。其中,国土空间整治的管制内容包括生态、农业和城镇三类型空间;国土空间修复的主要内容包括国土生态安全格局、生态基础网络、生态景观和要素综合修复。国土空间修复的抖为范式内容则包括国土空间修复的单元类型、分区策略、技术支撑和管理体系原则等。

导言

国土整治(land consolidation)一词在国际上的普遍使用,开始于 20 世纪 20 年代,德国和法国等欧洲国家是较早开展国土整治的国家。从国际视野和发展历程看,国土整治是国土开发、整理、复垦、修复和防护的统称,其概念可表达如下:为整体改善国土空间要素和系统防治国土空间退化以及为满足新的功能需要,对国土进行改造建设的活动。

在我国,国土整治最早是从土地开发整理开始的,从《中华人民共和国土地管理法》颁布以来主要经历了从目标较为单一的土地开发、土地整理、土地复垦,演变到目标较为综合的集基本农田整理、城乡建设用地增减挂钩等多种功能于一体的土地综合整治。2018 年,随着自然资源部的成立,国土整治从土地整治走向山水林田湖草所有国土空间的国土综合整治。

在2018年出版的《土地整治术语》（TD/T 1054—2018）中，国土综合整治主要是指针对国土空间开发利用中产生的问题，遵循"山水林田湖草生命共同体"理念，综合采取工程、技术和生物等多种措施，修复国土空间功能，提升国土空间质量，促进国土空间有序开发的活动，是统筹山、水、林、田、湖、草系统治理及建设美丽生态国土的总平台。可见，不同于以往的"土地整理""土地整治"活动，国土综合整治其立足于生态文明建设的新时代背景，整治范围由局部工程转向全域覆盖，整治内容由单一要素转向复合系统，整治目标由要素利用转向国土空间高质量发展，整治类型从农用地整治、"空心村"整治和工矿用地整治延伸为农用地整理、建设用地整理及乡村生态保护修复。

无论是国土综合整治还是生态修复，都是短期内改变生态系统结构与过程的人为干扰活动，两者对象和范围的一致性决定了两者之间的关联性。生态修复以生态系统的品质提升为导向，重点突出系统性，针对结构紊乱、功能严重受损的生态系统进行诊断评估，围绕生态系统的完整性、功能性和结构性等特征，补足、补齐和补好生态短板，提升国土空间魅力品质；综合整治以全域国土资源的开发利用为导向，重点突出综合性，针对各类型荒置废弃、利用不合理的国土资源进行综合评价与定级分类，提出国土空间整治分区和开发利用模式，优化国土资源利用结构，促进国土资源的高效利用。两者均嵌套于农村生产、生活和生态空间之内，并通过综合整治的问题导向和生态修复的目标导向相衔接，共同推动国土空间格局优化。

7.1 国土空间整治的内涵

7.1.1 概念界定

国土空间整治又称国土综合整治，其概念在《土地整治术语》中具有明确定义：针对国土空间开发利用中产生的问题，遵循"山水林田湖草生命共同体"理念，综合采取工程、技术、生物等多种措施，修复国土空间功能，提升国土空间质量，促进国土空间有序开发的活动，是统筹山水林田湖草系统治理、建设美丽生态国土的总平台。它是为满足人类生产、生活和生态的功能需要，对未利用、不合理利用、损毁和退化土地进行综合治理的活动。

1. 国土综合整治的内涵

从内容上看，国土空间整治是一种更加关注空间格局优化和多主体组织关系调整，并且关注"山水林田湖草"以及城乡全范围的全要素整治。总体上分为合理开发利用国土空间资源、优化人居生态环境、保护和改善自然生态等多个方面[1]。其新时代内涵如下：

（1）深化"社会—生态复合系统"认知。"山水林田湖草生命共同体"理念体现了对"社会—生态复合系统"的深刻理解和认知。诠释了"社会—生态复合系统"，提出"问题导向，因地制宜"。

（2）在生态空间，应高度重视传统农业景观保护，建设高自然价值农田；城镇空间尽量保护农业景观，开展绿色基础设施网络建设，降低生态风险；在农业空间，应因地制宜差异化推进全域国土整治和生态修复。

（3）强调利益相关方共同参与。从行为主体的日常活动对农业生态环境和景观影响入手，尽可能落实到最直接的利益相关者，以减少外来者在不熟悉当地情况或是利益驱动下导致的有意和无意的失误，提升土地整治的质量，使得经济社会和生态效益具有可持续性。

2. 土地整治与生态修复

土地整治是对低效利用、不合理利用和未利用的土地进行治理，对生产建设破坏和自然灾害损毁的土地进行恢复利用，以提高土地利用率的活动。自1997年有组织、大规模的土地整治工作开展以来，土地整治的内涵外延不断拓展，逐步由自然性工程转变为综合性社会工程，成为保发展、守红线、促转变、惠民生的重要举措和基础平台，目前，土地整治已上升为国家层面的战略部署，对国家粮食安全、社会主义新农村建设、城乡统筹发展和节约优先等战略起到重要的支撑作用[2]。

土地整治与生态修复均是国土空间治理体系的重要组成部分，本质上都是从源头上解决我国不同发展阶段最为紧迫的资源瓶颈问题。两者一脉相承，生态修复更加注重自然资源保障经济发展与维护生态环境的平衡关系，是从理念上对以资源高效利用和有效供给为核心的土地整治进行升级；土地整治则从法律依据、规划管控、实施抓

---

1. 国务院. 全国国土规划纲要（2016—2030年）[EB/OL].（2017-01-03）[2017-02-04].http://www.gov.cn/zhengce/content/2017-02/04/content_5165309.htm.
2. 王军，钟莉娜. 中国土地整治文献分析与研究进展[J]. 中国土地科学，2016，30（4）：88-97.

手等多个方面为生态修复融入自然资源管理提供了基础平台和工作接口（表7-1）。

表7-1 土地整治与修复内容梳理

	耕地保护	土地整理	土地整治、修复	国土空间综合整治修复
中央文件	1986年《中共中央 国务院关于加强土地管理、制止乱占耕地的通知》提出切实保护耕地	1997年《中共中央 国务院关于进一步加强土地管理切实保护耕地的通知》提出积极推进土地整理	2017年《中共中央 国务院关于加强耕地保护和改进占补平衡的意见》提出大力实施土地整治	2019年《中共中央 国务院关于建立国土空间规划体系并监督实施的若干意见》提出推进生态系统保护和修复
法律	1986年《中华人民共和国土地管理法》明确合理利用土地，切实保护耕地	1998年修订的《中华人民共和国土地管理法》明确鼓励土地整理	2020年开始实施的第三次修正后的《中华人民共和国土地管理法》保留国家鼓励土地整理	
规划依据		2003年，国土资源部颁布实施《全国土地开发整理规划（2001—2010年）》 2012年，由国务院批复《全国土地整治规划（2011—2015年）》	2016—2017年，由国务院颁布实施《全国土地整治规划（2016—2020）年》《全国国土规划纲要（2016—2030年）》	2020年，国家发展改革委、自然资源部印发实施《全国重要生态系统保护和修复重大工程总体规划（2021—2035年）》。 2020年，自然资源部办公厅印发通知，开展省级国土空间生态修复规划编制工作
主要特征	瞄准解决耕地数量不足问题，树立耕地保护核心目标	瞄准耕地基础设施短板，重在稳定耕地数量、提高质量；瞄准土地资源利用效率提升，大规模实施土地整治	瞄准空间资源不足和生态短板，优化国土空间布局	瞄准自然生态系统脆弱、生态承载力和环境容量不足问题；瞄准自然资源可持续供给与利用问题，明确了"山水林田湖草"系统治理

资料来源：作者自绘

7.1.2 发展演进

国土空间整治的发展呈现三个阶段：从技术工程上的土地整治，到区域战略性的国土整治，最终逐渐发展成为全域全要素的空间综合整治，即采取综合措施对某一空间范围内国土资源进行开发、利用、整治、保护的全部活动，最终实现永续发展的过程[1]（图7-1）。

1986年《中华人民共和国土地管理法》在"总则"中明确指出土地开发利用应合理利用土地，切实保护耕地；1998年法律明确鼓励土地整理，从《全国土地开发

---

1. 夏方舟，杨雨濛，严金明. 中国国土综合整治近40年内涵研究综述：阶段演进与发展变化[J]. 中国土地科学，2018（5）：78-85.

整理规划（2001—2010年）》到《全国土地整治规划（2011—2015年）》，对国土利用的态度从瞄准耕地基础设施短板，重在稳定耕地数量、提高质量，转向土地资源利用效率提升，大规模实施土地整治。2015年5月，中共中央、国务院印发《中共中央 国务院关于加快推进生态文明建设的意见》，要求"加快推进国土综合整治"。2017年，由国务院批复，国家发展和改革委员会、国土资源部联合颁布实施《全国土地整治规划（2016—2020年）》瞄准空间资源不足和生态短板，优化国土空间布局，土地整治的内涵迈向空间治理阶段[1]。同年，国务院印发的《全国国土规划纲要（2016—2030年）》，提出实施国土综合整治重大工程，修复国土功能，提高国土开发利用的效率和质量。2018年，时任总理李克强对国土资源工作作出重要批示，强调积极开展国土综合整治。同年，国土资源工作会议提出，国土综合整治要全面加强，发挥国土综合整治在推进山水林田湖草系统治理中的重要平台作用。国土空间综合整治正式成为具有行政话语价值的概念。

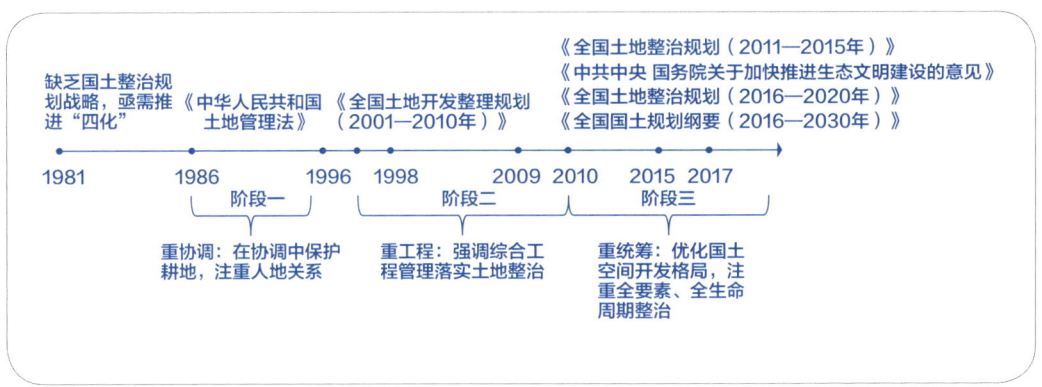

图7-1 国土空间综合整治发展阶段
资料来源：作者自绘

7.1.3 国土空间整治的主要职责

国土空间整治工作包括以下两个主要职责。

1. 作为自然资源的保护与利用的新方法

为推进生态文明建设，统筹山水林田湖草系统治理，解决自然资源所有者不到位、空间规划重叠等问题，国家组建自然资源部并使其承担"两统一、一建立"的

---

1. 汤怀志, 郧文聚, 孔凡婕, 等. 国土空间治理视角下的土地整治与生态修复研究[J]. 规划师, 2020(17): 5-12.

主要职责，即明确提出统一行使所有国土空间用途管制和生态保护修复职责，建立空间规划体系并监督实施的要求，对应成立国土空间规划局和国土空间生态修复司，并将国土空间综合整治划定为国土空间生态修复司的重要职责之一，国土空间规划、国土综合整治与生态修复成为未来自然资源部门工作的主要抓手，上述工作是建立新的自然资源保护与利用格局的必要手段。

2. 成为国土空间规划的重要内容和支撑

国土空间规划是对各专项规划的指导约束，是土地利用规划、城乡规划等规划的有机融合，具有全域性、统领性、战略性作用，在新的发展理念下，资源利用水平提高、生态环境质量提升等内容将是国土空间规划的重要规划目标和价值导向；国土空间整治具有工程性、实施性、支撑性，它与国土空间规划这两项工作具备较为明晰的承接和补充关系，国土空间整治应该是国土空间规划的编制与实施的重要内容和支撑手段，甚至成为贯穿整个规划的重要脉络。

从目标类型来看，国土空间规划的目标是面向全域全要素的整体构架，将重点关注空间资源的远景状态的蓝图式表达，而国土空间综合整治所具有的过程属性能极大地补充空间规划的目标体系，能对蓝图式目标从过程角度进行传承、分解与具体化。

从规划方法来看，国土空间规划的目标导向性较强，规划方法偏重分析综合需求并予以空间化落实；国土综合整治与生态修复则具有极强的问题导向性，规划方法偏重发现问题并制定策略予以化解，是对前者的有效补充[1]。

7.2 国土空间整治的管制内容

国土空间整治在补充国土空间规划的目标和方法基础上，能进一步通过规划、管理和工程等手段，全面落实空间规划的设想与要求，并将其转换为可实施、可考核、可管理的体系，是对国土空间规划实施和管理的重要支撑，因而具有重大意义与作用。但传统土地整治工作分类已无法适应新的要求，亟须在新的国土空间规划体系中构建符合新要求的架构。

结合国土空间整治的内涵与《全国国土规划纲要（2016—2030年）》中国

---

1. 张侃，杨青，宋晗. 国土空间规划中综合整治与生态修复机制探讨［C］// 中国城市规划学会. 活力城乡 美好人居：2019中国城市规划年会论文集（08城市生态规划）. 北京：中国建筑工业出版社，2019.

土空间的分类分级,顺应机构改革更新管理机制的体系架构,构建以国土空间规划三类空间为基础的内容分类,并综合考虑不同整治目标和整治对象的整合(图7-2)。

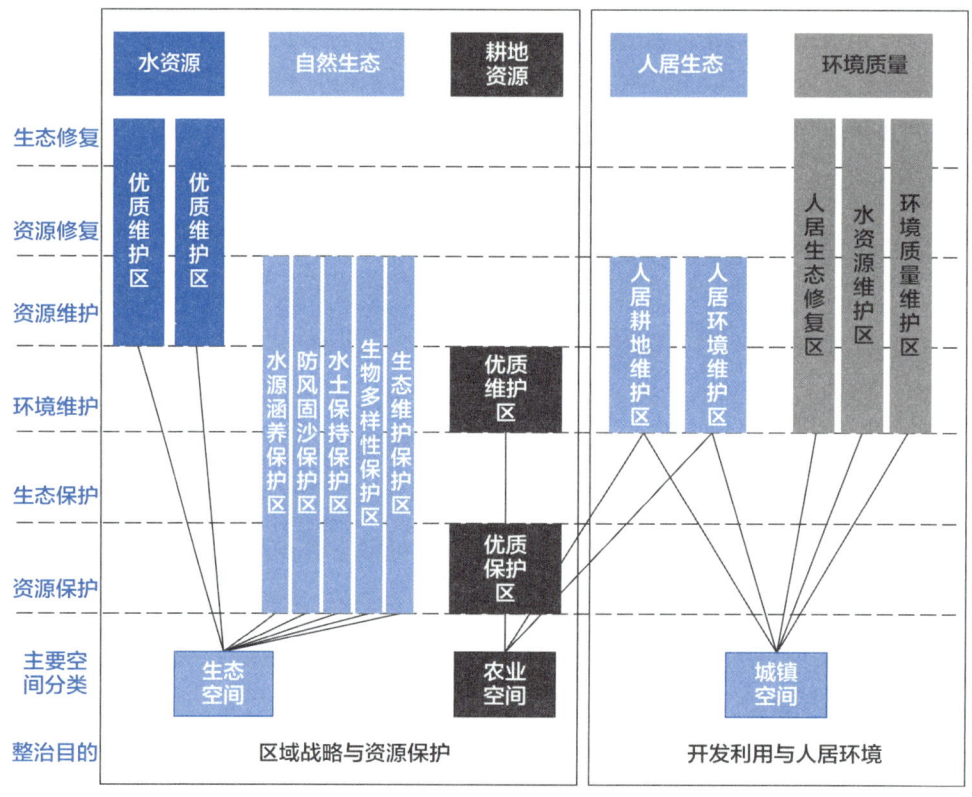

图7-2 国土空间综合整治内容分类框架
资料来源:作者自绘

7.2.1 生态空间整治

生态空间是指具有自然属性,以提供生态服务或生态产品为主体功能的国土空间,包括森林、草原、湿地、河流、湖泊、滩涂、荒地、荒漠等[1]。生态空间整治是国土空间规划的形势下,为了满足新增实际需求而做出的尝试。国土空间规划既为专项规划提供指导和约束,又是一个结合土地利用规划和城镇规划于一体的体系,具有较强的战略性。在此背景下,要提高资源利用水平和生态环境质量,就必须突出国土空间整治中生态修复的可实施性,使空间整治与生态修复相互联系。

---

1. 中共中央,国务院发布.关于建立国土空间规划体系并监督实施的若干意见[EB/OL].(2019-05-23).http://www.gov.cn/zhengce/2019-05/23/content_5394187.htm.

传统的空间优化工作局限于耕地保护和建设用地利用，工作机制也难以适应生态修复的需要。新形势下对土地空间开发模式的新要求是优化土地空间开发格局，完善土地空间开发体系，节约自然资源，保护生态环境，既要加强土地整治，又要把景观、林、田、道路等纳入整治范围，以提高综合整治和生态修复的效益，而生态空间整治则是重中之重。

当前阶段生态空间整治着眼于以下重点内容：一是生态保护红线范围内的区域战略生态资源保护，如重点水源涵养功能区综合整治，实施湿地恢复重大工程，修复森林、草原、湿地等生态系统以及重点水土流失区综合整治等；二是乡村与城镇空间在生态文明发展新时期的综合发展方式的变革，其含义十分丰富，涵盖内容也十分广泛。

7.2.2 农业空间整治

农业空间是指以农业生产和农村居民生活为主体功能，承担农产品生产和农村生活功能的国土空间，主要包括永久基本农田、一般农田等农业生产用地以及村庄等农村生活用地。农业空间整治力求融合农村土地制度改革，加大用地政策支持力度，强化国土整治规划对农村各业用地的引导安排，打造国土整治推进乡村振兴的抓手平台，积极推进山水林田湖草沙全要素整治，统筹安排耕地开发利用村镇环境治理产业集聚，升级成生态环境修复、公益设施配套等工程，打造宜居宜业的美丽乡村。

乡村地区农业空间整治主要方向是加快田水路林村综合整治，推进美丽乡村建设，保护自然人文景观和生态环境，推进高标准农田建设，实施土地污染防治行动，统筹推进园地和残次林地整理、农田基础设施建设、现有耕地提质改造，并大规模建设高标准农田，巩固提升粮食综合生产能力，激活乡村振兴活力。其方法主要包括增加耕地数量、提高耕地质量、提高耕地集中连片程度、改善农田生态。

7.2.3 城镇空间整治

城镇空间是指以城镇居民生产、生活为主体功能的国土空间，包括城镇建设空间、工矿建设空间以及部分乡级政府驻地的开发建设空间。城镇空间整治根据不同区位调整相应的土地整治对策。对城镇空间内的土地，将其纳入城市整体开发和管理，与中心城区进行整体规划和整治，加强城中村改造开发，鼓励建设新型居住社区;开展城乡接合部土地整治,优化用地结构布局,加强基础设施建设,改善人居环境,促进同城化、实现市民化。

在传统城镇空间整治中,主要采用单一性的项目管理方式,目标相对简单,工作方法难以满足目前空间规划的需要。在新形势下,必须对城镇格局优化、产业发展、精准扶贫、文化发展、历史保护等进行综合规划和布局,实行全过程管理,且城镇的空间整治要以全面整治为目标。

7.3 国土空间整治的规划管理机制

我国国土空间整治的管理机制,从土地整治向国土空间综合整治的转型发展,已具备一定的理论基础与实践支撑,主要以自然资源部(原国土资源部)下属的各级土地整治专门机构为主体。党的十八大以来,我国土地整治事业迅速发展,平均每年财政资金投入达上千亿元,土地整治工程类型之丰富、规模之大、投资之集中,是当前世界上土地整治投入较大的国家之一,已建立起国家、省、市、县四级相衔接的规划体系,构建了完整的政策制度体系、覆盖项目全流程的技术标准体系、"空天地网"一体化的监测监管体系,开展了一系列理论方法技术研究,积累了丰富的基础研究成果。各级国土资源部门还成立了约2 500家土地整治专门机构,为土地整治事业发展提供了支撑与保障。随着土地整治的内涵与外延不断拓展,从土地整治向国土综合整治转型发展是大势所趋。

在构建新型国土空间规划体系时,须建立符合要求的空间整治机制,可以科学界定生态修复在不同层次国土空间规划中的地位和作用,采用与之相适应的空间规划整治方法,明确各层次工作的重点,建立完善的运行机制,完善不同层次的指标体系和工作内容,采取切实可行的手段。

7.3.1 国土空间规划中综合整治规划的嵌入

国土空间整治的规划体系需依照新时代空间规划体系构建的目标和前提进行嵌入。"一总四专、五级三类"的空间规划体系包括:1个总体规划、4类专项规划。其中,总体规划由"五级三类"规划构成;专项规划包括资源保护利用类规划、国土空间整治与生态修复类规划、重大基础设施与公共设施类规划、保护地类的保护利用规划等。其中整治规划是专项规划中的一项，具体可以对应各级总体规划，根据需要进行编制[1]。

在规划内容上，综合国家级、省级和市县级总体规划目标，国土空间整治应结合市县级空间规划的内容，对国家和省级区域战略任务与责任进行分解，落实重大空间布局，明确专项规划的目标和任务，尤其突出以土地利用总体规划和城市总体规划的"合一"为基础，分层级、有重点地划定"三区三线"，构建基础一张蓝图。

根据国土综合整治与生态修复在国土空间规划中的定位和内容要求，国土综合整治与生态修复内容需要在不同层级的国土空间规划中，以不同的内容重点和组织形式存在，分别与对应层级的国土空间规划要求相契合；横向上则根据不同的规划深度，以专章、专项等规划形式分别组织，最终形成纵向分级、横向分类的整体架构。

1. 纵向五级

纵向上，结合未来国土空间规划分级方式形成五级体系，分别为国家、省、市、县和乡镇，不同层级解决对应问题。国家层面主要是明确全国的国土综合整治与生态修复格局，明确全国不同地区的整治重点与分区，确立主要的整治和修复问题分类，明确对应的指标体系与关键的考核机制；省级层面首先是承接国家层面的总体要求，重点在于明确本省的主要问题分类和分区划定，结合各分区地市的情况，分解整治和修复的指标与任务，并提出省级重大工程和示范项目、配套政策支撑；市级层面的重点应是进一步分解指标任务，细化实施方式与项目安排，并配套相应的考核与资金政策；县级层面则着重在于落实上位要求，是具体项目实施的重要主体；乡镇层面则重点在于配合支撑相关项目的实施。

2. 横向三类

横向上，国土综合整治与生态修复主要以国土空间规划专章专节专题、国土空间规划配套专项规划、国土空间规划详细规划设计三种形式存在。国土空间规划专章专节专题是指在国土空间规划中采用专题研究的方式，并在说明书和文本中加入专章专节内容，此类形式主要在表达整治和修复格局、明确分类分区方式时适用；国土空间规划配套专项规划主要在细化指标体系、明确任务机制时适用；国土空间规划详细规划设计中主要在具体的整治和修复项目中适用。

---

1. 林坚，吴宇翔，吴佳雨，等. 论空间规划体系的构建：兼析空间规划、国土空间用途管制与自然资源监管的关系[J]. 城市规划，2018（5）：9-17.

7.3.2 国土空间整治管理机制的建设重点

1. 明确国土空间规划中综合整治的整体格局

现有的国土空间规划中相对比较明确的整体格局包括主体功能战略格局、空间保护格局和空间开发格局，空间保护格局和空间开发格局分别承担着描述确立未来国土空间的保护和开发总体状态的职责，总体上偏重蓝图式的格局描绘；主体功能战略格局则蕴含着战略导向，未来落实为管理格局。在此基础上加入国土综合整治与生态修复的格局，是对三大格局的补充完善，应重点明确"改造哪些国土资源、调整哪些开发方式、控制保护哪些资源要素、实现怎样的资源效益，达到生态环境系统与人类活动的何种状态"。国土综合整治与生态修复的格局是方法和过程的格局，应配合其他三个格局，共同完善国土空间规划的总体架构。

2. 提出国土空间综合整治的重点问题

国土空间综合整治的内容涵盖山水林田湖草整治与修复、城镇地区低效用地与环境整治、农村地区综合整治、地质（矿区）环境整治与修复、海洋海岛整治与修复等各类问题，规划中应结合地方实际，采用基础数据分析、部门材料综合等多种方式，通过"问题分类、空间分区"的方式明确整治与修复重点。

首先是在保证上位要求可传递的前提下，采用符合地方实际的整治和修复的问题分类体系，体现地方特色；其次结合不同国土空间的开发和保护格局要求，划分特定的整治与修复分区，并确立不同分区应解决的重点问题。如城镇地区应重点关注人居环境提升、资源利用效率等问题，生态保护区域则重点关注生态安全、生态系统修复等问题。

3. 确立"横纵联动"的指标

任务和考核体系任务应该可传导、可分解与可考核。为此，需要从实施考核角度与各部门的职责、各层级的事权进行协调，构建一套由"整治与修复内容、约束性指标、控制性指标、主要工程项目、主要规划编制任务"等共同组合形成的指标任务分解与考核系统（表7-2）。该系统向上可承接国家层面的宏观要求、区域性的重大项目，横向可推动部门联动考核、任务协同实施机制，向下可传递为详细指标内容、具体工作任务和考核机制。

表 7-2　国土空间综合整治规划管理机制架构

层级	主要内容	规划形式
国家	明确全国综合整治格局	国土空间规划专章专节专题
	明确不同地区的重点与分区	
	明确主要的整治问题分类	
	明确核心指标体系与关键的考核机制	
省	承接国家层面的总体要求	国土空间规划专章专节专题 国土空间规划配套专项规划
	明确本省的主要问题和分区划定	
	分解整治指标与任务	
	提出省级重大工程和示范项目	
	配套政策支持	
市	进一步分解指标任务	国土空间规划专章专节专题 国土空间规划配套专项规划 重点项目的详细规划设计
	细化实施方式与项目安排	
	配套相应的考核与资金政策	
县	落实上位要求	国土空间规划专章专节 国土空间规划配套专项规划 各类项目的详细规划设计
	具体项目实施主体	
乡镇	配合支撑相关项目的实施	相关实施规范与后续管理

资料来源：作者自绘

7.4　生态空间整治与管理

生态空间的整治与管理主要包括区域生态资源环境修复、乡村生态空间治理和城镇生态空间治理。

7.4.1　区域生态资源环境修复

结合国土空间整治分类分级与国土空间规划体系，区域生态资源环境修复主要落实在省级国土空间规划工作中的重点生态功能区。该类区域的功能定位是，保障国家生态安全、维护生态系统服务功能、推进山水林田湖草系统治理、保持并提高生态产品供给能力的重要区域,是推动生态文明示范区建设、践行绿水青山就是金山银山理念的主要区域。区域生态资源环境修复主要分为生态修复和国土综合整治重大工程、山水林田湖草系统修复、矿山生态修复、海洋生态修复等方面[1]。

1. 生态修复和国土综合整治重点工程

在一定时间、区域和投资范围内,为维护生态安全、促进生态系统良性循环、提高国土空间开发利用的效率和质量,对空间格局失衡、资源利用低效、生态功能退化、生态系统受损的重点区域,进行系统修复或绿化整治的活动。依据规划目标和任务,按照工程分布相对集中、整治类型相对综合、基础条件相对较好、综合效益相对较强的原则,对工程目标、建设内容、投资估算、预期效益等提出科学安排和合理布置。

2. 山水林田湖草系统修复

针对生态系统功能整体不强、生态破坏严重、生态屏障脆弱等问题,结合各区域的生态系统特征和国家重大战略要求,提出生态保护和修复重大行动重点区域,分析区域内的经济、产业、人口、发展方向和生态现状,统筹山水林田湖草各生态要素,整体谋划荒漠化防治、天然林资源保护、草原和湿地资源保护修复、防护林体系建设、矿山生态修复、水土保持、海洋生态修复等时序安排,筑牢国家生态安全屏障。

3. 矿山生态修复

针对矿产资源开发造成地灾隐患、占用和损毁土地、生态破坏等问题,通过预防控制和综合整治措施,使矿山地质环境达到稳定、损毁的土地达到可供利用状态以及生态功能恢复的活动。

4. 海洋生态修复

针对开发活动造成的滨海湿地大面积减少、自然岸线锐减等典型海洋生态系统受损、退化等问题,通过开展整治和修复,逐步恢复遭到破坏的海洋生态系统的结构和功能,提高海洋生物多样性,促进海洋生态安全屏障建设。

---

1. 自然资源部. 省级国土空间规划编制指南(试行)[EB/OL]. (2020-01-17)[2024-05-22]. http://gi.mnr.gov.cn/202001/P020200120642346540184.pdf.

7.4.2 乡村生态空间治理

乡村生态治理的概念，目前在学术界的研究中还未形成统一的定义，学者们的研究多是从乡村生态保护与恢复的实践入手的。但随着乡村生态治理实践的推进，现阶段乡村生态治理可总结为：基于农村生态环境的治理与保护、在生产过程中坚持绿色可持续发展理念，结合多元主体对农村的基础设施、自然环境进行改造、管理与综合治理，力图在健全乡村的生态文明建设的同时，优化升级产业结构，构建环境优美、整洁有序、生态宜居、充满活力的社会主义新农村[1]。新时代乡村生态治理的要点主要包含如下三个方面。

1. 确立乡村发展基本内核

"两山论"是新时代乡村生态治理的基本内核。在经济的发展理念上，我们可以透视到生态环境问题的根源是关于资本主义生产方式和消费方式与地球生态系统的承受力之间矛盾的问题。党的十九大明确提出实施乡村振兴战略，建立健全城乡融合发展体制机制和政策体系，壮大集体经济，关键是活化农村因在工业化时代不被定价而长期沉淀的生态资源。为此，只有通过生态资源价值化实现形式的创新，才能在生态文明转型的大背景下，促进城乡要素有序流动，壮大集体经济和增加农民财产性收入，也才能重构农村可持续发展与治理有效的经济基础，这是推进农业供给侧结构性改革和建构乡村振兴经济基础的关键问题[2]。

2. 明确乡村治理价值取向

公平公正是新时代乡村生态治理的价值取向。随着我国工业经济的快速发展，城市工业经济直接污染或扩散式污染造成的乡村生态破坏，还是根植于资本的扩张逻辑，因此在乡村生态建设的语境中，我们需要认识到的是城乡在环境受益、受害和责任分担上的公平问题。从城乡区域角度上说，城市需要担负起改善乡村生态环境的主要责任，无论是在资金支持上，还是在技术扶持、理念帮持等方面。

据此，应继续加大对农村地区的多元化投入力度，增加利于农村弱势群体提升组织化程度的社会文化开支，以更多的政策优惠扶持和促进弱势群体广泛参与的社会和文化组织逐步向综合性、多功能的社区合作社过渡，在多元化社会组织发展的基础上促进乡村良性治理结构形成，实现农村可持续发展。

---

1. 吴歆芩. 习近平新时代乡村生态治理的重要论述研究［D］. 扬州：扬州大学，2019.
2. 温铁军，罗士轩，董筱丹，等. 乡村振兴背景下生态资源价值实现形式的创新［J］. 中国软科学，2018（12）：1–7.

3. 构建综合治理体系

通过构建综合治理体系，补齐农村生态环境治理短板，从以下五个方面入手[1]。

1）加强农村生态环境制度建设

在重要生态功能区和生态脆弱型农村逐步建立生态环境补偿标准体系，设立专项基金支持农村生态环境保护，激励农村环境友好型产业发展和村民绿色生产生活。整合政府对市场的调控措施，积极调整农村生态振兴涉及的利益相关方之间的关系。

2）落实农村各参与主体的生态环境保护责任，设置农村各区域生态环境保护责任人制度

如农村公共区域由农村集体负责，生产区域由生产者负责，生活区由相应村民负责等，据此惩戒污染者，奖励达标者。

3）完善农村生态环保责任监督机制，健全农村生态环境各领域监督体系

实行农村生态环境质量监督、污染物排放达标监督和绿色农产品生产监督等。制定农村绿色发展标准，并积极发挥社会各主体的监督作用。针对农村基层政府建立农村生态环境保护考核评价体系，以评促建发挥激励作用。

4）引导村民形成绿色生活方式

通过多种形式和渠道向村民宣传和普及国家生态文明建设，以及农村生态振兴发展的有关要求，提高村民对绿色发展、生态优先的认知水平，引导村民树立正确的生态价值观。通过培训、再教育等方式为村民提供绿色生产的技术支持，促进村民逐步形成生态环境友好型的生活方式和消费习惯。

5）积极推广村民自治的农村生态环境治理模式，调动村民保护生态环境的积极性

在村民自治框架以及社会支持下，实行村民参与、农村生态环保组织推进的生态环境治理模式。让村民积极参与到农村生态环境保护公益活动中，形成自我管理、自我约束和自我服务的良性循环。

7.4.3 城镇生态空间整治

1. 完善生态法规政策体制

从 20 世纪 80 年代开始，为落实生态治理与环境保护，国家出台了一系列法律法规和政策，如《中华人民共和国环境保护法》《中华人民共和国森林法》《中华人

---

1. 兰梓睿. 补齐农村生态环境治理短板［EB/OL］.（2020-09-16）［2023-04-01］.https://baijiahao.baidu.com/s?id=16779954021430777236&wfr=spider&for=pc.

民共和国草原法》《中华人民共和国大气污染防治法》等资源保护和环境治理方面的法律。1990年,《国务院关于进一步加强环境保护工作的决定》将环境保护作为国家的一项基本国策;1994年国务院通过了《中国21世纪议程》等指导文件,以贯彻落实可持续发展理念;2014年通过了《中华人民共和国环境保护法修订案》,对1979年颁布的综合性环保基本法进行了修订。2015年国家先后印发了《关于加快推进生态文明建设的意见》和《生态文明体制改革总体方案》,将环境问题逐步上升到文明建设与国家战略的层面。2018年3月通过了《中华人民共和国宪法修正案》,将生态文明写入宪法[1]。

2. 发展城镇绿色创新经济

绿色创新经济是节能减排与发展经济相结合。以节能减排为抓手,大力淘汰落后产能,严控高耗能、高排放行业过快增长,推广先进节能环保技术产品,改造提升传统产业,发展现代服务业和战略性新兴产业,促进产业结构优化升级和人居环境改善,增强可持续发展能力。

坚持政府推动与机制创新相结合。加强政府对节能减排工作的组织领导,创新工作体制,充分发挥财政资金的引领带动作用;完善有利于节能减排的市场机制,吸引社会资金加大节能减排投入,加快构建节能减排长效机制。

坚持重点突破与整体推进相结合。优先选择节能减排潜力大、投入少、见效快的重点行业、重点企业进行突破,同时要统筹规划,全面推进工业、建筑、交通运输和全社会的节能减排工作。

3. 提升城镇土地生态功能

2017年,由国务院批复,国家发展和改革委员会、国土资源部联合颁布实施《全国土地整治规划(2016—2020年)》,瞄准空间资源不足和生态短板,优化国土空间布局:①创新性开展全域土地综合整治;②生态型土地整治;③开展退化土地治理工作。

2020年起施行的新版《中华人民共和国土地管理法》保留"国家鼓励土地整理",重点在于:优化城镇用地结构,提高生态用地比例,扩大城市生态空间,并加强绿心、绿道、绿网等建设,提升城市系统自我循环和净化能力;控制生产用地规模,减少碳排放,推进循环发展、绿色发展、低碳发展;保障生活用地,按照功

---

[1]. 乔海曙,刘佩芝.改革开放四十年生态建设的理论与实践[J].湖南社会科学,2018(5):28-33.

能分区，合理配套建设居住用房、生活设施、公共服务设施等，创造宜居环境，提高城市生活质量。

7.5 农业空间整治与管理

农业空间的整治与管理主要以农用地（耕地）整理和乡村人居环境整治等工作脉络展开，包含乡村的生产与生活空间。

农业空间要推动农村地区的山水林田湖草系统保护修复，增强生态、农业、城镇空间的连通性。因此，应切实贯彻山水林田湖草生命共同体理念，以全域国土整治和生态修复为抓手，保护农业空间中传统农村农业景观，统筹高标准农田建设、农村居民点整治、人居环境改善、农业废弃物综合利用、农田养分综合管理、生态循环农业、"山水工程"等各类项目，开展田园生态系统和美丽乡村建设，落实乡村振兴战略等。

7.5.1 农用地（耕地）整理

1. 农用地整理内涵与目标

农用地整理是我国土地整治的主要内容。其特点在于以增加有效耕地面积并提高耕地质量为中心，通过对田、水、路、林、村实施综合整治开发，改善农业生产和土地利用条件，居住环境和生态环境[1]。农用地整理、建设用地整理、乡村生态保护修复是全域土地综合整治的目标任务。根据 2017 年中央 4 号文件《中共中央 国务院关于加强耕地保护和改进占补平衡的意见》，更加突出了对耕地"三位一体"保护，适应发展现代农业和适度规模经营的需要，统筹推进低效林草地和园地整理、农田基础设施建设、现有耕地提质改造等，传承传统农耕文化，增加耕地数量，提高耕地质量，改善农田生态。

2. 农用地整理的关键问题

2018 年中共中央、国务院发布《乡村振兴战略规划（2018—2022 年）》，提出

---

1. 王万茂. 土地利用规划学［M］. 北京：科学出版社，2006.

加快国土综合整治，实施农村土地综合整治重大行动，到2020年开展300个土地综合整治示范村镇建设。我国"十四五"期间实施持续强化农业基础地位，其中关于农用地整治存在以下关键问题。

（1）坚持最严格的耕地保护制度，强化耕地数量保护和质量提升，严守18亿亩耕地红线。遏制耕地"非农化"、防止"非粮化"，规范耕地占补平衡，严禁占优补劣、占水田补旱地。以粮食生产功能区和重要农产品生产保护区为重点，建设国家粮食安全产业带，实施高标准农田建设工程，建成10.75亿亩集中连片高标准农田。实施黑土地保护工程，加强东北黑土地保护和地力恢复。推进大中型灌区节水改造和精细化管理，建设节水灌溉骨干工程，同步推进水价综合改革。

（2）优化农用地的农业生产布局，建设优势农产品产业带和特色农产品优势区。推进粮经饲统筹、农林牧渔协调，优化种植业结构，大力发展现代畜牧业，促进水产生态健康养殖。积极发展设施农业，因地制宜发展林果业。

（3）统筹县域城镇和村庄规划建设。通盘考虑土地利用、产业发展、居民点建设、人居环境整治、生态保护、防灾减灾和历史文化传承。科学编制县域村庄布局规划，因地制宜、分类推进村庄建设，规范开展全域土地综合整治，保护传统村落、民族村寨和乡村风貌，严禁随意撤并村庄搞大社区、违背农民意愿大拆大建[1]。

3. 农用地整理的工作建议

农用地综合整治是实施乡村规划的平台和抓手。需要开展全域土地综合整治的，必须编制村庄规划，突出耕地保护与村庄发展要实行充分衔接[2]。

1）严格管控永久基本农田调整

永久基本农田调整需遵循"不动是常态，动是例外"的导向要求。涉及永久基本农田调整的，必须确保整治区域内新增永久基本农田面积原则上不少于调整面积的5%[3]。整治区域完成整治任务并通过验收后，更新完善永久基本农田数据库。对整治区域内涉及永久基本农田调整的，要按照数量有增加、质量有提升、布局集中连片、总体保持稳定的原则，统筹"三线"划定，编制整治区域永久基本农田调整方案，由省级自然资源主管部门会同农业农村主管部门审核同意后，纳入村庄规划予

---

1. 十三届全国人大四次会议.中华人民共和国国民经济和社会发展第十四个五年规划和2035年远景目标纲要[EB/OL]. 人民出版社,（2021-3-14）[2021-03-14].https://www.ndrc.gov.cn/xxgk/zcfb/ghwb/202103/P020210313315693279320.pdf.
2. 自然资源部办公厅.自然资源部关于加强村庄规划促进乡村振兴的通知[EB/OL].（2019-05-29）[2019-06-08]. http://www.gov.cn/xinwen/2019-06/08/content_5398408.htm.
3. 全国人大常委会.中华人民共和国土地管理法[EB/OL].（2019-09-06）[2024-05-23].http://www.npc.gov.cn/npc/c2/c30834/201909/t20190905_300663.html.

以实施[1]。

2)盘活乡村存量建设用地,增添乡村发展活力

一是增强乡村用地保障力度,通过全域土地综合整治腾退的建设用地,在保障项目区内农民安置、农村基础设施建设、公益事业等用地的前提下,重点用于农村一二三产业融合发展,促进产业振兴,增强乡村自我造血功能;二是显化农村土地资产价值,允许节余的建设用地指标,按照城乡建设用地增减挂钩政策使用,并将流转范围从县域扩大到省域,促进土地要素科学配置、合理流动,为乡村振兴提供强有力资金支持。

3)在组织实施方面,建立政府主导工作机制

一是各级自然资源主管部门要积极争取同级党委政府支持,发挥牵头作用,制定相关实施办法,建立政府主导、部门协同、上下联动、公众参与的工作机制,统筹推动、压实责任。二是建立多元化投入机制。鼓励各地整合使用新增建设用地土地有偿使用费、土地复垦费、土地出让收益以及乡村振兴有关项目资金等。充分利用开发性金融机构、政策性银行和社会资本等对土地综合整治支持作用,建立多元化投入机制,解决资金来源问题。三是落实"放管服"要求。由于全域土地综合整治涉及面广、项目类型复杂、行业主管部门多,鼓励各地整合归并各部门相关审批事项,优化流程,简化材料。四是助力乡村治理能力提升。充分发挥农村集体组织及农民作用,支持村民自建和参与规划设计、工程施工及后期管护等。五是强化全过程监管。地方各级自然资源主管部门要积极运用遥感监测、国土空间基础信息平台"一张图"以及农村土地整治监测监管系统等,对全域土地综合整治进行全过程监管[2]。

7.5.2 乡村人居环境治理

1. 乡村人居环境治理意义

党的十九大报告提出要实施乡村振兴战略,着力解决突出环境问题,开展农村人居环境整治行动。2018年2月,中共中央办公厅、国务院办公厅印发的《农村人居环境整治三年行动方案》明确提出,改善农村人居环境,建设美丽宜居乡村,是实施乡村振兴战略的一项重要任务,事关全面建成小康社会,事关广大农民根本福祉,事关农村社会文明和谐。2019年中央一号文件《中共中央 国务院关于坚持农业农村优先发展做好"三农"工作的若干意见》再次提出,要抓好农村人居环境整治三年行

---

1. 自然资源部,农业农村部.关于加强和改进永久基本农田保护工作的通知(自然资规〔2019〕1号)[EB/OL].(2019-01-03)[2024-05-23].http://www.gov.cn/gongbao/content/2019/content_5392300.htm.
2. 安徽省自然资源厅.《自然资源部关于开展全域土地综合整治试点工作的通知》解读[EB/OL].(2019-12-23)[2019-12-23].http://zrzyt.ah.gov.cn/public/7021/115541251.html.

动，全面开展以农村垃圾污水治理、"厕所革命"和村容村貌提升为重点的农村人居环境整治，确保到2020年实现农村人居环境阶段性明显改善，村庄环境基本干净整洁有序，村民环境与健康意识普遍增强。2019年第十三届全国人民代表大会第二次会议上《政府工作报告》提出，要因地制宜开展农村人居环境整治，推进"厕所革命"、垃圾污水治理，建设美丽乡村。2021年"十四五"发展纲要把乡村建设摆在社会主义现代化建设的重要位置，优化生产生活生态空间，持续改善村容村貌和人居环境，建设美丽宜居乡村。可见，乡村人居环境治理是实施乡村振兴战略的关键举措，事关全面建成小康社会和广大农民的根本福祉，事关农村社会的文明与和谐。

2. 乡村人居环境治理现状问题

在农村人居环境整治实践中，一些整治政策没有得到有效落实，存在着一些突出问题。尽管国家针对农村人居环境整治采取了系列政策措施，但基层政府未积极响应并付诸实际，在快速城镇化背景下，城镇公园、城镇生态环境建设是基层领导打造任期内政绩工程的重要内容，也是展示其政绩的关键平台，而真正的农村人居环境质量的改善进展缓慢。主要体现在[1]：

1）农村人居环境治理资金投入不足

"撒胡椒面式"的资金投入方式导致了农村人居环境整治设施的严重不足和质量的低劣化，难以实现预期的整治成效。特别是农村人居环境整治设施管护资金的缺失，直接导致"重建轻管"现象的普遍存在。

2）农村人居环境治理的主体错位

事实上，开始于2013年的美丽乡村建设由于各部委"自上而下"的推动方式将各级政府及其职能部门推到了美丽乡村建设的第一线，使其成为美丽乡村建设的主体，而真正应该成为主体的广大农村居民则游离于美丽乡村建设之外。当前，在推进农村人居环境整治进程中，一些地方为了完成上级下达的任务，基层及相关部门替代农村居民成为了农村人居环境整治的主体，而农民则因缺乏有效的参与机制，成为了局外人。

3）农村人居环境治理模式失效

在推进农村人居环境整治中，有的地方盲目推崇一些成功的模式，而没有考虑这些模式所需要的保障条件。一些基层政府为了完成上级政府布置的任务，只注重工程数量的增长，而没有关注工程能否实现预期效果及其可持续性。

---

1. 于法稳. 乡村振兴战略下农村人居环境整治［J］. 中国特色社会主义研究，2019（2）：80-85.

4）农村人居环境治理技术适宜性不足

在推行农村人居环境整治中，生活污水、生活垃圾处理技术规范性较差，更缺乏统一的标准。一些地方在对生活污水进行处理时，简单地将城镇污水处理的方式照搬到农村，不考虑农村生活污水排放的特点以及农村集体经济状况。同时，对一些特定区域而言，农村人居环境整治技术严重缺失。因此，当前所推广的技术区域适应性不足。

5）农村人居环境治理质量监管缺位

在农村人居环境整治中，针对国家所推行的相关行动计划，基层政府及相关职能部门更多地关注工程实施情况和对上级部门负责，而对实施效果关注不够，更缺乏保障实施效果可持续的机制。我国环境保护的法律体系中对何种行为应该处罚以及处罚的程度规定得过于笼统，导致环保执行部门难以行使环境执法权。

3. 乡村人居环境治理工作建议

《农村人居环境整治提升五年行动方案（2021—2025年）》提出，到2025年，农村人居环境显著改善，生态宜居美丽乡村建设取得新进步。为此，需要采取有效措施，全面推进农村人居环境整治。

1）完善机制，切实发挥农民的主体作用

农村人居环境整治需要政府、企业与农民的广泛参与，但农民始终是农村人居环境整治的主体。为此，应调动农民的积极性，使其主体地位得到充分发挥，并建立有效的参与机制。与此同时，应明确农村人居环境整治中政府及其职能部门和企业的功能定位，一方面避免"越俎代庖"，另一方面防止推卸责任。

2）制定规划，明确整治的内容及优先序

当前从农村人居环境整治的实践来看，整治的内容通常是根据上级部门资金投入额度及去向确定的，并没有一个科学的整治规划，从而导致整治村庄空间分布的随机性和不公平性。因此，需要在五年行动方案中对整治重点任务作的界定并明确其框架，在县级层面根据村庄不同区位、不同类型、不同人居环境的现状制定详细的规划及实施方案，明确不同村庄农村人居环境整治的重点内容，并确定每个村人居环境整治重点内容实施的优先序，确保整治能够达到预期成效，并实现成效的可持续。

3）依据区位，确定整治的技术与模式

农村人居环境整治内容不同，所需要的技术与模式自然不同，即使同一种整治内容，不同区域农村所需要的技术与模式也不同。因此，相关部委的技术管理部门应对当前农村人居环境整治中所采用的技术进行分类，科学分析这些技术的特点及空间适宜性，提出一份"自上而下"的技术供给清单。在此过程中，基层职能部门在推进农村人居环境整治进程中，可以基于对不同区域农村所需要的技术类型及模式的了解，提出一份"自下而上"的技术需求清单。通过技术供给与需求清单的对比，可以选择出适宜不同区域农村人居环境整治的技术和模式。

4）科学匡算，为整治提供资金保障

2019年中央一号文件《中共中央 国务院关于坚持农业农村优先发展做好"三农"工作的若干意见》提出了"建立地方为主、中央补助的政府投入机制"。相对于农村人居环境整治对资金的需求，当前资金投入严重不足，这也是导致农村人居环境没有得到根本改善的关键因素之一。因此在基层层面，应根据区域内农村人居环境整治的重点内容及优先顺序，对所需资金进行科学匡算，据此将其纳入基层财政预算，确保农村人居环境整治对资金的需求，将好事办好、办实，切实避免"工程交差"。

5）加强监管，确保整治成效的可持续

针对农村人居环境整治中过度关注工程建设数量，而不关注人居环境整治成效及可持续性问题，应加强对农村人居环境整治的全过程监管。针对当前农村人居环境整治监管缺位问题，应尽快建立评估与监督机制，即实现全过程的监管，切实克服"重建轻管"，确保实现"工程建一处，服务一方群众"的目标。

7.6 城镇空间整治

城镇空间整治主要内容包括通过盘活存量建设用地、优化空间结构和功能、建设紧凑型城市、全面提升生态品质和环境质量、保障城市安全、激发社会文化活力、增强城市的吸引力和竞争力、实现城市的高质量发展和高品质生活。其主要任务是城镇建成区内的存量土地的挖潜利用、旧城改造、用途调整和零星闲散用地的利用。因此，城镇空间整治工作主要分为城镇建设用地管理和城镇空间综合治理体系建设两个方面。

7.6.1 城镇建设用地整理

1. 城镇存量建设用地整理

城镇存量建设用地整理主要可以从推动城镇低效用地在开发、推进旧工矿用地

改造和老旧镇区城市更新等方面展开。

1）推动城镇低效用地再开发

合理确定再开发范围。坚持以人为本，按照有利于提高节约集约用地和提升城镇发展质量的要求，围绕城市产业结构调整、功能提升和人居环境改善，合理确定城镇低效用地再开发范围。其范围主要是对老城区、城中村、棚户区、旧工厂、老工业区进行改造开发，和对国家产业政策规定的禁止类、淘汰类产业用地，不符合安全生产和环保要求的用地，"退二优二""退二进三"产业用地的整治利用。同时加强对历史文化遗产的保护。

加强规划统筹引导。要充分利用土地调查成果，开展城镇存量建设用地调查，摸清城镇低效用地的现状和再开发潜力，查清土地权属关系，了解土地权利人意愿。在此基础上，依据城市、镇规划和土地利用总体规划，编制城镇低效用地再开发专项规划，明确改造利用的目标任务、性质用途、规模布局和时序安排，优先安排基础设施、公益设施等用地，统筹城市功能再造、产业结构调整、生态环境保护、历史人文传承等，确保再开发健康有序推进。

完善城镇低效用地再开发激励机制。按照统筹兼顾、多方共赢的要求，协调好参与改造开发各方的利益，建立完善激励机制。在符合规划的前提下，鼓励原国有土地使用权人通过自主、联合、转让等多种方式对其使用的国有建设用地进行改造开发。充分尊重土地权利人意愿，鼓励采取自主开发、联合开发、收购开发等模式，分类推动"城中村"等集体建设用地改造开发。鼓励和引导社会资本参与，调动市场主体参与改造开发的积极[1]。

2）积极推进旧工矿用地改造

充分挖掘利用旧工矿用地。条件适宜的地区，积极实施工矿用地功能置换，在调查评价和治理修复的基础上，结合周边环境将低效工矿用地转型改造利用，提高土地利用效率和综合效益。改善工矿区配套设施以及环境景观，盘活土地资产，提高工业用地经济密度，实现从粗放型向集约型转变。加强工业用地使用监管，严格落实闲置土地处置办法，防止土地闲置、低效和不合理利用。

优化工矿用地结构和布局。完善工矿用地投资评价机制，促进淘汰效益低、占地多、污染高的落后产业。根据产业链发展需要，建立协调推动机制，科学配置不同类型、不同规模的企业用地，促进产业整体协同发展，提升产业用地综合效益。

---

1. 广州市人民政府. 广州市城市更新办法 [EB/OL]. (2015-12-01) [2016-01-01]. http://www.gz.gov.cn/zwgk/fggw/zfgz/content/mpost_4756895.html.

加强工矿用地生态修复和景观建设。对土壤、水体污染严重的区域，采取工程技术、生物修复等措施进行专项治理，防止污染扩散。探索污染土壤分类修复改良的方法，提升土壤功能。加强腾退土地有机物污染治理，鼓励采用先进适用技术，引入社会资本参与污染土地治理。鼓励修复和合理开发利用废弃工矿用地，可因地制宜建设公园、绿地、科普基地等。

3）老旧镇区微改造/微更新

微改造是指在维持现有建设格局基本不变的前提下，通过建筑局部拆建、建筑物功能置换、保留修缮，以及整治改善基础设施等办法实施的更新方式。通过微更新中自下而上的公众参与，可实现加强社区管理、打造秩序社区的目标。主要适用于建成区中对城市整体格局影响不大，但现状用地功能与周边发展存在矛盾、用地效率低、人居环境差的地块。在城市更新中，对历史文化街区及各类历史文化遗产类建筑应根据相关法律法规的规定及规划要求进行保护，鼓励合理的功能置换、提升利用与更新活化。

通过老旧小区微改造，补齐配套短板，增强功能内涵，加强社区建设，重塑街区活力，促进老城区控量提质；分年度分步骤推进老旧小区微改造，切实改善人居环境，实现"干净、整洁、平安、有序"的小区居住环境；不断完善老旧小区微改造法规政策，建立老旧小区系统有机更新的常态机制。

2. 城镇新增建设用地管理

1）实施城乡建设用地增减挂钩

全面实行城乡建设用地增减挂钩政策，推进农村土地综合整治。开展城乡建设用地增减挂钩，以促进新农村建设和城乡统筹发展为导向，以改善农村人居环境和农业生产条件为根本出发点，按照严格保护耕地和节约集约用地的要求，以增减挂钩为抓手，因地制宜、循序渐进，统筹推进田水路林村综合整治，加强高标准农田建设，优化城乡建设用地结构布局，促进美丽乡村建设和新型城镇化发展。

2）规划统筹引领，保障农民权益

坚持规划统筹引导，调整优化城乡建设用地布局。依据新型城镇化规划、土地利用总体规划和城乡规划等，根据新型城镇化发展和农村人口转移实际情况，统筹安排增减挂钩的规模、布局和时序，推动城乡土地要素合理配置和平等交换，促进土地城镇化与人口城镇化相协调。切实维护农民权益，确保农民共享发展成果。在增减挂钩选点布局、住房建设、补偿安置、收益分配等方面，充分保障农民的知情权、参与权、受益权、监督权；加强整治土地的权属管理，做好权属调查，依法确权登记颁证，保障农民土地权益；加强收益管理，增减挂钩取得的收益按规定用于改善农民生产生活条件；统筹安排农村和城镇用地，留足农村发展空间，保证农民共享工业化、城镇化发展成果。

3）优化发展路径，加强监督管理

拓展增减挂钩范围，支持脱贫攻坚和易地扶贫搬迁。按照精准扶贫、精准脱贫的要求，增减挂钩指标安排向贫困地区、革命老区，以及灾后重建等重点地区倾斜，支持当地运用增减挂钩政策推动扶贫开发和易地扶贫搬迁等工作。对集中连片特困地区、国家扶贫开发重点县、开展易地扶贫搬迁的贫困老区，可将增减挂钩节余指标在省域范围内流转使用，其他因灾后重建、生态移民等有需要的，经国务院同意，在保障农民安置和农村发展用地的前提下，可适当扩大增减挂钩节余指标挂钩使用范围，充分显化土地增值收益，促进贫困地区脱贫致富，推动生态移民灾后恢复重建工作。

同时，后期也应加强监督管理，确保增减挂钩规范有序开展。开展增减挂钩要严格加强管理，确保及时拆旧复垦还耕，保证增减挂钩实施后建设用地面积不扩大，耕地面积有增加、质量有提高；加强预算资金使用监管，确保增减挂钩取得的收益按规定用于农村，规范安排使用，接受社会监督；加强乡村风貌保护，防止对具有人文传承价值的村落的破坏。

7.6.2 城镇空间综合治理

1. 改进建设用地整治方式

一是按照"区域—单元—项目"多层次，依据城市规划，科学划定整治单元，合理安排开发时序，有序推进土地整治，优化用地结构布局，并着力完善市政基础设施和公共服务设施，加强绿化和市容卫生建设，创造舒适宜人的城镇环境，提升城镇发展质量[1]。

二是协调土地整备促进整体连片改造。土地整备工作立足于实现公共利益和城市整体利益的需要，综合运用收回土地使用权、房屋征收、土地收购、征转地历史遗留问题处理、填海（填江）造地等多种方式，对零散用地进行整合，并进行土地清理及土地前期开发，统一纳入全市土地储备[2]。

---

1. 广州市人民政府. 广州市城市更新办法［EB/OL］.（2015-12-01）[2016-01-01].http：//www.gz.gov.cn/zwgk/fggw/zfgz/content/mpost_4756895.html.
2. 深圳市人民政府. 深圳市人民政府关于推进土地整备工作的若干意见［EB/OL］.（2011-07-06）[2024-05-24].https：//www.sohu.com/a/203641753_697424.

2. 强化上层体制政策建设

党的十八大报告明确提出"大力推进生态文明建设",体现了城镇空间应优化生态整治,科学发展、生态和谐、环境优美的内涵。党的十八届三中全会对中国特色社会主义生态文明建设进行了新部署,强调要用制度来保障生态文明建设,对生态文明的制度进行了构建。尤其《中共中央关于全面深化改革若干重大问题的决定》中"健全自然资源资产产权制度和用途管理制度"的提出,针对自然资源的管理制度、自然空间的规划制度和监管体制、自然资源的确权制度等体制建设提出了要求。

城镇空间中的"划定生态保护红线"主要是对水土、资源、环境等划定"底线",加强生态保护。具体包括"主体功能制度""空间开发制度",以及"生态环境遭受损害后的责任追究机制"等。此外,应实行"资源自愿有偿使用制度和生态补偿制度",党的十八届三中全会明确提出要健全自然资源资产权制度,与自然资源相关的产品价格必须改革,从而适应加强生态文明建设和保护、修复生态环境成本的需要。

3. 加快生态治理科技创新

加快土地科技创新,为提升生态系统服务注入新动能。加强国土综合整治与生态系统服务相关作用机制与集成评估方法、生态系统服务与国土综合整治科学决策的整合途径等方面的研究,完善国土领域的部重点实验室和野外科研基地体系建设,加快推进进入国家层面的科技创新体系,增强服务国土综合整治的科技创新能力。积极参与生物多样性和生态系统服务政府间科学政策平台(IPBES)等土地和生态等领域的国际合作组织,吸收国外先进理念和技术方法,增强国土综合整治提升生态系统服务的能力[1]。

7.7 国土空间的修复与管理

7.7.1 国土空间修复的基本内涵

国土空间生态系统是由土地、江河、湖泊、湿地、农田、山川、森林、草原、生物、生命和空气等多要素,按照特定的空间结构组成的一个大系统。本章所指

---

1. 蒋文彪.深入学习习近平总书记关于网络强国的重要思想,全面贯彻落实自然资源部信息化建设总体方案[J].国土资源信息化,2020(1):3-6.

的国土空间修复，主要是指国土空间系统的生态与功能修复。国际生态修复学会（SER）自 20 世纪 90 年代起至 2004 年曾就生态修复定义展开过几次大讨论，对生态修复的概念从最初的强调修复为主，到强调生境的改变甚至创造，此外还增加了系统的思维。目前广泛接受的是 2004 年国际生态修复学会给出的定义，即是协助已遭退化、损伤或破坏的生态系统恢复的过程。

国土空间修复充分体现了中国古代哲学思想，并很好地融入了现代系统发展思想。实现这一宏伟目标，需要遵循世间万物的发展规律并采用适合这种规律的方式方法。大力推进国土空间修复是生态文明建设的必经之路，亦是国家生态安全战略的保障。中国早期生态修复工作的核心对象是受污染的环境，多以某一具体或特定的山、水、林、田、湖、草等实体形式出现。"就事论事"是多数早期生态修复工程实践的指导思想。在国家宏观整体生态文明建设的大背景下，生态修复工作的关注重点从单一的环境污染治理向生态系统整体的结构、功能以及服务提升转变。随着生态修复内涵的演变，国土空间系统修复应运而生。

实施国土空间生态修复主要是针对部分地区不同程度的生态环境压力大、生态系统服务功能退化、地质灾害点多面广频发、自然资源退化与污染、海洋生态环境被破坏等问题，加快构建国土空间内生态安全格局，加强生态基础设施建设，提高国土空间生态承载能力。国土空间生态修复不再简单地追求以最低耗费使修复对象达到最佳修复效果，而是考虑不同尺度范围内的生态结构完整、功能完善、生态完备，或是激活区域内生态潜力，依靠生态系统本源力量自我恢复，抑或借助人工手段优化国土空间要素，实施重大生态工程。国土空间系统修复目标不仅仅限于已发生的生态系统危险区域，对于即将或者可能即将发生的区域也应给予足够重视；要保障其整体性特质，"天人相应、形神兼具"，需考虑到国土空间是一个综合有机整体，各国土空间要素要在修复过程中服务于同一修复目标；要保障其平衡性原则，"调整阴阳、补偏救弊"，根据各国土空间要素的均衡设置进行布局，互为补充；要保障其辩证性，"动静有常、和谐适度"，强调各国土空间要素的客观本质，要注重要素表现形式和内容的统一，从个体联系、联结、产生和消失等方面去考察要素功效和适度搭配。

7.7.2　国土空间修复的内涵、对象、目标与性质

1. 基本内涵

国土空间生态修复的基本内涵可表达如下：它是为实现国土空间格局优化、生态系统健康稳定和生态功能提升的目标，按照山水林田湖草是一个生命共同体的原

理，对长期受到高强度开发建设、不合理利用和自然灾害等影响造成生态系统严重受损退化、生态功能失调和生态产品供给能力下降的区域，采取工程和非工程等综合措施，对国土空间生态系统进行生态恢复、生态整治、生态重建、生态康复的过程和有意识的活动。它在查明国土空间生态系统病症、病因和病理的基础上，进行物种修复、结构修复和功能修复。

2. 修复对象

狭义国土空间修复的对象主要是受损生态系统，修复目的是维护国土空间生态系统的整体平衡和可持续发展，采取的路径包括自然修复和社会修复的双重修复。例如陡坡地水土流失的生态修复，既包括退耕还林还草的"结构调整"和"生态移民"等社会修复，也包括植树造林等自然修复。再例如采煤塌陷地的生态修复，既包括对因采煤塌陷而受污染土地的环境修复以及生态破坏的修复，也包括对由此引发的失业、经济转型等的社会修复。国土空间生态修复具有修复规模大、区域性强、工程类型多、技术复杂、修复时间长、治理措施综合和综合效益显著等基本特点，是国家可持续发展的重要战略之一。

3. 修复目标与基本性质

从总体上看，国土空间修复的目标是生态系统整体平衡，而不是针对环境要素进行的技术主义治理。因此，国土空间修复具有以下基本性质：

1）**系统性**

国土空间生态修复包括生态、经济、社会修复等多层含义，最终要求实现区域内生态、经济、社会的协调统一发展。

2）**整体性**

改变传统单一治理手段导致的割裂模式，将各个方面需求统一纳入国土空间生态修复的内涵中，强调"山水林田湖草"的整体保护与系统修复。

3）**综合性**

涵盖国土空间内的所有自然资源，将所有自然资源纳入修复范畴，调和趋于失调的人地关系，整合现有分散的自然资源治理手段，推进生命共同体综合治理修复。

4）**地域性**

地域分异规律导致的地域间自然资源本底、社会经济差异、生态足迹和资源承载能力的不同，使得生态保护与修复侧重点各异，需要因地制宜，采取适地、适时、适宜的国土空间生态修复手段才能予以有效解决。

5）尺度性

与一般的主要集中于地块层面的环境生态修复不同，国土空间生态修复具有显著的尺度性。不同的国土空间尺度，有不同的国土空间生态修复内容。例如在国家尺度，主要是对影响国家安全、跨省区、江河流域等大尺度生态系统受损问题进行修复，多年来国家实施的"三北"防护林工程、黄河上中游水土流失区重要防治工程、京津风沙源治理工程等都是国家尺度的国土空间生态修复；在地方尺度，主要是针对小流域、功能区和社区等尺度的生态系统受损问题进行修复；在地块尺度，主要是以国土空间规划的单元为对象，进行土地生态系统受损修复。

国土空间生态修复需要充分认识地球生态系统的基本属性，如生态系统的结构与功能、物理化学环境、生态系统中动植物群落的演替规律，以及生态系统的优势物种或旗舰物种，还需要认识生态稳定性、生态可塑性及生态系统的稳态转化等。需要在对国土空间生态系统的结构、功能及影响生态系统结构功能的物理过程、化学过程和生物过程进行充分分析研究后，制定出科学的国土空间生态修复方案。在一般意义上，国土空间生态修复关键的第一步，就是要通过结构调整和布局优化，首先停止引起生态系统功能失调或退化的人类扰动活动，以充分发挥生态系统的自我修复能力。

4. 国土空间修复概念辨析

1）生态修复与环境修复

国土空间生态修复与通常所说的环境生态修复具有以下重要区别。

空间尺度性： 国土空间生态修复具有从全国、区域、地方、村庄、农田等不同尺度，而环境生态修复通常不具有这种空间尺度性，大多集中在场地和地块层面。

区域整体性： 国土空间生态修复以山水林田湖草生命共同体为整体修复对象，重视源头控制，而不是末端治理。

推进层级性： 国土空间生态修复具有由低级向高级，例如分为一级、二级至五级等多层级目标不断推进的特征，是一个持续推进的动态过程。

措施综合性： 国土空间生态修复涉及面广，修复工程类型多，生态系统功能复杂，须综合运用工程措施和非工程措施，后者包括规划、权属调整、政策制度创新等。

2）生态修复与生态恢复

国际生态修复学会针对生态恢复先后提出了四个不同的定义，最新的定义认为生态恢复是修复由于人类活动引起的原生生态系统生物多样性和动态损害，包括帮助恢复和管理原生生态系统的完整性过程[1]。从英文使用上看，生态恢复通常使用

---

1. 艾晓燕，徐广军. 基于生态恢复与生态修复及其相关概念的分析 [J]. 黑龙江水利科技，2010，38（3）：45-46.

"ecological restoration",生态修复通常使用"ecological remediation",但自从生态恢复提出以来,恢复和修复的概念就交替出现在相关的文献中。

最初的研究者将生态恢复定义为回到生态系统干扰前状态,而生态修复被定义为部分地返回到生态系统受干扰前的结构和功能,其实二者并没有本质上的区别,对象都是退化、受损或毁坏的生态系统,目标都是回复到生态系统干扰前的某种状态。它们都是指对生态系统停止人为干扰,以减轻负荷压力,依靠生态系统的自我调节能力与自组织能力使其向有序的方向进行演化,或者利用生态系统的自我恢复能力,辅以人工措施,使遭到破坏的生态系统逐步恢复或使生态系统向良性循环方向发展。

3)生态修复与国土整治

在阐述国土空间生态修复的概念内涵时,不能回避的一个重要问题是,它与国土综合整治的关系。根据2018年的国务院机构改革方案,国务院组建自然资源部,下设国土空间生态修复司。该司承担国土空间生态修复政策研究工作,拟订国土空间生态修复规划;承担国土空间综合整治、土地整理复垦、矿山地质环境恢复治理、海洋生态、海域海岸带和海岛修复等工作;承担生态保护补偿相关工作;指导地方国土空间生态修复工作。可见,按照行政隶属关系的划分,国土综合整治隶属于国土空间生态修复。但是,从科学内涵界定的角度看,有必要进一步阐明两者的复杂关系。

从总体上看,国土空间生态修复的对象主要是生态系统,而国土整治的对象除了生态系统以外,还有生产系统和生活系统。国土整治是一种概括性的概念,它包括土地整治、矿山复垦、海岸带整治、地质灾害整治、江河整治、流域整治等不同类型,其中土地整治又包括农地整治、村庄整治、城镇工矿用地整治等。目前在政府的官方文件和不少研究文献中多使用国土综合整治的概念,认为国土综合整治就是采取综合措施对某一空间范围内国土进行开发、利用、整治、保护的全部活动。

7.8 国土空间修复的科学范式探索

7.8.1 国土空间系统修复的技术范式

针对国土空间的多尺度、多层次复合生态系统特点,关于国土空间系统修复的理论认知与技术范式,有着多样的探讨(图7-3)。

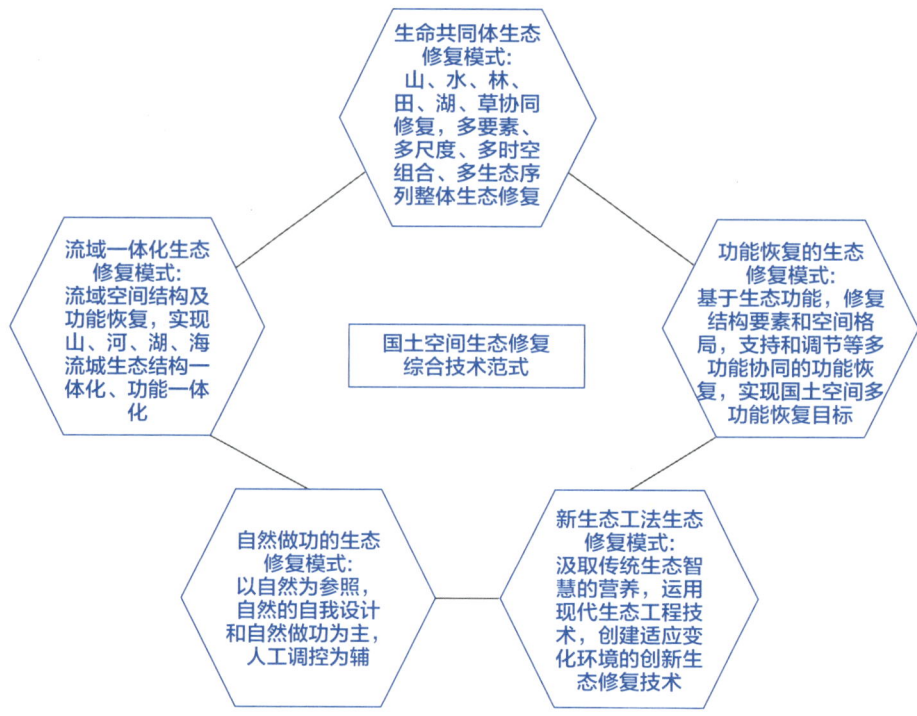

图 7-3　国土空间生态修复综合技术范式
资料来源：袁兴中，陈鸿飞，扈玉兴.国土空间生态修复：理论认知与技术范式［J］.西部人居环境学刊，2020，35（4）：1-8.

1. 多尺度、跨学科的流域一体化生态修复

国土空间是具有多维时空尺度的生态学嵌套体，这种多维时空尺度的生态学嵌套在流域等级上表现更为典型。流域是一个多空间尺度、多等级序列的复杂环境系统。

从生态学结构及功能完整性的角度，在流域尺度上的生态修复，涉及河流小生境、河区、河段、上下游、全流域的不同空间尺度，形成一个生态学等级序列，在不同尺度和不同等级的流域生态空间，按照多尺度、跨学科原则，能有效实现尺度转换与综合修复相结合。将生境、河区、小流域等微观尺度水平上的生态修复，与河段、上游、中游、下游等中观尺度上的生态修复，同全河段及全流域等宏观尺度上的生态修复有机结合起来。将中小尺度上的恢复生态系统，整合到流域尺度的大的景观空间中，并将不同空间尺度和生态等级序列的生态结构通过理化过程、水文过程、地貌过程、生物过程等相互作用，最终实现多尺度、跨学科的流域一体化生态修复。

2. 多要素、多时空组合的生命共同体生态修复

多要素、多时空组合的生命共同体生态修复，是国土空间生态修复的重要技术范式。在国土空间中，"山"是生命共同体的生态源（这里的生态源系指物种

源、营养物质源和水源），水是流域生态系统功能联系的媒介，林、草是生物产品的生产者，林、草既是生物多样性的摇篮，也是山与水之间有机联系的生态廊道（图7-4）。人的健康生存与山水林田湖草各要素密切相关，协同共生。

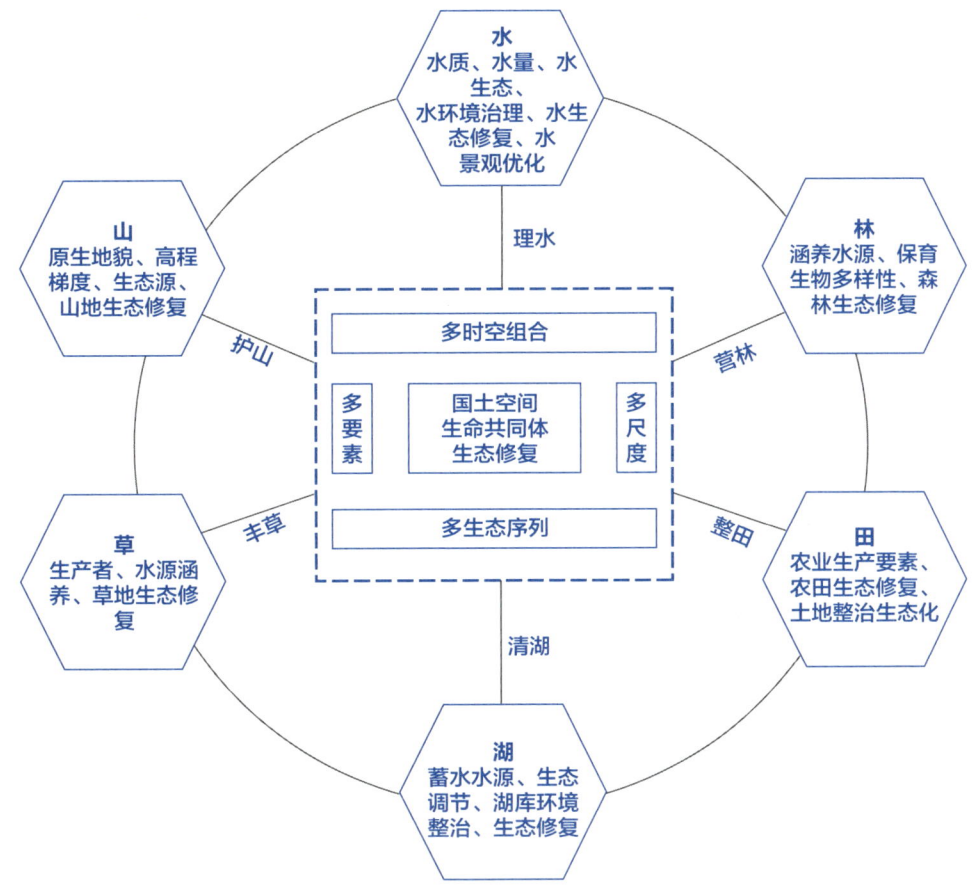

图7-4　多要素、多时空组合的生命共同体生态修复模式图
资料来源：袁兴中，陈鸿飞，扈玉兴．国土空间生态修复：理论认知与技术范式［J］．西部人居环境学刊，2020，35（4）：1-8．

在国土空间生态修复中，要注重山水林田湖草生命共同体的保护和生态修复，加强山水林田湖草各要素的统筹协调，护山、理水、营林、整田、清湖、丰草。护山之形，理水之韵，营林之绿，整田之美，清湖之洁，丰草之茂，以江河为核，以林草田园湿地为基，恢复空间结构上的连续整体和生态功能上的连续整体。注重山与林、林与水、林与草的关系，重点保护和建设好江河干支流、湖库周边的森林和草地，实现以林养水、以水保湿，构建国土空间的绿色发展本底。

3. 自然做功为主、人工调控为辅的生态修复

多种因素的长期不利作用是引起生态系统退化的原因，导致原有生态系统组成

要素的丧失。有时一个退化生态系统的发展轨迹完全被阻止，通过自然过程进行恢复似乎会无限期地推迟下去。在这种情况下，生态修复的目标就是引导或者促进生态系统恢复既定的发展轨迹。当期望的恢复轨迹实现后，该生态系统就不再需要外界协助来确保其以后的健康和完整性。

自然生态系统具有强大的自我修复能力。国土空间生态修复强调对自然生态系统自我修复能力的利用，通过减少或去除人为干扰，实现生态系统结构与功能的恢复。对于退化严重或破坏较大的生态系统，单独依靠自我修复难以实现恢复目标，可进行适度的人工干预及辅助恢复措施，以促进自然生态系统的恢复。

当然，恢复生态系统通常还需要持续的管理来抵制外来物种入侵，抵消人类活动、气候变化和其他不可预测事件的影响。在这一方面，恢复生态系统和同类型的未受损生态系统没有区别，即都需要采取一定程度的生态系统管理措施。因此，从这个角度看，好的生态修复，一定是"自然做功为主，人工调控为辅"的技术范式（图7-5）。

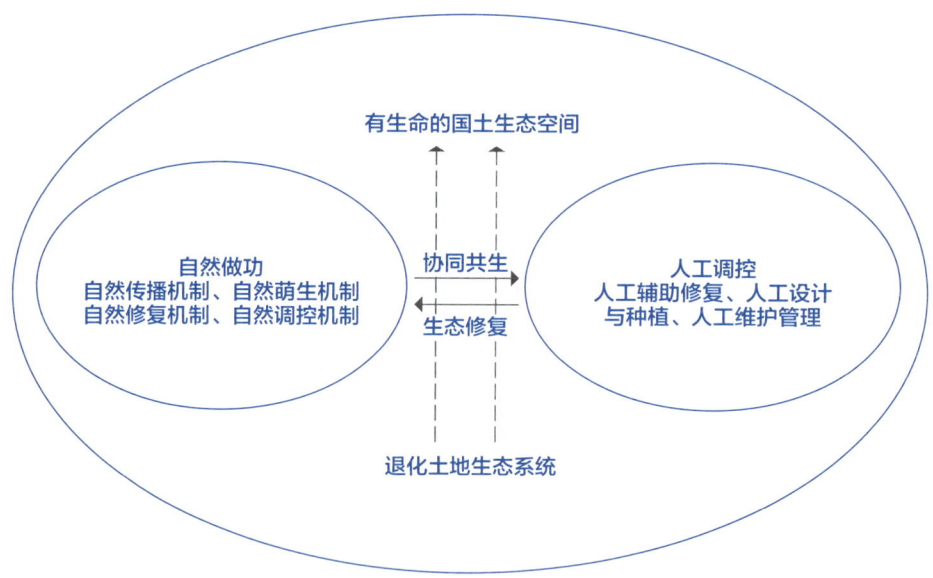

图7-5 自然做功为主、人工调控为辅的生态修复模式图
资料来源：袁兴中，陈鸿飞，扈玉兴．国土空间生态修复：理论认知与技术范式［J］．西部人居环境学刊，2020, 35（4）：1-8.

4. 传统智慧与现代技术有机融合的新生态工程法

从农耕文明到工业文明，再到生态文明，伴随着文明形态的升级进化，生态智慧也经历了一个从自然智慧到传统生态智慧再到新生态智慧的演变进程。传统生态智慧给予国土空间生态修复以巧妙启示，现代生态科学技术与生态工程技术则使生态修复的方法、材料更具有可行性和适应性，如韧性技术和材料在生态修复中的运用等。面对全球变化背景下不断变化的环境，面对极端灾害天气频发的状况，国土空间生态修复必须将传统生态智慧与现代生态科学及生态工程技术有机结合，形成传统智慧与现代技术有机融合的生态修复技术新范式（图7-6）。

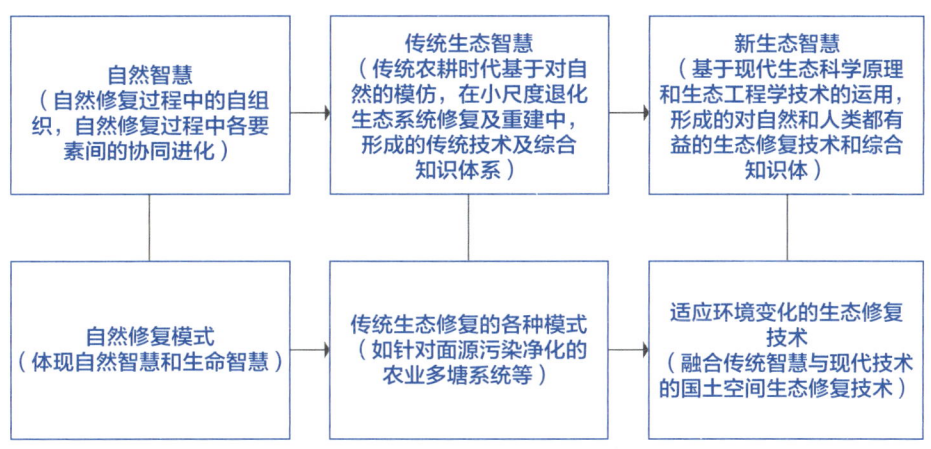

图7-6　生态智慧演进背景下的生态修复技术
资料来源：袁兴中,陈鸿飞,扈玉兴.国土空间生态修复：理论认知与技术范式[J].西部人居环境学刊, 2020, 35（4）：1-8.

7.8.2　山水林田湖草系统修复的综合途径与治理方法

山水林田湖草系统修复是以生命共同体理念为指导，围绕生态环境"整体保护、系统修复、区域统筹、综合治理"的总体要求，推进国土空间生态修复的理论与方法。2020年8月，自然资源部办公厅、财政部办公厅、生态环境部办公厅研究联合印发了《山水林田湖草生态保护修复工程指南（试行）》，指导和规范各地山水林田湖草保护和修复项目实施。

1. 技术流程范式

山水林田湖草系统生态修复的流程一般划分为工程规划、工程设计、工程实施、管理维护四个阶段。工程规划阶段服务于区域（或流域）尺度（landscape scale）的宏观问题识别诊断、总体保护修复目标制定，以及确定保护修复单元和工程子项目布局；工程设计阶段主要服务于生态系统尺度（ecosystem scale）下的各保护修复单元生态问题，并对其进行诊断，进而制定相应的具体指标体系和标准，确定保护修复模式措施；工程实施阶段服务于场地尺度（site scale）的子项目施工设计与实施。管理维护、监测评估与适应性管理、监督检查贯穿于生态保护修复全过程。根据生态保护修复的规模范围、实施期限、自然生态特征、修复条件及难易程度等，可将四个阶段合并或简化（图7-7）。

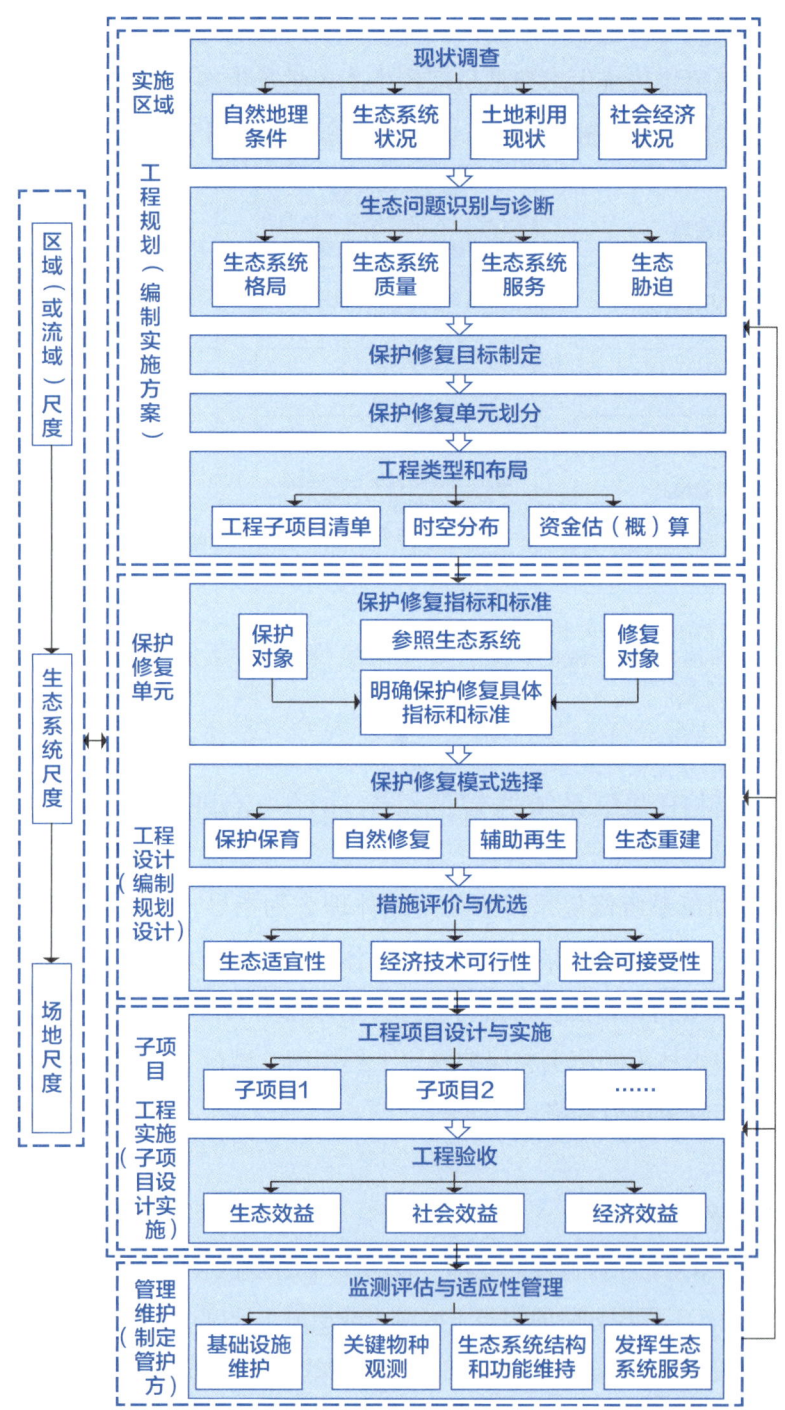

图 7-7 技术流程范式
资料来源：作者自绘

2. 保护修复模式与措施选择

根据现状调查、生态问题识别与诊断结果、生态保护修复目标及标准等，对各类型生态保护修复单元分别采取保护保育、自然恢复、辅助再生或生态重建为主的保护修复技术模式。

1）保护修复模式选择

（1）保护保育

对于具有代表性的自然生态系统和珍稀濒危野生动植物物种及其栖息地，采取建立自然保护地、去除胁迫因素、建设生态廊道、就地和迁地保护及繁育珍稀濒危生物物种等途径，保护生态系统完整性，提高生态系统质量，保护生物多样性，维护原住民文化与传统生活习惯。

（2）自然恢复

对于轻度受损、恢复力强的生态系统，主要采取切断污染源、禁止不当放牧和过度猎捕、封山育林、保证生态流量等消除胁迫因子的方式，加强保护措施，促进生态系统自然恢复。

（3）辅助再生

对于中度受损的生态系统，结合自然恢复，在消除胁迫因子的基础上，采取改善物理环境、参照本地生态系统引入适宜物种、移除导致生态系统退化的物种等中小强度的人工辅助措施，引导和促进生态系统逐步恢复。

（4）生态重建

对于严重受损的生态系统，要在消除胁迫因子的基础上，围绕地貌重塑、生境重构、恢复植被和动物区系、生物多样性重组等方面开展生态重建。生境重构关键在于消除植被（动物）生长的限制性因子；植被重建则要首先构建适宜的先锋植物群落，并在此基础上不断优化群落结构，促进植物群落正向演替进程；生物多样性重组的关键是引进关键动物及微生物实现生态系统完整食物网构建。

2）措施评价与优选

根据当地的自然状况、生态适宜性、立地条件、施工季节和施工工艺的难易程度等，充分吸收相关领域专家与本地居民的知识与经验，充分考虑当地居民的利益、权益与满意度，设计多个备选方案，分析措施实施的生态适宜性、优先级和时机。从生态环境影响与风险、经济技术可行性、社会可接受性等方面综合评价，可开展修复方法模拟预测，筛选相对最优的生态保护修复措施和技术。

7.9 国土空间修复的主要内容

7.9.1 国土空间生态安全格局修复

生态安全格局以景观生态学理论为基础，对保护和恢复区域生物多样性、维持生态系统结构和过程的完整性以及改善区域生态环境具有显著意义。构建生态安全格局逐渐成为国土空间生态修复的重要抓手。国土空间生态安全格局修复就是针对国土空间格局受损和退化的状态，通过结构、强度、用途、布局等方面的生态修复，为水源涵养、洪水调蓄、生物多样性保护等提供更加合理、持续、安全的空间结构，筑牢国家生态安全防线。在中国，生态安全格局是党的十八大报告提出的三大战略格局之一，定义为由景观中的某些关键局部，以及其所处方位和空间联系共同构成的潜在生态系统空间格局。"源地识别—阻力面建立—廊道构建"已成为生态安全格局研究的一般范式，契合国土空间治理从"被动修复"向"主动适应"的转变需求，形成了基于结构完整性、功能稳定性、空间连通性的一体化景观优化途径。优化生态安全屏障体系、分区分类开展受损自然生态系统修复、建设生态廊道、开展重要栖息地恢复和废弃地修复等是国土空间生态修复的重点。

1. 结构生态修复

从空间结构来看，生态源地是维持国土空间生态安全的核心区域，生态廊道则是促进生态系统物质与能量流动的连通性通道，而生态网络则是"源"和"廊"在空间上的集结。

国土空间生态安全格局理论通过点、线、网模式形成基本生态骨架，网中的薄弱环节即推动生态修复的关键所在。根据物种生存基本法则，其在"源"之间迁移一般都会选择向生境最适宜的方向扩散，换言之即迁徙阻力最小的方向。因此，生态累积阻力越小的区域理越应当得到优先修复。只有对这些区域优先开展生态修复，才能更好地推动国土空间生态安全格局塑造目标的实现。

生态累计阻力值是进行国土空间生态修复分区的关键量化因素。根据研究对象的土地利用变化空间数据，利用生态累计阻力值作为量化分级依据，通过定量与定性相结合的方法，最终可针对研究对象的国土空间全域划分出生态修复核心区、关键区、调节区和双修区等类型。

核心区主要包括生态源地和生态廊道，是国土空间生态安全网络的基本骨架，其修复应以保护和保育为主，重点实施提质性生态修复工程。关键区则是生态源地之间维持物种生存和迁徙的重点地带。如果该区域内国土空间生态品质较低则应优先修复，修复方式以山、水、林、草、海生态复原为主。调节区是城市群与生态源之间的过渡性地带，往往以农业生产为主，可结合农业现代化建设开展综合性整治修复。双修区则是城市群及其发展的前沿地带，宜纳入到城市双修（指生态修复、城市修补）模式中统筹开展。

2. 强度生态修复

强度生态修复是指在生态修复过程中，根据生态系统的退化程度和恢复力，采取不同程度的人工干预措施，以加速和促进生态系统的恢复。这包括从保护尚未退化的生态系统（保育保护），到辅助正在退化的生态系统恢复（自然恢复和辅助修复），再到重建已经严重损毁的生态系统（生态重建）的不同层级。生态恢复研究的主要目标是恢复被损害的生态系统到接近于它受干扰前的自然状况，即重建该系统受干扰前的结构与功能。大自然具有很强的恢复能力，能够逐渐恢复并实现生态系统的各种功能。

3. 布局修复

优化生态空间格局配置，能够促进生态修复工程从多、乱、散向系统化、网络化转变。由于地球表层系统等级组织的复杂性，不同尺度国土空间面临不同的生态环境问题，其社会过程与生态过程的作用关系也各不相同，国土空间生态修复需面向生态、经济、社会问题与目标，构建国家、区域、局地等多等级的生态安全格局，对应"五级"国土空间规划形成不同层级的国土空间生态修复网络体系。

4. 生态安全防线

将生态保护红线、永久基本农田、城镇开发边界三条控制线（以下简称"三条控制线"）作为调整经济结构、规划产业发展、推进城镇化不可逾越的红线。结合生态保护红线和自然保护地评估调整、永久基本农田核实整改等工作，海陆统筹，确定省域三条控制线的总体格局和重点区域，明确市县划定任务，提出管控要求，将三条控制线的成果在市县乡级国土空间规划中落地。

5. 生态补偿

生态补偿建立了从生态系统服务消费者向生产者的负向联系，并与生态系统服务流的正向联系一起构成完整闭合的链条，是实现国土空间生态修复效用长期稳定发挥的有效操作路径。目前，生态补偿多应用于水体、耕地和林地的生态修复，且局限于植被和水体的保护恢复，欠缺对土壤、大气等领域的关注。面向景观可持续性的国土空间生态修复应从生态产品多维价值永续发展的视角出发，推动流域上下游、跨流域和行政区间的生态补偿，进而同步协同环境保护、生态修复和社会经济发展。

7.9.2 国土空间生态基础网络修复

生态系统基础网络是维护生命土地安全和健康的关键性空间基础，是城乡居民获得持续的自然生态系统服务的基本保障。生态廊道、绿道和遗产廊道等都是重要的生态系统基础网络。在自然地理、文化与文物保护研究积累的基础上，识别出在国家尺度上具有重要意义的自然廊道系统和文化廊道系统，提出了初步的"国土生态安全格局"，这个"格局"可以看作是国家生态基础设施或者国家绿道系统的基本骨架。

1. 生态廊道

生态廊道是具有保护生物多样性、过滤污染物、防止水土流失、防风固沙、调控洪水等生态服务功能的廊道类型。生态廊道主要由植被、水体等生态性结构要素构成，它和"绿色廊道"表示的是同一个概念。建立生态廊道是生态修复的重要方法，是解决当前人类剧烈活动造成的景观破碎化以及随之而来的众多环境问题的重要措施。生态廊道主要充当"线"的角色，发挥的是连接各核心区域、缓冲带的作用，具有连接度和连通性两种特性。它从功能角度可以被定义为一种功能上的联系，可帮助濒危物种顺利扩散和迁徙，从自然结构角度则可以被定义为一种核心区域之外的景观结构，具有景观渗透的连接作用，维持或重建了自然的连续性。

2. 生态网络

生态网络可以被定义为由自然保护区和其间的连线所组成的系统，这些连接系统可以把破碎的自然系统联系起来，具有支持生物多样性的功能。它为生活在城市中的动植物提供质量更好的栖息地，并确保不同群落之间能够进行交流；维持城市中物种的多样性，保护本土动植物物种；保障自然生态系统的物质能量循环不被打断或阻碍。保护自然景观风貌等生态网络，应通过缓冲带的环境渐变作用，维持自然残留斑块周围的景观过程和要素，防止环境发生突变，例如，滨湖型绿道和沿海岸线绿道等都市型绿道通常可以起到缓冲带的功能。

3. 遗产廊道

遗产廊道是一种新兴的遗产保护方法，它是一种拥有特殊文化资源集合的线性景观，通常具有明显的经济中心、旅游发展、老建筑的适应性再利用、娱乐及环境改善等功能。遗产廊道的概念在美国较为盛行，它是绿色通道发展和文化遗产保护区域化结合的产物，不仅强调遗产的文化意义，还强调其生态价值和经济性，对象由遗产本体向周边生存环境扩展，注重将遗产进行点线面组合保护利用。

遗产廊道的构建是一个综合性的保护措施，强调自然、经济、历史文化三者的平衡。它们可以是河流峡谷、运河、道路以及铁路线等，代表了早期人类的运动路线，并体现了一地文化的发展历程。遗产廊道的尺度可大可小，但通常是中尺度，可以指某一城市中的一条水系，也可以是跨几个城市的水系的部分流域或某条道路或铁路。

在中国，遗产廊道的理念引入相对较晚，但已经有一些实践案例，如京杭大运河的保护与更新设计。此外，遗产廊道的构建也涉及生态保护和文化共生的策略，如徽州遗产廊道网络的构建研究，提出了生态保护与文化共生的空间格局。

7.9.3 国土空间生态景观修复

国土空间生态景观是自然景观、经济景观和文化景观的多维生态网络复合体，是国土空间表层的生态联系。它强调国土空间生态系统内部与外部环境之间的和谐，系统结构和功能的耦合，以及天地生人之间的融洽性。通过对国土空间生态景观破损的修复，提升国土空间生态景观功能，维护国土空间生态景观的健康和美学价值。

1. 自然景观重现

自然景观是天然景观和人为景观在自然方面的总称。天然景观是指受到人类间接、轻微或偶尔影响而原有自然面貌未发生明显变化的景观，如极地、高山、大荒漠、大沼泽、热带雨林或田野以及某些自然保护区等。而人为景观是指受到人类直接影响和长期作用使自然面貌发生明显变化的景观，如乡村、工矿、城镇等地区。

全面评价山脉、森林、河流、湖泊、草原、沙漠、海域等自然景观资源，保护其自然特征和审美价值。将天然景观与人为景观统一纳入省级国土空间规划。

2. 文化景观重构

文化景观是指可以作为景观的人类社会的各种文化现象与以人为事件和人为因素为主的景观。人文景观与自然景观的区别在于人文景观能赋予一个区域区别于其他地区的独特的精神享受。

落实国家文化发展战略，深入挖掘历史文化资源，系统建立包括国家文化公园、世界遗产、各级文物保护单位、历史文化名城名镇名村、传统村落、历史建筑、非物质文化遗产、未核定公布为文物保护单位的不可移动文物、地下文物埋藏区、水下文物保护区等在内的历史文化保护体系，并为其编撰名录。

3. 生物多样性重组

生物多样性重组是指人们科学合理地修复已经退化、损坏或者彻底破坏的生态系统，采取工程和非工程等综合措施，遏制生物多样性下降的趋势，使其得以自然恢复的过程。通过生物多样性修复，使该区域生态环境恢复到原先的或未受损害的、近自然状态，达到维护生态环境平衡和可持续发展目的。构建生物多样性保护网络，为珍稀动植物保留栖息地和迁徙廊道，并合理预留基础设施廊道。

4. 多维生态网络破损的修复

整合修复各级生态网络和破碎生态空间，提高城市绿地、湿地等生态用地间的生态网络完整性，可保障和提高生态基质和生态空间的稳定性，提升生态系统服务供给能力。

7.9.4 国土空间要素综合修复

对国土空间山水林田湖草沙等要素，采取"缺什么补什么、破什么修什么"的思路，统筹各要素进行综合治理。重点开展诸如矿山复垦修复、水土保持、退化土地修复、水环境恢复、地下水整治修复、沙漠化防治、盐碱地治理、生物多样性保护和植被恢复等，让国土空间生态系统的"疮疤"得到系统修复。要有效协调各个修复主体的关系，确保国土空间各生态要素得到系统修复，避免某一生态要素过度修复、其他要素修复不足等现象。

1. 城乡生态系统保护与修复

主要修复对象是城乡居住地生态系统，以人为干扰为主，强度和频率大，变化迅速。城乡居住地生态系统是一个由自然要素、社会要素和人类要素复合而成的网络结构，物质流、能量流、信息流、人口流和价值流都更为复杂，其修复可分为城镇居住地生态修复和乡村居住地生态修复等。以建设"绿色、整洁、舒适"美丽城乡为目标，把脉城乡生态问题，补齐城乡生态质量短板，推动生态修复环境治理从点到面、从主干道向内街小巷延伸，塑造生态良好、美丽宜居、特色鲜明的城乡人居环境。

2. 矿山地质环境复垦修复

主要修复对象是矿山地质生态系统，如矿山环境土体重构工程、景观地貌重塑工程、塌陷地水环境修复工程等。开展矿山地质环境治理、植被恢复或土地复垦、生物多样性重建、区域生态功能修复等治理工作，突出重要生态区以及居民生活区废弃矿山治理，对植被破坏严重、岩坑裸露的矿山加大复绿力度，全面提升矿山地质环境生态系统稳定性和景观性。

3. 水环境和湿地生态保持修复

主要修复对象是陆地水生生态系统，如流域生态修复工程、水环境生态修复工程、湿地生态修复工程等。选择重要的江河源头及水源涵养区、滨海湿地，以重点流域、重要自然保护地为单元，采取工程与生物措施相结合、人工治理与自然修复相结合的方式，开展生态保护和修复。

4. 退化污染废弃地生态修复

主要修复对象是退化土地生态系统，如水土流失生态修复工程、土地沙漠化生态修复工程、土地盐碱化生态修复工程、土地污染生态修复工程、废弃土地生态修复工程等。针对重金属矿山开采和农田农业化肥生产污染，进行调查评估与综合整治，开展风险管控，采取先进工程技术实现源头控制、土壤改良。

5. 海洋海岛海岸带生态修复

主要修复对象是海洋生态系统，如海洋生态修复工程、海岛生态修复工程、海岸带生态修复工程等。建设以沿海红树林、珊瑚礁、海草床、滨海湿地等为主体的沿海生态带，保护海洋生物多样性，提升对珍稀、濒危海洋生物和特色生态系统的保护水平。用好海岸线整治修复和重点海湾整治专项资金，加快开展沙滩整治、岸线修复、围填海项目生态修复等工作。

6. 生物多样性和景观生态修复

主要修复对象是生物和景观生态系统，如生物多样性生态修复工程、景观生态修复工程等。生物多样性保护是国土空间综合整治的重要目标。国土空间综合整治中生物多样性保护具有明显的尺度性，遵循基于自然解决方案（NBS）理念，在区域（或流域）尺度，通过构建核心区、缓冲区、生态廊道和生态节点，形成区域（或流域）生物多样性保护网络；在景观尺度，通过构建多样化、异质化的生态景观，营造良好的生物栖息环境；在场地尺度，针对不同功能空间（农业、城镇、生态），构建生物多样性保护工程体系和技术模式。

7. 国土综合整治修复

与国土空间生态修复相比，国土综合整治主要是"治未病"，即采取相应的措施，防止国土空间生态系统"疾病"的发生发展，更具有综合性、战略性和地域性的特点。国土综合整治主要采用调查、评价、规划、开发、利用、改良、治理、保护等综合措施，对生态系统的功能失调进行恢复，而较少采用直接的物理化学生物措施。通过整治城镇及村庄低效粗放建设用地，调整规模与结构，提高土地利用效率；通过整治保护农用地，提高耕地质量。

7.10 国土空间修复的单元类型与分区策略

7.10.1 国土空间修复的单元类型

国土空间生态修复是我国实行全域国土空间生态系统综合提升的必然需求，对之进行区域划分和实施精准管控是国土空间生态修复格局差异化建设和国土综合整治的前提。需要以地理单元为基础，建立修复单元。主要考虑地貌状况、地表水文过程和主要矛盾等因素，因地制宜地确定县域地理单元。值得注意的是，应剔除与城镇开发边界重叠的修复单元，保证城市适度的发展空间，提高空间利用效率。

修复单元可划分为三类。第一类为自然修复单元，主要涵盖生态保护红线和部分生态极重要区域，以尽可能地恢复自然状态和生态系统整体性为目标，以近自然、生态化为标准，合理选择生态保护或修复技术措施，提倡以生态措施和自然恢复为主，最大程度地减少人为干预造成的不利影响，并配套制定相关管理措施。第二类为框架格局单元，包括重要的生态源地、廊道空间，是构建县域生态安全格局的网络骨架，控制该类单元的新增建设活动，引导植被要素聚集，新建的基础设施工程应尽量采取高架或下穿的方式穿越该区域，避免切分阻隔。第三类为本底修复单元，主要覆盖遥感技术识别的生态修复关键区域，近期应着手结合国土综合整治，开展生态系统修复工程，阻止生态本底继续恶化，守住生态底线，从而有效解决生态修复措施和路径选择问题（表7-3）。

表7-3 生态空间修复的单元类型

单元类型	判定方法	正面清单	对应国土空间用途分区
生态修复单元	生态保护红线、部分生态极重要区	生态保护红线允许的八大类人类活动[1]	核心生态保护区（符合正面清单的用地类型可在单元内保留）
框架格局单元	生态源地、生态廊道、部分生态极重要区	自然修复单元允许的活动；县级以上基础、民生相关设施；不扩大现有规模的农业活动；原住民为维持生活进行的必要的修缮活动；城市连片发展区可以细化廊道图斑，但须预留一定宽度的绿色通廊；生态修复工程；新建的基础设施工程尽量采取高架或下穿的方式穿越该区域	生态保护修复区（符合正面清单的用地类型可在单元内保留）
本底修复单元	生态退化面积占比超过40%的修复单元	自然修复单元、框架格局单元允许的活动；生态修复工程；必要的林地、耕地、水域和湿地优化布局工作	

资料来源：作者自绘

7.10.2 国土空间修复的分区策略

国土空间生态修复分区本质上是一种空间政策表达，其目的在于维护国土空间生态系统健康和安全，最终实现区域可持续发展，即如何布局生态修复分区取决于国土空间生态安全格局的塑造需求。因此，从生态安全格局构建和实现角度进行国土空间生态修复分区是当前的主流技术模式。

1. 基于生态安全格局进行分区

基于遥感影像及GIS空间分析方法，应用生态安全格局研究范式（综合识别生态源地—经井田边界修正生态阻力面—应用电路理论构建生态廊道—判别生态过程

---

1. 自然资源部，生态环境部，国家林业和草原局. 关于加强生态保护红线管理的通知（试行）[EB/OL].（2022-08-16）[2024-10-04]. http://www.mnr.gov.cn.

障碍区），将代表生态修复需求、生态过程难易和生态要素特征的生态源地、障碍区和生态阻力面空间叠加，最终划定生态修复分区。常见的生态修复分区有生态保育区、生态提升区、生态修复区、生态控制区四种。

付凤杰等人基于生态安全格局构建范式，从维护生态系统完整性视角出发，识别国土空间退化、受损斑块，按照保护重要生态空间，整治低效空间，修复退化受损空间的目标，分级分类制定生态修复措施[1]。该研究可为科学确定国土空间生态修复关键区域、统筹谋划生态修复重大工程、实现自然资源优化配置提供参考。通过生态保护重要性、景观连通性、生态功能重要区域和自然保护区四个方面识别生态源地；根据土地利用类型的植被覆盖程度设定阻力值；依据电路理论提取生态廊道，识别研究区域的生态夹点和生态障碍点，利用核密度分析，综合判定生态廊道宽度；提出生态修复策略，优化生态安全格局。

马世发等人以人地系统耦合的国土空间重塑理论为基础，采用景观生态学过程耦合与空间集成的科学模式，论证基于生态安全格局塑造情景模拟的国土空间生态修复分区方案可行性，进一步深化生态安全格局理论在国土空间生态修复分区应用上的认知[2]。通过定量与定性相结合的方法，最终划分出生态修复核心区、关键区、调节区和双修区等类型。其中，核心区主要包括生态源地和生态廊道，是国土空间生态安全网络的基本骨架，其修复应以保护和保育为主，重点实施提质性生态修复工程；关键区则是生态源地之间维持物种生存和迁徙的重点地带，如果该区域内国土空间生态品质较低则应优先修复，修复方式以山水林草海生态复原为主；调节区是城市群与生态源之间的过渡性地带，往往以农业生产为主，可结合农业现代化建设开展综合性整治修复；双修区则是城市群及其发展的前沿地带，宜纳入到城市双修（指生态修复、城市修补）模式中统筹开展。

2. 基于生态空间进行分区

深化生态空间分类分区。完善统一国土空间规划体系，明确生态空间边界。在衔接整合上位规划的基础上，根据综合统筹生态环境地域分异规律、生态敏感性、生态服务功能和生态脆弱区/退化区评估等评价结果，划分生态保护修复分区。

---

1. 付凤杰，刘珍环，刘海.基于生态安全格局的国土空间生态修复关键区域识别：以贺州市为例[J].生态学报，2021，41（9）：3406-3414.
2. 马世发，劳春华，江海燕.基于生态安全格局理论的国土空间生态修复分区模拟：以粤港澳大湾区为例[J].生态学报，2021，41（9）：3441-3448.

3. 基于主导生态功能进行分区

国土空间生态修复分区从"自上而下"和"自下而上"两个角度开展。"自上而下"从宏观的研究区域出发，逐步向下开展分区，从宏观上和整体上把握研究区域的地域分异规律，不足之处是分区单元的边界难以确定。"自下而上"从区划评价单元出发，逐步开展归类合并，最终得到分区结果，具有分区界线易于确定的优点，但也存在分区对象难以充分结合的难点。具体实践中，一般采用两种形式相互结合的方式，发挥不同模式的优点，克服不同模式之间的缺点。总体上，"自上而下"注重总体格局的把握，保障区划结果的相对一致性，使用在大范围和大尺度上的区划，如按照海拔、地貌、气象、植被类型等因素进行的一级分区；在遵循"共轭性原则"的基础上，采用"自上而下"与"自下而上"相结合的方式进行二级分区与三级分区。根据一级分区成果，在保证低级区划单元完整性的前提下，进一步按照主导生态功能和生态退化问题进行二级和三级分区的确定。省级国土空间生态修复分区可以"一区类型 + 二区类型 + 三区类型"的规则进行命名[1]。

4. 基于自然地域单元进行分区

从自然地域单元的整体性出发，明确国土空间生态保护和修复的重点区域，守住自然生态安全边界。自然生态安全边界往往与行政边界并不重合，尤其是发挥重要生态安全屏障功能的大型自然地域单元往往是跨省域的，这就需要国土空间生态修复对国家尺度生态安全战略格局有明确的把握，需要在坚持实施主体功能区战略的过程中进一步细化国土生态安全格局，形成我国自然生态安全格局的基本构架，为国土空间生态修复提供总体布局指引。

7.11 国土空间修复的技术支撑

7.11.1 国土空间修复的总体技术模式

根据"自然恢复为主，人工修复为辅"要求，根据现状调查、生态问题识别与诊断结果、生态保护修复目标及标准等，对国土空间各类型生态保护修复单元宜分

---

1. 一级区命名：代表性地域、地形或区域气候 + "生态修复区"；二级区命名：代表性地域名称 + 主导生态功能 + "生态修复区"；三级区命名：代表性地域名称 + 主导生态功能 + 生态修复模式 + "生态修复区"。

别采取以保护保育、自然恢复、辅助再生或生态重建为主的保护修复技术模式。具体要求是对于具有代表性的自然生态系统和珍稀濒危野生动植物物种及其栖息地采取以保护保育为主的措施；对于轻度受损、恢复力强的生态系统采取自然恢复为主的措施；对于中度受损的生态系统，结合自然恢复采取辅助再生措施；对于严重受损的生态系统需进行生态重建。

1. 土方施工工程技术

国土空间生态修复中的土方施工主要是指消除地质灾害隐患的削坡工程、农田平整工程、道路与沟渠等配套设施的土方开挖等涉及土方挖填的地貌重塑施工。在土方施工中，首先要进行土方量计算，可以采用方格网法计算所需土方量。在确定土方量之后，要进行土方调配的方案设计，以确定挖、填方区土方的调配方向、调配量及运输距离，通过多方案的比较，从中选出经济效率较优的土方调配方案。同时，土方施工方案应初步拟定生态环境防护措施，防止挖填土方对生态完整性的破坏，以及防止土方废弃物随意堆占破坏生物生境。

2. 地力修复工程技术

对于国土空间生态修复中的农用地整治内容，要加强农地肥力的培育、保护和修复。地力修复技术应优先采取生态化修复技术，按照土壤理化性状和培肥特点，采用物理和生物手段，保护土壤耕作层，并逐步用绿色化、生态化的育肥和种植模式代替化肥使用。提高土壤有机质含量，大力推广绿肥，通过适宜的作物种植还田，改善土壤结构，增加土壤养分含量，增强农地的生产能力。

3. 污染修复工程技术

国土空间生态修复中要加强对土壤污染的修复，积极实施土壤改良工程和污染修复工程。在全面查清区域污染源和土壤污染状况的基础上，重点做好土壤污染源防控，有效治理点源污染，控制面源污染，防止污染物进一步扩散及耕地质量连片下降。对已污染的土壤，按污染物质成分和组合关系，有针对性地采用工程措施、化学措施、生物措施，如污染土壤的剥离深埋，或采用土层深翻，或通过化学物质来消除、降低污染土壤的污染程度。各种污染防治措施的施工工艺和要求不同，应加强研究和实践经验总结、推广。

污染防治工程竣工后还应注重土壤质量动态、连续检测，防止出现二次污染。

同时，结合地方实际，开展耕作层剥离再利用工程，减少建设项目对耕作土壤的占用和破坏，保护和再利用优质土壤，实现高质量土壤的空间转移。

7.11.2 村庄生态修复技术

村庄生态修复包括田园、沟渠、道路、森林、湿地、河流、村落等生态系统的修复。其工程技术主要包括乡村景观生态修复工程技术、田园景观生态修复工程技术、森林生态系统修复工程技术、生物栖息地生态修复工程技术、河流水系生态修复工程技术等。

其重点有三项：①对原有植被种类进行保护，丰富植被类型，保护传统村落的山水林资源，保持生态平衡；②推进河流水系整治保护，坚持人与自然和谐为本、可持续发展的原则，着力推进河流水系综合治理，持续改善水生态环境和水文景观，维持"水清、面洁、岸绿、有景"的河道水环境面貌；③加强耕地保护，农耕文化是古村落曾经的辉煌历史的体现，农村与农地是密不可分的，加强村庄周边农地的保护和生态修复，使得数百年来农村日出而作、日落而息的农耕文明得以传承与延续，也是对村庄进行保护和修复的重要内容之一。

7.11.3 城市生态修复工程技术

由于自然要素在城市生态系统中所占的比例很低，而且人类在生产活动和日常生活中所产生的大量废弃物不能完全在本系统内分解和再利用，城市通常会产生热岛效应、湿地面积减少、地下水水位下降、污染严重等一系列生态问题。国土空间的城市生态修复工程技术重点围绕水系、森林和生态网络的修复而展开。原则上，森林的生态修复要尽量建设成近似于圆的形状，这是因为带状绿地的自我更新和长期保留在生态学上较为困难。

7.11.4 矿区土地修复工程技术

可采用采复一体化（边采边复）理念与技术、土壤重构充填复垦技术、采煤沉陷地治理技术、煤矸石山生态修复技术、露天矿复垦技术，以及金属矿山的自然、生物、土壤、化学等生态修复技术。

7.12 国土空间修复的管理

7.12.1 国土空间修复的管理原则

树立"山水林田湖草"是一个生命共同体的理念，统筹考虑自然生态各要素、山上山下、地上地下、陆地海洋以及流域上下游，并进行整体保护、系统修复和综合治理。"山水林田湖草"生命共同体的核心要义就是从过去的单一要素保护修复，转变为以多要素构成的生态系统服务功能提升为导向的保护修复。因此，要按照生态系统的整体性、系统性及其内在规律，统筹开展各类自然资源的整治修复工作。需要顺应自然资源从单一管理向系统管理的转变，坚持统筹管理与分类管理相结合，不断提高自然资源的统一管理和系统治理能力。

1）自然恢复为主，人工修复为辅

保护生物多样性与生态空间多样性，加强区域整体保护和塑造。根据生态系统退化、受损程度和恢复力，合理选择保育保护、自然恢复、辅助再生和生态重建等措施，恢复生态系统结构和功能，增强生态系统稳定性和生态产品供给能力。

2）问题导向，科学修复

追根溯源、系统梳理隐患与风险，对自然生态系统进行全方位生态问题诊断，提高问题识别与诊断精度。按照国土空间开发保护格局和管制要求，针对生态问题及风险，充分考虑区域自然禀赋，因地制宜开展保护修复，提高修复的科学性和针对性。

3）经济合理，效益综合

按照财力可能、技术可行的原则，优化工程布局、时序，对保护修复措施进行适宜性评价和优选，提高工程效率，避免相关专项资金重复安排，实行低成本修复、低成本管护，促进生态系统健康稳定、可持续利用与价值实现，实现生态、社会、经济综合效益。

4）落实国土空间用途管制要求

严守生态保护红线、永久基本农田、城镇开发边界三条控制线，按照规划确定的用途分区分类开展国土空间修复工作。生态空间要维护自然生态系统的原真性，尽量减少人为扰动。涉及城镇空间或者其他空间的保护修复，要依托现有山水脉络形成城乡连通的生态网络，增强生态、农业、城镇空间的连通性。

5）确保生态安全，突出生态功能

尊重自然风貌、合理配置自然资源和生态要素，优化区域国土空间格局，提高国土空间韧性，保障国家和区域生态安全；聚焦于生态系统受损、开展修复最迫切的重点区域和工程，以生态系统结构和功能修复为重点，提升生态功能。

6）以本地适宜的生态系统为优先参考标准

结合国家、行业及地方相关标准，充分考虑需要修复的生态系统本底状况、参照生态系统的属性特征以及未来环境变化因素等，全面诊断生态问题，制定适宜本区域自然环境的保护修复目标。优先选择适宜本地的修复措施、技术，原则上使用本地物种，不使用未经引种试验的外来物种。经引进试验有生态风险的外来物种，按照植被地带性分布规律，遵循以水定绿、量水而行原则，宜保则保、宜乔则乔、宜灌则灌、宜草则草、宜湿则湿、宜荒则荒，避免大规模使用单一物种。

7.12.2　设立三级尺度目标的管理体系

根据国土空间系统生态修复的目标和标准，在区域（或流域）、生态系统、场地不同尺度与层级分别设立三级的管理指标体系。

区域（或流域）尺度主要关注保护修复的规模、生态系统类型和规模变化动态、区域完整性与生物多样性、生态廊道、植被恢复、水土流失、河湖水系连通性等。

生态系统尺度主要关注水土环境质量、动植物组成与群落结构、生物多样性特别是关键动植物物种数量与分布变化，以及水源涵养、水土保持、生物多样性维护、防风固沙等关键生态系统服务等。

场地尺度则可根据有关工程标准和要求关注具体工程建设情况。

7.12.3　各修复单元的管理模式与修复措施

基于生态系统服务供需理论，采用层次分析法和逆向分析法，以三级片区为空间单元，以提升生态服务功能、维持生态平衡、改善景观效益为目标，针对各片区突出生态环境问题，提出生态保护修复工程措施，建立片区生态保护修复模式。

7.12.4　动态监测评估与适应性管理

1. 动态监测评估

动态监测评估特指动态的、连续性较强的年度实施评估，根据生态修复目标和标准，在区域（或流域）、生态系统、场地不同尺度与层级分别设立三级监测评估内容和指标。充分利用自然资源调查监测和生态环境监测结果，以及相关部门、科研机构及院校的长期监测数据和研究成果，在项目区建立生态监测点，采用遥感、自动监测、实地调查、公众访谈等方式，开展生态保护修复工程全过程动态监测和生态风险评估。有条件的地区可建立生态监测动态更新数据库，开展工程实施前后自然生态系统服务功能及价值评价。

动态监测评估的推荐指标包括但不限于生态空间格局、植被覆盖、水源涵养、水土保持、生物多样性保护、防风固沙、水环境、土壤环境、固碳指标。各区域的生态监测指标设置应考虑必选指标和特色指标。

2. 适应性管理

针对生态系统不确定性和对生态系统认知的时限性，加强工程实施过程生态监测和评估，在管理中注意措施调整与时机选择。即针对实施过程中出现的问题及时调整技术方案、修复措施等；对生态风险及其措施难以诊断预测的，采取保护保育方式，严防对生态系统造成新的破坏或导致逆向生态演替；对技术成熟、风险可控、结果有效的工程和措施，要及时实施，避免延误时机而致使修复成本增加；对于评估后难以预测后效的工程和措施，要加强研究和实验。

■ 关键术语

国土空间整治、土地整治、生态空间、农业空间、城镇空间、乡村生态治理、国土空间生态系统、国土空间修复、生态安全防线、生态补偿、生态廊道、生态网络、遗产廊道

■ 思考题

1. 概述国土空间整治的主要内容。
2. 概述国土空间修复的主要内容。
3. 概述国土空间修复的技术范式。

参考文献

[1] 国务院.全国国土规划纲要（2016—2030年）[EB/OL].（2017-01-03）[2017-02-04].http://www.gov.cn/zhengce/content/2017-02/04/content_5165309.htm.

[2] 王军,钟莉娜.中国土地整治文献分析与研究进展[J].中国土地科学,2016,30（4）:88-97.

[3] 夏方舟,杨雨濛,严金明.中国国土综合整治近40年内涵研究综述:阶段演进与发展变化[J].中国土地科学,2018,32（5）:78-85.

[4] 汤怀志,郧文聚,孔凡婕,等.国土空间治理视角下的土地整治与生态修复研究[J].规划师,2020（17）:5-12.

[5] 张侃,杨青,宋晗.国土空间规划中综合整治与生态修复机制探讨[C]//中国城市规划学会,重庆市人民政府.活力城乡 美好人居——2019中国城市规划年会论文集（08城市生态规划）.北京:中国建筑工业出版社,2019.

[6] 中共中央,国务院.关于建立国土空间规划体系并监督实施的若干意见[EB/OL].（2019-05-23）[2024-05-22].http://www.gov.cn/zhengce/2019-05/23/content_5394187.htm.

[7] 林坚,吴宇翔,吴佳雨,等.论空间规划体系的构建:兼析空间规划、国土空间用途管制与自然资源监管的关系[J].城市规划,2018,42（5）:9-17.

[8] 自然资源部.省级国土空间规划编制指南（试行）[EB/OL].（2020-01-21）[2024-05-22].http://gi.mnr.gov.cn/202001/P020200120642346540184.pdf.

[9] 吴歆岑.习近平新时代乡村生态治理的重要论述研究[D].扬州:扬州大学,2019.

[10] 温铁军,罗士轩,董筱丹,等.乡村振兴背景下生态资源价值实现形式的创新[J].中国软科学,2018（12）:1-7.

[11] 兰梓睿.补齐农村生态环境治理短板[EB/OL].（2020-09-16）[2023-04-01].https://baijiahao.baidu.com/s?id=1677954021430777236&wfr=spider&for=pc.

[12] 乔海曙,刘佩芝.改革开放四十年生态建设的理论与实践[J].湖南社会科学,2018（5）:28-33.

[13] 国家发展和改革委员会.中华人民共和国国民经济和社会发展第十二个五年规划纲要[EB/OL].（2011-03-16）[2023-10-09].http://www.gov.cn/2011lh/content_1825838.htm.

[14] 王万茂.土地利用规划学[M].北京:科学出版社,2006.

[15] 自然资源部办公厅.自然资源部办公厅关于加强村庄规划促进乡村振兴的通知[EB/OL].（2019-05-29）[2019-06-08].http://www.gov.cn/xinwen/2019-06/08/content_5398408.htm.

[16] 全国人大常委会.中华人民共和国土地管理法[EB/OL].（2019-09-06）[2024-05-23].http://www.npc.gov.cn/npc/c2/c30834/201909/t20190905_300663.html.

[17] 自然资源部,农业农村部.关于加强和改进永久基本农田保护工作的通知[EB/OL].（2019-01-03）[2024-05-23].http://www.gov.cn/gongbao/content/2019/content_5392300.htm.

[18] 安徽省自然资源厅.《自然资源部关于开展全域土地综合整治试点工作的通知》解读[EB/OL].（2019-12-23）[2019-12-23].http://zrzyt.ah.gov.cn/public/7021/115541251.html.

[19] 于法稳.乡村振兴战略下农村人居环境整治[J].中国特色社会主义研究,2019（2）:80-85.

[20] 广州市人民政府.广州市城市更新办法[EB/OL].（2015-12-01）[2016-01-01].http://www.gz.gov.cn/zwgk/fggw/zfgz/content/mpost_4756895.html.

[21] 国土资源部.关于深入推进城镇低效用地再开发的指导意见（试行）[EB/OL].[2023-04-12].http://www.huainan.gov.cn/public/118319848/258087561.html.

[22] 深圳市人民政府.深圳市人民政府关于推进土地整备工作的若干意见[EB/OL].（2011-07-06）[2024-05-24].https://www.sohu.com/a/203641753_697424.

[23] 蒋文彪.深入学习习近平总书记关于网络强国的重要思想,全面贯彻落实自然资源部信息化建设总体方案[J].国土资源信息化,2020（1）:3-6.

[24] 黄民生,何岩,方如康.中国自然资源的开发、利用和保护:第2版[M].北京:科学出版社,2016.

[25] 白中科,师学义,周伟,等.人工如何支持引导生态系统自然修复[J].中国土地科学,2020,34（9）:1-9.

[26] 刘春芳,李鹏杰,刘立程,等.西北生态脆弱区省域国土空间生态修复分区[J].农业工程学报,2020,36（17）:254-263.

[27] 付扬军,师学义,和娟.山水林田湖草生态保护修复工程控制性规划的编制:以山西省汾河上游为例[J].中国土地,2019（11）:34-36.

[28] 邹长新,王燕,王文林,等.山水林田湖草系统原理与生态保护修复研究[J].生态与农村环境学报,2018,34（11）:961-967.

[29] 王威,贾文涛.生态文明理念下的国土综合整治与生态保护修复[J].中国土地,2019（5）:29-31.

[30] 彭建,吕丹娜,董建权,等.过程耦合与空间集成:国土空间生态修复的景观生态学认知[J].自然资源学报,2020,35（1）:3-13.

[31] 杨锐,曹越."再野化":山水林田湖草生态保护修复的新思路[J].生态学报,2019,39（23）:8763-8770.

[32] 方莹,王静,黄隆杨,等.基于生态安全格局的国土空间生态保护修复关键区域诊断与识别:以烟台市为例[J].自然资源学报,2020,35（1）:190-203.

[33] 彭建,李冰,董建权,等.论国土空间生态修复基本逻辑[J].中国土地科学,2020,34（5）:18-26.

[34] 谢余初,张素欣,林冰,等.基于生态系统服务供需关系的广西县域国土生态修复空间分区[J].自然资源学报,

2020, 35 (1): 217-229.
[35] 白中科, 周伟, 王金满, 等. 试论国土空间整体保护、系统修复与综合治理 [J]. 中国土地科学, 2019 (2): 1-11.
[36] 周妍, 周旭, 翟紫含. 多元化的生态保护修复资金筹措 [J]. 中国土地, 2019 (1): 40-42.
[37] 郧文聚, 高璐璐, 张超, 等. 从生态文明视角看我国土地利用的变化及影响 [J]. 环境保护, 2018 (20): 31-35.
[38] 张建军, 郭义强, 饶永恒, 等. 论国土空间生态修复的哲学思想 [J]. 中国土地科学, 2020 (5): 27-32.
[39] 王志芳, 高世昌, 苗利梅, 等. 国土空间生态保护修复范式研究 [J]. 中国土地科学, 2020 (3): 1-8.
[40] 曹宇, 王嘉怡, 李国煜. 国土空间生态修复: 概念思辨与理论认知 [J]. 中国土地科学, 2019 (7): 1-10.
[41] 袁兴中, 陈鸿飞, 扈玉兴. 国土空间生态修复: 理论认知与技术范式 [J]. 西部人居环境学刊, 2020 (4): 1-8.
[42] 高世昌. 国土空间生态修复的理论与方法 [J]. 中国土地, 2018, (12): 40-43.
[43] 俞孔坚. 生态安全格局与国土空间开发格局优化 [J]. 景观设计学, 2016 (5): 6-9.
[44] PENG J, YANG Y, LIU Y, et al. Linking ecosystem services and circuit theory to identify ecological security patterns [J]. Science of the Total Environment, 2018, 644 (10): 781-790.
[45] 汤峰, 王力, 张蓬涛, 等. 基于生态保护红线和生态网络的县域生态安全格局构建 [J]. 农业工程学报, 2020, 36 (9): 263-272.
[46] 李迪华. 绿道作为国家与地方战略从国家生态基础设施、京杭大运河国家生态与遗产廊道到连接城乡的生态网络 [J]. 风景园林, 2012 (3): 49-54.
[47] 易晓阳, 刘顺, 关军洪. 北京奥体森林公园生态廊道的景观规划与修复 [J]. 现代园艺, 2014 (16): 91.
[48] 孙帅. 都市型绿道规划设计研究 [D]. 北京: 北京林业大学, 2013.
[49] 龚道德, 袁晓园, 张青萍. 美国运河国家遗产廊道模式运作机理剖析及其对我国大型线性文化遗产保护与发展的启示 [J]. 城市发展研究, 2016, 23 (1): 17-22.
[50] 秦钦兰, 尹海伟, 朱梓铭, 等. 柳州市国土空间生态修复区划策略研究 [J]. 规划师, 2020, 36 (14): 56-62.
[51] 许庆福, 许梦. 基于自然解决方案（NbS）理念下的多尺度国土空间综合整治生物多样性保护 [J]. 山东国土资源, 2021, 37 (1): 67-73.
[52] 倪庆琳, 侯湖平, 丁忠义, 等. 基于生态安全格局识别的国土空间生态修复分区: 以徐州市贾汪区为例 [J]. 自然资源学报, 2020, 35 (1): 204-216.
[53] 陈扬, 王茜, 冯素红. 创新国土空间生态保护修复机制的思考: 以江苏省为例 [J]. 中国国土资源经济, 2021, 34 (4): 47-55.
[54] 蔡海生, 查东平, 张学玲, 等. 基于主导生态功能的江西省国土空间生态修复分区研究 [J]. 地学前缘, 2021, 28 (4): 55-69.
[55] 傅伯杰. 国土空间生态修复亟待把握的几个要点 [J]. 中国科学院院刊, 2021, 36 (1): 64-69.
[56] 闫士忠, 田甜, 张博, 等. 国土空间规划下的长春市自然资源管护研究 [J]. 规划师, 2020, 36 (S2): 23-29.
[57] 陈璐, 周剑云, 庞晓媚. 我国台湾地区"国土"空间分区管制的经验借鉴 [J]. 南方建筑, 2021 (1): 135-142.
[58] 朱振肖, 王夏晖, 饶胜, 等. 国土空间生态保护修复分区方法研究: 以承德市为例 [J]. 环境生态学, 2020, 2 (Z1): 1-7.
[59] 霍雅琦. 国土空间规划"一张图"动态监测评估指标和技术框架研究 [D]. 厦门: 华侨大学, 2020.
[60] 付凤杰, 刘珍环, 刘海. 基于生态安全格局的国土空间生态修复关键区域识别: 以贺州市为例 [J]. 生态学报, 2021, 41 (9): 3406-3414.
[61] 马世发, 劳春华, 江海燕. 基于生态安全格局理论的国土空间生态修复分区模拟: 以粤港澳大湾区为例 [J]. 生态学报, 2021, 41 (9): 3441-3448.

第 8 章

国土空间开发、利用与管理

■ **教学要求**

本章探讨国土空间的开发、利用与管理。首先，了解国土空间开发与利用的内涵、概念和分类等。农业土地开发包括综合开发、农用地转用及休闲农业开发，还涉及环境影响评价及占用林地管理方法。城镇土地开发分为一级和二级开发，涉及开发程序、成本构成及土地再开发等问题。其次，建成环境的利用关注历史建筑、工业遗产的保护和建筑占用准照制度，另外也要关注非建设用地的分类管理与政策议题。最后，具体介绍森林资源的开发及林下土地利用管理、草场资源的开发利用与草场承包经营管理、海洋资源的开发利用与渔业捕捞的管理规定、湿地资源的开发利用与管理和矿产资源的开采利用与水资源管理。

导言

国土空间既是有效保护各类自然资源的载体，又是开展各类建设和非建设活动的空间。国土空间利用（utilization）是指根据国土空间特点开展的长期性或周期性的使用和管理活动，其所要解决的中心问题是如何提高国土空间利用在经济、生态和社会意义上的效率。以往的土地利用管理侧重提高建设用地的开发强度、投入产出效益等，相比之下，国土空间语境下的利用管理指通过合理引导空间资源配置和开发活动，提高国土空间所承载的经济、社会、生态等方面的综合发展成果及投入产出效率。其中，既包含土地利用效率概念所强调的单位土地内开发强度、经济产出、生态效益提升的基础要求，又蕴含了新发展理念下追求人类与国土空间系统协调发展和综合效益最大化的长远诉求。

针对承载各类建设活动的空间，比如城镇空间中的城镇发展区以及农业空间中的乡村发展区，要保持合适的人均用地水平，在不破坏内在结构的基础上，提高土地的建筑密度和容积率，避免土地的低效使用。《自然资源部关于开展低效用地再开发试点工作的通知》（自然资发〔2023〕171号）指出，在一些城镇和乡村地区，包括城中村、老旧厂区，普遍存在存量建设用地布局散乱、利用粗放、用途不合理等问题，要求在确保耕地不减少、建设用地总量不突破、生态保护红线保持稳定的底线约束下，聚焦盘活利用存量土地，提高土地利用效率，促进城乡高质量发展；一些具体的措施包括增加建设用地有效供给，大幅提高利用存量用地的比重和新上工业项目的容积率，推广应用节地技术和节地模式，明显降低单位GDP建设用地使用面积，等等。

针对耕地、林地、草地、湿地、海洋等并非承载建设活动的空间，也需要基于不同的用途导向提高利用效率。与各类要素相关的法律法规对此有相应的规定，比如，林地使用是一种限定为林地用途的、在维持森林覆盖及其生态功能前提下的利用行为，《中华人民共和国森林法》规定了林地的使用，包括：森林、林木、林地的所有者和使用者应当依法保护和合理利用森林、林木、林地，不得非法改变林地用途和毁坏森林、林木、林地；林地经营者应当履行保护、培育森林资源的义务，保证国有森林资源稳定增长，提高森林生态功能；等等。又比如，草原是"改善生态环境，维护生物多样性，发展现代畜牧业"的空间，《中华人民共和国草原法》规定了草原的利用，包括：草原承包经营者应当合理利用草原，不得超过草原行政主管部门核定的载畜量；草原承包经营者应当采取种植和储备饲草饲料、增加饲草饲料供应量、调剂处理牲畜、优化畜群结构、提高出栏率等措施，保持草畜平衡；牧区的草原承包经营者应当实行划区轮牧，合理配置畜群，均衡利用草原；县级以上地方人民政府草原行政主管部门对割草场和野生草种基地应当规定合理的割草期、采种期以及留茬高度和采割强度，实行轮割轮采等。

除了对不同类型的用地，基于不同的目标导向，进行开发强度、产出效率等的判断进而实施管理之外，在当前国土空间规划全域全要素的背景下，还需要将国土空间视为一个系统，在综合考虑其复杂性和多样性的基础上，基于不同尺度考察不同功能分区、用地类型间的协调关系，以实现国土空间利用的结构效率最优，并针对不同类型空间形成差异化的利用优化策略。在城市化地区，应着力处置闲置建设用地、盘活低效建设用地，促进高度城市化地区土地节约集约利用；在农村地区，应整治空心村、改造危旧房，调整农村居民点，提升农村建设区域空间利用效率，同时整理破碎田块形成粮食生产合力，整治坡耕地、贫瘠耕地、干旱、涝洼等生态脆弱型低等耕地，提升耕地的产量效益；在矿山资源开发集中区，应复垦再利用矿山废弃地，转用用途，还绿还林；在海岸带海岛地区，应调整海陆联结区域的土地利用结构，充分利用存量码头、港口等闲置用地，提升空间利用效率。

开发（development）是指因人类生产建设和生活不断发展的需要，采用一定的现代科学技术的经济手段，占用自然资源以实现人类开发建设目的活动。开发一般会导致某些性状的重大改变，比如未利用荒地的开发、农用地转变为建设用地等。

针对未利用地的开发，《中华人民共和国土地管理法》规定，国家鼓励单位和个人按照土地利用总体规划，在保护和改善生态环境、防止水土流失和土地荒漠化的前提下，开发未利用的土地；适宜开发为农用地的，应当优先开发成农用地。针对农用地转变为建设用地的开发，《中华人民共和国土地管理法》规定了"农转用"和"征地"的相关要求，包括：任何单位和个人进行建设，需要使用土地的，必须依法申请使用国有土地；建设占用土地，涉及农用地转为建设用地的，应当办理农用地转用审批手续；征收基本农田、基本农田以外的耕地超过三十五公顷的以及其他土地超过七十公顷的，须由国务院批准等。

相比土地开发，国土空间开发的所涉及的要素和内容更多元和复杂。"国土空间开发"概念首次出现于2007年的《国务院关于编制全国主体功能区规划的意见》。该意见指出，编制全国主体功能区规划，就是要根据不同区域的资源环境承载能力、现有开发密度和发展潜力，统筹谋划，将国土空间划分为优化开发、重点开发、限制开发和禁止开发四类，确定主体功能定位，明确开发方向，控制开发强度，规范开发秩序，完善开发政策，逐步形成人口、经济、资源环境相协调的空间开发格局。可见，"开发"与"保护"是一对概念。优化开发和重点开发的区域属于开发型的国土空间，而限制开发和禁止开发的区域则属于保护型的国土空间。"开发"是对国土空间特定区域进行的"大规模高强度的工业化城镇化开发"，并最终表现为将作为自然资源要素的农用地和生态用地转化为建设用地，从而实现特定区域土地的大规模增值。

国土空间开发需要处理好开发与保护的关系，避免因无序开发、过度开发、分散开发导致的优质耕地和生态空间占用过多、生态破坏、环境污染等问题。国土空间开发与保护格局的确定应在资源环境承载能力评价与国土空间开发适宜性评价的基础上进行。前者指"基于特定发展阶段、经济技术水平、生产生活方式和生态保护目标，一定地域范围内资源环境要素能够支撑农业生产、城镇建设等人类活动的最大合理规模"；后者指"在维系生态系统健康和国土安全的前提下，综合考虑资源环境等要素条件，特定国土空间进行农业生产、城镇建设等人类活动的适宜程度"。由此，通过分析区域资源禀赋与环境条件，研判国土空间开发利用问题与风险，形成承载规模与适宜性评价结果，为国土空间开发保护格局优化、"三线"划定等提供基础性依据。

8.1 国土空间开发、利用的基本内涵

8.1.1 开发的基本内涵

《现代汉语词典》把"开发"解释为：①以荒地、矿山、森林、水力等自然资源为对象进行劳动，以达到利用的目的；②发现或发掘人才、技术等供利用。"开发"对应的英文是development，在《现代英汉词典》中，"development"可译作"开发、发展、发达、展开"等四个含义。英国1947年的《城乡规划法》严格界定了"开发"的定义，指在地面、地上、地底所开展的建设、工程、采矿等活动；或对建筑和土地进行用途的实质性（material）转变。该概念对开发的界定不止于建设行为，还包括用途的转变。《1961纽约市区划决议案》解释了"development"和"to develop"，前者包括在区划地块上建设新的房屋或其他构筑物，现有的房屋搬迁到另一个区划地块，或使土地有新的用途；后者指创造开发项目。在澳大利亚《1997昆士兰州整合规划法》中的开发评估是整部规划的核心，其中"开发"是术语之一，指的是"建设工程、给排水工程、工程运行、宗地重划、用途的实质性改变"。

在我国，"开发"在规划法律、政策和规划文本中并没有作为法律术语，仅仅是以普通动词使用；而与之意义接近的"建设"一直都是我国城乡规划领域的核心概念，并且以"建设"为中心进行"规划和管理"。比如实施性规划是"近期建设规划"，规划管理的法律凭证是"建设用地规划许可证"与"建设工程规划许可证"等；而且在规划政策层面也长期坚持以"经济建设为中心"。"建设"一词的英文是build，属于development所包含的诸多行为的一种特殊类型，指代的事项比较狭隘，"建设"这个概念很难适用于多目标的规划和多维度的管理。

从城乡规划向国土空间规划转型，就意味着规划管理的空间从城市建设区域拓展到整个国土空间，也就是将城市建设用地以外的"山水林田湖草"等自然领域

纳入管理的范畴；因此，以"建设"概念为核心的城乡规划"建设管理"的思想方法与技术工具需要转型，引入"开发"这个关键性概念，建构国土空间的"开发管制"制度和技术工具。

8.1.2 土地开发的概念

1. 土地开发的一般理解

"土地开发"有广义和狭义两个概念。土地开发从广义的角度来讲，指因人类生产建设和生活不断发展的需要，采用一定的现代科学技术的经济手段，扩大对土地的有效利用范围或提高对土地的利用深度所进行的活动，包括对尚未利用的土地进行开垦和利用，以扩大土地利用范围，也包括对已利用的土地进行整治，以提高土地利用率和集约经营程度。从狭义的角度来讲，土地开发主要是对未利用土地的开发利用；要实现耕地总量动态平衡，未利用土地开发是补充耕地的一种有效途径。

2. 我国土地开发的基本内涵

我国土地开发是指单位或个人通过采取各种措施，将未利用土地改造成农用地或其他用地的活动。按开发后土地用途来划分，土地开发可分为农用地开发和建设用地开发两种形式。其中，农用地开发包括耕地、林地、草地、养殖水面等的开发；建设用地开发指各类建筑物、构筑物用地的开发。

8.1.3 土地开发的分类

1. 土地开发的分类

土地开发一般分为土地一级开发和土地二级开发。

1）土地一级开发

是指政府实施或者授权其他单位实施，按照土地利用总体规划、城市总体规划及控制性详细规划和年度土地一级开发计划，对确定的存量国有土地、拟征用和农转用土地，统一组织进行征地、农转用、拆迁和市政道路等基础设施建设的行为，包含土地整理、复垦和成片开发。

2）土地二级开发

是指土地使用者从土地市场取得土地使用权后，直接对土地进行开发建设的行为。

2. 开发用地的分类

从土地使用管理的角度，基于土地管理法的规定和要求，将未利用土地转化为农用地属于农地开发，将未利用土地和农用地转化为建设用地大部分属于城镇开发，其他还包括村庄、工矿、区域道路与基础设施等专项开发。第一，通过工程措施将未利用土地改造成农用地这个过程属于"农地开发"，在开发的农地上持续地投入和改进土地的生产功能属于"土地整治"，可见开发属于土地功能用途的转化。第二，将未利用土地和农用地转化为建设用地属于土地开发，这种转化有两个性质不同的环节，其一是转换土地的"规划标签"，也就是将"农用地"或"未利用土地"规划标签转化为"建设用地"的规划标签，具有合法的"建设用地"规划标签之后，才可以通过工程措施将具有"建设用地"标签的"农用地或未利用土地"改造成可供城市建设使用的土地；前一个转化是土地规划用途的转变，后一个转化是土地物质形态的转变；显然，通过工程措施改变土地的物质形态活动才属于真实的"开发"。然而，开发管理并不限于后者，开发管理包括土地用途类别的转换，通常将土地规划用途的转变称为土地开发的规划管理，将物质性的改变土地形态称为土地开发的工程管理。与农用地不同，建设用地具有非常复杂多样的使用形态；在其上建造住宅、商场、工厂、仓库等才实现土地开发的目标。将非建设用地开发成为建筑环境，需要经历两个基本环节，土地开发和建筑开发。按照城乡规划通过道路、给排水、电力、电讯、燃气等城市基础设施建设将未建设用地改造为建设用途的过程就是土地开发，或称之为土地一级开发，在一级开发的土地上开展建筑等工程设施建设属于土地二级开发，或称之为物业开发。通常土地一、二级开发的主体不同，地方政府是一级开发的主体；但是在某些情况，政府也可以将具有"建设用地"标签的土地整体委托符合资格的开发机构进行整体开发。

归根结底，开发意味着土地用途与土地物质形态的转变，土地物质形态的转变比较容易识别，而土地用途转变则不那么容易判断，合法的用途意味着土地实际使用活动与规划赋予的用途"标签"的要求一致，那么认识法定土地用途分类就变得十分重要，以下简要概述我国土地与土地使用分类的框架。

1）土地管理法的开发用地分类

《中华人民共和国土地管理法》（2019年修订）中将土地分为三大类，分别为农用地、建设用地和未利用地。农用地是指直接用于农业生产的土地，包括耕地、林地、草地、农田水利用地、养殖水面等；建设用地是指建造建筑物、构筑物的土地，包括城乡住宅和公共设施用地、工矿用地、交通水利设施用地、旅游用地、军事设施用地等；未利用地是指农用地和建设用地以外的土地（第四条）。我国使用土地用途管制，参照开发的定义，将未利用土地转化为农用地或建设用地就属于开发，将农用地转化为建设用地也属于开发。

2）城乡规划法的开发用地分类

《城市用地分类与规划建设用地标准》（GB 50137—2011）将市（县）域范围内所有土地共分为2大类、8中类、17小类。2大类即为建设用地（H）与非建设用地（E）。8个中类包含5个建设用地种类与3个非建设用地中类，建设用地包括城乡居民点建设用地（H1）、区域交通设施用地（H2）、区域公用设施用地（H3）、特殊用地（H4）、采矿用地（H5）等，非建设用地包括水域（E1）、农林用地（E2）以及其他非建设用地（E3）等。建设用地类别有城市建设用地和其他建设用地，其中，城市建设用地是指城市和县人民政府所在地镇内各项用地，共分为8大类、35中类、44小类。城市建设用地8大分类与其代码分别为居住用地（R）、公共管理与公共服务用地（A）、商业服务业设施用地（B）、工业用地（M）、物流仓储用地（W）、道路与交通设施用地（S）、公用设施用地（U）、绿地与广场用地（G）。

3）《国土空间调查、规划、用途管制用地用海分类指南》的开发用地类型

2023年11月，自然资源部印发的《国土空间调查、规划、用途管制用地用海分类指南》将市县域土地分为24个一级类：01耕地、02园地、03林地、04草地、05湿地、06农业设施建设用地、07居住用地、08公共管理与公共服务用地、09商业服务业用地、10工矿用地、11仓储用地、12交通运输用地、13公用设施用地、14绿地与开敞空间用地、15特殊用地、16留白用地、17陆地水域、18渔业用海、19工矿通信用海、20交通运输用海、21游憩用海、22特殊用海、23其他土地、24其他海域。尽管用地用海分类指南没有明确给出"建设用地"的分类，就其土地分类的小类与大类的关系而言，建设用地的具体类型没有大的变化和调整，也可以参照该指南实施建设用地的开发管理。

8.1.4 土地利用

1. 土地利用的基本内涵

土地利用是人类为了生产和生活的目的而进行的长期性或周期性的经营或经济活动。土地利用既受自然条件，又受社会、经济和技术条件的影响，因此土地利用是由上述因素共同作用所决定的土地功能。联合国粮农组织土地利用规划部工作组指出：土地利用是指自然条件和人为干预所决定的土地功能。土地利用过程中人类通过对土地资源进行管理，在充分发挥土地功能作用的同时，寻求较好的环境质量是土地利用的核心问题。

土地利用的目的是效益，其效益可分为经济效益、社会效益和生态效益，其中经济效益和社会效益是密不可分的。经济效益是指生产过程中劳动占用、劳动消费和劳动成果的比较；生态效益是指生产过程中劳动占用、劳动消费和生态效果的比较。实际上，在土地利用的实际过程中，经济效益与生态效益具有共生性，是同一项土地利用活动在经济和生态两方面的效果。因为土地是一个由土地自然生态系统与土地经济系统耦合而成的土地生态经济系统，在土地利用的活动或社会生产和再生产的过程中，占用和消耗一定量的劳动不仅要生产出一定量符合社会需要的产品，即生产一定的经济效果，同时人类为了生存和发展，必须从土地生态系统中取走和注入一些物质和能量，包括一些污染物质，在这种"取"和"还"的过程中，土地生态经济系统受其影响总会发生变化，从而产生一定的生态效益。

2. 土地利用与土地开发

汉语中"土地利用"与"土地使用"是同义词，英语"land use"被翻译为"土地利用"或"土地使用"；使用、利用、开发作为人类活动对土地造成不同的影响，为明确区分活动的类型，本书建议将"land use"翻译为"土地使用"，将"land utilization"翻译为"土地利用"；"使用"包含"利用"和"开发"两种活动类型。土地利用是土地作为资源被使用的过程；土地开发是土地作为活动的承台进行建设的活动。

8.1.5 自然资源监管

合理利用和保护各类自然资源的载体，是合理利用和保护各类自然资源的前提条件。现实中的自然资源利用分为自然资源开发和自然资源生产两种行为。其中，自然资源开发是对自然资源空间场所（即载体）的利用，属于自然资源的一次利用；而自然资源生产是指根据自然资源的天然生成物的价值特性，通过物化劳动把生产要素的投入转换为有形的产出，从而实现附加值并产生效用的过程，包括由采集、狩猎、农耕、畜牧和捕捞等活动构成的农、林、牧、渔、矿产业等产业形态，是资源产品获得行为，属于自然资源的二次利用。

在现实的自然资源管理中，自然资源的开发和生产都必须获得相应的使用权利。根据对权利的限制，自然资源监管部门对载体利用和产品生产的监管，按照载体使用许可、载体产权许可、产品生产许可3个环节来开展（图8-1）。

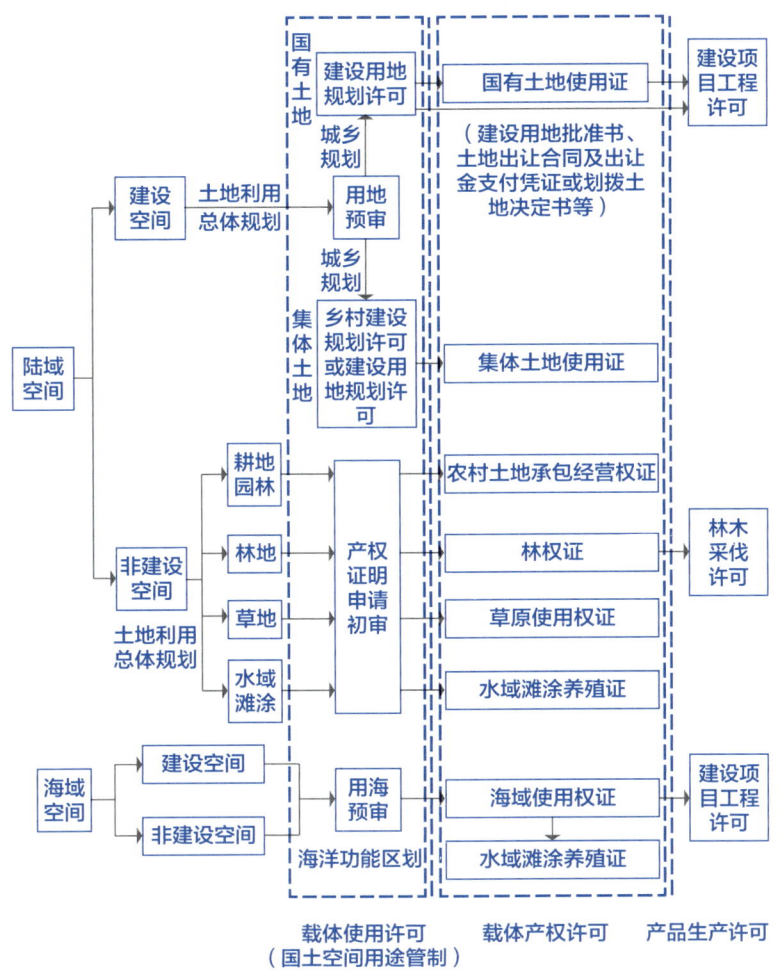

图8-1 自然资源监管的实施方式（含陆域和海域、建设空间和非建设空间）
资料来源：林坚，吴宇翔，吴佳雨，等．论空间规划体系的构建：兼析空间规划、国土空间用途管制与自然资源监管的关系［J］．城市规划，2018，42（5）：9-17．

载体使用许可。发生在资源所有权人将资源使用权交给资源使用权人之前，审核自然资源开发利用项目的"四至"、空间用途、开发条件等是否符合法定规划，是国土空间用途管制的重要实施手段。

载体产权许可。在明确载体使用范围、用途和开发条件等前提下，资源使用权人通过订立合同或获得用地批准书，如订立土地承包合同、土地出让合同、海域使用权出让合同，获得划拨用地决定书，办理建设用地批准书等，获得资源载体的使用权利，再经资源管理部门核准后，获发相应的资源载体产权证书，如国有（集体）土地使用证、农村土地承包经营权证、林权证、草原使用权证、水域滩涂养殖证等。

产品生产许可。 资源使用权人在获取前述的资源载体开发权利后，向相关部门申请进一步投入生产要素，将自然资源转化为劳动产品；相关部门将对申请的生产内容、规模、方式及其他附加条件进行核准，颁发产品生产的行政许可文件。

8.2 农业土地开发与管理

农用地是指直接用于农业生产的土地，包括耕地、林地、草地、农田水利用地、养殖水面等。农用地开发主要是指将未利用地改造成为农用地，或将开发过的宗地整治修复为农用地。

8.2.1 农业综合开发

农业综合开发是政府推动农业发展方式转变的有效手段，是发展农业、繁荣农村、富裕农民的重大措施，是加强农业基础建设、提高农业生产力、促进农业现代化的重要途径。农业综合开发围绕提高农业综合生产能力和促进农民增收，加大农业综合开发资金投入，以粮食主产区为重点，支持高标准农田和现代农业产业体系建设，努力提高土地产出率、资源利用率和劳动生产率，提升农业整体素质、效益和竞争力，促进农业可持续发展。

农业综合开发的主要任务包括大力支持高标准农田建设、积极推进农业产业化经营、有效促进农业科技进步和切实保护和改善农业生态环境[1]。

管理方面，《全国国土规划纲要（2016—2030年）》中提出农村土地综合整治的三个举措：加快田水路林村综合整治，推进高标准农田建设，实施土壤防治行动。

---

1. 财政部. 关于加强农业综合开发工作的若干意见：国办发〔2009〕63号 [EB/OL]. (2009-12-20). https://www.nmg.gov.cn/zwgk/zfgb/2010n_4950/201002/200912/t20091220_300325.html.

1. 加快田水路林村综合整治

以耕地面积不减少和质量有提高、建设用地总量减少、农村生产生活条件和生态环境改善为目标，按照政府主导、整合资金、维护权益的要求，整体推进田水路林村综合整治，规范开展城乡建设用地增减挂钩。加强乡村土地利用规划管控。全面推进各类低效农用地整治，调整优化农村居民点用地布局，加快"空心村"整治和危旧房改造，完善农村基础设施与公共服务设施。稳步推进美丽宜居乡村建设，保护自然人文景观及生态环境，传承乡村文化景观特色。

2. 推进高标准农田建设

大规模建设高标准农田，整合完善建设规划，统一建设标准、监管考核和上图入库。统筹各类农田建设资金，做好项目衔接配套，形成工作合力。在东北平原、华北平原、长江中下游平原、四川盆地、陕西渭河流域、陕北黄土高原沟壑区、山西汾河谷地和雁北地区、河套平原、海南丘陵平原台地区、鄂中鄂北丘陵岗地区、攀西安宁河谷地区、新疆天山南北麓绿洲区等地区的有关县（市），开展土地整治工程，适度开发宜耕后备土地，全面改善相关区域农田基础设施条件，提高耕地质量，巩固提升粮食综合生产能力。

3. 实施土壤污染防治行动

开展土壤污染调查，掌握土壤环境质量状况。对农用地实施分类管理，保障农业生产环境安全。对建设用地实施准入管理，防范人居环境风险。强化未污染土壤保护，严控新增土壤污染，加强污染源监管，开展污染治理与修复，改善区域土壤环境质量。在江西、湖北、湖南、广东、广西、四川、贵州、云南等省份受污染耕地集中区域优先组织开展治理与修复。建设土壤污染综合防治先行区[1]。

8.2.2 农用地转用管理

农用地转用是指按照土地利用总体规划和国家规定的批准权限获得批准后，将农用地转变为建设用地的行为。农用地转用又称为农用地转为建设用地。

根据《中华人民共和国土地管理法》和相关政策，农用地转用必须符合土地利用总体规划和城市规划，且在土地利用年度计划的范围内进行。规划是农用地转用

---

1. 国务院. 关于印发全国国土规划纲要（2016—2030年）的通知：国发〔2017〕3号［EB/OL］.（2017-02-04）.https://www.gov.cn/zhengce/zhengceku/2017-02/04/content_5165309.htm.

审批的主要依据之一，确保土地用途管制制度得到执行。农用地转用的审批权限根据是否占用永久基本农田以及建设项目的规模和重要性来确定。占用永久基本农田的转用由国务院批准；在土地利用总体规划确定的城市和村庄、集镇建设用地规模范围内，不涉及永久基本农田的转用，可以由原批准土地利用总体规划的机关或其授权的机关批准。根据耕地占补平衡的原则，占用耕地的单位需要负责开垦与所占用耕地数量和质量相当的耕地，或者缴纳耕地开垦费。农村村民申请宅基地需要符合相关规划和标准，涉及占用农用地的，需要依法办理农用地转用审批手续。

8.2.3 休闲农业开发与管理

休闲农业是一种以农业和农村为主要载体，以经营发展、教育拓展、科普宣传、环境保护、休闲娱乐、养生保健、文化传承等为主要功能，利用良好的自然生态环境、优美的农业田园风光、富有特色的农村（渔村）生活文化等资源，通过科学地布局统筹、合理地规划设计和开发利用，为人们提供休憩之地，观光之景，体验之游，是一种生产、生活与生态有机结合、三位一体的新型产业。

休闲农业的开发模式包括科技教育型开发模式、自然生态型开发模式、农业主题型开发模式、农家乐型开发模式等[1]。

2019年8月，中央农村工作领导小组办公室、农业农村部、国家发展改革委等11部门联合印发的《关于实施家庭农场培育计划的指导意见》阐述了家庭农场开发的基本原则及管理模式。家庭农场以家庭成员为主要劳动力，以家庭为基本经营单元，从事农业规模化、标准化、集约化生产经营，是现代农业的主要经营方式。家庭农场的开发经营需秉承坚持农户主体、坚持规模适度、坚持市场导向、坚持因地制宜、坚持示范引领的基本原则，发展中需要完善登记和名录管理制度、强化示范创建引领、建立健全政策支持体系、健全保障措施[2]。

8.2.4 农业开发项目环境影响评价

农业土地的开垦、农田改造、水产养殖、农作物新品种的引进，以及农业新技术、新政策的推广和实施等，都属于农业开发的范畴，主要是指人们通过对自然

---
1. 陈玲玲.休闲农业的开发与管理［J］.农技服务，2017, 34 (22)：111.
2. 中央农村工作领导小组办公室，农业农村部，国家发展改革委，等.关于实施家庭农场培育计划的指导意见：中农发〔2019〕16号［EB/OL］.(2019-08-27). http://www.moa.gov.cn/nybgb/2019/201909/202001/t20200109_6334653.htm.

中动植物生活条件的改变，从中得到更多人类所需的部分，用以满足人们的生存需要。环境影响评价（EIA），是各国通过法律的手段进行环境保护的一种重要的管理措施。适用于农业、交通、工业和水利等多个方面。农业开发给农民带来经济增收，促进经济建设，提高农民的生活水平，但同时带来土壤破坏、生态系统退化、水资源污染等环境消极影响，因此在农业开发项目启动前必须辅以环境影响评估，以减缓农业开发中的不利影响。

农业开发环境影响评价的宗旨是在项目建设或者政策实施之前，将任何可能引起不利环境的影响降到最小，避免项目后期严重后果的产生，以确保项目或政策的顺利开展及持续性发展。农业开发环境影响评价主要包括工程分析、受体分析与现状评价、影响预测、不确定性分析和风险评价、环境经济评价、减缓措施及优化方案的选择[1]。

随着经济的发展，以生态农业、观光农业和大规模种养业生产基地为代表的现代农业发展迅速，农业建设项目投资大、占地面积大、环境影响面广，有必要在环境影响评价工作中进行深入分析。目前中国现代农业建设项目类型主要有：规模化蔬菜生产（包括陆地生产和设施生产）、蔬菜瓜果种植一体的休闲农庄、规模化畜禽养殖等。农业建设项目的环境影响主要表现为污染源的复杂性和不确定性、影响的缓慢型和不易觉察性、对环境的依赖性，因此环境影响评估的重点应落在水环境影响、土壤环境影响、生态环境及其他影响、对农业生产和农产品质量安全的影响上[2]。

8.2.5 建设项目占用林地管理办法

2015年3月国家林业局发布《建设项目使用林地审核审批管理办法》，为了规范建设项目使用林地审核和审批，严格保护和合理利用林地，促进生态林业和民生林业发展，根据《中华人民共和国森林法》《中华人民共和国行政许可法》《中华人民共和国森林法实施条例》，制定建设项目使用林地的审核审批管理办法。《建设项目使用林地审核审批管理办法》所称建设项目使用林地，是指在林地上建造永久性、临时性的建筑物、构筑物，以及其他改变林地用途的建设行为，包括：①进行勘查、开采矿藏和各项建设工程所占用的林地；②建设项目临时占用的林地；③森林经营单位在所经营的林地范围内修筑直接为林业生产服务的工程设施所占用的林地。

---

1. 韩念周. 农业开发项目的环境影响评价[J]. 北京农业，2013（21）：195.
2. 朱松，孙彩霞. 现代农业开发建设项目环境影响评价简析[J]. 中国农学通报，2010，26（24）：330-333.

《建设项目使用林地审核审批管理办法》所称Ⅰ、Ⅱ、Ⅲ、Ⅳ级保护林地，是指依据县级以上人民政府批准的林地保护利用规划确定的林地；所称国家级公益林林地，是指依据国家林业局、财政部的有关规定确定的公益林林地。

1. 建设项目占用林地的一般原则

（1）建设项目应当不占或者少占林地，必须使用林地的，应当符合林地保护利用规划，合理和节约集约利用林地。

（2）建设项目使用林地实行总量控制和定额管理。

（3）建设项目限制使用生态区位重要和生态脆弱地区的林地，限制使用天然林和单位面积蓄积量高的林地，限制经营性建设项目使用林地。

（4）建设项目需要使用林地的，用地单位或者个人应当一次申请。严禁化整为零、规避林地使用审核审批。

2. 占用林地实行分级管理

占用和临时占用林地的建设项目应当遵守林地分级管理的规定。①各类建设项目不得使用Ⅰ级保护林地。②国务院批准、同意的建设项目，国务院有关部门和省级人民政府及其有关部门批准的基础设施、公共事业、民生建设项目，可以使用Ⅱ级及其以下保护林地。③国防、外交建设项目，可以使用Ⅱ级及其以下保护林地。④县（市、区）和设区的市、自治州人民政府及其有关部门批准的基础设施、公共事业、民生建设项目，可以使用Ⅱ级及其以下保护林地。⑤战略性新兴产业项目、勘查项目、大中型矿山、符合相关旅游规划的生态旅游开发项目，可以使用Ⅱ级及其以下保护林地。其他工矿、仓储建设项目和符合规划的经营性项目，可以使用Ⅲ级及其以下保护林地。⑥符合城镇规划的建设项目和符合乡村规划的建设项目，可以使用Ⅱ级及其以下保护林地。⑦符合自然保护区、森林公园、湿地公园、风景名胜区等规划的建设项目，可以使用自然保护区、森林公园、湿地公园、风景名胜区范围内Ⅱ级及其以下保护林地。⑧公路、铁路、通讯、电力、油气管线等线性工程和水利水电、航道工程等建设项目配套的采石（沙）场、取土场使用林地按照主体建设项目使用林地范围执行，但不得使用Ⅱ级保护林地中的有林地。其中，在国务院确定的国家所有的重点林区（以下简称重点国有林区）内，不得使用Ⅲ级以上保护林地中的有林地。⑨上述建设项目以外的其他建设项目可以使用Ⅳ级保护林地。除了第②、③、⑦条以外的建设项目使用林地，不得使用Ⅰ级国家级公益林地。国家林业局根据特殊情况对具体建设项目使用林地另有规定的，从其规定。

3. 占用林地的申请和审批管理程序

建设项目占用林地实行建设项目申请制度，填写"使用林地申请表"；根据建设项目的重要性以及占用林地的类型并实行分级审核、审批制度。首先，管理办法对"使用林地申请表"填写提出具体的要求，主要包括：用地单位的资质证明和身份证明、建设项目批准文件、拟使用林地的相关材料、使用林地的可行性报告和林地现状调查表。其次，县级人民政府林业主管部门接受申请，指派工作人员进行用地现场查验，并填写"使用林地现场查验表"，在林地所在地的村（组）或者林场范围内将拟使用林地用途、范围、面积等内容进行公示。最后，按照规定需要报上级人民政府林业主管部门审核和审批的建设项目，下级人民政府林业主管部门应当将初步审查意见和全部材料报上级人民政府林业主管部门。

8.3 城镇土地开发与管理

城市土地开发是以土地为对象，以城市土地使用为重点的一系列相关的活动，土地开发的目的是满足城市社会经济发展对城市土地及其地上相关产品的需求。它主要是以城市物业（土地和房屋）、城市基础设施（市政公用设施与公共建筑设施）来对土地进行投资、改造和建设，提高土地的质量和价值。值得注意的是，城市土地开发不只是"生地"变"熟地"、"熟地"变"建筑"的工程技术过程，而且涉及政府公共利益、开发企业利益和各种经济个体利益之间复杂的经济、社会关系的重新协调和平衡的过程。

8.3.1 城市土地的开发模式

城市土地开发模式是从城市经济社会的角度对城市土地开发方式的一种高度概括。中国是一个人均土地面积较少的国家，提高城市土地资源的生产效率，是实现城市可持续发展的重要战略措施。因此，城市土地的开发必须突出效率和效益，在强化土地使用功能上加大力度。目前，中国城市土地开发大致采用以下三种模式。

1. 城市土地综合开发模式

城市土地综合开发模式又称房地产综合开发，包括土地开发、房屋开发和基础设施开发三部分。这种开发方式是根据城市总体规划和社会经济发展规划的要求，选择一定区域内的用地，实行"统一规划、统一征地、统一设计、统一施工、统一配套、统一管理"的原则，有计划、有步骤地进行开发建设。

2. 城市土地成片区域开发模式

城市土地成片区域开发模式，又称为事业性开发，是指在依法取得国有土地使用权，依照规划对土地进行综合性的开发建设后，进行房地产经营活动。一般包括基础建设的"七通一平"和后续的转让土地使用权、出售或出租地上建筑物和经营公用事业等活动。城市土地的成片区域开发，最初是在沿海开放城市和经济技术开发区所出现的利用外资来投资进行城市土地开发的一种方式，现已成为城市进行新城区开发和旧城区改造的主要方式之一。这种开发带有明显的专业性，一般包括工业开发区、商业住宅区、金融贸易区、高科技科学园区、旅游经济区、大学园区等的开发建设。

3. 城市土地项目梯度开发模式

城市土地项目梯度开发模式，即依据原有城市功能，适应用地结构的重新组合，利用土地级差效益而改变土地低效益使用的一种开发活动。按土地开发布局和调整土地使用功能的角度，项目梯度开发包括以点连片集中开发改造、以点带面滚动开发改造、以项目为契机分片开发改造三种方式。

8.3.2　城市土地一级开发与管理

城市土地一级开发是城市政府为了城市国民经济和社会发展规划、城市总体规划、土地利用总体规划的顺利实施在土地出让或划拨前对土地进行整理、投资、开发的过程。具体来说，就是城市政府根据城市国民经济和社会发展规划、城市总体规划、土地利用总体规划、土地供应计划、储备计划的要求制订土地开发计划，按照控制性详细规划的要求和土地开发计划的时序和空间安排，在城市范围内由政府统一组织实施征地补偿、拆迁安置、土地平整、市政基础设施和社会公共配套设施建设的土地开发过程。城市土地一级开发既包括城市政府对城市土地开发所作的总体安排，又包括城市政府对具体土地一级开发项目的组织实施，兼具宏观与微观层面，两者结合使得城市土地一级开发得以有序进行。

完善中国城市土地一级开发的措施可以分为制度层面、管理层面、操作层面。

其中，制度层面，需要建立与宏观调控地位相适应的土地管理制度、完善城市土地一级开发的利益分配机制、建立一级开发项目选择的综合决策机制和建立多元化的投融资体制；管理层面，需要实施土地一级开发与财政管理、城市基础设施管理的协调管理、完善土地一级开发的规划和计划管理、加强成本管理；操作层面，需要采取企业投资模式实施土地一级开发、优化城市土地一级开发的流程、做好一级开发项目实施前的综合策划、通过公开招标方式选择土地一级开发企业、衔接好一级开发的后续环境[1]。

8.3.3　城市土地二级开发与管理

城市土地二级开发即土地使用者经过开发建设，将新建成的房地产进行出售和出租的过程，通常指房地产开发。

从开发、建设、经营、管理的程序上讲，房地产开发一般可分为五个阶段，即可行性研究和项目决策阶段、建设前期准备阶段、建设阶段、销售阶段和交付使用阶段。

1. 房地产项目可行性研究阶段

1）投资机会研究

该阶段的主要任务是对投资项目（主要是土地）进行初步摸底和意向性谈判，并对投资项目或投资方向提出建议，即在一定的地区和部门内，以自然资源和市场的调查预测为基础，寻找最有利的投资机会。投资机会研究相当粗略，主要依靠笼统的估计而不是依靠详细的分析。如果机会研究认为该项目可行，就可以进行下一阶段的工作。

2）初步可行性研究

亦称"预可行性研究"。在机会研究的基础上，进一步对项目建设的可能性与潜在效益进行论证分析。

3）详细可行性研究

即通常所说的可行性研究。详细可行性研究是开发建设项目投资决策的基础，是分析项目在技术上、财务上、经济上的可行性后作出投资与否决策的关键步骤。

4）项目的评估和决策

从市场需求、技术规范、成本收益等角度对项目进行综合评估，对各方案的优

---

1. 徐青. 中国城市土地一级开发研究［M］. 北京：中国经济出版社，2012.

缺点进行分析和比较，决策层结合企业的发展战略、投资目标、风险承受能力等因素，选择最优方案或决定是否实施项目。

2. 前期准备阶段

1）获取土地使用权

开发商获取土地使用权的主要方式有：通过行政划拨方式取得；旧城改造取得中标地块国有土地使用权；转让取得；通过出让方式取得（招标、拍卖、协议出让三种方式）；联合开发并报有关主管部门立项、审批后取得；通过司法裁决取得；通过兼并、收购等股权重组方式取得。

2）征地拆迁，申办并取得"房屋拆迁许可证"

涉及旧城改造的项目还需要办理房屋拆迁手续。城市房屋拆迁是伴随着城市建设项目进行的，属于城市土地再开发，是旧城改造中的一个重要环节，处于建设项目的前期工作阶段。

3. 规划设计

（1）申办项目选址定点，取得"建设项目选址意见书"和"建设用地规划许可证"。

（2）编制规划方案和建筑方案，申请"建设工程规划许可证"。持建筑红线图到市城管局固体废弃物管理处缴纳垃圾处理费。

（3）建设项目报建登记，申请招标，办理招标投标手续，确定勘察、设计、监理、施工队伍。

（4）申办"施工许可证"。

4. 项目销售阶段

（1）根据项目成本、市场行情、周边竞品价格、项目定位等因素，制定合理的价格体系。

（2）根据项目建设进度和市场需求，分批次推出房源。

5. 交付使用阶段

（1）申请竣工验收，办理建设工程规划验收。

（2）进行权属登记，取得"商品房权属证明书"。

（3）物业移交。

8.3.4 城镇土地开发程序

1. 开发主体

土地一级开发工作主要由政府授权或土地储备机构来完成，不管是包含农地征转用过程的土地一级开发，还是使国有土地由"生地"变"熟地"的土地一级开发，实施主体往往是政府授权的一级开发公司或土地整理储备机构。

2. 开发程序

1）计划编制

根据国民经济和社会发展规划、土地利用总体规划、城市总体规划以及土地供应计划、土地利用年度计划和土地储备开发计划，来编制土地一级开发计划。

2）前期策划

根据已编制的土地一级开发计划，原土地所有者或使用者在征得县（区）人民政府和镇级人民政府或上级主管部门同意后，向市级国土资源管理部门提出土地一级开发申请。市级国土资源管理部门受理申请并进行预审，委托土地储备机构编制土地一级开发实施方案。

3）征询意见和审批

市级国土资源管理部门会同相关部门，包括规划、建设、交通、环保等部门，就土地一级开发实施方案提出原则意见。

同时，土地一级开发项目涉及征用土地的，土地储备机构根据计划和规划有关手续分别向所在区（县）政府提出征地申请，由区（县）政府按规定程序办理征地报批手续；涉及农转用的，向国土资源管理部门申办农转用手续；涉及房屋拆迁的，向房管部门办理房屋拆迁手续。

土地储备机构通过委托或招标的方式确定土地一级开发主体，并下达土地一级开发批复，签订土地一级开发合同。

4）组织实施开发

土地一级开发主体首先进行拆迁调查、评估，按相关政策文件协商制订拆迁安置补偿方案等，并须经过政府主管部门审查通过。与此同时，进行一级土地开发的开发商要及时做出土地规划方案，以核定土地性质、使用功能、范围、规模、开发强度等技术经济指标。完成以上准备工作，就可以针对地块实施拆迁、拆除、"三通一平"或"七通一平"等工作。

5）项目验收

土地一级开发项目完成后，土地储备机构负责实施，由市级国土资源管理部门会同相关部门根据《土地一级开发合同》、计划和规划的批准文件进行验收。验收合格的建设用地，纳入政府土地储备库。

8.3.5　开发土地获得途径与程序

土地一级开发主体获得开发土地主要是国土资源管理部门或土地储备机构通过招标方式来确定。

国土资源管理部门或土地储备机构根据经批准的计划、规划、征地等文件和相关材料，组织编制招标文件，经批准后，一般由土地储备机构组织招投标。

招投标按照政府确定的程序进行，包括：核准招标方式和招标范围；编制招标文件；发布招标公告或发出投标邀请书；对潜在投标人进行资格审查；发招标文件并组织现场勘察；投标人编制投标文件；组建评标委员会；开标、评标，提交评标报告；确定中标人；发出中标通知书。

8.3.6　土地开发过程管理

一级开发监管主要依靠有关法规和合同约定来约束，监管主要目的是控制成本、控制开发进度以及开发质量。目前主要有如下几种制度措施。

1）**实行重大事项或重要环节审核制度**

主要包括对征地方案、拆迁方案、大市政建设方案等进行审核。

2）**定期报表制度**

报表包括一级开发进度报表、资金使用情况报表、手续办理情况报表等。利用定期报表制度来检查进度、资金的使用、手续办理的情况等。

3）**进度对比制度**

通过对实际运作进度与一级开发单位投标承诺进度进行对比分析，监督开发进度。

4）**参与制度**

储备机构参与一级开发单位就项目拆迁、市政设计、施工等外包工作招标的评标工作。主要形式是充当招标过程监督代表，检查招标工作的公开、公正、合理、合法性，确保有真正实力的公司中标。

5）备案制度

要求一级开发公司及时提交合同、支付款项凭证、手续办理批复等文件资料给储备机构备案。应该说明的是，备案并不意味着储备机构认可合同或支付费用合理合法，合同签订、费用支付最后要经审计部门审计确认。

6）责任制度

对有收费标准的费用，按标准支付，储备机构均予以认可，对于超标支付或故意扩大成本的支出费用由一级开发单位承担。

8.3.7　开发土地的转让

一级开发后的建设土地，全部进入政府土地储备库。属于经营性用地的，全部采用招、拍、挂进行出让；属于非经营性用地的，按照国家规定，可以采用协议或划拨方式。

二级开发的建设用地的转让，要符合《中华人民共和国城市房地产管理法》和《城市房地产转让管理规定》的规定。以出让方式取得土地使用权用于投资开发的，要按照土地使用权出让合同约定进行投资开发。属于房屋建设工程的，应完成开发投资总额的 25% 以上；属于成片开发的，应形成工业用地或者其他建设用地条件。

8.3.8　土地开发成本构成

土地开发成本由以下内容构成：征地拆迁补偿费及有关税费；收购、收回和置换过程中发生的有关补偿费用；市政基础设施建设有关费用；招标、拍卖和挂牌交易中发生的费用；贷款利息；土地储备开发供应过程中发生的审计、律师、工程监理等费用；不可预见费以及经同级财政和土地主管部门核准的其他支出。

8.3.9　土地开发费用的归集与分配

企业在土地开发过程中所发生的各项费用支出，除能直接计入房屋开发成本的自用土地开发支出在"开发成本—房屋开发"账户核算外，其他土地开发支出均应通过"开发成本—土地开发"账户核算。分别按照"自用土地开发""商品性土地开发"等设置二级明细账户，按企业选择的成本核算对象设置账页，进行土地开发费用的明细核算。

1. 土地征用及拆迁补偿费、前期工程费、基础设施费和建筑安装费的归集与分配

这些费用，一般能分清受益对象，可直接计入成本核算对象，借记"开发成本—土地开发"账户及有关明细账户，贷记"银行存款""应付账款"等账户。

2. 配套设施费的归集与分配

配套设施的建设可能与土地开发同步进行，也可能不同步进行，所以其费用归集的方法有以下两种情况：

（1）与土地开发同步进行的配套设施开发费用，能够分清受益对象的，应直接计入有关成本核算对象，借记"开发成本—土地开发"账户，贷记"银行存款"等账户；分不清受益对象时，应先通过"开发成本—配套设施开发"账户归集，待配套工程竣工时，再按一定方法，在有关受益对象中进行分配。

（2）与土地开发不同步进行的配套设施开发费用，一般可先通过"开发成本—配套设施开发"账户归集，待配套设施竣工时，再转入"开发成本—土地开发"账户中。如果土地开发已完成等待出售或出租，而配套设施尚未完工，为及时结算完工土地的开发成本，经批准对这类配套设施的费用可先按其计划成本（或预算成本）在土地开发成本中预提。预提时，借记"开发成本—土地开发"账户，贷记"预提费用—预提配套设施费"账户。实际发生的配套设施开发费用通过"开发成本—配套设施开发"账户核算，待配套设施完工后，对预提的配套设施费与实际发生的配套设施费差额，应调整有关土地开发成本。

3. 开发间接费用的归集与分配

企业内部独立核算单位为组织和管理开发项目而发生的费用，先通过"开发间接费用"账户核算，月份终了，再按一定的分配标准分配计入有关开发成本核算对象。应由土地开发成本负担的，由"开发间接费用"账户转入"开发成本—土地开发"账户内。如果直接组织和管理开发项目的部门是企业内部非独立核算的部门，其费用直接计入有关土地开发成本的开发间接费用项目内。

8.3.10 完工土地开发成本的结转

已完土地开发项目应根据其用途，采用不同的成本结转方法：

1. 为销售或有偿转让而开发的商品性建设场地

开发完成后，应将其实际成本转入"开发产品—土地"账户。

2. 开发完成后直接用于本企业商品房等建设的建设场地

应于开发完成投入使用时，将其实际成本结转计入有关的房屋开发成本中。结转计入房屋开发成本的土地开发费用，可采取分项平行结转法或归类集中结转法。

1）分项平行结转法

就是将应结转的土地开发费用，按成本项目分别平行转入有关房屋开发成本的相关成本项目内。其会计分录如下。

借：开发成本—房屋—土地征用及拆迁费 a1；前期工程费 a2；基础设施费 a3；建筑安装费 a4；配套设施费 a5；开发间接费用 a6。

贷：开发成本—土地—土地征用及拆迁费 a1；前期工程费 a2；基础设施费 a3；建筑安装费 a4；配套设施费 a5；开发间接费用 a6。

这种结转方法主要适用于改作自用的商业性建设场地的成本结转，因为原商业性建设场地的开发成本中归集了该场地应负担的全部费用。

2）归类集中结转法

就是将应结转的各项土地开发费用，归类合并为"土地征用及拆迁补偿费"和"基础设施费"两个费用项目，然后转入有关房屋开发成本的"土地征用及拆迁补偿费"和"基础设施费"成本项目。

借：开发成本—房屋—土地征用及拆迁费 a1；基础设施费 a2+ a3+ a4。

贷：开发成本—土地—土地征用及拆迁费 a1；前期工程费 a2；基础设施费 a3；建筑安装费 a4。

这种结转方法主要适用于自用建设场地成本的结转。因为自用建设场地一般不归集配套设施费和开发间接费用，所以为简化核算手续，可采用这种方法结转。

企业开发的自用建设场地，开发完成后近期不使用的，应将其实际成本先转入"开发产品—土地"账户。

8.3.11 城市土地再开发与管理

随着我国城市增长方式的转型，在经济发达地区的大城市，土地再开发已逐步替代新开发成为城市空间拓展的途径。土地再开发是建立在城市土地初始开发的基础上，从效益最大化的角度对原有的用地类型、结构及空间布局等进行置换来实现产业升级，尤其是对城市建成区中的衰退地区进行改造与重建。国内现行的土地再开发模式包括"城市更新""棚户区改造""三旧改造"等。

我国近年来愈发重视已开发土地的再开发及利用。2016年，国土资源部颁发了《关于深入推进城镇低效用地再开发的指导意见（试行）》，其中城镇低效用地是指经第二次全国土地调查已确定为建设用地中的布局散乱、利用粗放、用途不合理、建筑危旧的城镇存量建设用地，权属清晰、不存在争议。国家产业政策规定的禁止类、淘汰类产业用地，不符合安全生产和环保要求的用地，"退二进三"产业用地，布局散乱、设施落后、规划确定改造的老城区、城中村、棚户区、老工业区等，可列入改造开发范围。文件中明确了对城镇低效用地再开发的改造措施，包括加强统筹引导、完善激励机制、妥善解决历史遗留建设用地问题、完善保障措施。

2021年3月1日，《广东省旧城镇旧厂房旧村庄改造管理办法》（本节简称《管理办法》）正式实施，这是全国首部"三旧"改造省级政府规章。"三旧"改造，是指对纳入省"三旧"改造地块数据库的"三旧"用地进行再开发、复垦修复或者综合整治的活动。边角地、夹心地、插花地（统称"三地"）和其他用地，经批准后可以纳入"三旧"改造项目进行整体利用。为加强规划对"三旧"改造的统筹引导，《管理办法》建立了"总体规划—专项规划—详细规划"三级传导机制，对专项规划和详细规划的编制、审批作出了原则性规定。《管理办法》还将"三旧"改造项目分为全面改造、微改造和混合改造三种类型，其中"全面改造"是指以拆除重建方式对"三旧"用地进行再开发，或者对"三旧"用地实施生态修复、土地复垦；"微改造"是指在维持现状建设格局基本不变的前提下，以改变功能、整饰修缮、完善公共设施等方式对"三旧"用地进行综合整治；混合改造，是指全面改造和微改造相结合的类型。《管理办法》明确了改造主体选择与确定、改造方案编制与实施、五种用地审批类型与条件等内容，为各类改造项目的审批和实施提供了清晰的指引。

城市土地再开发的成功有赖于建立一个立足于社区组织、居民、政府和开发商多方共同参与的利益平衡机制，以及讲求协调与合作的实施机制。要明确界定各利益主体在不同环节的权益和义务，建立高效畅通的沟通渠道、包容开放的决策体系、互信互惠的协商平台，将各环节统筹优化，构成完整的协同治理机制，以减少土地再开发过程中的利益失衡、社会冲突问题，维护安定和谐的发展局面。

8.4 建成环境的利用与管理

参照本书第2章土地利用的定义，利用的特征是非建设性使用土地资源。由于建成环境的物质状态不同，土地利用可以分为两种基本类型：第一种是已建成区域的建筑利用，包括物质文化遗产建筑的保护利用和普通建筑的使用；第二种是非建设区域的土地利用与管理，非建设用地是除去城镇建设用地、乡村建设、工矿建设以及区域交通和市政建设之外的所有用途区域，包括森林、草原、荒地、海洋等专业部门管理的区域。

我国实行土地分类管理制度，土地利用主要受制于土地分类及其含义的解释，尽管新的国土空间用地用海分类指南没有出现"非建设类别"，但是该指南的二、三级分类没有违背原有标准的建设用地与非建设用地分类。按照土地管理中"开发"的定义，非建设用地的使用属于"利用"的范畴，即在不改变土地用途的前提下，通过持续的投入和改进措施来提升土地功能的做法属于土地利用。

本章节主要讨论建成环境的利用，主要包括历史建筑的利用、工业遗产的保护利用，以及建筑使用管理制度等。

8.4.1 历史建筑的保护利用

2017年9月，住房和城乡建设部发布《关于加强历史建筑保护与利用工作的通知》（建规〔2017〕212号），要求进一步做好历史建筑的保护和利用工作。

通知强调：历史建筑是指经城市、县人民政府确定公布的具有一定保护价值，能够反映历史风貌和地方特色，未公布为文物保护单位，也未登记为不可移动文物的建筑物、构筑物，是城市发展演变历程中留存下来的重要历史载体。加强历史建筑的保护和合理利用，有利于展示城市历史风貌，留住城市的建筑风格和文化特色，是践行新发展理念、树立文化自信的一项重要工作。

1. 做好历史建筑的确定、挂牌和建档

各地要加快推进历史建筑的普查确定工作，摸清家底，多保多留不同时期和不同类型的历史建筑。要注重改革开放前城市近现代建筑遗产的保护，做到应保尽保。建立历史建筑保护清单和历史建筑档案，对历史建筑予以挂牌保护。

2. 最大限度发挥历史建筑使用价值

支持和鼓励历史建筑的合理利用。要采取区别于文物建筑的保护方式，在保持历史建筑的外观、风貌等特征基础上，合理利用，丰富业态，活化功能，实现保护与利用的统一，充分发挥历史建筑的文化展示和文化传承价值。积极引导社会力量参与历史建筑的保护和利用。鼓励各地开展历史建筑保护利用试点工作，形成可复制可推广的经验。同时，探索建立历史建筑保护和利用的规划标准规范和管理体制机制。

3. 不拆除和破坏历史建筑

各地应加强对历史建筑的严格保护，严禁随意拆除和破坏已确定为历史建筑的老房子、近现代建筑和工业遗产，不拆真遗存，不建假古董。

4. 不在历史建筑集中成片地区建高层建筑

在历史文化街区以及其他历史建筑集中成片地区，禁止在对其历史风貌产生影响的范围内建设高层建筑和大洋怪的建筑。新建建筑应与历史建筑及其历史环境相协调，保护好历史建筑周边地区的历史肌理、历史风貌，严格按照保护规划要求控制建筑高度。

8.4.2 工业遗产的保护与利用

2020年6月，国家发展改革委、工业和信息化部、国务院国资委、国家文物局、国家开发银行联合印发《推动老工业城市工业遗产保护利用实施方案》。通知认为，工业遗产是工业文明的见证，是工业文化的载体，是人类文化遗产的重要组成部分。自19世纪后半叶洋务运动以来，特别是新中国成立之后的不同历史时期，我国各地留下了宝贵的工业遗产。这些工业遗产集中分布在老工业城市，不仅见证了我国近现代工业化不同寻常的发展历程，也蕴藏着丰富的历史文化价值，是社会主义先进文化的典型代表。当前，我国工业遗产保护利用工作相对薄弱，特别是一些工业遗产遭到破坏、损毁甚至消亡，亟须采取措施进行有效保护与合理利用。该方案强调的工业遗产保护不是延续工业生产功能，而是保护建成环境的物质形态，并赋予新的使用功能，从土地用途的角度将工业遗产用地从工业用地转化为文化、商业、研究等用地功能，新的活动主要利用工业遗产的文化价值及空间价值，属于典型的建成环境的利用范畴。

1. 基本原则

保护优先，以用促保。充分认识工业遗产除了物质形态还有制度形态和精神形态，具有区别于其他自然文化遗存的特殊性，应突出强调其保护方式的灵活性，寓保护于利用之中，让工业文化融入群众生活，真正实现在发展中保护、在保护中发展。

2. 主要工作要求

1）开展资源认定管理

建立工业遗产分级保护机制，全面开展工业遗产的调查、评估和认定工作，摸清工业遗产底数，明确工业遗产构成，评估工业遗产价值，建设工业遗产数据库，为科学规划、分类保护、有效利用提供有力支撑。经认定的工业遗产清单及时向社会公布，具有重要价值的工业遗产及时核定公布为文物保护单位和珍贵可移动文物。加快甄别和抢救濒危工业遗产，完善工业遗产档案记录，加强修缮保养。建立监测评估制度，开展工业遗产动态监测和保护利用效益评估。

2）完善工业博物馆体系

支持设立重要工业遗产博物馆、专业性工业技术博物馆、传统行业博物馆等，利用数字技术开发博物馆资源，建设智慧博物馆。鼓励设立省市工业博物馆，推动建设分行业、分区域工业博物馆体系。调动工业博物馆利用馆藏资源开发教育科普、文创、娱乐产品的积极性，推出各类工业文化主题展览、社教研学活动与文创体验活动等，培育新型文化业态及产业模式。鼓励各类学校结合课程设置组织学生到博物馆开展综合实践活动。

3）繁荣新业态新模式

将工业文化元素和标识融入内容创作生产、创意设计，利用新技术推动跨媒体内容制作与呈现，孕育新型文化业态。完善配套商业服务功能，发展以工业遗产为载体的体验式旅游、研学旅行、休闲旅游精品线路，形成生产、旅游、教育、休闲一体化的工业文化旅游新模式。促进工业遗产与现代商务融合，改造利用老厂区、老厂房、老设施发展文化创意园区和影视拍摄基地，发展以工业遗产为特色的会展经济和文化活动，促进工艺美术产品、艺术衍生产品的设计、生产和交易。

4）拓展文化生活新空间

加快城市滨水地区港口和传统工业区的转型升级和用地更新，修复城市沿岸厂房、仓库和其他历史遗存，推动以工厂仓库为主的生产岸线转型为以公园绿地为主的生活岸线、生态岸线。强化博物馆、美术馆、纪念馆等公共文化服务功能，推动工业遗产保护利用工程对公众开放，提升城市公共文化服务能力。依托工业遗产建设一批主题突出的工业遗址公园、城市文化公园等，形成融入现代设计观念、适应当代生活方式的城市人文景观和公共开放空间。

5）塑造城市文明新形象

推动工业遗产保护与城市形象提升相融合，将能够凸显工业文化特色的景观标志纳入城市建设规划。支持工业遗产保护利用与文化节、艺术节、博览会、体育比赛等交流活动相结合，举办工业遗产主题研讨会和工业文物交流展，拓展工业遗产的价值普及和传播推广渠道，弘扬新时代中国特色工业文化。实施城市工业遗产品牌培育提升行动，形成一批具有示范性、带动性和影响力的工业遗产文化产品和服务品牌，提升城市品质，彰显城市特色。

8.4.3 建筑占用准照制度

1. 土地使用管制与建筑使用管制

规划许可控制的对象是地块，而建筑许可（工程许可）、占用许可的控制对象是建筑及其楼板。城市中的大部分活动都发生在建筑空间中，规划确立的土地用途管制只有深入到建筑空间的用途管制才是最终落实，这就需要将规划地块的用途管制延伸到建筑内部空间，也就是延伸到建筑、楼层或房间。显然，建筑的人造空间与地块的自然空间属性不同，建筑空间有明确的目的、服务于特定的用途，以及明确的使用限制，包括建筑空间自身结构的安全性问题，这些都是建筑使用管理的内容。

2. 我国建成环境的使用问题

1）案例 1

2016 年，长沙某住宅楼盘中的一户被改为学生托管中心。此行为遭其他业主反对，并投诉到物业管理公司。由于物业管理公司协调未果，业主随后又起诉到法院。法院认为，托管中心的行为违反了《中华人民共和国物权法》（简称《物权法》）及被告与物业管理公司签订的协议，也损害了其他业主的权利，判决被告恢复房屋的住宅用途并停止经营行为。从规划管理角度，本案有几个值得讨论的问题：第一，学生托管中心的使用活动属于什么性质？确切地说，住宅内的家教辅导活动与学生托管中心使用活动的实质性区分标准是什么？住宅内的家教辅导与托管中心的课外辅导是使用行为的性质区别，还是规模区别？显然这只是规模上的不同。那么，学生托管中心的规模标准是什么？有科学依据还是根据邻里容忍的程度？这就是属于建筑用途规定的范畴。第二，《中华人民共和国物权法》和物业公司的协议能否成为住宅使用权利的裁判依据？建筑使用是实现财产权利的一种形式，在《中华人民共和国物权法》本身没有详细规定住宅用途的具体使用形式的情况下，住宅使用权利的内涵和范围是什么？物管协议作为民事合同具体能够约束哪些内容，协议内容及约束的对象与住宅使用的权利是什么关系？如果住宅存在法定的使用权利，超出法定权利的协议约定是否有效？第三，托管中心作为经营实体对其活动场所的要求和规定是什么？城市管理如何应对学生托管中心这种超出建筑设计规范之外新的用途类型，从而使得城市管理能够适应社会发展的需求？这个案例的核心问题就是建筑使用的私人权利与公共权力的监督和管理问题。

2）案例2

2018年，海口某住宅楼下层住宅的天花板开裂并渗水，业主认为是楼上住宅改建所致，遂向地方住建部门和城管部门投诉。经核实，楼上的住宅原为三房两厅，现改为八个均配有独立卫生间的"房中房"用于出租。住建部门责令上层业主停止施工，但表示房屋改造是否危及结构安全需经专家核定；城管部门则表示，只有当住建部门认定房屋分隔危及结构，他们才能做出相应处理。该案的核心问题有以下几点。第一，是否应该对私人住宅装修进行公共干预？如果是，那么公共干预的形式是什么？是完善建筑规范，还是设立行政审批制度？如果对住宅装修设立审批制度，审批的内容与权限是什么？公共权力与私人权力的边界在哪里？第二，原住宅"三房两厅"转变为"八个均配有独立卫生间的出租住房"供多人使用，住宅空间格局发生巨大变化，而居住用途性质没有改变，只是使用人数和使用方式发生变化，这种建筑空间格局及使用的变化是否符合城市规划和建筑规范？住宅"三房两厅"是空间格局的规定，还是使用活动和使用方式的规定？空间规定与行为准则是两类不同的要求，但是，两者之间却存在内在的联系。

上述两个案例的具体问题可以概括为三个层面的一般性问题：①建筑用途的权力概念与定义，及其具体权力事项的法律规定；②出于维护公共利益的目的确定在建筑使用过程中私人权力与公共权力的边界问题；③如何对私人建筑使用采取公共干预的方式问题。

现实普遍存在的问题是建成房屋的实际用途与设计用途不一致，这种用途不一致会产生几个层面的问题：一是建筑自身的安全问题，包括建筑结构安全和消防安全等；二是导致邻里冲突，包括利益分配、生活滋扰等；三是影响城市规划目的的实施与规划管理的权威。可见，建筑用途管理涉及城市公共安全和公共利益、邻里和谐等公共管理事项。从公共管理层面来看，不合规使用所产生的建筑结构安全问题涉及城市建设主管部门，建筑消防安全问题涉及城市消防部门，不按照设计用途使用涉及工商经营场所管理，由此导致的邻里冲突又涉及城管部门和规划主管部门，最后还诉诸法院；这种涉及多部门的公共事务管理就需要完善的法律制度，在跨部门之间建立共同管理的机制——也就是建筑使用管理的法律制度。

3. 建筑使用管理的制度建设

我国的建筑使用管理尚没有完备的法律体系，也没有相应的公共管理机构，法院处理使用纠纷的依据不够充分，这是目前由于建筑使用问题而导致的邻里纠纷和社会矛盾不断涌现的根源之一。随着市场经济的发展，在城市某些地区出现建筑设计指定使用的价值与市场实际使用的价值差异，不当建筑使用表现为一种逐利行为，并且这种逐利行为有一定的传染性，如不及时控制将导致城市片区功能的变化；另一种情况就是为方便自己生活而未顾及邻里的影响，这与民法界定的邻里关系有关。因此，用途实质上表现为一种权利，这种权利可以转化为经济利益，也可以体现为自身行为的权利，权利的性质非常复杂。

英、美两国的理念认为，土地或建筑的用途是土地或建筑业主的固有的权利，属于财产权的占用行为、使用行为和处置的权利范畴，本质上属于私权利，用途管制是规划法等公共权力对私权利的干预，可以限定特别用途的权利来维护公共利益，以促进城市协调、有序、整体的发展。即便英、美两国理念一致，具体干预途径也大相径庭，英国通过1947年颁布的《城乡规划法》确认私有土地的现状用途权利并收回土地开发权，通过开发权的国有化而将指定土地用途的权力变成国家的权力，再通过划许可证的方式赋予私人土地开发及相应的使用权利。而美国没有国家层面的规划法律，只能在地方政府层面通过区划法的方式限定土地开发及相应用途的权利，区划法不仅肯定现状用途的权利，还赋予合规用途的权利，即在法律规定的用途权限内的土地开发不需要申请规划许可。

我国香港和澳门由于历史原因实行土地批租制度，土地的所有者是政府；私人土地开发的"用途"是从政府购买的"标的"，是土地批租契约的主要内容，未经双方同意是不能更改的。当建筑开发完成，土地业主获得建筑使用证书之后，契约自动终止，而建筑使用按照有关建筑法律或其他民法规定来使用。港、澳完善的建筑法律文件、系统的民法权利规定，以及专业的成熟的司法体系，使得即使出现违章使用行为，多数情况可以通过民事诉讼得到纠正，涉及公共利益的个案也可以通过行政执法的方式来解决，建筑违法使用情况对城市和社会的影响冲击有限。

我国内地的土地用途管理止于建筑工程的竣工验收。由于我国内地建筑法规缺失和民法制度的缺陷，目前建筑违规使用现象屡见不鲜。另外，土地用途是发展目标的载体之一，为了承担落实国家、省、市发展目标的任务，规划的用途管理止于建筑工程的管理显然是不足的，需要向实际使用行为的管理延伸；因此，出于解决城市现实问题的目标，以及落实规划发展目标的要求，都需要建立建筑用途管理制度。

纵览世界主要国家和城市的建筑用途管理制度，纽约的占用执照用途管理制度较为完善，其制度设计理念先进、体系框架完整、管制内容得当、管制方式松紧适度、管制效果与目标一致[1]。"使用准照"作为管理制度建设需要相应的法律基础及专业人员和管理机构，针对我国的现实情况，在吸取他国经验的基础上，在实践中探索和完善具有中国特色的建筑使用管理体系。

8.5 非建设用地的分类使用与管理

我国实行严格的土地用途管制制度，按照土地利用规划的用途类别进行分类管理。分类管理最基础的类别是"建设用地"与"非建设用地"，对应的土地使用行为就是"建设使用"与"非建设使用"。建设使用就是可以通过建筑等人工设施开发建设的方式来提高土地的利用效率，土地的价值主要体现在作为活动承台的作用，这部分属于前一节土地开发管理的内容。非建设使用本质上是不能通过建筑等工程建设提高土地利用的强度，而是将土地视为可以直接利用的资源的土地使用行为，比如农业种植、草原放牧、海洋渔业等。

8.5.1 国土空间非建设用地类型及其使用管理要求

城乡规划的用地分类标准明确区分了"建设用地"和"非建设用地"两个基本

---

1. 纽约占用执照用途管理制度相关内容，请见本书线上资源内容。

类型，国土空间用地用海分类虽未有明确区分，但是24个一级类依然可以分为建设用地和非建设用地两个系列，其中，8个类别为建设用地系列，其余16个类别属于非建设用地系列。

《国土空间调查、规划、用途管制用地用海分类指南》(本节简称《指南》)总则1.2条"适用范围"的规定明确，该指南适用于国土调查、监测、统计、评价，国土空间规划、用途管制、耕地保护、生态修复，土地审批、供应、整治、督察、执法、登记及信息化管理等工作。换而言之，就是土地使用和管理活动按照指南分类的要求进行。分类指南的"附则A"给出用地用海的分类名称、代码和含义，其中，含义是指土地分类所包含的具体内容和划分标准，比如"耕地"的含义中就规定了使用活动性质——"种植粮、棉、油、糖、蔬菜、饲草饲料等农作物为主"，使用活动的要求——"每年可以种植一季及以上(含以一年一季以上的耕种方式种植多年生作物)的土地"，以及土地的物质形态特征——"熟地，新开发、复垦、整理地，休闲地(含轮歇地、休耕地)；以及间有零星果树、桑树或其他树木的耕地；包括南方宽度＜1.0米，北方宽度＜2.0米固定的沟、渠、路和地坎(埂)；包括直接利用地表耕作层种植的温室、大棚、地膜等保温、保湿设施用地"等内容。根据《指南》总则1.2条，《指南》规定的土地分类可作为调查划分地类的标准，土地使用和管理根据土地利用规划标识地类的要求进行。尽管直接采用用地分类含义进行管理还不够完善，但是针对非建设用地的使用管理，指南的用地用海分类提供了比较系统的框架。非建设用地的使用与管理要求见表8-1。

表8-1 非建设使用类型的用地用海分类名称、代码和含义

代码	名称	含义
01	耕地	指利用地表耕作层种植粮、棉、油、糖、蔬菜、饲草饲料等农作物为主，每年可以种植一季及以上(含以一年一季以上的耕种方式种植多年生作物)的土地，包括熟地，新开发、复垦、整理地，休闲地(含轮歇地、休耕地)；以及间有零星果树、桑树或其他树木的耕地；包括南方宽度＜1.0米，北方宽度＜2.0米固定的沟、渠、路和地坎(埂)；包括直接利用地表耕作层种植的温室、大棚、地膜等保温、保湿设施用地
0101	水田	指用于种植水稻、莲藕等水生农作物的耕地，包括实行水生、旱生农作物轮种的耕地
0102	水浇地	指有水源保证和灌溉设施，在一般年景能正常灌溉，种植旱生农作物(含蔬菜)的耕地
0103	旱地	指无灌溉设施，主要靠天然降水种植旱生农作物的耕地，包括没有灌溉设施，仅靠引洪淤灌的耕地

续表

代码	名称	含义
02	园地	指种植以采集果、叶、根、茎、汁等为主的集约经营的多年生作物，覆盖度大于50%或每亩株数大于合理株数70%的土地，包括用于育苗的土地
0201	果园	指种植果树的园地
0202	茶园	指种植茶树的园地
0203	橡胶园地	指种植橡胶树的园地
0204	油料园地	指种植油茶、油棕、橄榄和文冠果等木本油料作物的园地
0205	其他园地	指种植桑树、可可、咖啡、花椒、胡椒、药材等其他多年生作物的园地，包括用于育苗的土地
03	林地	指生长乔木、竹类、灌木的土地。包括自然生长干果等林木的土地。不包括生长林木的湿地，城镇、村庄范围内的绿化林木用地，铁路、公路征地范围内的林木，以及河流、沟渠的护堤林用地
0301	乔木林地	指乔木郁闭度≥0.2的林地，不包括森林沼泽
0302	竹林地	指生长竹类植物，郁闭度≥0.2的林地
0303	灌木林地	指灌木覆盖度≥40%的林地，不包括灌丛沼泽
0304	其他林地	指疏林地（树木郁闭度≥0.1、<0.2的林地）、未成林地，以及迹地、苗圃和符合国家规定标准的用于培育、贮存种子苗木等直接为林业生产经营服务的设施用地等
04	草地	指生长草本植物为主的土地，包括乔木郁闭度<0.1的疏林草地、灌木覆盖度<40%的灌丛草地，不包括生长草本植物的湿地
0401	天然牧草地	指以天然草本植物为主，用于放牧或割草的草地，包括实施禁牧措施的草地
0402	人工牧草地	指人工种植牧草的草地，不包括种植饲草饲料的耕地
0403	其他草地	指天然牧草地、人工牧草地以外的草地，不包括可用于开发补充耕地的土地
05	湿地	指陆地和水域的交汇处，水位接近或处于地表面，或有浅层积水，且处于自然状态的土地
0501	森林沼泽	指以乔木植物为优势群落、郁闭度≥0.2的淡水沼泽
0502	灌丛沼泽	指以灌木植物为优势群落、覆盖度≥40%的淡水沼泽
0503	沼泽草地	指以天然草本植物为主的沼泽化的低地草甸、高寒草甸
0504	其他沼泽地	指除森林沼泽、灌丛沼泽和沼泽草地外、地表经常过湿或有薄层积水，生长沼生或部分沼生和部分湿生、水生或盐生植物的土地，包括草本沼泽、苔藓沼泽、内陆盐沼等
0505	沿海滩涂	指沿海大潮高潮位与低潮位之间的潮浸地带，包括海岛的滩涂，不包括已利用的滩涂
0506	内陆滩涂	指河流、湖泊常水位至洪水位间的滩地，时令河、湖洪水位以下的滩地，水库正常蓄水位与洪水位间的滩地，包括海岛的内陆滩地，不包括已利用的滩地
0507	红树林地	指沿海生长红树植物的土地，包括红树林苗圃

续表

代码	名称	含义
1003	盐田	指用于以自然蒸发方式进行盐业生产的用地，包括晒盐场所、盐池及附属设施用地
16	留白用地	指国土空间规划确定的城镇、村庄范围内暂未明确规划用途、规划期内不开发或特定条件下开发的用地
17	陆地水域	指陆域内的河流、湖泊、冰川及常年积雪等天然陆地水域，以及水库、坑塘水面、沟渠等人工陆地水域
1701	河流水面	指天然形成或人工开挖河流常水位岸线之间的水面，不包括被堤坝拦截后形成的水库区段水面
1702	湖泊水面	指天然形成的积水区常水位岸线所围成的水面
1703	水库水面	指人工拦截汇集而成的总设计库容≥10万立方米的水库正常蓄水位岸线所围成的水面
1704	坑塘水面	指人工开挖或天然形成的蓄水量<10万立方米的坑塘常水位岸线所围成的水面，含养殖坑塘
1705	沟渠	指人工修建，南方宽度≥1.0米、北方宽度≥2.0米用于引、排、灌的渠道，包括渠槽、渠堤、附属护路林及小型泵站
1706	冰川及常年积雪	指表层被冰雪常年覆盖的土地
18	渔业用海	指为开发利用渔业资源、开展海洋渔业生产所使用的海域及无居民海岛（含农、林、牧业用岛）
1801	渔业基础设施用海	指用于渔船停靠、进行装卸作业和避风，以及用以繁殖重要苗种的海域，包括渔业码头、引桥、堤坝、养殖厂房、看护房、渔港港池（含开敞式码头前沿船舶靠泊和回旋水域）、渔港航道、取排水口及其他附属设施使用的海域及无居民海岛
1802	增养殖用海	指用于养殖生产或通过构筑人工鱼礁、半潜式平台、养殖工船等进行增养殖生产的海域及无居民海岛
1803	捕捞海域	指开展适度捕捞的海域
1804	农林牧业用岛	指用于农、林、牧业生产活动的无居民海岛
19	工矿通信用海	指开展临海工业生产、工业仓储、海底电缆管道建设和矿产能源开发所使用的海域及无居民海岛
1902	盐田用海	指用于盐业生产的海域，包括盐业码头、引桥及港池（船舶靠泊和回旋水域）、盐田取排水口、蓄水池，以及取排水管道、蒸发池、结晶池、坨台、生产道路等附属设施等所使用的海域及无居民海岛
1903	固体矿产用海	指开采海砂及其他固体矿产资源的海域及无居民海岛
1904	油气用海	指开采油气资源的海域及无居民海岛
1905	可再生能源用海	指开展海上风能、太阳能、潮流能、波浪能等可再生能源利用的海域及无居民海岛
1906	海底电缆管道用海	指用于埋（架）设海底通讯光（电）缆、电力电缆、输水管道及输送其他物质的管状设施的海域
21	游憩用海	指开发利用滨海和海上旅游资源，开展海上娱乐活动的海域及无居民海岛
2101	风景旅游用海	指开发利用滨海和海上旅游资源的海域及无居民海岛
2102	文体休闲娱乐用海	指旅游景区开发和海上文体娱乐活动场建设的海域，包括海上浴场、游乐场及游乐设施使用的海域及无居民海岛

续表

代码	名称	含义
22	特殊用海	指用于军事、科研教学、海洋保护修复及海岸防护工程、排污倾倒、海洋水下文化遗产等用途的海域及无居民海岛
2202	科研教育用海	指专门用于科学研究、试验及教学活动的海域及无居民海岛
2203	海洋保护修复及海岸防护工程用海	指各类涉海自然保护地所使用的海域，各类海洋生态保护修复工程实施需使用的海域，以及为防范海浪、沿岸流的侵蚀及台风、气旋和寒潮大风等自然灾害的侵袭，保障沿海河口海域水利、通航安全，建造海堤（塘）、防潮闸（含通航孔）、船闸、护岸设施、人工防护林等海岸防护工程及其他附属和管理设施等所使用的海域及无居民海
2204	排污倾倒用海	指用来排放污水和倾倒废弃物的海域
2205	水下文物保护用海	指用于发掘、保护各种水下文物和文化遗产所使用的海域
2206	其他特殊用海	指除军事用海、科研教学、海洋保护修复及海岸防护、排污倾倒、海洋水下文化遗产保护等以外的特殊用海用岛
23	其他土地	指上述地类以外的其他类型的土地，包括盐碱地、沙地、裸土地、裸岩石砾地等植被稀少的陆域自然荒野等土地以及空闲地、后备耕地、田坎
2301	空闲地	指城镇、村庄范围内尚未使用的建设用地。空闲地仅用于国土调查监测工作
2302	后备耕地	指现状为荒草地，可用于开发补充耕地的土地
2303	田坎	指梯田及梯状坡地耕地中，主要用于拦蓄水和护坡，南方宽度≥1.0米、北方宽度≥2.0米的地坎
2304	盐碱地	指表层盐碱聚集，生长天然耐盐碱植物、植被覆盖度≤5%的土地。不包括沼泽地和沼泽草地
2305	沙地	指表层为沙覆盖、植被覆盖度≤5%的土地。不包括滩涂中的沙地
2306	裸土地	指表层为土质，植被覆盖度≤5%的土地。不包括滩涂中的泥滩
2307	裸岩石砾地	指表层为岩石或石砾，其覆盖面积≥70%的土地。不包括滩涂中的石滩
24	其他海域	指需要限制开发，以及从长远发展角度应当予以保留的海域及无居民海岛

资料来源：自然资源部，《国土空间调查、规划、用途管制用地用海分类指南》，2023.

8.5.2 非建设用地利用管理政策的新议题

1. 防止耕地非粮化

2020年的《国务院办公厅关于防止耕地"非粮化"稳定粮食生产的意见》，要求坚决防止耕地"非粮化"倾向。针对耕地使用的具体政策要求主要包括以下几条。

1）明确耕地利用优先序

对耕地实行特殊保护和用途管制，严格控制耕地转为林地、园地等其他类型农用地。永久基本农田是依法划定的优质耕地，要重点用于发展粮食生产，特别是保障稻谷、小麦、玉米三大谷物的种植面积。一般耕地应主要用于粮食和棉、油、糖、蔬菜等农产品及饲草饲料生产。耕地在优先满足粮食和食用农产品生产基础上,适度用于非食用农产品生产,对市场明显过剩的非食用农产品,要加以引导,防止无序发展。

2)加强粮食生产功能区监管

各地区要把粮食生产功能区落实到地块,引导种植目标作物,保障粮食种植面积。组织开展粮食生产功能区划定情况"回头看",对粮食种植面积大但划定面积少的进行补划,对耕地性质发生改变、不符合划定标准的予以剔除并及时补划。引导作物一年两熟以上的粮食生产功能区至少生产一季粮食,种植非粮作物的要在一季后能够恢复粮食生产。不得擅自调整粮食生产功能区,不得违规在粮食生产功能区内建设种植和养殖设施,不得违规将粮食生产功能区纳入退耕还林还草范围,不得在粮食生产功能区内超标准建设农田林网。

3)稳定非主产区粮食种植面积

粮食产销平衡区和主销区要按照重要农产品区域布局及分品种生产供给方案要求,制订具体实施方案并抓好落实,扭转粮食种植面积下滑势头。产销平衡区要着力建成一批旱涝保收、高产稳产的口粮田,保证粮食基本自给。主销区要明确粮食种植面积底线,稳定和提高粮食自给率。

4)严禁违规占用永久基本农田种树挖塘

贯彻土地管理法、基本农田保护条例有关规定,落实耕地保护目标和永久基本农田保护任务。严格规范永久基本农田上农业生产经营活动,禁止占用永久基本农田从事林果业以及挖塘养鱼、非法取土等破坏耕作层的行为,禁止闲置、荒芜永久基本农田。利用永久基本农田发展稻渔、稻虾、稻蟹等综合立体种养,应当以不破坏永久基本农田为前提,沟坑占比要符合稻渔综合种养技术规范通则标准。推动制定和完善相关法律法规,明确对占用永久基本农田从事林果业、挖塘养鱼等的处罚措施。

2. 高山和荒野地的使用活动管理

部分荒山、荒地的探险、休闲和娱乐受到专项土地利用的管理。2003 年 7 月,国家体育总局局长办公会议通过《国内登山管理办法》,该办法规定:西藏自治区 5 000 米以上和其他省、自治区、直辖市 3 500 米以上独立山峰的登山活动应当进行申请和得到批准。

1)登山活动的组织要求

举行登山活动的团队应当具备以下条件:由一个具有法人资格的单位发起;队员 2 人以上,并参加过省级以上登山协会组织的登山知识和技能的基础培训及体能训练;配备持有相应资格证书的登山教练员或高山向导,1 名登山教练或高山向导最多带领 4 名队员；团队所有成员须经二级以上医院身体检查合格，无障碍疾患；配备符合安全要求的防寒、通讯、生活、医疗等基本器材装备；登山团队不得吸收外国运动员参加。

2）登山活动的申请与批准

举行登山活动应当进行申请。攀登公布的山峰，登山活动发起单位应当在活动实施前一个月向山峰所在地省级体育行政部门申请。攀登未公布的山峰，登山活动发起单位应当在活动实施前三个月向山峰所在地省级体育行政部门申请。攀登省、自治区、直辖市交界山峰，经攀登一侧省级体育行政部门批准，并向山峰交界其他方省级体育行政部门通报。如山峰交界省级体育行政部门间有争议，由国家体育总局决定。攀登 7 000 米以上山峰，登山活动发起单位应当在活动实施前三个月向国家体育总局申请特批。

3）登山活动规范

《四川省登山管理办法》针对登山活动制定下列规定：尊重民族习俗、宗教信仰；遵守有关安全警示规定，对暂时限制、安全防范和应急处置措施予以配合；禁止在登山活动区域内安放纪念标志和其他物品；依法保护野生动植物；未经批准，不得采集动物、植物、矿物及其他自然标本；森林防火期内，未经批准，不得在森林防火区野外用火；对登山活动中产生的废旧装备等物品和生活垃圾的处理应符合环境卫生及保护规定。

4）荒野地的探险旅游活动

2023 年 8 月，青海省文化和旅游厅发布公告，严禁游客擅自进入无人区、未开放和未开发景区开展探险、旅游等活动。公告要求，游客不擅自离开国省道、乡村公路、旅游公路，深入无人区、未开放和未开发景区等危险区域开展探险、旅游和穿越等活动。没有经过相关部门批准或报备，严禁游客非法进入自然保护区、生态红线、水源地进行探险、旅游等活动。各类人员和团体因私自探险、穿越自然保护区、无人区等，被困救援费用由相关人员和团队全额承担。

8.6 森林资源的开发利用与林下土地利用管理

森林是人类的摇篮，也是人类可利用的资源宝库。从森林资源广义概念和功能来理解，其范畴非常广泛，在一般情况下讲述森林资源，大都是针对林木、林地资源而言，其具有经济、生态环境、社会文化价值[1]。根据《中华人民共和国森林法》的规定，按照培育森林的目的，我国森林可分为防护林、特用林、用材林、薪炭林和经济林五大类。

我国近年来坚持以生态建设为主的林业发展战略，大力加强造林绿化和森林资源保护管理。在全球森林资源总体减少的情况下，我国成为世界上森林资源增长最快的国家，森林面积达1.95亿公顷，活立木总蓄积量达149.13亿立方米，森林覆盖率达20.36%[2]。我国森林资源的开发与管理已经取得显著成就，但仍存在如人均森林资源占有量小且分布不均、森林灾害频发等诸多问题。

8.6.1 森林资源开发模式

森林资源既是可以开发利用的生产性资源，又是环境保护资源。因此，既要加强森林资源的培育、管护工作，又要坚持森林资源合理利用、综合开发，实现生态效益、经济效益和社会效益的真正统一。森林资源开发模式有以下几种。

1. 林工结合模式

在加强森林资源培育管护，提高森林资源的数量和使用的同时，大力发展森林工业，重点要在木材生产、木材加工、林产化工、林业机械制造、木材综合利用，使林业采、育、用比例关系协调。

2. 林工商一体化模式

也称为林工贸一体化，即大力开发林产品市场，进一步提高木材及林副产品质量，增强林副产品的市场竞争能力，增强林产品商品率和进出口贸易能力。

3. 林农复合模式

又称木本粮油复合模式，即在保护好林业生态环境的前提下，开展农林复合经营，发展林副特产品生产，实行立体经营，如：林粮间作，经济林与蔬菜、油料农作物套种等，繁荣林区经济，使林农致富。

---

1. 黄民生，何岩，方如康. 中国自然资源的开发、利用和保护（第二版）[M]. 北京：科学出版社. 2011.
2. 国家林业局. 中国森林可持续经营国家报告[R]. 北京：中国林业出版社. 2013.

4. 林果茶复合经营模式

开展多种经营，积极发展茶、桑、果、木耳、蘑菇、药材等种植业，山野菜、果实和种子等采集业，以及以林副特产品为原料的加工业。

5. 森林旅游和休憩林业模式

积极发展森林旅游和休憩林业、开发利用林区风景资源。

6. 花卉和植物观赏模式

加强对花卉的投入和扶持力度，加大出口创汇增长比例[1]。

8.6.2 森林资源利用

森林利用在人类文明进程中与人相伴，大部分人类群体在农业社会到来之前都是在考虑如何利用森林中度过的。当今社会，我们仍需要从森林中获取大量物质[2]。中国曾长期处于封建社会，主要的生产活动是农业。新中国成立初期，中国比较重视森林资源的保护，但由于长期以来存在砍得多、造得少，植得多、活得少，采伐多、利用少，投资多、效益少的状况，中国的森林资源不断地遭到破坏。

由于以上原因，中国虽然森林资源总量较大，但人均资源匮乏，因此在相当长的一段时期内，应采取节约型的森林资源利用模式。在保护的基础上以合理、高效的方式利用森林资源，充分发挥森林的多种效益。《中华人民共和国森林法》规定坚持生态优先、保护优先、保育结合、可持续发展是利用森林资源的原则。

20世纪80年代，由于木材供需引起的矛盾，国内兴起了人工林培育措施，大面积人工林单一树种的引种，引起了大面积病虫害，且培育树木质量不高。20世纪90年代后，林业的研究重点放在了商品林培育技术方面，采取保护天然林和定向培育商品林相结合的措施[3]。

根据《中华人民共和国森林法》第六章，将森林生态区位重要或者生态状况脆弱，以发挥生态效益为主要目的林地和林地上的森林划定为公益林。未划定为公益林的林地和林地上的森林属于商品林。对公益林和商品林实行分类经营管

---

1. 佟静秋. 森林资源开发的几种模式［J］. 中国林副特产，2006（6）：88-89.
2. 帅鹏."森林利用学"课程教学内容改革初探［J］. 文教资料，2020（2）：199-200+141.
3. 魏晓慧. 森林多功能经营技术与利用模式研究［D］. 北京：北京林业大学，2013.

理，突出主导功能，发挥多种功能，实现森林资源永续利用。国家鼓励发展下列商品林：以生产木材为主要目的森林；以生产果品、油料、饮料、调料、工业原料和药材等林产品为主要目的森林；以生产燃料和其他生物质能源为主要目的森林；其他以发挥经济效益为主要目的森林。

对于商品林，核心是依法自主经营。国家鼓励发展商品林，经营者在不破坏生态的前提下，依法享有自主经营的权利，可以采取集约化的经营措施，提高经济效益。商品林也要兼顾生态效益，商品林可以采取包括皆伐在内的采伐方式，但应严格控制皆伐方式，按照规定完成更新造林。

森林利用方式可分为森林采伐运输工业、木材加工工业和林产化学工业三大部分[1]，然而随着时代的发展，森林给予人类的不仅仅是那些可以看得见的物质，还包括很多其他用途，如森林旅游、森林碳汇、森林康养、森林美学等各种新的用途。以社会综合效益为目的森林资源多种利用成为我国森林资源开发利用的实践总结。

8.6.3 林权管理

1. 相关法律法规

1981年，中共中央、国务院颁布《关于保护森林发展林业若干问题的决定》，要求集体林区"稳定山权林权、划定自留山、落实林业生产责任制"，集体林地所有权和经营权初始分离。自1985年中国第一部森林法颁布实施以来，森林法修正案及其实施条例的相继出台，确立了中国林权登记发证和林权纠纷调处的法律制度，明确了林权管理的内容、范围以及林业部门承办林权登记发证和林权登记档案的管理职能，下发了《林木林地权属争议处理办法》《林木和林地权属登记管理办法》等部门规章，以及若干规范重点国有林区林权管理、集体林地承包经营权变更权属管理等方面的政策文件，使林业主管部门在实施林地权属管理中切实做到了有法可依、有章可循。

2. 集体林权制度改革

森林资源权属分为国家所有和集体所有两种。2008年颁布的《中共中央 国务院关于全面推进集体林权制度改革的意见》，对于集体所有的森林资源进行改革，

---

1. 李莉. 森林利用伴随文明进程《中华大典·林业典·森林利用分典》[J]. 生态文化，2016（1）：9-10.

主要内容包括明晰产权、勘界发证、放活经营权、落实处置权、保障收益权、落实责任。通过集体林权制度改革，在坚持集体林地所有权不变的前提下，依法将林地承包经营权和林木所有权，通过家庭承包的方式落实到本集体经济组织的农户，确立农民作为林地承包经营人的主体地位，明确林地的承包期为70年，承包期届满，可以按照国家有关规定继续承包。集体林权制度改革是促进农民就业增收的战略举措，是对集体林业经营体制机制的创新，引领传统林业向现代林业转变。

3. 集体林权流转管理

集体林权流转是指在不改变林地所有权和林地用途的前提下，林权权利人将其拥有的集体林地经营权、林木所有权、林木使用权依法全部或者部分转移给他人的行为，不包括依法征收致使林地经营权发生转移的情形[1]。进一步加强林权流转管理，防范林权流转风险，主要有以下措施：

（1）坚持依法、自愿、有偿流转原则，切实保障农民林地承包经营权；

（2）规范林权流转秩序，防范林权流转风险；

（3）完善制度，全面加强林地承包经营权流转监管工作；

（4）加强领导，确保林权流转健康有序发展。[2]

8.6.4 林地管理"一张图"到森林资源管理"一张图"建设

全国林地"一张图"，是国家林业局为贯彻落实《全国林地保护利用规划纲要（2010—2020年）》，构建国家、省、县三级林地保护利用规划体系，于2010年10月启动的一项林地保护管理的基础性工作。通过全国林地"一张图"建设，建立起以高分辨率遥感影像和三维地理空间数据为基础，实现全国覆盖和任意漫游的林业地理空间数字平台。借助全国林地"一张图"，总揽我国林地资源区域分布格局，直观查看林地的信息，对实现以图管地、强化林业监管、科学编制国土生态空间规划、推动创新监测体系、监测国家级公益林保护管理成效等都具有极其重要的作用，它的建成将提升林业宏观决策管理的支撑能力。

森林资源管理"一张图"建设于2019年展开，是在原有林地"一张图"基础上，完善森林资源、国家级公益林等信息，整合形成的森林资源管理"一张图"数

---

1. 国家林业局. 关于规范集体林权流转市场运行的意见：林改发〔2016〕100号[EB/OL].（2016-07-29）. https://www.forestry.gov.cn/c/www/gkgfxwj/300272.jhtml.
2. 国家林业局. 关于进一步加强集体林权流转管理工作通知：林改发〔2013〕39号[EB/OL].（2013-03-21）. https://www.forestry.gov.cn/c/www/gkgfxwj/300292.jhtml.

据库；采用林地地类或林相变化遥感判读、森林资源档案核实、现地核实等手段，对"一张图"数据库进行更新，推进构建森林资源管理信息平台，实现森林资源管理"一张图"常态化、动态化管理。

森林资源"一张图"建设，是林地管理"一张图"升级为森林资源管理"一张图"的一次从量变到质变的过程，旨在充分利用科技手段，逐步实现森林资源的"一张图"管理、"一个体系"监测、"一套数"评价，保持森林资源管理"一张图"的现实性、准确性和时效性，为全国森林资源管理、审批、监测、执法等部门提供决策服务，为提高森林资源信息化管理水平提供技术支撑。森林资源管理"一张图"要实现全覆盖，形成"天上看、地面查、网络传"的森林资源保护管理新格局。

8.6.5 林下土地利用与管理

1. 国务院办公厅《关于加快林下经济发展的意见》政策与成效

2012年，国务院办公厅出台《关于加快林下经济发展的意见》（国办发〔2012〕42号），明确提出要加快发展以林下种植、林下养殖、相关产品采集加工和森林景观利用等为主要内容的林下经济。国家林业和草原局随后出台了《全国集体林地林下经济发展规划纲要（2014—2020）》和《全国集体林地林药林菌发展实施方案（2015—2020）》，引导各地因地制宜发展林下经济。

林下经济，主要是指以林地资源和森林生态环境为依托，发展起来的林下种植业、养殖业、采集业和森林旅游业。

截至2020年12月，全国林下经济经营和利用面积已达6亿亩，林下经济总产值超过9 000亿元，从业人数超过3 400万。林下经济产值达500亿元以上的省份已有9个，过百亿元的省份达15个，江西、广西林下经济产值甚至超过千亿元。林下经济对于巩固拓展脱贫攻坚成果、全面推进乡村振兴有着特殊的意义。此外，林下经济凭借优质的生产环境，发展林下中药材、林下食用菌、林下畜禽产品，以及休闲观光、森林康养等业态，满足了人们的健康需求。

林下经济是依托森林、林地及其生态环境，遵循可持续经营原则，以开展复合经营为主要特征的生态友好型经济，包括林下种植、林下养殖、相关产品采集加工、森林景观利用等。这是一种在全世界广泛应用的土地利用和产业形式，它以林业为核心，把农业、牧业、渔业、副业生产乃至加工业和高新技术产业结合在一起，充分利用生态工程的方法和手段，建成高效、高产、优质和持续的产业体系。在我国，随着集体林权制度改革的推进，由于林木生长周期长，林农短期内无法从林业获得收益林下经济得到发展，农民发展林下经济的意愿得到更广泛的激发。同时，全国林业建设逐步实现从以木材生产为主向以生态建设为主的战略转变，要求发展新型林业产业，尤其是发展非木质资源林业产业。

2.《云南省林下种植林地利用规范》政策解读

2012年，国务院办公厅出台了《关于加快林下经济发展的意见》，提出要科学合理利用森林资源，促进林下经济向集约化、规模化、标准化和产业化发展；2014年，为进一步加快全省林下经济发展，结合云南实际，云南省林业和草原局出台了《云南省林下种植林地利用规范》（本节简称《规范》），明确要求研究制定林下种植和林下资源开发强度标准。

在加快林下经济开发的过程中，仍然存在一定程度的规划不健全、审批不规范、监管不到位和生态遭到破坏等新情况和新问题。规范全省林下种植的林地利用范围、林下种植条件、林下种植的管理与监测相关要求则越来越迫切。《规范》明确了云南全省林下种植的林地利用范围、林下种植要求、林下种植管理与监测的内容与要求，为规范全省林下种植行为提供依据。因此，制定本《规范》是促进全省林下种植持续健康发展、更好践行"绿水青山就是金山银山"发展理念所必不可少的支撑文件，有利于规范和指导全省林下种植行为，意义重大。

《云南省林下种植林地利用规范》主要内容包括7个部分：范围、规范性引用文件、术语和定义、林下种植原则、林地利用范围、林下种植要求、林下种植管理与监测。

1）**范围**

该规范规定了林下种植原则、林下种植的林地利用范围、林下种植要求、林下种植管理与监测的内容和要求。该规范适用于云南省范围内林下人工种植林地利用与管理。

2）**规范性引用文件**

主要包括《森林抚育规程》《造林技术规程》《森林生态系统服务功能评估规范》《生态公益林建设导则》《生态公益林建设规划设计通则》《生态公益林建设技术规程》。

3）**术语和定义**

《规范》主要对"林下种植""自然保护地""国家公园""自然保护区""自然公园""国家一级公益林""天然林""饮用水水源保护区""人工商品林""珍稀濒危植物""森林生态服务功能"11个术语进行了定义。

4）林下种植原则

坚持生态优先，不导致森林生态功能降低；不改变林地用途；禁止在林下种植有害外来物种。

5）林地利用范围

林地分为禁止利用的林地、限制利用的林地、优先利用的林地3类。禁止利用的林地包括：国家公园及自然保护区内的林地；自然公园中属于禁止开发的林地；国家一级公益林、林地保护等级为Ⅰ级的林地；划定的天然林重点保护区域内的林地；饮用水水源一级、二级保护区范围内的林地；珍稀濒危野生动植物重要栖息地（生境）内的林地。限制利用的林地包括：自然公园中属允许利用的林地；除国家一级公益林外的其他公益林；除划定为天然林重点保护区域外的其他天然林；除饮用水水源一级、二级保护区外的准保护区范围内的林地。优先利用的林地包括：人工商品林，包括人工起源的用材林、经济林、能源林。

6）林下种植要求

在限制利用的林地中开展林下种植按以下要求进行：①在限制利用的林地内开展林下种植的，禁止进行林地清理，只能进行小块穴状整地；②在除国家一级公益林外的其他公益林内，在不破坏森林植被、不影响整体森林生态功能发挥的前提下，经科学评估论证，适度开展林下种植；③在除划定为天然林重点保护区域外的其他天然林地内，在不破坏地表植被、不影响生物多样性保护前提下，经科学评估论证，适度发展林下种植；④在自然公园中允许利用的林地开展林下种植，应严格遵守自然公园管理的法律法规及政策；⑤在除饮用水水源一级、二级保护区外的准保护区范围内的林地开展林下种植，应严格遵守饮用水水源保护区管理的法律法规及政策，不造成新的水源环境污染。

在优先利用的林地中开展林下种植按以下要求进行：①经济林的林下种植应在不影响经济林正常经营，不造成新的水土流失的前提下，合理开展林下种植。②人工用材林、人工能源林的林下种植应符合下述三个要求。a.一般要求——开展林下种植不能造成新的水土流失；在国有人工用材林、国有人工能源林内开展林下种植，应当符合森林经营方案的规划。b.林地清理——限制全面清理，可依据林地坡度、种植品种及模式选择带状清理、块状清理方式；涉及清除濒死木、腐朽木、枯立木的，应按相关规定办采伐手续；需要修枝的，应符合现行的《森林抚育规程》的技术要求；在林地清理中严格保护珍稀濒危植物、目标树和有培育利用价值的幼树、幼苗。c.整地——应根据立地条件、种植品种选择合适的整地方式，并遵循保持水土、保护已有植被、保护已有林木、利用已有植被、经济实用的整地原则。根据坡位、坡度和种植品种确定是否整地或适宜的局部整地方式，坡度小于15度的缓坡地宜采用带状整地、穴状整地，坡度在15度~25度的斜坡地不宜采用带状整地。

外来物种在引种栽培前，确保种植的外来物种不在国家公布的《外来物种有害生物名录》范围内，经栽培试验合格、组织专家风险评估通过后，确保不对周围环境和林地造成损害和破坏，方可进行种植，一经发现林下种植有害外来物种，应立即清除。

7）林下种植管理与监测

经营者在限制利用的林地内开展林下种植的应按以下要求进行管理：林下种植规模在15亩以下的填报备案表，报县级林业和草原主管部门备案；林下种植规模在15亩以上的（含15亩）应编制实施方案，报县级林业和草原主管部门备案；林下种植规模在150亩以上的（含150亩），除编制实施方案外，还应编制森林生态功能影响评价报告，报县级林业和草原主管部门备案。经营者在优先利用的林地内开展林下种植规模在300亩以下的填报备案表，林下种植规模在300亩以上的（含300亩）应编制实施方案，均报县级林业和草原主管部门备案。县级林业和草原主管部门是辖区内林下种植行业的管理责任单位，应明确一个具体部门负责林下种植的管理工作。县级林业和草原主管部门应建立林下种植信息化管理平台，定期开展林下种植的监测评估，编制林下种植监测报告。

8.7 草场资源的开发利用与管理

草场泛指能生长草类、可供放牧或饲养牲畜的土地，是介于森林和荒漠之间的一个独特的自然地理区域。凡是主要由多年生草本植物和灌木组成的植物群落都可以称为草场，也称草地。一般按草场的不同利用方式，可分为天然放牧草场、割草场和人工草场等。

根据《2018年度中国林业和草原发展报告》，国家战略下的"一带一路"区域拥有天然草原面积3.28亿公顷，西部是草原主要分布区[1]。

---

1. 国家林业和草原局. 2018年度中国林业和草原发展报告［R/OL］.（2020-04-27）. https://www.forestry.gov.cn/main/62/20200427/150949147968678.html

8.7.1 草场资源的开发类型

草场也是一种自然资源，草地资源是一种具有数量、质量、空间结构特征，有一定分布面积，可更新的再生性自然资源，且具有极其重要的生态经济功能和价值，主要用作畜牧业生产资料的一种自然资源。草场资源的开发主要有以下几种类型：

1. 放牧草地的开发

主要有全年放牧与半放牧制，自由放牧与划区轮牧制等形式。放牧草地的开发应注重提高草地的生产力和维持草地的生态平衡。采用浅耕翻、补播、灌溉、施肥等技术手段，提高可利用放牧草地的生产力；在缺水草地开辟水源和在沼泽化草地建设排水工程能扩大可利用草地面积。合理的放牧制度和适当的载畜量是维持草地生态平衡的关键。

2. 割草地的开发

冷季牧草生产停止，枯草不能满足家畜的营养需要，应开发割草地，贮存干草以解决冷季牧草的缺乏。干草具有良好的饲用价值，调制简便，原料丰富，成本低。建立人工、半人工草地是提高割草地生产力的主要途径。

3. 药用草地的开发

一些药用植物在草原地带可构成草地的主要成分，如甘草、麻黄等。对此类草地的开发应注意保护药用植物的繁衍途径，使其能再生或繁殖。

4. 蜜源草地的开发

灌丛草地是天然蜜源草地的主要类型，如荆条灌丛草地。以豆科牧草建立的人工草地，作为蜜源草地有广泛的利用前景。如在人工种植的紫花苜蓿草地上可生产出高品质的蜂蜜。

5. 草地自然保护区及旅游草地的开发

中国辽阔的草原有着较为丰富的旅游资源，如青海的鸟岛、内蒙古的锡林郭勒草原和呼伦贝尔草原、新疆天山牧场以及不同类型的草地自然保护区，其丰富的野生植物资源、美丽的自然生态景观、独特的文化历史遗迹，旅游价值和科研价值很高[1]。

---

1. 中国资源科学百科全书编辑委员会. 中国资源科学百科全书[M]. 东营：石油大学出版社. 2000.

8.7.2 草场资源的利用方式

草场资源的传统利用，主要体现草场资源的生产功能，即生产初级产品，植物产品，包括各种类别的草、种、花、茎等植物性产品和菌类等副属性产品；生产次级产品，动物产品，包括家畜和部分野生动物品。我国草场资源传统的利用方式有3种，即放牧利用、割草利用和薪炭利用。其中，前两种为传统利用的主要方式，以畜牧业为支撑产生经济效益，生产次级产品。

草场资源的传统利用极大约束了我国草场经济的增长，随着我国牧区试行并逐步推广草原有偿承包使用制度和落实草原使用权、所有权的"双权一制"，草场利用制度逐步完善，生态环保观念与牧区实力提高使草场资源利用战略转变趋于成熟[1]。

草场资源的利用更加重视发挥草场资源的环境功能，利用草场培育防风固沙、调节气候、涵养水源、保持水土等；草场资源的利用更加重视发挥草场资源的生态功能，利用草场为野生动物提供栖息地，维护生态稳定，利用草场大生态圈的巨大基因库等；草场资源的利用更加重视发挥草场资源的美学功能，草场观赏、旅游、生态等商业用途或非商业性的财政回报逐渐上升[2]。

草场的现代化利用方式与传统利用方式相互结合，更加改变了传统的利用方式，如转变重经济轻生态的利用方式、注重草原保护培育、改自由放牧为围栏放牧等，也催生了新的开发类型[3]。

8.7.3 草场资源管理和建设

1. 草场资源利用的现状问题[4]

虽然草原保护建设力度不断加大，但草原退化、沙化现象仍然较严重。目前我国草场资源的利用存在以下几个问题。

（1）盲目滥垦草场，草原破坏严重。过度拓荒、樵采及水资源的不合理利用是造成土地沙化和荒漠植被退化乃至灭绝的一个重要原因。

（2）草场普遍退化。草原超载过牧是草原退化的主要原因之一，另外开山取

---

1. 李新文. 我国草原资源的功能，属性及其利用战略转变的政策建议[J]. 草原与草坪，2008（5）：77-81.
2. 胡自治. 草原的生态系统服务：Ⅲ. 价值和意义[J]. 草原与草坪. 2005（2）：3—7.
3. 李毓堂. 草地资源优化管理开发与21世纪中国可持续发展战略——兼评中国科学院关于中国可持续发展战略的两个报告[J]. 草业科学，2002（1）：11-15.
4. 廖白红，陈铁，张彤. 新加坡水资源可持续开发利用对策分析与思考[J]. 水利发展研究，2011，11（2）：88-91.

石、乱搭滥建及违规建房等非法行为愈演愈烈，造成了草原生态环境不断恶化。一些非法旅游活动也使得草场遭到破坏。

（3）畜牧业仍未摆脱靠天养畜的局面，草场生产水平不高。基本草场建设进度迟缓、效果差，人工草场占比小，不能起到调节季节草场不平衡以抗灾保畜的作用。

2. 草场资源的管理和建设

（1）加快建设高标准的人工草场。建设集约化高标准的人工草场，人工种植饲草饲料，发展为畜牧业服务的种植业，是提高饲养质量，促使牧区畜牧业向稳产、高产、优质的现代化畜牧业发展的一项根本措施。

（2）加大对草场的合理利用和建设投入。积极推进草原家庭承包经营，加快落实基本草原保护、草畜平衡和禁牧、休牧、轮牧三项草原保护基本制度。

（3）草原畜牧业生产经营方式向集约化、标准化、产业化发展。随着《中华人民共和国草原法》的完善和施行，草畜平衡、禁牧休牧、基本草原保护等科学利用制度不断推行，相关配套措施不断加强。一大批草原畜牧业养殖大户和专业牧场逐步成长，产、加、销一体化格局加快形成。

（4）完善抗灾基础设施。建设草原防火指挥中心、草原防火站等设施，运用卫星遥感等高新技术开展草原监测工作，做好灾害预警预测。

（5）稳妥地开发利用南部、中部草山草坡。未来中国畜牧业的发展重点必将向水热条件、经营条件更好的南方农区转移，开发利用南方草地资源，不断提高草地生产力水平。

8.7.4　草原家庭承包经营的使用与管理体制

2007年，《农业部关于加快推进草原家庭承包制的通知》再次重申草原家庭承包的使用与管理制度。通知进一步明确，草原家庭承包制是党在农村的一项基本政策，是一项必须长期坚持的制度。20世纪80年代以来，牧区为适应生产力发展的要求，实行了以草原家庭承包为主的经营制，增强了广大农牧民保护和建设草原的主人翁意识，使生产得到迅速发展。但从各地情况看，草原家庭承包工作进展还不平衡，一些地方还没有实行草原家庭承包经营，已经实行草原家庭承包经营的地方还存在承包和流转不规范等问题。

1. 草原家庭承包的重要意义

我国有近 4 亿公顷草原，占国土面积的 41.7%。草原是我国国土的主体和陆地生态系统的主体，是农牧民赖以生存的基本生产资料和畜牧业发展的重要物质基础。广大农牧民是草原保护建设的主体，落实草原保护与建设的责任、依法赋予广大农牧民长期稳定的草原承包经营权，有利于增强广大农牧民保护草原的责任意识，有效遏制各种破坏草原的违法行为，维护农牧民合法权益。草原家庭承包是加强草原生态建设的重大举措。草原承包到户，从根本上改变了"草原无主、破坏无罪"的局面，有利于调动广大农牧民投资建设草原的积极性，改善草原生态，建设环境友好型社会。草原家庭承包是增加农牧民收入的有效途径。草原家庭承包将人、草、畜等基本生产要素统一于家庭经营当中，有利于广大农牧民转变畜牧业生产方式，推行草畜平衡和禁牧休牧轮牧制度，科学合理利用草原资源，实现农牧民收入的长期稳定。草原家庭承包是建设社会主义新农村的必然要求，有利于促进民族地区社会进步，保持边疆安定和社会稳定，扎实推进社会主义新农村建设。加快推进草原家庭承包制，对于全面落实科学发展观，加快现代农业建设，促进草原地区经济和社会发展，实现草原资源永续利用具有十分重要的意义。

2. 加快转变草原畜牧业生产方式

各地要结合草原家庭承包，加快推进草原畜牧业生产方式转变，提高畜牧业综合生产能力，努力实现草原绿起来、草原畜牧业强起来、农牧民富起来的目标。要从传统粗放的天然放牧向舍饲、半舍饲圈养和以草定畜、划区轮牧、季节性休牧相结合的科学饲养方式转变，合理利用草原资源，尽快扭转超载过牧的局面。要加快实施草原保护建设重大工程，通过禁牧、休牧、轮牧等措施，恢复天然草原植被，提高天然草原生产能力，为牧区畜牧业生产方式转变创造较好的物质基础。要大力发展人工饲草料基地建设，增强饲草供给能力，缓解天然草原放牧压力。要调整优化畜群结构，提高优良畜种比例，推广应用先进的饲养管理技术，加快牲畜出栏周转，提高商品率和畜牧业生产效益，促进农牧民增收。

3. 草原承包经营的监督与管理

各地草原行政主管部门要根据《中华人民共和国草原法》和《中华人民共和国农村土地承包法》的规定，在各级人民政府的统一领导下，积极组织有关部门扎实做好具体工作，保障草原家庭承包工作的顺利进行。对于已承包到户的草原，要组织开展摸底调查，规范和完善草原家庭承包合同，将草畜平衡、禁牧休牧等草原保护制度充实到草原承包合同中。对于没有承包到户或联户的草原，要成立专门工作班子，组织抓好政策和业务知识培训，把发放草原使用权证书作为落实草原承包工作的切入点，在尊重农牧民意愿的前提下，稳步推进草原承包工作的开展。要将草原承包经营权流转纳入草原承包管理范围，加大监督力度，对流转程序不规范的要按法定程序重新办理，对非法流转草原承包经营权，改变草原用途，造成恶劣影响和严重后果的，要依法纠正。

8.8 海洋资源的开发利用与管理

8.8.1 海洋资源开发与利用

海洋资源狭义上是指与海水水体本身有着直接关系的物质和能量；广义上是所有在一定时间内，能够产生经济价值以提高当前和未来福利的海洋自然环境因素[1]。海洋资源包括海洋生物资源、海底油气资源、海水资源、海洋空间资源和海洋可再生资源。对海洋资源进行开发、利用和保护所进行的生产和服务活动称为海洋产业，包括海洋渔业、海洋油气业、海洋矿业、海洋盐业、海洋化工业、海洋生物医药业、海洋电力业、海水利用业、海洋船舶工业、海洋工程建筑业、海洋交通运输业、滨海旅游业等主要海洋产业，以及海洋科研教育管理服务业。

我国是陆海兼备的大国，海岸线漫长、管辖海域广阔，具有多样的海洋生物资源、珍贵的海洋矿产资源、丰富的海水化学资源和辽阔的海洋空间资源，以及潜在的海洋能资源[2]。当前，我国海洋资源开发与利用在传统领域继续保持平稳发展，海洋油气、渔业和交通运输是海洋资源开发的主要领域。海洋生物资源的医药利用、海水资源和海洋能源资源利用正在逐步向产业化方向推进。根据《2019年中国海洋经济统计公报》，2019年全国海洋生产总值89 415亿元，比上年增长6.2%，海洋生产总值占国内生产总值的比重为9.0%，占沿海地区生产总值的比重为17.1%；环渤海地区、长江三角洲地区、珠江三角洲地区是我国海洋产业的重要区域。

---

1. 楼东，谷树忠，钟赛香. 中国海洋资源现状及海洋产业发展趋势分析［J］. 资源科学，2005（5）：20-26.
2. 孙悦民. 中国海洋资源开发现状及对策［J］. 海洋信息，2009（3）：20-23.

目前我国海洋资源开发能力不足、利用不合理的问题依然突出，海洋资源开发利用的制约因素复杂多样，如：观念落后，缺乏整体规划和政策指引；海洋资源浪费严重，无法充分利用；海洋污染严重，生态环境遭到破坏；法律法规不健全，综合执法力度不足[1]。

8.8.2 海洋资源管理

我国海洋资源管理上存在两大问题。一是缺乏总体规划和总体方针政策：我国海洋资源的开发管理长期缺乏统一规划、统一政策，往往是开发在前，管理滞后，虽然1993年国家编制了《全国海洋开发规划》，2002年发布了《全国海洋功能区划》，但是由于时势的发展和技术的进步不能完全适用于新形势，需要不断持续编制新规划以适应形势的发展。二是缺乏管理主体之间的协调机制：我国海洋资源管理一直遵循传统的行业部门的计划管理，使得各行业、各地区自成体系，各自为政，形成了政出多门、多头管理、互不协调的复杂局面。一个部门或行业的开发利用极容易影响其他部门或行业的开发利用，从而影响海洋资源利用的整体效益和长远利益，造成综合效益低下。海洋资源综合管理的不到位，使海洋资源优化配置不合理，限制了资源的利用效果。如沿岸陆地建设不合理征用海岸线、地方港口与水产养殖之间的利益冲突等。

未来在海洋资源管理上要建立综合管理机制。明确中国海洋资源开发与管理的重要性，要将海洋资源的可持续利用与科学规范管理确定为国家发展的基本国策。避免海洋资源的无序开发，加强海洋管理的基础，建立健全各级管理机构。以国家海洋管理部门为主，建立协调、控制、监督和引导综合管理体制，以确立主管部门的地位和权威，协调、平衡各涉海产业部门利益。转变海洋管理模式，实行统一管理和分级、分部门管理相结合的新型海洋综合管理模式，强化海洋机构的功能和职能，加强我国海洋主管机构与其他涉海部门的联系。根据科学技术的发展和海洋开发的需求，持续修订海洋开发的总体规划，同时对各级地方政府制定的规划进行监督和检查。

同时要实施海洋资源资产化管理。传统的海洋资源管理强调对资源的管制和保护，但如今国际海洋资源的资产化管理和产业化管理已经成为主流。应通过改革海洋资源的所有权管理，强化海洋资源资产观念，以适应现代海洋开发趋势和发展社

---

1. 崔晓菁. 中国海洋资源开发现状与海洋综合管理策略[J]. 管理观察，2019（17）：63-64..

会主义市场经济的需要，建立海洋资源开发的长远战略。应以《中华人民共和国海域使用管理法》《中国海洋 21 世纪议程》《全国海洋功能区划》等国家海洋政策为依据，对我国的海洋资源进行立法，加强海洋资源资产管理的基础工作，实施海洋资源资产产权管理，确立海洋资源资产有偿使用原则，充分实现海洋资源的巨大经济价值。

8.8.3 海洋功能区划管理

为加强海洋资源开发利用的宏观调控和综合管理，协调行业用海矛盾，解决我国海洋开发利用的无序问题，"海洋功能区划"于 1989 年首次被提出，《中华人民共和国海域使用管理法》明确了其法律地位。海洋功能区划是根据海洋资源的地域分异规律以及海洋开发需求特征，将海洋空间划分为交通运输、农渔业、旅游娱乐等类型的海洋功能区，并制定了相应空间功能管制要求。2002 年国务院批准实施《全国海洋功能区划》，2012 年国务院批准实施新一轮《全国海洋功能区划（2011—2020 年）》，形成以维护海洋基本功能为核心思想、以海域用途管制为表现形式、以功能区管理要求为执行依据的海洋功能区划体系[1]。现行的 2011—2020 年的海洋功能区划，采用的是《省级海洋功能区划编制技术要求》和《市县级海洋功能区划编制技术指南》提出的二级八类分类体系[2]。

目前我国海洋功能分区存在以下四个问题：未覆盖海洋全域；分区层级与国土空间规划的要求不一致；分区方案未考虑用途管制的需求；陆海统筹不足。而我国海洋领域同时还存在多个空间类规划，包括海洋主体功能区规划、海洋功能区划、海洋生态红线、围填海计划，亟需在国土空间规划思路下进行海洋领域的空间规划改革。

8.8.4 海洋渔业捕捞许可管理规定

2018 年，农业农村部公布《渔业捕捞许可管理规定》，该规定适用中华人民共和国的公民、法人和其他组织从事渔业捕捞活动，以及外国人、外国渔业船舶在中华人民共和国领域及管辖的其他水域从事渔业捕捞活动。国家对捕捞业实行船网工具控制指标管理，实行捕捞许可证制度和捕捞限额制度。国家根据渔业资

---

1. 王江涛. 我国海洋空间规划的"多规合一"对策［J］. 城市规划，2018，42（4）：24-27.
2. 周鑫，陈培雄，黄杰，等. 国土空间规划的海洋分区研究［J］. 海洋通报，2020，39（4）：408-415.

源变化与环境状况，确定船网工具控制指标，控制捕捞能力总量和渔业捕捞许可证数量。渔业捕捞许可证的批准发放，应当遵循公开、公平、公正原则，数量不得超过船网工具控制指标范围（第三条）。农业农村部主管全国渔业捕捞许可管理和捕捞能力总量控制工作。县级以上地方人民政府渔业主管部门及其所属的渔政监督管理机构负责本行政区域内的渔业捕捞许可管理和捕捞能力总量控制的组织、实施工作（第五条）。

1. 分级分类捕捞管理制度

海洋渔业捕捞规定按照船长、捕鱼作业场所分类实行分级审批管理的方式。

1）海洋渔船按船长分类

海洋大型渔船： 船长大于或者等于24米；

海洋中型渔船： 船长大于或者等于12米且小于24米；

海洋小型渔船： 船长小于12米。

2）渔业捕捞许可证核定的海洋捕捞作业场所分类

A类渔区： 黄海、渤海、东海和南海等海域机动渔船底拖网禁渔区线向陆地一侧海域；

B类渔区： 我国与有关国家缔结的协定确定的共同管理渔区、南沙海域、黄岩岛海域及其他特定渔业资源渔场和水产种质资源保护区；

C类渔区： 渤海、黄海、东海、南海及其他我国管辖海域中除A类、B类渔区之外的海域，其中，黄渤海区为C1、东海区为C2、南海区为C3；

D类渔区： 公海。

海洋捕捞作业场所要明确核定渔区的类别和范围，其中B类渔区要明确核定渔区、渔场或保护区的具体名称。公海要明确海域的名称。内陆水域作业场所要明确具体的水域名称及其范围。

3）分级审批许可

渔业捕捞许可证的作业场所核定权限如下。

农业农村部： A类、B类、C类、D类渔区和内陆水域。

省级人民政府渔业主管部门： 在海洋为本省、自治区、直辖市范围内的A类渔区，农业农村部授权的B类渔区、C类渔区。在内陆水域为本省、自治区、直辖市行政管辖水域。

市、县级人民政府渔业主管部门： 由省级人民政府渔业主管部门在其权限内规定并授权。

2. 渔业捕捞的一般规定

在中华人民共和国管辖水域从事渔业捕捞活动，以及中国籍渔船在公海从事渔业捕捞活动，应当经审批机关批准并领取渔业捕捞许可证，按照渔业捕捞许可证核定的作业类型、场所、时限、渔具数量和规格、捕捞品种等作业。对已实行捕捞限额管理的品种或水域，应当按照规定的捕捞限额作业。禁止在禁渔区、禁渔期、自然保护区从事渔业捕捞活动。渔业捕捞许可证应当随船携带，徒手作业的应当随身携带，妥善保管，并接受渔业行政执法人员的检查。

3. 渔业捕捞许可证

海洋渔业捕捞许可证： 适用于许可中国籍渔船在我国管辖海域的捕捞作业。

公海渔业捕捞许可证： 适用于许可中国籍渔船在公海的捕捞作业。国际或区域渔业管理组织有特别规定的，应当同时遵守有关规定。

内陆渔业捕捞许可证： 适用于许可在内陆水域的捕捞作业。

专项（特许）渔业捕捞许可证： 适用于许可在特定水域、特定时间或对特定品种的捕捞作业，或者使用特定渔具或捕捞方法的捕捞作业。

临时渔业捕捞许可证： 适用于许可临时从事捕捞作业和非专业渔船临时从事捕捞作业。

休闲渔业捕捞许可证： 适用于许可从事休闲渔业的捕捞活动。

外国渔业捕捞许可证： 适用于许可外国船舶、外国人在我国管辖水域的捕捞作业。

捕捞辅助船许可证： 适用于许可为渔业捕捞生产提供服务的渔业捕捞辅助船，从事捕捞辅助活动。

4. 渔业捕捞证许可的一般要求

国内海洋大中型渔船捕捞许可证的作业场所应当核定在海洋 B 类、C 类渔区，国内海洋小型渔船捕捞许可证的作业场所应当核定在海洋 A 类渔区。因传统作业习惯需要，经作业水域所在地审批机关批准，海洋大中型渔船捕捞许可证的作业场所可核定在海洋 A 类渔区。

作业场所核定在 B 类、C 类渔区的渔船，不得跨海区界限作业，但我国与有关国家缔结的协定确定的共同管理渔区跨越海区界限的除外。作业场所核定在 A 类渔区或内陆水域的渔船，不得跨省、自治区、直辖市管辖水域界限作业。

专项（特许）渔业捕捞许可证应当与海洋渔业捕捞许可证或内陆渔业捕捞许可

证同时使用，但因教学、科研等特殊需要，可单独使用专项（特许）渔业捕捞许可证。在 B 类渔区捕捞作业的，应当申请核发专项（特许）渔业捕捞许可证。

8.8.5　海洋渔业禁渔区和禁渔期

1. 禁渔区

禁渔区是指为保护我国渔业资源、海域生态环境和海上生产活动，所划定的禁止一切捕捞生产活动或某类渔具作业的水域。有的由国家以法律形式作出规定；有的由各级政府根据管理权限按有关法律条款，以条例、命令、通告、实施细则等形式作出规定。

通常在划定禁渔区的同时，相应规定一定的禁渔期和禁渔具。如在某一水域范围内全年或某一段时间内禁止捕捞，或禁止捕捞某些种类（或某种规格的鱼类），或禁止使用某种渔具作业等。

近代世界各国也多重视禁渔区的设置，苏联、英国、美国、日本、法国等国参加的、于 1948 年生效的《国际捕鲸管制公约》就作了禁渔区的规定。日本政府在 1909 年对其沿岸水域作出有机轮拖网禁渔区的规定。1955 年，中华人民共和国国务院颁布了《关于渤海、黄海及东海机轮拖网渔业禁渔区的命令》，对合理利用渔业资源、妥善安排各种渔业、减少渔业纠纷、维护近海资源等都起到良好作用。

20 世纪 70 年代以来，世界许多沿海国家为保护其近海渔业资源，相继设置了不同类型的禁渔区（如专属渔区、200 海里经济区等），对进入禁渔区捕捞的外国渔船颁发许可证，规定捕捞的时间、种类，使用的渔具和捕捞量的限额，违者处以罚款或扣留渔船等。

2. 机轮拖网渔业禁渔区线

国务院于 1955 年 6 月 8 日发布了《关于渤海、黄海及东海机轮拖网渔业禁渔区的命令》，规定禁渔区线由 17 个基点的连接线构成，在此线以西的沿海，为机轮拖网渔业禁渔区。1957 年 8 月 16 日，水产部转发《国务院关于渤海、黄海及东海机轮拖网渔业禁渔区的命令的补充规定》，又增加了 2 个基点，禁渔区线向南延伸至第 19 个基点，即北纬 27°、东经 121.10°。1980 年 5 月 6 日，国务院、中央军委批转国家水产总局《关于划定南海区和福建沿海机动渔船底拖网禁渔区线的意见》，规定了北纬 27°以南海区的禁渔区线。至此，形成了北起鸭绿江口（北纬 39°33′，东经 124°00′），南至北仑河口（北纬 21°31′，东经 108°04′），由 40 个基点联结而成的全国机动渔船拖网禁渔区线，所有机动渔船禁止进入该线向陆一侧海域从事捕鱼作业。

机轮拖网渔业禁渔区线对于维护和合理利用我国沿海渔业资源、加强渔场管理、维护我国海洋资源权益、促进渔业生产、巩固边防都具有重要作用。

3. 休禁渔制度

休禁渔是依据《中华人民共和国渔业法》建立的一项重要渔业资源养护制度，是通过在水生生物的亲体繁殖期和幼体生长期采取限制捕捞活动等措施，达到维护水域生态平衡、水生生物资源可持续利用的目的。经实践证明，在海洋、长江、珠江和黄河等水域实行的休禁渔制度有效保护了水生生物资源和水域生态环境，取得了良好的经济、社会和生态效益。

1995 年，中国开始实行海洋伏季休渔制度；从 2002 年开始，中国 7 大重点流域中，长江、珠江、淮河和黄河先后在国家层面建立了禁渔期制度。近年来，随着开发建设力度加大，三大流域水生生物资源日益衰退，保护形势越来越严峻。禁渔期制度的实施将对养护三大流域水生生物资源起到重要作用。

1）历史发展

1979 年，国家设立禁渔期、禁渔区制度。

1987 年，确定渔船"双控"制度。

1995 年，中国开始实行海洋伏季休渔制度，每年的伏休季节，渤海、黄海、东海、南海四大海区除钓具外，所有捕捞作业方式均已实现休渔。以鄱阳湖为首的内陆 5 大湖泊也已全部实行禁渔期制度。

2003 年，实行长江禁渔期制度，是继海洋伏季休渔制度之后国家层面设定的重要的内陆水域休禁渔制度。

2011 年，实行珠江禁渔期制度。

2017 年，对珠江禁渔期制度进行调整完善，并对闽江、海南省内陆水域禁渔管理作出相应规定。

2018 年，在黄河流域实施休禁渔制度；农业部发布了《关于实施带鱼等 15 种重要经济鱼类最小可捕标准及幼鱼比例管理规定的通告》，首次建立了幼鱼保护制度。

2019 年，农业农村部、财政部、人力资源和社会保障部制定印发了《长江流域重点水域禁捕和建立补偿制度实施方案》。这一方案要求，2019 年年底前，长江水生生物保护区完成渔民退捕，率先实行全面禁捕；2020 年年底前，长江干流和重要支流保护区以外水域要完成渔民退捕，暂定实行 10 年禁捕。自此，母亲河长江全面进入十年休养生息期。

2022年，中国首次在印度洋北部公海海域试行自主休渔，加上之前已经实施自主休渔的大西洋公海部分海域、东太平洋公海部分海域，自此，中国远洋渔业作业海域中，所有尚无国际区域性渔业组织管理的公海海域（或鱼种）均已纳入自主休渔范围。

2）休禁渔的成果与价值

禁渔期制度的实施，对于降低捕捞强度、保护渔业资源和水域生态环境、维护水生生物多样性、提高广大民众的资源环境保护意识等都发挥了重要作用，取得了良好的生态、社会和经济效益，同时也在国际上树立了我国负责任渔业大国的形象。

在中国近海捕捞压力大大超过资源承受能力的形势下，伏季休渔制度的保护作用集中体现在具有一定种群数量规模且生长速度相对较快的资源种类上。最为典型的是对带鱼幼鱼、小黄鱼幼鱼、鲐鲹鱼幼鱼、虾蟹类亲体和幼体的保护作用。这四类渔业资源的有效保护维系了中国海洋捕捞产量的基础，为保障海洋水产品的市场供给起到了"定海神针"作用。

8.9 湿地资源的开发利用与管理

8.9.1 湿地资源开发模式

目前有关湿地的定义很多，国际上公认的是1971年伊朗拉姆萨会议通过的《国际湿地公约》中的表述，即不论其为天然或人工还是长久或暂时之沼泽地、湿原、泥炭地（或水域地带），带有静止或流动的淡水、半咸水或咸水水体者，包括低潮时水深不超过6米的海域[1]。湿地资源通常可分为河流湿地、湖泊湿地、沼泽湿地、滨海湿地、人工湿地五大类，具有维持生态平衡、保持生物多样性、涵养水源、蓄洪防旱、降解污染等作用，被誉为"地球之肾"[2]。

通常的湿地开发模式表现为湿地自然保护区、湿地公园、房产工程项目等。湿地开发模式选择就是在权衡湿地价值的基础上，寻求湿地产品的最佳开发利用模式

---
1. 许振宇，王克林，汤恒，等.湿地生态灾害系统及灾害应急能力建设：以东洞庭湖国家自然保护区为例[J].自然灾害学报，2010，19（2）：140-146.
2. 许振宇，刘望保.蓝色经济视域下湿地资源开发模式探讨——以福建省为例[J].生态经济，2016，32（5）：157-160.

（图8-2）。湿地开发模式选择可以避免湿地资源的滥开发和过度开发，实现湿地资源合理利用，发挥湿地资源最大效益，保护湿地区域生态与环境。一般说来，湿地资源不同于一般的资源，其不稳定性以及多样性使其具有资源丰富但生态系统脆弱的特点；湿地的主要资源价值，即调节价值与科研价值，并不是可供直接开发利用的，可供开发的仅是部分产品价值与文化价值。因此，在选择湿地开发模式上，要做好湿地价值构成分析与评价，明确哪些是可供开发利用的价值，哪些是不可利用的价值，并对所有开发利用模式的经济、社会和环境效益进行对比分析，寻找理想的开发利用模式[1]。

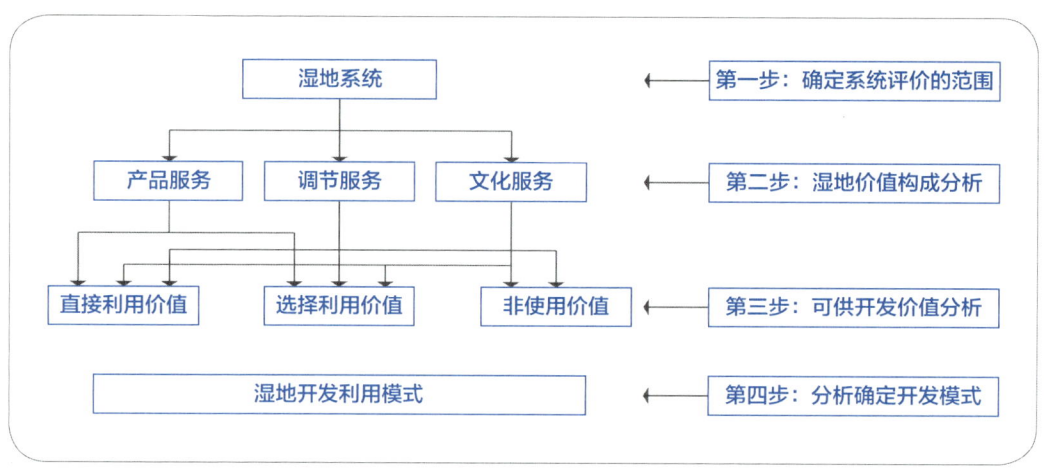

图8-2 湿地开发模式选择流程
资料来源：张春丽，刘继斌，佟连军. 不同空间尺度的湿地保护与持续利用研究［J］. 资源科学，2007（3）：132-138.

8.9.2 湿地资源可持续开发与利用

湿地资源的可持续开发与利用体现在经济净效益、生态净效益、社会净效益三者各自达到最大化。不同空间尺度的湿地可持续开发利用研究关注的重点不同，宏观尺度湿地研究要重点关注区际关系与区内人地关系以及相应的开发保护分区，从而实现在区域层面上对湿地的保护与合理利用；中观尺度的湿地研究，重点是开发模式和管理模式选择，在于寻求合理的开发利用与保护途径；微观尺度的湿地研究则强调湿地产品生产经营，重在实现湿地产品生产效益最大化。

中国湿地资源可持续开发与利用路径主要有以下几条：①合理开发生态旅游；②查清现状，合理规划；③建立湿地保护示范基地；④植树造林；⑤增加科研投入与国际合作；⑥积极做好湿地保护的政策支持和立法工作；⑦动员群众

---

1. 张春丽，刘继斌，佟连军. 不同空间尺度的湿地保护与持续利用研究［J］. 资源科学，2007（3）：132-138.

积极参与；⑧宣传湿地保护，加强湿地立法；⑨合理利用，严加管理，政府扶持；⑩水资源的保护和管理[1]。

此外，湿地生态补偿机制以湿地资源可持续利用为最终目的、用于协调湿地保护与利用之间利益关系，应受到足够的重视。

湿地生态补偿机制应该包含以下两方面内容。

一方面，针对导致湿地生态系统破坏的湿地开发利用活动征收税、费，消除湿地开发利用活动产生的经济负外部性，限制湿地破坏行为的发生，为湿地生态系统恢复筹措资金。

另一方面，对因湿地保护而丧失发展机会的相关方及湿地保护的贡献者给予资金、技术、实物上的补偿和政策上优惠，促成公平的湿地保护格局，激励社会公众和群体参与湿地保护管理工作，促进湿地生态系统恢复。同时通过一系列法律、管理制度保障体系的建立，使湿地生态补偿机制形成一个既具有明确的可操作性又具有法律效力的有机整体[2]。

8.9.3 湿地资源的管理

1. 湿地管理体制现状问题

2000年，国家林业局颁布实施的《中国湿地保护行动计划》，明确指出国家林业局、农业部、水利部、国土资源部、国家海洋局等部门拥有湿地管理职能。2013年，国家林业局公布了《湿地保护管理规定》，首次以部门规章形式规定林业局的综合协调地位。2014年修订的《中华人民共和国环境保护法》第六条规定了地方各级人民政府对本行政区域环境质量负责的法定义务，并且第二条在对环境下定义时新增了湿地要素，将湿地纳入了《中华人民共和国环境保护法》的调整领域。至此明确了自中央到地方层面湿地资源"综合协调、分部门实施"的管理机制。

湿地管理体制目前面临着多个问题。一是湿地分级管理产生的困境。分级管理导致体制内部决策、执行不明确，下级部门不可避免会从自利性出发选择变通执行。同时有效保护湿地资源的途径包括设立国家公园、自然保护区等，而它们彼此的隶属关系不清晰。二是湿地资源跨部门综合协调带来的困境。因为湿地资源存在着多样化的环境要素，容易存在不同部门争夺权力或推诿的局面。即使行政部门职

---
1. 黄民生，何岩，方如康.中国自然资源的开发、利用和保护（第二版）[M].北京：科学出版社，2011.
2. 姜宏瑶.中国湿地生态补偿机制研究[D].北京：北京林业大学，2011.

能之间不存在如上冲突，仍然需要考虑如何让协调部门在同级部门之间具有某种"领导"事权。

2. 湿地管理体制完善建议

湿地保护管理体制的完善必须依托现有湿地管理架构，在坚持"分部门管理、综合协调"的基础上，充实湿地管理体制的内容，提高湿地管理的可操作性与精准性，相关的对策建议包括以下三方面。

1）加快湿地保护法规制度的建设

国家应尽快出台湿地保护相关的条例，同时加快对湿地保护管理地方性法规的建设。在法规制度中明确相关的工作部门保护和管理湿地的分工，明确规定对破坏湿地的违法行为的处罚办法，并且建立湿地开发环境影响评价制度，为保护湿地、管理湿地，以及利用湿地资源提供法律依据。

2）建立健全湿地保护管理机构

政府和相关的工作部门应该明确保护人员的责任意识，建立专门的湿地野生动植物保护管理机构。同时针对重点地区建立湿地资源保护工作协调领导小组，充分发挥领导小组的作用，督促下级相关机构建立起湿地资源保护管理机制。

3）加强湿地保护管理能力的建设

首先，应积极推进各地建立湿地监测中心和监测站点，派遣专业的技术人员随时监测湿地的发展情况。其次，加强对湿地保护管理人员和专业人员的业务培训，提高工作人员的综合素质和能力。最后，重视湿地保护管理团队的建设，提高湿地管理监测和科研队伍整体素质，促进湿地保护管理向着科学化和规范化的方向发展。

8.10 矿产资源的开采利用与管理

矿产资源主要包括各种各样的能源、金属矿产、化工矿产、宝石矿产以及各种地下水资源等，矿产资源是自然资源的重要组成部分，一般包括燃料资源（也称能源资源）和原料资源两大类。燃料资源包括化石燃料和核燃料；原料资源又可分为金属原料和非金属原料。矿产资源是不可再生资源，因而保护和合理利用矿产资源至关重要。

根据《中国矿产资源报告（2024）》，截至2023年底，全国已发现173种矿产，其中能源矿产13种、金属矿产59种、非金属矿产95种、水气矿产6种。2023年，我国油气勘查在塔里木、准噶尔、渤海湾等大型含油气盆地的新层系、新类型和新区带获得重大突破，非油气矿产勘查中煤、铜、金、锂、磷等取得重大进展。

8.10.1 矿产资源的开采利用与环境影响

1. 矿产资源的开采利用

人类的发展离不开资源的开发，尤其是矿产资源的开采与利用。对矿采资源的开采程度，可以体现一个国家或地区的发展水平。我国是矿业发展大国，矿产资源丰富，但是贫矿较多、富矿较少。随着矿产资源的不断开发，矿产资源在综合利用方面获得了一定成效，但综合利用率仍然较低。2019年，我国采矿业固定资产投资大幅增加，一次能源、粗钢、10种有色金属、黄金、水泥等产量和消费量继续居世界首位。矿产资源全面节约和高效利用水平有待进一步提高。

1）采矿业固定资产投资

包括煤炭开采和洗选业、石油与天然气开采业、非金属矿采选业、黑色金属矿采选业、有色金属矿采选业。

2）矿产品生产与消费

包括能源矿产（主要为标准煤、石油和天然气）、金属矿产、非金属矿产。

3）矿产资源节约与综合利用

包括完善矿产资源"三率"最低指标要求体系、构建矿产资源开发利用水平调查评估制度、更新矿产资源节约和综合利用先进适用技术目录。

2. 环境影响

乱采滥挖及在矿产资源开发利用中产生的"三废"对生态系统造成了严重的破坏，造成占用土地、环境污染、资源浪费、地质灾害及经济损失等一系列问题，严重威胁了矿区和周边地区的安全。近年来，许多地区在矿山开采过程中造成的严重地面沉降问题也屡见报端。

不适当的开采方式，可能会导致地质灾害。地下矿区过度开采，可能会形成大面积采空区，引起不均匀沉降与大面积塌陷，导致地表排水沟渠、通风井口和建筑物受损。不仅会影响矿业开发的正常进行，更严重的会对矿工和周边居民的生命财产造成威胁。

采矿活动会一定程度上占用和破坏耕地，因为城市建设发展及矿山采矿占用，耕地数量还在迅速减少。同时，由于矿石的长期开采，土壤中的有机质会流失，造成土壤板结、渗透性低，使土壤质量受到影响[1]。

在矿产资源开发利用过程中，必须考虑矿区及周边环境的有效负荷，过度开发及不适当地开采利用矿产资源必然会导致生态环境恶化。随着科学发展观的提出，人们的环保意识逐渐提升，我国对环境保护的力度越来越大，开始从经济手段和政策手段上来改善环境，但在实施过程中也面临一些问题。

3. 矿产资源的可持续发展

矿产资源不可再生，我们必须重视矿产资源的可持续开发利用。

（1）进一步加大矿产资源调查、勘察力度，增加后备资源储备。要加速地质勘察与矿业体制改革，有计划地对中国海域、中西部地区及部分东部重要成矿区域进行系统的勘查勘探工作，加强战略性矿产资源的勘查勘探，重点勘探开发海洋矿产资源。我国海洋矿产资源目前没得到完全开发，资源潜力较大，因此要在开发新矿区的同时，挖掘老矿区的资源潜力，并充分利用中、小型矿。

（2）重视综合找矿、综合评价、综合开发和综合利用。积极实施找矿突破战略行动，加强低品位、共伴生、难选冶矿产资源的综合评价和综合利用，增加和盘活一批资源储量，加快安全高效先进的采选技术设备研发与推广，减少储量消耗和矿山废弃物排放。建立矿产资源采选回收率准入标准管理和监督检查体系，开展矿产资源综合利用试点示范，推进矿产资源综合利用示范基地和绿色矿山建设，带动矿产资源领域循环经济发展，提升矿产资源开采回采率、选矿回收率和综合利用率整体水平，提高矿产资源利用效率。

（3）关闭小矿山，实施规模化、集约化经济战略，提高综合利用效率。树立发展大矿业、有特色的矿业相关产业、高附加值产品的思想，提高我国矿产资源的综合利用水平。

（4）完善相关法律、法规和规章制度，创造依法治矿的矿产资源勘察开发新秩序。2020年实施《中华人民共和国资源税法》，2024年修订了《中华人民共和国矿产资源法》。2023年印发的《自然资源部关于深化矿产资源管理改革若干事项的意见》，对建立和实施矿业权出让制度、优化石油天然气矿业权管理、改革矿产资源储量分类和管理方式等作出了一系列重大制度创新。

---

1. 蔡志明. 矿山项目环境影响评价中的环境问题［J］. 能源与环境，2020（4）：50-51.

（5）加快矿产资源开采设备的研发、选冶技术的进步与创新。有组织、有计划地对矿产资源开发过程中遇到的问题进行集中攻关，对新技术、新方法尽快实行试点推广。

（6）加强矿产资源的保护，做到对矿产资源的可持续开发和利用。

（7）更新可持续采矿观念，加强可持续发展理念宣传，提高全民可持续发展意识。我国现阶段矿产资源的开发与矿业发展多呈现粗放型，因此要提高相关从业人员的可持续发展意识。

（8）加强绿色生态保护意识，坚持可持续发展的道路。加强环境监测，及时采取环境保护措施，维护生态平衡，对矿产生产过程中产生的渣、尘、泥、灰进行综合加工利用，实现无公害生产。

（9）要注重矿区的精神文化建设，重视人才的培养，提高职工综合素质，办好基础教育，留住人才、引进人才，推进矿产资源的科学开发利用[1]。

4. 矿产资源的管理

全面落实《自然资源部关于深化矿产资源管理若干事项的意见》，深化"放管服"改革，进一步完善矿产资源管理。启动新一轮矿产资源规划编制工作，研究起草地质勘查行业相关监督管理办法，实施新的矿产资源储量分类标准，优化矿业权申报，完善古生物化石监管体系，进一步提升矿产资源管理水平。

1）矿产资源规划管理

完成《全国矿产资源规划（2016—2020年）》实施情况评估，全面启动新一轮规划编制工作，加强对地方矿产资源规划编制的指导。

2）地质勘查管理

修订完善地质勘查行业统计调查指标，开展地勘行业基本情况统计工作；不断健全完善地质勘查行业监管制度，优化市场公平竞争环境，构建单位自治、行业自律、社会监督、政府监管的社会共治格局。

3）矿产资源储量管理

颁布实施新矿产资源储量分类标准，摸清矿产资源储量评审备案情况；加强矿产资源储量评审备案工作，简化储量评审工作流程，优化建设项目压覆重要矿产审批服务，同时做好新分类标准下的矿产资源储量统计工作。

---

1. 刘坚. 浅谈矿产资源可持续发展［J］. 有色金属，2003（S1）：39-41.

4）矿业权管理

优化矿业权申报，精简地质资料汇交凭证、有关主管部门的项目核准、环境影响评价报告及环保部门批复文件等材料；加强矿业权登记信息管理和服务，规范勘查许可证、采矿许可证编码及矿业权登记信息系统数字证书管理，明确全国勘查许可证号、采矿许可证号实行统一编码制度。

5）古生物化石保护管理

开展我国古生物化石管理政策研究，形成古生物化石进出境管理制度改革思路，严格规范古生物化石发掘和进出境审批。

8.10.2 水资源的开发利用与管理

1. 水资源开发

水资源是社会发展的战略资源，支撑着国土空间规划中城镇、农业与生态等不同空间的发展用水需求，也是国土空间规划中"山水林田湖草"的基本要素之一，更支撑着不同生态系统的平衡[1]。受水资源的自然禀赋、经济社会规模与发展阶段以及全球气候变化等因素的影响，我国正面临着四大水资源问题：水资源供需矛盾突出，水环境污染严重，水生态系统退化和极端 / 突发事件频发[2]。

有研究表明，我国水资源空间分布不均，与人口分布和经济布局不相匹配；西南省区水资源承载潜力相对较大；长江、珠江流域及东部沿海地区，已无水资源承载力优势；华北平原、西北地区如新疆、宁夏、甘肃等地区水资源严重短缺，水资源超载严重，水资源承载力渐趋枯竭[3]。目前，我国供水量中八成为地表水源，较易开发的水源基本殆尽，未来"开源"重点包括西南水资源开发、海水淡化利用、污水资源再利用、微咸水开采、雨水资源利用和通过气候调节利用空中水资源[4]。

新加坡本土自产水资源十分有限，但它却是世界上少有的几个能从整体上看待自己水问题的国家。为解决水资源问题，新加坡政府制定了符合长远需求的水资源可持续发展战略[5]；合理规划水资源利用，将水资源规划与城市规划相衔接，统筹土地利用，设置集水区和雨水收集池，还形成良性监管体系和有效监管机制[6]。

---

1. 王婷，游进军，杨益. 浅析国土空间规划体系下水资源刚性合理需求［J］. 中国水利，2020（21）：23-25.
2. 王浩，王建华. 中国水资源与可持续发展［J］. 中国科学院院刊，2012，27（3）：352-358+331.
3. 刘佳骏，董锁成，李泽红. 中国水资源承载力综合评价研究［J］. 自然资源学报，2011，26（2）：258-269.
4. 姜文来. 水资源利用战略：节流重于开源［J］. 建设科技，2007（21）：54-55.
5. 廖日红，陈铁，张彤. 新加坡水资源可持续开发利用对策分析与思考［J］. 水利发展研究，2011，11（2）：88-91.
6. 陶相婉，祝成，邵宇婷，等. 新加坡城市水管理经验与启示［J］. 给水排水，2020，56（11）：50-53.

我国可借鉴新加坡的先进经验和做法，在国土空间规划的框架下，提出符合城市水资源禀赋、兼顾城市水环境改善与水安全保障的水系统综合管理目标，系统编制城市水系统综合规划。

2. 水资源利用

为应对进入 21 世纪后的水资源问题，中国政府和专家学者提出我国水资源的总体战略为"以水资源的可持续利用支持我国社会经济的可持续发展"[1]，水资源可持续利用具有节流优先、治污为本、多渠道开源的实践内涵。

在水资源利用数量上，目前我国较易开发的水源基本殆尽，水资源利用"节流重于开源"[2]。在用水结构中农业用水占比较大，2019 年我国用水总量中农业用水占 61.2%、生活用水占 14.5%、工业用水占 20.2%[3]。因此，水资源节流的重点是建立节水高效的现代农业体系，如：压缩冬季小麦等高耗水作物种植面积、建立由大水漫灌改为小畦灌溉的节水灌溉农业体系、建立旱作节水农业体系、实行水旱互补方针、建议地方将节水农业设施划入基础设施范畴、统筹编制设施农业规划，等等。同时，通过推行工业清洁生产、生活用水节约宣传管理和发展循环经济[4]，提高用水效率。

基于全国和区域主题功能区规划，服从所在流域和区域的综合规划等，编制流域水资源规划、区域水资源规划、跨流域水资源规划和专门水资源规划等。水资源规划包括水资源及其开发利用现状评价、规划目标与任务制订、需水预测、供水预测、水资源供需分析、水资源配置、节水与需水方案制订、水资源保护、规划环境影响评价、实施方案制订与效果评价、水资源管理与规划保障措施制订等。

我国水资源利用的规划、管理与实施存在几个问题：①流域内水量分配体系不完善，存在竞争性开发利用[5]；②流域管理机构缺乏进行流域管理的权威；③对需水量预测普遍偏高，尤其是工业用水需求；④水权管理不明导致难以体现资源稀缺性[6]。

习近平总书记提出"城市发展要坚持以水定城、以水定地、以水定人、以水定产的原则"，"要把水资源作为最大的刚性约束"，这改变了水资源在原城

---

1. 钱正英.中国可持续发展水资源战略研究综合报告［C］// 中国水利学会.中国水利学会 2001 学术年会论文集.中国水利学会，2001.
2. 姜文来.水资源利用战略：节流重于开源［J］.建设科技，2007（21）：54-55.
3. 水利部.2019 年度中国水资源公报［R/OL］.（2020-08-03）.http://www.mwr.gov.cn/sj/tjgb/szygb/202008/t20200803_1430726.html.
4. 吕华，杨风.循环经济：中国水资源可持续利用的战略选择［J］.水利科技与经济.2006（8）：528-529.
5. 张一鸣.中国水资源利用法律制度研究［D］.重庆：西南政法大学，2015.
6. 常青山.水资源利用及水环境保护的若干问题［J］.区域治理，2019（43）：113-115.

乡总体规划中长期的被动地位[1]。《市级国土空间总体规划编制指南（试行）》将水资源作为资源环境底线约束之一，使其成为刚性约束，提升其战略高度，加强其政策实施性，通过水资源约束指导国土空间布局与产业结构的优化调整。作为支撑城市高质量发展和生态文明建设的用途管制依据，新时期的国土空间规划是开发保护利用水资源的公共政策工具，也是实现水这一保障性要素在空间上均衡配置的重要抓手。市级国土空间总体规划要重点解决好三方面问题：一是明确水资源利用上限，摸清水资源的供应与需求，制订供需平衡方案；二是按照"以水定城，以水定地，以水定人，以水定产"原则，以用水结构和国土空间布局优化为手段，进一步落实水资源底线约束；三是提升用水效率，重视雨水和再生水等资源利用，建设节水型城市，实现城市高质量发展。

3. 水权管理

目前，国际上对水资源有效管理的通行办法之一是利用水权[2]。水权就是水资源的产权[3]，最主要的就是所有权和使用权，按照《中华人民共和国水法》，水的所有权属于国家[4]。从使用权的获取方式来看，目前水资源（主要是地表水资源）的产权主要分为滨岸权体系、优先占用体系、混合或双重水权体系、比例水权体系、社会水权体系这几种体系。

国外发达国家，如美国、英国、澳大利亚、法国、日本、加拿大，所实行的水权管理体系主要是滨岸权体系和优先占用权体系。国外水权管理具有以下特点：按水权配置水资源；按照优先用水原则进行水权分配；获取水权需要缴纳费用；规范水权转让，培育水权交易市场；以水权作为股份成立股份制灌溉公司；因地制宜建立切合实际的水权管理体系；水权管理有一定的法律体系作保障；水权交易有公正的水权咨询服务公司作中介[5]。

与发达国家水权管理制度相比，我国水权管理主要缺陷在于：水资源的所有权与经营权不分；以计划手段为基础的水权分配制度；水权制度还没有进入法律体系，水权分配、使用、转让和管理缺乏法律依据[6]。建立我国新型水权管理体系，可

---

1. 戴慎志, 刘婷婷, 高晓昱, 等. 转型期我国大城市关键市政基础设施规划策略研究：以太原市为例[J]. 城市规划学刊, 2019 (S1): 212-219.
2. 孙卫, 邹鸿远. 水权管理制度的国际比较与思考[J]. 中国软科学, 2001 (12): 35-37.
3. 王金霞, 黄季焜. 国外水权交易的经验及对中国的启示[J]. 农业技术经济, 2002 (5): 56-62.
4. 汪恕诚. 水权和水市场——谈实现水资源优化配置的经济手段[J]. 中国水利, 2000 (11): 6-9.
5. 刘洪先. 国外水权管理特点辨析[J]. 水利发展研究, 2002 (6): 1-3+17.
6. 陈进, 黄薇. 实施水资源三条红线管理有关问题的探讨[J]. 中国水利, 2011 (6): 118-120.

以采取以下步骤：确定水权的层次划分与管理手段；建立我国水资源流域（区域）系统动态评价模型；分配初始水权；建立水权市场。

4. 纳污管理

《中共中央 国务院关于加快水利改革发展的决定》提出实施最严格的水资源管理制度，要建立三条控制红线，即水资源开发利用控制红线、用水效率控制红线、水功能区限制纳污红线。

水功能区限制纳污红线可以通过水功能区一级区管理考核跨行政区之间水资源保护效果，也可以通过水功能区二级区的管理考核同一水域水质情况、同一地区不同用水部门减排情况。水功能区限制纳污红线界定的是特定水功能区目标下向水体排放污染物的外部边界，针对的是超量排污和水体污染问题。

确定限制纳污红线的控制指标值，主要依据的是水资源保护等方面的法律法规、水资源的经济手段和市场机制、水环境学理论、水功能区性质、水资源规划及经济社会发展需求等。水功能区限制纳污红线指标可归类为数量类指标、比率类指标。数量类指标有主要污染物入河总量，取决于纳污能力、现状污染物入河量、水功能区性质；比率类指标有水功能区达标率、工业废水达标排放率等，指标确定方法取决于历年比率指标值的变化趋势、相关规划报告，以及全国或其他区域的比率指标值（图8-3）[1]。

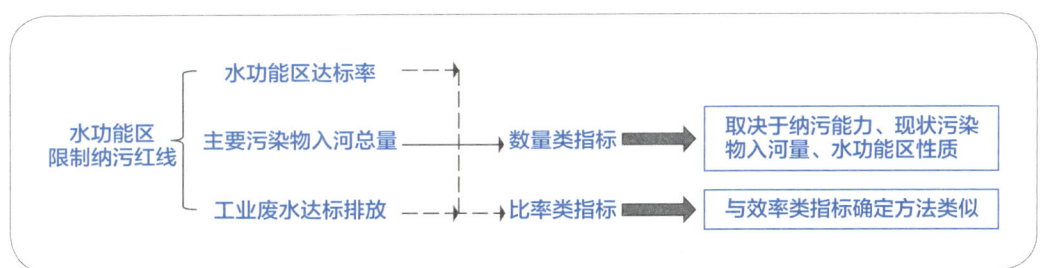

图 8-3 水功能区限制纳污红线控制指标的确定方法示意图
资料来源：陶洁，左其亭，薛会露，等。最严格水资源管理制度"三条红线"控制指标及确定方法［J］. 节水灌溉，2012（4）：64-67.

---

1. 陶洁，左其亭，薛会露，等．最严格水资源管理制度"三条红线"控制指标及确定方法［J］. 节水灌溉，2012（4）：64-67.

关键术语

开发、土地开发、利用、土地利用、农用地开发、农用地转用、城市土地开发模式、城市土地一级开发、城市土地二级开发、海洋功能区划

思考题

1. 简述土地开发的概念及分类。
2. 分析土地资源开发利用与国土空间开发的关系。
3. 简述我国土地使用分类开发的核心内容。
4. 概述土地开发的基本程序。

参考文献

[1] 林坚,吴宇翔,吴佳雨,等.论空间规划体系的构建:兼析空间规划、国土空间用途管制与自然资源监管的关系[J].城市规划,2018,42(5):330-333.
[2] 全国科学技术名词审定委员会.城乡规划学名词2020[M].北京:科学出版社,2020.
[3] 董祚继.中国现代土地利用规划研究[D].南京:南京农业大学,2007.
[4] 罗超,王国恩,孙靓雯.从土地利用规划到空间规划:英国规划体系的演进[J].国际城市规划,2017,32(4):90-97.
[5] 戚冬瑾.城乡规划视野下多维土地利用分类体系研究[D].广州:华南理工大学,2015.
[6] 杨欢,何青松.美国地方郡县城乡用地分类体系的发展特征及其经验启示[J].国际城市规划,2019,34(1):76-81.
[7] 财政部.关于加强农业综合开发工作的若干意见:国办发〔2009〕63号[EB/OL].(2009-12-20).https://www.nmg.gov.cn/zwgk/zfgb/2010n_4950/201002/200912/t20091220_300325.html.
[8] 国务院.关于印发全国国土规划纲要(2016—2030年)的通知:国发〔2017〕3号[EB/OL].(2017-02-04).https://www.gov.cn/zhengce/zhengceku/2017-02/04/content_5165309.htm.
[9] 陈玲玲.休闲农业的开发与管理[J].农技服务,2017(22):111.
[10] 中央农村工作领导小组办公室,农业农村部,国家发展改革委,等.关于实施家庭农场培育计划的指导意见:中农发〔2019〕16号[EB/OL].(2019-08-27).http://www.moa.gov.cn/nybgb/2019/201909/202001/t20200109_6334653.htm.
[11] 韩念周.农业开发项目的环境影响评价[J].北京农业,2013(21):195.
[12] 朱松,孙彩霞.现代农业开发建设项目环境影响评价简析[J].中国农学通报,2010(24):330-333.
[13] 徐青.中国土地一级开发研究[M].北京:中国经济出版社,2012.
[14] 国土资源部土地整治中心.美国土地开发与再开发[M].北京:地质出版社,2017.
[15] 黄民生,何岩,方如康.中国自然资源的开发、利用和保护(第二版)[M].北京:科学出版社,2011.
[16] 国家林业局.中国森林可持续经营国家报告[R].北京:中国林业出版社,2013.
[17] 佟静秋.森林资源开发的几种模式[J].中国林副特产,2006(6):88-89.
[18] 帅鹏."森林利用学"课程教学内容改革初探[J].文教资料,2020(2):199-200+141.
[19] 魏晓慧.森林多功能经营技术与利用模式研究[D].北京:北京林业大学,2013.
[20] 实行分类经营管理 实现森林资源永续利用:新森林法解读(三)[J].浙江林业,2020(8):22.
[21] 李莉.森林利用伴随文明进程《中华大典·林业典·森林利用分典》[J].生态文化,2016(1):9-10.
[22] 国家林业局.关于规范集体林权流转市场运行的意见:林改发〔2016〕100号[EB/OL].(2016-07-29).https://www.forestry.gov.cn/c/www/gkgfxwj/300272.jhtml.
[23] 国家林业局.关于进一步加强集体林权流转管理工作通知:林改发〔2013〕39号[EB/OL].(2013-03-21).https://www.forestry.gov.cn/c/www/gkgfxwj/300292.jhtml.
[24] 国家林业和草原局.2018年度中国林业和草原发展报告[R/OL].(2020-04-27).https://www.forestry.gov.cn/main/62/20200427/150949147968678.html.

［25］中国资源科学百科全书编辑委员会.中国资源科学百科全书［M］.东营：石油大学出版社，2000.
［26］李新文.我国草原资源的功能，属性及其利用战略转变的政策建议［J］.草原与草坪，2008（5）：77-81.
［27］胡自治.草原的生态系统服务：Ⅲ.价值和意义［J］.草原与草坪，2005（2）：3-7.
［28］李毓堂.草地资源优化管理开发与21世纪中国可持续发展战略：兼评中国科学院关于中国可持续发展战略的两个报告［J］.草业科学，2002（1）：11-15.
［29］楼东，谷树忠，钟赛香.中国海洋资源现状及海洋产业发展趋势分析［J］.资源科学，2005（5）：20-26.
［30］孙悦民.中国海洋资源开发现状及对策［J］.海洋信息，2009（3）：20-23.
［31］崔晓菁.中国海洋资源开发现状与海洋综合管理策略［J］.管理观察，2019（17）：63-64.
［32］王江涛.我国海洋空间规划的"多规合一"对策［J］.城市规划，2018（4）：24-27.
［33］周鑫，陈培雄，黄杰，等.国土空间规划的海洋分区研究［J］.海洋通报，2020（4）：408-415.
［34］许振宇，王克林，汤恒，等.湿地生态灾害系统及灾害应急能力建设：以东洞庭湖国家自然保护区为例［J］.自然灾害学报，2010，19（2）：140-146.
［35］许振宇，刘望保.蓝色经济视域下湿地资源开发模式探讨：以福建省为例［J］.生态经济，2016（5）：157-160.
［36］张春丽，刘继斌，佟连军.不同空间尺度的湿地保护与持续利用研究［J］.资源科学，2007（3）：132-138.
［37］姜宏瑶.中国湿地生态补偿机制研究［D］.北京：北京林业大学，2011.
［38］自然资源部.中国矿产资源报告2020［R］.北京：地质出版社，2020.
［39］蔡志明.矿山项目环境影响评价中的环境问题［J］.能源与环境，2020（4）：50-51.
［40］刘坚.浅谈矿产资源可持续发展［J］.有色金属，2003（S1）：39-41.
［41］王婷，游进军，杨益.浅析国土空间规划体系下水资源刚性合理需求［J］.中国水利，2020（21）：23-25.
［42］王浩，王建华.中国水资源与可持续发展［J］.中国科学院院刊，2012（3）：352-358+331.
［43］刘佳骏，董锁成，李泽红.中国水资源承载力综合评价研究［J］.自然资源学报，2011（2）：258-269.
［44］廖日红，陈铁，张彤.新加坡水资源可持续开发利用对策分析与思考［J］.水利发展研究，2011，11（2）：88-91.
［45］陶相婉，祝成，邵宇婷，等.新加坡城市水管理经验与启示［J］.给水排水，2020，56（11）：50-53.
［46］姜文来.水资源利用战略：节流重于开源［J］.建设科技，2007（21）：54-55.
［47］水利部.2019年度中国水资源公报［R/OL］.（2020-08-03）.http：//www.mwr.gov.cn/sj/tjgb/szygb/202008/t20200803_1430726.html.
［48］吕华，杨风.循环经济：中国水资源可持续利用的战略选择［J］.水利科技与经济.2006（8）：528-529.
［49］张一鸣.中国水资源利用法律制度研究［D］.重庆：西南政法大学，2015.
［50］常青山.水资源利用及水环境保护的若干问题［J］.区域治理.2019（43）：113-115.
［51］戴慎志，刘婷婷，高晓昱，等.转型期我国大城市关键市政基础设施规划策略研究：以太原市为例［J］.城市规划学刊，2019（S1）：212-219.
［52］王举，高黄根，夏太运，等.坚持"以水四定"原则，强化水资源底线约束［J/OL］.（2020-11-09）.https：//www.hebghy.com/news/1881.cshtml.
［53］孙卫，邹鸿远.水权管理制度的国际比较与思考［J］.中国软科学，2001（12）：35-37.
［54］王金霞，黄季焜.国外水权交易的经验及对中国的启示［J］.农业技术经济，2002（5）：56-62.
［55］汪恕诚.水权和水市场：谈实现水资源优化配置的经济手段［J］.中国水利，2000（11）：6-9.
［56］刘洪先.国外水权管理特点辨析［J］.水利发展研究，2002（6）：1-3+17.
［57］陈进，黄薇.实施水资源三条红线管理有关问题的探讨［J］.中国水利，2011（6）：118-120.
［58］陶洁，左其亭，薛会露，等.最严格水资源管理制度"三条红线"控制指标及确定方法［J］.节水灌溉，2012（4）：64-67.

后 记

本教材编写与线上资源的制作，得益于"国土空间使用与管理"虚拟教研室各共建高校教师同仁的鼎力相助。在本教材知识图谱构建之初，众教师集思广益，贡献智慧；在编写过程中，大家发挥研究专长，提供专业素材并承担具体编写任务。

共建高校团队中，中央财经大学王伟老师为第 2，4，5 章编写及线上资源提供宝贵素材；内蒙古工业大学荣丽华老师和李皎月老师共同负责第 12 章第 12.5 节及第 12.6 节的编写与线上资源制作；华中科技大学刘合林老师负责第 10 章第 10.5 节及第 10.13 节编写与线上资源制作；清华大学王英老师负责第 5 章第 5.8 节的编写工作；中国人民大学刘大海老师、自然资源部第一海洋研究所董通研究员、李萍研究员负责第 12 章第 12.1 节的编写及线上资源制作；哈尔滨工业大学董慰老师为第 5 章第 5.7 节编写提供主要素材；西南交通大学崔叙老师、陈蛟老师负责第 10 章第 10.11 节的编写及线上资源制作；深圳大学杨晓春老师、张艳老师和洪武扬老师为第 4 章第 4.6 节、第 5 章第 5.6 节、第 10 章第 10.9 节编写及线上资源提供了重要素材；广西大学周游老师负责第 11 章及线上资源制作；北京城市学院孟媛老师为第 4 章的编写及线上资源提供关键素材。

华南理工大学本教材教师编写团队在前期共同构建了知识框架体系，后期又携手致力于教材编校工作。主编周剑云老师负责全书框架搭建梳理、各章节内容统稿及核心内容编写，以及第 1 章线上资源的制作；戚冬瑾老师协助主编进行全书编校及内容的不断完善；赵渺希老师统筹编写第 10 章及线上资源制作；魏宗财老师负责编写第 13 章及线上资源制作；车乐老师构建第 12 章知识图谱；李昕老师为第 11 章编写提供宝贵素材；鲍梓婷老师负责编写第 12 章第 12.3 节及线上资源制作；贺璟寰老师参与编写第 10 章第 10.15 节；刘铮老师参与第 14 章编写讨论。

在编撰与校对过程中，华南理工大学博士研究生苏章娜、蒋定哲、卓玛琪、赵鑫、韩帅、周雅雯；硕士研究生夏蕴溪、邱士佶、吴长根、罗添毓、胡城旗、钟思琳、付熔琳、邵永威、严柳、麦佳仪和杨鸿承担了大量文字与图片整理工作。

本教材之成果，乃集体智慧之结晶。在此，向以上高校教师及研究生致以最诚挚的谢意。特别感谢同济大学出版社社长助理吕炜老师、由爱华、邢宜君、严安妮等编辑，她们严谨的态度与高效的工作为本书出版提供了重要保障。

《国土空间使用与管理》编写团队

华南理工大学建筑学院